RICHARD ZÜRCHER

Reisen durch die Schweiz

RICHARD ZÜRCHER

Reisen durch die Schweiz

Ein Führer

PRESTEL VERLAG MÜNCHEN

Meiner Lebensgefährtin

© Prestel-Verlag München 1971
2. durchgesehene Auflage 1977
ISBN 3 7913 0006 7
Passavia Druckerei AG Passau

INHALT

Vorwort   9

Einführung

Landschaft	16
Volkstum	29
Geschichte	42
Kunst	57

Ins Herz der Schweiz
Von Schaffhausen nach Schwyz

Schaffhausen	74
Im Zürcherischen Weinland. Zwei Wege von Schaffhausen nach Winterthur	80
Winterthur	87
Auf der ›Alten Straße‹ nach Zürich	90
Zürich	90
Den See entlang über Einsiedeln nach Schwyz	113
Variante: Von Zürich über Zug nach Schwyz	119

Vom Oberrhein zum Vierwaldstättersee
Von Basel bis Brunnen

Basel	132
Von Basel bis Sursee	149
Beromünster	156
Im Bannkreis des Pilatus	159
Luzern	162
Urschweizer Riviera	171

Über den Gotthard ins Tessin
Von Brunnen nach Como

Zum Ursprung der Flüsse	175
Durch die ›Leventina‹ und ›Riviera‹ ins ›Sottoceneri‹	183
Lugano	195

Am Luganer See	200
Durchs ›Mendrisiotto‹	204

Durch die Via Mala zum Lago Maggiore
Von Lindau nach Brissago

Vorarlberg	207
Durchs Rheintal ins Bündner Land	208
Graubünden	214
Chur	222
Durchs Domleschg und Schams	231
Über den St. Bernhardin-Paß ins Misox	241
Im Tessin	245

Zum Oberengadin und ins Bergell
Von Chur zum Comer See

Die Lenzerheide	253
Über den Julier zu den Engadiner Seen	258
Im Bergell	264

Vom Vorderrhein durchs Wallis zum Genfer See
Von Reichenau nach Lausanne

Vorderrheintal	268
Das obere Wallis	285
Im mittleren und unteren Wallis	292
Am Genfer See	310
Lausanne	315

Durch Innerschweiz und Berner Oberland ins Unterwallis
Von Zug nach Aigle

Den Zuger See entlang	320
Von Luzern nach Nidwalden und Obwalden	321
Im Land des Bruder Klaus	326
Im Berner Oberland	329
Im Simmental und am Oberlauf der Saane	338

Vom Bodensee zum Genfer See
Von St. Margarethen über Bern bis Nyon

Zwischen Bodensee und Appenzellerland	346
St. Gallen	348
Durchs ›Fürstenland‹ und den Thurgau	354
Fischingen	357
Durchs Töss- und Glattal zum Greifensee	359
Von Zürich nach Bern	362
Bern	370
Im Tal der Sense	388
Fribourg	389
Viele Wege führen zum Genfer See	397
Am See entlang bis Nyon	410

Entlang dem Jura
Von Zürich nach Neuenburg

Vom Limmattal zur Reuss	413
Königsfelden	418
Im Aargau	420
Solothurn	428
Im ›Seeland‹	436
Neuenburg	442

Vom Birstal durch die Freiberge nach Genf
Von Basel nach Genf

Im Birstal	451
In die Freiberge	455
Durch das Hochtal La Chaux-de-Fonds zur Schlucht von Valangin	458
Am Neuenburger See	461
Im Tal der Orbe	468
Romainmôtier	470
Durchs westliche Waadtland	472
Genf	476
Zur Literatur	490
Register	493

Vorwort

Von alters her ist die Schweiz ein Land der Übergänge. Julier und Septimer erinnern an römische Kaiser, unter deren Herrschaft diese Pässe bereits bekannt waren. In die gleiche Zeit zurück gehen Bernhardin und Grimsel, sowie Simplon und Großer St. Bernhard. Der Gotthard aber, der in einem einzigen An- und Abstieg an zentraler Stelle die Alpen durchquert, wurde reußtalauswärts erst im 13. Jahrhundert ganz erschlossen, und das besondere Interesse, das nunmehr Kaiser und Landesfürsten an dem neuen Durchgang fanden, trug wesentlich dazu bei, daß sich die in diesem Gebiet bereits selbständigen Bauerngemeinden zur Eidgenossenschaft zusammenschlossen.

Ein eigentlicher Paßstaat ist Graubünden, wo den Hinterrhein entlang die Straßen über den Splügen an den Comer See und über den Bernhardin zunächst in das noch bündnerische Misox und hernach in das Tessin mit seinen Seen gelangen. Andere Straßen führen durch den gleichen Kanton über den Julier- und Albulapaß ins Oberengadin, und von dort nach nochmaligem leichten Anstieg über den Berninapaß ins Puschlav und weiter ins Veltlin. Von den Oberengadiner Seen senkt sich die Straße in das noch bündnerische Bergell, wo in der Tiefe weiter Kastanienwälder erst kurz vor Chiavenna die Landesgrenze liegt. In dieses besonders wilde und steile Tal führt auch der vom Julier abzweigende Fußpfad des Septimer.

Das Wallis besitzt zwei wichtige Pässe nach Italien, die beide schon von den Römern benutzt wurden, nämlich den Simplon, der von Brig nach Domodossola und von dort an den Langensee und weiter bis Mailand führt, ferner den Großen St. Bernhard, unter dem man heute durch einen Straßentunnel ins Aostatal und von dort nach Turin und Mailand gelangt. Beide Pässe sollen in diesem Buche nicht beschrieben werden, da wir das Wallis auf einer anderen Route berühren.

Neben den Straßen, die von Norden nach Süden gehen, wollen wir jenen folgen, die sich von Nordosten nach Südwesten durch die große Längsfurche ziehen, die der Vorderrhein vom Gotthard-Massiv aus in Richtung Chur durchfließt und die in ihrem mittleren Teil, im Urserental, auf eine kurze Strecke von der Reuß, westlich der Furka aber im dort beginnenden Wallis von der Rhone durchflossen wird. Oberalp- und Furkapaß sind die höchsten Punkte dieser Straße, die sich im Urserental mit der Gotthardstraße für eine kurze Strecke vereint.

Eine andere Straße, die ebenfalls von Nordosten nach Südwesten, jedoch an den Alpen vorbei durch das Mittelland geht, erreicht die Schweiz in St. Margrethen am oberen Ende des Bodensees und führt über St. Gallen durch die Ostschweiz nach Zürich und von hier aus durch das Mittelland über Lenzburg, Zofingen, Burgdorf nach Bern; von dort aus gelangt man entweder über Fribourg und Romont oder über Murten, Avenches, Payerne nach dem waadtländischen Moudon und weiter nach Lausanne und damit an den Genfer See.

Das gleiche Ziel hat auch die Straße, die von Zug über Luzern und den Brünigpaß zu den Seen des Berner Oberlandes und von dort über das Simmental und den Col des Mosses ins Unterwallis gelangt. Denselben See erreicht man von Zürich über Baden, Aarau und am Jurafuß mit seinen beiden Seen entlang, an denen Biel und Neuenburg liegen. Das gleiche Ziel gewinnt auch die Straße, die von Basel aus durch den Jura nach Neuenburg und von hier aus zum Léman führt. In Nyon vereinen sich diese Routen mit jener, die von Lausanne kommend gleichfalls nach Genf strebt.

Auch die Straßen dieser zweiten Gruppe, die am Genfer See zusammentreffen, haben letzten Endes den Süden zum Ziel, der dieses Mal jedoch nicht durch Italien vertreten ist, sondern durch den französischen ›Midi‹, das Rhonetal, die Provence und damit wiederum auch durch das Mittelmeer. Das Licht des ›Midi‹ ist in eigentümlicher Vorwegnahme bereits in der Westschweiz, nämlich in der lichten Weite ihrer Seen, doch auch im mediterranen Sonnenklima des mittleren und unteren Wallis zu verspüren. Die Übergänge aber erweisen sich auf diesen Transversalen fließender, die Unterschiede zwischen alemannisch-deutscher und burgundisch-französischer Kultur sind weniger ausgeprägt, jedoch nicht minder von Bedeutung.

Man kann die in diesem Buche beschriebenen Routen selbstverständlich auch in umgekehrter Richtung befahren, doch zum stärkeren Erlebnis werden sie, wenn das Ziel im Süden liegt. Uralte Sehnsucht nach der wärmeren Sonne, dem helleren Himmel, dem milderen Klima und einem leichteren Leben wirkt hier mit. Dazu kommt, zumindest während großer Epochen, ein Vorrang der Kultur, begründet in der älteren Geschichte der romanischen Völker und damit der längeren Reife des menschlichen Zusammenlebens in städtischen Gemeinwesen, die südlich der Alpen sich ungleich früher und intensiver entwickelten als im germanischen Norden.

Die klarere Atmosphäre und das wärmere Klima haben dem Südländer nicht nur eine größere Sinnlichkeit, sondern auch eine höhere künstlerische Begabung geschenkt, sofern man darunter die Freude an der plastisch sinnfälligen Gestaltung versteht. Dank seinem unmittelbareren Erleben besitzt der Südländer oft ein glücklicheres Temperament. Der Genuß des Augenblicks, des Hier und Jetzt, ist am Mittelmeer leichter möglich als in nördlichen Bereichen. Die Sinnlichkeit ist kräftiger und die künstlerische Begabung erscheint oft gleichsam angeboren. – Wohl haben in neuerer und neuester Zeit die Völker des europäischen Nordwestens auf dem Gebiet der technischen Entwicklung den Süden überholt. Aber die Erinnerung an früher ist geblieben, und auch heute ist es nicht nur der Gebildete, der die Spuren des klassischen Zeitalters sucht, sondern der schlichte Tourist ist ebenso bezaubert vom Anruf des leichteren, weil unmittelbareren Erlebens, der vom Süden ausgeht und selbst Lärm und Unrast, die unsere Zeit auch dorthin gebracht haben, überdauert.

Man kann die Alpen schon seit einiger Zeit immer schneller überfliegen oder sie in Straßentunnels unterfahren. Trotzdem locken noch immer die Pässe, und auch ihre Zufahrten bilden ein besonderes Erlebnis. Es ist das Glück der Annäherung, das sich bei langsamem Durchqueren der Alpen offenbart, ein Glück des gemächlichen, jeden Abschnitt auskostenden Reisens, das dennoch immer wieder durch die Vorfreude auf das Ziel hin bestimmt ist. Ein solches Erlebnis beginnt schon lange vor der eigentlichen Paßstrecke und bestimmt damit so viele Straßen der Schweiz. Auf ihnen verspürt man etwas vom Süden schon vor der Wasserscheide, bereits im Mittelland und auf den Jurahöhen, von denen der Blick hinüber zu den Alpen geht, deren Zonen zur Verheißung werden.

Doch nicht nur in der Landschaft wird der Alpenübergang zu einem allmählich in der Zeit geschehenden Erlebnis, sondern der Süden meldet sich zum voraus auch in der Kultur, und zwar weit ins Alpenvorland hinein. Insbesondere das Wallis und Graubünden, doch auch die Urkantone: Uri, Schwyz und Unterwalden, desgleichen Luzern, sind in ihren Zeugnissen der Vergangenheit voller Anklänge an das hier schon sehr nahe Italien. – Darin ist die Schweiz dem übrigen Alpenrand verwandt, wo im besonderen in Tirol, doch auch in der Steiermark und Kärnten, im Salzburgischen und in Altbayern ein italienischer Einschlag die Kunstgeschichte bis in den Bau der Städte und Häuser mitbestimmt. Doch besitzt die Schweiz, als Ganzes wie auch die einzelnen Landesteile mit ihren Städten, ihre eigene Note, dank der eigenen Kultur, die ihrerseits in ihrer besonderen Geschichte begründet ist. Landschaft, Geschichte und Kunst vereinen sich zu einem Gesamterlebnis, das sich unaufhörlich selber variiert dank der Eigenständigkeit und der fast unerschöpflichen Mannigfalt, die seit alters das Wesen der Schweiz bilden. So sehr die Schweiz ein Durchgangsland ist und damit den verschiedensten Einflüssen offensteht, so setzt sie dem Fremden und anderen als Ausgleich doch eine Eigenständigkeit von seltener Kraft entgegen. Darum strebt man nicht allein zu den Zielen dieser Straßen, sondern zu ihnen hin reiht sich jeweils eine Kette von Orten und Landschaften, die aus eigenem Dasein heraus zu fesseln vermögen und selbst dem Weiterdrängenden für einen Augenblick das ruhige Glück des Verweilens schenken.

Landschaft, Geschichte und Kunst vereinen sich zu einem Gesamterlebnis, das in jeder Gegend wieder anders ist dank einer fast unerschöpflichen Mannigfalt, die oft auf engstem Raum besteht. So konnte schon am Anfang des 18.Jahrhunderts der Zürcher Naturforscher Johann Jakob Scheuchzer von der Schweiz als einem »Compendium Mundi« sprechen, in welchem eine schon subtropische Flora mit solcher der Arktis nahe zusammen lebt. Wendet sich das Auge von den Formen der Pflanzen zu solchen der Kultur, so treffen sich auf dem gleichen engen Raum die verschiedensten europäischen Bereiche: in den Sprachen und in der Lebensauffassung, in der Kunst wie in der Geschichte. Bis weit ins 20.Jahrhundert haben zum Beispiel im mittleren Wallis die Bauern innerhalb der gleichen, vom Talgrund bis zu den Firnen reichenden Gemeinde mit den verschiedenen Höhenlagen nicht nur zwischen dem Weinstock und dem Feigenbaum des Talbodens, den Wäldern und Wiesen der mittleren Lagen und schließlich den über der Baumgrenze gelegenen Alpwiesen ein Nomadendasein geführt, sondern sich auch zwischen den entsprechend verschiedenen Stadien der Menschheitsentwicklung bewegt, und zwar bis zurück zu den beinahe noch vorzeitlichen Formen primitiver Alphütten.

Heute ist freilich die Technik auch in die Welt des Bergbauern eingezogen. Moderne, mit Melkapparaten und Milchleitungen ausgestattete Sennhütten sind die Ergebnisse einer Entwicklungshilfe im eigenen Lande. Die Industrialisierung der Landwirtschaft hat mit Mähmaschinen, motorisierten Transportmitteln usw. auch vor den Berggebieten nicht Halt gemacht, so wie im Zuge eines angeblich zeitgemäßen Tourismus sich das Auto eine immer größere Zahl von Bergtälern erobert und vor dem Lärm des Flugzeuges bald auch keine Berggegend mehr sicher ist. So verständlich vor allem aus wirtschaftlichen Gründen diese Entwicklung auch erscheint, so nimmt sie den Bergen und ihren Bewohnern doch viel von ihrer Ursprünglichkeit und droht letzten Endes auch dem Tourismus Wesentliches seiner Anziehungskraft zu rauben.

Was hier von den Bergen gesagt wurde, gilt mindestens so sehr für das Mittelland und bald auch für den Jura. Denn im Mittelland tritt zur intensiv betriebenen Technisierung der Landwirtschaft schon seit dem frühen 19.Jahrhundert eine sich lebhaft entwickelnde Industrie. Sie stellt die wirtschaftliche Grundlage dar für eine stark angewachsene Bevölkerung, die sich seit langem nicht mehr nur durch den eigenen Boden ernähren kann. Gute und weniger gute Eigenschaften des Schweizers, sein Fleiß und seine Erfindungsgabe, doch auch ein rücksichtsloser Erwerbstrieb haben großen Teilen des Landes ihren Stempel aufgedrückt: nicht immer zum besten, was das Bild der Landschaft anbelangt, in welchem sich ja immer auch die Seele ihrer Menschen widerspiegelt.

Es soll jedoch mit diesem Buch nicht nur die Erinnerung an edlere Jahrhunderte beschworen werden, es soll auch kein wehmütiger Abschied genommen werden von einer Schweiz, die gleich der übrigen Welt heute im Umbruch steht. Aber der Verfasser möchte trotz allem zu einer Art des Reisens auffordern, welche den Komfort moderner Fortbewegung mit einer gewissen Beschaulichkeit verbindet, die das Auto wieder in den Dienst des Menschen stellt – eines Menschen, der es liebt, auch auf Nebenstraßen zu fahren und dazwischen gelegentlich selbst einmal zu wandern. Dann nämlich erst kommt es zu jenem Erlebnis der Annäherung, und es erschließt sich das eine im andern, im Norden bereits der Süden, in der Gegenwart das längst Vergangene, und es entsteht das ruhige Glück der Anschauung.

Die einleitenden Kapitel über ›Landschaft und Volkstum‹, ›Geschichte‹ und ›Kunstgeschichte‹ möchten für das an den einzelnen Orten Gesagte die gemeinsamen Grundlagen geben. In die Straßenbeschreibungen eingefügt ist eine größere Zahl von Kurzmonographien, die zur kunstgeschichtlichen Vertiefung anregen wollen. Die bis zu einem gewissen Grade persönliche Auswahl dieser Monumente soll den Leser keineswegs an einer eigenen Wertung hindern.

Im übrigen handelt es sich in diesem Buch nicht um einen eigentlichen Reiseführer. Dazu fehlen die praktischen Angaben sowie auch die Vollständigkeit. Aber das Buch möchte im Sinne der übrigen Landschaftsbücher des Prestel Verlags seine Leser so führen, daß ihnen Sinn und Auge geschärft werden für die Vielfalt und Tiefe des Reise-Erlebnisses, in welchem sich Nähe und Ferne, Vergangenheit und Gegenwart, Natur und Menschenwerk harmonisch verbinden.

EINFÜHRUNG

Landschaft

Das Relief der Schweiz

Überblickt man eine Reliefkarte der Schweiz, so zeigen sich in deutlichem Nebeneinander die drei wichtigsten Landschaftsgürtel: nämlich Alpen, Mittelland und Jura. Die *Alpen* setzen sich nach Westen wie nach Osten fort, auf der einen Seite nach Frankreich, wo die Gebirgskämme im Mont Blanc nahe der Schweizer Grenze ihre höchste Erhebung finden, um dann nach Süden auszubiegen, und auf der anderen Seite nach Österreich und Italien. So wie den Genfer See im Süden die Savoyerberge umschließen, so ergänzt und begrenzt das Land Vorarlberg oberhalb des Bodensees das Rheintal. Tirol nimmt den Inn auf, vom Engadin freilich durch die bis in die neuere Zeit unwegsame Waldschlucht zwischen Martinsbruck und Finstermünz getrennt. Und südlich des Hauptkamms setzen sich sowohl die Walliser wie die Graubündner Alpen nach Italien fort. So ist, mindestens was die Alpen anbelangt, die Schweiz nur ausgespart aus einem größeren Ganzen und damit Durchgangsland, gleich wie auch die einzelnen Talschaften im Sinne alpiner Kammerung in sich geschlossen sind und zugleich miteinander durch Pässe, Schluchtwege und breite Ausgänge in Verbindung stehen. Gerade der Begriff der ›Kammerung‹, der durch Berge, Pässe und Schluchten begrenzten Landschaftsräume, hat für den schweizerischen Teil der Alpen eine wenn möglich noch größere Bedeutung als für die alpinen Nachbargebiete, die im Aostatal und im Veltlin, im Oberetsch- und Inntal um einen Grad durchgehender und großräumiger sind.

Das *Mittelland*, wie das in seinen tieferen Teilen rund 400 bis 500 Meter über dem Meer liegende Gebiet zwischen Jura und Alpen heißt, erscheint als der in seiner Gesamtheit geschlossenste Bereich der Schweiz. Denn seine Grenzen sind im Südosten die Alpen, und in sichelförmigem Bogen umschließen es gegen Nordwesten die Jurakämme, die sich am unteren Ende des Genfer Sees am stärksten den Alpen nähern. Gegen Norden jedoch, wo die Aare durch den hier flacher gewordenen Jura einen breiten Durchbruch schafft, sind die Grenzen weniger bestimmt, bis

DAS RELIEF DER SCHWEIZ

schließlich Hochrhein und Bodensee einen wieder deutlicheren Abschluß geben. Verstärkt wird dieser am Hochrhein durch den erdgeschichtlichen Gegensatz zwischen dem verhältnismäßig jungen Faltengebirge des Jura und den Rundformen des sehr viel älteren Schwarzwald-Massivs.

Gegen die Alpen ist die Abgrenzung des Mittellandes unterschiedlich scharf. Dort, wo größere Flüsse die hohen Berge verlassen, wie der Rhein am Bodensee, die Linth unterhalb des Wallensees, die Reuss am Vierwaldstätter See, die Aare, die sich zunächst in den noch alpinen Brienzer See und hernach in den sanfter umrandeten Thuner See ergießt, und schließlich die Rhone am Genfer See, überall dort ist durch weite Wasserflächen und breite angeschwemmte Ebenen der Gegensatz zwischen Bergen und Vorland besonders eindrucksvoll, ähnlich wie dies auch an den oberbayerischen Seen oder am Traunsee und in den Tälern des Inn sowie der Loisach und der Salzach der Fall ist. Zwischen den genannten Schweizer Flüssen steigt das Hügelland in den mannigfaltigsten Bildungen empor, wie sie die Erosion durch kleinere Flüsse, nämlich die Thur, die Töss, die Emme oder die Saane, ferner durch zahllose Bäche und Bächlein innerhalb der weichen Molasse des Mittellandes geschaffen hat. Trotz dieses sich dauernd weiter vollziehenden Abbaues durch das Wasser erhebt sich der einstige Schuttkegel, dem die heutige Hügelzone des Mittellandes entstammt, bis zu voralpiner Höhe, wie sie am eindruckvollsten im 1800 Meter hohen Rigi erreicht wird.

Als dritter Bereich zeigt sich das *Jura*-Wellengebiet, dessen Kämme von Südwesten nach Nordosten streichen, in dieser Richtung langsam an Höhe verlieren, doch auf der ganzen Länge mehr oder weniger steil gegen das Mittelland abfallen, wodurch diesem eine deutliche Grenze gesetzt wird. In seinen übrigen Rändern aber ist der Jura durchaus verfließend, vor allem gegen Frankreich, wo aus den Niederungen der Franche-Comté, der Senke zwischen Rhein und Rhone, die Höhen flacher ansteigen, mit Ausnahme der tief eingeschnittenen Schlucht des Doubs, die auf eine größere Strecke die politische Grenze der Kantone Neuenburg und Bern gegen die französische Republik bildet. Doch die Grenze des schweizerischen Juras ist auch nach Westen offen, wo sie mitten durch die breite Vallée de Joux verläuft und die höchste Erhebung des ganzen Gebirges, die 1717 hohe Crêt de la Neige auf französischem Boden liegt. Hier schließt sich das Faltensystem am stärksten zusammen, um mit dem Absinken gegen den Rhein hin sich zu verbreitern und sich in seinem Verlauf zu komplizieren. Die Waldhöhen des Schaffhauser Randen, wo die Landesgrenze äußerst verwickelt verläuft, gehören bereits zum Tafel-Jura, der im benachbarten Württemberg dann in die Alb übergeht.

Die für die schweizerischen Alpen wesentliche Kammerung ist im Jura um einen Grad weniger ausgeprägt, da hier die langgestreckten Längstäler größere Zusammenhänge herstellen. Indessen verlaufen diese Täler keineswegs immer in der Richtung des von Burgund und vom Oberrhein zum Mittelland strebenden Durchgangsverkehrs, so daß sich dieser des öfteren durch die engen Felsschluchten der ›Klusen‹ zwängen muß.

Die Alpen

Erdgeschichtlich sind Alpen und Jura aus den in der gleichen Richtung laufenden Faltenstößen entstanden, die durch die geologisch älteren Gebirge des französischen Massif central und andererseits von Vogesen und Schwarzwald schließlich an den Flanken aufgehalten und in der Mitte zu sichelförmiger Ausweitung gebracht wurden. Das zwischen Jura und Alpen sich breitende Mittelland aber war noch im frühen Tertiär ein schmaler Wasserarm, der sich von Lyon nach Süddeutschland erstreckte. Die Alpen haben sich in verschiedenen Faltungen übereinandergeschoben, wobei in den mit dem Meridian von Chur beginnenden Ostalpen die Überschiebungsbreite wesentlich größer ist als in den komplexeren Zentralalpen. Hier nämlich, im Gebiet der sogenannten ›helvetischen Decken‹, stauen sich die von Süden gegen Norden bewegten penninischen Decken am Hindernis der schweizerischen Zentralmassivkette, wobei das eigentliche Zentrum im Aarmassiv mit seinen Viertausender-Gipfeln zwischen Berner Oberland und Wallis liegt. Harter Granit wird von weicherem Kalkgestein sowohl an den nördlichen wie an den südlichen Rändern der Alpen begleitet, doch sind an einzelnen Orten, wie den Mythen, die seltsamsten Verwerfungen über das zentrale Massiv hinweg möglich.

Auch die Erde hat ihre Geschichte und damit ihr Leben, doch dieses ist eingespannt in größte Zusammenhänge, die vom Kreislauf des Wassers bis zur Schrumpfung und Abkühlung des Erdballs reichen. Albert Heim hat dies in folgenden Worten zusammengefaßt:

»*In den Geschicken der Natur wie in denen der Menschen wechseln Sturm und Ruhe und bedingen den Charakter der Landschaft. Fragen wir nach den tieferen Ursachen dieses Wechselns und dieser Gestaltung, so stoßen wir einerseits zunächst auf den Kreislauf des Wassers, der die Verwitterung, alle diese Abspülungen, Anschwemmungen und wieder Ausspülungen besorgt hat: Der Kreislauf des Wassers aber wird getrieben von der Sonne; andererseits waren es Bewegungen der Erdrinde, welche die Alpen, den Jura gestaut, Gefälle geschaffen, die Molassemulde einsinken ließen; diese Bewegungen sind die Folge von Schrumpfungen* und Abkühlungen des Erdballes. Erdschrumpfung und Sonnenstrahlung, oder, was gleichbedeutend ist, Abkühlung von Erde und Sonne, haben unsere Landschaft geformt und werden sie weiter umgestalten, denn noch lange bleibt der Wärmevorrat von Sonne und Erde unerschöpft.«

Das heutige Bild der Alpen wird durch die Schichtung, mehr noch durch die Erosion des Wassers und die verschiedenen Arten der Verwitterung bestimmt. Für beide Vorgänge hat Emil Egli packende Formulierungen gefunden:

»Der Gedanke, daß durch die Alpenfaltung Gesteinsteppiche auf ein Zehntel ihrer ursprünglichen Ausdehnung zusammengerafft worden sind, läßt uns die Gewalt der gebirgsbildenden Kräfte erleben. Dieser Schöpfungsakt übertrifft in seiner Größe die allgemeinen menschlichen Vorstellungskräfte. Das Werden der Alpen aber ist der entscheidende Anfang jener Naturvorgänge, die der Schweiz ein bestimmtes äußeres Bild gegeben und eine innere Wesensart vorgezeichnet haben.« Und in bezug auf die Abtragung: »Die abtragenden Kräfte sind jedoch nicht allein an die hebenden Kräfte gebunden, sondern auch an die Struktur des Gebirges. Sie arbeiten dem Chirurgen gleich. Der Bau der Alpen ist ihre ordnende Voraussetzung, seine tektonischen Linien und Zonen lenken ihre Eingriffe, mit dem Wechsel des Gesteins wechselt ihre Wirkung. Ketten und Berge, Täler und Pässe sind zum Teil im Bauplan vorgezeichnet durch Kulminationen, Depressionen und Bruchlinien. Bergformen, Terrassen, Talstufen, Riegel sind zum Teil in Verschiedenheit und Verbreitung des Gesteins begründet. Der Innenbau des Gebirgskörpers bestimmt weitgehend sein Oberflächenbild. Die atmosphärischen Gesetze liefern im Prinzip lediglich die Werkzeuge und Transportmittel für die Arbeit der Abtragung. Aus der strukturellen Grundlage des Rohblockes und der angepaßten Bildhauerarbeit ersteht das Monument.«

Auf die Weise unterscheidet sich im Landschaftsbild der Alpen die Zone langgestreckter Kalkbänder, die sich in den verhältnismäßig geschlossenen Felsmassen der Waadtländer-, Freiburger und Berner Voralpen aufbauen, ferner um Urirotstock und im Glärnisch, von denen der eine den Urner See, der andere den Zürich See sowie das Glattal beherrscht, und schließlich auch im Säntis, so reich dort im einzelnen auch die Gliederung der Gipfel ist.

Hinter den auch den Südfuß der Alpen kennzeichnenden Kalkmassen liegt, diese zum großen Teil überragend, der Granit des eigentlichen Hochgebirges, das durch die kristalline Härte seines älteren Gesteins in einer ganz anderen Art verwittert und vom Wasser abgebaut wird – es sei denn, es handle sich um die Zonen des weich und mürbe gepreßten Schiefers. Neben den eigentlichen Granitgipfeln gibt es noch andere Pyramiden von imponierender Geschlossenheit, wie beispielsweise der Bristen, der den Urnersee und das Reusstal von Flüelen bis nach Amsteg hinauf beherrscht, oder der Niesen, der im Frühling seinen dann noch schneebedeckten Gipfel gleich einem Fudschijama über die Kirschblüte der Thuner Seeufer hebt. Steil und kühn sind die Gipfel der Berner- und Walliser-Alpen: so das Finsteraarhorn, von dem aus Dreiviertel des Gipfelpanoramas rund tausend Meter tiefer liegen, so daß man, noch auf Felsen stehend, sich trotzdem der Erde schon entrückt fühlt, oder das Breithorn, das in majestätischer Ausladung das Lauterbrunnertal beschließt, ferner das Aletschhorn, die ungemein kühnen Hörner und Zacken des Schreckhorns, des Bietschhorns und der Dent blanche und schließlich der berühmteste dieser Steilgipfel: das Matterhorn. – Wieder andere Berge zeichnen sich aus durch die Vereinigung immenser Wände und Felsabstürze mit besonders markanten Eisgipfeln, so der Monte Rosa, der in ungeheueren Wänden in mehreren Tausenden von Metern gegen das italienische Tal von Macugnaga abbricht, und die dem Monte Rosa benachbarten Eisgipfel des Dôme, oder die aus Fels und Eis gebaute Barre der Dents du Midi, die den Eingang zum Wallis beherrscht. In Graubünden ist es die so imponierende Gruppe der Bernina, an die sich südlich der ebenfalls sehr eindrucksvoll aus Eis geformte Piz Palü schließt. Westlich folgt die wilde Gletscherwelt des Forno, überragt von dem Monte Disgrazia, mit dem schauerlich schönen Namen ›Berg des Unglücks‹ schon auf italienischem Boden, und, langsam an Höhe verlierend, doch an Wildheit gewinnend, die Zacken, Spitzen und Meißel der Bondasca.

Die große Mitte aber unter diesen Hochgipfeln ist der Stellung wie der Bedeutung nach die Jungfrau, ergänzt durch Eiger und Mönch zu jener Dreiergruppe, die nicht nur dem Berner Oberland, sondern der ganzen Schweiz eine Krone aufsetzt. Ob man die Jungfrau zusammen mit ihren gleichsam männlichen Begleitern sieht, oder für sich alleine, von Mürren, Wengen, oder der großen Scheidegg aus unmittelbarer Nähe, ob gerahmt durch grüne Vorberge vom Höhenweg in Interlaken aus, oder eingefügt in den größeren Kranz der Alpen, sie ist – und zwar noch um einen Grad mehr als für Graubünden die Bernina, für das Wallis der Monte Rosa oder für die Urschweiz der Gotthard – zum Mythos geworden; sie ist, wie dies Hodler in seinen späten Gemälden ausgedrückt hat, ein ›heiliger Berg‹!

Was gegenüber dem überwiegenden Teil der Kalkalpen die Massive aus Granit und Gneis auszeichnet, ist neben den markanteren Formen der schimmernde Panzer der Eismassen, die hier ihren größten Umfang erreichen. Im Umkreis der Bernina, ferner zwischen dem Oberlauf der Reuss und dem obersten Aaretal und westlich von diesem in den Berner und Walliser Hochalpen finden wir die umfangreichsten Gletscher, die großartigsten Firnhänge und die überragendsten Eisgipfel, von denen Namen wie ›Weißhorn‹ und ›Dent blanche‹ künden. Hier, in dieser Gipfelzone, vollzieht sich am eindringlichsten das eigentümlich schweizerische Alpenerlebnis, das in der Vereinigung von Enge und Weite liegt: Täler umschließen ihre Bewohner bis zum Gefühl des Gefangenseins; doch steigt man auf die Höhen, gewinnt man jene Terrassen, wo meist schon über der Waldgrenze das Tal breiter wird, in einer Zone, die noch bis zur Mitte des 20.Jahrhunderts meist mühsam erklommen werden mußte, heute aber durch zahllose Luftseilbahnen ›erschlossen‹ ist, so bietet sich dem Auge eine ungeahnte Weite. Denn hier geht der Blick nicht nur auf gleicher Höhe zu eben noch verborgenen Gipfeln, sondern er fällt zudem hinab in die kaum erst verlassenen Täler mit ihren oft schattigen Tiefen. Man kann sich ob solcher Weitsicht bisweilen verloren fühlen, und zwar erst recht dann, wenn man das Tal nun gänzlich mit einem Gipfel vertauscht hat und im Mittagsglast die Welt schattenlos in eintöniger Helle zu Füßen liegt. In solchen Augenblicken kann das Hochgefühl der Gipfelsicht plötzlich in Verlorenheit umschlagen; doch stärker und nachhaltender ist angesichts der großen Horizonte das Gefühl der Freiheit, dem in der Enge der Täler die Geborgenheit entspricht.

Das Mittelland

Das Mittelland ist gegenüber den Alpen Vorstufe und Eigenbereich zugleich. Seine Täler, die sich von Südosten nach Nordwesten ziehen, um am Fuße des Juras in die große Sammelrinne der Aare zu münden, geben in oft großartiger Weise den Blick gegen die Berge frei. Dazwischen steigt ein reichgegliedertes Hügelland allmählich empor, in seinen ›Eggen‹, wie die Höhen meist heißen, ebenfalls Aussicht auf die Alpen schenkend, die als »das große stille Leuchten«, wie C.F. Meyer es genannt hat, in der Schweiz so oft den Horizont beschließen. Dieser Alpenhorizont ist es, der dem geistigen Dasein der hier lebenden Menschen die Möglichkeit zu einer eigentümlichen Transzendenz schenkt und über das Nahe und Enge die Größe einer lockenden Ferne hebt. In der Klarheit des Föhns scheint dann der Süden unmittelbar hinter der gleißenden Gipfelzeile zu liegen. Doch in seiner Art nicht viel weniger eindrucksvoll ist es, wenn an verhangeneren Tagen der dichtbesiedelte und bebaute Vordergrund in immer rauhere und einsamere Höhen übergeht, bis der Gesichtskreis sich im Bereich einer von Nebeln verhüllten Unwirklichkeit auflöst.

So steht das Mittelland immer wieder im Zeichen der Alpen, und doch besitzt es sein eigenes Wesen von schwer zu überschauender Mannigfalt. Denn in den gewundenen Tälern und Tälchen einer aus der weichen Molasse in den mannigfachsten Formen herauserodierten Hügellandschaft herrscht ein um so höheres Maß an Abgeschlossenheit, das Phänomen der Kammerung der Alpentäler zumindest in der regenreichen Voralpenzone in kleinteiligere Verhältnisse verwandelnd. Die Kammerung ist nicht im ganzen Mittelland gleich ausgeprägt. Zwischen der gegen die Alpen ansteigenden Hügelzone des Mittellandes ziehen breite und flache Täler gegen Aare und Rhein und machen die Landschaft großzügiger. Diese Täler sind nicht in erster Linie durch den Wasserlauf, sondern durch die ausladenden Massen eiszeitlicher Gletscher geformt worden; so nahm der Linthgletscher, bevor er sich im späteren Züricher See sein Becken grub, seinen Lauf durch das Glattal, dem er seine besondere Breite und zugleich das geologisch fesselnde Bild zahlreicher Moränenhügel schenkte.

Gleich dem Zürich-See und seinen beiden Trabanten im Glatt-Tal, dem Greifensee und dem Pfäffiker See, sind auch die Wasserspiegel des Aargauischen Seetals: Hallwiler See und Baldegger See, sowie der südwestlich der Hochfläche von Beromünster gelegene Sempacher See, in breiten Tälern gelegen, welche sich gegen die Alpen öffnen. In ihrer Richtung ziehen diese drei Seen nach Südosten gegen die Alpen, wo Zuger See und Vierwaldstätter See schon unmittelbar am Rande des Gebirges liegen. Ein großer Teil der eben genannten Seen ist vom Rigi aus sichtbar, eingebettet in die sanften, breiten Höhenzüge, die nach Nordwesten zu den Jurakämmen führen, die, zu den Seetälern querverlaufend, das Panorama beschließen, sofern nicht bei besonders klarer Sicht nordwestlich des Jura Vogesen und Schwarzwald zu erkennen sind.

So wie die Reuss aus dem Vierwaldstätter See fließt die Aare aus dem Thuner See in breitem Tal ins Mittelland, aus dessen Hintergrund über dem lichten Duft des Sees bei schönem Wetter die Alpen aufsteigen. Das Tal der Aare verläuft von Thun bis Bern fast gerade nach Nordwesten, um dann nach einigen Schleifen, in deren einer Bern gegründet wurde, nach Nordosten abzubiegen und dem Jurafuß zu folgen. Es ist in seinem oberen Lauf begleitet von den sehr viel engeren Tälern der Emme und der in tiefen Schluchten zunächst den Kanton Fribourg durchschneidenden Sense und der Saane, und von ähnlichem Charakter ist auch die Broye, zumindest in ihrem freiburgischen Oberlauf.

Dieses ganze orographische System, das hier nur in sehr groben Zügen skizziert werden konnte, gewinnt an den Flanken seinen Halt durch Rhein und Rhone, wobei jeder dieser Ströme, im Bodensee wie im Genfer

MITTELLAND

See, sich zu den größten Seen erweitert, die zugleich die Grenze des Schweizer Mittellandes bedeuten. Die Aare aber bildet für die dazwischen nach Nordwesten fließenden Gewässer die große Sammelrinne, die bei Koblenz zwischen Jura und Schwarzwald den Rhein erreicht.

Zumindest in den Voralpengebieten mit ihrer Wald- und Viehwirtschaft bestimmt die Kleinteiligkeit des Bodens auch die Siedlungsform. Es sind die vielen Einzelhöfe, die es wohl auch im Allgäu, in Oberbayern und im Schwarzwald gibt, die in ihrem ausgesprochenen Individualismus jedoch im besonderem Maße schweizerisch genannt werden können. Im Appenzellerland löst diese Streubauweise auch die Dörfer auf, was jedoch einzelne höchst eindrucksvolle Dorfplätze wie die in Trogen und Gaiss nicht ausschließt. Besonders behäbig sind die Bauernhöfe im Kanton Bern, namentlich im unteren Emmental und im sogenannten Seeland, wo die tief herabgezogenen Sattelwalmdächer an das Schwarzwaldhaus erinnern.

Hören wir, was der Geograph Hermann Walser, der Bruder des Malers und Dichters, über die Gräben und Eggen des Emmentales sagt:

»Wollen wir die Höfe selbst ansehen, so haben wir überall unter zwei Wegarten zu wählen: entweder dem Wasser nach in den ersten besten Graben hinein: wir finden sicher Höfe bis zum hintersten steilsten Abschluß. Ober aber anfangs steil hinaus auf die höchste Egg: wieder ausnahmslos stehen da die Höfe auf der sich windenden Berghöhe. Wollen wir die emmentalische Mundart für eine Klassifikation dieser Höfe gelten lassen, so haben wir nach der typischen Lage zu unterscheiden: Höfe der Gräben und Höfe der Eggen. Jene sind reich an Wasser, diese reich an Sonne, jene sind wiesen-, diese kornreich, jene haben enge Horizonte und gute Wege, diese blicken weit ins Land, mit dem sie jedoch durch um so steilere Wege in Verbindung stehen.

In den Gräben herrscht eine größere Verschiedenheit der Lagen und des Umfangs der einzelnen Siedlungen. Breit stellen sich da die großen Höfe in die geringe Erweiterung, die ab und zu der Grund des Tälchens aufweist. Ihr Umschwung geht an beiden Tallehnen hinauf. Rundumher smaragdgrüne Wiesen. Fast trifft der Blick durch die Obstbäume hindurch nicht die Wohnfront des Hauptgebäudes, deren charakteristisches Merkmal die langen Fensterreihen sind, die der gewaltig vorliegende Rundgiebel überwölbt. Nie fehlen hier der zierliche Speicher und das Stöckli. Kleinere Güter dagegen sieht man selten im Talgrund, sie lehnen sich meist an die Halden und oft sind sie in die Waldlichtung der Schattenseite gedrängt. Ihrem Wohngebäude fehlt der Rundgiebel unter dem altherkömmlichen Gerschild des Daches auf der Schmalseite.«

Neben dem Emmental sind es das Entlebuch, Tößtal, das Toggenburg und das Appenzellerland, die eine verwandte Bodengestalt und

Siedlungsform zeigen, jedoch weniger stattliche Bauernhöfe besitzen. Über der Schönheit ihrer in Äcker und Weiden eingebetteten Wohnstätten, die alle nicht fern von Wäldern sind, darf jedoch nicht vergessen werden, daß es im Mittelland, namentlich in den Kantonen Solothurn, Aargau und Zürich, auch zahlreiche Industrien gibt, welche diese Gegenden zu den dichtest besiedelten von ganz Europa machen.

In den tieferen, regenärmeren Gebieten des Mittellandes, die für den als Dreifelderwirtschaft betriebenen Ackerbau günstig sind, herrscht statt des Einzelhofs das Haufendorf. Dieses schließt sich im Welschland, wo, ähnlich wie im Tessin, der Steinbau von alters her die Stelle des Fachwerks und des Holzhauses einnimmt, zu einer bereits städtisch anmutenden Siedlungsform zusammen, so wie es in diesen Landesteilen überhaupt eine größere Zahl von Kleinstädten gibt. Es sind dies Siedlungsgewohnheiten romanischer Völker, die sich in der Schweiz mit solchen der germanischen berühren. – Die moderne Hausforschung (Richard Weiss) hat zwar die sogenannte ethnische Theorie abgelehnt, die in der geschlossenen Bauweise sowie im Steinbau die aus der römischen Antike abgeleitete Art der romanischen Völker, im Holzbau und in der Streubauweise die germanische Art sah, und hat die Streubauweise auf eine relativ späte Landnahme bisher kaum besiedelter Gebiete, wie zum Beispiel in den hochgelegenen Walserkolonien, zurückgeführt, was eine Entstehung der ›historischen‹ Haustypen erst zu Beginn der Neuzeit annehmen läßt. Trotzdem darf man bei den romanischen Völkern ein ursprünglicheres Verhältnis zur städtisch geschlossenen Siedlungsform und gleichzeitig zum Steinbau feststellen, gerade wenn man die verschiedenen Teile des Mittellandes miteinander vergleicht.

Das Welschland, wie die französisch sprechende Westschweiz – nicht aber der ebenfalls französisch sprechende Teil des Jura – genannt wird, hat innerhalb des Mittellandes bereits in der Bodengestalt ein eigenes Gesicht. Alpen und Jura nähern sich hier stärker, dazwischen aber sind die Täler breiter, die Höhen großzügiger, die Landschaft gewinnt damit eine milde Weite, in welche nicht nur gewöhnliche Siedlungen, sondern auch zahlreiche Schlösser und Herrensitze sowie einzelne bedeutende Klöster eingebettet sind. Zusammen mit den römischen Zeugen in Avenches und Orbe erlangte damit das Welschland ein überlegenes Maß an Kultur, deren hier besonders reiche Tradition sich bis in die gesittetere und urbanere Lebensauffassung ausgewirkt hat. Erst ein Welschland-Aufenthalt gab insbesondere den Töchtern aus vielen deutsch-schweizerischen und oft auch deutschen Familien die sogenannten ›guten Manieren‹.

Der Jura

Der Jura ist der am wenigsten bekannte Teil der Schweiz, doch zeigt er, wenn möglich, noch stärker deren wesentliche Zweiheit zwischen Eigendasein und Durchgangsland. Vom Oberrhein führen über Basel die verschiedensten Straßen durch die Täler, Klusen und Pässe ins Mittelland und weiter zu den Alpen oder auch nach Genf und darüber hinaus entweder rhoneabwärts oder durch Savoyen zum Mittelmeer. Durch den Jura gehen auch die Verbindungen nach Frankreich, wodurch Städte wie Neuenburg, Fribourg, Solothurn und Bern zu Vorposten der französischen Kultur wurden. Daneben aber gibt es weite Gebiete, vor allem auf den Hochflächen und in den abgelegenen Hochtälern, die ein sehr abgeschlossenes Dasein führen: es sind die von Tannen lose durchsetzten Weiden, vor allem um Saignelégier, zu denen dann die ebenfalls hochgelegenen und topographisch nicht ganz leicht zu erreichenden Uhrmacherstädte Le Locle und La Chaux-de-Fonds in einem geradezu unheimlichen Gegensatz stehen. Im Jura trifft sich das hier vorherrschende welsche mit dem deutschen Element in bisweilen harter Auseinandersetzung. Die welschen Jurassier sind von einem schon durch die Einsamkeit so vieler ihrer Siedlungen bedingten Individualismus, der sich bis zum Sektierertum, ja bis zum Anarchismus steigern kann. Der Kanton Bern, dem 1815 durch den Wiener Kongreß als Ersatz für seine nunmehr zu eigenen Kantonen gewordenen Untertanengebiete das einstige Fürstbistum Basel im nördlichen Jura zugesprochen worden war, hat den einen besonderen Kanton verlangenden Eigenwillen der Jurassier in unserer Zeit auch politisch erfahren. So ist auch die Schweiz von Minderheitenproblemen nicht ganz verschont geblieben.

Landschaftlich ist der Jura von hoher Eigenart. Sein ganzer Aufbau unterscheidet ihn ebenso vom Mittelland wie von den Alpen, während andererseits die Übergänge nach Frankreich um so fließender sind. So großzügig und einheitlich sich der Aufbau der Täler und Kämme aus ihrer Faltenbildung heraus äußert, so eindrucksvoll sind die Felsschluchten, die als Klusen dieses System durchbrechen und dem Wasser wie dem menschlichen Verkehr seinen Durchfluß gestatten. Sehr verschieden sind in ihren Lebensbedingungen und damit auch im Landschaftsbild die Höhen von den Tälern. Diese sind dicht besiedelt und von hohen Wäldern gesäumt. Jene aber sind karg und kahl, ausgetrocknet infolge des im Kalkstein raschen Versickerns des Regens und ausgesetzt dem Sturm wie der Kälte, so daß hier weit unwirtlichere Zustände herrschen als auf gleicher Höhe im Innern der Alpen.

Hoch über den Seen oder dem Aaretal steht man auf den Jurakämmen in einer alles andere als lieblichen Natur, doch um so großartiger ist die Sicht, die vom Chasseron und Chasseral, vom Weißenstein und Hauenstein oder von der ›Vue des Alpes‹ zwischen Neuenburg und La Chaux-de-Fonds an hellen Tagen hinweg über fast das ganze Mittelland hinüber zu den Alpen geht, deren Kranz vom Bodensee bis zum Genfer See umfassend. Die ganze Schweiz scheint sich dann vor unseren Augen auszubreiten.

Zwei Schilderungen mögen das Bild des Jura ergänzen. Die erste findet sich bei dem bereits zitierten Hermann Walser, der aus Biel am Fuße des Jura stammte:

»*Das Landschaftsbild des inneren Gebirges ist von stilvoller Einfachheit. Wer auf den Höhen dahinwandert, durchschreitet stundenlang lichte, vom Weidenvieh angefressene Wälder von Weiß- und Rottannen, knorrigen Buchen, bemoosten Ahornen, Erlen mit silbern blinkendem Laube, dann blumige, aber etwas magere, oft durch Steinmauern abgeteilte Weiden auf rissigem-rötlichem Erdboden. Er blickt in ein dicht bevölkertes Längstal, das mit grünen Wiesen in verschwimmende Fernen zieht, und wenn er es aufsucht, steigt er durch steilen und wilden Bergwald hinab, den Unterholz von reichster floristischer Zusammensetzung und wahre Trümmermeere von rutschenden Steinen schwer passierbar machen. Oder aber es überrascht ihn der plötzliche Blick auf den gewölbten Felsbau einer Kluse, deren beide Wände in der Mitte zurückliegend, an beiden Enden aber scharf zusammenstoßend wie eine Fuchsfalle, das enge Tal gefangen halten, durch das sich – ein seltener Anblick – der Fluß in grünen Stauungen und weißschäumenden kleinen Fällen seinen Weg sucht.*«

Und schließlich der Zürcher Literarhistoriker und Dichter Adolf Frey:

»*Der Jura steigert die Idylle schweizerischen Hügellandes zu einer entschiedeneren Haltung und mildert die unnahbare Wildheit und Majestät des Hochgebirges zu ernster Kraft. Er ist weltentzogen, ohne unwirtlich und unwegsam zu sein... Dem Maler bietet der Jura eine Menge geschlossener Bilder: die sanften, zuweilen von barocken Kuppen und Zacken gebrochenen Höhenlinien, die romantischen, von umbüschten Bächen durcheilten Schluchten, von Ruinen gekrönt und mit vorgelagerten Trümmerhalden, die Bergweiden, die vereinsamten Weiler, die Einblicke in die engen Tälchen, die Ausblicke über das Blau der Vorberge nach den Eishäuptern und abwärts nach den Ebenen.*«

Die Südschweiz

Einen Bereich für sich stellt die Südschweiz dar, welche den Kanton Tessin sowie die südlichen Täler Graubündens, die gleich dem Tessin italienisch sprechenden ›Valli‹, umfaßt. Wenn man vom Hügelland des Mendrisiotto absieht, des noch unterhalb des Luganer Sees gelegenen südlichsten Zipfels des Tessins, so sind es an sich alpine oder zumindest voralpine Gebiete, die geologisch der Nordseite der Alpen verwandt sind. Trotzdem besitzen diese Täler ihre hohe Eigenart, derentwillen sie besucht und auch zu dauerndem Aufenthalt gewählt werden, sowohl von Deutschschweizern und von Deutschen wie auch von den Bewohnern der großen Zentren der Poebene.

Der eigentliche Ruhm des Tessins liegt in der Schönheit der Seen, von denen der Luganer See in seinem überwiegenden Teil, der Langensee (Lago Maggiore) wenigstens in seinem oberen Ende noch auf schweizerischem Gebiet liegen. Beide besitzen zwar nicht ganz das milde Klima, das am Comer See und vollends am Gardasee größere Olivenhaine, ja an letzterem sogar Orangen reifen läßt, aber an Mannigfalt der Bodengestalt, an markanten Bergformen, doch auch an Reichtum der Kulturstätten nimmt es der Tessin durchaus mit seinen italienischen Nachbargebieten auf, und erst Städte wie Como und Mailand übertreffen eindeutig an Kunstschätzen die schweizerischen Ufer des Luganer und des Langensees.

Es ist das Insubrien der alten Römer, dessen Nordrand in mancher Hinsicht die südlich anstoßende Poebene übertrifft und mit seinen geschützten Orten eigentlich schon das subtropische Klima der Riviera vorwegnimmt. Hermann Christ, der von Beruf Jurist und aus Neigung Botaniker war, hat schon 1879 dieses Seengebiet am Alpen-Südfuß beschrieben:

»*Umso überraschender kommt uns die südliche Fülle unserer Südalpen zum Bewußtsein, als sie uns nicht nur dann neu entgegentritt, wenn wir sie von den eisigen Kämmen der Alpen, von der nördlichen Schweiz her begrüßen, sondern selbst dann, wenn wir von Turin, von Mailand, von Bologna ihr nahen.*

Die südlichen Formen des insubrischen Seegebietes stehen nicht in räumlichem Zusammenhang mit der eigentlichen Mittelmeerregion: sie sind von ihr durch die große Poebene und den Gebirgswall der Südalpen und Apenninen getrennt. Wir suchen die Cistrose, die cretische Pteris, das Allionische Bartgras, die Micromeria unserer Tessiner Seegestade vergebens im ganzen Potal und treffen sie erst wieder an den Hügeln Liguriens, die das Meer bespült und der Scirocco aus erster Hand erwärmt. Eben so viele Oasen nennt der lombardische Botaniker Casati diese Seegebiete, die am Rande der insubrischen Fläche eine Vorahnung des Südens geben, während die Fläche selbst, zwar sprichwörtlich fruchtbar, aber durch ihre Monotonie die Verzweiflung des Sammlers bilde. Nur das Walliser Rhonetal ist durch den Stromlauf direkt mit dem provenzalischen Mittelmeerbecken verbunden; ein Kranz kühler, ja zum Teil beeister Gebirge, ein Vorland weiter, wasserreicher Fluren scheidet den Südfuß der großen Alpen von der mediterranen Welt.

In nirgends übertroffener Steilheit eines Schwungs entsteigt die Alpenkette dem tiefen Becken des Po. Dieses riesige, nach Südosten gewandte Spalier ist geschützt vor den Nord- und Nordostwinden, die sich an den östlichen Alpenketten brechen. Es empfängt direkt und mit vollster Kraft die Strahlen der Sonne, und es entsteht eine Strahlenwirkung, eine Insolation, wie wir sie sorgfältig an der ›Sonnenseite‹ unserer Häuser für empfindliche Obstbäume aussuchen, wie sie aber hier die Natur in größtem Maßstab bietet.«

Geographisch und kulturell mit dem benachbarten Italien verwandt und durch eine in ihrem überaus komplizierten Verlauf eher künstlich anmutende Grenze getrennt, bekundet diese Südschweiz doch auf eine nicht zu übersehende Art ihren eidgenössischen Charakter, und zwar keineswegs nur durch die Uniformen der Zoll-, Post- und Bahnbeamten, sondern durch eine Menge von Eigentümlichkeiten der Geschichte, wie vor allem des politischen Willens. Insbesondere ist es auch hier die Geltung der Gemeinde, von denen jede einzelne auf sich hält und sich damit gegen die provinzielle Abhängigkeit von einer fernen Zentrale wehrt. ›Liberi e Svizzeri‹ war in napoleonischer Zeit die Parole, als sich das Tessin für die Eidgenossenschaft entschied und aus einem bisher von den Landvögten der Urkantone regierten Untertanengebiet ein eigener Kanton wurde. Seither hat die Südschweiz auch innerhalb ihrer kulturell sorgfältig gepflegten *Italianità* vor allem im öffentlichen Leben und darüber hinaus in ihrem Patriotismus auf eigene Art eine sehr schweizerische Gesinnung entwickelt.

Nicht ganz so eindeutig wie im politischem Bereich ist die Selbständigkeit des Tessins auf kulturellem Gebiet. Hier gibt es gewisse Schutzvorschriften gegen eine sprachliche Überfremdung, nachdem das Gewicht der Deutschschweizer und der Ausländer, und unter diesen wiederum der Deutschen, an einzelnen bevorzugten Orten allzu groß geworden erschien. Für den Durchreisenden wird der Verlust des eigenen Gesichtes vor allem in den vielen, oft hemmungslos in die Landschaft gesetzten Neubauten, insbesondere den Villen Zugezogener, sichtbar, die an den Seeufern, doch auch in der Magadino-Ebene und im Mendrisiotto die herkömmliche Siedlungsform mit ihrem harmonischen Zusammenhängen mehr und mehr zerstören.

Volkstum

Vielsprachige Schweiz

Der Vielgestalt des Bodens entspricht die Mannigfalt des schweizerischen Volkstums. Zwar werden heute die kulturellen Unterschiede, wie sie im Nebeneinander verschiedener Entwicklungsstufen gerade in der Schweiz bestanden, mehr und mehr durch die alles durchdringende moderne Zivilisation ausgeglichen, doch bleibt zumindest die sprachliche Vielfalt, die im deutschsprachigen und rätoromanischen Gebiet zudem durch eine große Zahl von Dialekten bereichert wird. Abgeschlossenes Eigenleben und weltoffene Aufnahmebereitschaft sind maßgebend für das fruchtbare Nebeneinander der verschiedenen Sprachen und damit auch der Kulturen. Mit anderen Worten: Die Schweiz steht den Kulturen der großen Nachbarnationen offen, doch sie wandelt sie auf ihre Art ab, so wie sie die benachbarten Idiome in eigener Weise ausspricht, ohne daß indessen dabei eine eigene Schriftsprache wie in Holland entstanden wäre. In der französisch und italienisch sprechenden Schweiz wird im Unterschied zur deutschen Schweiz die Schriftsprache nur in der Akzentuierung abgewandelt. Diese ist bezeichnenderweise ähnlich breit und behäbig im Mund des Waadtländers und Genfers oder auch des Tessiners wie das Schweizerdeutsch der Berner, Luzerner oder Zürcher. Es entspricht dies einer gewissen Verwandtschaft auch im sonstigen Gehaben des Schweizers, gleichgültig aus welchem Sprachteil er stammt. Es ist das Bedächtige, Abgemessene, die Neigung, nichts zu überstürzen, sondern den Verlauf der Dinge in bisweilen skeptischer Ruhe abzuwarten.

Dazu kommt eine vierte Landessprache, in welcher sich die Vielfalt der Schweiz in potenzierter Form widerspiegelt: das Rätoromanische. Abgesehen vom Ladinischen, das außer im Engadin auch in gewissen Teilen Südtirols und im Friaul gesprochen wird, besteht diese Gruppe nur in der Schweiz. Hier sprechen die Rätoromanen unter sich wiederum die verschiedensten Idiome. Diese lassen sich zwar in das Surselvische im Vorderrheintal und in das Ladinische im Engadin als wichtigste Gruppen zusammenfassen, wobei sich jedoch auch innerhalb dieser beiden Schriftsprachen, von denen insbesondere das Ladinische seit dem 16.Jahrhundert über eine eigene Literatur verfügt, der Wortschatz oft von Dorf zu Dorf grundlegend verändert.

Es ist für den inneren Zusammenhalt der Schweiz von großer Bedeutung, daß die Sprachgrenzen weder mit den politischen noch den konfessionellen Grenzen zusammenfallen. Innerhalb des einen Kantons Graubünden gibt es deutsch, romanisch und italienisch sprechende Täler, und unter den letzteren, den sogenannten ›valli‹ auf der Südseite der Alpen, folgt das Bergell dem reformierten Bekenntnis. Die Sprachgrenze zwischen Deutsch und Italienisch verläuft zwar über die Höhe des Gotthardpasses, aber sie wird in beiden Richtungen von starken Kultureinflüssen überschnitten. Weiter westlich sind die deutschsprachigen Walser während des Mittelalters in heute italienisches Gebiet bis Domodossola vorgedrungen, und sie haben im sonst nur italienisch sprechenden Tessin das entlegene Gurin gegründet. Die gleichen Walser, die übrigens auch die oberen Teile vieler Bündnertäler besiedelten, beherrschten einst vom Oberwallis, ihrer eigentlichen Heimat, aus bis 1798 das Rhonetal bis zum Genfer See hinab. Genf, Waadt und Neuchâtel sind völlig welsche Kantone. Im sonst katholischen Kanton Fribourg aber gibt es in und um Murten eine Minderheit, die nicht nur deutsch, sondern gleich den eben genannten Kantonen reformiert ist. Der Kanton Bern, zu dessen Untertanenländern von 1536 bis 1798 auch die Waadt gehörte, besitzt in einem Teil seines Juragebietes eine französische Minderheit. Hier kann noch am ehesten von einem Sprachgegensatz gesprochen werden, weniger in der aufgeschlossenen Industriestadt Biel, als in der Gegend von Delsberg und Pruntrut, wo der schweren Hand der bernischen Regierung lange Zeit keine Lösung für die Sonderwünsche von Gebieten gelang, die auch historisch aus einer ganz anderen Wurzel, nämlich vom ehemaligen Fürstbistum Basel, stammen. Aber auch im altbernischen Seeland scheint sich das germanische Element trotz aller Berührung mit Burgund in einem bisweilen trotzigen Selbstgefühl gegen die geschmeidigere Art der welschen Nachbarn aufzubäumen – ein Grenzphänomen, wie man es auch in Belgien zwischen Flamen und Wallonen antreffen kann.

Notzeiten, wie sie die Schweiz im Druck von außen erlebte, haben bis in die jüngste Vergangenheit den Zusammenhalt zwischen den verschiedenen Sprachgruppen eher gefestigt als gelockert. Selbst 1798, als die Franzosen von Bern die Waadt ›befreiten‹, bildete sich dort eine ›Légion d'honneur‹, die dem alten Bern zu Hilfe eilte.

Und auch die Risse, die der Erste Weltkrieg zeitigte, sind bald wieder geheilt, so daß im Zweiten Weltkrieg unter der Führung zweier Waadtländer, des Generals Henri Guisan und des allerdings in seiner äußeren Haltung weniger eindeutigen damaligen Außenministers Pilet-Golaz, die Schweiz die damals besonders ernste Bedrohung überstand.

Der Mensch in der Landschaft

Die Vielgestalt der Schweiz ist immer wieder hervorgehoben worden. Eugène Rambert (1830-1886) hat dafür noch heute gültige Formulierungen gefunden, die namentlich den Zusammenhang zwischen Bodengestalt und politischem Schicksal beleuchten:

»*Die Täler der Schweiz bestehen allgemein aus einer Reihe aufeinanderfolgender Becken, die voneinander getrennt sind durch Talengen oder Schluchten. Es genügt, die natürlichen Grenzen eines solchen Talbassins zu beachten, um in der großen Mehrzahl der Fälle die Umgrenzung einer Gemeinde vor sich zu haben... Jede dieser Talkammern ist eine kleine isolierte Welt, welche die große Welt kaum nötig hat. Jede ist eine Heimat, ein Nest, in welchem mehrere Familien sich zusammendrängen. Niemand lebt dort, den nicht alle kennen würden. Geburt und Tod sind Ereignisse der Gemeinschaft. Die Ahnen ruhen rings um die Dorfkirche, und die Gewohnheit ebensosehr wie die Bindungen des Blutes schaffen zwischen den Bewohnern eine Zusammengehörigkeit, welche sich in der Sprache zeigt.*

Das traute Bild der Familie vereinigt sich im Geiste des Bergbewohners mit dem Bild der Heimat. Sie stützen und stärken sich gegenseitig. In der Ebene zerstreut sich das Leben, im Gebirge verdichtet es sich. Wenn der Bewohner der Ebene in ein benachbartes Dorf zieht, so findet er noch nichts Fremdes in der Natur, das ihn schmerzlich die Entfernung seines elterlichen Herdes empfinden ließe ... Der Älpler im Gegenteil hat schon nach einigen Schritten veränderten Himmel und Horizont. Das Heimweh kann ihn packen zwei Meilen von zu Hause ...

Es ist naturgemäß, daß das politische Leben sich partikularisiert in einem Lande, das solchermaßen in Kammern gegliedert ist, deren jede ein Ganzes bildet. So wie die Heimat identisch wird mit dem Herd, so zeigt der Begriff des Staates die Neigung, mit dem der Gemeinde zu verschmelzen. Die Geschichte der Schweiz bietet jedenfalls Beispiele der kleinsten souveränen Staaten, die lange existierten, wie die Republik von Urseren und die von Gersau, das Idealbild dieser Art ...«

Der Atem der Landschaft

Selbst wer nur auf der Durchreise das der Schweiz eigene Landschaftserlebnis erfährt, vermag zu ahnen, wie sehr hier Natur und Mensch miteinander verbunden sind, und dies gilt auch noch heute, wo die moderne Technik so oft diesen Zusammenhang zu trennen sucht, um den Menschen scheinbar unabhängiger zu machen.

Man kann den Atem einer Landschaft erfühlen, und dieser zeigt sich in vielen Dimensionen: im Auf und Ab des Geländes, in den gleich erstarrten Meereswogen hintereinander sich aufwölbenden Jurakämmen, von denen man über die Flächen und Hügel des Mittellandes die Gipfelflur der Alpen erschaut. Der Atem der Landschaft lebt aber auch in den Tälern, die sich in ihrem Laufe verengern und erweitern, vorab in den Alpen, wo nach unwegsamen Schluchten weite Talschaften mit Obstgärten, Matten und Auen eine fast paradiesische Milde verheißen.

Doch der Atem der Landschaft lebt auch im Wetter, von dessen Wechsel man nirgends abhängiger ist als am Meer und – im Gebirge: Feuchte und warme Luft kann sich an beiden Alpenrändern zu hartnäckigem Regen stauen, der aus tiefliegenden Wolken strömt oder aus alles durchdringenden Nebeln rinnt. Oder es verschleiert der Nordostwind die Alpen und entrückt sie zu einem sehr zart konturierten Bild; und wenn sich dazu noch sommerliche Hitze gesellt, dann legt sich ein leichter Dunst über das Mittelland, das nun auf einmal sehr groß wirkt, während die Schneeberge wie eine ferne Vision den Horizont beschließen, kaum zu trennen von den Wolken. Aber wie ganz anders wird die Szenerie bei Föhn, jenem Fallwind, der, wenn der Luftdruck über Italien höher ist, durch die Täler mit elementarer Gewalt herabbricht, die Seen aufwühlt, so daß die Schiffe nur mit Mühe landen können! Der Föhn trägt mit seinem heißen Atem die Funken des kleinsten Feuers in die Schindeln der Holzhäuser und kann damit ganzen Dörfern zum Verhängnis werden. Darum haben in den sogenannten Föhntälern, in den Kantonen Uri und Glarus, eigene Wächter auf das Löschen jeder Glut zu achten. Der Föhn bringt Kopfschmerzen, doch beeinflußt er auch die Psyche, er deprimiert, macht schlaff und mutlos; aber er kann auch erregen, bisweilen bis zur kurzen Euphorie eines Rauschzustandes, bis dann nach dem Zusammenbruch des Föhns im regnerischen Westwind, der ihm gewöhnlich folgt, die Niedergeschlagenheit um so größer ist. Doch vorher wirkt er auf empfindliche Naturen wie ein Rauschgift. Alles wird klarer, die fernsten Gipfel rücken in greifbare Nähe, die Farben erscheinen tiefer und leuchtender. Die Kontraste haben sich verstärkt, und doch schließt sich alles näher zusammen. Und wenn dazu noch die Farben des Spätherbstes kommen, dann gewinnt die Bezauberung ein fast nicht mehr erträgbares Maß. Dann gehen Lust und Schmerz ohne Schranken ineinander über, und das Bild der Heimat, das dermaßen der Föhn überglänzt, setzt sich zutiefst in der Seele fest und weckt in der Erinnerung ein unstillbares Heimweh.

Das Heimweh ist dem Schweizer besonders eigen, es entspringt nicht nur dem seit je vorhandenen Zwang zur Auswanderung, weil der Boden nie alle seine Bewohner ernähren konnte, sondern es liegt ebenso begründet im Zauber einer Landschaft, die man so leicht nicht verläßt und die man nie vergißt.

Schweizer im Ausland

Außer den Irländern gibt es kein Volk, von dem so viele ausgewandert sind, ohne daß sie dabei ihre Herkunft vergaßen. Schweizer haben in allen Teilen der Erde ihre Tüchtigkeit bewiesen, vor allem als Söldner, wodurch nicht nur die überflüssige Volkskraft abgeschöpft, sondern auch der Kampfgeist und das Ansehen der Nation selbst über die außenpolitisch stilleren Jahrhunderte der nach der Niederlage von Marignano 1515 beobachteten Neutralität hinweg bewahrt wurden. Wohl stimmt die Anekdote, daß man mit dem von fremden Monarchen erworbenen Gold eine Straße von Paris bis Basel mit Gold hätte pflastern, mit dem dafür vergossenen Blut jedoch einen gleich langen Kanal hätte füllen können; und die sogenannten ›Pensionen‹, das heißt, die von fremden Fürsten an die regierenden Geschlechter in den einzelnen Kantonen gezahlten Werbegelder, sind ein eher trübes Kapitel in der Schweizer Geschichte des 15. bis 19. Jahrhunderts. Aber nicht zu übersehen sind auch die lichten Seiten: Der ständige Kontakt mit den Höfen des Auslandes ließ die Schweiz weltoffen bleiben, und mit dem Geld gelangten wertvolle kulturelle Anregungen namentlich nach Bern, Freiburg, Solothurn und Luzern, doch auch in die Urkantone und nach Graubünden, um allenthalben die einheimischen Bauten mit ihrem Wohnstil nicht etwa schon modisch zu verderben, sondern in den mannigfachsten Synthesen glücklich zu bereichern. Auch abgesehen vom Solddienst ist die Spanne oft erstaunlich groß, die einzelne Schweizer zwischen Heimat und Fremde durchleben – so bei Matthäus Schinner, der aus den Holzhäusern des Oberwallis nach Sitten kam, wo er Bischof wurde, und später nach Rom ging, um dort die Würde eines Kardinals zu empfangen – oder bei den Legler aus dem von steilsten Bergen bedrängten Glarus, die am Rande der Poebene bei Bergamo Textilfabriken gründeten, neben denen sie ihre Villen dann doch wieder in einem ausgesprochen schweizerischen Stil mit hohen Dächern bauten. Ein drittes Beispiel wäre Le Corbusier, der aus der Weite und Einsamkeit der Jurahochflächen heraus – von der seine Heimatstadt La Chaux-de-Fonds sich seltsam unwirklich abhebt – seine fast jede Konvention durchbrechenden Bauten plante und sie dann im Ausland verwirklichte.

Auch in früheren Jahrhunderten sind viele Künstler ausgewandert, darunter solche mit berühmten Namen, so Carlo Maderno, der Langhaus und Fassade des Petersdomes schuf, Francesco Borromini, der den römischen Hochbarock vollendete, und Baldassare Longhena, der neben bedeutenden Palästen S. Maria della Salute in Venedig erbaute. Aus dem gleichen Tessin sowie aus dem benachbarten Misox wanderten beinahe zahllose Baumeister, Steinmetzen und Stukkatoren sowohl nach Italien wie nach dem Norden, wo sie an der Donau und darüber hinaus bis tief nach Rußland hinein zum Teil sehr beachtliche Werke schufen. Giovanni Serodine und Vicenzo Mola, die beide als Maler im barocken Rom zu Ansehen gelangten, stammen aus Ascona und Coldrerio im südlichen Tessin. Weniger zahlreich sind die aus der übrigen Schweiz ausgewanderten Maler, doch stammte der Hofmaler Maximilians II., Joseph Heintz, aus Basel, der in Nürnberg wirkende Jost Amman aus Zürich und Liotard war von Geburt aus Genfer, der Solothurner Rudolf Byss wirkte in den Schlössern zu Würzburg und Pommersfelden, und Johann Heinrich Füssli entstammt einem Zürcher Patriziergeschlecht. Im 19. Jahrhundert waren es Böcklin, Stäbli, Fröhlicher und Stauffer, die in Florenz und München zu Ruhm oder mindestens zu Ansehen kamen, und im 20. Jahrhundert wurden der in Bern aufgewachsene Paul Klee und der im Bergell beheimatete Alberto Giacometti weltbekannt.

Daneben wirkten zahlreiche Schweizer im Ausland als Maronibrater, Patissiers, Cafetiers und Hoteliers und gelangten dabei zu Ansehen, wie die Namen Josty in Berlin, Caflisch in Neapel, Kraft in Florenz und Ritz in Paris es bezeugen. Im 19. und 20. Jahrhundert haben Schweizer in Übersee als technische, politische und militärische Berater gewirkt, so Minister Ilg in Abessinien, und in der Entwicklungshilfe Europas in Afrika und Indien nehmen sie heute einen hervorragenden Platz ein. Aber diese sogenannte ›fünfte Schweiz‹, die den vier Sprachgruppen der Heimat zugezählt wird, bleibt ihrem Ursprung verbunden. Die Villen, die von den erfolgreich Zurückgekehrten nicht nur an den bevorzugten Rivieren des Genfer und Luganer Sees, sondern auch in abgelegenen Tälern, vorab im Tessin und in Graubünden, im Laufe des 19. Jahrhunderts errichtet wurden, zeugen von der Anhänglichkeit an die Heimat.

Volkscharakter

Enge und Weite, Geborgenheit und Freiheit, Bodenständigkeit und Weltoffenheit formen den geistigen Raum für das Leben des Schweizers. Entstanden ist daraus das Land der ältesten Bünde zum Schutz der Freiheit, des Alpenreduits im Zweiten Weltkrieg – und des modernsten Versicherungsschutzes; ein Volk von einer Bodenständigkeit, die bis zu bäuerlich-kleinbürgerlicher Enge sich verfilzen kann, bis dann der Drang zur Freiheit, der Zug ins Unbegrenzte die von der Enge des Tales und dem allzu nahen Zusammenleben gesetzten Schranken durchbricht.

Der Kampf mit einer harten und oft gefährlichen Natur hat in vielhundertjähriger Entwicklung die Widerstandskraft der Schweizer gesteigert und ihnen zugleich gezeigt, wie sehr sie aufeinander angewiesen sind. Aus den Genossenschaften, die gemeinsam die Alpen bewirtschafteten und dabei die Wiesen entsteinten, Wälder rodeten oder als Bannwald zum Schutz gegen die Lawinen bewahrten und Wege bauten, bildeten sich schon im Hochmittelalter jene politischen Organisationen, die, wie Uri und Schwyz, sich von den Hohenstaufen die Reichsunmittelbarkeit verbriefen ließen und zusammen mit Unterwalden den Bund von 1291 schufen.

Brauchtum, Theater und Feste

Der steinige Boden der Alpen hat einen Menschenschlag geprägt, der hart, nüchtern, oft auch mißtrauisch und berechnend auf die Sicherung seiner Existenz bedacht ist. Doch diese aus der Bedrohung durch die Naturgewalten und durch die Arglist der benachbarten irdischen Mächte entwickelten Eigenschaften schließen nicht aus, daß die Eidgenossen, wenigstens wenn Not am Mann ist, treu zueinander stehen, und daß die Werte des Gemütes, auch wenn sie vielleicht weniger offen zutage treten als bei den weicheren und musisch begabteren Nachbarn in den Ostalpen, ebenfalls in Liedern und Tänzen, Sagen und Märchen sowie einem Brauchtum zum Ausdruck kommen, das heute zwar dahinschwindet, doch einst ganz besonders gepflegt wurde. Erhalten haben sich davon in erster Linie die kirchlichen Umgänge in den katholischen Orten: berühmt sind die Karfreitagsprozessionen im südlichen Tessin, vornehmlich die von Mendrisio mit ihrem fast spanisch düsteren Gepräge, ferner die Fronleichnamsprozession mit dem von Kavallerie angeführten Umritt in Beromünster, die Lötschentaler Prozession mit ihren ›Hergottsgrenadieren‹ in napoleonischer Uniform mit hohen Bärenmützen. Oder, um noch weiter in der katholischen Welt zu bleiben, die geistlichen Spiele, die, wie auf dem Fischmarkt in Luzern, auf mittelalterliche Tradition zurückgehen, oder Calderons ›Großes Welttheater‹ vor dem großartigen Hintergrund der barocken Klosterfront von Einsiedeln.

Unter vielem, was der Verkitschung verfallen ist, gibt es auch heute noch einzelne sehr schöne Volkslieder, aus denen bisweilen eine ergreifende Grundtrauer erklingt, so in der alten Form des ›Guggisberger Liedes‹ oder in jenem ›Im Aargäu si zwey Liebi ...‹. In bereits neuzeitlicher Form lebt der alte Abendsegen des Älplers nach in ›Luegit vo Berg und Tal ...‹

Wie wenig jedoch den Schweizern das falsche Pathos des 19.Jahrhunderts zusagte, beweist die Schwierigkeit mit einer Nationalhymne in der Art von ›Heil Dir im Siegeskranz‹. Das entsprechende ›Rufst Du, mein Vaterland ...‹ konnte sich nicht behaupten, doch hat heute auch der offizielle Ersatz einige Mühe, sich durchzusetzen.

Was indes beiden Konfessionen eignet, ist das Theater, das in Form von Laienspielen oder auch kleiner Wanderbühnen namentlich in kleineren Orten und hier wiederum vorwiegend in den Berggegenden gepflegt wird. Es gibt die verschiedensten Varianten, von den geistlichen Spielen bis zum weltlichen Schwank und Rührstück. An Gehalt obenan stehen die in Altdorf und Interlaken gepflegten Tellspiele, welche eine bis auf die Renaissance zurückgehende Überlieferung des patriotischen Theaters am Leben erhalten. Oft führen, wie im Oberwallis, Priester die Regie, oder es sind kleine Wandertruppen, die auf den Bühnen von Gasthöfen und Turnhallen ein nicht selten erstaunliches Können bekunden. In anderen Fällen erfreuen die besonders zum Schauspiel begabten Bewohner eines bestimmten Dorfes die ganze Talschaft, was namentlich in Graubünden und im deutschsprachigen Teil des Wallis vorkommt.

Über die vielen Anlässe eines regen Vereinslebens hinaus gibt es in der ganzen Schweiz zahlreiche Feste, die nicht nur die Bewohner eines Dorfes, sondern auch großer Städte zusammenführen und außerdem von weit her Zuzug finden: So hat Basel seine berühmte Fasnacht, auf die es mindestens so stolz ist wie weiter unten am Rhein Köln auf seinen Karneval. Zürich rühmt sich seines ›Sechseläutens‹, an welchem zum Geläut der großen Münsterglocke ein ›Böögg‹ genannter Schneemann als Symbol des Winters verbrannt wird und die Zünfte in einem farbenprächtigen Zug zum hohen Scheiterhaufen ziehen. Das allherbstliche ›Knabenschießen‹ hält auch noch in der Großstadt die Wehrfreude aufrecht. Dagegen mußte ein in der ersten Nachkriegszeit aufgekommenes ›Zürifäscht‹ wegen der Unsicherheit des Wetters und des gefährlich gewordenen Gedränges wieder aufgeben werden. St.Gallen hat sein sommerliches ›Kinderfest‹, Bern seinen ›Zibele-Märit‹, Schaffhausen die Munot-Bälle, die auf der leicht geneigten Zinne der alten Zitadelle getanzt werden. Aber auch das Welschland feiert seine Feste, so die ›Escalade‹ in Genf, die ›Braderie‹ in Biel und die verschiedenen Winzerfeste, von denen die in Vevey und Neuenburg die berühmtesten sind.

Die Festfreude hat im technischen Zeitalter keineswegs abgenommen, vielmehr durchwogt eine Fülle von Veranstaltungen, von Vereinsfesten, Musiker-, Sänger- und Schützenfesten, von Seenachtsfesten, Dorf- und Stadtfesten an vielen Samstagen der warmen Jahreszeit das ganze Schweizerland.

Existenzkampf, äußere Blüte und innere Krisen

Doch die andere Seite des Schweizer Charakters ist karg und nüchtern; sie ist vom harten Existenzkampf geprägt, der zum Rechnen mit den eigenen Kräften und zum Zusammenhalten des meist mühsam Erworbenen zwingt. Wer in der Schweiz als Schweizer groß auftritt und ein sogenanntes Herrenleben führt, macht sich bei seinen Mitbürgern leicht verdächtig. Das Untertreiben gehört zur guten Sitte, und der Alltag des Patriziers ist so einfach wie das meist schlichte Äußere seiner Häuser.

Zeiten des Wohlstandes, wie sie die Schweiz im 15. und 16. sowie im 18. und 19. und in wesentlichen Teilen des 20. Jahrhunderts erlebte, waren bezeichnenderweise zugleich solche innerer Krisen. Aus dem Übermut der Burgundersiege entsprang der ›Saubannerzug‹, in welchem eine sich von Ort zu Ort mehrende Schar junger Leute hinter einer mit einem Schwein bemalten Fahne durch das Land zog, von den teils hilflosen, teils ihnen wohlwollenden Behörden empfangen und bewirtet. Im 16. Jahrhundert, mitten in der üppigen Kultur, die bereits im Zeichen der Renaissance stand, brach in der Schlacht bei Marignano die kurze Großmachtsrolle zusammen, welche die Eidgenossen als das Zünglein an der Waage zwischen den um die Lombardei kämpfenden Mächten zu spielen vermochten. Wenige Jahre später ereignete sich die Glaubensspaltung, die zum Tod des Reformators Huldrych Zwingli auf dem Schlachtfeld führte und die langwierigsten Händel zwischen den Kantonen des alten und jenen des neuen Bekenntnisses nach sich zog.

Das 18. Jahrhundert brachte auch für die Landbevölkerung eine wirtschaftliche Blüte, von der noch heute manches Dorfbild zeugt. Doch gleichzeitig kam es nochmals zu schwerwiegenden Spannungen zwischen den sich ihrer früheren Freiheiten erinnernden Bauern und den auf ihren Vorrechten beharrenden Städtern. Die Schweizer waren nämlich seit langem nicht mehr eine Demokratie, sondern die politische und wirtschaftliche Macht beschränkte sich in den meisten Kantonen auf eine verhältnismäßig dünne Oberschicht. Trotz der außerordentlichen Wirtschaftsblüte und trotz den sehr beachtlichen Leistungen der Künste und Wissenschaften war am Ende des 18. Jahrhunderts die ›alte Eidgenossenschaft‹ nicht imstande, sich auch politisch aus eigener Kraft zu regenerieren, und brach dementsprechend ziemlich kläglich zunächst vor der Propaganda und schließlich auch vor den Armeen des revolutionären Frankreich zusammen.

Die industrielle Revolution des 19. und 20. Jahrhunderts hat die Schweiz schon verhältnismäßig früh berührt, doch entscheidend eigentlich erst seit der Mitte des 20.Jahrhunderts; sie hat vor allem Städten und Dörfern des Mittellandes zu einem erfreulichen Wohlstand verholfen. Aus dem ›Volk der Hirten‹, das noch die Romantik suchte, wurde eine Industrienation, die schließlich die siebente Stelle in der ganzen Welt erreichte. Die mit dieser Entwicklung im 19.Jahrhundert zusammengehenden Spannungen zwischen Liberalen und Konservativen führten im Unterschied zum damaligen Deutschland zu einem fruchtbaren Ergebnis, nämlich der Bundesverfassung von 1848, die in ihrem Ausgleich zwischen der Zentralgewalt des Bundes und der Eigenständigkeit der Kantone bis heute gültig geblieben ist.

Bis zur Mitte des 20.Jahrhunderts hat sich das Neue eher langsam und organisch durchgesetzt. Die Alpen blieben vorerst noch wenig berührt, und im Mittelland wie im Jura vermochte die Entwicklung eigentümlich schweizerische Züge anzunehmen. Neben der Freude an der Pionierleistung und der Gabe, weit über die Grenzen hinaus Verbindungen anzuknüpfen, und neben einer handwerklichen Sorgfalt, die sich insbesondere in der Präzisionsindustrie fruchtbar auswirkt, herrscht wenigstens bis heute ein gewisser Sinn für menschliches Maß, das sich in der Dezentralisation zeigt, sowie in der Abneigung gegen Ballungen der Schwerindustrie, wie eine solche sich in einem Land ohne eigene Kohlen- und Erzvorkommen ja auch nicht aufdrängt. So gibt es nur eine verhältnismäßig beschränkte Zahl von Großunternehmen, nämlich in Basel, Zürich, Winterthur, Schaffhausen, Baden, Schönenwerd bei Aarau, Balstal bei Olten, Biel, Le Locle, La Chaux-de-Fonds und Genf. Sonst aber besteht eine Menge von mittleren und kleinen Betrieben, wodurch selbst in den klassenkämpferischen Phasen des 19. und 20.Jahrhunderts eine ausgesprochene Proletarisierung verhindert werden konnte.

Durch die beiden Weltkriege wurde die Schweiz von außen her in Frage gestellt; heute ist dies von innen her der Fall, und zwar durch die Auswirkungen einer in diesem Grade nie erlebten Hochkonjunktur, die bald nach dem Ende des Zweiten Weltkrieges einsetzte und deren Krisis sich seit 1974 abzeichnet. Besonders schwer wiegt dabei, daß der wirtschaftliche Aufschwung sich mit einer Revolution auf technischem Gebiet verbindet. So international dieser Prozeß ist, so wird er doch durch spezifisch schweizerische Eigenschaften gefördert: einmal durch die Freude an der Pionierleistung, aber auch am Gelderwerb, dann durch ein selbstherrliches Schalten, das der Einzelne auf seinem eigenen Grund und Boden glaubt üben zu dürfen und das der heute so notwendigen Landesplanung entgegenwirkt. Der ständige Kampf mit den gerade in den Bergen als drohende Übermacht erscheinenden Elementen hat schließlich zu einer rücksichtslosen Ausbeutung der Natur geführt, sei es in Kraftwerken, in Anlagen für den Verkehr, in der Landwirtschaft oder in einer keine Grenzen mehr kennenden touristischen Erschließung. Das Ergebnis ist gerade hier eine Überbeanspruchung, die letzten Endes die eigentlichen Werte des Bodens zerstört. Ein unvoreingenommener Kritiker (Grosjean) hat nicht zu Unrecht dem heutigen Schweizer vorgeworfen, daß er am liebsten auf demselben Quadratkilometer einen Wohnblock, ein Strandbad, ein Naturschutzgebiet und eine Ölraffinerie errichten möchte...

Die Industrialisierung bedeutet für die Schweiz zwar eine Notwendigkeit, weil der Boden als solcher schon seit langem nicht in der Lage ist, die ganze Bevölkerung zu ernähren. Aber was dieser Entwicklung allein an landschaftlicher Schönheit und damit an seelischen Werten geopfert wurde und gerade in unserer Zeit noch wird, erscheint durch den materiellen Gewinn nicht gerechtfertigt. So hat heute die Rationalisierung und Mechanisierung die Landwirtschaft bis hinauf in die Bergtäler ergriffen, auch hier durch ein hartes und rücksichtsloses Gewinn- und Rentabilitätsdenken bestimmt. Um konkurrenzfähig zu bleiben, hat man die bisherigen Bau- und Lebensgewohnheiten und zugleich auch das überkommene Landschaftsbild weitgehend preisgegeben.

»*Im Zusammenhang mit den Gesamtmeliorationen wurden zahllose Feldgehölze, Hecken, Bachuferwälder und Einzelbäume ausgestockt, vorspringende Waldsäume gerodet und einspringende Wieslandstreifen aufgeforstet. Ausgedehnte Sumpfwiesen und Flachmoore wurden entwässert, offene Bäche in starre Gerinne verlegt oder eingedeckte Tümpel mit Abraum ausgefüllt. Die Landschaft verarmt.*« (*E.Krebs*)

Die Hecken sind durch Stacheldraht ersetzt, die meisten Auwälder der Gewässerkorrektion geopfert, die vereinzelten Bäume oder die von Obstbäumen durchsetzten Wiesen weichen großen, maschinell bewirtschafteten Äckern und Obstplantagen. Das Bauernhaus, das unter einem einzigen Dach Wohnung, Stall und Scheune vereint, oder die sinnvoll aufeinander abgestimmte Baugruppe des Hofes, die beide in so hohem Maße auch das Gemüt ansprachen: sie weichen heute der einer Fabrik gleichenden Farm. Die große Familie, die einst der Bauer mit seinen Knechten und sogar den Tieren bildete, hat sich an vielen Orten aufgelöst. Daß dabei die früher für die Schweiz so bezeichnenden Unterschiede zwischen den einzelnen Regionen verlorengehen, gehört ebenfalls zur heutigen Entwicklung. Beton, Backstein und Blech verdrängen Holz und Riegelwerk, und kein Nußbaum und kein Ahorn beschatten mehr den Brunnen, dessen Rauschen ohnehin durch den Lärm der Traktoren und Erntemaschinen übertönt würde.

Aber auch vom Tourismus in seiner heutigen Form muß gesagt werden, daß er Gefahr läuft, sich selbst zu zerstören. Denn bereits sind gerade die bekanntesten Gegenden in einer kaum mehr rückgängig zu machenden Weise durch Bauten und technische Anlagen verändert, und dazu kommt die technische Erschließung bisher unberührter Berggebiete durch Straßen, Luftseilbahnen und das Flugzeug, alles im Zuge einer Motorisierung des Verkehrs, der auch noch in die letzten unverdorbenen Bereiche dringen möchte unter der ebenso verführerischen wie zweischneidigen Parole der wirtschaftlichen Erschließung für die sogenannte Fremdenindustrie. Das Ergebnis ist heute an den Tessiner Seen, in der Gegend von Davos, im Oberengadin und im Vorderrheintal sowie an einzelnen Orten des Wallis eine Überforderung der Natur, deren Aufnahmefähigkeit bereits eindeutig überschritten wurde.

Wie kritisch sich die Veränderungen gerade in den als Ferien- und Erholungsgebieten bevorzugten Berggegenden auswirkt, hat bereits 1958 der Zürcher Volkskundler Richard Weiss erkannt:

»Erst in neuester Zeit bricht nun im Alpengebiet durch rasche Verkehrserschließung (Straßen, Autos, Seilbahnen), durch den geistigen Kontakt mit der modernen Welt (Telephon, Radio, Zeitung, Kataloge, Kurse) und durch die Industrialisierung (Kraftwerkbauten, Industrieansiedlungen in Bergtälern) die Welle des Neuen mit der Plötzlichkeit und Heftigkeit eines Chocks über die bisher abgeschirmten Bergtäler herein.

Die Anpassung ist hier noch nicht vollzogen. Neben den monumentalen Staudämmen und Kraftzentralen, den imponierenden Baudenkmälern einer bis über die bisherige Siedlungsgrenze hinaufdrängenden Industrielandschaft zeigt sich im bäuerlichen Bereich derselben Alpentäler zunächst nur der Zerfall, die Ruinen von Histen, Stadeln, Häusern und Kapellen, ja von ganzen Siedlungen, die Vergandung von Alpen, die Verwilderung oder Aufforstung von Mainsässen, die Vergrasung von Äckern. Die nützlichen Errungenschaften der technischen Zivilisation – hygienische Einrichtungen in den Häusern, Hauswasserleitungen, Bewässerungs- und Jaucheverteilungsanlagen – erscheinen vorläufig noch als Fremdkörper, als Import, als Anleihe aus einer anderen Welt, kurz als Einbruch des Fremden, das noch nicht angeeignet ist, das unharmonisch wirkt.

Wenn wir mit dem klassischen Begriff der Harmonie an die geschilderten bäuerlichen Landschaften herantreten, und wenn wir die Harmonie hier als die Ausgeglichenheit zwischen Menschenwerk und Natur, auch als die vollzogene Verbindung des Modernen mit dem Überlieferten sehen möchten, so befriedigt uns die inner- und südalpine Kulturlandschaft in dieser Hinsicht am wenigsten. Die Disharmonie empfinden wir hier als doppelt unerfreulich, weil gerade diese Gegenden zu unseren bevorzugten Ferienlandschaften gehören, in denen wir uns gern in der Illusion der Älpleridylle, einer glücklichen Menschheit und einer ursprünglichen Landschaft ungestört wissen möchten.

Es wird gut sein, wenn wir uns von solchen Wunschträumen lösen und die gegenwärtige Wirklichkeit ins Auge fassen, in welcher im Umbruch unserer Zeit ein neuer Ausgleich, eine neue Harmonie erstrebt werden muß. Der Bergbauer ist kein historisches Denkmal, sondern ein Mensch unserer Zeit.«

Was hier über die alpine Krisis gesagt wurde, gilt in gesteigertem Maße auch heute und läßt sich mutatis mutandis auf die ganze Schweiz übertragen. Denn inzwischen hat sich die Entwicklung beschleunigt und vor allem, was Art und Dichte sowie die Lebensweise der Bevölkerung und die Auswirkungen auf das Gesicht des Landes anbelangt, geradezu überstürzt. Doch zugleich ist ein Punkt erreicht, der die verschiedensten Gegenkräfte in Bewegung setzt. Möge es ihnen gelingen, der Schweiz jenes menschliche Antlitz zu bewahren, dem dieses Buch gilt.

Geschichte

Helveter, Römer, Alemannen

Die Schweiz, das vielbeneidete Land, das seit mehr als hundertfünfzig Jahren keinen Krieg mehr erlebt hat, dessen Neutralität von allen Mächten anerkannt ist und dem internationale Organisationen vom Rang des Roten Kreuzes ihre Spitze anvertraut haben: dies ist eine ähnlich zeitgebundene Vorstellung wie jene, die sich das 18. und das frühe 19.Jahrhundert vom klassischen Land der Hirten machten, die in ihrem friedlichen Landleben den Traum von Jean Jacques Rousseaus ›retour à la nature‹ verwirklichten – oder wie jenes noch ältere Bild, das in den Schweizern des 16.Jahrhunderts nur die als unbezwingliche Krieger sich gebärdenden Nachfahren Tells sah.

Über solchen simplifizierenden Klischees übersieht man, daß auch die Schweiz ihre Geschichte hat und ein langsam unter Krisen gewachsenes Gebilde darstellt. Was die Schweiz heute ausmacht, ist durchaus nicht von Anfang an durch die Natur gegeben, sondern durch Menschen geschaffen worden. Denn so geborgen der einzelne in seinem landschaftlich eng umhegten Raume lebt, so sehr die ›Kammerung‹ für die einzelne Gemeinde, ja für ganze Kantone, zum historischen Schicksal geworden ist, so wenig eindeutig ist in den Alpen wie im Jura die heutige Landesgrenze topographisch bestimmt. Mit anderen Worten: Ob ein Tal noch zur Schweiz oder bereits zum Ausland gehört, hängt weniger von der Bodengestalt, sondern von der Geschichte ab, und diese ist an ihren entscheidenden Punkten wiederum weniger vom Entschluß eines einzelnen als durch den Willen des Volkes geprägt worden. Die Schweiz hat immer wieder versucht, ihr Schicksal selber in die Hand zu nehmen. Daher auch jener zweite Name, der den ersten, welcher als ›Schweiz‹ mehr von außen ein Gebiet umreißt, mit einem ganz bestimmten Willen von innen her durchdringt, nämlich die ›Eidgenossenschaft‹.

Gerade diese Eidgenossenschaft ist erst in einem bestimmten geschichtlichen Augenblick ins Leben getreten, jedoch vorbereitet durch das Freiheitsgefühl des Gebirgsbewohners, der gegen die Naturgewalten besonders hart um sein Dasein zu kämpfen hat und sich dadurch zum gegenseitigen Beistand genötigt sah: so entstanden in der Nutzbarmachung der Alpweiden, im Bau von Wegen und in der Pflege des Bannwaldes gegen die Lawinen die Alpgenossenschaften, die sich zu ganzen Talschaften erweiterten. Diese gaben sich im 12. und 13.Jahrhundert eine Rechtsordnung nach dem Vorbild oberitalienischer Kommunen und schufen damit die Grundlagen für die Entstehung der Eidgenossenschaft.

Doch bevor die drei Urkantone Ende des 13.Jahrhunderts ihren ersten Bund schlossen, hatte das Gebiet der heutigen Schweiz schon an den verschiedenen Epochen der europäischen Geschichte teilgenommen. Unser Land ist reich an prähistorischen Funden, sowohl in der Säntishöhle des Wildkirchli wie im Schaffhauser Tafeljura und an den Seen des Mittellandes. Die historische Zeit beginnt mit den keltischen Helvetern und den Rhätern im heutigen Graubünden. Beide Stämme gelangten um die Mitte des ersten vorchristlichen Jahrhunderts unter römische Herrschaft, welche wie in anderen Ländern auch hier in Straßen und Siedlungen ihre Zeugnisse hinterließ.

In den wichtigsten Römerstädten: Vindonissa, heute Windisch bei Brugg, Augusta Raurica, heute Basel-Augst, und Aventicum, das heute Avenches heißt, doch auch in kleineren Orten breitete sich im 3. und 4. Jahrhundert das Christentum aus, zunächst verfolgt, wie es das Martyrium der Thebaischen Legion unter ihrem Kommandanten Mauritius an der Stelle bezeugt, wo später das Kloster St-Maurice im Unterwallis gegründet wurde. Einzelne Offiziere dieser Legion konnten entkommen. Unter ihnen brachten die Heiligen Ursus und Victor das Christentum nach Solothurn, Felix und Regula indessen nach Zürich. Sie alle sind, gleich ihren Gefährten in St-Maurice, für ihren Glauben den Märtyrertod gestorben.

Im 5.Jahrhundert drangen Alemannen über den Rhein nach Süden vor und zerstörten die römischen Städte, Villen und Heerlager, und auch das bereits blühende Christentum erlitt damals einen schweren Rückschlag. Die Bischöfe von Octodurum und Aventicum verlegten aus den nunmehr zerstörten Städten ihren Sitz nach Sitten und Lausanne. Die Bischöfe von Genf und Chur aber blieben am ursprünglichen Ort, wo sie vom 5.Jahrhundert an ihren Sitz hatten. Aus dem zerstörten Vindonissa siedelte der Bischof nach Konstanz über, dessen Bistum für große Teile der Nordostschweiz, insbesondere für Zürich, auch kunstgeschichtlich wichtig wurde.

Missionare und Klosterstädte

Die Rechristianisierung des offenen Landes, wo die Völkerwanderung die römische Reichskultur durch sehr viel primitivere Lebens- und Siedlungsformen ersetzt hatte, erfolgte im wesentlichen erst im 7. und 8. Jahrhundert, und zwar durch irische Glaubensboten. 726 gründete der heilige Pirmin das erste Kloster auf der unmittelbar vor der Schweiz im Untersee gelegenen Reichenau, und der Überlieferung nach 778 der heilige Fintan jenes von Rheinau. Um 720 schuf der heilige Othmar aus der rund hundert Jahre früher von dem heiligen Gallus gegründeten Einsiedelei das schon bald hochberühmte Benediktinerkloster St. Gallen. Als Stützpunkte des christlichen Glaubens wie einer höheren Kultur überhaupt wirkten sich auch die übrigen frühen Klostergründungen fruchtbar aus, so Münster und Disentis in Graubünden, Pfäfers bei Ragaz, Schänis am Rande der Linthebene sowie St-Ursanne und Romainmôtier in der Westschweiz, um nur jene zu nennen, die vor 900 entstanden sind und architektonisch auch heute noch hervorragen. Nur wenig jünger ist der später so berühmte Wallfahrtsort Einsiedeln, wo einst der heilige Meinrad von Mördern erschlagen wurde.

Auch die Schweiz kennt aus dem frühen und hohen Mittelalter den Typus der Klosterstadt. St. Gallen ist hier das bedeutendste Beispiel, dann aber auch Schaffhausen und Stein am Rhein. Auch Zürich stand lange unter dem Einfluß, wenn nicht unter der Herrschaft des Benediktinerinnenstiftes am Fraumünster, das König Ludwig der Deutsche, der Enkel Karls des Großen, für seine beiden Töchter gründete. Luzern hat sich neben einer St. Leodegar geweihten Propstei des elsässischen Klosters Murbach entwickelt. St-Ursanne und Payerne sind durch ihre Abteien und Priorate ebenfalls zu Klosterstädten geprägt worden. Sie alle sind Mittelpunkte einer sehr alten Kultur, deren Zeugen lange vor jenen der bürgerlichen Welt entstanden sind.

Unter den Territorialherren

Ins Hochmittelalter zurück reichen auch die Zeugen des Adels, dessen Bedeutung für die Schweiz des 10. bis 13. Jahrhunderts über den jüngeren Demokratien der Bauern und Bürger leicht etwas übersehen wird.

Ende des 9. Jahrhunderts entstand mit der Hauptstadt Neuenburg das Königreich Hochburgund, das bis zur Reuss reichte und auch Basel umfaßte. Der nordöstliche Teil der Schweiz gehörte zum Herzogtum Schwaben, beide Bereiche unterstanden den Kaisern. Somit war damals die ganze heutige Schweiz ein Teil des Heiligen Römischen Reiches Deut-

MISSIONARE – TERRITORIALHERREN

scher Nation, dessen Kaiser die Herzoge von Zähringen als ›Rektoren‹ einsetzten. Diese wurden, nachdem sie die Grafen von Kyburg und Lenzburg beerbt hatten, zu den mächtigsten Territorial-Herren und zeichneten sich in ihren schweizerischen wie oberrheinischen und schwäbischen Besitzungen durch eine zielbewußte Städtepolitik aus. So wurde 1191 Bern und bereits 1178 Freiburg im Uechtland gegründet, das gleich seiner Schwesterstadt im Breisgau schon mit seinem Namen ein Versprechen an die sich hier ansiedelnden Bewohner darstellt. Doch 1218 sterben die Zähringer aus, und ihre Städte fallen an das Reich zurück. Wenige Jahrzehnte später lockert sich mit dem Ende der Hohenstaufen die Reichsgewalt, was viele reichsunmittelbare Städte praktisch selbständig macht. Indessen ist es nur in der Schweiz den größeren Städten gelungen, diese Selbständigkeit dauernd zu behaupten, und zwar durch den Bund mit ebenso freien bäuerlichen Kommunen.

Bedroht wurde dies Streben durch den Drang einzelner Fürsten, die damalige Schwäche des Kaisertums zur Bildung starker, straff verwalteter Territorialstaaten zu gebrauchen. Ein solcher Territorialherr war der später zum König gekrönte Rudolf von Habsburg, dem das Erbe der 1218 ausgestorbenen Zähringer zugefallen war. Den mächtigen Besitz, den die Habsburger um ihre Stammburg im schweizerischen Mittelland besaßen, suchte Rudolf nun bis in die Alpentäler hinein zu erweitern und durch dort ortsfremde und damit um so verhaßtere Vögte zu verwalten. Sein wesentlichstes Ziel dabei war der Gotthard, der um die Mitte des 13. Jahrhunderts durch die Schlucht der Schöllenen hindurch auch nach Norden geöffnet worden war.

Dem Streben der Habsburger stellten sich Urner und Schwyzer entgegen. Beide verbanden sich während des Investiturstreites gegen die papsttreuen Habsburger mit den Hohenstaufen. Kaiser Friedrich von Hohenstaufen hat 1240 den Schwyzern, sein Sohn König Heinrich 1231 den Urnern in je einem Freibrief die Reichsunmittelbarkeit gewährt, welche die beiden Waldstädte vor den benachbarten Landesfürsten, in diesem Falle vor den Habsburgern, schützen sollten. Doch diese Politik endete 1273, als mit König Rudolf I. ein Habsburger auf den Thron des Reiches gelangte und nun neben den Mitteln des Landesherrn auch jene des Reiches zur Verfügung hatte, um sich die Urner und Schwyzer zu unterwerfen. Damals sind wohl jene ersten Bundesversprechen entstanden, die im Bundesbrief von 1291 erwähnt werden, sich aber nicht mehr erhalten haben. Der Bund von 1291 wurde geschlossen »ob der Arglist der Zeit«, denn man mußte nach dem Tode König Rudolfs wieder mit einem Habsburger als Nachfolger rechnen. Das Ziel des Bundes war, »keine fremden Richter« zu dulden und sich gegenseitig Hilfe zu leisten.

Damals trat auch Unterwalden in den Bund der drei Waldstädte, die von den nicht habsburgischen Königen – die Wahl hing von den Kurfürsten ab – in ihrer Reichsunmittelbarkeit bestätigt, von den Habsburgern aber bekämpft wurden. Gegen diese siegten 1315 die Eidgenossen am Morgarten, wo unter geschickter Ausnutzung des Geländes Bauern ein Ritterheer vernichteten.

Die Eidgenossenschaft

Der Ursprung der Eidgenossenschaft ist ähnlich von Sagen umsponnen wie die Frühgeschichte des alten Rom. Bewußte Vergleiche späterer Humanisten mit den Mythen der Antike mögen mit volkstümlicher Überlieferung zusammengewirkt haben, bis schon um 1500 jenes Sagengebäude dastand, auf das später Schiller seinen Tell gründete. Auch wenn die pragmatische Forschung des 19. Jahrhunderts geglaubt hat, viele Einzelheiten der dem Bunde von 1291 vorausgehenden Befreiungsgeschichte als Legende abtun zu müssen, so weht trotzdem um diese Sagen der Zauber des Urtümlichen. Es sind Urformen der Freiheitsliebe, der Tapferkeit und des Opfermutes, die durch Schiller nicht nur zum Allgemeingut der Gebildeten, sondern darüber hinaus zur Ermutigung aller Unterdrückten geworden sind.

Das Wachstum der Eidgenossenschaft vollzog sich im Kampf gegen die Habsburger, die einen straff verwalteten Fürstenstaat im schweizerischen Mittelland sowie in den Alpen zum Ziel hatten. Erleichtert wurde dieser Kampf der Eidgenossen durch die Verlagerung der Macht der Habsburger nach Österreich und Böhmen, so daß sie den Verlust ihrer schweizerischen Gebiete eher verschmerzen konnten.

An Uri, Schwyz und Unterwalden, die Urkantone, schlossen sich bald auch Städte an, so 1332 Luzern, 1351 Zürich, 1352 Zug und ebenfalls das bäuerliche Glarus, das 1388 in der Schlacht bei Näfels sich gegen ein habsburgisches Ritterheer behauptete. 1353 vollzieht die damit achtörtige Eidgenossenschaft den für sie so wichtigen Schritt nach Westen, indem das aristokratische Bern aufgenommen wird. Wieder ist es das gemeinsame Interesse gegen Habsburg, gegen das die Berner schon 1339 bei Laupen einen Sieg erfochten hatten. 1386 kommt es zur berühmten Schlacht bei Sempach, wo der Opfermut eines einzelnen, Arnold von Winkelried, eine Gasse in die Phalanx der Ritter schlägt. 1415 wird der Aargau, 1460 der Thurgau den Österreichern, das heißt den Habsburgern, abgenommen. Indessen werden diese an Burgen und kleineren Städten reichen Gebiete nicht mehr gleichberechtigt in den Bund aufgenommen, sondern sie wechseln nur den Herrn und bleiben auch unter den Eidgenossen als ›gemeine Herrschaften‹ gemeinsame, von Landvögten regierte Untertanengebiete. Gleichzeitig erscheint im alten Zürichkrieg ein erstes schweres Zerwürfnis, das mit dem Sieg der von den übrigen Eidgenossen unterstützten Schwyzer über Zürich mit seinen Expansionsbestrebungen am oberen Zürichsee endet.

Kriegerische Expansion

Im späteren 15.Jahrhundert weitete sich Bern und das mit ihm verbündete Freiburg im Uechtland, das heutige Fribourg, nach Westen gegen den Genfer See hin aus und geriet dadurch in Konflikt mit den Herzögen von Savoyen. Gleichzeitig drangen die Eidgenossen ins Oberelsaß vor, wobei sie sich mit Basel und vorübergehend auch mit Mühlhausen verbündeten. Die beiden von einem überschäumenden Kraftbewußtsein getragenen Ausdehnungen störten die Großraumpläne Herzog Karls des Kühnen und führten dadurch zu den Burgunderkriegen. Die glänzende Streitmacht Karls des Kühnen wurde von den Eidgenossen 1476-1477 in drei Schlachten geschlagen, wobei nach einem alten Sprichwort der Herzog ›bei Grandson das Gut, bei Murten den Mut und bei Nancy das Blut verlor‹.

Hernach herrschte unter den Siegern Streit wegen der Verteilung der Beute und der Aufnahme von Fribourg und Solothurn, die beide tapfer gegen die Burgunder mitgekämpft hatten. Im Grunde aber war es der Argwohn der Länderkantone, die einst die Eidgenossenschaft gegründet hatten, nun aber von den Städten überflügelt wurden. Ein tragischer Konflikt zeichnete sich darin ab, der noch bis zum engeren Zusammenschluß im Bundesstaat von 1848 zu manchem Bruderkriege führen sollte, doch vorerst geschlichtet wurde durch die Mahnungen des Niklaus von Flüe, der später heiliggesprochen wurde und dessen Grab in der Pfarrkirche von Sachseln hoch verehrt wird.

Die Burgunderkriege eröffneten die wenige Jahrzehnte dauernde Epoche, da die Eidgenossen sich militärisch eine Großmacht nennen durften. 1499 löst sich die Schweiz im Schwabenkrieg de facto, 1648 im Westfälischen Frieden de jure vom Reich. Als unmittelbare Folge des Schwabenkrieges kam es 1501 und 1503 zum Beitritt von Basel und Schaffhausen, 1513 zu dem von Appenzell, womit dann die Eidgenossenschaft der dreizehn alten Orte, kurz auch ›alte Eidgenossenschaft‹ genannt, erreicht war. Bei dieser Zahl blieb es bis zum großen Umbruch der napoleonischen Zeit.

Kurz nach dem Schwabenkrieg führten die Mailänderkriege die Eidgenossen auf den Höhepunkt nicht nur ihrer militärischen, sondern auch ihrer politischen Macht. Nachdem schon seit den Siegen über Karl den Kühnen ihre Leistungen als Söldner aufs höchste begehrt wurden, mischten sie sich zwischen 1503 und 1515 auch politisch als selbständige Großmacht in die Kämpfe, welche damals in wechselnden Konstellationen die Mächte um das Herzogtum Mailand führten. Als Verbündete des Renaissance-Papstes Julius II. besiegten die Schweizer bei Novarra die Franzosen und erweckten die Bewunderung unter anderen eines Machiavelli. Das stolze und reiche Mailand kam damals unter den Schutz der Gebirgsbauern und der verhältnismäßig bescheidenen Städte der Nordseite der Alpen. Doch Geldgier und Zwietracht der Eidgenossen ermöglichten es Franz I., die dreizehn Orte zu spalten und Bern samt Fribourg und Solothurn zu neutralisieren. Der Rest wurde trotz heldenhafter Gegenwehr von den Franzosen und Venezianern geschlagen. Ihren Rückzug hat Hodler in berühmten Wandbildern im Waffensaal des Schweizerischen Landesmuseums zu Zürich dargestellt.

Soldbündnisse

Von nun an verzichteten die Schweizer darauf, sich in fremde Händel zu mischen, und damit begann die auch von Zwingli befürwortete Neutralität. Diese bezog sich jedoch nur auf die kriegerische Intervention ganzer Kantone, nicht aber auf die individuelle Anwerbung von Söldnern, deren Voraussetzung wiederum in einem durch die kantonalen Regierungen mit den entsprechenden Mächten erhandelten ›Soldbündnis‹ bestand. Solche Soldbündnisse wurden vom 16. bis gegen Mitte des 19. Jahrhunderts abgeschlossen. Dann freilich machte der schweizerische Bundesstaat damit ein Ende; eine Ausnahme bildet nur die berühmte päpstliche Schweizergarde. So zweischneidig auch das ›Reislaufen‹ war, in welchem die Schweizer damals ihr Blut verkauften, so bedeutete es doch fast den einzigen Ausweg, das Land von seiner überschüssigen Volkskraft zu entlasten, in einer Zeit, da dazu weder die Möglichkeit der Auswanderung noch der Beschäftigung in der Industrie vorhanden war. Der Solddienst brachte üppige Einnahmen, denn die Schweizer hatten im allgemeinen den Vorzug, in der Garde zu dienen. Sie brachten mit Gold und Ehren auch reiche kulturelle Anregungen nach Hause, was namentlich in der Wohnkultur von Bern, Fribourg und Solothurn seinen Niederschlag fand.

Glaubensspaltung

Im 15. und 16. Jahrhundert nahm gleichzeitig mit der militärisch-politischen Macht auch das kulturelle Leben einen Aufschwung, getragen von der gleichen überschäumenden Vitalität, die in den Landsknechtsbildern des Berner Niklaus Manuel und des Solothurner Urs Graf ihren genialisch-frechen Ausdruck fand. Aus diesem so starken Lebensgefühl heraus, das damals auch in den geistlichen und weltlichen Spielen sowie in einer humanistisch-patriotischen Geschichtsschreibung, so bei Aegidius Tschudi, sich äußerte, ist auch die Tatsache einer eigenen schweizerischen Reformation zu verstehen. Huldrych Zwingli, dessen Wirken am Zürcher Großmünster im Januar 1519 begann, war humanistisch gebildet und auch dichterisch und musikalisch hochbegabt und zudem ein weitsichtiger Staatsmann. Für seine religiöse Überzeugung aber hat er schließlich auf dem Schlachtfeld von Kappel sein Leben hingegeben. Denn bereits 1521 war es zum blutigen Konflikt gekommen, in welchem vorerst die Anhänger des alten Glaubens siegten.

Fortan war die Eidgenossenschaft zerstritten und zerfallen; einerseits in ein konservativ-altgläubiges Lager, in dem außer den innerschweizerischen Länderkantonen Luzern, Fribourg und Solothurn standen, und andererseits in die aufstrebenden protestantischen Orte mit den führenden Städten Zürich, Bern und Basel, ferner mit Schaffhausen und der sich nunmehr vom Kloster trennenden Stadt St-Gallen. Die Innerschweiz hielt den katholischen Glauben auch in dem von ihr beherrschten Tessin aufrecht, was eine Reihe von Patriziern aus Locarno zur Auswanderung nach Zürich bewog. Umgekehrt reformierte Bern die 1536 eroberte Waadt. Darauf nahmen die Bischöfe von Lausanne in Fribourg ihren Sitz, das zusammen mit Luzern zu einem Hauptort des schweizerischen Katholizismus wurde. In Genf, das sich mit den reformierten Orten der Eidgenossen gegen die Herzöge von Savoyen verbündete, wurde der neue Glaube durch Calvin gefestigt, der von hier aus der Lehre die strengste Formulierung und zugleich die internationalste Geltung gab.

Im 16. Jahrhundert, das ganz im Zeichen religiöser Anstrengungen stand, trennte sich Appenzell in einen katholischen inneren und in einen reformierten äußeren Teil, was in freiwilliger, friedlicher Umsiedlung vollzogen wurde. Die gemeinsamen Untertanengebiete hielten zwar den Streit wach, doch bildeten sie trotzdem die für den Zusammenhalt der innerlich zerfallenen Eidgenossenschaft wichtige Klammer.

Der Dreißigjährige Krieg führte im Kanton Graubünden zu den schweren, von C.F. Meyer im ›Jürg Jenatsch‹ geschilderten Wirren, ließ aber die übrige Schweiz im großen ganzen unbehelligt, obwohl einzelne Städte wie Zürich zum Schutze ihrer Neutralität ihre Befestigungen mit gewaltigen Kosten modernisierten. Die inneren Gegensätze führten 1656 zum ersten, 1712 zum zweiten Villmergerkrieg, so genannt nach dem Dorf im Aargau an der Straße von Zürich nach Bern, wo die Entscheidung beide Male fiel, doch erst zum zweiten Mal zu Gunsten der bereits seit langem zahlenmäßig stärkeren Reformierten.

Aufklärung und Ende der alten Eidgenossenschaft

Im 18.Jahrhundert, das auch in der Schweiz im Zeichen einer langsam vordringenden Aufklärung und Toleranz stand, verebbt der Glaubenskampf, und in der ›Helvetischen Gesellschaft‹, die gewöhnlich in Bad Schinznach bei Brugg tagte, besprach die junge Generation aus beiden Lagern politische Reformen, die dann freilich den großen Umbruch im Zuge der Französischen Revolution nicht mehr verhindern konnten. Vorerst aber erlebte die Schweiz eine neue Blüte, von der noch heute zahlreiche Ortsbilder und manches stattliche Bauernhaus zeugen. Die Schweiz nahm rühmlichen Anteil am europäischen Geistesleben durch die Naturforscher Johann Jakob Scheuchzer in Zürich, Horace Bénédict de Saussure in Genf, die Mathematiker Leonhard Euler und die Bernoulli in Basel und den Dichter und Gelehrten Albrecht von Haller in Bern. In Zürich wirkten während der zweiten Hälfte des Jahrhunderts neben Johann Jakob Bodmer Salomon Gessner und Heinrich Pestalozzi. Jean Jacques Rousseau und Voltaire sind aufs engste mit dem Genfer See verbunden; vor allem Rousseaus Schriften, von denen wesentliche auch auf der Peterinsel im Bieler See entstanden, machten das ›Volk der Hirten‹ in der ganzen Welt populär.

Aber es war eine ideale Welt, die von Rousseau mit den Vorstellungen von der paradiesischen Unschuld frommer Landleute und in den Idyllen Gessners wie auch in den Landschafts- und Sittenbildern zahlreicher Kleinmeister beschworen wurde; sie hielt nicht stand vor der Wirklichkeit politisch überholter Zustände, wie sie namentlich in der Bevormundung eines intelligenten Volkes durch eine zahlenmäßig begrenzte Aristokratie sich zeigten. Die Ideen der Französischen Revolution fanden einen durch die Aufklärung vorbereiteten Boden. Die Regierungen der einzelnen Orte, die nur lose durch die ›Tagsatzung‹ miteinander verbunden waren, zögerten doppelt, sowohl mit dem rechtzeitigen Einführen der Gleichberechtigung aller Bürger wie mit der energischen Abwehr der französischen Invasion, die 1798 die Pariser Direktorium-Regierung ins Werk setzte, auf das wirkungsvollste unterstützt durch die revolutionäre Propaganda. Der Widerstand, den das alte Bern noch vereinzelt leistete, wie bei Neuenegg und im Grauholz, war zwar heroisch, jedoch zwecklos, da der größte Teil der Armee wegen angeblichen Verrats der Regierung bereits auseinander gelaufen war und die Mehrzahl der Kanonen, die Bern verteidigen sollten, vom Feind nicht auf den Wällen, sondern in den Zeughäusern übernommen wurde. So brach mit wenigen Ausnahmen, wie sie der heldenhafte Widerstand von Schwyz und Nydwalden gegen die neue, von Frankreich oktroyierte Ordnung zeigte, die alte Eidgenossenschaft ruhmlos zusammen, weniger vor der militärischen Macht als vor den neuen Ideen kapitulierend.

Der neue Bundesstaat

Das 19.Jahrhundert brachte zunächst den Druck der Restauration mit ihrem Versuch, die alten Vorrechte wiederherzustellen, doch blieben die aus den früheren Untertanengebieten geschaffenen neuen Kantone Aargau, Thurgau, Tessin, Waadt, zu denen durch den Wiener Kongreß als neue Kantone die bisher nur zugewandten, das heißt lose verbündeten Orte Wallis, Neuenburg und Genf hinzukamen. Ein weiterer zugewandter Ort, Graubünden, war schon 1803 schweizerischer Kanton geworden. Die Auswirkungen der Pariser Juli-Revolution lassen 1830 die an Wirren, doch auch an fruchtbaren Reformen reiche Regenerationszeit beginnen, in welcher sich die liberalen Zentralisten und konservativen Föderalisten zum Teil blutig bekämpften. Der kurze ›Sonderbundskrieg‹, der 1847 zum Sieg der Zentralisten führte, bahnte den Weg zur Verfassung von 1848, die den bisher losen Staatenbund durch den zeitgemäßeren Bundesstaat ersetzte.

Dieser brachte der Schweiz einen Aufschwung auf fast allen Gebieten. Zusammen mit einer vor allem im Mittelland und einzelnen Tälern des Jura sich ausbreitenden Industrialisierung entwickelte sich ein immer dichteres Eisenbahnnetz, wofür in Zürich der palastartige Hauptbahnhof, der 1871 eingeweiht wurde, und die 1882 eröffnete Gotthardbahn stolze Zeugnisse sind. Gleichzeitig blühten Dichtung, Kunst und Wissenschaften mit Namen wie Gotthelf, Keller, C.F. Meyer oder Böcklin, Koller, Buchser, Anker und Zünd, sowie als Lehrer am eidgenössischen Polytechnikum Gottfried Semper, Jacob Burckhardt und Theodor Fischer. Jenes Kraftgefühl, das bereits das 15. und 16.Jahrhundert erfüllt hatte, schien sich jetzt auch in der Außenpolitik zu wiederholen: im Neuenburger Handel bewog 1856 die Festigkeit des jungen Bundesstaates, der selbst vor einem Kriege nicht zurückgeschreckt wäre, den König von

ENTWICKLUNG DER EIDGENOSSENSCHAFT

Der ›Ewige Bund‹ der drei Urkantone von 1291 festigt sich 1315 durch den Sieg bei Morgarten und vergrößert sich zwischen 1332 und 1353 zum ›Bund der acht alten Orte‹, dem noch verschiedene Gebiete als ›Untertanenland‹, ›Gemeine Herrschaften‹ oder ›Zugewandte Orte‹ verbunden werden.

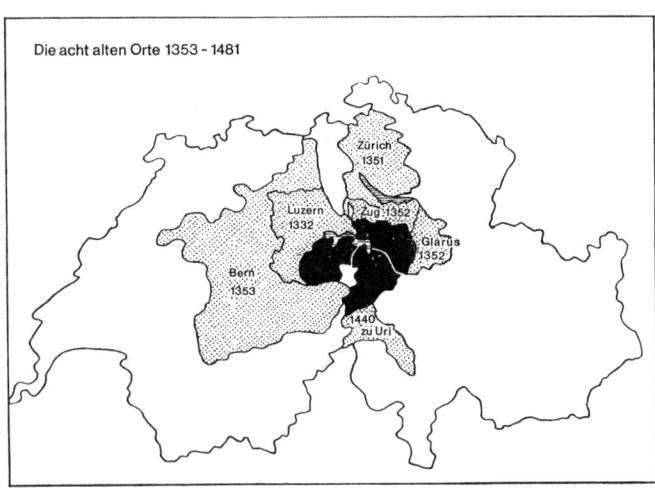

ENTWICKLUNG DER EIDGENOSSENSCHAFT 53

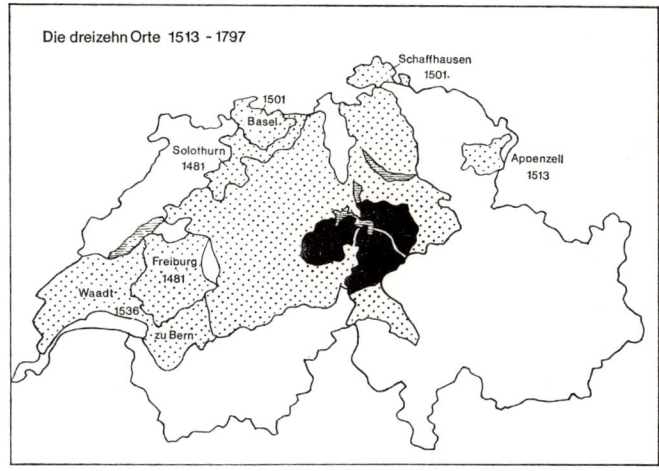

Die 1513 zum ›Bund der dreizehn Orte‹ erweiterte alte Eidgenossenschaft bricht 1798 durch die Bildung der ›Helvetischen Republik‹ zusammen und erneuert sich erst nach dem Sonderbundskrieg, der den Zustand eines losen Staatenbunds seit 1803 beendet, im Jahre 1848 zum jetzigen Bundesstaat.

Preußen, auf seine gleichzeitigen Rechte als Fürst von Neuenburg zu verzichten, und kurz darauf schlug Bundesrat Stämpfli, einer jener robusten Vertreter des bernischen Bauerntums, kriegerische Töne gegenüber Napoleon III. an, um, allerdings erfolglos, die Rechte der Schweiz in Nordsavoyen zu verteidigen.

Im ausgehenden 19. Jahrhundert blieb freilich auch die Schweiz von dem nationalistischen Bombast nicht frei, wie er damals in den großen Nachbarländern, so namentlich im wilhelminischen Deutschland und im humbertinischen Italien, sich breit machte, und nun vor allem im Bundespalast und in den eidgenössischen Postgebäuden einen prunkvollen ›Style fédéral‹ zeitigte. Schloßartige Amtsgebäude, Schulhäuser und Hotels, ferner Villen von einem heute unbegreiflichen Aufwand der Formen wie des Raumes sind die jetzt allmählich verschwindenden Zeugen der damaligen Prosperität, die auch in verschiedenen Landesausstellungen, so 1882 in Zürich, 1891 in Genf und 1914 in Bern, sich manifestierte.

Wohl blieben auch der Schweiz soziale Spannungen nicht erspart, aber die Industrialisierung vollzog sich mindestens während des 19. Jahrhunderts maßvoller als in Deutschland, Frankreich und Oberitalien. 1914 bis 1918 blieb die Schweiz vom Schicksal Belgiens verschont, jedoch nicht von den revolutionären Wirren, die im Generalstreik von 1918 gleichzeitig mit den Umwälzungen in Deutschland und Österreich ausbrachen, indessen vom Bürgertum unterdrückt wurden. Doch vor dem drohenden Zweiten Weltkrieg verebbte der Klassenkampf.

Die Wirtschaftskrise, die 1929 gleich einer Wetterdepression über den Atlantik nach Europa kam, suchte auch die Schweiz heim. 1933 tauchten in der Folge der Machtergreifung Hitlers die sogenannten ›Fronten‹ auf. Was an diesen ›Erneuerungsbewegungen‹ allenfalls an Idealismus vorhanden war, wurde durch die weitere Entwicklung der Braunen Macht schwer enttäuscht. So konnte die Nation in seltener Einigkeit am 1. September 1939 ihre in den vorangegangenen Jahren verstärkte Armee mobilisieren und trotz allem Druck seitens der Achsenmächte, die nach der Niederlage Frankreichs ganz Mitteleuropa beherrschten, sich behaupten. Vielleicht die größte Tat des Waadtländers Henry Guisan als Oberbefehlshaber der Armee war der im Rütli-Appell vom Juli 1940 zur Durchführung befohlene Gedanke eines ›Reduit‹, das heißt einer Alpenfestung, die jeden Angriff von vornherein äußerst kostspielig erscheinen lassen sollte.

In den beklemmenden Jahren, die dem Zweiten Weltkrieg vorangingen, und während des Krieges selbst, als die Bedrohung alle Nerven aufs äußerste beanspruchte, hat die Schweiz aus ihrem 1798 erlebten Schicksal spät noch einmal eine Lehre gezogen und sich im Sinne ihrer besten Traditionen bewährt.

Die Schweiz heute

Was folgt, insbesondere seit 1950, steht im Sog der Konjunktur, die dieses Mal alles Vorhergehende übertraf und das Land in einem bisher nie erlebten Ausmaß bereits verändert hat und trotz inzwischen eingetretenen Rückschlägen noch weiter verändert. Zusammen mit dem wirtschaftlichen Aufschwung stellen sich Probleme, die das frühere Bild der Schweiz in radikaler Weise wandeln. Von den Auswirkungen der Industrialisierung auf die Landwirtschaft und damit auf das Landschaftsbild war schon im ersten einleitenden Kapitel die Rede. Erwähnt werden muß jedoch auch das über jede Autarkie sich hinwegsetzende Maß an internationaler Verflechtung mit den Integrationsbemühungen, die Europa ungefähr seit der Jahrhundertmitte erfüllen, gleichzeitig mit einem Solidaritätsgefühl, das die Kriege und Krisen in Afrika, im Fernen Osten und in Amerika mit einer früher nie geahnten Intensität miterleben läßt. Die Aufgabe der Entwicklungshilfe wird in der Schweiz besonders ernst genommen im opferbereiten Einsatz eigener Kräfte, um unterentwickelten Völkern dazu zu verhelfen, ihre Not schließlich selbständig zu überwinden.

Allerdings verquickt sich die Entwicklungshilfe bisweilen auch mit dem materiellen Nutzen der eigenen Export-Industrie. Deren innerer Zwang zur Expansion, verbunden mit einem an sich nur zu schweizerischen Profitdenken, ist denn auch wesentlich an einem der heikelsten und komplexesten Probleme der heutigen Schweiz beteiligt, nämlich an jenem der Fremdarbeiter. Denn einerseits gibt die Schweiz hunderttausenden von Angehörigen wirtschaftlich und zivilisatorisch zurückgebliebener Völker Verdienst- und Schulungsmöglichkeiten, andererseits aber sind weite Kreise bereit, dem materiellen Gewinn zuliebe das eigene Haus allzusehr zu öffnen und dabei die angestammte Eigenart preiszugeben. Diese Eigenart erlebt heute ihre Krise auch in der Innenpolitik, wo sich die traditionelle Gemeinde-Autonomie weder mit der modernen Massendemokratie noch mit der Landesplanung vereinen läßt. Wie notwendig insbesondere die Landesplanung mit ihrem Kampf gegen die auch in der Schweiz um sich greifende Verschmutzung von Wasser und Luft ist, zeigen die überall wild ins Kraut schießenden Siedlungen, sowie die Industrie- und Verkehrsanlagen. In allem äußert sich ein Schwinden der für die Schweiz bisher so wichtigen Kontinuität und damit des gesunden Ausgleichs einerseits zwischen fortschrittlichen Pionierleistungen, wie sie die Schweiz nicht nur in der Technik, sondern auch in den Wissenschaften, wie beispielsweise der Psychologie und Psychiatrie, geleistet hat – und andererseits einer lebendig zu erhaltenden Vergangenheit. Der Verlust der Kontinuität hat sich auch in der Schweiz in der revolutionären Unruhe der heranwachsenden Generation insbesondere an Schulen und Hochschulen geäußert. Namentlich das an allen möglichen Orten geforderte Mitbestimmungsrecht der Jugend verrät, wie sehr heute die so lange als schweizerisch empfundenen patriarchalischen Ordnungen in Frage gestellt werden.

Das großräumige Denken der Moderne hat die für die Schweiz so wesentliche Selbständigkeit des kleinen Raumes in die Abwehr gedrängt. Jene moralischen Kräfte, die namentlich während des Zweiten Weltkrieges aus der physischen Bedrohung heraus erstarkten und ein widerstandsfähiges Leitbild der Nation schufen, scheinen in den Jahren und Jahrzehnten eines bisher nie erlebten Wohlstandes zu ermatten, und damit tritt auch die Frage nach einer eigenen geistigen Existenz zurück, die sich nicht in Zahlen ausdrücken läßt. Mit der übrigen Welt steht auch die Schweiz heute im Umbruch.

Kunst

Auch kunstgeschichtlich steht die Schweiz in engster Beziehung zum übrigen Europa, dessen Epochen hier ihren Widerhall gefunden haben und vereinzelt auch bereichert worden sind. Die für die Schweiz so wesentliche Vereinigung von Weltoffenheit und Abgeschlossenheit bestimmt auch den Lauf der Kunstgeschichte, und für sie gelten in besonderem Maß die beiden Leitbilder des ›Compendium Europae‹ und der ›Helvetia mediatrix‹. Südliche, nördliche, westliche und östliche Einflüsse durchdringen sich im Alpengebiet wie im Mitteland und Jura und finden ihre regionalen Abwandlungen. Andererseits verläuft sich der große Strom der Entwicklung in einzelnen entlegenen und abgeschlossenen Gebieten, um hier das ebenfalls spezifisch schweizerische Phänomen der *Stilverspätung* zu zeitigen. Immer aber tritt zur geschichtlichen die geographische Lage als für die Kunst bestimmender Faktor, und neben den Pässen, Tälern und Ebenen, die auch den Künstlern und ihren Vorstellungen als Durchgangsstraßen dienten, ist es die stark gegliederte Bodengestalt, die als Kammerung nicht nur im politischen Aufbau, in Sprache und Volkssitte, sondern auch im künstlerischen Schaffen zumindest in früheren Zeiten eine außerordentliche Mannigfalt bewirkte.

Der schweizerische Beitrag zu Europa

Trotz der Lage der Schweiz im Zentrum Europas, oder vielleicht gerade wegen dieser Stellung, die mit der ruhigen Mitte eines Strudels gleichgesetzt werden kann, ist hier das außenpolitische wie das allgemeine künstlerische Geschehen meistens weniger lebhaft verlaufen als in den großen Nachbargebieten. So wenig die Schweiz in ihrer Sprache und Kultur eine Einheit bildet, so wenig ist dies auch in der Kunst der Fall. Wohl hat sich die in der Schweiz vollzogene Berührung verschiedener Kulturkreise auch auf die Kunst fruchtbar ausgewirkt. Doch ist es seltener zu ganz großen Schöpfungen gekommen, denn dazu war das Land zu wenig reich und seine Bewohner durch den harten Daseinskampf meist zu nüchtern. Es fehlen darum im Mittelalter Bauten vom Rang der großen romanischen Klosterkirchen und der gotischen Kathedralen Frankreichs, der deutschen Kaiserdome oder der Abteien und Kathedralen in Spanien und England. Es fehlt die große Zahl reicher Hallenkirchen, wie sie das Poitou, Westfalen und in der Spätgotik vor allem der deutsche Südosten gezeitigt haben. Man darf auch nicht nach dem Reichtum der italienischen Kunst suchen, die im Tessin und im südlichen Graubünden höchstens einen bescheidenen, wenn auch liebenswürdigen Widerhall gefunden hat. Erst mit den späteren Jahrhunderten meldet sich ein stärkerer Aufschwung. In der Spätgotik und Renaissance sind es die Rat- und Zunfthäuser sowie andere Bürgerbauten, und im Barock tritt dazu eine Reihe von Klöstern, unter denen Einsiedeln und St. Gallen architektonisch europäischen Rang erlangen und von denen ein Abglanz bis in die vielen damals errichteten Dorfkirchen geht.

Trotz allen Einschränkungen ist der Anteil der Schweiz – diese in ihren heutigen Grenzen begriffen – an der europäischen Kunstgeschichte nicht unbedeutend. So gibt es eine Reihe von Werken, die zwar nicht alle einen ausgesprochen schweizerischen Charakter haben, die aber an Kraft des Ausdrucks und an Reichtum des Bemühens so bedeutend sind, daß ohne sie in der europäischen Kunstgeschichte Lücken bestänncken. Dazu gehören der Idealplan eines Klosters, der, wenn auch seine dortige Entstehung nicht gesichert ist, zu den Schätzen des Klosters St.-Gallen gehört, in dessen Bibliothek die irische Buchmalerei neben Dublin und London ihre eindrucksvollsten Vertreter besitzt. Im Baptisterium von Riva S.Vitale, das möglicherweise bis ins 6.Jahrhundert zurückgeht, besitzt die Schweiz ein sehr frühes christliches Monument. Karolingisch ist der Freskenzyklus, den der Dreiapsidenraum der Klosterkirche von Müstair im östlichsten Graubünden birgt und von dem Teile im Landesmuseum zu Zürich zu sehen sind. Ebenfalls ins Frühmittelalter und darüber hinaus bis in die Spätantike des vorderen Orients reichen die kostbarsten Stücke der Kirchenschätze in Chur und St-Maurice. Nicht vergessen sei das Basler Antependium im Musée Cluny in Paris. Das flachgedeckte Allerheiligenmünster in Schaffhausen vertritt in seiner kubischen Raumstrenge besonders rein den asketischen Geist der Hirsauer Schule. Im Wölbungsbau von Payerne, der Königskirche von Hochburgund, in der sich die Kaiser Heinrich III. und IV. krönen ließen, findet die salische Baukunst ein bedeutendes Echo. Die stattliche Talkirche von Zillis aber nennt eine der ganz wenigen bemalten Holzdecken eigen, die sich aus der Romanik erhalten haben.

Verglichen mit dem Ausland wird mit der Spätromanik sowie der Früh- und Hochgotik freilich der Anteil der Kunst der Schweiz bescheidener, doch können der Dom von Chur, die Münster von Zürich und Basel, die Kathedralen von Genf, Lausanne und Fribourg sowie auch die Kreuzgänge von Zürich und Hauterive zumindest regionales Interesse beanspruchen, und sie füllen damit kunstgeographisch eine wesentliche Lücke zwischen den Spitzenleistungen der Nachbarländer. Ähnlich verhält es sich mit der Spätgotik: auch sie hält hierzulande den Vergleich mit den spektakulären Leistungen der gleichen Zeit in Spanien, Frankreich, England, den Niederlanden, Deutschland und Österreich nicht aus. Doch das Münster in Bern, der Ausbau der Basler Münstertürme und der dortige Münsterkreuzgang, die Kreuzgänge in Stein am Rhein und in Mariaberg bei Rorschach, sie würden gleich den stattlichen Bettelordenskirchen in Basel, Zürich, Bern und Lausanne auch in einem andern Land Beachtung finden. Einen eigenen Ruhm verdienen die vielen äußerlich bescheidenen, doch meist schön gelegenen Dorfkirchen, die bereits in romanischer Zeit gewisse Gegenden wie den Thunersee auszeichneten und nun in der Spätgotik, vorab in Graubünden, bis in die kleinsten Bergdörfer die Kunst des Maßwerks und der Netzgewölbe in den Chören und der flachgeschnitzten Decken in den Schiffen tragen.

Im Welschland gibt es auf eng gedrängtem Raum eine große Zahl von Schlössern, die es an Schönheit der Lage wie an architektonischem Einklang mit vielen Gegenden Frankreichs aufnehmen können. Chillon und Vufflens, Grandson, Colombier, Neuenburg, Avenches, Aigle und Greyerz sind nur einzelne Beispiele. Auch die deutsche Schweiz kennt einzelne stattliche Anlagen wie zum Beispiel die Kyburg, Lenzburg, Hallwil und Rapperswil, ferner Angenstein und Alt Falkenstein im Jura, oder Burgdorf und Thun. Sonst aber sind es mehr die kleinen und kleinsten Burgen, die zum Teil nur noch als Ruinen und Burgstellen auch in der Schweiz jene Feudalzeit bezeugen, die vor und teilweise noch während der Zeit der sich selbst regierenden eidgenössischen Orte bestand. Auch aus den neueren Jahrhunderten, von der Renaissance über den Barock bis zum Klassizismus und den Stilwiederholungen des 19. Jahrhunderts, gibt es zwar zahlreiche Herrensitze, aber, ausgenommen am Genfer See, sind sie eher bescheiden, wenn man mit den politisch und gesellschaftlich günstigeren Verhältnissen des fürstlichen Auslands vergleicht. Als eigentümlich schweizerischer Reichtum jedoch dürfen die vielen wohlerhaltenen Orts- und Stadtbilder, sowie die geschlossenen Gassen und Plätze auch in den großen Städten angesehen werden, selbst wenn die Gegenwart hier schon manchen schmerzlichen Eingriff gezeitigt hat, vor allem in entlegeneren Gegenden, die sich wirtschaftlich zurückgeblieben wähnen und nun in falschem Ehrgeiz aufzuholen suchen.

Mit der Architektur verbunden sind die vielen Fresken, die sich einzeln oder auch in ganzen Zyklen aus dem 14. und 15. Jahrhundert in fast allen Gegenden der Schweiz erhalten haben. Dazu kommen zum Teil bis ins 13. Jahrhundert zurückreichende Glasgemälde, von denen die an Zahl und Qualität hervorragendsten sich in der zum Gedächtnis an den ermordeten König Albrecht erbauten Klosterkirche von Königsfelden befinden. Das spätgotische Gegenstück dazu bilden die großen Chorfenster im Berner Münster. Den hohen Rang der schweizerischen Glasmalerei bekunden während des 15. und 16. Jahrhunderts auch die vielen Kabinettscheiben.

Renaissance und Frühbarock haben keine außerordentlichen Bauschöpfungen hinterlassen, jedoch leistete damals die Schweiz innerhalb der Malerei und Handzeichnung ihren europäisch gültigen Beitrag, wobei Niklaus Manuel, Urs Graf und Hans Leu in vorderster Linie stehen; aber auch Jost Amann, Joseph Heintz, Tobias Stimmer und Joseph Werner sind durch ihr Wirken in der Heimat wie in Prag und Augsburg in der mehr internationalen Art des Manierismus und des Frühbarock in die allgemeine Kunstgeschichte eingegangen. Sie alle überragt Hans Holbein der Jüngere, dessen Familie zwar aus Augsburg stammt und der seinen höchsten Ruhm später in England erreicht, doch entscheidende Jahre in Basel gewirkt hat, so daß seine dort entstandenen Werke unverkennbar schweizerische Züge tragen. Aus dem gleichen Basel kommt Matthäus Merian der Ältere, der durch die Stadtbilder seiner dreißig Bände umfassenden und von 1642 bis 1688 erschienenen ›Topographie‹ europäische Berühmtheit erlangte.

Im 17. Jahrhundert blieb die Schweiz zwar vom Dreißigjährigen Krieg verschont, nicht aber von inneren Kämpfen, die zusammen mit der Starrheit des aristokratischen Regiments und der kirchlichen Orthodoxie der Kunst nicht besonders förderlich waren. Immerhin blühten in den reformierten Städten die Porträtmalerei sowie der Kupferstich. In den katholischen Gebieten aber füllten sich die Kirchen und Kapellen mit Altären, Fresken, Stukkaturen und Skulpturen. Über den Durchschnitt erhebt sich die stattliche Gruppe schweizerischer Chorgestühle, nämlich in Wettingen, Beromünster, Muri, Ittingen, Rheinau und St-Urban.

Es ist für den technisch-manuellen Sinn, der neben der Lust am fremden Kriegsdienst in den Schweizern lebt, bezeichnend, daß namentlich auch das Kunsthandwerk seine hohe Blüte fand: so in den Leistungen der Goldschmiede, die in einer Reihe von bedeutenden Kirchenschätzen, doch auch in den Pretiosen vieler Zünfte, öffentlicher Körperschaften und privater Familien ihren Niederschlag gefunden haben, ferner in den Leistungen der Teppichwirkereien spätmittelalterlicher Klöster, wozu von außen her noch die Antependien und Gobelins der Burgunderbeute

DIE SCHWEIZ UND EUROPA

schon früh in den Besitz der Schweiz kamen und heute im Berner Historischen Museum aufbewahrt werden. Und um noch ein ganz anderes Gebiet zu nennen: die Leistungen des Kunstschreiners in den hölzernen Wand- und Deckenverkleidungen der Bürgerhäuser, Patriziersitze, der Rat- und Zunft-Stuben, Abtwohnungen und ähnliche Musterbeispiele einer handwerklichen Schnitz- und Möbelkunst, zu der nicht nur die vielen Chorgestühle der Barockzeit, sondern auch jene aus der Gotik und Renaissance zu nennen wären. In das gleiche weitverzweigte Gebiet des schweizerischen Kunsthandwerks gehören auch die bemalten Kachelöfen, von denen noch die Rede sein wird. Wie wichtig dieses Kunsthandwerk der verschiedenen Epochen auch im Ausland genommen wurde, zeigt seine hervorragende Vertretung in vielen der bedeutendsten europäischen und amerikanischen Sammlungen.

Überregionale Leistungen sind erst wieder dem 18. Jahrhundert vergönnt, das neben dem 12. und 13. Jahrhundert und dem frühen 16. Jahrhundert eine der glücklichsten Epochen der Schweiz genannt werden darf. Damals traf die europäische Blüte der Künste mit einem geistigen Leben zusammen, das die Schweiz in die erste Linie der europäischen Nationen aufrücken ließ. Was der Berliner Dichter Ewald von Kleist um die Mitte jenes Jahrhunderts für Zürich aussprach, daß hier mehr Genies zu finden seien als im gleichzeitigen Berlin, galt damals in nur wenig vermindertem Maße auch für Basel, Bern und Genf. Doch ebenfalls Luzern, Schaffhausen und St. Gallen zeigen in jener Zeit eine künstlerische Dichte, die erstaunt und beglückt. Dazu kommen die Klöster, die wie in Süddeutschland und Österreich sich auch in der Schweiz architektonisch erneuerten. Die Kirchen der sogenannten ›Vorarlberger Baumeister‹ in Rheinau, Bellelay, St-Urban, Katharinenthal, Münsterlingen, Engelberg, Disentis und Lachen halten den zum Teil von den gleichen Baumeistern errichteten Werken nördlich des Rheins die Waage. Überragt werden sie alle an architektonischem Reichtum sowie an kunstgeschichtlicher Bedeutung durch Einsiedeln, wo die in seltener Regelmäßigkeit gestaltete Klosteranlage durch die berühmte Wallfahrtskirche gekrönt wird. Ähnlich wie in Einsiedeln, wenn auch bescheidener, lassen die Gotteshäuser von Bürglen, Seedorf und Muotathal die Nähe Oberitaliens erkennen. Am Ende des für die Schweiz so fruchtbaren Spätbarock steht die Stiftskirche von St. Gallen. Von hier aus führten in der zweiten Hälfte des 18. Jahrhunderts die letzten Äbte des 1803 aufgehobenen Stifts in dem von Rorschach bis Wil und ins Toggenburg reichenden ›Fürstenland‹ eine mustergültige Regierung, als deren schönste Frucht neben sakralen und profanen Bauten auf dem Lande der Neubau von Kirche und Kloster in reifstem Rokoko entstand.

Die Bauten, die während der Renaissance und des Barock im Tessin und in den südlichen Bündner Tälern errichtet wurden, können sich zwar nicht mit jenen in den großen lombardischen Städten messen, doch spürt man allenthalben deren Einfluß neben jenem, der aus Piemont ins Wallis und aus Venetien nach Graubünden und weiter bis nach Zürich drang. Das Tessin aber darf zu einer der liebenswürdigsten Landschaften der lombardischen Kunst gerechnet werden. Auch hier zeigt sich wie in den übrigen Tälern der Schweiz ein besonderes Maß von Selbstbewußtsein und von behaglichem Wohlstand, der, wenn auch nicht alle, so doch die wichtigsten Talschaften bereits unter den Landvögten der bis 1798 hier regierenden Urkantone prägte. Vergessen wir nicht die großen Meister, die aus solchen durch künstlerische Begabungen gesegneten Dörfern stammen: Carlo Maderno und Francesco Borromini aus Bissone, Baldassare Longhena aus Maroggia, doch auch Domenico und Carlo Fontana sind als gebürtige Tessiner in die europäische Kunstgeschichte eingegangen.

Auch im Welschland, wie die französisch sprechende Westschweiz in den alemannischen Landesteilen genannt wird, sind die Dörfer von einer echt schweizerischen Hablichkeit. Dazu kommen gerade in dieser Gegend zahlreiche Herrensitze, die zwar um einen Grad bescheidener als in Frankreich sind, jedoch trotzdem manches vom Adel und der Eleganz französischer Wohnkultur ausstrahlen. Gleiches gilt nicht nur für die Palais der Patrizier, sondern auch für viele Bürgerhäuser in Genf, Neuenburg und Fribourg, und ebenso für die vielen Landstädtchen der welschen Kantone.

Ein Bereich, der nur in der Schweiz in solcher Dichte gepflegt werden konnte, ist der kürzlich von Georg German gründlich untersuchte protestantische Kirchenbau. Zwar sind auch hier keine Einzelleistungen vom Rang der einstigen Dresdner Frauenkirche oder der evangelischen Kirchen in Hamburg und Saarbrücken erreicht. Doch in Genf, Morges und Yverdon, sowie in Bern und Zürich finden sich bedeutende Stadtkirchen, und zudem gibt es eine sehr große Zahl von Landkirchen mit vielen originellen Lösungen wie in Ardez im Unterengadin oder in den Breitkirchen des Kantons Zürich.

Wie schon während der Renaissance, wird auch in den einzelnen Phasen des Barock die Architektur begleitet von zahlreichen Malern und Stechern, jedoch nur von einer verhältnismäßig kleinen Zahl von Bildhauern, sofern man von den Bildschnitzern des Oberwallis und den Steinmetzen und Stukkatoren absieht, die, aus dem Tessin und Misox stammend, weit über die Schweiz hinaus wirkten. Von den Malern haben für die europäische Kunstgeschichte Bedeutung gewonnen die beiden Tessiner Serodine und Mola, die beide in Rom zu Ansehen kamen, während die ekstatisch weichen Bilder von Giuseppe Antonio Petrini mindestens innerhalb des lombardischen Settecento Beachtung verdienen. Aus Bern stammt Joseph Werner, der später in die Augsburger Kunstgeschichte einging, und aus Basel der schon erwähnte Matthäus Merian, der mit den von ihm gestochenen und verlegten Stadtansichten eines der wichtigsten Dokumente des alten Europa schuf.

Am allgemeinen Aufschwung, den die Schweiz am Ende des Barock und in den Übergängen zum Klassizismus erlebte, hat auch die Malerei ihren Anteil, nun ebenfalls mit Genf, von wo aus Jean Etienne Liotard sein Wanderleben beginnt. Aus Winterthur kommt Anton Graff, der später in Dresden eine Elite der deutschen Klassik porträtiert, und aus einer alten Zürcher Familie von Malern und Glockengießern Johann Heinrich Füssli, der später nach London zieht, wo er zu einem der wichtigsten Gestalter der europäischen Sturm- und -Drang-Zeit wird. Ohne seine Zürcher Heimat zu verlassen, erwarb sich als Maler und Dichter Salomon Geßner einen Ruhm, der bis nach St. Petersburg reichte.

Nicht vergessen seien die sogenannten Kleinmeister, die im Zeichen der Empfindsamkeit und der Romantik von jenem Ansehen zehrten, das damals die Schweiz als Reiseland unter den Gebildeten besaß.

Die Schweizer Malerei des 19. und 20.Jahrhunderts hat in Böcklin, Hodler und schließlich auch in Paul Klee, der von Bern ausging, europäische Geltung gewonnen. Unter den gleichzeitigen Architekten darf dies nur für Gottfried Semper gelten, für den zwischen London und Wien die Schweiz von 1855 bis 1869 zur Wahlheimat wurde. Während er am eidgenössischen Polytechnikum lehrte, schenkte er Zürich und Winterthur einzelne seiner edelsten Bauten. Le Corbusier stammt aus dem Neuenburger Jura. Aber seine wichtigsten Leistungen vollbrachte er in Frankreich und in Indien und nur zum kleinsten Teile in der Schweiz, wo sich im 20.Jahrhundert die Baukunst nur selten über ein achtbares Mittelmaß erhob. Nicht übersehen sei indessen die seit dem Jugendstil sich entfaltende Bildhauerei, die mit Hermann Haller, Carl Burckhardt, Hermann Hubacher, Karl Geiser, Otto Bänninger, Alberto Giacometti und anderen das in den vorangegangenen Jahrhunderten Versäumte nachzuholen sucht. Im gleichen 20.Jahrhundert sind es auch die öffentlichen und privaten Sammlungen, in denen die darstellenden Künste weit über den nationalen Rahmen hinaus vertreten sind.

Beziehungen zu den Nachbargebieten

Soweit der Anteil der Schweiz an der europäischen Kunstgeschichte. Darüber hinaus stellt sich die bereits klassisch gewordene Frage: gibt es außer der überregionalen Kunst in der Schweiz eine eigene Schweizer Kunst, ein Problem, das die schweizerische Kunstgeschichtsschreibung seit ihrem Altmeister Rudolf Rahn über Joseph Zemp, Peter Meyer, Joseph Gantner und Adolf Reinle bis heute beschäftigt. Die beiden grössten unter den Schweizer Kunsthistorikern: Jacob Burckhardt und Heinrich Wölfflin, haben in einer an sich ebenfalls sehr schweizerischen Art ihre Arbeiten mit geringen Ausnahmen der großen europäischen Kunst, insbesondere Italien, gewidmet.

Eine ›Kunst in der Schweiz‹ hat es schon seit den Kelten und Römern gegeben. Von ihr können wir überall dort sprechen, wo die Beziehungen über die heutigen Grenzen hinaus zu den Nachbargebieten überwiegen. Dies war unter den Römern der Fall, deren ›Reichskunst‹ durchaus überregionalen, ja internationalen Charakter besaß, wie dies die Mosaiken in Orbe und die zahlreichen Bronzen in den Museen von Brugg (Vindonissa), Sitten, Avenches (Aventicum) und im Schweizerischen Landesmuseum in Zürich bezeugen. Auch bei den Denkmälern des Frühmittelalters ist es schwer, das Schweizerische nur in einem regionalen, geschweige denn in einem nationalen Sinne auszuscheiden. Zu sehr gehen die Beziehungen über die heutigen Landesgrenzen hinweg; so gehörten die Dreiapsidensäle von Müstair und Mistail zu einer auch im obersten Etschtal vertretenen Gruppe, und ähnlich hat schon damals mit der Reichenau und Konstanz sich, wie dies Albert Knoepli neuerdings wieder darlegt, eine ›Bodenseekunst‹ entwickelt, die durch viele Epochen hindurch ein mehr oder weniger geschlossenes Gebiet über die politischen Grenzen hinweg vereinte.

Auch in der Romanik überwiegen die überregionalen Beziehungen, wenigstens solange es sich um große Kunst handelt – so wie andererseits die Volkskunst gerade in ihren primitivsten Werken noch nicht zu landschaftlich gesonderten Ausprägungen aufgestiegen ist. Solche Beziehungen gibt es im 11. und 12. Jahrhundert über teilweise große Entfernungen hinweg. Das Großmünster in Zürich ist in seinem Emporensystem eng verwandt mit S. Ambrogio in Mailand. Die Säulenhallenkirche in Grandson weist tief in die Auvergne, und vom Churer Dom gehen die Beziehungen sogar bis in die Provence und nach Katalanien. Basel ist während des ganzen Mittelalters auf das engste mit dem Oberelsaß verbunden und hat seinen völlig eigenen Habitus durch die wechselnden Stilepochen hindurch auch nach dem 1501 erfolgten Beitritt zur Eidgenossenschaft bewahrt, was selbst heute noch zu spüren ist. Das Allerheiligen-Münster in Schaffhausen übernimmt aus dem nördlichen Schwarzwald wenn nicht die genauen Formen, so doch die Disziplin des Hirsauer Schemas. Die Zisterzienser-Klöster in Bonmont, Hauterive, Wettingen und Kappel sind durch die internationale Ordensregel bestimmt, so wie auf ihre Weise die Kartausen von Valsainte und Ittingen. Auf Cluny II geht die in ansehnlichen Resten erhaltene Prioratskirche von Rüeggisberg in den Voralpen südlich von Bern zurück, und sowohl Payerne wie Romainmôtier weisen in ihren Raumtypen nach Burgund.

Burgundische Gotik herrscht in den Kathedralen von Genf und Lausanne und wandelt sich in den Kirchen von Sitten ins Provinzielle. Burgundisch-oberrheinische Züge bestimmen auch das Münster von Basel.

Der Zusammenhang mit benachbarten Regionen wechselt im Laufe der Jahrhunderte. Während im Früh- und Hochmittelalter die südlichen und westlichen Einflüsse dominieren, meldet sich im 14. und 15. Jahrhundert stärker auch der Norden und Osten. Die Bettelordenskirchen mit ihren hochragenden Chören weisen nach dem Elsaß; das Berner Münster ist durch seine Baumeister aus der Familie der Ensinger in starkem Maße mit Ulm verbunden, und die kleineren Kirchen der Spätgotik-St. Leonhard in Basel, die Wasserkirche in Zürich und St. Oswald in Zug, sowie zahlreiche Dorfkirchen der Nordostschweiz und der Bündner Täler – sind von Bauleuten aus Tirol, dem Vorarlberg und Kärnten errichtet. Zur gleichen Zeit ist Freiburg im Uechtland auch in seiner Kunst eine durchaus deutsch-schweizerisch geartete Stadt.

Im ganzen Mittelalter war die Schweiz durch die Kirchenprovinzen mit ihren Nachbarländern verknüpft. Die deutsche Schweiz und die rätoromanisch sprechenden Täler Graubündens unterstanden dem Erzbistum Mainz, mit Ausnahme Basels, das zu Besançon gehörte. Das Tessin gehörte vom Monte Ceneri an aufwärts unmittelbar zum Erzbistum Mailand, das Puschlav und der südliche Teil des Tessins zu Venedig, das seinerseits dem Patriarchat von Aquileia unterstand. Das Bistum Sitten war ein Teil der Kirchenprovinz Moutier en Parantaise in der westfranzösischen Dauphiné. In Genf und Lausanne aber, von denen das erstere kirchlich zu Vienne, das zweite zu Lyon gehörte, besetzte regelmäßig das Herzogshaus Savoyen die Bischofstühle. Das Bistum Konstanz, das nach Westen noch über Zürich hinaus reichte, verband große Teile der Nordostschweiz mit der schwäbischen Kunst. Auch das Bistum Basel hatte – wie schon angedeutet – einen wesentlichen Teil seines Einzugsgebietes im Oberelsaß. Ebenfalls standen die mehr im Innern der Schweiz gelegenen Bistümer Sitten und Chur durch den Verkehr über die Walliser und Bündner Pässe fremden künstlerischen Elementen offen.

Während der Renaissance und des Barock zeigt sich eine neue Art von Abhängigkeit: die Renaissance ist geistig nach Italien orientiert, weil dort der europäische Humanismus am unmittelbarsten das Erbe der Antike sah. Jetzt nämlich, im frühen und mittleren 16.Jahrhundert, sind es nicht mehr Klerus und Adel, sondern in erster Linie die kulturell interessierte Oberschicht des Bürgertums, welche in der Innendekoration und – wenn auch nicht ganz so stark – in den Fassaden die ursprünglich klassischen Formen aus dem Süden übernimmt, um sie in die eigene Mundart zu übersetzen. Besonders kraftvoll geschieht dies in Graubünden, während die Formen um einen Grad strenger und reiner in den Urkantonen Luzern und Basel gehandhabt werden.

Mit der Reformation trat der noch kurz zuvor in der Spätgotik so blühenden Kirchenbau zunächst zurück, und das Schwergewicht verlagerte sich auf die profane Kunst. In der Gegenreformation jedoch nimmt die Sakralkunst einen neuen Aufschwung. Gefördert durch die Tatkraft des später heiliggesprochenen Karl Borromäus, der als Erzbischof von Mailand die ihm unterstellten Gebiete auch nördlich des Gotthards bereiste – und später durch die innere Mission der neu gegründeten Orden, vornehmlich der Jesuiten und ihres volkstümlichen Gegenstücks, der Kapuziner – entstand eine große Zahl von Kirchen, so die stattlichen Gotteshäuser der Jesuiten in Luzern, Brig und Solothurn, doch auch die bescheideneren, gewöhnlich vor den Stadtmauern gelegenen Klöster der Kapuziner und schließlich die vielen damals neu erbauten oder mindestens neu geschmückten Kirchen und Kapellen auf dem offenen Lande und in den Gebirgstälern. Der ganz im Zeichen der katholischen Reform auf Hebung des Glaubenseifers bedachte Sakralbau ist, zumindest im 17.Jahrhundert, wesentlich ultramontanen Ursprungs und trägt damit italienische Züge.

Aus den Kirchenbauten der süddeutschen und schweizerischen Jesuiten sowie aus den Wandpfeilerkirchen des nördlichen wie südlichen Alpenrandes entwickelt sich im späten 17. und im frühen 18.Jahrhundert das sogenannte Vorarlberger Münsterschema, das an sich durchaus alemannische Züge besitzt, diese jedoch bis in den französischen Jura, ins Elsaß, in den Schwarzwald und bis weit nach Württemberg und Bayern verbreitet.

Die Benediktinerklöster, die im Hoch- und Spätbarock des deutschen Südens eine so wichtige Rolle spielen, bedienen sich der Vorarlberger Baumeister im Zeichen eines während des 18.Jahrhunderts besonders regen Austausches von Baugedanken und Plänen, in welcher Weise namentlich Einsiedeln und St. Gallen sich architektonisch erneuerten. In diesen beiden besonders großartigen Schöpfungen reichen jedoch die Beziehungen über die engere Vorarlberger Schule hinaus und umfassen, wie Adolf Reinle dies für Einsiedeln nachgewiesen hat, auch direkte italienische Anregungen.

Auch die profane Kunst zehrt – wenn freilich um einen Grad geringer – von Verbindungen über die Grenze hinweg. Abgesehen vom Innenausbau macht sich auch in den Fassaden und Dächern – so in den regelmäßig angelegten Stichbogenfenstern – während des 18. Jahrhunderts nicht nur in den Landsitzen und Stadtpalais der Aristokratie, sondern auch in den Bürgerhäusern französischer Einfluß geltend, der seit dem 17. Jahrhundert den italienischen verdrängt und nun selbst in kleinere Städte der Ostschweiz wie Winterthur und Bischofszell eindringt.

Der Klassizismus zählt in der Schweiz zu den fruchtbaren Epochen, weil er jener angeborenen Nüchternheit entspricht, die neben einer bisweilen durchbrechenden Prunksucht den Grundzug schweizerischen Wesens darstellt. Seine sehr zahlreichen Bauten zeigen alle Übergänge zum Spätbarock, beziehungsweise zum Rokoko, das in der für die Alpen charakteristischen Stilverspätung sich an einzelnen Orten bis über 1800 hinaus erhält, und hernach zu den Stilwiederholungen des 19. Jahrhunderts. Dazu treten, wie dies Bruno Carl in seinem reich dokumentierten Werk aufweist, regionale Schattierungen in einem sonst diesem Stil eher fremden Ausmaß. Trotzdem bleibt die Verbindung mit den großen, für die Epoche maßgebenden Zentren des Auslandes: mit Paris und Mailand und später mit Karlsruhe und München.

Es ist das Verdienst Gottfried Sempers, durch sein Lehramt am Zürcher Polytechnikum eine ganze Schule gebildet zu haben, deren noble Neurenaissance schließlich in einen noch immer verhältnismäßig maßvollen Neubarock der Pariser École des Beaux-Arts übergeht. Der deutsche Sieg von 1870 und die darauf folgende Reichsgründung bewirken, daß viele Schweizer sich nach dem Norden orientieren und der dort üppig ins Kraut schießenden Neurenaissance huldigen.

Der 1848 erfolgte Zusammenschluß der Eidgenossenschaft zum Bundesstaat findet zunächst keinen unmittelbaren Ausdruck in der Architektur, trotz der reichen Bautätigkeit des Bundes, die Ende des Jahrhunderts in dem von opernhaftem Pomp umrauschten Bundespalais und den mit diesem an repräsentativer Gesinnung wetteifernden Postgebäuden sich spiegelt. Den Stilmischmasch des Fin de siècle suchen die besten Werke des Jugendstils im Sinne einer Läuterung zu überwinden. Die in den rund zehn Jahren vor dem Ersten Weltkrieg entstandenen Bauten, wie zum Beispiel das Kunsthaus und die Universität in Zürich, die Bahnhöfe von Lausanne und St. Gallen, zeichnen sich zwar durch ihre echteren baukünstlerischen Qualitäten aus, doch sind sie zu stark mit Süddeutschland, Belgien und England verbunden, als daß von einem eigenen schweizerischen Stil gesprochen werden könnte. Ein solcher ist kurz vor 1914 am ehesten in Graubünden und im Kanton Bern in einzelnen Hotelbauten und Verwaltungsgebäuden zu erkennen, so im Suvretta-Haus bei St-Moritz, im ›Silvretta‹ in Klosters oder auch in den Bahnhöfen und im Churer Verwaltungsgebäude der rhätischen Bahn, ferner in Hotels, Villen und Verwaltungsgebäuden im Kanton Bern. Sie alle stehen im Zeichen der damals aufkommenden ›Heimatschutz‹-Bewegung, die den trotz einzelner Fehlgriffe achtbaren Versuch unternahm, das von Bauten eines oft sehr mittelmäßigen Internationalismus bedrohte Gesicht des Landes nach Möglichkeit zu bewahren.

Schweizer Kunst

So liegt, zumindest in der Architektur, deren Betrachtung in diesem Buch mehr als die der anderen Künste im Vordergrund steht, das Hauptgewicht auf der ›Kunst in der Schweiz‹. In dieser Hinsicht ist die Schweiz bestimmt durch die großen Kunstnationen ihrer Nachbarschaft, das heißt im besondern ist sie ein Teil der lombardischen, burgundischen, oberrheinischen, schwäbisch-bayerischen und tirolischen Kunst. Trotzdem darf innerhalb dieser Beziehungen, wenn freilich in aller Vorsicht, auch von einer eigenen ›Schweizer Kunst‹ gesprochen werden. Diese steht keineswegs im Gegensatz zu den mit der Schweiz benachbarten Kunstgebieten des Auslandes, die hier eben erwähnt wurden, sondern sie erwächst aus diesen und gewinnt immer dort ihr eigenes schweizerisches Gesicht, wo die Kunst zum Ausdruck eines politischen Willens wird, mit anderen Worten: wo sie einen mehr oder weniger öffentlichen Charakter besitzt. Denn in den Blütezeiten der schweizerischen Demokratie diente die Kunst nicht wie in den Nachbarländern der fürstlichen Repräsentation; sie war auch nicht nur die private Angelegenheit wohlhabender Bürger und Bauern, sondern sie bedeutete im wahrsten Sinne des Wortes ein öffentliches Anliegen: eine ›res publica‹. Noch heute vermögen Kunstfragen die Öffentlichkeit stärker als anderswo zu bewegen und zu erregen, wie es die Rettung von Bildern Picassos für das Basler Museum, der Streit um den Ankauf einer Kollektion von Skulpturen Giacomettis für das Zürcher Kunsthaus oder um die Rathausbrücke in Zürich zeigen. Die Versuche mutig neue Wege gehender Museumsdirektoren wie

SCHWEIZER KUNST

Georg Schmidt oder Arnold Rüdlinger in Basel hatten ausgesprochen kunstpädagogischen Charakter und beschäftigen die Öffentlichkeit ähnlich wie schon Ende des 19.Jahrhunderts der Streit um Hodlers Entwürfe für die Wandmalereien im Landesmuseum in Zürich oder der Genfer Skandal bei der erstmaligen Ausstellung von Hodlers ›Nacht‹. Die führenden Maler des 19.Jahrhunderts, die, in ihrer bald großzügig saftigen Art, wie Koller und Buchser, bald liebenswürdig detaillierenden Malweise wie Anker und Zünd einen durchaus schweizerischen Realismus pflegten, bekleideten gleichzeitig Ämter in der Öffentlichkeit, die ihrerseits stärksten Anteil an den genannten Malern nahm. Das schloß freilich Tragödien nicht aus, so beim jungen Gottfried Keller, der zuerst Maler werden wollte und dabei in München durch das Anstreichen blauweißer Fahnenstangen sich vor dem Hunger schützen mußte, oder bei Karl Stauffer, dessen vom Wahnsinn beflügeltes Genie vor der Übermacht des damaligen Establishment zerbrach.

Der öffentliche Charakter bestimmt seit dem späten Mittelalter das Bild der schweizerischen Städte in noch ausgesprochenerem Maße, als dies mehr oder weniger überall der Fall ist. Unter den von den Zähringern während des 12.Jahrhunderts nicht nur in der Schweiz, sondern auch am Oberrhein und in Schwaben gegründeten Städten entstanden auf an sich schon großzügigem Plan südlich des Rheins Stadtbilder, die um einen Grad markanter und eigenwilliger erscheinen, indem die Beziehungen zwischen den wichtigsten Akzenten, zwischen der Hauptkirche und dem Rathaus, sowohl untereinander wie zum Stadtganzen kraftvoller gespannt sind. Dem verwandt sind die Beziehungen zwischen Hauptgasse und Nebengassen und von diesen der Sprung zu den schmalen Nebengäßchen, welche die Häuserzeilen nicht durchbrechen, sondern nur als feines Geäder von Durchlässen durchziehen. Namentlich Bern hat, wie es Paul Hofer darstellt, den Zähringer Grundriß zu einer Kraft des Ausdrucks entwickelt, die einmalig ist und die Stadt recht eigentlich zum Monument erhebt durch die Klarheit und Bestimmtheit der Relationen zwischen den einzelnen Bauten wie zum Stadtganzen. Das gleiche gilt für Fribourg, doch auch für kleinere Städte wie Murten, Thun, Burgdorf und Aarau. Selbst das weitaus ältere Zürich trägt bis heute in der Anlage des ›Rennwegs‹ als des breitesten und längsten Straßenzugs der mittelalterlichen Altstadt die Spuren der Zähringer, die auch hier als Reichsvögte amteten. In Schaffhausen und Stein am Rhein sind die Straßen schwungvoller geführt, und, ohne den gemeinsamen Rahmen zu unterbrechen, heben sich die einzelnen Häuser stärker voneinander ab, als es in dem ruhigeren und gemesseneren Habitus der schwäbischen

Städte der Fall ist. Im Vergleich zum Elsaß aber, wo zwar die alten Städte an Individualität ihrer Bauten der Schweiz verwandt sind, wie übrigens auch die Mundart, herrscht in Basel bereits eine großzügigere und freiere Haltung in den Straßen- und Platzbildern.

Den breiten Marktplatz Basels beherrscht von der Mitte der Münsterbergseite aus das Rathaus. Noch eindrucksvoller ist dessen Stellung in Fribourg,was die Nutzung des nach der einen Seite steil abfallenden Geländes anbelangt. Hier wie in Bern stellt das Rathaus ein beinahe ebenbürtiges Gegenstück zum Münster dar. Eindrucksvoll ist die Situation auch in Stein am Rhein und Sursee, wo die platzartig breite Hauptstraße durch das Rathaus in zwei verschieden starke Arme aufgespalten wird. Das Rathaus in Zürich, das für sich alleine in der Limmat steht, ohne doch den Zusammenhang mit den Zunft- und Wohnhäusern zu verlieren, verkörpert so klar und bestimmt wie wenige andere die beiden Ideale eines Gemeinwesens, nämlich in den regelmäßig verteilten Fenstern die Ordnung und in dem zwar üppigen, doch keineswegs überbordenden Dekor den Reichtum. Noch am Ende des Barock entstehen in Delsberg und Bischofszell Rathäuser, die Repräsentation und Eleganz vereinen. Das durch die Französische Revolution neu entfachte Pathos altrömischer Bürgertugenden strahlt aus der klassizistischen Giebelfront des Neuenburger Stadthauses.

Neben den Rathäusern sind es die Zunfthäuser, die den öffentlichen Geist des Bürgertums aufnehmen. Doch auch das gewöhnliche Wohnhaus erreicht insbesondere im 16. und 17.Jahrhundert eine behäbige Kraft und eine Eigenwilligkeit der Proportionen und des Details, wie dies in solchem Maße nur bei Bewohnern möglich ist, die mit jedem Mittel auf ihre Selbständigkeit pochen.

Ein eigener Stolz der Schweizer Städte sind die Brunnen, auf deren kandelaberartig sich ausbauchenden Säulen im 16. und 17.Jahrhundert selbstbewußte Krieger, bisweilen aber auch Mohren und ›wilde Männer‹, ja selbst Unholde,wie im Berner ›Kindlifresser-Brunnen‹, auftreten. Das 18.Jahrhundert dämpft dann die Kraftausbrüche zur geschmeidigen Anmut klassischer Götter und Göttinnen. Auch dort, wo hohe Kunst erreicht werden soll, bleibt in der Schweiz dem einzelnen Werk ein starkes Maß an Volkstümlichkeit, die oft mit erzieherischen Absichten verbunden ist. Diese zeigt sich in den allegorischen Themen der früher häufigen Fassadenmalereien, von denen sich am Haus ›Zum Ritter‹ in Schaffhausen ein stattliches Beispiel erhalten hat. Als wahre Enzyklopädien biblischer und vaterländischer Geschichte sowie des moralischen und physikalischen Wissens treten die farbig bemalten Kachelöfen auf, die während des späten 17. und des frühen 18.Jahrhunderts in Winterthur entstanden und weite Verbreitung fanden. Die Tendenz zur Volkstümlichkeit verbindet sich oft mit erzieherischem und belehrendem Einschlag in der Druckgraphik, die aus diesen beiden Wurzeln heraus vom 16. bis 19.Jahrhundert ihre besondere schweizerische Blüte erlebte.

Wieder ein anderes, spezifisch schweizerisches Phänomen stellen die farbigen Kabinettscheiben dar, in welche im 15. und 16. Jahrhundert eine reiche Tradition kirchlicher Glasgemälde mündet. Die Wappenscheiben wurden einer beliebten Sitte folgend bei wichtigen Anlässen, wie der Einweihung von öffentlichen, oder auch von privaten Gebäuden sowie als Allianzwappen bei Hochzeiten geschenkt. In ihrer sowohl figürlich wie ornamental reichen Komposition und den glutvollen Farben entsprachen sie der überschäumenden Lebenslust sowie dem Machtbewußtsein der Eidgenossen zur Zeit der Burgunder- und Mailänderkriege.

Geht man tiefer ins Mittelalter zurück, erweist sich der für die Schweiz so wichtige öffentliche Charakter unter anderem in der Verwendung von Klosterrefektorien für weltliche Ratsversammlungen. Nicht nur in Zeiten, da es noch kein eigenes Rathaus gab, sondern auch später wurden und werden Kirchen für Tagsatzungen, profane Feiern und Synoden gelegentlich gebraucht.

Die eigentlichen Blütezeiten einer eigentümlich schweizerischen Kunst sind nicht solche des feudalen Mittelalters oder einer das Volk beherrschenden Aristokratie, sondern diejenigen eines aufgeschlossenen, sich selber regierenden Volkes, und zwar sowohl in den bäuerlichen ›Länder-Kantonen‹ wie in den Städten. Solche demokratische Zustände herrschten bei gleichzeitiger Blüte des geistigen und wirtschaftlichen Lebens im späten 15. und im frühen 16.Jahrhundert, ferner im 18.Jahrhundert, wo sich, wenigstens in einzelnen Reformbewegungen, wieder demokratische Gedanken meldeten. Aber auch das 19.Jahrhundert ist bei aller internationalen Verflechtung doch in vielem eine sehr schweizerische Epoche gewesen, zumindest in der Malerei und Dichtung, wo neben mehr europäischen Gestalten, wie Böcklin und C.F. Meyer, Gottfried Keller und Jeremias Gotthelf, ferner Rudolf Koller, Frank Buchser und Albert Anker gerade als Schweizer weit über ihre Heimat hinaus in ihren Werken wirkten und noch heute wirken. Sie alle sind getragen vom Kraftbewußtsein des stärkeren staatlichen Zusammenschlusses, wie er 1848 erfolgte, ferner von einem in seinen Auswirkungen allerdings nicht immer unbedenklichen Aufschwung der Wirtschaft.

Das 20.Jahrhundert hat vor und in den beiden Weltkriegen gerade aus der Bedrohung der nationalen Unabhängigkeit durch die Machtballungen jenseits der Grenzen auch die Kunst im vaterländischen Sinne zu mobilisieren versucht. Doch ist schon in den zwanziger Jahren und erst recht nach dem Zweiten Weltkrieg das Pendel um so entscheidender nach der Seite eines integralen Internationalismus ausgeschlagen. In solchem Sinne nimmt auch die Schweiz teil an der modernen interkontinentalen Architektur und an den vereinzelt schon kurz vor dem Ersten Weltkrieg begonnenen und seit 1950 in rascher Folge sich ausbreitenden Richtungen der abstrakten Kunst, wobei eine schweizerische Note höchstens in einer stärkeren Betonung des Handwerklichen sowie der exaktesten Formlogik und andererseits in einer freier assoziierenden Phantasie zu suchen wäre; letztere könnte auch heute noch angeregt sein durch die oft so irrationalen Erscheinungen des Hochgebirges, die bereits die Zeichnungen eines Urs Graf und Niklaus Manuel befruchteten. Die ältere Generation der Maler und Bildhauer bewahrt dort, wo sie gegenständlich geblieben ist, auch in ihren Motiven eine gewisse schweizerische Note, doch wie weit sich aus dieser wieder eine spezifisch schweizerische Kunst entwickeln kann, bleibt eine offene Frage.

Doch ist es die Architektur, die heute mehr denn je das Antlitz des Landes prägt, und zwar in einer fast nur auf die materiellen Bedürfnisse ausgerichteten Normung, die es schwer macht, hier von nationalen, geschweige denn regionalen Zügen zu sprechen. Dennoch gibt es unter der Flut von gesichtslosen Standardbauten einzelne originelle Lösungen, die ihre Umgebung in einem höheren Sinne prägen; so ragen aus den mittleren Jahrzehnten des 20. Jahrhunderts verschiedene Kirchenbauten beider Konfessionen über den bloß modischen Formalismus hinaus. Der Bau von Schulhäusern aller Stufen, dem hierzulande schon im 19. Jahrhundert großes Gewicht beigemessen wurde, hat auch in den neuen Materialien und Konstruktionsformen seine Bedeutung behauptet, wie es – auch die übrigen modernen Künste umfassend – besonders konsequent die 1956 erbaute Hochschule in St. Gallen veranschaulicht. Rücksichtslosigkeiten im Verhältnis zur Landschaft wie zur historischen Umgebung gibt es auch in der Schweiz, doch zeichnen sich gerade die besten Leistungen durch ihre Anpassung an das Gelände aus. Dies gilt in hervorragendem Maße auch für viele, freilich nicht alle Bauten im Hochgebirge, für Staumauern, Kraftwerkzentralen, Straßen und Brücken. Während die das Landschaftsbild zerschneidenden Terrassensiedlungen sich bereits als Irrweg erwiesen haben, ist die landschaftsgerechte Gestaltung der Ferienhäuser und -siedlungen sowie der Hotels und Gipfelrestaurants noch im Fluß.

REISEN IN DER
SCHWEIZ

INS HERZ DER SCHWEIZ

Von Schaffhausen nach Schwyz

Schaffhausen

Langsam steigt die Straße von Donaueschingen her die Höhen des Randen hinan, um dann plötzlich und steil in das waldgesäumte Wiesental der Durach abzusinken. Die Schweizer Grenze ist erreicht und sehr bald auch Schaffhausen, dessen von Industrie- und Bahnanlagen durchsetzte Vororte sich in die Täler des Tafeljura vorschieben. Wie auch sonst im Jura ahnt man hier in den dicht besiedelten Talzonen kaum die Einsamkeit, die noch auf den schwer zugänglichen und dem Wetter ausgesetzten Höhen herrscht.

Schaffhausen hat 1045 unter Kaiser Heinrich III. das Münzrecht erhalten, was den weiteren Aufstieg des unter den Grafen von Nellenburg angelegten Marktes gewährleistete. Die Stadt war vor dem Aufkommen der Eisenbahnen verkehrsmäßig begünstigt, weil hier vom Schiff auf den Wagen umgeladen werden mußte, um dem Rheinfall samt den ihm vorausgehenden Stromschnellen auszuweichen. Das Umladen der Waren führte zum Stapelplatz und im weiteren zum Markt. Gehandelt wurde in erster Linie mit Salz, das von den Salinen Südbayerns über Schaffhausen bis nach Bern, ferner in die Innerschweiz und weiter bis in das Tessin transportiert wurde. Daneben war die Stadt an der großen Leinwand-Fabrikation des Bodensee-Gebietes beteiligt.

Doch neben dem Markt wurde das Allerheiligenkloster wichtig, das von dem gleichen Grafen Eberhard von Nellenburg gegründet wurde, dem der Kaiser das Münzrecht verlieh. Papst Leo IX. selbst kam im Jahre 1049 nach Schaffhausen, um bei der Grundsteinlegung anwesend zu sein. Eberhards Sohn Graf Burkhart schloß das Kloster eng an die Hirsauer Klosterbewegung an, welche die Cluniazenser Reform in Süddeutschland auszubreiten suchte. Vom

SCHAFFHAUSEN

Ziel dieser Bewegung, nämlich möglichst großer Autonomie des Klosters gegenüber der weltlichen Gewalt, zogen auch die Benediktiner zu Allerheiligen Gewinn, wovon die Ende des 11.Jahrhunderts begonnene Kirche samt Kreuzgang und einzelnen Nebengebäuden bis heute zeugen. Im Kampf gegen Habsburg wird 1415 Schaffhausen reichsfrei. Durch die Vermittlung von Zürich, das gegenüber der Rheinstadt eine ähnliche Rolle des mächtigen Nachbarn spielt, wie Bern gegenüber Fribourg, tritt Schaffhausen im Jahre 1501 endgültig in den Bund der Eidgenossen. Bald darauf wird – wieder durch die Vermittlung Zürichs – die Reformation übernommen und der Besitz des Allerheiligenklosters verstaatlicht. Vom 16. bis 18.Jahrhundert herrscht im Zeichen eines vermögenden Kaufmanns-Patriziates ein Wohlstand, von welchem die vielen Bürgerbauten von der Renaissance bis zum Ende des Barock ein glänzendes Zeugnis ablegen.

Der Zusammenbruch der alten Eidgenossenschaft im Jahre 1798 bringt dem bisher von der Stadt beherrschten Kantonsgebiet die Gleichberechtigung. Mit dem Aufkommen der Eisenbahnen drohte der Stadt zunächst ein wirtschaftlicher Niedergang, der dann aber durch die Ansiedlung bedeutender Industrien, vor allem der Metall-Verarbeitung, unter Nutzung der Wasserkraft des Rheines abgewendet wurde. Als 1856 wegen des ›Neuenburger Handels‹ zwischen der Eidgenossenschaft und Preußen ein Krieg drohte, plante General Dufour von Schaffhausen aus eine Offensive in den badischen Hegau hinaus, wo noch bis ins 20.Jahrhundert in einzelnen Gasthäusern das Bildnis des schweizerischen Generals an die damaligen Sympathien der Badenser erinnerte.

Aus Schaffhausen stammt Johannes von Müller (1752–1809), der, von Kaiser Leopold geadelt, durch sein einst berühmtes Geschichtswerk über die schweizerische Eidgenossenschaft Goethe und Schiller beeinflußte.

Am 1.April 1944 wurde ein Teil des Stadtkerns von amerikanischen Fliegern irrtümlich bombardiert, was den Tod von vierzig Menschen und größere Zerstörungen, so auch am Allerheiligenmuseum, zur Folge hatte. Die Wunden dieses Angriffs, dem Schaffhausen als Grenzstadt ausgesetzt war und der auch der Schweiz zum Bewußtsein brachte, wie andere Länder damals litten, sind inzwischen vernarbt. Und auch die bauliche Erneuerung, die sich in der Wandlung der Altstadt zur City vollzieht, bewegt sich in annehmbaren Bahnen, was die Bewahrung des Stadtbildes anbelangt. Die alten Erker, mit denen innerhalb der an Erkern reichen Nordostschweiz Schaffhausen besonders ausgezeichnet ist, zieren weiter die zum Teil mit Stuck reich dekorierten Fassaden der einstigen Patrizierhäuser, auch wenn diese heute meist zu Geschäften und Büros umgewandelt sind. Noch greifen Straßen und Plätze organisch ineinander, ohne daß dabei ein einziger, alles dominierender Platz entstanden wäre. »Wir treffen in Schaffhausen verschiedene Dimensionen und Formen an. Trotzdem geht der gleiche Rhythmus und auch dieselbe Melodie durch alle Straßen und Plätze, und es ist gerade diese Harmonie in der Differenziertheit der einzelnen Raumgebilde, die uns besonders wertvoll erscheint. Das Schulter-an-Schulter-Stehen der Häuser bedeutet echte Gemeinschaft, Sinnbild der Einheit in lebendiger Vielfalt. Das Einzelne schickt sich ins Ganze, dadurch wird die Ordnung gewährleistet, und in ihr wird das Ganze stark und läßt dem Individuellen doch genügend Spielraum.« Das hier von Walter Henne für seine Vaterstadt Gesagte, es gilt mit individuellen Abwandlungen fast für jede Schweizer Stadt.

In der Mitte der Stadt liegt der schwäbisch breite Straßensaal des Fronwaagplatzes, auf dem zwei schöne Brunnen stehen, darunter der im Volksmund ›Moorejoggeli‹ genannte Mohrenbrunnen. Nördlich führt vom Fronwaagplatz eine alte Gasse zum Schwabentor, an welchem der beherzigenswerte Spruch zu lesen ist: »Lappi tuen d'Auge uf!« – Am Südende des Fronwaagplatzes erheben sich die in reichem Spätbarock stuckierten Fronten der Herrenstube und des Fronwaagturmes. Von hier aus geht es im rechten Winkel hinauf zum nahen Oberturm und leicht abwärts durch die Vordergasse zur Rheinbrücke. In der südlichen Fortsetzung des Fronwaagplatzes steigt man zum ›Herrenacker‹ empor, einem weiten, ansehnlichen Platz, gesäumt von Patrizierhäusern und dem schon im 19. Jahrhundert von dem Schaffhauser Bürger Imthurm als ›Imthurneum‹ gestifteten Stadttheater, das nach der Mitte des 20.Jahrhunderts völlig modernisiert wurde. Vom Herrenacker sich nach Osten wendend, gelangt man abwärts am Renaissancebau des einstigen Zeughauses vorbei, das heute als Regierungssitz dient, zum *Klosterbezirk von Allerheiligen*, der heute neben Kirche und Kreuzgang eines der schönsten Museen der Schweiz umschließt. Neben wechselnden Ausstellungen, von denen viele, wie jene über Rembrandt oder über venezianische Malerei, internationale Beachtung fanden, interessieren die bleibenden Schätze, die von bedeutenden Funden aus dem Schaffhauser Jura bis zu ausgesuchten Dokumenten der bürgerlichen Wohnkultur des 16. bis 19.Jahrhunderts reichen.

Der große Kreuzgang, an dessen mit der Kirche gemeinsamen Wand reiche Epitaphien hängen und in dessen stimmungsvollem Hof zwischen alten Bäumen einzelne Grabmäler stehen, beeindruckt durch seine Ruhe und seine zur Einkehr führende Stimmung. Zur Besinnung mahnt auch die neben dem Kreuzgang aufgestellte ›Schillerglocke‹ mit der berühmten Aufschrift: »*Vivos voco, mortuos plango, fulgura frango*« – »*Die Lebenden rufe ich, die Toten beklage ich, die Blitze breche ich.*« *In nächster Nähe steht die St.Erhardskapelle mit den romanischen Grabmälern der Grafen Eberhard und Burkhard.*

Das *Münster zu Allerheiligen* schließt, einer monastischen Regel folgend, den Klosterkomplex nach Norden ab, insbesondere den Kreuzgang samt einem Teil der anstoßenden Konventsgebäude vor den rauhen Winden schützend und der Sonne öffnend. Schon der Außenbau der Kirche läßt in wohltuender Klarheit die Grundform des Kreuzes erkennen, auch wenn sie nicht als Ganzes erblickt werden kann. Doch was man von ihr als Teil sieht, das Langhaus oder den gerade geschlossenen Chorarm mit einem der Querarme, zeigt jeweils streng geformte und schlicht überdachte Raumkuben in jener elementaren Geometrie, wie sie zur Schönheit des romanischen Stils auf der Höhe seiner Entwicklung um 1100 gehört. Die Mauern sind unverputzt, jedoch mit reichlichem Mörtel aus kleinen, grob behauenen Kalksteinquadern aufgeführt, die nur an den Kanten größere und sorgfältiger ausgeführte Eckquadern zeigen. Weder Lesenen noch Blendbogenfriese unterteilen und gliedern wie später am Zürcher Großmünster die Flächen, die asketisch auf jeden Schmuck verzichten. Solchen gibt es erst an dem in seiner Grundform ebenfalls kubischen Turm, der erst um 1200 erbaut wurde und zwischen dem Chor und dem nördlichen Querhaus aufsteigt. Hier gliedern zunächst Lesenen, dann doppelte Wandsäulen zusammen mit Blendbogenfriesen in nach oben zunehmendem Maße vom ersten bis zum dritten Obergeschoß die Wände. Der Turm gewinnt dadurch als Ganzes ein stärkeres Gewicht, als es die flachen gemauerten Kuben der eigentlichen Kirche zu zeigen vermögen. Das oberste Geschoß des Turmes verzichtet auf eine Gliederung durch Lesenen oder Wandsäulen und öffnet sich dafür als Glockenstube in aneinandergereihten Rundbogen, die von zierlichen Doppelsäulen getragen werden. In engeren Gruppen wiederholen sich diese Öffnungen in den Giebelwänden des Turmdaches, das in einer später entstandenen achtseitigen Spitze ausläuft.

Durch eine neuromanische Säulenvorhalle, die seit 1857 das frühere, möglicherweise zweigeschossige Westwerk ersetzt, betritt man das Langhaus. Das Innere, das man nun zu durchschreiten hat, das sich jedoch schon vom Eingang her in seiner ganzen Anlage überblicken läßt, gehört nach seiner um 1960 erfolgten Wiederherstellung zum Bedeutendsten, was romanische Baukunst in der Schweiz hinterlassen hat. Die stereometrische Strenge knapp geformter Raumkuben, die schon den Außenbau bestimmt, läutert sich hier zu einem Ganzen von kristallhafter Klarheit im gemessenen und dennoch reichen Zusammenschluß der einst durch den Kult geschiedenen Raumteile. Die glatt verputzten Wände und die aus rotem Sandstein gemeißelten Säulen bilden zusammen mit den flachen Holzdecken die Voraussetzung für die geschlossene Wirkung der einzelnen Raumkuben. Das Mittelschiff ordnet sich die Seitenschiffe eindeutig unter. Die drei Schiffe sind durch Säulenarkaden mit schweren Würfelkapitälen getrennt, der letzte Bogen vor der Vierung wird gleich den Bogen, welche im Chor das Priesterhaus nach der Fortsetzung der Seitenschiffe öffnen, von Pfeilern getragen, wodurch das Zusammenspiel kubischer Raumkörper mit ebenso geformten plastischen Körpern sich nochmals verdichtet. Höchst eindrucksvoll ist auch, wie auf die gestaffelten und gelagerten Raumkuben, in denen sich das Langhaus dem Chor zuwendet, die stehenden Kuben der Ostpartie antworten, so wie dem Heilsverlangen des Volkes die Gnadenvermittlung durch den Klerus gegenübersteht. Wie diese religiösen Beziehungen ihren ebenso schlichten wie klaren und eindeutigen Ausdruck finden in einfachen, doch dadurch um so bleibenderen Formen, gehört gerade für den modernen Menschen zu den besonderen Werten der Romanik.

Das Schwergewicht des ganzen Raumes liegt in der Vierung, wo sich das Gefüge in vier mächtigen Pfeilerbogen verfestigt. Ein Bogen gleicher Größe trennt das gerade geschlossene Altarhaus vom Priesterhaus. An das Querschiff schließen sich ganz außen zwei verhältnismäßig schmale Konchen, daneben setzen sich die Seitenschiffe nach Osten fort. Nördlich des Chores öffnet sich die Turmkapelle, wo bereits die neue Schwere der nach Gewölben verlangenden Spätromanik vorherrscht.

Die Wände waren insbesondere in der Ostpartie einst mit Fresken geschmückt, von denen sich, wie auch in den nahen, St. Erhard und St. Johannes geweihten Kapellen, geringe Reste erhalten haben. Im übrigen dient die zurückhaltend moderne Ausstattung dem evangelischen Kultus, den die Reformation nach Schaffhausen brachte. Der Geist der Hirsauer Klöster aber, der mit seiner Forderung nach Askese und Disziplin seinerseits schon eine Reform bedeutete, lebt ungebrochen in seiner ganzen Strenge weiter, und der gleichen sublimen Disziplin entsprechen auch die Bach-Konzerte, die im Allerheiligen Münster regelmäßig stattfinden.

So einheitlich und geschlossen der Raum von Allerheiligen wirkt, so kompliziert ist seine Baugeschichte. Die erste, von Graf Eberhard von Nellenburg gestiftete Klosterkirche wurde 1064 geweiht. Sie läßt sich auf Grund von Ausgrabungen als kreuzförmige Basilika rekonstruieren, die trotz ihrer äußeren Kleinheit durch mehrere Türme und ein Westwerk ausgezeichnet war. Darüber hinaus gehörte zur Anlage ein rautenförmig ummauerter Kulthof, der sich östlich anschloß, und dessen seitliche Ecken durch vierpaßförmige Zentralbauten, dessen östliche Spitze aber durch eine Kapelle mit Dreiapsidenschluß markiert waren. – Um 1090 dürfte dann unter dem Einfluß von Hirsau der 1103 geweihte Bau begonnen worden sein, der heute noch steht.

Durch einen der schmalen Durchgänge gelangt man vom Allerheiligenmünster zurück in die Vordergasse mit ihren durch Erker ausgezeichneten Patrizierhäusern, darunter das von Tobias Stimmer mit Fresken geschmückte Haus ›Zum Ritter‹. An dieser Gasse liegt der zweite kirchliche Mittelpunkt Schaffhausens, nämlich die *Stadtpfarrkirche St. Johann.* Ihr heutiger Bestand zeigt eine 1460 bis 1467 errichtete spätgotische Basilika, die 1515 um nochmals je ein Seitenschiff sowie ein Westjoch erweitert wurde. Die flachen Decken der drei inneren Schiffe sind 1733 mit maßvollen Stukkaturen geschmückt worden. Während der ältere und etwas niedrigere Chor noch Kreuzrippengewölbe besitzt, zeichnen sich die äußeren Seitenschiffe sowie die Täufer- und die Löwenkapelle durch spätgotische Netzgewölbe aus, die in der Täuferkapelle sogar in einer dem spätgotischen Barock entsprechenden Übersteigerung zu doppelten Kurven bewegt sind. Bemerkenswert als sehr frühe Zeugen der italienischen Renaissance sind die plastisch fülligen Putti an den Pfeilerkonsolen im südlichen Seitenschiff, die vermutlich schon 1517 Augustin Henkel geschaffen haben soll. Zu einem Wahrzeichen der Stadt ist der Turm von St.Johann gestaltet, der in seiner kubisch festen Masse mehr an einen Wehrturm als einen Kirchturm erinnert.

Als ausgesprochene Wehranlage, die zu ihrer Zeit als eine der modernsten galt, ist 1564-1585 von Baumeister Heinrich Schwarz der *Munot* errichtet worden, der als einziges Monument die Idee der Zirkularbefestigung verwirklicht, wie sie Dürer in seiner 1527 veröffentlichten Befestigungslehre vorlegt. Man kann das mächtige Rondell mit seinen gedeckten und offenen Geschützständen samt den geräumigen Kasematten betreten und ebenso die Zinne, die an den sommerlichen Munotfesten als Tanzplatz dient und dann durch ihre etwas nach innen geneigte Fläche ihren besonderen Reiz entfaltet. Die schwere Steinmasse, die von einem hohen, in Fachwerk endenden Rundturm überragt wird, bildet unmittelbar über der Rheinbrücke noch mehr als die kirchlichen Bauten das eigentliche Wahrzeichen der Rheinstadt.

Im Zürcherischen Weinland
Zwei Wege von Schaffhausen nach Winterthur

Erste Variante: Von Schaffhausen fährt man Richtung Zürich über den Rhein nach dem bereits zum Kanton Zürich gehörenden Feuertalen und von dort auf gut ausgebauter Straße langsam an den westlichen Hängen des Kohlfirst empor bis zu einem niedrigen Sattel, von dem man rechts zum *Schloß Laufen* abzweigt, einem im 19. und 20.Jahrhundert stark veränderten Burgkomplex. Man steht hier unmittelbar über dem Rheinfall, von dessen im Frühsommer infolge der Schneeschmelze im Gebirge besonders imposanten Wassermassen die Aussichtspunkte des ›Känzeli‹ oder der tiefer gelegenen ›Fischenz‹ bisweilen in Wasserstaub gehüllt werden. Wer sich nicht dem Nachen zur Überfahrt nach dem *Schlößchen Wörth* oder sogar zum größeren der beiden aus dem Fall ragenden Felsen anvertrauen möchte, kann auf schmalem Fußgängersteig über die oberhalb des Falls schon um die Mitte des 19.Jahrhunderts erbaute Eisenbahnbrücke die andere Seite gewinnen und an verschiedenen Aussichtspunkten durch schöne Waldanlagen unterhalb der Aluminiumfabrik und der häßlichen modernen Wohnblocks von Neuhausen zum Schlößchen Wörth hinabwandern. Von diesem, wie von der benachbarten modernen Gaststätte aus, die – übrigens im gleichen konsequent kubistischen Stil wie die St.Galler Hochschule errichtet – sich nicht schlecht in die Gegend einfügt, doch auch von der schönen, baumbestandenen Uferpromenade aus kann man das Naturschauspiel der stürzenden, aufgischtenden und schließlich ruhig verlaufenden Wassermassen in ihrer ganzen Breite auf sich wirken lassen. Man sollte sich dazu Zeit nehmen. Dann nämlich wird man vielleicht erleben, wie beruhigend gerade für den modernen, durch Zweck und Nutzung getriebenen Menschen dieses zweckfreie und von der Technik weitgehend unberührte Bild der Naturkräfte ist.

Südlich von Schloß Laufen ist man bereits im ›Weinland‹, wie der nördliche, doch nichtsdestoweniger besonders milde Teil des Kantons Zürich heißt. Hier, wo das Land in breiten Terrassen sich gegen den Rhein senkt und zudem die Thur samt den benachbarten Höhenzügen besonnte Hänge bietet, reift ein schon fast rosé-artig frischer, bisweilen spritziger ›Roter‹, der mit den Weinen des benachbarten schaffhausischen Klettgau viel Gemeinsames hat. Während dort ›Hallauer‹ und ›Wilchinger‹ bekannte Namen sind, führen unter den Zürcher Landweinen der Rheinauer ›Korbwein‹ und der an den Thurhängen bei Andelfingen reifende ›Schiterberger‹. – Eines der schönsten Dörfer des Zürcherischen ›Weinlandes‹ durchfährt, oder besser durchwandert man in *Marthalen*, wo sich wie in dem weiter östlich gelegenen Stammheim die schönsten Riegelhäuser finden. ›Riegel‹ werden hierzulande die einzelnen Hölzer des Fachwerkbaues genannt, meist knorrige Eichenäste, die sich zu eindrucksvollen Gittermustern zusammenfügen und von weitausladenden, durch geschnitzte ›Pfetten‹ gestützten Satteldächern überdeckt werden. So besitzt gerade die Nordostschweiz nicht nur in ihren Städten, wo das Riegelwerk später oft übertüncht wurde, sondern vor allem in den Dörfern die südlichsten Zeugen des in Deutschland für verschiedenste Regionen bis nach Niedersachsen bestimmenden Fachwerkbaues.

Rheinau. Von Marthalen aus lohnt sich sehr der Abstecher nach der 844 zum ersten Mal urkundlich erwähnten und 1862 aufgehobenen Benediktinerabtei Rheinau, die allein schon landschaftlich in hohem Grade ausgezeichnet ist. Der Rhein, der von Schaffhausen bis zur Einmündung der Töß nach Süden fließt, macht hier eine Schlinge gegen Norden. Auf der Höhe der Halbinsel liegt eine aus dem späten 16.Jahrhundert stammende Dreiapsidenkirche; der kleine Ort besitzt einzelne burgartig-stattliche Häuser. Auf der Insel aber, die sich östlich an die Halbinsel schmiegt, lebte der aus Irland stammende heilige Fintan in dem schon unter Karl dem Großen, spätestens aber unter Ludwig dem Frommen entstandenen Kloster, wo er 878 starb. Die heutigen Bauten stammen zum größeren Teil aus der ersten Hälfte des 18.Jahrhunderts und dienen seit 1867 als kantonale Heilanstalt. Ein schöner Blick bietet sich vom oberen Rand des ›Korbes‹ aus, an dessen Hang der berühmte Wein reift. Wohl hat man unter sich das Stauwehr mit dem Kraftwerk, dessen seinerzeit sehr umstrittene Anlage den weite Kreise erfassenden Widerstand des ›Rheinaubundes‹ zeitigte und damit eine Bewegung schuf, die auch heute noch die Harmonie zwischen Natur und Mensch zum Ziel hat. Über die an sich mit Sorgfalt dem Gelände eingefügten Anlagen der Technik hinweg geht der Blick zu den Wäldern des deutschen Ufers, das hier unmittelbar gegenüber liegt, sodann zur Klosterinsel, die einst der Rhein umrauschte und die heute infolge des Staues von stehenden Wasserflächen umgeben ist.

Durch den Ort gelangt man zu einem von alten Bauten und Bäumen umstandenen Platz, an dem die Gewölbe des Zürcher ›Staatskellers‹ liegen. Zwischen den mächtigen Platanen hindurch geht der Blick über den schmalen Rheinarm hinweg auf die *Klosterkirche,* die bereits in ihrem Äußeren die typischen Züge der Vorarlberger Schule trägt. Da ist die Zweiturmfassade, zu welcher zwischen 1706 und 1711 zusammen mit dem Neubau der Kirche der schon vorhandene Südturm durch einen symmetrischen Nordturm ergänzt wurde. Im älteren der beiden Türme, der 1572-1578 in spätestgotischen Formen errichtet wurde, hat sich als einziger Rest des früheren, 1114 geweihten romanischen Münsters ein reich ornamentiertes Bogenfeld erhalten. In beiden Türmen öffnet sich das obere Geschoß in großen Maßwerkfenstern. Über einer ebenfalls mit Maßwerk geschmückten Steinbrüstung springen die Türme zum Achteck zurück. Dessen Abschluß bildet beide Male eine zwiebelförmige Haube; auf der kunstvoll geschmiedeten Spitze schwebt ein posauneblasender Engel, den der vorbeistreichende Wind zum Klingen brachte, als Ausdruck eines dem Barock noch selbstverständlichen Einklangs zwischen Natur und Menschenwerk.

Zwischen die Türme spannt sich etwas zurückgesetzt die giebelgekrönte Fassade, die in der für die Vorarlberger bezeichnenden Zurückhaltung nur mit einem altertümlich schweren Portal und zwei Statuennischen geschmückt ist. Noch schlichter sind die nur durch schmale Rundbogenfenster belebten Wände von Langhaus, Querschiff und Chor, wodurch der Kontrast zu dem reichen Inneren zu einem um so größeren Erlebnis wird.

Hier hat Franz Beer, der sich durch die neueste Forschung wieder »als die zentrale Gestalt der Schule erweist« (H. J. Sauermost), das erste große Werk einer Entwicklung geschaffen, die er innerhalb der Schweiz in St. Urban und Bellelay, in Deutschland aber in Weißenau, Pielenhofen und Donauwörth weiterentwickeln wird. In Rheinau sind von Beer die Merkmale der Vorarlberger Schule auf ihrer Hochstufe verwirklicht: nämlich durch das in wohliger Breite und in seinen vier Jochen nicht allzu tief konzipierte Langhaus, das links und rechts von dreiseitig mit korinthischen Pilastern geschmückten Pfeilern begleitet wird. Diese treten als der Kopf von Querwänden, oder als ›Wandpfeiler‹, wie der Terminus lautet, aus den eigentlichen Seitenwänden hervor, sie samt ihren Fenstern verdeckend. Dadurch entsteht eine Kulissenwirkung wie auf einer barocken Bühne. Die Fenster sind wie durch Soffitten abgeschirmt, und gleichmäßig erfüllt das aus unsichtbaren Quellen von den Seiten hereinflutende Licht den weiten, prächtig geschmückten Raum. Dieser wird dank des Wandpfeilersystems in der Querrichtung wiederum mit Raum vielfach durchschichtet und damit die Szene geschaffen, auf welcher, vorbereitet durch die den Wandpfeilern vorgestellten Seitenaltäre und zugleich entrückt durch den schwarzen Spitzenschleier des Chorgitters, der pompöse Hochaltar in Erscheinung tritt.

Zwischen die Wandpfeiler, deren lamellenartige Verbindungswände zur Fensterwand von kleinen Durchgängen durchbrochen sind, spannen sich Emporen; sie sind etwas zwischen die Pfeilerstirnen zurückgenommen, so daß der Hauptraum sich inniger als in den älteren Vorarlberger Kirchen wie Friedrichshafen und Obermarchtal oder auch im Langhaus von Seedorf im Kanton Uri mit den ihn begleitenden Nebenräumen verbindet. Über den Emporen wölben sich kurze Quertonnen, von denen reich gefaßte Stichkappen in die Haupttonne eingreifen. Diese ist durch von Pfeiler zu Pfeiler gespannte Gurtbogen in Joche unterteilt, von denen jedes durch ein kräftig gerahmtes Deckenbild seine eigene Mitte gewinnt. Noch mehr modifiziert sich die vom Eingang bis zum Chorabschluß durchgehende Längstonne über der Vierung, wo eine Flachkuppel zumindest angedeutet wird. Doch herrscht im Ganzen gesehen noch immer der Längsbau der frühen Vorarlberger Kirchen über die Zentralisierungstendenzen, die ganz anders in der fast gleichzeitigen Wallfahrtskirche von Einsiedeln zum Durchbruch kommen und sich später auch in den Kirchen von Franz Beer und seinem Sohne Johann Michael durchsetzen werden.

Denkt man in Rheinau an das räumlich nahe Allerheiligen-Münster in Schaffhausen zurück, so kann man den ganzen Abstand zwischen mittelalterlicher Romanik und neuzeitlichem Barock ermessen. Beide Male geht es um die Grundform des christlichen Gotteshauses, nämlich den vom Eingang her auf den Hochaltar zielenden Längsraum. Doch während dieser im Mittelalter noch im realen Durchschreiten erlebt wird – auch wenn gerade das Schaffhauser Münster seine so klare Raumordnung schon dem eben erst Eingetretenen erschloß –, so verwandelt demgegenüber Rheinau dank seiner bühnenartigen Anlage den Raum bereits in hohem Grade zum Bild. Freilich handelt es sich um ein noch mit realem Raum durchschichtetes Bild, doch wie bei einer Bühne darf es im Grunde nicht mehr ganz durchschritten werden.

Zum Gesamtkunstwerk, wie es der Barock erstrebt, gehört eine reiche Ausstattung. So besitzt die Klosterkirche von Rheinau ein stattliches Chorgestühl aus dem Jahre 1710, in dessen Mitte der ungefähr gleichzeitig erneuerte Prunksarg des Klostergründers St. Fintan steht. Der imponierende Hochaltar, den 1720-1723 Thaddäus Sichelbein errichtete, beschränkt sich hier nicht auf die Rückwand, sondern um-

faßt mit je zwei bis zu den ersten Wandpfeilern vorgeschobenen Säulen den ganzen Altarraum, über dem, von kühn geschwungenen Voluten gehalten, eine mächtige Krone schwebt. Die Farben des von Franz Karl Stauder aus Konstanz 1723 gemalten Altarblattes, der blauschimmernde Stuckmarmor an den Säulen des Hochaltars sowie dessen reiche Vergoldung schaffen mit dem warmen dunklen Holzton des Chorgestühls und dem schwarzen Glanz des Chorgitters den eindrucksvollen Kontrast zum Weiß des Kirchenraumes, das auch die Stukkaturen bestimmt und nur durch die lichten Freskotöne der einzelnen von dem Tessiner Giorgioli geschaffenen Deckenbilder etwas unterbrochen wird.

Kanzel, Beichtstühle und Hauptorgel, alle aus nicht viel späterer Zeit, ergänzen mit den Seitenaltären im Langhaus die im Chor sich verdichtende Ausstattung. Nicht vergessen sei die Sakristei mit kostbaren Meßgewändern und einzelnen Werken des sonst heute zerstreuten Kirchenschatzes.

Auf der linken, schweizerischen Seite des Rheins – denn das rechte Ufer ist hier entsprechend dem zwischen Bodensee und Kaiserstuhl überaus komplizierten Grenzverlauf wieder einmal deutsch – fährt man durch flachen Wald mit dem Fundort eines römischen Wachtturmes nach *Ellikon*, einem Fischerdörfchen, von wo ein Spaziergang in die noch unberührte Natur der Thurmündung lockt. Die Ebene wird nach Süden durch den Tafelberg des Irchel abgeschlossen, an dessen im unteren Teil sanft auslaufenden Nordhängen entlang man auf Nebenstraßen über Flaach, Berg und Neftenbach nach Winterthur gelangt. Die Gegend gehört zu den schönsten der Nordschweiz, einmal durch den noch vorwiegend bäuerlichen, von störenden Neubauten weitgehend verschonten Zustand ihrer Dörfer, dann durch die einzelnen alten Herrensitze, so *Schloß Goldenberg* mit seinem Rebhügel und *Schloß Berg*, wo Rilke zu Gast war und ein eidgenössischer Kavallerie-Oberst sich eine Sammlung wertvoller Pferdebilder anlegte. Von der Höhe aus, bevor die Straße ins Tößtal hinüberführt, gibt es eine weite Sicht über das Bauernland und den von Norden kommenden Rhein hinweg gegen den Kohlfirst und noch weiter bis zum Randen und den blauen Horizonten des Schwarzwaldes.

Zweite Variante: Eine andere Route von Schaffhausen nach Winterthur führt östlich von Schloß Laufen zu anderen Dörfern des Zürcherischen Weinlandes, die ebenfalls durch schöne Ortsbilder ausgezeichnet sind. Über Trüllikon gelangt man an den Schlössern Girsberg und Schwandegg vorbei nach *Stammheim*, das ganz besonders reich ist an ansehnlichen Riegelhäusern. Über dem stimmungsvollen Bezirk der hochgelegenen Kirche dehnen sich gegen den Untersee hin große Buchenwälder und locken zu einsamen Spaziergängen. Im Dorf steht das alte Gemeindehaus, ausgezeichnet durch Wappenscheiben, die seit ihrer Schenkung im 16.Jahrhundert hier ihren Platz haben. In Oberstammheim empfängt der ›Hirschen‹ als eines der schönsten alten Riegelhäuser im ganzen Kanton. Von hier aus steigt man in wenigen Minuten zur aussichtsreichen Galluskapelle empor, die wie manches andere Gotteshaus dieser Gegend mit Fresken aus dem 14.Jahrhundert geschmückt ist.

Südlich von Stammheim besitzt das kleine Dörfchen *Waltalingen* in seinem Kirchlein ein Kleinod, sowohl was das reizvoll gegliederte Äußere wie auch die Fresken des 14. und 15.Jahrhunderts in dem heute evangelisch schlichten Innern anbelangt. Die Fahrt gegen Ossingen bietet schöne Aussichten über das Weinland hinaus auf die Ebene der Thurmündung und gegen den Rhein, ein Bild einer noch nicht der Verindustrialisierung verfallenen Landschaft, das beschlossen wird durch den markanten Tafelberg des Irchel, dem westlich des Rheins der Buchberg mit seiner hochgelegenen Kirche antwortet. Wenn man sich in *Ossingen* auf einer Nebenstraße nach Süden wendet, so trifft man nahe der Thurbrücke nochmals auf eine Kapelle des 14.Jahrhunderts, dieses Mal ohne Fresken, doch von eigenem Reiz der Lage und des Baues. In der Nähe liegt über der Thur *Schloß Wyden*, einst Sitz des Staatsrechtslehrers und Präsidenten des internationalen Roten Kreuzes, Max Huber. Seine kostbare, im Turmzimmer aufbewahrte Bibliothek wurde im Zweiten Weltkrieg durch einen abgestürzten amerikanischen Bomber vernichtet; doch blieben die in jenem Augenblick neben dem Schloß spielenden Kinder verschont.

Bald ist die Autobahn überquert, die Winterthur im Nordwesten umzieht, und die nach Zürich größte Stadt des Kantons erreicht.

Winterthur

Winterthur, das 91 000 Einwohner zählt und weiter in raschem Wachstum steht, ist eigentlich seit alters her ein Paradebeispiel dafür, wie wenig die Schweiz dem verfallen ist, was man gemeinhin ›Provinz‹ nennt. Schon bevor sich hier die Maschinenfabriken der Sulzer und die Großhandelshäuser der Reinhart und Volkart zur heutigen Weltgeltung entwickelten, vermochte Winterthur in vielem der Kantonshauptstadt die Stange zu halten. Schon die Römer besaßen in dem Vitodurum genannten Oberwinterthur einen befestigten Stützpunkt, in dessen Mauern im 12.Jahrhundert eine flachgedeckte Pfeilerbasilika entstand, ausgezeichnet ebenso durch die frühromanische Architektur wie durch einen dem heiligen Arbogast gewidmeten Freskenzyklus des 14.Jahrhunderts. Vom 13. bis 15.Jahrhundert war Winterthur ein wichtiges Verwaltungszentrum zunächst der Kyburger, dann der Habsburger, bis 1460 der schon damals stattliche Ort an Zürich fiel. Doch auch unter dessen Herrschaft vermochte sich die Landstadt zu behaupten; trotz politischer und wirtschaftlicher Bevormundung entwickelten sich einzelne Handwerkszweige zu überregionalem Ruhm, so die Herstellung von Turmuhren und von Kachelöfen, die zunächst bunt, dann einfarbig bemalt waren und im 17. und 18.Jahrhundert weiterum geschätzt wurden. Auch an geistigem Leben fehlte es nicht; war doch das heute verschwundene Dominikanerinnenkloster Töß mit der Nonne Elsbeth Stagel ein Mittelpunkt gotischer Mystik, und im 18.Jahrhundert nahm die Stadt durch den Ästhetiker Johann Georg Sulzer an der Aufklärung teil. Um 1500 besaß Winterthur in Hans Haggenberg einen eigenen Maler, der die Stadtkirche und andere Kirchen der näheren und weiteren Umgebung, wie Wiesendangen und Rüti, mit Fresken schmückte, während die unweit östlich von Winterthur gelegene Kirche von Elgg in ihrem hohen spätgotischen Chor von einem Konstanzer Meister ausgemalt wurde. 1629 wurde das ›Collegium Musicum‹ gegründet, von dem aus sich bis zur Gegenwart ein beachtliches Musikleben entwickelte. Im 18.Jahrhundert wetteiferte Winterthur, was damals neuzeitliche Fassaden und Innenräume anbetraf, mit weit größeren Städten. Unter den gleichzeitigen Malern dieser Stadt ist Anton Graff wohl der bedeutendste, doch keineswegs der einzige. Im 19. Jahrhundert, nachdem die Bevormundung durch die Kantonshauptstadt weggefallen war, griff die Rivalität nicht nur auf die Wirtschaft, sondern auch auf die Politik über. Winterthur, das 1848 mit Jonas Furrer den ersten schweizerischen Bundespräsidenten stellte, wurde zum Mittelpunkt der demokratischen Bewegung und suchte unter anderem durch den Bau der ›Nationalbahn‹, die auf der Linie Bodensee-Genfer See an Zürich vorbeiführte, Zürich wirtschaftlich abzuwürgen. Allerdings verschuldete man sich mit derartigen Plänen und die Stadt mußte unter anderem ihre schönen Wälder verpfänden, ein Prozeß, der sich nicht ohne Widerstände vollzog, denn die mit der Pfändung beauftragten Beamten wurden, als sie von Zürich ankamen, von der Bevölkerung zunächst mit Schlägen empfangen.

Der Stolz der Stadt auf ihren alles andere als provinziellen Rang äußert sich auch in ihrem baulichen Gesicht. Der Plan der Altstadt ist deutlich erhalten in den regelmäßig angelegten Längs- und Quergassen, von denen jede doch eigenen Charakter besitzt, und die in ihrem Geviert die Stadtkirche auf stillem, baumbestandenem Platz in die Mitte nehmen. ›Untertor‹ und ›Obertor‹ heben sich als etwas jüngere Vorstädte vom Stadtkern ab. Die Marktgasse ist durch das spätgotische ›Waaghaus‹, das frühbarocke Haus ›zur Geduld‹ und das frühklassizistische Rathaus akzentuiert. Dazwischen gibt es noch eine große Zahl beachtlicher Fassaden, namentlich aus dem für Winterthur besonders glücklichen 18. Jahrhundert. Nicht zu übersehen ist die in Winterthur noch mehr als in Schaffhausen oder Zürich gepflegte Spezialität der Hausnamen, wie ›zur Geduld‹, ›zur Hoffnung‹, ›zum Geist‹, ›zur Ilie‹, Namen, über deren Art und Eigenart sich auch Gottfried Keller in seiner Seldwyler Novelle ›Kleider machen Leute‹ verbreitet.

Rings um die Altstadt, deren Grundriß auf das 13. und 14., deren Baubestand im wesentlichen aber auf das 16. bis 18. Jahrhundert zurückgeht, hat schon das 19. Jahrhundert an Stelle der

Gräben einen breiten Ring von bisweilen sich zu Plätzen erweiternden Straßen angelegt und an diesem einzelne repräsentative Gebäude errichtet, so das von Gottfried Semper stammende Stadthaus, eines der edelsten Gebäude dieser Art überhaupt. Von den übrigen öffentlichen Gebäuden verdient das frühere Gymnasium Beachtung, dessen klassizistisch strenge Architektur für die Aufnahme eines Teils der Sammlung Oskar Reinhart 1951 umgebaut wurde. Die Gemälde und Zeichnungen von schweizerischen, österreichischen und deutschen Malern vornehmlich des 19.Jahrhunderts sind hier vereinigt, darunter beachtliche Werke von C.D. Friedrich, Blechen, Waldmüller, Wasmann, Feuerbach, Leibl. So imponierend schon diese Stiftung des großen Sammlers und Mäzens ist, so wird sie noch überboten durch die 1970 eröffnete Sammlung, die er in seinem eigenen Haus der Eidgenossenschaft vermacht hat. Hier am Römerholz nördlich über der Stadt sind Schätze vereinigt, die sich selbst in den sonst so reichen Sammlungen Thyssen bei Lugano und Bührle in Zürich nicht finden: zwei herrliche Bildnisse des älteren Cranach, einzelne alte Niederländer und ausgemacht schön vor allem die großen Franzosen des 17. bis 19.Jahrhunderts, darunter Poussin und Claude Lorrain, Watteau, Chardin und Fragonard, und schließlich die wichtigsten Strömungen des französischen 19.Jahrhunderts in hervorragenden Beispielen, die insbesondere Daumier, Monet und Renoir vertreten. Alle diese Kostbarkeiten werden in einer Atmosphäre dargeboten, die noch ganz an die Zeiten erinnert, da der Hausherr auserwählte Gäste mit seinen intimsten Freunden, nämlich seinen Bildern, bekanntmachte.

Nicht vergessen sei über den beiden Reinhart-Museen die stattliche Gruppe der übrigen Museen, die zum Stolz von Winterthur gehört, so das Kunstmuseum, wo neben beachtenswerten wechselnden Ausstellungen zum dauernden Besitz einzelne Bildnisse von Anton Graff sowie ein Spätwerk von Marées gehören, sodann das Gewerbemuseum, das neben dem Besitz von Altwinterthurer Kachelöfen sich ebenfalls durch oft interessante Ausstellungen auszeichnet – und schließlich das ›Heimatmuseum‹, eingerichtet im frühklassizistischen ›Lindengut‹, mit den hierhin übertragenen Innenräumen samt ihren Wandmalereien des 18. Jahrhunderts.

Zu Winterthur gehört auch ein Kranz von Schlössern, die alle als Museen zugänglich sind: im Süden liegt hoch über dem Waldtal der Töss die *Kyburg* mit ihren malerisch einen Innenhof umschließenden Bauten, unter ihnen die Kapelle mit Fresken aus dem späten 14.Jahrhundert. Im Osten ist es das einstige Wasserschloß Hegi, im Nordosten die weit ins Land schauende Mörsburg, der ein römischer Wachtturm zu Grunde liegt, und im Westen als behäbiges Herrenhaus des 17.Jahrhunderts Wülflingen mit wertvollen Innenräumen.

Auf der ›Alten Straße‹ nach Zürich

Genußvoller als auf der meist überfüllten Hauptstraße, die ab ungefähr 1975 durch eine Autobahn entlastet werden soll, fährt es sich von Winterthur nach Zürich auf der sogenannten ›alten Straße‹, die über die aussichtsreiche Hochfläche von Brütten führt und auf der ›Breite‹ eine Kapelle mit Fresken aus dem hierin so fruchtbaren 14.Jahrhundert berührt. Von Bassersdorf lohnt der kleine Umweg über *Kloten*, da hier, im Schatten des interkontinentalen Flugplatzes, im alten Dorfkern eine der schönsten reformierten Rokoko-Kirchen steht.

Von Kloten führt eine Schnellstraße durch das dicht besiedelte Glattal nach Zürich.

Zürich

Zürich hat den schönen Ehrgeiz, seine äußere Größe – es ist mit rund 440000 Einwohnern die volkreichste unter den Schweizer Städten – auch durch seinen inneren Rang zu rechtfertigen. Die Stadt, die zu den ältesten der Schweiz gehört, rühmt sich zu fast allen Zeiten, an der Spitze des Fortschrittes zu stehen. Traditionsbewußt in seinen Festen und stolz auf seine Geschichte, hat Zürich sich nicht nur dem Neuen in besonderem Maße als aufgeschlossen erwiesen, sondern in entscheidenden Phasen seiner Geschichte auch der europäischen Entwicklung zum Durchbruch verholfen. Im gleichen Jahrhundert, da in der Manessehandschrift in Zürich eine reich illustrierte Sammlung von Minneliedern entstand, schuf

1336 der erfolgreichste unter den Bürgermeistern, nämlich Rudolf Brun, in seiner Zunftverfassung den geradezu salomonischen Ausgleich zwischen dem bisher alleinherrschenden Adel und den aufstrebenden Handwerker-Organisationen. Von Zürich ging 1519 die Reformation Zwinglis aus, der sich als Theologe ebenso wie auch als Staatsmann bewährte. Sein Nachfolger, Heinrich Bullinger, hat insbesondere durch seine Beziehungen zu England die internationale Stellung des evangelischen Zürich wesentlich ausgebaut.

Im Bereich der Musen wurde im 18.Jahrhundert die Stadt zu jenem ›Limmat-Athen‹, das Klopstock, Wieland und Goethe aufsuchten und von dem Ewald von Kleist das gern zitierte Wort prägte, es seien hier mehr Männer von Genie und Geschmack zu finden, als gleichzeitig in dem großen Berlin. Johann Jakob Bodmer und Johann Jakob Breitinger ist die Wiederentdeckung Shakespeares, doch auch der deutschen Dichtung des Mittelalters zu verdanken. Salomon Gessner schmückte seine empfindsamen Idyllen mit den anmutigsten Illustrationen und Vignetten. Doch Johann Heinrich Füssli durchbrach diesen so liebenswürdigen Rahmen, um freilich nicht mehr in der ihm zu eng gewordenen Heimat, sondern in Rom und London zum ausdruckkräftigsten Maler eines die ganze Menschheit aufrufenden ›Sturm und Drang‹ zu werden. Neben Klopstock, der hier zu seiner ›Ode an den Zürichsee‹ angeregt wurde, besuchte Goethe dreimal die Stadt, wo er unter anderen mit Bodmer und jener Barbara Schulthess zusammentraf, der er die erste Fassung des ›Wilhelm Meister‹ widmete. Das gleiche 18.Jahrhundert sieht in seiner Spätzeit in Zürich den Pädagogen Heinrich Pestalozzi und den Philantropen und Physiognomen Caspar Lavater, von denen der erstere bis heute, und zwar über den ganzen Erdball, seine Wirkung ausgeübt hat.

Das literarische, pädagogische und philantropische Zürich des 18. findet im 19.Jahrhundert in Gottfried Keller und C.F. Meyer nicht nur seine Nachfolge, sondern es wird nunmehr stärker als früher ergänzt durch die Wissenschaften, die Politik und die Wirtschaft. 1833 wird die kantonale Universität, 1855 das eidgenössische Polytechnikum gegründet. Die Stiftung der Universität erfolgt im Zuge der liberalen Umwälzung, die Zürich im Gefolge der französischen Juli-Revolution 1830 durchmachte und die sehr wesentlich zur Bildung des Bundesstaates von 1848 beitrug. 1869 wurde das liberale System durch die direkte Demokratie mit ihrer Wahl der Behörden durch das Volk und den ebenfalls dem Volke übertragenen Entscheid über die vom Parlament verabschiedeten Gesetze abgelöst. Wesentliche Reformen auf eidgenössischer Ebene, wie das schweizerische Zivilgesetzbuch von 1912 und das Strafgesetzbuch von 1922, sind von Zürich ausgegangen, das so oft wie möglich bereit war und ist, seine kantonalen Interessen zu opfern, um sie im Gesamtschweizerischen wieder zu gewinnen.

Im 19. und 20. Jahrhundert entwickelten sich in Zürich die Maschinenindustrie sowie das Banken- und Versicherungswesen zu weltweitem Gewicht. Doch ging damit mindestens im 19. und im frühen 20. Jahrhundert eine sehr beachtliche Pflege der bildenden Künste zusammen, wofür die Bauten Gottfried Sempers und seiner Schule, sowie das zeitweilige Wirken Arnold Böcklins und Ferdinand Hodlers in oder für Zürich zeugen. Das Kunsthaus Zürich ist neben der öffentlichen Kunstsammlung in Basel die repräsentativste Sammlung schweizerischer Kunst des 19. und 20. Jahrhunderts und wohl eine der bedeutendsten der modernen Kunst in Europa überhaupt.

Weitgespannt darf man deshalb das Wesen Zürichs nennen, sowohl was das Umfassen von Vergangenheit und Zukunft, als auch was das Spektrum der Interessen anbelangt. Geld und Geist, deren Gegensatz für Jeremias Gotthelf das bernische Leben so belastete, finden sich außer in Basel in Zürich noch am ehesten harmonisch zusammen, und wenn dem Geld zwar auch hier Unersetzliches an alten Bauten und Gärten geopfert wurde – und wird –, so hat doch gerade das 20. Jahrhundert an der Limmat und am See ein geistiges Leben von intensivster Strahlungskraft gezeigt: von den Dichter- und Künstlergruppen, die zum Teil als Emigranten während der beiden Weltkriege sich hier regten, bis zu den Koryphäen der Hochschulen, den Theologen und Geisteswissenschaftlern, den Juristen und Medizinern der Universität und einzelnen erlauchten Geistern der Eidgenössischen Technischen

Hochschule, wo schon im 19.Jahrhundert Jacob Burckhardt und Theodor Fischer und im 20.Jahrhundert auch ein C.G.Jung lehrten, neben einer Reihe bedeutender Rektoren, die sich der Verantwortung der Technik gegenüber dem Menschen bewußt waren.

See und Fluß. Zürich breitet sich am Fluß wie am See aus zwischen den steilen Abstürzen des Ütlibergs und den sanften Höhen der im Zürichberg auslaufenden Pfannenstielkette, die sich limmatabwärts in den Waldkuppen der Käferbergkette fortsetzt, und diese Lage wird noch bereichert durch die das reizvolle Auf und Ab der Altstadt bestimmende Stirnmoräne des einst hier endenden Linth-Gletschers. Alle diese topographischen Gegebenheiten bringen es mit sich, daß die heute weit ins Land hinaus wachsende Stadt von einer Mehrzahl von Gesamtansichten aus zu erleben ist: so vom ›Sonnenberg‹ oder vom Waldrand des eigentlichen ›Zürichbergs‹, vom ›Weidberg‹, ja sogar von dem gegen 500 Meter über dem See liegenden Ütliberg aus. Doch den schönsten und aufschlußreichsten Anblick schenkt die Quaibrücke mit den anstoßenden Limmatufern. Der eben erst Angekommene wird sich dem See zuwenden, wohin ihn die Limmat mit ihren Quais und Uferwegen, sowie die repräsentative, dem Rand der mittelalterlichen Stadt entlang führende Bahnhofstraße lenkt. Von der *Quaibrücke* aus, welche die beiden sich zu Parks erweiternden Uferpromenaden über den Fluß hinweg verbindet, bietet sich die Doppelansicht: auf der einen Seite blickt man gegen den See, der dank seiner Biegung in eine lichte Unendlichkeit zu entschwinden scheint und dem entlang bewaldete Höhen gegen die in ihren Spitzen und Zinnen sichtbaren Alpen ziehen. Das Panorama erweitert sich durch das den See beherrschende Fels- und Gletschermassiv des Glärnisch, wenn man die Quais entlang südöstlich bis zu den Gartenanlagen des ›Zürichhorn‹ und südwestlich bis zum ›Belvoir-Park‹ und von dort über das Strandbad hinaus bis nach Wollishofen wandert. An schönen Tagen enthüllt dann der See seinen ganzen Zauber an Licht und Weite. Natur und Menschenwerk, Stadt und Landschaft treten dann in ein Verhältnis von echt zürcherischer Harmonie, und die Segel auf dem Wasser leuchten gleich den Wolken am Himmel in den Farben Zürichs: weiß und blau.

Der Blick von der Quaibrücke aus limmatabwärts, den es von den Flußufern und den übrigen Brücken aus zu ergänzen gilt, zeigt vornehmlich das alte Zürich mit seinen tief in die Vergangenheit zurückweisenden Wahrzeichen: das schräg gegen den Fluß auf leichter Anhöhe sich vorschiebende Großmünster und zu seinen Füßen Wasserkirche und Helmhaus. Gegenüber, als Gegenstück zu den gotisierenden Kuppelhelmen des Großmünsters, die ungemein schlanke, in ihrem Ansatz barock umspielte Spitze des Fraumünsterturmes. Auf dem gleichen Ufer, doch leicht erhöht, erhebt sich über die Altstadtdächer der gedrungene, durch ein riesiges Zifferblatt ausgezeichnete Turm der Peterskirche, der einst dem Fischer-Heiligen geweihten ältesten Stadtpfarrkirche, die zusammen mit den beiden Münstern, dem der Legende nach schon von Karl dem Großen geförderten, doch erst 874 urkundlich erwähnten Chorherrenstift und der von Karls Enkel Ludwig dem Deutschen gestifteten Benediktinerinnenabtei, eine altehrwürdige, das Stadtbild beherrschende Trias bildet. Weltliche Bauten fügen sich in das Bild, jedes Mal wieder eine andere Epoche veranschaulichend. Das schon genannte Helmhaus diente zunächst als Zeughaus, dann als Gerichtshaus; es wurde später in den Formen des frühen Klassizismus umgebaut und beherbergt heute das baugeschichtliche Museum sowie wechselnde Ausstellungen. Ihm gegenüber auf der Westseite der Münsterbrücke steht das Stadthaus, dessen neugotischer Prunk im kleinen an die Rathäuser von München und Hannover erinnert; daneben springt gegen die Limmat das Postgebäude vor in den der Florentiner Frührenaissance entnommenen Formen, die um 1890 von der eidgenössischen Verwaltung für ihre Bauten bevorzugt wurden. Architektonisch ungleich substanzieller ist dicht neben der Brücke das 1756 vollendete Zunfthaus ›Zur Meise‹, das im Rahmen des zürcherischen Rokoko hier noch besonders gewürdigt werden soll.

Zwischen Münster- und Rathausbrücke verengert sich der Fluß, und zugleich sammelt sich hier besonders eindrucksvoll, was Zürich an architektonischen Werten aus früheren Epochen besitzt. Beherrscht vom zweitürmigen romanischen Westbau des Großmünsters lagert sich am rechten Limmatufer das ›Wettingerhaus‹, unter dessen romanischen Arkaden die alte ›Reichsstraße‹ hindurchführte. Daneben steht in zierlicher Regelmäßigkeit in eigentümlicher Mischung von Gotik und Barock das 1708 erbaute und 1783-1785 erweiterte Zunfthaus ›Zur Zimmerleuten‹. Es folgt das noch im wesentlichen gotische Gesellschaftshaus ›Zum Rüden‹ und, nach einer Gruppe stattlicher Bürgerhäuser, das in züricherisch konservativem Barock 1719-1723 erbaute Zunfthaus ›Zur Saffran‹. Die an diesem Ufer hochragenden, von breitgelagerten Traufseiten eingefaßten Giebelfronten, dazwischen die eine eigene Lösung darstellende ›Zimmerleuten‹ mit ihrem die beiden Obergeschosse auszeichnenden Erker zeigen den glücklichsten Wechsel innerhalb einer überzeugenden Gesamtordnung. Wie am Ostende der Münsterbrücke Helmhaus und Wasserkirche einen trotz verschiedener Bestimmung und Entstehungszeit einheitlichen Brückenkopf bilden, so lagert sich vor der nächsten flußabwärts folgenden Brücke wasserseits der Uferstraße das barocke Rathaus zusammen mit der klassizistischen Hauptwache als wichtiger Akzent. Auch hier bestätigt sich die alte, einst wohl weitgehend unbewußte befolgte Regel des Städtebaues, das Wichtige in richtigem Maße hervorzuheben. So löst sich zwar das Rathaus aus der Zeile der übrigen Häuser, ohne doch deren Gemeinschaft ganz zu verlassen. Der Bau als solcher, der 1694-1698 von einem unbekannten Meister in einer von Stockwerk zu Stockwerk absetzenden Pilasterordnung noch nach den Regeln der Renaissance, doch mit dem reichen Steinmetzschmuck des damals zeitgemäßen Barock errichtet wurde, führt damit eindrucksvoll die beiden Haupttugenden eines Gemeinwesens, nämlich Ordnung und Reichtum, vor Augen. Aber auch in der Darstellung von Vorbildern, nämlich berühmten Patrioten, Helden und Staatsmännern, in den die Fenstergiebel schmückenden Büsten äußert sich sowohl der enzyklopädische Charakter des Barock wie auch der lehrhafte Geist der Limmatstadt.

Die *Rathausbrücke* oder *Gemüsebrücke*, wie sie wegen ihrer Verkaufsstände früher genannt wurde, ist architektonisch wenig ansehnlich, doch was ihre Lage anbelangt, die schönste der ganzen Stadt. Denn während die Quaibrücke, die seit 1882 den Gürtel der damals angelegten Uferpromenaden schließt, wohl die großartigere Aussicht besitzt, sind wir hier dafür ganz im Herzen der Stadt. An dieser Stelle erhoben schon die Römer den Brückenzoll. Im nahen Rathaus wird, wenn man seine an der gleichen Stelle stehenden Vorgänger hinzurechnet, seit dem hohen Mittelalter über die Geschicke der Stadt und des Kantons gesprochen und entschieden. Hier befand sich in einem noch heute stehenden Bau, der sich von Westen her auf die sehr breite Brücke hinaufschiebt, bis ins 19. Jahrhundert hinein der erste Gasthof der Stadt, zu dessen illustren Gästen Dichter und Gelehrte, Feldherren und Staatsmänner zählten. Von der Gemüsebrücke gestand Ricarda Huch, daß ihr, wenn sie sie nach den in Zürich verbrachten jungen Jahren wieder betreten habe, jedes Mal die Tränen gekommen seien.

Abwärts von diesem zürcherischen ›Ponte vecchio‹ hat sich das rechte Limmatufer baulich bereits stark erneuert. Doch auf der Seite der ›minderen‹ Stadt, der ›Kleinseite‹, erhebt sich die zum Teil dicht ans Wasser grenzende, malerische Baugruppe der ›Schipfe‹, wo ein enger und niedriger Durchgang an die ›Sottoportici‹ Venedigs erinnert. Auch sonst spürt man an der zwischen Stattlichen alten Bauten fast unmerklich fließenden Limmat bisweilen einen Anklang an die Lagunenstadt, mit welcher Zürich früher einen regen wirtschaftlichen und kulturellen Austausch pflegte und im 18. Jahrhundert auch politisch verbunden war.

Die nächste, um 1913 erbaute Brücke trägt den Namen des für die Zunftverfassung von 1336 verantwortlichen Bürgermeisters Rudolf Brun. Rechterhand sieht man flußabwärts das ›Niederdorf‹, das gerne ein St. Pauli an der Limmat sein möchte und auf diese Art den Gegenpol zur betonten Sittenstrenge der Zwinglistadt darstellt. Links aber steht auf einer gleichzeitig mit dem Bau der benachbarten städtischen Amtshäuser untergeschobenen Terrasse ein stattlicher Palast in den im Risalit und in den Eckpilastern schon sehr knappen Formen des ausgehenden Rokoko. Es ist das in den Komplex der Verwaltungsbauten eingefügte ehemalige

Waisenhaus, welches das aristokratische Regiment kurz vor seinem 1798 erfolgten Sturz im Sinne patriarchalischer Fürsorge errichten ließ. Die Limmat ist hier durch den Abbruch der einst quer in den Fluß gebauten Mühlen zu einem breiten und etwas öden Bassin geworden, das sich erst unterhalb der nun folgenden Bahnhofbrücke wieder verengert. Der Hauptbahnhof, um 1862 von Albert Wanner in einer durch Pariser Vorbilder, doch auch von Gottfried Semper inspirierten Palastarchitektur römisch-italienischer Observanz erbaut, gehört in der Ausgewogenheit seiner Masse, dem Erfindungsreichtum seiner Gliederung und der Sorgfalt aller Einzelheiten zu den schönsten Gebäuden dieser Art und erreicht damit einen künstlerischen Rang, der ihn freilich aller Voraussicht nach nicht vor der Ersetzung durch einen modernen Hochbau retten wird.

Unmittelbar nördlich des Hauptbahnhofs ragen in pittoresker Stilkopie die Türme und Giebel des *Landesmuseums* empor, das ungefähr in der Art des Bayerischen Nationalmuseums in München schweizerisches und darunter insbesondere auch zürcherisches Kunst- und Kulturgut von der für die Schweiz besonders ergiebigen Urgeschichte bis zum 19.Jahrhundert birgt. Nordwestlich grenzt an das Landesmuseum der ›Platzspitz‹, eine in der Landspitze zwischen Limmat und Sihl schon im 18.Jahrhundert angelegte Promenade, deren hochgewachsene Ulmen und Kastanien in ihrem Schatten zum Teil noch jene lustwandelnde Gesellschaft sahen, die Gottfried Keller in der Geschichte von Figura Leu im ›Landvogt von Greifensee‹ so köstlich schilderte.

Während der *Hauptbahnhof*, zu dem wir noch einmal zurückkehren, die eine seiner Schauseiten mit römischem Bogengang und großen Thermenfenstern der Limmat zuwendet, entläßt er den Reisenden gegen den Bahnhofplatz mit dem nicht minder großartigen römischen Motiv des Triumphbogens, mit einem haushohen, von Kolossalsäulen flankierten Mittelbogen. Vor diesem Prachtportal steht über einem Brunnen die Denkmalsfigur von Alfred Escher (1819-1882), eines Politikers und Wirtschaftsführers, dessen wesentlicher Initiative die Gründung des Polytechnikums zu verdanken ist, und der als Gründer der Kreditanstalt, der Nordostbahn und der Gotthardbahn nicht nur das führende Finanzinstitut, sondern auch die beiden mächtigsten Privatbahngesellschaften kontrollierte. Auch der Bau des Hauptbahnhofs ist in seinem für jene Zeit erstaunlichen Aufwand im wesentlichen Eschers Energie zu verdanken, so daß sein Denkmal unmittelbar vor jenem Prunkportal durchaus an der richtigen Stelle steht. Es wurde freilich erst durch die Nachwelt errichtet, denn Escher selbst erlitt das Schicksal so mancher ›Gründer‹ in jener Zeit. Er wurde, da er mit der wirtschaftlichen Macht auch die politische des liberalen Systems vereinigte, von der demokratischen Bewegung gestürzt und starb verbittert.

Genau in der Achse des Bahnhofportals und des 1889 aufgestellten Denkmals entwickelt sich die *Bahnhofstraße*, weltbekannt durch die erlesene Eleganz ihrer Geschäfte, sowie durch die Potenz ihrer Banken, die sich vor allem am mittleren und oberen Teil der Straße angesiedelt haben. Unter ihnen ist die *Kreditanstalt*, die mit ihrer pompösen, zum Neubarock gesteigerten Fassade den Paradeplatz beherrscht, architektonisch am bedeutendsten. An den durch Alfred Escher am deutlichsten personifizierten großbürgerlichen Kapitalismus des späten 19.Jahrhunderts erinnern noch viele der in gediegenem Sandstein und mit guten Proportionen aufgeführten Fassaden am Bahnhofplatz und an der Bahnhofstraße, deren einst ungleich geschlossenere Gesamtwirkung seit dem frühen 20.Jahrhundert von nicht immer glücklichen Architektur-Experimenten durchbrochen wird. Doch die Ulmen und Linden sind geblieben und vor allem auch das triumphale Ziel der heute zum großen Teil autofreien Straße, die an ihrem südlichen Ende unmittelbar in die lichte Weite des Sees mündet.

Die Altstadt. Topographisch wie geschichtlich darf der *Lindenhof* als der eigentliche Mittelpunkt der zürcherischen Altstadt bezeichnet werden. An der höchsten Stelle des das linke Limmatufer begleitenden Moränenzuges gibt er die Sicht frei auf die jenseits des Flusses auf ähnlichen Moränenhügeln ansteigende ›mehrere‹ Stadt, wie einst die größere Hälfte der Altstadt genannt wurde. Der heute mitten in der Großstadt unwahrscheinlich stille, baumbestandene Platz besitzt an seinem östlichen Rande in den Fundamenten der in romantisch früher Neugotik erbauten Freimaurerloge die Reste eines römischen Tempels. In fränkischer Zeit stand auf dem Hügel die kaiserliche Pfalz, doch soll Kaiser Karl der Sage nach nicht hier, sondern im Haus ›Zum Loch‹ neben dem Großmünster abgestiegen sein. Zur Zeit der Hohenstaufen zerstörte die um ihre Selbständigkeit besorgte Bürgerschaft die kaiserliche Burg. Der seither leere, nur zu gelegentlichen Festlichkeiten benutzte Platz wurde zum ›Lindenhof‹ und blieb, einzelnen Überbauungsprojekten wie dem um 1900 hier geplanten Kuppelbau eines Stadtparlamentes zum Trotz, ein stiller Ort der Ruhe und Einkehr, wie es mitten im Strudel des betriebsamen Zürich ebenfalls zum weitgespannten Wesen dieser Stadt gehört. Diese Stille ist nur durch wenige bedeutende Anlässe unterbrochen worden, so durch die Eidesleistung auf die neue helvetische Verfassung nach dem Untergang der alten Eidgenossenschaft, oder – woran die Brunnenfigur erinnert – im Jahre 1292 durch den Aufmarsch der bewaffneten Zürcherinnen, deren in die Ferne blitzende Wehr den vor der Stadt liegenden Herzog Albrecht zum Abzug bewog, da er eine solche Verstärkung der Verteidiger nicht vorausgesehen hatte.

Vom Lindenhof führen schmale Steige zum Rennweg hinab, der als einziger breiterer Straßenzug des mittelalterlichen Zürich an die Großzügigkeit zähringischer Stadtplanungen erinnert. Sonst nämlich ist die Zürcher Altstadt vor allem auf der linken Limmatseite durch ein Gewirr enger und engster Gassen charakterisiert, die mit Ausnahme des Münsterhofes höchstens zu kleinen, doch meist sehr malerischen Plätzchen sich erweitern. Nicht in einem einzigen Gründungsakt geplant wie Bern, ist Zürich vielmehr allmählich gewachsen, wobei der Teil, der zwischen Münster- und Rathausbrücke östlich bis zur Höhe der ›Zäune‹ aufsteigt, der älteste ist. Jünger als dieser schon im 13.Jahrhundert bestehende Kern, doch immer noch mittelalterlich, ist das auch ›Neustadt‹ geheißene ›Oberdorf‹ mit einzelnen auch heute noch dörflich stillen Gassen und Plätzchen sowie einer Reihe von Gärten, die auf der Rückseite der Häuser verborgen sind. Eine ebenfalls noch mittelalterliche Stadterweiterung stellt auch das vom Leben durchpulste und an Gaststätten aller Art reiche ›Niederdorf‹ dar. Im ältesten Teil der Altstadt haben sich beidseits der Limmat einzelne burgartige Wohntürme erhalten, besonders schön auf der Zürichbergseite, wo neben dem Brunnenturm der Bilgeri- und der Manesseturm an einst hier ansässige Adelsgeschlechter erinnern.

Doch die eigentlichen Wahrzeichen des mittelalterlichen Zürich sind die beiden Münster

Das Großmünster soll, wie schon erwähnt, auf eine Stiftung Karls des Großen zurückgehen, an den seit dem ausgehenden 15.Jahrhundert das spätgotische Sitzbild mit Schwert und Krone am Südturm erinnert, doch wurde der heutige Bau erst im 12.Jahrhundert begonnen, zunächst als querschifflose Emporenhallenkirche nach dem Vorbild von S.Ambrogio in Mailand. Erst im 13.Jahrhundert entschied man sich, wohl unter dem Eindruck der damals in Frankreich bereits ihren Höhepunkt erreichenden Gotik, zu einer Erhöhung des Mittelschiffs, das nun im basilikalen Sinne eigene Fenster erhielt, jedoch trotz der hochansteigenden Proportionen die romanischen Formen nicht verließ. Dies geschah erst in den beiden Obergeschossen des Turmes, die im 15.Jahrhundert zunächst Spitzhelme und nach einem 1763 erfolgten Brande die heutigen, an gotische Formen anklingenden Kuppelhauben erhielten, die seither zu einem ähnlichen Wahrzeichen Zürichs geworden sind wie die Kuppeltürme der Frauenkirche für München. Nach jenem Brande dachte man in dem schon damals neuerungssüchtigen Zürich allen Ernstes daran, im Zeichen der Aufklärung den Zeugen des »dunklen Mittelalters« durch einen klassizistischen Tempelbau zu ersetzen. J.J. Breitinger, der zusammen mit J.J. Bodmer das Mittelalter literarisch wiederentdeckte, war es, der diesen Abbruch verhinderte.

Der Außenbau des Großmünsters führt sehr schön vor Augen, wie die romanischen Teile aus der Schwere ihrer Mauern leben, die einzig in ihrer Oberfläche von Lesenen und Blendbogenfriesen belebt und von nur verhältnismäßig kleinen Fenstern unterbrochen werden. Es ist dies ein Prinzip, das die Neuromanik des anstoßenden Schulhauses nicht mehr achtet, indem dort zwar alle Einzelformen, doch nicht mehr das so wichtige Verhältnis zwischen Öffnungen und Wand dem romanischen Stil entsprechen. Umgekehrt sind in den beiden Obergeschossen der freilich erst im 18.Jahrhundert regularisierten Türme die Fenster das beherrschende Element, und was an Wand noch übrig bleibt, wird von senkrechten Profilen überspielt.

Durch das reich skulptierte Nordportal, das eine wohlgeratene moderne Bronzetüre schmückt, betritt man das Innere, das zu den eindrucksvollsten Räumen des schweizerischen Mittelalters gehört. Im gebundenen System wechseln in den das Mittelschiff begleitenden Pfeilern einfache mit solchen, die durch Vorlagen ausgezeichnet sind und die die schon mit Kreuzrippen, doch noch immer mit Rundbogen konstruierten Gewölbejoche voneinander scheiden. Denn je zwei Bogen, die auf solche Weise gegen die Seitenschiffe und Emporen zusammengefaßt werden, entsprechen in der Hochschiffzone zwei jedesmal zu einem Paar zusammengerückte Fenster, die im Gegensatz zu den eher dunklen Zonen, die das Hauptschiff unten begleiten, nun dem Raum eine schon gotische Lichtfülle spenden. Dem dreischiffigen Langhaus steht, durch einen verhältnismäßig niedrigen Bogen getrennt, der durch eine ihm untergeschobene Krypta erhöhte Chor entgegen, dessen aus vorreformatorischer Zeit stammende Aufteilung in ein Priesterhaus und ein etwas engeres, gerade geschlossenes Altarhaus noch deutlich zu erkennen ist. Die nach der Mitte gestaffelte Gruppe der drei Ostfenster hat 1933 einen farbigen Schmuck erhalten, in dessen Glut etwas von südlicher Leidenschaft zu lodern scheint. Der Maler, Augusto Giacometti, stammt denn auch aus dem Bergell, dem einzigen reformierten Tal der Schweiz italienischer Zunge. Demgegenüber tritt der übrige Schmuck durchaus zurück: die figürlichen Reliefs des 12. Jahrhunderts an den Kämpfergesimsen des Langhauses und einzelne verblaßte Freskenreste des 14. Jahrhunderts, zu denen in der stattlichen Hallenkrypta stark restaurierte Zeichnungen des ausgehenden 15. Jahrhunderts kommen, ferner der Taufstein aus dem 17. und die Chorbrüstungsreliefs sowie die Orgel aus dem 20. Jahrhundert.

Fragt man nach der eigenen Schönheit dieses ehrwürdigsten unter den zürcherischen Kirchenräumen, so sind es die Gegensätze, die hier zum Teil hart zusammenstoßen, um schließlich doch noch bewältigt zu werden: die Überwindung der dumpfen Schwere, die der Emporenkirche des 12.Jahrhunderts noch anhaftet, durch den großartigen Aufstieg, den das im 13. Jahrhundert vollendete Hochschiff ins Weite und Helle bringt, und die so kraftvolle Antithese zwischen dem in seinen unteren Zonen breit in Seitenschiffe und Emporen auslandenden Langhaus und den steil aufgerichteten beiden Raumkuben des Chores.

In dem um 1850 angebauten Schulhaus hat sich, wenn auch stark erneuert, aus dem Anfang des 13. Jahrhunderts der romanische *Kreuzgang* erhalten. Mit der Feinheit und dem dekorativen Reichtum, wie sie die Spätphase auch schon dieses Stils auszeichnen, sind vor allem die Kapitelle und Kämpfergesimse der in zierlichen Bogengruppen zusammengefaßten Arkaden geschmückt, wobei den bösen Geistern, die auf der Nordseite in sich verschlingenden Unholden, eitlen Affen und anderen dämonischen Tierwesen symbolisiert sind, ein bemerkenswert größeres Interesse gewidmet ist als den schönen Vögeln und Pflanzenmotiven, die auf der Südseite auf das Paradies hinweisen. Der Kreuzgang bildete einst das Zentrum des Chorherrenstiftes, das schon vor der Aufhebung durch die Reformation einen Ort der Gelehrsamkeit und damit den Keim für die spätere zürcherische Hochschule bildete.

Als Komplex verschiedener Jahrhunderte stellt sich auch das *Fraumünster* dar. Vom 874 errichteten Gründungsbau, dessen Pracht der Mönch Ratbert geschildert hat, ist nur die als Anlage bemerkenswerte Ringkrypta erhalten, die heute ein kleines Lapidarium birgt. Von der gegenwärtigen Kirche entstammen die ältesten über den Boden hinaussteigenden Teile dem gleichen 13. Jahrhundert, das das Großmünster bis auf die Türme vollendete und nun auch hier im quadratischen Chor einen Raum von hoher Schönheit schuf. Noch ausgeglichener im Verhältnis der Höhe zur Breite weitet sich der Raum, und in kraftvollem Zusammenschluß steigen die Schildbogen der Wände und die Kreuzrippen der Gewölbe, in ihrer spannungsvollen Harmonie etwas von jenem reinen Klang erreichend, der auch sonst die großen Schöpfungen des 13. Jahrhunderts adelt. So sind vom Raume her die würdigsten Voraussetzungen gegeben für die Bemalung der Fenster, in der sich die zutiefst religiöse Begabung des greisen Chagall offenbart (1970).

ZÜRICH – DAS FRAUMÜNSTER

Ebenfalls noch im 13.Jahrhundert wurden Vierung und Querschiffe errichtet, die nun bereits die gedrungen-schweren Formen der Frühgotik besitzen. Doch der große Atem beginnt bereits hier nachzulassen, um dann im dreischiffigen Langhaus mit dem basilikal erhöhten Mittelschiff einer eigentümlichen Engbrüstigkeit zu weichen. Auch der Ansatz zum zusammenfassenden Rhythmus des ›gebundenen Systems‹ wird nach den ersten beiden Jochen durch eine kleinteilige Folge ersetzt. Das Maßwerk der Hochschiff-Fenster sowie die aufwendige Westfassade sind Zutaten des frühen 20.Jahrhunderts. Doch beschließt die weitgehend originale Nordseite mit Würde und Charakter den malerisch unregelmäßigen Platz des ›Münsterhofs‹. Von der Münsterbrücke her aber bildet der romanische Chor mit seiner, der des Großmünsters gleichenden Fenstergruppe sowie dem hochragenden Turm mit dem barocken Helmansatz samt den Wasserspeiern, der seit 1732 das ursprüngliche Turmpaar ersetzt, zusammen mit dem Rokoko-Palais des benachbarten Zunfthauses ›Zur Meise‹ eine Architekturgruppe, die gerade durch den Zusammenklang sehr verschiedener Epochen mehr beeindruckt als die seewärts anstoßenden Repräsentationsbauten des 19.Jahrhunderts, die sich zwar historischer Formen befleißigen, jedoch den den früheren Epochen gleichsam angeborenen Takt der Proportionen vermissen lassen. Zwischen Fraumünster und Stadthaus haben sich sowohl romanische wie gotische Teile des einstigen Kreuzgangs erhalten; sie sind von Paul Bodmer 1921-1931 mit Fresken geschmückt worden, von denen die älteren die Gründungssage erzählen, nach welcher Hildegard und Berta, die Töchter Ludwigs des Deutschen, des Enkels Karls des Großen, einem Hirsch mit brennenden Kerzen im Geweih durch die Wälder des Albis bis hinab zu jener Stelle an der Limmat folgten, wo der Hirsch verschwand und wo dann das Kloster gegründet wurde. Dieses von Benediktinerinnen bewohnte Kloster nahm durch seinen hohen Stifter später großen Einfluß auf die Geschicke der Stadt, der im 12. und 13.Jahrhundert die Äbtissin als die ›hohe Frau von Zürich‹ recht eigentlich vorstand, bis dann die Führung auf den Adel und noch später auf die Zünfte überging.

Neben den beiden Münstern und der *Peterskirche*, die im unteren Teil des Turmes noch romanisch ist, sonst aber dem späten 15. und dem frühen 18.Jahrhundert angehört, besitzt auch Zürich Niederlassungen der Augustiner sowie der Dominikaner und Franziskaner. Von den beiden ersteren Orden stehen die Kirchen noch heute. Die auf ihren ursprünglichen Zustand zurückrestaurierte Fassade der *Augustiner Kirche* blickt aus einer Nebenstraße heraus auf die sonst ganz der Neuzeit verhaftete Bahnhofstraße. Das Innere zeigt eine schlichte gotische Basilika mit flachen Holzdecken. Bemerkenswert ist im südlichen Seitenschiff das Grab des 1309 verstorbenen Vigilius Gradner. Im gleichen 15.Jahrhundert wie die Niederlassung der Augustiner wurde das Dominikanerkloster gegründet, das an der Stelle der um 1920 erbauten Zentralbibliothek stand. Von der anstoßenden *Predigerkirche* entstammt das Langhaus noch dem 13., der Chor jedoch dem frühen 14.Jahrhundert. Vom Innern dient heute nur noch das 1611-1614 mit frühbarockem Stuck erneuerte Langhaus dem Gottesdienst; der durch Böden nachträglich unterteilte Chor aber wird als Staatsarchiv benutzt, dessen Lesesaal sich zuoberst unter den schönen, hochgotischen Kreuzrippen mit ihren reichen Schlußsteinen befindet. Die Architektur der Bettelorden, die in der Schweizer Kunstgeschichte eine wesentliche Rolle spielt, hat neben der Basler Barfüßerkirche im Chor der Predigerkirche in Zürich ihre im eigentlichen Sinne des Wortes hervorragendsten Beispiele gefunden. Trotz betonter Einfachheit des hier auf vielfach sich absetzende Pfeiler reduzierten Strebewerks wird der Außenbau noch immer zum Ausdruck einer das Diesseits verlassenden Transzendenz. Auf den platanenbestandenen Platz vor der Südseite der Kirche öffnet sich das stattliche Seitenportal von 1611, das, trotz einer auch hier unverkennbaren zürcherischen Nüchternheit, mit seinem in die Tiefe einer von toskanischen Säulen gefaßten Nische gerückten Türgerüst etwas vom Pomp des Hochbarock entfaltet. Das Westportal sowie der Turm gehören verschiedenen Phasen der Neugotik an, von denen die erstere sich einer romanisch-spröden Zurückhaltung befleißigt, während der 1899 vollendete Turm sich um die gleiche archäologische Treue bemüht, die der Architekt Gustav Gull auch an seinem Bau des Landesmuseums demonstriert.

Gewichtiger als die Hochgotik tritt im Zürcher *Stadtbild* die Spätgotik in Erscheinung, dank der Baufreude, mit welcher Bürgermeister Hans Waldmann (1489) seine in rücksichtslosem Aufstieg gewonnene Macht bekundete. Ganz im Sinne einer starken, selbstbewußten und diesseitsgestaltenden Persönlichkeit der Renaissance hat er gleich den großen italienischen Tyrannen, oder – um in der Schweiz zu bleiben – wie der St.Galler Abt Ulrich Rösch auch mit architektonischen Mitteln sein Andenken geprägt. Unter ihm erhielten die Großmünstertürme spitze, im 18.Jahrhundert durch die heutigen Abschlüsse ersetzte Helme, wurde der Turm von St.Peter zu einem Wahrzeichen der Stadt ausgebaut, und im gleichen Limmatraum errichtete der aus Kärnten eingewanderte Hans Felder d.Ä., dem wir in der Zuger St.Oswaldkirche wieder begegnen werden, die *Wasserkirche*. Über den Resten eines heidnischen Quellheiligtums wurde 1479-1484 der ursprünglich auf einer Insel stehende Bau als Kirche und als Ruhmeshalle begonnen, in welcher, ganz im Sinn der Zeit, die in den Burgunderkriegen erbeuteten Banner ausgestellt waren. Nach der Reformation wurde aus dem Kirchenraum ein Magazin, später richtete sich mittels des Einbaus von Galerien die Stadtbibliothek hier ein, bis während des Zweiten Weltkrieges der alte Kirchenraum wiederhergestellt wurde. So schließt sich heute über dem einschiffigen, polygonal geschlossenen Saalraum mit den schmalen hohen Fenstern das spätgotische Netzgewölbe in komplizierten Rhythmen zusammen. Moderne Wandteppiche versuchen zusammen mit einzelnen Freskenfragementen die etwas kahle Wandzone zu beleben, was noch mehr, wenigstens bei Morgenlicht, den sonst etwas düsteren Glasgemälden, Spätwerken von Augusto Giacometti, gelingt.

In der Nähe dieses schönsten der von ihm geförderten Bauwerke vollendete sich übrigens das Schicksal des stolzen Bürgermeisters. Nachdem er den Bogen sowohl gegenüber der alteingesessenen Aristokratie wie auch der durch ihn entrechteten Landbevölkerung überspannt hatte, wurde Hans Waldmann in den ›Wellen-

berg‹, einen einst in der Limmat unweit der Kirche stehenden
Turm, geworfen und schließlich auf der ebenfalls nicht weit entfernten ›Hohen Promenade‹ hingerichtet. Erst das 20.Jahrhundert
hat ihm durch Hermann Haller am westlichen Kopf der Münsterbrücke ein Denkmal gewidmet, das freilich diese kraftvolle Gestalt
allzu zierlich in Erscheinung treten läßt.

Die Renaissance äußerte sich in Zürich unter Hans Waldmann
und dann auch zur Zeit des Reformators Huldrych Zwingli noch
in spätgotischem Gewand. Ihr weiterer Verlauf sowie der Frühbarock sind fast nur in einzelnen, ins Landesmuseum übertragenen
Innenräumen zu erkennen. Erst seit der Mitte des 17.Jahrhunderts
beginnen sich Hoch- und Spätbarock im Stadtbild abzuzeichnen.
Voraussetzung dazu waren die während des Dreißigjährigen Krieges mit gewaltigen Mitteln begonnenen Schanzen, welche die Befestigung weit über den mittelalterlichen Mauerring hinausscho-
ben und zwischen der dem Stadtgraben folgenden späteren Bahnhofstraße und dem um 1660 angelegten Schanzengraben, doch
auch bergseits des Hirschen- und Seilergrabens sowie in Stadelhofen, neue Quartiere ermöglichten. In ihnen entstanden, vorab
im 18.Jahrhundert, zahlreiche Patriziersitze, die mit ihren von
schmiedeeisernen Gittern behüteten und von Brunnen durch-
rauschten Gärten schon zum großen Teil wieder der modernen
City zum Opfer gefallen sind. Doch erkennt man auf der Seite
links der Limmat noch immer das barocke Zackenmuster des
Schanzengrabens, über dem sich im Botanischen Garten auch die
Anhöhe der einstigen Zitadelle erhalten hat. In der Nähe liegt das
ebenfalls schon im 17.Jahrhundert angelegte Straßenkreuz des
›Plätzli‹, dessen baumumstandene Rasendreiecke noch immer
grünen, auch wenn von den einst hier am Talcker angesiedelten
Patrizierhäusern nur noch der ›Große Pelikan‹ steht als Zeuge
einer vor allem durch den Handel mit Seide reich gewordenen
Kaufmannsaristokratie.

In größerer Zahl sind die *Herrensitze und Gärten* auf der Zürichbergseite, östlich des Hirschen- und Seilergrabens, erhalten. Hier
wird die Stelle, wo die altertümlich enge Künstlergasse gegen den

mittelalterlichen Stadtkern mündet, von der prächtigsten Baugruppe des zürcherischen 18.Jahrhunderts geformt, dem bescheideneren ›Krönli‹, das doch gleichwohl mit Stichbogenfenstern und geschweiftem Mansardendach dem französischen Zeitstil folgt, und dem ungleich größeren *Haus zum Rechberg*, das einst ›Zur Krone‹ hieß und 1759-1770 für den Zunftmeister Hans Caspar Werdmüller-Oeri erbaut wurde, heute jedoch kantonalen Zwekken dient und im Innern auf besonderen Wunsch besichtigt werden kann. Namentlich die einstigen Festräume des zweiten Obergeschosses offenbaren den zu bereits fürstlicher Pracht gesteigerten Höhe- und Endpunkt in der auch sonst für das schweizerische 18.Jahrhundert so fruchtbaren Entwicklung der Innendekoration, die vom noch schweren Barock in den von üppigen Stuckkränzen befaßten Deckenbildern und farbigen Öfen des Rathauses über das zierliche Régence, das sich insbesondere in dem nordwestlich des Stadtzentrums in Unterstraß gelegenen ›Beckenhof‹ erhalten hat, bis zum Rokoko der ›Meise‹ und des ›Rechbergs‹ reicht. In den Salons des letzteren wird die gewichtige Repräsentation, wie sie außer dem Rathaus beispielsweise auch das nahe ›Stockargut‹ in seinem Festsaal und dem etwas späteren Gartenpavillon bekundet, zu intimer Eleganz, die mit ihrem Zusammenspiel von zart stukkierter Rocaille, sanft geschwungenen Boiserien und mit duftigen Grisaille-Landschaften geschmückten Kachelöfen noch immer ein vielstimmiges Gesamtkunstwerk bildet.

In der Außenarchitektur des ›Rechbergs‹ hat der von 1700-1773 lebende David Morf, der einzige als künstlerische Persönlichkeit faßbare Architekt des zürcherischen Rokoko, dem sonst noch dem bäuerlichen Giebelhaus verpflichteten Patrizierhaus die für ein ursprüngliches Privathaus erstaunlich großartige Form eines Palais gegeben. Zugleich krönt es seine eigene Entwicklung, die am nahen Neumarkt mit dem ehemaligen Zunfthaus ›Zur Schuhmachern‹ begann und in der ›Meise‹ sich fortsetzt. Die 1742 vollendete Fassade des *Hauses zur Schuhmachern*, das heute ein Kammertheater birgt und an dessen Hinterfront der überaus reizvolle Garten einer Gaststätte liegt, sprengt mit ihren sieben, in der leicht zusammengedrängten Mitte risalithaft hervorgehobenen Fensterachsen den Rhythmus der zum großen Teil noch der gotischen Tradition verpflichteten Bürgerhäuser. Doch das Erdgeschoß bleibt noch zu sehr im Boden stecken, ein Fehler, der auch in der ›Meise‹ nicht ganz, sondern erst im ›Rechberg‹, dank einem auf der Talseite noch zum Teil sichtbaren Kellergeschoß, voll überwunden ist. In der *Meise* nutzt Morf die städtebauliche Situation, indem er nach französischem Vorbild gegen den Platz einen mit prächtigem Gittertor geschlossenen Ehrenhof legt, gegen die Limmat aber in einer Breite von elf Achsen die sonst dem Garten vorbehaltene Schauseite ausbreitet, mit Risaliten in den Ecken und der Mitte, wobei er wie in seinen anderen Werken die durch einen Segmentgiebel zusammengefaßte Mitte auf venezianische Weise zusammendrängt. Steile Mansarddächer weisen auf Frankreich, doch mutet die reiche Bauzier über den Fenstern süddeutsch, ja schon österreichisch-böhmisch an, indem die giebelgeschmückten Eckrisalite an das Prager Palais Kinsky erinnern. Zürcherisch hingegen wirkt in einer gewissen Steifheit die zweiachsige Anlage dieser Eckrisalite. Auch die ›Meise‹ besitzt in ihrem ersten Obergeschoß reich geschmückte Innenräume, in welchen die dem Landesmuseum gehörenden Schätze an altzürcherischem Porzellan eine überaus angemessene Behausung gefunden haben.

Der ›Rechberg‹ lockert die gedrängte Pracht der ›Meise‹, überbietet diese jedoch durch seinen reichen Garten, wie er hier in der Vorstadt möglich war. Gegen diesen Garten öffnet sich, der französischen Regel widersprechend, der Hof. Von diesem führen schmiedeeiserne Gittertore nach außen, während eine symmetrisch geschwungene Treppenanlage um einen die Mitte betonenden Brunnen sich schmiegend zu einem rosengesäumten Rasenparterre emporsteigt. Darüber setzte sich terrassenförmig der Garten einst bis zu den Wällen fort, während heute das schlichte Giebelhaus den oberen Abschluß bildet, in welchem J.J. Bodmer seine illustren Gäste empfing und das jetzt unter anderem das Thomas-Mann-Archiv umschließt.

Durch den kühlen Neubarock des Konservatoriums heute getrennt, ging einst der Gartenbezirk des ›Rechberg‹ unmittelbar in jenen des ›Florhof‹ über, dessen ebenfalls von David Morf er-

ZÜRICH – HERRENSITZE UND GÄRTEN

bautes Hauptgebäude, das einst ›Zum Schönenberg‹ hieß, zwar wieder dem älteren Typus des schlichten Zürcher Giebelhauses folgt, jedoch mit seinen Gittern und einem als Neptun-Relief in den hier steilen Berghang eingelassenen Brunnen am gleichen 18.Jahrhundert teilnimmt. Dieses hat sich auch in den bergseitigen Häusern der einst zwischen Ringmauer und Schanzen angelegten Stadelhoferstraße erhalten, in deren Nähe, am Aufstieg zur ›Hohen Promenade‹, sich auch das kurz nach 1750 erbaute Haus ›Zum Garten‹ befindet. Sein stattlicher, von Quadern gefaßter Block mit flachem Sattelwalmdach erinnert zusammen mit dem noch erhaltenen Garten schon ein wenig an Italien. – Doch auch in der Häusergruppe des ›Kiel‹ und des ›Lindengartens‹, ferner im ›Neuen Berg‹ mit seinen Nebengebäuden oberhalb des Seilergrabens, hat sich jene Epoche erhalten, in welcher Zürich vor allem durch seine Gelehrten und Dichter, Psychologen und Pädagogen kosmopolitischen Rang erstrebte und europäischen Ruhm erlangte.

Wenn man von einzelnen, erst später von der Stadt umschlossenen Landsitzen wie dem ›Beckenhof‹, dem ›Kreuzbühl‹, dem ›Freigut‹ und dem ›Muraltengut‹ absieht, so lagen diese gartenumgebenen Häuser noch im Schutze der Wälle, die sich auf der Zürichbergseite um die ›mehrere Stadt‹ von der heute mit alten Platanen bestandenen kleinen Esplanade vor dem Bahnhof Stadelhofen zur ›Hohen Promenade‹ und von dort über den Heimplatz zur Terrasse der späteren Hochschulen die Rämistraße hinauf und dann die Leonhardstraße hinab zur Limmat zogen. Als die Befestigungen 1834 fielen, wurde der so gewonnene Raum in den folgenden Jahrzehnten mit Schulen höheren und höchsten Ranges sowie mit sozialen und kulturellen Anstalten überbaut. Mit ihnen hat das 19. und mit den Neubauten der Universität der Eidgenössischen Technischen Hochschule und der großen Spitäler auch das 20.Jahrhundert Zürich schönste Ruhmestitel hinterlassen. Über das vorschwingende Rund der Hochschulterrasse, an deren Steilhang ein Teil jenes zürcherischen 18.Jahrhunderts sich breitet, erhebt sich der 1861-1864 errichtete Altbau des 1855 gegründeten *Polytechnikums*, dessen edle Neurenaissance der damals hier wirkende Gottfried Semper entwarf; von ihm stammt auch die nahe Sternwarte, die leider ihrer ursprünglichen, als italienische Villa gestalteten Umgebung heute beraubt ist. Oberhalb der sich an Schinkels Berliner Bauakademie anlehnenden alten Kantonsschule schuf Semper außerdem, ursprünglich als großbürgerliches Geschäftshaus, den südlich anmutenden Palast, der heute das gerichtsmedizinische Institut und das germanistische Seminar beherbergt. Die Kunst dieses größten Architekten des 19.Jahrhunderts bewährt sich in allen drei an sich verschiedenen Aufgaben auch in den engeren Verhältnissen, die der Meister hier zwischen Dresden und Wien antraf; sie äußert sich in den wohlabgewogenen Proportionen ebenso wie in der Sorgfalt der Steinbehauung, die sich vornehmlich in der eigentümlich zarten, darin an die Veroneser Spätrenaissance Michele Sanmichelis erinnernde Behandlung der Rustica kundtut.

Noch stärker als im Hauptbahnhof und den älteren Fassaden der Bahnhofstraße, in denen Sempers vornehmer Geist weiterwirkte, zeigt der Kranz von Villen, der sich über die das Ende des Sees begleitenden Höhen breitet, die Anlehnung an italienische Baukunst, deren Präsenz zugleich durch südlich üppige Gärten legitimiert wird. Das 19.Jahrhundert setzt hier ein mit stattlichen Beispielen des Klassizismus, in denen der in den damals aufkommenden Maschinenfabriken und mechanischen Webereien erworbene Reichtum sich in noch edler Zurückhaltung ausdrückt, so im *Schönbühl* westlich des Kreuzplatzes und im klassizistischen *Neumünster*, oder auf der linken Seeseite im *Belvoir*, dem Wohnsitz Alfred Eschers. Oberhalb davon erstreckt sich über die aussichtsreiche Höhe der Rietbergpark mit der *Villa Wesendonk*, deren loggiengeschmückter Altbau der Gastgeber Richard Wagners durch Leonhard Zeugheer, den Schöpfer der Neumünsterkirche, 1853-1857 errichten ließ. Auf der Ostseite des Sees entstanden in der Gartenzone zwischen Neumünster und Stadelhofen seit den achtziger Jahren schloßartige Villen im Neubarock, so besonders reich der ›Hohbühl‹, den ein kuppelgekröntes Säulenrondell auszeichnet. Der gleiche Architekt, Friedrich Blunschli, erbaute auch die *Kirche Enge* (1892-1894), die über der hier kurz aus Tunneln auftauchenden Gotthardlinie mit Säulenbogen, Kuppel und Campanile als Vorbote Italiens erscheint. So schreitet Zürich wohl vorbereitet in die ›Belle Époque‹ der Jahrhundertwende, in welcher Zeit nun auch die unmittelbaren Seeufer mit Prachtgebäuden geschmückt werden, so mit dem 1890-1891 von Fellner & Helmer in einer Rekordzeit errichteten *Stadttheater*, dessen mit ebensoviel Routine wie Charme gehandhabter Neubarock an so manches Theater in der einstigen Donaumonarchie erinnert, mit der von denselben Architekten erbauten *Tonhalle*, der 1938 das *Kongreßhaus* vorgelegt wurde, oder den an das Themse-Ufer gemahnenden Mietpalästen des ›Roten‹ und des ›Weißen Schlosses‹. Über diesem glänzenden Gesicht, das Zürich als Ausdruck seiner kulturellen und materiellen Blüte damals dem See zuwendete, darf freilich auch die Kehrseite nicht ganz vergessen werden, nämlich die im Zeichen des gleichen wirtschaftlichen Aufschwungs entstandenen Arbeiterquartiere in Außersihl, die um nichts besser sind als in irgendeiner Industriestadt der großen Nachbarländer.

Um die Jahrhundertwende ist die geistige Hoch-Zeit, wie sie zusammen mit den Dichtern die Koryphäen der beiden Hochschulen verkörperten, bereits vorbei. Aber das architektonische Schaffen bewahrt seinen beachtlichen Stand, obwohl auch in Zürich die Gründerzeit manche üble Blüte treibt, seitdem der mäßigende Einfluß zunächst der Semper-Schule, dann der Pariser École des Beaux Arts durch die bedenkenloseren Stilmischungen deutscher technischer Hochschulen abgelöst wurde.

Der Jugendstil brachte in Zürich Werke hohen Ranges, wie sie einzelne Villen in der Enge, im Rigiviertel oder Sonnenbergquartier darstellen, hervor; er zeigt aber auch, daß der Stil, sobald er aus der ihm eigenen Sphäre des höchsten Luxus gewissermaßen in die Konfektion des Renditehauses hinabsteigt, zu einem Albtraum werden kann, so beispielsweise in dem einheitlich um 1900 mit Miethäusern bebauten Gebiet der Ottikerstraße.

Seine Beruhigung und zugleich wieder einen gewissen Anschluß an die Tradition findet der Jugendstil 1907 im *Kunsthaus* und 1911 in der *Universität*. Beide sind von Karl Moser erbaut worden, der aus dem Kanton Bern stammte, doch sich in Karlsruhe ausbildete. Doch bereits seine 1918 vollendete Kirche Fluntern zeigt samt dem benachbarten Pfarrhaus die Rückkehr zu einem vergleichsweise phantasielosen Neuklassizismus, dem auch der in der Nähe der Quaibrücke 1919 begonnene Großbau der Nationalbank nicht ganz entgeht. Andere Finanzpaläste wie die Rentenanstalt suchen bereits den Anschluß an das unter dem Einfluß von Le Corbusier auch in Zürich aufkommende moderne Bauen, als dessen Pionierleistungen die Wohnkolonie Neubühl, sowie das von Karl Egender erbaute Kunstgewerbe-Schulhaus genannt seien. Nach einzelnen kühnen Vorstößen der zwanziger Jahre bringen die dreißiger Jahre die Reaktion des sogenannten ›Heimatstils‹, als dessen wertvolle Leistungen immerhin der Neubau des Kantonsspitals und die Turnhallen der Kantonsschule erwähnt seien. Auch die damals entstandenen sozialen Wohnbauten fallen für jene Zeit positiv ins Gewicht, ebenso das der Tonhalle vorgelegte Kongreßhaus. Sie sind die letzten, noch bis in die fünfziger Jahre fortgesetzten Versuche, in biedermeierlicher Schlichtheit mit niedrigen, von Gärten begleiteten Häuserzeilen den Ruhm einer Gartenstadt, den sich Zürich im 18. und 19. Jahrhundert erworben hatte, weiter zu bewahren.

Der enorme Anstieg der Bevölkerung, den Zürich als moderne Handels- und Industriemetropole erlebt, hat inzwischen diese Bemühungen vereitelt, und das Wohnhochhaus hat in mehr oder weniger erfreulichen Formen auch von der Peripherie Zürichs Besitz ergriffen, die sich inzwischen bis weit in die Täler der Limmat, der Sihl und der Glatt hinausschob. Während die Neubauten der Banken und Geschäftshäuser in der City und am See mit Ausnahme allenfalls des Hochhauses ›Zur Palme‹ mehr modischen als künstlerischen Überlegungen folgen, sind eigentlich architektonische Leistungen noch am ehesten auf dem Gebiete der Kirchen beider Konfessionen sowie der Schulhäuser und Spitäler entstanden. Erwähnt seien die reformierten Kirchen in Altstetten, im Triemli und im Balgrist und die katholischen Gotteshäuser im Hard und in Witikon. Den Schulhausbauten, unter denen hier schon das 19. Jahrhundert wahre Paläste und Schlösser schuf, schenkt Zürich, sich seiner Verpflichtung dem Erbe Pestalozzis bewußt, auch im 20. Jahrhundert die größte Aufmerksamkeit, vom Kindergarten und Primärschulhaus bis zu den repräsentativen Mittelschulen auf der Hohen Promenade, dem Freudenberg und Rämibühl. Und schließlich wird in Zürich auch im Spitalbau Beachtliches geleistet, wofür der während des Zweiten Weltkriegs in betonter Auflockerung und einer gleichsam graphischen Belebung gestaltete Neubau des Kantonsspitals samt dem etwas späteren Schwesternhochhaus und der Frauenklinik und die Stadtspitäler auf der Weid und im Triemli Zeugnis ablegen. Nicht zu übersehen sind auch die zum Teil in verschiedenen übereinanderliegenden Ebenen gestalteten großen Verkehrsbauten, zu denen das Projekt eines Seetunnels kommt. Gerade an ihrer Gestaltung, insbesondere ihrer Einfügung in das historisch gewachsene Stadtbild, wird sich das weitgespannte Wesen Zürichs, das Erhaltung und Fortschritt umfaßt, zu bewähren haben.

Dem See entlang über Einsiedeln nach Schwyz

Die Fahrt den See entlang oder über die Höhen des Zimmerbergs bis Horgen führt durch ein dichtbesiedeltes Gebiet von Mehrfamilienhäusern des späten 19. und des 20. Jahrhunderts. Darin eingesprengt sind einzelne großbürgerliche Landsitze, von denen viele bereits wieder einer einträglicheren Nutzung des teuer gewordenen Baugrundes gewichen sind. Immerhin gibt es noch manche schöne alte Gärten, welche die in Zürich mit Belvoir und Rietberg begonnene Kette fortsetzen und sich namentlich in *Kilchberg* mit dem alten, auf der Höhe gelegenen Dorfkern harmonisch verbinden. Hier lagert sich im Angesicht des Sees, der in weitem Bogen zu den Bergen hinleitet, das altzürcherische Giebelhaus, in welchem Conrad Ferdinand Meyer wohnte. Unweit liegt die von ihm besungene Kirche, in deren hochgelegenem Friedhof außer dem Zürcher Dichter auch Thomas Mann ruht, der im gleichen Kilchberg seine letzten Lebensjahre verbrachte. Dasselbe Dorf besitzt unten am See in der ländlich-altertümlichen Baugruppe des ›Schooren‹ eine weitere Erinnerungsstätte. Denn hier bestand die 1763 gegründete und zunächst von Salomon Geßner geleitete zürcherische Porzellanmanufaktur, die ihren Rang unter den Zentren ähnlicher Art durchaus behauptet dank der zarten, vom Malerdichter selber entworfenen ›Landschäftlein‹ in ihrem Dekor.

Das für Zürich in Stadt und Land so fruchtbare 18. Jahrhundert hat in verschiedenen Dörfern des Zürichsees beachtliche Kirchen hinterlassen, so in Oberrieden und Wädenswil und auf dem gegenüberliegenden Ufer in Herrliberg, Stäfa und Hombrechtikon. Die schönste Kirche dieser Gruppe aber steht in *Horgen*, wo im Schirme eines vom Zürcher Fraumünster inspirierten Turmes ein eigenartig schöner Kirchenraum liegt. Dieser, in den Jahren 1780/1781 von Hans Ulrich Haltiner erbaut, bereichert die im Kanton Zürich auch sonst, so in Kloten, Hinwil, Embrach, Gossau, für den evangelischen Gottesdienst angewandte Breitform auf das Geistvollste. Jetzt nämlich schwingen die einzelnen Seiten des Rechtecks in wechselnd flachen Kurven aus, und diese bilden einen Vierpaß, in welchen das gegen die Kanzel sich öffnende Geviert der Emporen mit geraden Brüstungen eingespannt ist. Zarte Rocaille spielt über die aus Hohlkehlen entwickelte Decke und unterstreicht die beschwingte Festlichkeit, in welcher schon vor der großen Wende von 1798 die geistig und wirtschaftlich aufgeklärte Landbevölkerung ihren Sonntag feierte.

Ins 17.Jahrhundert zurück reichen die zwei Landgüter. Im einen, das am Fuße der Halbinsel Au liegt, residierte jener durch C.F. Meyers Novelle ›Der Schuß von der Kanzel‹ berühmte General Werdmüller. Das andere, ›Bocken‹ genannte Gut steht an der Straße, die von Horgen hinauf nach den hochgelegenen Dörfern *Hirzel* und *Schönenberg* führt. Das letztere macht seinem Namen durchaus Ehre, denn von hier aus eröffnet sich dem Hang entlang bis Schindelegi auf See und Berge, vor allem aber auf das nach Westen bis zu den blauen Fernen des Schwarzwaldes sich weitende ›Zürichbiet‹, eine Aussicht, die schon das Entzücken Goethes hervorrief, der im September 1797 von Richterswil aus am kleinen Hüttener See vorbei reiste und darüber notierte:

Wir stiegen höher. Schöne Seeaussicht, Feld- und Obstbau fährt fort, mehr Wiesen treten ein. Auf der Höhe in einer flachen Vertiefung, die ehemals voll Wasser gestanden haben mag, trafen wir guten Torf. Schöne, reinliche Häuser standen zwischen den Besitzungen ... Um zwölf Uhr gingen wir von Hütten weiter. Von der Höhe den Hüttener und Züricher See zu sehen, mit dem jenseitigen Ufer des letzteren und zunächst die mannigfaltigen, mit Wäldern, Frucht- und Obstbau und Wiesen geschmückten Höhen und Täler, gewährte einen schönen Moment. Bis nach der Stadt zu war alles klar, so wie hinaufwärts gegen Stäfa, Rapperschwyl, bis in die Gegend von Toggenburg.

In Schindelegi verändert sich dann freilich die Szenerie fast schlagartig. Aus den Wiesen, Äckern und Obstgärten gelangt man in eine vom Bergfluß der Sihl durchrauschte Voralpenlandschaft mit

DER ZÜRICHSEE UND EINSIEDELN

Weiden und Tannenwäldern. Die Siedlungen werden spärlicher und bescheidener, bis man, nun nicht mehr der Sihl, sondern deren Zuflüssen, der Biber und der Alp, folgend, eines größeren Ortes mit vielen, über den nun flach gewordenen Talgrund hingestreuten Häusern ansichtig wird. Es ist *Einsiedeln*.

An der Stelle, wo 861 der heilige Meinrad von Räubern erschlagen wurde, entstand im frühen 10.Jahrhundert ein Kloster, das sich dank der gnadenspendenden Schwarzen Muttergottes zu einem der bedeutenden europäischen Wallfahrtsorte entwickelte. Der großen Baubewegung des 17. und 18.Jahrhunderts hatte auch hier das mittelalterliche Kloster zu weichen. 1674-1676 wurde durch Hans Georg Kuen der Chor errichtet, 1703 der Neubau der übrigen Kirche und des Stiftes beschlossen und von 1719 bis 1723 der Rohbau der Kirche ausgeführt, während die Ausstattung sich bis in die Mitte des Jahrhunderts hinzog. Die Bauleitung hatte der Einsiedler Konventuale Caspar Moosbrugger. Kuen wie Moosbrugger waren Vorarlberger, die damals den auch sonst im Voralpengebiet und darüber hinaus bis an die Donau üblichen Wandpfeilersaal zu einer eigenen, uns von Rheinau bekannten Schulform entwickelten. Auch Caspar Moosbrugger plante zunächst einen Längsbau in schlichter Reihung der Joche. Der Meister hatte jedoch genügend Kunstverständnis und menschliche Einsicht, um die Ratschläge eines genialen Architektur-Liebhabers, des als Kriegsingenieur und Naturforscher tätigen Grafen Luigi Ferdinando Marsigli aus Bologna, anzunehmen und den letztlich noch durch die mittelalterliche Tradition bestimmten Längsbau der Vorarlberger mit dem ursprünglich in Italien beheimateten Zentralbau in echt barocker Weise zu verbinden. Die durch das Zentrum der Gnadenkapelle gegebene Wallfahrtskirche und die auf den Mönchschor der Benediktiner hin ausgerichtete Klosterkirche haben damit ihre eindrucksvolle Vereinigung gefunden.

Der Zentralraum, in dessen Mittelpunkt die wundertätige Muttergottes von den Pilgerprozessionen umzogen werden kann, bildet nicht wie in den sonst üblichen longitudinalen Kuppelkirchen, wie beispielsweise in Salzburg, München und Weingarten, das Ziel, sondern den triumphalen Anfang einer Raumreihe, die sich im Sinne einer ›gebauten Perspektive‹ gegen den Chor hin verengt und in den Bogen-

ansätzen niedriger wird, während umgekehrt die Kuppeln an Höhe zunehmen, bis dieses Crescendo vor dem älteren Chor, der stehenblieb, abbricht. *Wilhelm Pinder hat diese gegensätzlichen und im Großen doch wieder zusammengeführten Entwicklungen mit dem Dithyrambus eines mehrstimmigen Kirchenliedes verglichen.* Sofern man vom Chor absieht, der seine Rückständigkeit durch die um so überschwenglichere Pracht seiner Ausstattung auszugleichen sucht, geht für den Kenner die architektonische Rechnung auf. Für den Laien und für den frommen, wundergläubigen Pilger aber, für den ja die Kirche in erster Linie bestimmt ist, entsteht ein nicht ohne weiteres nachkontrollierbarer Reichtum an Ein-, Durch- und Ausblicken, und zwar bereits in dem großen Achteckraum, der durch die beiden hinter der Gnadenkapelle aufsteigenden Pfeiler auf eine sehr malerische Art verstellt ist, dann aber auch in den Emporen, welche den in ihrer Größe wie in ihrer Konstruktion rhythmisch wechselnden Seiten des Achtecks folgen und die schmalen Zwischenjoche vor und nach dem ersten auf das Oktogon folgenden Kuppelraum unterteilen, und schließlich in den engen Öffnungen, die der Hochaltar zu seinen Seiten gegen den nur noch zu ahnenden Mönchschor hin freiläßt. Der Laie fühlt ein das Ganze durchwaltende Gesetz, auch wenn er es nicht völlig begreift, und damit wird gerade der Raum von Einsiedeln zu einem Sinnbild der religiös erlebten Schöpfung überhaupt.

Der mystisch-irrationale Charakter, der sich nicht nur mit den Wallfahrtskirchen, sondern ganz allgemein mit den Gesamtkunstwerken des Barock verbindet, wird vollends durch den Raumschmuck betont. Hier waren die beiden darin ersten Meister der Epoche tätig, nämlich die damals weitherum beschäftigten Brüder Asam aus München. Während auf Egid Quirin die noch im Bandelwerk des Régence gehaltenen Stukkaturen samt ihrem so festlichen Dreiklang von Rot, Grün und Gold auf überwiegend weißem Grund zurückgehen, schuf Cosmas Damian die Fresken, die im Oktogon unter anderem die für Einsiedeln wichtige Legende der ›Engelweihe‹ zeigen und in den beiden folgenden Kuppeln das Abendmahl und die Weihnachtsszene. Namentlich im Oktogon flutet an einzelnen Stellen der wolkengetragene Heiligenhimmel über die aus den beiden Mittelpfeilern entspringenden Gurte hinweg, so daß die schon in der Architektur enthaltene Dynamik nochmals überspielt wird im Sinne einer bereits mystischen Überschreitung aller durch den Verstand gesetzten Grenzen.

Würdig bereitet der Außenbau auf das Innere vor. Dem leicht ansteigenden Platz gibt der Brunnen mit der Marienfigur im Säulentabernakel die sammelnde Mitte. Die Devotionalienstände sind von Anfang an in die in zwei Kreissegmenten zurückweichenden Arkaden gebannt, zwischen denen eine breite Treppe zur Kirche emporführt. Deren Fassade schwingt im Gegensinn zur Treppe und zugleich als sichtbarer Ausdruck des Wallfahrtsoktogons nach vorne, von weit auseinanderstehenden Türmen flankiert, deren unten noch geschlossene Baukörper im Obergeschoß durch Ecksäulen gegliedert werden. Das reich bewegte Auf und Ab zwischen Türmen und Fassadengiebel beruhigt sich in den symmetrisch anschließenden Konventsbauten, deren stattliche Eckpavillons den Charakter des Klosterschlosses betonen. Dessen Urbild, der für Philipp II. von Spanien im 16.Jahrhundert als Kloster und zugleich als Residenz erbaute Escorial, diente vielen Klosterneubauten des 18.Jahrhunderts als Ideal, das jedoch weder in Weingarten noch in Göttweig oder Klosterneuburg, die ihm alle nacheiferten, sondern nur in Einsiedeln zu vollkommener Verwirklichung gelangt. Dazu gehören auch die ausgedehnten Ökonomiegebäude, die, in den Einzelheiten bescheidener, doch in der Gesamtform noch immer bedeutend, sich südlich an die eigentlichen Stiftsgebäude anschließen und mit diesen ein Ganzes bilden, das am besten vom Anstieg zum nahen Freiherrenberg aus überblickt werden kann.

Einsiedeln lohnt den kurzen Abstecher reichlich, mit welchem man von Biberbrugg aus die Straße nach Schwyz verläßt. Diese führt zunächst durch ein breites, von Tannenhängen begleitetes Hochmoor nach dem Dorfe *Rotenthurm*, dessen Name durch den alten Wehrturm noch heute bestätigt wird. Die flache Wasserscheide gegen den Lauerzer See und Schwyz ist hier bereits überschritten. Das Tal verengert sich, um sich jedoch bei dem Dorfe *Sattel* seitlich gegen den Ägerisee zu öffnen. An diesem Übergang fand im November 1315 die Schlacht am Morgarten statt, in welcher die Bauern der damals noch ganz jungen Eidgenossenschaft unter geschickter Nutzung des Geländes mit ihren Hellebarden das habsburgische Ritterheer des Herzogs Leopold vernichteten. Eine schlichte Kapelle von 1603 hält das Ereignis mindestens so angemessen im Gedächtnis wie das wuchtige Monument vom Anfang unseres Jahrhunderts.

Man verläßt in Sattel nach links die Straße, die zusammen mit der Bahn nach Goldau weitergeht und fährt an einem immer aussichtsvoller werdenden Hang entlang aus den Tannen in die Laubwälder und aus den Weiden in die von Obstbäumen bestandenen Wiesen des ›alten Landes‹ Schwyz, wie der einst das Untertanengebiet des ›äußeren Landes‹ beherrschende Kern dieses Kantons heißt. Herrensitze tauchen auf, die auch auf den anderen Seiten den als offenen Flecken angelegten Hauptort umgeben. Zum Teil sind sie ummauert und nähern sich auch sonst dem Charakter kleiner Schlösser, doch bleiben sie auf vielfältige Weise dem regionalen Bauernhaus verbunden. Erwähnt sei das Ital-Reding-Haus, ein Steinbau, dessen Ecken auf italienische Weise durch diamantierte Quadern betont sind. Doch unitalienisch ist das Gewicht der Dachpartie mit den beiden Zwerchgiebeln, über denen je ein Türmchen mit barocker Haube sitzt. Ähnlich, jedoch mit barock geschwungenen Ziergiebeln, gibt sich das Redingshaus an der Schmiedgasse oder das Haus Immenfeld mit seinem rassigen Konglomerat bäuerlich-profaner und ins Sakrale gesteigerter Bauteile. Viel mehr Aufwand als nach Außen wird im Innern dieser Häuser getrieben, so mit Prunköfen und reichen Buffets, mit Wandgetäfel und Kassettendecken, von denen manche in auswärtige Museen gelangt sind. Im 18.Jahrhundert lockert sich der schwere Prunk unter dem Einfluß des französisch beeinflußten Zeitgeschmacks, von dem das durch seine Eckpavillons ausgezeichnete Palais von Weber zeugt, das, gleich dem innerhalb der Gruppe der Hedlingerhäuser gebauten ›Steinstöckli‹, ein mehr behäbiges als elegantes Mansardendach besitzt.

Es sind dies alles Zeugnisse einer Bauern- und Söldneraristokratie, die hier noch stärker als in Uri und Unterwalden den Charakter der ›Urschweiz‹ bestimmte und sich durch ihre besonders urtümliche und bodenverwurzelte Kraft von den übrigen Eidgenossen, vor allem von jenen in den Städten, deutlich unterschied. Insbesondere das benachbarte Zürich mußte dies erfahren, so im ›alten Zürichkrieg‹, in welchem gegen die Mitte des 15.Jahrhunderts die Expansionstendenzen der beiden in vielem gegensätzlichen Kantone miteinander in Konflikt gerieten, sowie in den verschiedenen Religionskriegen des 16. bis 18.Jahrhunderts.

Schwyz. Die Einfahrt nach Schwyz, dem Hauptort des gleichnamigen Kantons, ist auf unserer Straße die schönste, denn sie führt geradewegs auf die barocke Front der *Pfarrkirche St. Martin* zu, die jedoch auch nach Süden gegen den Platz mit dem Rathaus und anderen stattlichen Häusern ihre im Querschiff sich leicht vorwölbende Längsseite auf hoher Terrasse zur Schau stellt. Das Innere wandelt den sonst in Dorfkirchen vorhandenen Saal durch weit gestellte Pfeiler zu einer Halle ab, in welcher sich eine durch eine Flachkuppel angedeutete Vierung abzeichnet. Von je zwei Seitenaltären flankiert, öffnet sich der von zwei Emporen begleitete Chor, den ein stattlicher Hochaltar in den Formen des späten Rokoko beherrscht. So festlich diese 1769-1774 von den Brüdern Jakob und Johann Singer erbaute Pfarrkirche auch ist, so spürt man bereits an manchen Einzelheiten, so an der in schwerem Pomp gestalteten Kanzel, den nahenden Klassizismus, der sich jedoch in der Schweiz weniger als jähe Wende denn als kontinuierlicher Übergang vollzog.

So wie der Dorfkern von Schwyz halb dörflichen, halb städtischen Charakter schon seit dem 16. Jahrhundert besitzt, so mischen sich auch in den einzelnen Wohnbauten bäuerliche und bürgerliche Typen. In schlichter Würde, die man leider bei dem Neubau der in klotzigstem Bankenstil neben dem Rathaus errichteten Kantonalbank vergeblich sucht, beherbergt der in den dreißiger Jahren errichtete Archivbau neben Briefen und Bannern des Standes Schwyz die ältesten Briefe, die den Zusammenschluß der Eidgenossenschaft bezeugen.

Variante: Von Zürich über Zug nach Schwyz

Von Zürich nach Zug und weiter in Richtung Gotthard kann man auf zwei Straßen gelangen: die direkteste führt über den Vorort Wollishofen nach Adliswil und von dort durch das Sihltal über Sihlbrugg nach Baar, wo sie die zwar längere, doch lohnendere Route über den Albispaß und Kappel aufnimmt, um das hier schon nahe Zug zu erreichen. Auf der direkten Straße bleibt man bis Langnau im Bann der Großstadtregion mit den üblichen, in Hochhäusern aufgestapelten modernen Wohnungen, die immerhin ehrlicher und frischer wirken als die dazwischen auftauchenden Ansammlungen von Einfamilienhäuschen, die trotz betontem Individualismus alle aus der gleichen Packung zu kommen scheinen.

Nach *Langnau*, wo ein um die Mitte des letzten Jahrhunderts errichteter Fabrikbau eine ästhetisch erstaunlich schöne Lösung zeigt, beginnt der rund acht Kilometer lange Sihlwald, der seit alters der Stadt Zürich gehört und von dieser im 18.Jahrhundert durch ihren ›Sihlherrn‹, den einst weitberühmten Maler und Idyllendichter Salomon Geßner, betreut wurde. In seinem Forsthaus ließ Gottfried Keller eine seiner anmutigsten Liebesgeschichten spielen, nämlich jene der mit Salomon Landolt, dem ›Landvogt von Greifensee‹ verbundenen Figura Leu.

Meist dicht neben der Straße fließt hier zwischen Steinen die Sihl, schon an einen Bergfluß erinnernd, nur daß ein Teil ihres Wassers weiter oben durch ein Kraftwerk in den Zürichsee abgeleitet wird. Im Weiler *Sihlbrugg*, wenige Kilometer oberhalb der gleich genannten Bahnstation, gibt es noch heute einige Riegelhäuser mit ihren für die Innerschweiz charakteristischen schmalen Regenschutzdächern über den zusammengedrängten Fenstern gegenüber vielen modernen Verkehrsanlagen, zu denen hier auch Tankstellen und Motel gehören. Wir verlassen an dieser Straßenkreuzung das Sihltal und erreichen südwestwärts bald den Sattel, über den es in den Kanton Zug und damit in die Innerschweiz geht. Die Grenzscheide gilt nicht nur für das Wetter, das auf beiden Seiten sehr verschieden sein kann, sondern auch für die Konfession und manches andere. Nach einer Waldstrecke öffnet sich kurz vor Baar ein schöner Blick gegen die Rigi, den Pilatus und andere Berge der Innerschweiz.

Ungleich größer ist die Aussicht auf jener anderen Straße, die von Adliswil aus am Tierpark Langenberg vorbei in einzelnen Kehren zum *Albispass* emporsteigt und von verschiedenen Stellen aus in wachsender Weite den Blick über den Sihlwald zum Zürichsee und weiter gegen die vom Glärnisch und Säntis beherrschten Berge schweifen läßt, oder auch nordwärts zum Häusermeer der mit den Seegemeinden zusammenwachsenden Stadt und darüber hinaus gegen den Rhein und bis zu den fernen Höhen des Tafeljuras und des Schwarzwaldes. In ihrer obersten Kehre, von der aus die Sicht besonders umfaßend ist, umschlingt die Straße eines jener ›Chalets‹, wie man um 1900 die damals im ›Schweizerhausstil‹ errichteten hölzernen Landhäuser nannte. Hier lebte in den ersten Jahrzehnten des 20.Jahrhunderts die Dichterin Nanny von Escher, umgeben von den Erinnerungen des Zürcher Patriziates.

Vom Albispaß senkt sich die Straße südwärts zum idyllischen Türler See und führt, von der nach Knonau, Cham, Luzern gehenden Hauptstraße links abzweigend, über Hausen nach *Kappel.* Der Name verbindet sich nicht nur mit der sehenswerten Kirche einer ehemaligen Zisterzienser-Abtei, sondern auch mit den beiden Kappeler Kriegen, die 1529 und 1531 unmittelbar der Reformation folgten. Der erste war noch eine ›Drôle de guerre‹, in der die Absperrung des Korns durch die reformierten Zürcher mit einer Milchsperre durch die katholisch gebliebenen Innerschweizer beantwortet wurde. Das Ergebnis war die berühmte ›Kappeler Milchsuppe‹, zu welcher friedlich jeder Teil das spendete, woran er keinen Mangel litt. Tragischer verlief der zweite Kappeler Krieg, in welchem Huldrych Zwingli für seinen Glauben starb. Gottfried Keller hat in seiner Novelle ›Ursula‹ der Szene eine ergreifende Schilderung gewidmet:

... Zwingli lag einsam unter einem Baume. Er hatte nicht geschlagen, sondern war nur mannhaft bei den Seinen im Glied gestanden, um zu dulden, was ihnen bestimmt war. Er war mehrmals gesunken, als die Flucht begonnen, und hatte sich wieder erhoben, bis ein Schlag auf und durch den Helm ihn an der Mutter Erde festgehalten.

Die sinkende Sonne glänzte ihm in das noch feste und friedliche Antlitz, sie schien ihm zu bezeugen, daß er schließlich nun doch recht getan und sein Amt als ein Held verwaltet habe. Wie die große, goldene Welthostie des gereinigten Abendmahles schwebte das Gestirn einen letzten Augenblick über die Erde und lockte das Auge des darniederliegenden Mannes an den Himmel hinüber.

Vom Rigiberge bis zum Pilatus hin und von dort bis in die fernab dämmernden Jurazüge lagerte eine graue Wolkenbank mit purpurnem Rande gleich einem unabsehbaren Göttersitze. Auf derselben aber schwebten aufrechte, leichte Wolkengebilde in rosigem Scheine wie ein Geisterzug, der eine Weile innehält. Das waren wohl die Seligen, die den Helden in ihre Mitte riefen, und zwar, wie er einst an König Franz I. geschrieben, nicht nur die Heiligen des Alten und Neuen Testamentes und der Christenkirche, sondern auch die rechtschaffenen Heiden: Herkules, Theseus, Sokrates, Aristides, Antigonus, Numa, Camillus, die Katonen und die Scipionen. Und auch Pindaros war da mit schimmernder Kythara, dem der Sterbende einst eine begeisterte Vorrede geschrieben.

Nicht weit von dem schwarzen Obelisken, der an die Schlacht erinnert, steht auf einer jener flachen Wellen, in denen sich das Gelände gen Südosten senkt, bevor es steil zur Ebene der Lorze bei Baar und Zug abfällt, das ehemalige *Kloster Kappel*. Noch ist einigermaßen das Geviert der Anlage zu erkennen, nur daß an Stelle der einstigen Konventsgebäude die stattlichen Riegelbauten aus nachreformatorischer Zeit stehen. Die ehemalige Zisterzienserabtei, die von Hauterive im Kanton Fribourg aus als Mutterkloster schon vor 1185 gegründet und von einheimischen Adeligen beschenkt wurde, hat wechselvolle Schicksale erfahren. Im 13. Jahrhundert erscheinen als Förderer Papst Innocenz III. und Kaiser Friedrich II. 1255 wurde zu Beiträgen für den Neubau der Kirche aufgefordert, deren Hochaltar 1283 seine Weihe erfuhr. 1303 war das Langhaus vollendet. Der alte Zürichkrieg verwüstete das Kloster, das, kaum wieder aufgebaut, 1493 in wesentlichen Teilen von einem Brand heimgesucht wurde. Eben erst wieder hergestellt, verfiel es den Schicksalen der Reformation. Der letzte Abt, Wolfgang Joner, berief den erst neunzehnjährigen Heinrich Bullinger, den späteren Nachfolger Zwinglis, an die neu errichtete Knabenschule. 1525 wurde das Abendmahl nach protestantischem Modus gefeiert. 1527 ging der Abt die Ehe ein, und 1531 fand er an der Seite Zwinglis bei Kappel den Tod. Das nun aufgehobene Kloster wurde samt seinen Gütern bis ins 19. Jahrhundert hinein von Zürcherischen Amtsmännern verwaltet und dient seither als Armen- und Korrektionsanstalt sowie als Krankenasyl.

Die breit gelagerten Riegelbauten des ehemaligen Amtssitzes sind noch immer von der Kirche beherrscht. Diese besitzt, der Zisterzienser-Regel folgend, nur einen Dachreiter und auch der Chor zeigt den einfachen geraden Abschluß. Auf Strebebogen ist verzichtet, so daß die Last des Langhaus-Gewölbes nur von ein-

KLOSTER KAPPEL 123

fach profilierten Strebepfeilern aufgefangen wird. Durch sie wie durch das feingliedrige, individuell figurierte Maßwerk der Fenster unterscheidet sich das bereits hochgotische Langhaus von der frühgotischen Ostpartie.

Über diese Unterschiede hinweg beeindruckt die Kirche in ihrer Gesamtheit durch die Disziplin, wie diese durch die Regel, doch mehr noch durch den Geist der Zisterzienser gegeben war, der sich vornehmlich im 13. Jahrhundert in einer erstaunlich großen Zahl von Bauten sowohl in den Kernländern wie in den Randgebieten des alten Europa auswirkte. Demgemäß ist bereits der Außenbau sehr langgestreckt und hochaufgerichtet als Ganzes, sowie knapp und scharf profiliert im einzelnen. Alles ergibt eine durchaus adelige Haltung, wie denn diese Art Klöster gerade auf Edelleute ihre Anziehung ausübte.

Zu einer solchen Haltung gehört die der Gotik eigene Vergeistigung der Materie, die zwar nicht völlig überwunden wird, wie in der von Nordfrankreich ausgebildeten Kathedralgotik, jedoch gebändigt erscheint zu jener beherrschten Dynamik und kraftvollen Spannung, die dem Dasein der Zisterzienser zwischen harter, den Boden urbar machender Arbeit und himmelwärts gerichtetem Gebet entsprang.

In den frühgotischen Ostpartien liegt das Gewicht noch durchaus auf der Schwere des Steins in den kraftvoll profilierten Sockeln und Gesimsen der Pfeiler, den schwellenden Blattkapitellen und ebenso in den körperhaften Raumvolumen des quadratischen Chores sowie in den kurzen Rechtecksräumen der quergelagerten Vierung und der Querhäuser. Erst aus solchen in sich geschlossenen Wandgevierten entwickeln sich aus schlanken Eckdiensten und mit straff gespannten, dünnen Rippen die Baldachine der Kreuzgewölbe. Hier und noch mehr in der in die südliche Chorwand eingelassenen Dreiergruppe der Pontifikalsitze offenbart auch die Frühgotik die Gabe, den Stein in feinen Formen zum Blühen zu bringen.

Das Langhaus betont im Maß der Staffelung seiner drei Schiffe den basilikalen Charakter. Aus flachen Wandpfeilern, die zur Dreisechstel-Form abgeschrägt sind, sprießen ohne Kapitelle die Kreuzrippengewölbe, die sich über dem Mittel-

schiff in engerer Folge und damit in rascherem Rhythmus als in den frühgotischen Ostteilen zum hohen Westfenster ziehen und sich durch reich skulptierte Schlußsteine auszeichnen.

Aus der ersten Bauzeit hat sich das trotz seinem sparsamen Schmuck beachtliche Chorgestühl erhalten, das sich bis weit ins Langhaus hineinzieht, wie denn ursprünglich, der Zisterzienserregel entsprechend, die ganze Kirche den Klosterinsassen vorbehalten war. Hervorragende Glasgemälde, die im ersten Drittel des 14. Jahrhunderts entstanden, schmücken die nördlichen Hochschiffenster, die an Adel der Zeichnung und Tiefe der Farben an jene in Königsfelden heranreichen. – Stark verblaßt und in den Linien zu sehr erneuert sind die Malereien aus der Mitte des 14. Jahrhunderts an den Wänden und Tonnengewölben der seitlichen Chorkapellen, von denen die am Ende des südlichen Querschiffes gelegene St. Stephans-Kapelle schon durch das Wappen der Geßler Beachtung verdient, jenes habsburgischen Ministerialen-Geschlechtes, das durch Schiller zu einer traurigen Berühmtheit gelangte.

Von Kappel führt die Straße zunächst noch in leichtem Auf und Ab über die zum Teil von Wald gesäumte Hochfläche, um dann bereits im Kanton Zug durch eine kleine Waldschlucht nach *Blickensdorf* hinabzusteigen. Von diesem Dörfchen, in welchem noch einzelne Holzhäuser stehen, nahm im 15. Jahrhundert Hans Waldmann seinen Ausgang, um als Bürgermeister Zürichs höchsten Glanz, doch hernach ein tragisches Ende zu erreichen. – Bald ist man in *Baar*, einem Industriedorf in der Lorze-Ebene, wo in der Nähe die touristisch erschlossenen Tropfsteinhöhlen der ›Höllgrotten‹ liegen. In Baar hat sich der Kirchenbezirk erhalten, beherrscht von einem mächtigen Turm, dessen Glockenstube sich in romanischen Fenstern öffnet und durch eine eigenwillige Verbindung von vier Giebeln mit einer wuchtigen barocken Haube abgeschlossen ist. Die Kirche selbst zeigt innerhalb zum Teil noch mittelalterlicher Mauern einen jener hellen und großen Rokoko-Säle, wie sie für das schweizerische 18. Jahrhundert in seiner zweiten Hälfte charakteristisch sind. Im eingezogenen Chor gestaltet der originelle Hochaltar mit plastischen Figuren die Himmelfahrt Mariens zu einem eigentlichen ›Theatrum sacrum‹. – Sehenswert ist auch die kleine Friedhofskapelle, denn sie vereinigt auf kleinem Raume eine 1507 geschnitzte Holzdecke mit einem spätgotischen Schreinaltar und barocken Holzskulpturen.

Zug. Eine Straße, wie sie von Baar aus schnurgerade über die Ebene nach Zug führt, kann man heutzutage in vielen Gegenden der Schweiz finden, doch hier in diesem kleinen, traditionsgesättigsten Kanton wirkt sie besonders exemplarisch, und zwar für einen Fortschrittsglauben, der aus einer als Übermaß empfundenen Tradition ausbrechen möchte, jedoch dabei die wirtschaftlichen, um nicht zu sagen materiellen Gesichtspunkte über alles stellt. Und so reihen sich denn in ungeordnetem Gemengsel Wohnblöcke, Industriebauten, Großgaragen und Geschäftshäuser, in deren baulicher Erscheinung ein reichlich provinzieller Modernismus triumphiert.

Schließlich aber ist der See erreicht, und an gepflegten Parkanlagen vorbei gelangt man zum Stadtkern. Am Rande der Altstadt umstehen repräsentative Bauten den gegen den See offenen *Postplatz.* Sie sind zeitlich jeweils kaum durch eine Generation getrennt, und doch vertritt jeder eine eigene Welt: da prunkt in der Mitte das 1900 vollendete Postgebäude in derselben offiziellen Neurenaissance, in welcher mit ähnlicher Mittelkuppel die gleiche Aufgabe auch in Frauenfeld und Herisau gelöst wurde. Zurückhaltender und damit ungleich vornehmer ist das Regierungsgebäude, das ebenfalls in Anlehnung an die italienische Renaissance 1869 Kaspar Wolff, Mitarbeiter Gottfried Sempers beim Bau des Zürcher Polytechnikums, errichtete. Die Ergänzung durch das kantonale Verwaltungsgebäude von 1915 zeigt wieder eine andere, mehr im Barock verwurzelte und stärker regionalen Traditionen verpflichtete Abwandlung klassischer Formen. Mit diesen bricht aufs gründlichste der um 1960 vollendete Neubau der Kantonalbank, der in seiner Blockform und dem darüber schwebenden Flachdach auch irgendwo in Afrika stehen könnte.

Durch eine breite, vornehmlich von Häusern des 17. und 18. Jahrhunderts gesäumte Straße gelangt man vom Postplatz zum Kolinplatz, in welchem die eigentliche Mitte der Stadt erreicht scheint. Und doch lag auch dieser Platz, an welchem die Straße von Menziken und Aegeri, dem Zuger ›Oberland‹, in die Gotthardstraße mündet, bis zur großen Stadterweiterung im 16. Jahrhundert außerhalb des ältesten Ringes, an dessen Befestigung noch der

1478-1480 von Hans Felder erbaute ›*Zeitturm*‹ erinnert, ein Wahrzeichen Zugs mit seinem steilen, mit den blauweißen Ziegeln der Kantonsfarben gedeckten Sattelwalmdach und dem 1557 keck darauf gesetzten Glockentürmchen. Durch das gotische Turmtor gelangt man in den ältesten Teil von Zug. Katastrophale Ufereinbrüche, in denen zu wiederholten Malen, zuletzt noch 1887 mit dem losen, von Bächen angeschwemmten Schutt ganze Häuserzeilen in den See rutschten, haben den Stadtkern geschmälert und schon früh zur Erweiterung der Stadt auf der Bergseite geführt. Trotzdem hat der älteste Teil eine eigentümliche Geschlossenheit gewahrt, wozu einzelne gewichtige Baudenkmäler kommen. Zwischen dem uhrengeschmückten ›Zeitturm‹ und dem See steht das 1505 erbaute *Rathaus*, das mit seinem Treppengiebel und den wuchtigen Eckquadern an eine mittelalterliche Stadtburg erinnert, während die regelmäßig die Mauern durchbrechenden Staffelfenster gotische Formen mit neuzeitlicher Achsenstrenge vereinen. Das 1618 hinzugekommene Säulenportal weist nach Italien. Der große Saal gehört zu den schönsten Innenräumen, die sich aus der Wende des Mittelalters erhalten haben. Spätgotisch ist die in ihren Unterzügen mit reicher Flachschnitzerei geschmückte Holzdecke, deren Pflanzenornament so gut mit dem organischen Stoffcharakter des Holzes zusammengeht. Ähnliches Ornament überspinnt, nun in gemalter Form, als zartes Rankenwerk auch den verputzten Stein über den dreiteiligen Staffelfenstern, in deren Anordnung man schon die betonte Symmetrie der Renaissance erkennen kann. Das Rathaus und mit ihm das ganze alte Zug zeugen von dem Ansehen, das dieser äußerlich kleine Kanton besaß, der zusammen mit Uri, Schwyz, Unterwalden und Luzern die ›Fünf alten Orte‹ bildete und zusammen mit den Waldstätten dem alten Glauben treu blieb, daneben durch den Solddienst, doch ebenso durch Handel und Gewerbe vom 15. bis zum 18. Jahrhundert sich auch wirtschaftlich entwickelte, was von der Spätgotik bis zum Ende des Barock auch seinen reichen kulturellen Niederschlag fand.

Zwei Gassen, die ›Untergasse‹ und die ›Obergasse‹, von denen die letztere einen früher auch an anderen Orten verbreiteten, fast mannshoch über dem Pflaster liegenden Bürgersteig besitzt, führen zur großen *Liebfrauenkapelle,* die mit ihrem wehrhaften Turm an die einstige Stadtmauer angebaut ist. In diesen Turm fügt sich der rechteckige Chor, dessen Inneres gleich dem saalförmigen Langhaus durch die barocke Erneuerung des frühen 18. Jahrhunderts bestimmt wird. Die schöne Flachdecke ist durch medaillonartige Gemälde ausgezeichnet. Dazu treten der reiche Orgelprospekt von 1739 und die Altäre, die in der für den Barock üblichen Art sich von den Seiten zum Hochaltar steigern.

Doch der wichtigste Kirchenbau, der sich nach dem Abbruch der Michaelskriche zugunsten eines neugotischen Neubaues erhalten hat, wurde 1478 vom gleichen Hans Felder begonnen, dem in Zug der Zeitturm und in Zürich neben einigen spätgotischen Landkirchen die Wasserkirche zu verdanken ist. *St. Oswald* stellt sich als ein nach außen mit bedeutendem Aufwand gestaltetes Baudenkmal dar, das mit seinen statuengeschmückten Strebepfeilern und dem reich skulptierten Doppelportal unter der nur durch ein einzelnes, verhältnismäßig kleines Fenster durchbrochenen Westfront für sich alleine als ein weithin sichtbares Monument in der hier nur locker bebauten Neustadt steht.

Die zu selbstbewußter Repräsentation strebende Baugesinnung der Renaissance ist es im Grunde, die sich hier noch des spätgotischen Formengewandes bedient, das seinerseits wieder in den aus Astwerk geflochtenen Konsolen einen krausen Naturalismus offenbart. Im Innern wurde der Chor von Hans Felder gestaltet. Das etwas jüngere, nämlich dem 16. Jahrhundert entstammende Langhausgewölbe entfaltet in seinem noch immer spätgotischen Netzgewölbe das reiche Spiel der ineinander fließenden Rippen, das sich in etwas lockerer Form in den Seitenschiffen wiederholt. Manche Einzelheit verrät zwar, daß der Raum nicht in einem Zug entstand, doch ist trotzdem der Eindruck bedeutend. In der Ausstattung dominieren die neugotischen Altäre. Das Chorgestühl und das Sakramentshäuschen aber stammen noch aus dem späten 15., die bemalten Holzfiguren der Apostel an den Hochschiffwänden aus dem frühen 16. Jahrhundert, und die sehr anmutige Orgelempore zeigt zusammen mit ihrem Prospekt, wie sehr das Rokoko im Stande war, sich einem gegebenen Raum harmonisch einzufügen.

Zug besitzt am nordöstlichen Rande seiner Altstadt ein Kapuzinerkloster, das wie so viele seiner Art während der Gegenreformation entstand. Die Stadt ist umgeben von einem Kranz von meist barocken Kapellen, von denen die am Anstieg zum Zugerberg stehende Vernekapelle die bedeutendste ist. Doch mindestens so beachtlich sind die zum Teil sehr stattlichen alten Bürgerhäuser, zu denen einzelne hervorragende Adelssitze kommen. Neben St. Oswald steht die sogenannte *Burg*, ein mittelalterlicher Wohnturm, der durch Anbauten des 18. Jahrhunderts höchst malerisch ergänzt wurde und von einer zinnenbekrönten Ringmauer umgeben ist. – Südöstlich der Altstadt liegt der 1597 errichtete *Zurlaubenhof*, den zu Anfang des 17. Jahrhunderts der Ratsherr Konrad Zurlauben umbauen und mit einem Festsaal schmücken ließ. Der Hauptbau, der harmonisch die zahlreichen alten Nebengebäude beherrscht, ist auf beiden Seiten von durchlaufenden Galerien, sogenannten ›Lauben‹, begleitet, deren reiche Holzkonstruktion dem Namen des historischen Besitzers Ehre macht. Im übrigen vereinen sich ländliche und städtische Elemente mit solchen der Gotik in den Fensterprofilen und des frühen Barock, der sich in den von Stockwerk zu Stockwerk gesteigerten Proportionen der in regelmäßigen Achsen angeordneten Fenster kundtut. Auf Straßen und Plätzen stehen wie in anderen Schweizer Städten die Säulenbrunnen der Renaissance und des Barock. Doch einen besonderen Stolz von Zug bildet noch heute die im wesentlichen zwischen 1518 und 1538 angelegte *Stadtbefestigung*, von der sich auf der Bergseite einzelne Mauerzüge mit Wehrgängen sowie vier trutzige Rundtürme erhalten haben mit schweren, bereits gegen die damalige Artillerie berechneten Sandsteinquadern und kegelförmigen Spitzdächern.

Von Zug aus fährt man über *Oberwil*, das neben charakteristischen Häusern in der Innerschweizer Holzbauart eine alte Kapelle und eine moderne Kirche besitzt, an meist noch natürlich bewachsenen Ufern entlang der Rigi entgegen. Der See, auch wenn er zu den kleineren der Schweiz zählt, zeichnet sich trotzdem durch eine ungemeine Mannigfalt aus, einmal durch die Ufer, die vor allem auf der Westseite durch Buchten und Landzungen belebt sind und in ihrer noch nicht allzu starken Besiedlung weitgehend den

Charakter einer Parklandschaft besitzen. Darüber hinaus ist es der freie Blick nach Westen, wo über der größten Breite des Sees, hinter dem spitzen Kirchturm von Cham, das von verhältnismäßig niedrigen Höhen begleitete untere Reußtal sich unter einem hohen Himmel öffnet und wo an schönen Abenden die Weite ihre eigene Verklärung findet. Doch je mehr man gegen Süden schaut, was sich beim Weiterfahren an dem leicht sich einbiegenden See von selber ergibt, um so vernehmlicher meldet sich das Gebirge. Hinter dem bewaldeten Landsporn des Kiemen steigen die noch sanften Höhen von Meierskappel zum Michaelskreuz empor, und in der Senke vor der regelmäßigen Molassepyramide der Rigi zeigen sich, schon jenseits des, in seiner lichten Atmosphäre nur zu ahnenden Vierwaldstätter Sees, die zackigen Umrisse des Pilatus.

Walchwil, dessen kirschbaumbestandene Hänge heute mehr und mehr von Wohnhäusern besetzt werden, zeigt an seiner Seebucht unter der in ländlichem Klassizismus erbauten Dorfkirche schöne alte Bauernhäuser, die auf innerschweizerische Art aus Holz gefügt sind und über den oft zu Reihen zusammengerückten Fenstern sogenannte Fürdächer, das heißt Vordächer gegen den Regen, besitzen. Der See, der sich nun ganz gegen Südosten gewendet hat, gewinnt in den geschützten Sonnenhängen ein schon fast südliches Klima, so daß hier schon einzelne Edelkastanien wachsen. An der letzten Bucht begann einst die ›Letzi‹, der Schutzwall, an welchem 1315 die Eidgenossen das habsburgische Heer erwarteten, bis sie durch einen an einem Pfeil befestigten Zettel gewarnt wurden, »sich am Morgarten zu hüten«.

Arth, das am oberen See-Ende liegt, zog seine Bedeutung bereits in früheren Jahrhunderten aus dem Verkehr, der heute das Ortsbild beherrscht. Von der Straßenverbreiterung verschont wurden einige alte Häusergruppen, darunter das Rathaus. Die abseits stehende Barockkirche zeigt die kulissenhaft die Fenster verdeckenden Wandpfeiler ohne die sonst dazwischen gespannten Emporen. In *Oberarth* steht links an der Straße eine schöne, mit einer Säulenhalle ausgezeichnete Kapelle. Sie besitzt einen bereits durch die ihm vorgestaffelten Seitenaltäre betonten Hochaltar, der wirkungsvoll vor die den Chor beschließende Empore gesetzt ist. Die ausgezeichnete Altarplastik stammt von Johannes Baptist Babel.

Die Straße steigt stärker und führt durch das Bergsturzgebiet von *Goldau*. Ein ganzes Dorf liegt hier unter den Nagelfluhmassen begraben, die sich 1806 vom nahen Roßberg lösten und eine der größten Naturkatastrophen bewirkten, welche die Schweiz durch ihre Berge in geschichtlicher Zeit erfahren hat. – Seit Jahrzehnten ist der Ort unter der offiziellen Bezeichnung ›Arth-Goldau‹ ein wichtiger Bahnknotenpunkt, weil sich hier die Linien von Basel und Luzern mit jener von Zürich zur eigentlichen Gotthardbahn vereinen und zudem noch die vom Bodensee und oberen Zürichsee herkommende ›Südostbahn‹ aufnehmen. Von Arth-Goldau aus klettert eine Zahnradbahn den rötlichen Nagelfluhbändern entlang zur Rigi empor, um rund 200 Meter unter dem berühmten Aussichtsgipfel sich mit der älteren, von Vitznau am Vierwaldstätter See kommenden Linie zu vereinen.

Über einen flachen Sattel führt die Straße hinab zum *Lauwerzer See*. Der Blick fällt auf eine der schönsten und erinnerungsreichsten Landschaften der Schweiz. Rechts rahmen das Bild die von Felsbändern durchzogenen Ausläufer des Rigimassivs, das hier in der Scheidegg und namentlich auch in der steilen Hochfluh nochmals markante Gipfel besitzt. Vor uns liegt der See, auf dessen anderer Seite von Obstbäumen durchsetzte Wiesen mit einzelnen Dörfern zum Roßberg und zu den Mythen aufsteigen. Der eine der beiden Dioskuren ist breit und unregelmäßig gezackt. Der andere hebt sich als schlanker Meißel noch rund hundert Meter bis zu einer Höhe von 1903 Metern empor. Beide stehen isoliert innerhalb der von Wiesen und Wäldern bedeckten Voralpen, die erst weiter östlich in der Drusbergkette sich zu eigentlichen Felsgipfeln erheben, und beide sind sozusagen von der Natur als Wächter über die Wiege der Eidgenossenschaft gestellt, an deren Entstehung im 13. Jahrhundert das Volk von Schwyz sich eines besonderen Anteils rühmt. Noch 1798, als die alte Schweiz der damals von Frankreich ausgehenden neuen Ordnung weichen mußte, waren es die Schwyzer, die neben Nidwalden mit den Waffen einen vom äußeren Erfolg her freilich nutzlosen Widerstand leisteten.

An die Gründungssage erinnert die Insel Schwanau, deren Burg als Sitz habsburgischer Vögte einst von den Schwyzern zerstört wurde. – Dem schattigen Ufer folgend erreichen wir Seewen und bald den alten Hauptort Schwyz.

VOM OBERRHEIN ZUM VIERWALDSTÄTTER SEE

Von Basel bis Brunnen

Basel

Wer in Basel mit dem Wagen oder dem Zug ankommt, steht zunächst wie anderswo im Banne der modernen Architektur. Doch bald bemerkt man mit Erstaunen, daß auch in Spannbeton, Metall und Glas hier eine eigene Sprache herrscht, oder doch zumindest ein besonderer Akzent: vieles wirkt um einen Grad prononcierter, pointierter im eigentlichen Sinn des Den-Finger-auf-einen-bestimmten-Punkt-Legens. Exakt ist diese Sprache bis zur Pedanterie, und zugleich restlos durchdacht, dort, wo man anderswo mehr im Unbestimmten bleibt, doch auch knapper, profilierter. Kurzum, zumindest die Aussprache ist baslerisch. So kommt bereits in den Vertretern der modernen Architektur, die in unserer global gestaltenden Zeit wahrlich wenig nationale, geschweige denn regionale Eigenart noch zuläßt, eine unverkennbar baslerische Note zum Ausdruck. Und wenn in Zürich das Internationale triumphiert, und wenn das bauliche Gesicht des alten Bern sich schon zu sehr von der eidgenössischen Beamtenstadt losgelöst hat, so erscheint – vorläufig noch – in Basel die eigene Atmosphäre von einer Dichte, die auf den von außen Kommenden zunächst fast wie ein Wunder wirkt.

Eine Erklärung dazu liegt in den besonders starken Reserven, welche diese im Mittelalter größte und reichste unter den heutigen Schweizerstädten in vielen Jahrhunderten anhäufen konnte. In den gotischen wie in den barocken Bauten sammelten sich Kräfte seelischer Natur, die auch in späteren Epochen völlig anderer Art nicht versiegten. Wohl ist Basel seit dem ausgehenden Mittelalter eine Stadt des Handels und der Industrie, was durch die einzigartige Lage am Ende der oberrheinischen Tiefebene und an den Durchgängen zwischen Jura, Vogesen und Schwarzwald gefördert wurde. Der Weg rheinaufwärts Richtung Bodensee und Alpen, aber auch durch die ›Burgundische Pforte‹ nach Frankreich und zum Mittelmeer brachte den Zusammenhang mit der großen Welt, wie ihn keine andere Stadt, Genf vielleicht ausgenommen, besaß. Trotzdem hat sich Basel nie verloren, sondern vielleicht gerade wegen dieser ausgesetzten Lage und angesichts der Fülle seiner Beziehungen sehr streng und bewußt auf seine Eigenart gehalten. Man hat es im Hinblick auf solche Selbstbewahrung schon mit der Haltung der Engländer verglichen, an die der präzis-preziöse Dialekt des Basler Patriziates erinnert. Der Ursprung dieser Kräfte der Bewahrung aber liegt im Geistigen. Dieses war zunächst, wie allgemein im Mittelalter, geistlicher Natur. Seine Zeugen sind die Kirchen: das Münster, welches schon architektonisch das reichste und das reinste der deutschen Schweiz ist und in der französischen Schweiz nur noch durch die Kathedrale von Lausanne übertroffen wird. Doch das Münster ist im Laufe der Zeit umgeben worden von einem Kranz von Klosterkirchen, die zu dem schönsten und eigenartigsten gehören, was die Gotik insbesondere an Ordenskirchen in der Schweiz, doch auch in Oberdeutschland hervorgebracht hat.

Als die kirchliche Welt des Mittelalters ihrer Auflösung entgegenging, zog Basel gerade daraus neue Kräfte. Das dritte der großen Konzilien, die im 15. Jahrhundert für die Kirche eine Reform an Haupt und Gliedern anstrengten, fand in Basel statt. Die bleibende Frucht war die 1460 gegründete Universität, welcher der Basel wohlgesinnte Papst Pius II. (Aeneas Sylvius Piccolomini) die Freiheiten und Rechte der Hochschule von Bologna verlieh. Sie ist die älteste der Schweiz, und zu den Namen, die sie zieren, gehören Erasmus von Rotterdam, Paracelsus, Vesalius, Thomas und Felix Platter, später die Euler und Bernoulli; und so unscheinbar der neugotische Bau am Rheinsprung erscheint, in welchem die Universität im 19. Jahrhundert untergebracht war: er ist durch Jacob Burckhardt, Friedrich Nietzsche und Johann Jakob Bachofen geadelt.

Sein eigenes architektonisches Gesicht hat Basel allerdings nicht zu allen Zeiten in gleich starkem Maße besessen. Unverkennbar durch die hier zwischen Norden und Süden, Westen und Osten sich kreuzenden Ströme bestimmt ist das Münster, oberrheinisch und baslerisch zugleich. Sehr baslerisch sind jedoch die Ordenskirchen der Gotik. Gleiches gilt für die Bürgerhäuser, sowohl die bescheideneren, welche die gotische Tradition bis ins 17.Jahrhundert fortsetzen, wie die aristokratischen Palais, die im 18.Jahrhundert entstanden; sie alle zeigen sozusagen im jeweiligen Zeitstil ein baslerisches Gesicht, und dieses bleibt auch noch im Klassizismus und seiner hier bis 1870 reichenden Nachfolge erhalten. Dann aber ist es, als wenn das durch Bismarck endlich geeinigte und unter Kaiser Wilhelm II. in seiner Machtfülle überbordende Deutsche Reich aus der ausgesetzten Lage Basels seinen Vorteil gezogen hätte, denn in den Jahrzehnten vor dem Ersten Weltkrieg wurde die schweizerische Rheinstadt noch viel stärker als damals Zürich und St.Gallen von wilhelminischen Fassaden durchsetzt. So könnte beispielsweise der 1895 erbaute Sitz der Zollkreisdirektion ohne weiteres im einstigen Berliner Westen entstanden sein, derart anspruchsvoll gebärdet sich seine zum Barock gesteigerte Neurenaissance, und einzig das über den Haupteingang gemeißelte Schweizerkreuz weist auf den eidgenössischen Bauherrn.

Doch Basel ist durch seine Ausgesetztheit nicht nur gefährdet, sondern auch im höchsten Maße bereichert worden. Zusammen mit der so unverkennbaren baslerischen Atmosphäre weht hier der Atem einer sonst nirgends so weit erlebten Nachbarlandschaft: Über das Oberrheinische, über Straßburg und Freiburg hinaus, ist es die Burgundische Pforte, die tief nach Frankreich weist. Im Mittelalter nimmt Basel mit seinem Münster nicht nur an der blühenden Romanik des Elsaß teil, sondern die Beziehungen der das westliche Münsterquerschiff zierenden Galluspforte reichen bis zur Provence und über die Alpen nach Oberitalien. Die Spätgotik Oberdeutschlands und der Schweiz verstärkt die Verbindung mit den alemannischen Gebieten. So hat Basel seinen Charakter schon in hohem Maße geformt, als es im Schwabenkrieg, der 1499 die Schweiz vom deutschen Reiche löste, sich zumindest neutral verhielt und 1501 sich mit den Eidgenossen für immer ver-

BASEL – SEINE GESCHICHTE

bündete. Das damals neu erbaute, ungemein prächtige Rathaus sollte den neuen Bundesgenossen zeigen, wer man sei.

Die ungemeine Blüte, die Basel während der Wende von der Gotik zur Renaissance erlebte, zeigt sich nicht nur im politischen Ansehen und in der wirtschaftlichen Macht, sondern sie leuchtet auch aus Kunst und Kultur. Das Konzil, das sich von 1431-1448 hier versammelte, ist Bestätigung des schon Vorhandenen und Ursache des noch Kommenden zugleich. Damals hat Aeneas Sylvius Piccolomini die Stadt in der Schönheit ihrer steilen, mit farbig glasierten Ziegeln geschmückten Kirchendächer und in der Bequemlichkeit ihrer Wohnungen beschrieben. Unter den Malern, die im 15.Jahrhundert hier wirkten, war Konrad Witz, und unter jenen des 16.Jahrhunderts Hans Holbein der Jüngere. Beide hatten hier Wohnsitz und Bürgerrecht. Und auch Erasmus ist nur der Größte eines ganzen Kreises von Humanisten, zu denen sich Buchdrucker, Verleger und Kunstsammler wie Amerbach und Froben gesellten.

Die Blüte wiederholt sich im 18.Jahrhundert. Im Spätbarock, im Rokoko und frühen Klassizismus sind Palais und vornehme Bürgerhäuser, Landsitze und Gärten in einer Fülle entstanden, wie sie kaum von Bern und Genf überboten wurde. Doch auch in dieser Epoche vermag die Rheinstadt den nicht nur Frankreich, sondern auch dessen Nachbarländer bestimmenden Spätphasen des Barock eine eigene Note zu geben, die sich aus der Spielart des rheinischen Spätbarock abhebt. Gleiches gilt auch noch für die beiden ersten Drittel des 19.Jahrhunderts. Was dann später noch, trotz der wilhelminischen ›Invasion‹, bleibt, ja sich noch verstärkt, ist auch architektonisch die Verbundenheit mit den anderen Rheinstädten, gefördert durch den modernen Aufschwung der Rheinschiffahrt. So trifft einen in Basel ein Anhauch selbst der Niederlande, und erst recht, wer aus Deutschland kommt, wähnt sich hier noch nicht ganz in der Schweiz, ein Gefühl, das übrigens auch viele Basler teilen. denn auf den Straßenhinweisen steht neben ›France‹ und ›Deutschland‹ mit der gleichen Distanziertheit ›Schweiz‹, wie wenn es sich um ein anderes Land handele. Man ist in Basel durchaus in einem eigenen Territorium.

Das architektonische *Gesicht des alten Basel* trägt durchaus hierarchische Züge, und diese wiederum sind durch die Bodengestalt vorgebildet. Auf dem Höhenzug unmittelbar über dem Rhein steht das Münster und weiter nordwestlich auf der gleichen Anhöhe die Martinskirche. Stromaufwärts St. Alban; alle drei schauen über den Strom hinüber nach Kleinbasel, wo ihnen Antwort wird von St. Theodor hinter der ehemaligen Kartause von St. Clara und von der Kirche des einstigen Klosters Klingental. Es sind dies Kirchen, die hier in der sich gegen Deutschland breitenden Ebene liegen, so daß nur die Türme und Firsten die Häuser überragen. Im Unterschied dazu stehen die meisten alten Kirchen der größeren Stadthälfte auf einer Anhöhe, so außer dem Münster und St. Martin auch St. Leonhard und St. Peter, die beide den Rand einer Hochfläche besetzen, welche sich nach Nordosten gegen das Tal der Birsig senkt, deren Unterlauf freilich schon seit langem durch den Marktplatz und die anstoßenden Straßen überdeckt ist. An diesen Hang lehnt sich ganz im Norden und schon fast am Rhein die Predigerkirche, während die sehr bedeutende Barfüßerkirche, nach dem Münster das größte Gotteshaus im alten Basel, sich am Anstieg zum Münsterberg erhebt.

Die Bodengestalt mit ihren beiden hintereinander liegenden Höhenzügen, die durch das Tal der Birsig getrennt sind, bringt es mit sich, daß man Basel, wenigstens von seiner Mitte her, nicht von einem einzigen Punkt überblicken kann, es sei denn von den Türmen des Münsters aus, die umgekehrt selbst aus der weiteren Umgebung in den verschiedensten Straßendurchblicken zu sehen sind. Der Außenbau des Münsters beherrscht nicht nur den Münsterplatz, sondern er kommt in seiner das Stadtbild bestimmenden Stellung am schönsten von der Kleinbasler Rheinpromenade aus zur Geltung. Über dem geruhsam fließenden Strom steigen mit Gärten und Buschwerk bewachsene Hänge empor, die erst oben mit Häusern bebaut sind. Ihre Zeile beginnt im Westen bei der Martinskirche, deren Turm und First für das ganze Bild den festen Eckpunkt setzen, dort wo die Höhe zur Talmündung der Birsig und zur einst einzigen Rheinbrücke abbricht. Die Häuserzeile hebt sich sachte in freier Regelmäßigkeit empor zur baumbestandenen

Terrasse der Pfalz und damit zum Münster, dessen sich kreuzende Firsten, abgestützt durch Strebebogen und überragt von den beiden Türmen, auf das Eindrucksvollste zur Stadtkrone werden. Links von der Kathedrale, deren glasierte Dächer mittags und nachmittags im Gegenlichte schimmern, steht über den zum Strom abfallenden Gärten der in seinem Kern noch spätgotische Bischofshof, an den sich südlich der barocke Ramsteinerhof anschließt. Stromaufwärts wird dieses Herzstück der Stadt begrenzt durch die 1879 vollendete Wettsteinbrücke, die in leichter Schräge sich nach dem niedrigeren Kleinbasel hinabsenkt und von der man einen ebenfalls bedeutenden Blick auf das Münster und seine Umgebung genießt.

Das *Münster*, dessen erste Bischöfe vielleicht um 400 aus dem damals von den Alemannen zerstörten Augusta Raurica, dem römischen Vorläufer Basels, hierhin übersiedelten, geht in seiner heutigen Substanz im wesentlichen auf den Neubau nach dem Brand von 1185 zurück. Doch stehen noch von dem Bau zu Anfang des 11. Jahrhunderts, den Kaiser Heinrich II. beschenkte, die beiden Untergeschosse des Nordturms. – Bereits um 1200 muß die Kirche fertig gewesen sein, deren noch romanische Formen wir merkwürdigerweise in den oberen Partien, den Emporen und den paarweise wie am Großmünster in Zürich angeordneten Hochschifffenstern sehen, während die Arkaden und die Gewölbe der Seitenschiffe bereits spitzbogige Gewölbe zeigen. Historische und geographische Übergänge, wie sie für die Lage von Basel kennzeichnend sind, haben dieses Wechselspiel der Stile ermöglicht. Das spätromanische Element tritt dann nochmals durch die späteren Ergänzungen und Erweiterungen zurück, so vor allem durch den Wiederaufbau des Hochchores, sowie der Querschiff- und Mittelschiffgewölbe nach dem Erdbeben, das am St. Lukas-Tag des Jahres 1356 die bereits kurz vorher von der Pest heimgesuchte Stadt zum großen Teil zerstörte. Der in allen Teilen der Stadt mit größtem Eifer betriebene Wiederaufbau kam auch dem Münster zugute. Der Chor, dessen Krypta und Umgang zum großen Teil erhalten blieben, erhielt sein lichtdurchstrahltes Gitterwerk, und etwas später wurden die Hochschiffe mit weitgespannten Kreuzrippen neu überwölbt. Die schon bestehenden Seitenkapellen des Langhauses verband man zu äußeren Seitenschiffen. Der Ausbau der Türme, zu dem der am Straßburger Münsterturm tätige Ulrich Ensinger herangezogen wurde, zog sich unter verschiedenen Meistern durch das ganze 15. Jahrhundert hin. 1421 war der in seinem Unterbau noch romanische Südturm, 1500 der Nordturm vollendet. Beide zeigen in ihren obersten Geschossen phantasievolle Abwandlungen der in den Mittelgeschossen gewahrten Einheit, die schließlich in den durchbrochenen Spitzhelmen fast wieder erreicht wird. In dem kleinen, fast nicht sichtbaren Rest aber kann man die gleiche echt baslerische Kaprice erblicken, welche die Bürger dieser Stadt im Gespräch oft kleine Vorbehalte anbringen läßt, die ebenso geistvoll wie maliziös sind.

Zwei Portale führen in das Innere: am nördlichen Querschiff die schon einmal erwähnte Galluspforte und das hochgotische Westportal, dessen Skulpturenschmuck an die reicheren Anlagen in Freiburg und Straßburg erinnert. In Proportionen, deren wohlige Weite schon ein italienisches Körpergefühl verraten, entwickelt sich das Schiff, entfalten sich die Querschiffe und beschließt der durch die Krypta erhöhte Chor das organisch gefügte Ganze. Der Grundriß breitet sich in der Form des lateinischen Kreuzes und die Wände steigen in den drei Zonen, die durch die Seitenschiffsarkaden, Emporen und paarweise geordnete Hochschiffenster gebildet sind. Es herrscht wie in den Kathedralen von Genf, Lausanne und Chur, sowie im Zürcher Großmünster das gebundene System, das in diesen die Öffnungen paarweise zusammenfaßt; doch in keinem der genannten Bauten wird ein solches Ebenmaß erreicht wie hier im Münster zu Basel. Kraftvoll skandieren die Bündelpfeiler den durch die Verschiedenheit der Öffnungen vielstimmigen Rhythmus, und die vierteiligen Kreuzrippengewölbe überspannen und gliedern noch immer machtvoll den Raum, auch wenn die hier dünneren und schärferen Profile die spätere Entstehungszeit verraten. Die lichtdurchstrahlten Stabgitter der hochgotischen oberen Chorteile, die ebenfalls erst nach dem Erdbeben von 1356 entstanden, bilden in ihrer äußersten Entschwerung den kühnen Kontrast zu den geschlossenen Massen der übrigen Wände, in denen das Eigenleben des Steins sichtbar bleibt als gebändigte Kraft und als kraftvolle Bändigung, in jenem unlösbaren Sich-Durchdringen gegensätzlicher Prinzipien, wie sie zum Wesen des Übergangs von der Romanik zur Gotik gehört. Daß sich selbst im Stein Energien geistiger Art manifestieren, zeigt der Raum des Basler Münsters besonders schön. Man erlebt hier nicht nur die romanische Bejahung der Materie in ihrer Ge-

schlossenheit, in der Immanenz des architektonischen Gesetzes, auch wenn die noch spürbar schweren Massen sich bereits in einzelnen Spitzbogen zu heben und in Kreuzrippen sich zu gliedern beginnen. Der Bestätigung des Steins in seinem ganzen Gewicht setzt der gotische Hochchor sodann eine fast völlige Verwandlung der Materie zu einem gleichsam edleren, dem Metall verwandten Stoff entgegen.

Ein kleiner Teil der alten Ausstattung hat zusammen mit der reichen spätromanischen Bauplastik die Reformation von 1529 überdauert; so die in den Abschluß des südlichen Seitenschiffes eingemauerte Aposteltafel aus dem Anfang des 11. Jahrhunderts, die einst einer Chorschranke diente. Die fast halblebensgroßen Figuren erinnern in Kopfform und Gewandstil an Elfenbeinreliefs und über diese zurück an die römische Spätantike. Doch kann man mit etwas Phantasie in den Physiognomien bereits gewisse baslerische Züge finden. Im gleichen Seitenschiff steht auch der Grabstein der Königin Anna, der Gemahlin Rudolfs von Habsburg, und ihres Söhnchens, eine beachtliche Arbeit, die wohl im Zusammenhang mit den Skulpturen des Westportals geschaffen wurde. Der Bischofsthron im nördlichen Seitenschiff, der um 1380 entstand, das Chorgestühl von 1432, der Taufstein von 1465 und die Kanzel von 1486 mit dem neugotischen Schalldeckel dokumentieren verschiedene Stufen der späten Gotik.

Dem Münster angeschlossen und doch eine ganze Welt für sich umfassend ist der *Kreuzgang*. An den romanischen Unterbau des Chores lehnen sich noch Teile des ältesten, ebenfalls aus der Zeit um 1200 stammenden Kreuzganges. Die beiden späteren Höfe, die um und kurz nach der Mitte des 15. Jahrhunderts entstanden sind, zeichnen sich durch das im blaßroten Vogesensandstein besonders schön zur Geltung kommende Filigran des Fenstermaßwerks aus, und insbesondere durch die zum Teil virtuose Bildung der Rippengewölbe. Unter diesen stellen im Westflügel die zum Teil frei unter den Kappen schwebenden Rippenfiguren mit ihren doppelt geschwungenen Kurven, die 1462-1467 vermutlich Vinzenz Ensinger schuf, ein Meisterstück schon barocker Spätgotik dar, wie es auch die folgenden Jahrzehnte nicht mehr überboten. Die vielen Epitaphien, deren Reihe von der Gotik bis zum Biedermeier reicht, stellen über den Einschnitt der Reformation hinweg die ehrwürdige Geschlechterfolge des alten Basel zur Schau. Der zum Teil baumbestandene *Münsterplatz*, den verschieden hohe und aus unterschiedlichen Zeiten stammende Häuser umstehen, bildet dessen ungeachtet eine erstaunliche Einheit, wie sie nur aus dem eigenen Takt früherer Epochen und, wie es in dieser Stadt in besonderem Maß der Fall ist, aus der Verbindung von Disziplin und eigenwilligem Individualismus innerhalb der Bürgerschaft möglich war. Darum ist der Basler Münsterplatz einer der allerschönsten seiner Art.

Von seiner Westecke führt eine winklige Gasse abwärts zur nahen *Barfüßer- oder Franziskanerkirche*, die, in der ersten Hälfte des 14.Jahrhunderts erbaut, die größte unter den vielen Bettelordenskirchen der Schweiz und auch eine der bedeutendsten des deutschen Sprachgebietes überhaupt ist. Sie steht im Zentrum des alten und auch des modernen Basel, dessen Schicksal es ist, daß im Unterschied zu den meisten anderen Schweizer Städten während des 19. und 20.Jahrhunderts nicht außerhalb der mittelalterlichen Mauern neue Quartiere entstanden. Vielmehr siedelte sich das Neue innerhalb des in Basel besonders weitgespannten Befestigungsringes an. Das führte wohl zu Begegnungen mit dem Alten, das wenigstens in seinen bedeutendsten Denkmälern erhalten blieb, doch auch zur Zerstörung des Gesamtbildes, das oft nur noch im Organismus der Straßen und Plätze weiterlebt, sofern nicht auch diese in neuer und neuester Zeit vergrößert wurden. Vielleicht ist es aber gerade das unvermittelte Hineinrangen der Vergangenheit in eine in vielem durchaus andere Gegenwart, was so stark und wirkungsvoll ist und die Macht der Traditionen in dieser Rheinstadt miterklärt.

So werden die Verkehrsströme des *Barfüßerplatzes* überragt durch die stille und hohe Front des Gotteshauses, das seine Haltung bewahrt hat auch in der Umwandlung zum Historischen Museum, und dieses wiederum nimmt mit seinen taktvoll aufgestellten Altären und Chorgestühlen sowie den übrigen Werken sakraler Kunst – die profane ist in die zu einer Zimmerfolge geschlossenen und mit Emporen überbauten Seitenschiffe verwiesen – durchaus Rücksicht auf den ursprünglichen Sinn des Raumes. Das lange und schmale Mittelschiff, das sich in dem ähnlich proportionierten Chor nochmals verengert, verzichtet fast völlig auf schmückendes Detail. Seine Schönheit liegt beinahe ausschließlich in der Ausgewogenheit seiner Verhältnisse. Sehr dünne Dienste leiten im Chor zwischen den hohen und schmalen Fenstern empor zu den schlicht, doch präzis geformten Kreuzrippengewölben. Das Langhaus läßt trotz der museumsbedingten Veränderung der Seitenschiffe noch deutlich die ursprüngliche Anlage erkennen mit den ungegliederten Rundpfeilerarkaden und dem Obergaden, dessen verhältnismäßig kleine Fenster dadurch noch mehr nach oben gerückt zu sein scheinen, als sie es in Wirklichkeit schon sind. Darüber legt sich eine flache Holzdecke, der Askese der Bettelordensbaukunst entsprechend, die hier ein bei aller Einfachheit durchaus monumentales Werk geschaffen hat.

Dem zweiten großen Bettelorden, den Dominkanern, gehörte die *Predigerkirche*, die in ihrer Gesamterscheinung fast noch strenger ist als die etwas jüngere Barfüßerkirche. Eine Ausnahme macht jedoch der kleine, an die Südseite angebaute Turm, dessen 1423 errichteter Helm in der kunstvollen Steinmetzarbeit mit der sonst so viel reicheren Münsterarchitektur wetteifert. Die Predigerkirche, deren Chor 1261 begonnen und 1269 durch Albertus Magnus, den bedeutendsten unter den Dominikaner-Gelehrten, geweiht und deren Langhaus nach dem Erdbeben von 1356 neu erbaut wurde, gehört zu jenem äußeren Kranz altbaslerischer Kirchen, die westlich des Birsigtales den Rand der dortigen Hochfläche markieren.

Nicht weit südlich steht die spätgotische Pfarrkirche von *St. Peter*, die gegen außen sich ähnlich schlicht gibt wie die genannten Ordenskirchen. Im Inneren jedoch wird das flachgedeckte Langhaus mit den einfachen Pfeilerarkaden durch zierliche Einbauten bereichert, so durch den feingliedrigen spätgotischen Lettner und die der Nachgotik des 17. Jahrhunderts entstammenden Emporen, die, auf der West- und Nordseite durch das 19. Jahrhundert ergänzt, das kurzbemessene Mittelschiff wie einen Hof umziehen. Der im natürlichen Holzton gleich einem Möbel gehaltene Orgelprospekt erinnert in seinem gemessenen Reichtum an die evangelischen Kirchen der Pfalz und Hollands. Ihm gegenüber öffnet sich in einem durch den Lettner reizvoll verstellten Einblick der durch ein spätgotisches Netzgewölbe ausgezeichnete Chor. Ihren besonderen Schmuck erhält die Peterskirche durch die Fresken, die sich aus verschiedenen Phasen des 15.Jahrhunderts an der Ostwand des südlichen Seitenschiffs sowie in verschiedenen Nebenkapellen erhalten haben, die von den einst in der Nähe wohnenden Geschlechtern gestiftet wurden.

Am nahen ›*Petersberg*‹, wo sich Altes und Neues nicht unharmonisch begegnen, finden sich solche spätgotischen Höfe, und ebenso am südlich der Kirche gelegenen ›*Nadelberg*‹, wo auch stattliche Fronten des 18.Jahrhunderts auftreten. Dieses herrscht besonders westlich des ›*Petersgraben*‹, und damit außerhalb des im 13.Jahrhundert erreichten Stadtumfangs, doch immer noch im Umkreis der mittelalterlichen Mauern, denn Basel war die mit Abstand größte unter den Schweizer Städten und eine der bedeutendsten in Ländern deutscher Zunge überhaupt. In diesem Teil der Stadt liegt die Hebelstraße mit dem Geburtshaus Johann Peter Hebels und dem imposanten *Markgräflerhof*, den sich um 1700 als Basler Residenz der Markgraf von Baden, Friedrich Magnus, durch einen französischen Architekten erbauen ließ. Der imposante Palast, der heute zum Komplex des Stadtspitals gehört, zeichnet sich durch die außerordentliche Länge seiner Front aus, die sich erst in der Dachzone stärker differenziert und in jenem schweren Louis-Quatorze-Stil gehalten ist, der schon gewisse Elemente des Frühklassizismus vorwegnimmt. Dazu gibt es in den gewichtigen Fensterverdachungen italienische Anklänge, wie sie am Oberrhein zur gleichen Zeit auch die Schlösser von Rastatt und Mannheim aufweisen.

An der gleichen schmalen Straße, die noch in vielem das Gesicht der alten, vornehmen Vorstadt bewahrt hat, stehen einzelne Patrizierhäuser mit den für die kulturelle Anlehnung an Frankreich bezeichnenden Stichbogenfenstern, verbunden mit der baslerischen Spezialität der reichen Fenstergitter vor dem Erdgeschoß: man schließt sich ab und zeigt doch zugleich seinen Status. Eines dieser

Häuser gehörte bis weit ins 20.Jahrhundert der gleichen Familie His-Burckhardt wie das schöne Palais, das wir unter dem Namen ›Wildt'sches Haus‹ am nahen Petersplatz noch kennenlernen werden. Nur durch den Garten getrennt, wurde doch das eine nur im Sommer, das andere während des Winters bewohnt, so daß man jedes Jahr zweimal umzog und damit in einer wiederum sehr baslerischen ›noblesse oblige‹ auf engstem Raum den Jahreszeitenwechsel mitmachte.

Größten Aufwand entfaltet dieses nach seinem Erbauer benannte *Wildt'sche Haus* am Petersplatz, dem es seine kapriziös geschweifte Fassade mit den anschließenden symmetrischen Torbauten zuwendet. Der Architekt des um 1764 vollendeten Baues ist Johann Jacob Fechter, der bereits an dem in Riehen gegen Lörrach gelegenen Haus ›Zur Sandgrub‹ sein Talent zu geschmeidiger Fassadenbewegung bewiesen hatte, damit dem späten Rokoko verwandt, das damals Schlaun und Thomas in Nordwestdeutschland verwirklichten.

Auf der anderen Seite des großen, baumbestandenen Platzes, auf den die Front des Wildtschen Hauses blickt, lagert sich das verhältnismäßig niedrige Kollegiengebäude der *Universität*, das um die Mitte unseres Jahrhunderts an der Stelle eines spätmittelalterlichen Zeughauses erbaut wurde. Ältere Teile der weit verstreuten Universitätsgebäude, die Bibliothek und der Institutsbau des ›Bernouillanum‹ sind beachtliche Leistungen des späteren 19.Jahrhunderts, in denen französische und deutsche Einflüsse sich mischen. In diesen gegen das schon französische St-Louis sich ziehenden Teilen der Stadt gibt es, ähnlich wie auch in den südöstlichen Quartieren, noch einzelne Straßen, die trotz der im beschränkten Raum der Grenzstadt besonders raschen baulichen Erneuerung das Bild des späten 19.Jahrhunderts bewahrt haben mit verhältnismäßig niedrigen gleichmäßigen Fronten, die bei aller Zurückhaltung zusammen mit den Vorgärten einen sehr gepflegten, bürgerlichen Eindruck machen.

Vom Petersplatz aus südlich liegt nicht weit entfernt das *Spalentor*, das zusammen mit dem St.Johann- und St.Albanstor im Zuge des äußeren Mauerrings Ende des 14.Jahrhunderts erbaut wurde, jedoch an fortifikatorischem wie an künstlerischem Aufwand die beiden anderen überragt und als das schönste der noch in der Schweiz bestehenden Stadttore gilt

Noch innerhalb der einstigen Mauern führt uns der ›Obere Heuberg‹ südostwärts. Zwischen eher bescheidenen, doch darum nicht minder charakteristischen Bürgerhäusern steht der stolze *Spießhof,* in dessen reichgegliederter Fassade kurz nach 1580 ein sehr vermögender Basler mit Säulen und Pilastern, Bogen und Voluten sowohl den Formenschatz wie auch die Syntax der italienischen Renaissance seiner Umwelt demonstrieren wollte, um damit zu zeigen, wie sehr er auf der Höhe der Zeit stehe. Der ›Obere Heuberg‹, der zu den wenigen ganz unversehrten Gassen der Basler Altstadt gehört, führt dem oberen westlichen Rand des Birsigtales entlang zur ehemaligen Klosterkirche von *St. Leonhard,* die mit Ausnahme des noch hochgotischen Chores zwischen 1486 und 1526 ihre heutige Form erhielt. Ein kleiner, baumbestandener Platz schafft Abstand von der Kirche, die mit den einstigen Klostergebäuden trotz deren moderner Verwendung noch immer eine Einheit bildet. Im Innern umfängt uns der reichste Kirchenraum, den Basel außer dem Münster besitzt. Wie in St. Peter ist der eingezogene ältere Chor durch einen Lettner getrennt, doch wird hier das Feingliedrige mit dem Großzügigen vereint. Der Hauptraum aber gewinnt seine Eigenart als quergestellte Halle mit drei verhältnismäßig kurzen, gleichhohen Schiffen, zwischen denen vier schlanke Pfeiler stehen. Es ist dies eine in der Schweiz ganz seltene Raumform, die es sonst nur noch in Müstair und sehr vereinzelt auch im Wallis gibt, und die in Basel auf den Baumeister Hans Niesenberger zurückgeht, der aus Graz stammt, wo, wie auch sonst in Österreich, diese Raumform häufig ist. Das Mittelschiff übertrifft um ein weniges an Breite, jedoch nicht an Höhe die Seitenschiffe, von denen es durch Gurte abgetrennt ist. Dadurch wird jenes Ineinanderziehen der Schiffe mittels der Netzgewölbe vermieden, wie es in den eigentlichen Provinzen der spätgotischen Hallenkirche, in Österreich, Böhmen und in Sachsen, üblich ist. Aber auch in der strengeren Form entwickeln die Netzgewölbe, die in den Seitenschiffen zum Stern sich konzentrieren, in St. Leonhard eine Vielfalt, die an die gewachsene Natur eines Waldes erinnert. Kanzel, Orgel und Epitaphien führen auch hier vor Augen, wie harmonisch ein noch mittelalterlicher Raum durch die neueren Jahrhunderte geschmückt und zugleich ausgedeutet wird. Im Chor gibt es neben den Resten früherer Wandmalereien einzelne Fresken der Frührenaissance, die merkwürdig an Pacher und Mantegna erinnern.

Von St. Leonhard geht es steil hinab zum Barfüßerplatz, von dessen Ostecke man zum Stadttheater und zur nahen, durch ihre Ausstellungen weit über Basel hinaus wichtigen *Kunsthalle* gelangt, beides große Gebäude im Neubarock des frühen 19. Jahrhunderts, die früher oder später einem modernen Kulturzentrum weichen werden. Darüber steht die neugotische *Elisabethenkirche*, die 1857 bis 1865 erbaut wurde. Sie ist eines der besten Werke ihrer Zeit und nötigt uns Heutigen allein schon durch die handwerkliche Sorgfalt Achtung ab, mit welcher der ganze Formenapparat der Wimperge und Fialen zusammen mit dem Oktogon und Helm des Münsterturms von Freiburg im Breisgau zitiert wird. –

Fast schräg gegenüber steht das *Haus zum Kirschgarten*, hinter dessen vornehmer Louis-seize-Fassade heute ein Stadtmuseum eingerichtet ist, dessen zum Teil schon im Bau vorhandene, zum Teil aus anderen Häusern übertragene Zimmer samt ihrer Ausstattung auf das Anschaulichste die vornehme, doch nirgends protzige Atmosphäre einer traditionsbewußten Patrizierstadt vor Augen führen.

Rheinwärts, an der großen Straßenkreuzung zwischen ›Äschenvorstadt‹ und ›St. Albansgraben‹, liegt in einem großen, architektonisch vom Mittelalter ferne inspirierten Baukomplex das 1934 vollendete *Kunstmuseum*. Die ›Öffentliche Kunstsammlung‹, wie die offizielle Bezeichnung lautet, hat als Grundstock das ›Amerbachsche Kunstkabinett‹, in welchem die beiden Basler Humanisten Bonifacius und Basilius Amerbach schon im 16. Jahrhundert die später durch andere Schenkungen vermehrte Grundlage zum bedeutendsten öffentlichen Kunstbesitz der Schweiz und einem der schönsten und instruktivsten Museen Europas legten. Neben Genf besitzt das Museum die wichtigsten Werke von Konrad

Witz, sodann die wichtigsten Frühwerke von Hans Holbein dem Jüngeren – darunter auch die wertvollen Reste seiner Rathausfresken. Daran schließen sich Hauptwerke von Holbeins Schweizer Zeitgenossen Niklaus Manuel und Hans Leu sowie Zeichnungen des damals in Basel lebenden Urs Graf. Respektabel sind das 17. und 18.Jahrhundert in ihren führenden Provinzen vertreten, und noch mehr gilt dies für das 19. und 20.Jahrhundert, zunächst mit dem Basler Arnold Böcklin und anderen angesehenen Schweizern der Romantik und des Realismus, dann aber vor allem in ausgesucht wertvollen Beispielen, welche die Entwicklung vom Expressionismus zu den Surrealisten sowie zu den Kubisten und anderen abstrakten Richtungen unseres Jahrhunderts belegen. Insbesondere auf seine Picassos darf das Museum stolz sein und mit ihm die ganze Stadt, welche sich diese Bilder in öffentlicher Abstimmung sicherte. Gegenüber dem Kunstmuseum liegt in einem Patrizierhaus des 18.Jahrhunderts das aus öffentlichen und privaten Beständen zusammengekommene *Antikenmuseum*; und bei dieser Gelegenheit sei auch das *Museum für Völkerkunde* und für *Schweizerische Volkskunde* erwähnt, das sich westlich des Münsterplatzes befindet, sowie das für die mittelalterliche Skulptur wichtige *Stadt- und Münstermuseum* im ehemaligen Kloster Klingental am Kleinbasler Rheinufer.

Vom Ende des St.-Alban-Grabens, an welchem das Kunstmuseum steht, zweigt kurz vor der Wettsteinbrücke die *St.-Alban-Vorstadt* ab. Der schmale, zum guten Teil im alten Baubestand erhaltene Straßenzug, den im Osten der schlanke St.Alban-Torturm abschließt, hat das schlichte Wohnhaus Jacob Burckhardts bewahrt, jenes Baslers, dem es gelang, aus der vorsichtigen Reserve, die er mit seinen Mitbürgern teilte, den weitesten Überblick zu gewinnen.

Aus der St.-Alban-Vorstadt kehren wir ins Herz der Stadt zurück, vorbei an den schönen Dixhuitième-Häusern der Rittergasse; und dann, vom Münsterplatz den ›Münsterberg‹ hinabsteigend, gelangen wir zum Marktplatz, an welchem, am Fuß des Münsterbergs, das *Rathaus* steht mit seiner alten spätgotischen Arkadenfront, mit der lebhaft schönen Fensterordnung, in der Regelmäßigkeit und freier Wechsel sich lebendig ergänzen, der reichgeschmückten Uhr und dem wappengeschmückten Zinnenkranz sowie dem zierlichen Steinfiligran des Dachreiters als Abschluß. Eingefaßt ist dieser edle Altbau durch den Turm und den ebenfalls höher hinauswollenden Westtrakt, die beide in ihrer von Deutschland stark beeinflußten Neugotik die Entstehungszeit um 1900 nicht verkennen lassen. Doch man muß die Halle betreten, die einst wie in Italien einen Teil des Marktes aufnahm, und man muß die Prunkräume sehen, den Regierungsrat-Saal mit seiner reichgezierten, spätgotischen Decke, dem maßwerkgeschmückten Wandgetäfel, vor dem als eindeutig manieristisches Prunkstück das Portal zur ehemaligen Kanzlei steht – oder auch im Vorzimmer zu diesem Saal das steinerne Wendeltreppengehäuse mit seinen fialengeschmückten gotischen Kielbogen. Man muß sich dann dazu die einstigen Fresken des jüngeren Holbein im heutigen Großrat-Saal denken, um eine Vorstellung zu gewinnen, wie sich hier eine weltoffene Bürgerschaft nicht nur einen Zweckbau, sondern auch ein würdiges Denkmal ihres Selbstbewußtseins schuf.

Am gleichen Marktplatz steht das *Haus zur Gelternzunft*, dessen das Palladiomotiv zum Teil noch gotisch variierende Fassade dem späten 16. Jahrhundert angehört. Den Marktplatz westwärts verlassend, kommt man zuerst zum ehemaligen *Posthaus*, einem bedeutenden Bau zwischen Rokoko und Louis-Seize-Stil, dann zum Fischmarkt mit seinem berühmten *Fischmarktbrunnen*, dessen Säule in einem von Figuren der Parlerwerkstatt geschmückten Baldachin samt krabbenbesetzter Spitze endet.

In wenigen Schritten sind wir am Ende der historischen *Rheinbrücke*, von welcher der steile Rheinsprung an noch mittelalterlichen kleinen Häusern vorbei zu dem ebenfalls äußerlich bescheidenen neugotischen Gebäude führt, das im 19. Jahrhundert die Universität umfaßte und in welchem die Geisteswissenschaften ihre höchste Blüte erlebten. Etwas weiter blicken die stolzen Rokokofassaden des *Blauen* und des *Weißen Hauses* auf den Rhein, beides einstige Patriziersitze, die 1769-1770 der auch sonst in Basel tätige Samuel Werenfels erbaute, mit stattlichen, gittergeschlossenen Höfen auf der anderen Seite. Die Augustinergasse, wie der Gassenzug nun heißt, führt leicht aufwärts zum Münster, das man zunächst aus der Enge der Häuser, dann aus der Weite des Platzes erlebt, zuerst nur in der ragenden Höhe des Georgturmes, dann in seiner ganzen, vielfältig gestuften Erscheinung. Wir treten, an der Galluspforte vorbei, auf die Pfalz, von wo aus der Blick über die Dächer und Kirchen Kleinbasels hinweg zu den Ausläufern des nahen Schwarzwaldes geht und rheinabwärts zu den Bauten der chemischen Industrie, hinter denen man die Tiefebene ahnt. Dann aber treten wir nochmals in den Kreuzgang, um ein letztes Mal die Epitaphien und das so kunstvolle Hängegewölbe des Vinzenz Ensinger zu betrachten. Was in diesen schwingenden, vom Gewölbe losgelösten Rippen sich offenbart, ist der Zug zum Orgiastischen, zum gleichsam Taumelnden, worin sich nicht nur ein erster spätgotischer Barock offenbart, sondern zugleich ein zeitlos baslerisches Wesenselement: Es ist der Ausgleich zum Abgezirkelt-Strengen, Überlegten und Gesetzten, zum ›Pointierten‹, im Sinne des auf einen bestimmten Punkt gelegten Fingers, des Mathematisch-Genauen ebenso wie Pedantischen. Die Reaktion darauf verrät sich hier, doch auch in den Skulpturen, die Nikolaus von Sarnachtal um 1470 für das Spalentor schuf, der trancehaft bewegten Muttergottes, die von den beiden Heiligen flankiert wird, fast wie Susanna zwischen den beiden Alten.

Auch heute noch vollzieht sich ein solcher Ausgleich des Orgiastischen alljährlich in der *Basler Fasnacht*, die wohl ihre Verwandten rheinabwärts, so in Köln, besitzt, jedoch diese erstaunliche Intensität erst innerhalb der alemannischen Nüchternheit des wohlverstanden reformierten Basel erreicht, aus der heraus sie wie ein Vulkan hervorbricht. Sucht man nach weiteren Formen, die auf diesem Boden gleich furchterregenden und dennoch fesselnden Explosionen dem Untergrund des Lebens entsprungen scheinen, so ist es in der Vergangenheit das Thema des ›Totentanzes‹, wie ihn Hans Holbein der Jüngere darstellte und den noch früher ein unbekannter Meister an die verschwundene Friedhofsmauer der Predigerkirche malte und der noch heute in kleinen Figürchen im Historischen Museum zu sehen ist. Wohl blieb in Basel der

›Schwarze Tod‹, der in dieser weitaus größten von allen damaligen
Schweizer Städten besonders wütete, in schmerzlichster Erinnerung. Doch zugleich bot das Thema des Totentanzes auch die
Möglichkeit, die Nachtseite des Lebens darzustellen und diese zu
einer Orgie, nämlich zum Tanze, zu verwandeln.

Die Epitaphien aber schauen im Kreuzgang von den Wänden
nicht nur als deren Schmuck, sondern als Mahnung, der vergangenen Geschlechter nicht zu vergessen, die während Jahrhunderten ihre Vaterstadt regierten. Heute ist Basel weder mehr eine Patrizierstadt, noch spielen die hier geborenen Bürger die entscheidende Rolle. Trotzdem ist kein Ort von der gleichen Größe und
Bedeutung stärker durch alte Überlieferung geprägt als diese
Stadt am Rhein.

Von Basel bis Sursee

Von Basel aus folgt man den steil gegen die Rheinebene abbrechenden Jurahöhen und stößt in *Muttenz* in St. Arbogast auf eine in
mancher Hinsicht bedeutende Kirche. Mit der zinnengekrönten
Ringmauer, die zwei Tortürme unterbrechen, hat sich hier eine
für die Schweiz in dieser Vollständigkeit einzigartige Wehrkirchenanlage erhalten. Die Kirche selbst, an der vom frühen 13. bis zum
Beginn des 16. Jahrhunderts gebaut wurde, zeigt noch Reste einer
um 1500 vorgenommenen vollständigen Ausmalung. Nur wenig
jünger sind die Fresken am Beinhaus, das sich an die südliche
Innenseite der Wehrmauer anlehnt. Noch mehr als Muttenz liegt
Pratteln mit seinem aus dem 16. Jahrhundert stammenden Wasserschloß in dem von der Industrie beherrschten Gebiet, das sich von
Basel rheinaufwärts dehnt und zusammen mit seinen vielseitigen
Verkehrsanlagen die oberste große Ballung dieser Art am Rhein
bedeutet. An der Straße nach Rheinfelden liegt um die Ergolzbrücke die malerische alte Häusergruppe von *Basel-Augst*, eigentlich Kaiseraugst geheißen, was jedoch eine Tautologie bedeutet:
Denn in Augst steckt Augusta, die Kaiserliche, und wir befinden
uns in *Augusta Raurica*, dem römischen Vorläufer von Basel, dessen
Bedeutung durch die sehr anschaulichen Ruinen des altrömischen
Theaters vor Augen geführt wird. Die ersten Ausgrabungen der

260 n.Chr. von den Alemannen zerstörten Siedlung gehen auf die Basler Humanisten des 16.Jahrhunderts zurück. Gegenwärtig sind außer dem Theater, das ursprünglich für zehntausend Zuschauer berechnet war, drei Tempel und drei Thermenanlagen freigelegt.

Auf dem Weg nach Liestal, den wir nun einschlagen, gibt es Spuren einer römischen Villa; anderen Erinnerungen an das römische Helvetien werden wir später zwischen Olten und Luzern begegnen. Mit dem Tal der Ergolz beginnt im übrigen die freie Landschaft wieder zu ihrem Recht zu kommen. Die bewaldeten Kuppen des Jura, denen auf der deutschen Seite des Rheins die Ausläufer des Schwarzwalds antworten, laufen in obstbaumbestandenen Hängen aus, die zur Zeit der Kirschblüte ihren besonderen Reiz entfalten.

Liestal, der Hauptort des Halbkantons Basel-Land, der sich 1833 nicht ohne blutige Kämpfe von Basel-Stadt trennte, ist der Geburtsort von Carl Spitteler, in dessen Dichtung manches von der Schönheit seiner engeren Heimat eingegangen ist. Das Städtchen hat sich in seinem historischen Umfang recht gut erhalten. Die Hauptstraße zieht sich, begleitet von Nebengassen, in lebendigem Schwung hinauf zum Obertor, dem am unteren Ende der quergestellte Riegel des ›Freihofs‹ antwortet, ein ansehnlicher Barockbau in jenen Modifikationen des französischen 18.Jahrhunderts, wie man sie auch in Basel und in Freiburg im Breisgau antrifft. Das schon im Mittelalter von Lehensleuten des Bischofs von Basel bewohnte Haus wurde 1738 zur Stadtschreiberei umgebaut und dient heute als Regierungsgebäude. Das spätgotische Rathaus fügt sich in den Häuserzug der Hauptgasse, wobei der Bau seine Nachbarhäuser mehr nur graduell als prinzipiell überragt und in tiefem mittelalterlichem Grundriß bis zur Nebengasse hindurchgeht. Ebenfalls mittelalterlich ist der Standort der Kirche. Abseits von den Verkehrsströmen, auf abgeschiedenem Platz, erhebt sich das Gotteshaus, das romanisch begonnen wurde, jedoch in seiner Gesamterscheinung durch die Veränderungen der Spätgotik bestimmt wird, der namentlich der schlanke Chor angehört. In der Nähe, doch schon außerhalb des Kirchplatzes und in Verbindung mit dem übrigen Gassensystem, steht das spätgotische Zeughaus, das hier wie in vielen anderen Schweizer Städten stolz die auf den Waffen beruhende Selbständigkeit betont.

Kurz nach Liestal gabeln sich die Straßen nach dem oberen und unteren Hauenstein, von denen die erstere nach Balsthal, Solothurn und Bern, die zweite aber – die wir hier wählen – nach Olten und Luzern führt. In *Sissach* steht vor dem Ort an der Straße in einem altem Park ein schönes Louis-Seize-Haus, das 1773-1776 der Basler Patrizier Martin Bachofen erbauen ließ.

Die stark besiedelte Hügelgegend, die bisher manches mit der badischen Nachbarschaft gemein hatte, wird bergiger. Jedoch erreicht der Jura in diesem seinem nördlichsten Teil nicht die herbe Größe wie weiter westlich in den Kantonen Bern und Neuenburg. Das Landschaftsbild bleibt kleinteiliger, die Höhen sind niedriger, und in die Tafelformation haben sich die Täler und Tälchen in verschiedener Richtung eingefressen. Der Laubwald, der hier die Höhen bedeckt, läßt unten im Tal an den Wasserläufen Wiesengründe frei, und an den Lehnen steigen Obstbäume empor, unter ihnen die Kirschen, die im ganzen Baselgebiet ob ihrer Blüte und ihres gebrannten Wassers berühmt sind.

Die Straße gewinnt in wenigen Windungen den Paß, der mit knapp 700 Metern über dem Meer verhältnismäßig niedrig ist. Für die nur geringe Aussicht entschädigt die nahe *Froburg*, die man auf einem kleinen Sträßchen ostwärts erreicht. Von hier aus geht die Sicht hinab ins Aaretal, wo in und um Olten sich Bahnen und Straßen kreuzen, und über die Hügel und langsam ansteigenden Bergzüge des Mittellandes hinweg gegen die Alpen, vor denen, gleichsam als die Protagonisten des weitgespannten Schauspiels, Rigi und Pilatus stehen. Dann aber sind es vor allem die Eisgipfel des Berner Oberlandes, die dem Panorama Glanz verleihen.

Vom Paß aus senkt sich die Straße durch ein kurzes, zunächst von Wäldern begleitetes Tal hinab nach Trimbach, das heute bereits mit Olten verwachsen ist. *Olten* gehört in einem Gebiet, wo die Kantonsgrenzen besonders kompliziert verlaufen, zu Solothurn, doch hat der Ort seit dem Bestehen eines zusammenhängenden Eisenbahnnetzes gesamtschweizerische Bedeutung als beliebter Tagungsort, der von Zürich gleich weit entfernt ist wie von Bern und von St.Gallen wie von Lausanne, der aber auch von Basel und Luzern leicht erreicht werden kann. Dieser Verkehrslage entsprechen der große Bahnhof und die für Konferenzen eingerichteten Hotels, wie auch das Schweizerische Vereinssortiment, der Hauptplatz des schweizerischen Buchhandels. Davon etwas entfernt liegt das alte Olten, auf das über die Aare hinweg der Uferweg den schönsten Blick eröffnet. Eine alte, gedeckte Holzbrücke, die heute ausschließlich Fußgängern dient, erfreut durch ihre solide Holzkonstruktion, die den technischen Anforderungen ebenso genügt wie den ästhetischen. Ihre Außenansicht verbindet sich mit der des Städtchens zu einem besonders eindrucksvollen Bild. Das alte Brückenstädtchen zeigt in seinem Innern neben der in sanfter Biegung ansteigenden Hauptgasse den stillen Kirchplatz, auf welchem freilich seit 1844 nur noch der markante Turm steht. Denn nach dem Bau der klassizistischen Kirche am Westrand der Altstadt erachtete man die alte gotische Kirche als überflüssig und trug sie ab. Erhalten hat sich zwischen der Altstadt und der neuen, zum Bahnhof führenden Brücke das Kapuzinerklösterlein, dessen Kirche von den nazarenischen Altarbildern des einst berühmten Paul von Deschwanden geschmückt wird. Eine ganz andere Richtung innerhalb der Kunst des 19.Jahrhunderts findet man in dem kleinen, im alten Stadthaus untergebrachten Museum, das die Zeichnungen und Drucke – darunter viele Karikaturen – von Martin Disteli vereinigt, der 1803 in Olten geboren wurde und als Illustrator dem Kreis von Steinle, Richter, Schnorr von Carolsfeld und Graf Pocci nahesteht.

Liebenswerte Romantik grüßt in den gotisierenden Zinnen des Sälischlößlis zu Tale. Es krönt die östlich der Aare den Jura eine kurze Strecke fortsetzende Berggruppe, an der vorbei wir von Olten nach dem nahen *Aarburg* fahren, wo auf schmalem isoliertem Felsrücken über der Aare zunächst die neugotische, 1842-1845 errichtete Kirche und weiter oben die zu einer Anstalt umgebaute Burg stehen, die von 1415, das heißt nach der Eroberung des bis dahin habsburgisch-österreichischen Aargaues, bis 1789 den Bernern als Landvogteisitz und zugleich als wichtige Festung diente. Denn die Gegend ist strategisch bedeutungsvoll als Kreuzung großer, die ganze Schweiz durchziehender Straßen, von denen wichtige Teile durch das alte Bern kontrolliert wurden. Seit 1803 gehört das Gebiet dem damals aus ehemaligen Untertanengebieten geschaffenen Kanton Aargau, gleich Zofingen, das wir Richtung Luzern, die Autobahn Zürich–Bern kreuzend, durch eine dicht besiedelte Gegend hindurch bald erreichen.

Zofingen wurde im dritten Viertel des 12. Jahrhunderts von den nahen Herren von Froburg gegründet und erlangte in den folgenden Jahrzehnten die zu einer Stadt gehörenden Rechte. Nicht nur der in seiner Anlage mittelalterliche Stadtkern ist reich an schönen Platz- und Straßenbildern sowie an sehenswerten Bauten, sondern auch das 19. Jahrhundert hat vor allem auf der Nordwestseite an Stelle der früheren starken Befestigung öffentliche Anlagen mit Linden- und Kastanienalleen sowie Rasenflächen und Blumenbeeten eingerichtet, in denen seit 1877 der großzügige Hufeisenbau der Bezirksschule samt Bibliothek und Museum steht, als Ausdruck des ›Kulturkantons‹, wie sich mit Stolz der Aargau nennen darf.

Von Westen her, wo ein baumbestandener Platz den Eingang zur Altstadt markiert, führt die Hauptstraße zur heute reformierten einstigen Stiftskirche St. Mauritius, die in ihrer romanischen Krypta auf die Zeit um 1100 zurückgeht, sonst aber durch den Wiederaufbau nach dem auch die Stadt verheerenden großen Brand von 1396 bestimmt wird.

Das dreischiffige Langhaus dehnt sich hallenartig nach der Breite; ihm ist in eindrucksvollem Kontrast der verhältnismäßig schmale, durch mehrere Stufen erhöhte Chor wie eine Bühne entgegengesetzt, ausgezeichnet durch ein spätgotisches Netzgewölbe und einzelne farbige Scheiben aus dem Anfang des 16. Jahrhunderts. Spätgotische Netz- und Sterngewölbe zieren auch die Seitenkapellen am nördlichen Seitenschiff, während das eher dunkle Mittelschiff durch eine schlichte, flache Stuckrahmendecke des 18. Jahrhunderts abgeschlossen wird.

Den stolzen Turm, durch den man von Westen her das Gotteshaus betritt, schmückt über den Zifferblättern ein volutenverzierter Kreuzgiebel, der nicht nur in anderen Städten des Aargaus, sondern auch in der Stadtkirche von Winterthur seine Verwandten besitzt. Den Abschluß bildet darüber ein spitzer Helm über offener Laterne. Die Kirche umgibt namentlich auf der Süd- und Ostseite eine Folge ineinandergreifender Plätze, auf denen noch heute der besonders im Mittelalter bedeutende Markt abgehalten wird. Hier steht auch das 1793-1795 erbaute Rathaus mit seiner turmartigen Vorhalle, zu der eine Freitreppe emporführt. Ebenfalls aus der Zeit, da hier die Berner ein das Eigenleben der unterworfenen Landstädte schonendes Regiment führten, stammt das sogenannte ›Neuhaus‹, ein nach drei Seiten frei stehender Block mit den eleganten, regelmäßig angeordneten Stichbogenfenstern des Dixhuitième, über denen dann ein ländlich schweres Mansardendach lastet. Auch in Zofingen sind es vor allem die Dachformen, die, oft in lebhaftem Wechsel, den regionalen und darüber hinaus den allgemein schweizerischen Charakter solcher Platz- und Straßenbilder ergeben. Zofingen besitzt noch andere ansehnliche Häuser des 16. bis 18. Jahrhunderts, so das Stiftsgebäude mit Treppenturm und Renaissanceportal oder den Hof des Klosters St. Urban, ebenfalls mit Treppenturm, sodann die alte Stadtkanzlei, das Haus zum Mohren und andere mehr.

Von Zofingen führt die Straße Richtung Luzern durch das sanfte Tal der Wigger nach *Reiden*, das bereits im Kanton Luzern liegt und eine der für diesen Kanton bezeichnenden klassizistischen Kirchen besitzt. Der ansehnliche Bau folgt einem Schema, das wir auch in Sempach und Gersau antreffen werden, er zeigt einen weiträumigen, durch eine flache Pilasterordnung gegliederten Saal mit Andeutungen eines Querschiffs. Gegen dieses stehen frontal je zwei Nebenaltäre, die auf den Hochaltar in dem eingezogenen und von je einer Empore begleiteten Chor abgestimmt sind. Von den zahlreichen Kirchen, die der Barock mit verwandter Raumanordnung geschaffen hatte, unterscheiden sich diese klassizistischen Kirchen nur durch das strengere, bisweilen etwas steife Ornament. Die Kirche von Reiden wurde 1793-1796 von Niklaus Purtschert erbaut, dessen um 1710 ins Luzernische eingewanderte Familie mehrere Baumeister stellte. Niklaus Purtschert (1750 bis 1815) lernte gleich seinem Vater Joseph Purtschert sein Handwerk in Paris, ohne dadurch den Anschluß an die schweizerisch-süddeutsche Tradition preiszugeben.

ZOFINGEN – REIDEN – ALTISHOFEN

In Dagmersellen finden sich in der mit Reiden eng verwandten, jedoch nicht von Purtschert erbauten Kirche Skulpturen des 16. bis 18. Jahrhunderts. Wir biegen von der Luzerner Straße nach rechts ab, um Richtung Willisau in die landschaftlich wie kunstgeschichtlich ergiebigere Gegend des *Wauwiler Mooses* zu fahren. Die einst ganz von einem Moor bedeckte Ebene breitet sich vor den von einzelnen Wäldern bedeckten Hügeln, in denen die vielen Höhenzüge des ›Napf‹ auslaufen. Dieses Gebirge wird jenseits der Emme überragt durch die Entlebucher Voralpen, deren Kette im zackigen Felsmassiv des Pilatus ihr imposantes Ziel findet.

Altishofen, das am westlichen Rand des Wauwiler Mooses liegt, besitzt eine Kirche im erwähnten Purtschert-Schema, doch noch mit einer später mehrmals restaurierten Rokokodekoration und mit dieser gleichzeitigen Altären. Die Kirche mit ihrem zum Teil spätromanischen Turm steht auf einer das Dorf beherrschenden Terrasse zusammen mit dem Schloß, einem wuchtigen Baublock, der unter dem abgewalmten Satteldach noch spätgotische Fenster zeigt und im Innern einen Prunksaal mit kunstvollen Renaissanceintarsien aufweist. Erbaut wurde das Schloß im wesentlichen von dem Luzerner Schultheißen Ludwig Pfyffer, der wegen seines weitreichenden Einflusses der ›Schweizerkönig‹ genannt wurde. Erwähnt sei in Altishofen die nördlich des Dorfes gelegene Mariahilfskapelle, in welcher, wirkungsvoll von einem barocken Strahlenkranz umgeben, eine schöne spätgotische Muttergottes steht.

In Richtung Willisau weiterfahrend entdecken wir an der Südseite von Schötz eine barocke Wallfahrtskapelle, in der die Altäre des 17. Jahrhunderts eine wirkungsvolle Gruppe bilden. Im nahen *Ettiswil* empfängt uns eine der schönsten Rokoko-Kirchen der Innerschweiz. Der 1769 von Jakob Purtschert errichtete Raum verbindet Motive des kommenden Klassizismus mit einer festlichen Beschwingtheit, die ihre Höhepunkte in den von Schülern Dominikus Zimmermanns geschaffenen Altären sowie in den Deckenfresken findet. Nördlich der Pfarrkirche liegt die spätgotische Sakramentskapelle.

Kurz vor *Sursee* erreichen wir die in Dagmersellen verlassene Hauptstraße, die uns durch das im 16. Jahrhundert errichtete Baslertor in den altertümlichen Stadtkern führt. Die Straße steigt leicht an, um sich nach dem Rathaus zum langgestreckten, seit alters her als Markt benutzten Hauptplatz zu erweitern. Dieser wird durch das Rathaus beherrscht, das auch städtebaulich überaus wirkungsvoll in der Straßengabelung zum Baslertor und zur leicht erhöhten Kirche steht. Der Bau als solcher zeigt trotz seiner erst 1546 erfolgten Vollendung noch durchaus gotischen Charakter, sowohl in den nicht ganz regelmäßig über die Fronten verteilten Fenstern wie in dem breiten Staffelgiebel und dem etwas zurückgesetzten älteren Achteckstrum, dessen Portal ein Georgrelief von 1482 ziert. Ein zweiter, dieses Mal runder Turm bewacht die Nordwestecke. Nach dem burgartig abweisenden Äußeren überrascht im Inneren der Ratssaal durch den Reichtum seiner barocken Kassettendecke und dem gleich dieser um die Mitte des 17. Jahrhunderts geschaffenen Wandgetäfel mit den von Hermenpilastern und flachen Sprenggiebeln gerahmten Prunktüren, während die Fensterwand noch gotischen Charakter aufweist.

Die nahe Stadtkirche, die mit ihrem schräggestellten Langhaus am Bild des Hauptplatzes aus dem Hintergrunde teilnimmt, wurde 1639-1640 erbaut und zeigt eine später mehrfach veränderte Säulenbasilika von hallenartiger Weite, in welcher die Erinnerungen an Gotik und Renaissance stärker sind als der damals erst langsam in die Schweiz eindringende Barock. Das Raumbild des gotisch hohen Chores wird wesentlich durch die schon etwas spröde Eleganz der im ausgehenden Rokoko geschaffenen Deckenstukkaturen bestimmt.

Beromünster

Von Sursee, das außer dem Rathaus und der Kirche noch einzelne Kapellen und Bürgerhäuser des 17. Jahrhunderts besitzt, lohnt sich der Abstecher nach dem nahen Beromünster. Die Straße steigt mit manchem Blick auf den See durch eine von Grünhängen, einzelnen Bäumen und kleinen Gehölzen belebte Landschaft hinauf zum Hochplateau, das zwischen dem Sempacher See, an dessen Westende Sursee liegt, und dem Baldegger See sich breitet und recht eigentlich die Mitte der Schweiz bedeutet, was auch die hohen Türme des schweizerischen Landessenders bestätigen. Doch ganz abgesehen davon kann man sich zumindest im Herzen des Mittellandes fühlen, ebenso fern von den Industriesiedlungen und Verkehrslinien des Jurafußes wie von den Kurgebieten der unmittelbar am Alpenfuß gelegenen Seen. In einem im schönsten Sinn noch immer ländlichen Bereich liegt Beromünster, ein 1841 aufgehobenes Chorherrenstift, das zum Andenken an den hier von einem Bären getöteten Bero, dem Ahnherrn der Grafen von Lenzburg, gegründet und 1036 zum ersten Mal erwähnt wurde.

Die *Stiftskirche St. Michael* verrät ihre lange Geschichte durch ein merkwürdiges Ineinandergreifen verschiedenster Epochen. Am einheitlichsten ist die romanische Krypta, die sich als kleine dreischiffige Halle mit schwerem Tonnengewölbe an einen ebenfalls tonnengewölbten engen Quergang anschließt. An die dreischiffige romanische Säulenbasilika aus der Zeit um 1100 erinnern die schlichten Raumkuben des Außenbaues, wobei freilich dem Querschiff ein zweites, westlicheres, im Barock vorgelagert wurde. Romanisch ist bis zur Glockenstube auch der mächtige Turm, dessen Spitzhelm barocke Voluten umspielen.

Der Eindruck des Innern wird zunächst durch den Barock beherrscht, der in verschiedenen Phasen den Raum überarbeitete und ausstattete. 1601-1608 wurde das Chorgestühl eingebaut, das sich von dem ungefähr gleichzeitigen in Wettingen durch eine völlig andere Anlage unterscheidet: Die Blendarkaden über den Sitzen füllen nicht Statuen, sondern Reliefdarstellungen aus dem Leben Christi und Mariens, wobei der sehr malerische Eindruck auf die hier benutzten Stiche des Niederländers Hendrik Goltzius zurückgeht. Niederländisch muten auch die prallen Engelsköpfe an, die den Fries schmücken. Die Bekrönung des Gestühls, die 1694 entstand, zeigt in den wimpergartigen Spitzen einen eigentümlich gotisierenden Barock, der an die böhmischen Werke Santin Aichels erinnert. Zu der gleichen Zeit ist auch das Chorgitter entstanden, sowie die Chororgel. Die wichtigste Ergänzung aber, die damals die romanische Basilika erhielt, ist außer dem westlichen Querschiff der achteckige Kuppelturm über der östlichen Vierung, wobei man als Baumeister an den damals innerhalb des schweizerischen Sakralbaues überaus einflußreichen Kaspar Moosbrugger denken könnte. – Doch das Gesamtbild des Innern geht auf das späte Rokoko von 1772–1776 zurück. Damals wurden die romanischen Säulen des Langhauses mit gleißendem Marmor ummantelt, und zur gleichen Zeit schuf Martin Fröwis aus Rheinfelden zusammen mit Lorenz Schmid die Deckenstukkaturen, deren sehr spätes Rokoko sich in den zahlreichen dünnen Blumengehängen äußert, die bereits zum Louis-seize-Stil überleiten. Aber auch die Rocaille erweist sich bereits als dünn und spröde, namentlich in den an sich virtuos gestalteten Kartuschen. Zusammen mit den gleichzeitigen Deckenmalereien, der Orgel über dem Haupteingang und der übrigen Ausstattung, entsteht ein allumfassendes Gesamtkunstwerk, das in seiner vielfältigen Orchestrierung den Raum erst richtig zum Erklingen bringt. Besondere Betrachtung verdient der Altarraum, der, über der Krypta liegend, auch in seiner realen Höhe das Ende einer Folge darstellt, die vom Schiff über den bereits um einige Stufen erhöhten Chor ansteigt, um hier am Ort der höchsten Weihe ihr Ziel zu finden. Dazu kommt der Hochraum der achteckigen Vierungskuppel, die sich zwischen Chor und Altarraum auftut und das ihre beiträgt, die Bedeutung dieser Kirchenabschnitte zu steigern. Der in der Art der Wessobrunner Meister aus rötlich-bräunlichem Stuckmarmor geschaffene Hochaltar ist mit seinen aus zwei verschieden weiten Kreissegmenten entwickelten Säulen flüssig in die Apsisnische hineinkomponiert und mit der ganzen hierin gesammelten Erfahrung seiner Zeit wirkungsvoll in das aus seitlichen Fenstern einfallende Licht gesetzt. Fast noch brillanter als Leistung einer überaus gekonnten Stucco-Lustro-Technik sind die Zelebrantensitze in der schwebenden Leichtigkeit ihrer Engelsreigen, deren naturalistische Farben sich trefflich in die übrige Komposition einfügen, in welcher rauchig aufgehelltes Schwarz eine sehr delikate Rolle spielt.

Nicht vergessen sei der wertvolle Stiftsschatz in einem der Nebengebäude, die den im 17. Jahrhundert erneuerten Kreuzgang umstehen. In diesen Komplex gehört auch die 1639 vollendete Galluskapelle, die auch in räumlich bescheidenen Verhältnissen ihre drei barocken Altäre zu schöner Wirkung bringt.

Gegenüber der Stiftskirche, deren Vorhalle 1692 in wuchtigem Barock entstand, erheben sich die Wohn- und Amtshäuser des Domkapitels mit schweren Dächern und noch im 17. Jahrhundert gotischen Zügen. Die Propstei und die Komturei hingegen sind mit Ehrenhof, frühklassizistischen Gittertoren und modischen Mansardendächern fast hundert Jahre später entstanden.

Der Ort selbst bietet eine ansehnliche Hauptstraße, die eigentlich schon ein langgestreckter Platz ist. Die einzelnen meist aus dem 17. und 18. Jahrhundert stammenden Häuser bilden mit ihren durch Zwerchgiebel belebten Traufseiten eine Einheit, in der die individuelle Vielheit bewahrt bleibt. Am Nordende steht als frühklassizistisches Gegenstück zur Stiftskirche die mehrfach veränderte Pfarrkirche. Der Weg an den idyllischen Gärten auf der südlichen Rückseite des Hauptplatzes vorbei zum Treppengiebel des ›Hirschen‹ mag den Rundgang durch dieses einst bedeutende geistliche Zentrum beschließen, von dem in barockem Überschwang einer der Pröpste sagte: Berona altera Roma.

Im Bannkreis des Pilatus

Von Beromünster fahren wir auf der Straße Richtung Luzern vorerst bis zum Wallfahrtskirchlein von *Gormund*, das auf einem eigenen kleinen Hügel den breiten Bergrücken zwischen Sempacher- und Hallwisersee krönt. Überaus ansprechend steigt aus Tannen, Linden und Birken der steile First mit dem schlanken Dachreiter gegen den Himmel. Das Innere des ursprünglich spätgotischen Baus ist im Frühbarock umgestaltet und ganz am Ende des Barock mit Rocaillen verziert worden, in den verschiedenen Phasen der Entwicklung das nahe Beromünster im kleinen widerspiegelnd. Hervorragend ist bei klarer Sicht der Rundblick, der von den Entlebucher Voralpen über den Pilatus bis zur Rigi und zu den Schwyzer und Zuger Bergen geht. Davor aber bildet der als schmaler Streifen aufschimmernde Vierwaldstätter See das Proszenium für die Gipfel der Innerschweiz. Vor allem schön aber ist die richtige Distanz, die man zu den Alpen von diesem Höhepunkt aus gewinnt, von dem das Land zunächst sich langsam senkt, um dann jenseits des Sees um so schroffer in Wänden, Zinnen und Felsgipfeln wieder anzusteigen.

In Hilbisrieden, dem nächsten Dorf, zweigt rechts die Straße nach *Sempach* ab und führt uns wiederum durch noch unberührtes Land zum Schlachtfeld. Auf halber Höhe flacht sich das Gelände leicht ab. Im Talgrund breitet sich der See. Jenseits seiner spiegelnden Fläche zieht sich ein Höhenzug mit Wiesen, Obstbäumen und einzelnen Wäldern hin. Noch ist die Gegend wenig besiedelt und atmet den Frieden des bäuerlichen, auf sich selber gestellten Mittellandes. Darüber aber steigt das Felsmassiv des Pilatus gleich einer verfallenen Festung empor. Vor Jahrhunderten gepflanzte Linden umstehen zusammen mit jungen Birken die Schlachtkapelle, einen schlichten gotischen Bau, dessen spitzes Türmchen schon von weitem durch die Bäume blickt. Das Innere zeigt das übliche Gegenüber von kleinem eingezogenem Chor und einem größeren Langhaus. An der Nordwand ist in einem Fresko des 16. Jahrhunderts die berühmte Schlacht bei Sempach dargestellt, die am 9. Juli 1386 die Selbständigkeit der damaligen acht alten Orte gegenüber Habsburg–Österreich endgültig sicherte. Wie schon 1315 am Morgarten erwies sich die bewegliche Kampfweise der Bauern den Rittern überlegen, auch wenn die Phalanx langer Spieße die mit kurzen Hellebarden kämpfenden Eidgenossen zunächst hart bedrängte. Doch Winkelried brach unter Aufopferung des Lebens den Seinen eine Gasse und gab damit der Schlacht die Wendung zur vernichtenden Niederlage der Habsburger, bei der Herzog Leopold und viele seiner aargauischen Lehensleute den Tod fanden. An den Wänden des Kapellenraumes sieht man in stark erneuerter Malerei die Wappen und Namen der Gefallenen, von denen der weitaus größere Teil auf österreichischer Seite stand. Sempach, heute im Herzen der Schweiz, befand sich damals auf der Grenze zwischen dem Machtbereich der achtörtigen Eidgenossenschaft und dem noch bis 1415 habsburgischen Gebiet.

Schwarz-gold bemalte Altäre des Frühbarock zieren die kleine Kirche. Auf das kunstvoll durchbrochene Frontispiz des Hochaltars senken sich drei der in der Schlacht erbeuteten Banner, während die übrigen in der Luzerner Franziskanerkirche ausgestellt sind.

Etwas oberhalb von Sempach liegt *Kirchbühl*, wo neben einer Gruppe von Innerschweizer Bauernhäusern sich einer der stimmungsvollsten Sakralbezirke erhalten hat. Auf dem Grunde einer heidnischen Kultstätte, dem ein römischer Gutshof benachbart war, liegt heute ein aufgelassener Friedhof, an den noch einige Grabsteine und Kreuze erinnern. An seinem Südrand steht das Beinhaus mit einem Frühbarockaltar. Die dem heiligen Martin geweihte Kirche geht im wesentlichen auf das 13. und 16. Jahrhundert zurück. In den Wänden des langgestreckten Saalraumes überwiegen die romanischen Fenster, auf welche die verblaßte Ausmalung aus der Zeit um 1300 Rücksicht nimmt, im Unterschied zu den einzelnen gotischen Fenstern, die später eingebrochen wurden. Der spätgotische Chor, den tief ansetzende Kreuzrippen überspannen, besitzt Fresken von 1583 und einen kleinen Schnitzaltar, der, an sich bescheiden, mit den beiden Altären links und rechts vom Choreingang ein schönes Gesamtbild ergibt, wie denn überhaupt der ganze wohl erhaltene und gepflegte Kirchenraum einen seltenen Wohlklang ausströmt.

Sempach, von dessen westlichem Ortsende aus wir den Abstecher nach Kirchbühl machten, besitzt gleich Sursee und Beromünster den für die Luzerner Landstädte kennzeichnenden langgestreckten Markt, in welchem die Straße sich zum Platz erweitert. Auch hier herrscht trotz dieser Vielfalt des einzelnen durchaus die Geschlossenheit des Ganzen, wobei das stärkste Eigendasein dem Rathaus zukommt. Durch die Traufseite, die 1737 in die heutige Form gebracht wurde, den Nachbarhäusern gleichgestellt, wirkt die Front doch höchst eigenwillig mit dem lebhaft gemusterten Riegelwerk und der in jedem Stockwerk anderen Durchfensterung. Gegen Süden ist die Hauptstraße durch den Turm des Luzerner Tores geschlossen; gegen Norden stößt sie zusammen mit dem eigenen Platz vor der großen klassizistischen Kirche, deren Typus wir bereits mehrfach zwischen Zofingen und Sursee begegneten. Auch Sempach besitzt ansehnliche alte Brunnen, ferner sein eigenes Schlachtendenkmal, nämlich einen etwas protzigen Löwen auf massiver Säule, aus dem bereits ein wenig das romantische Heldenpathos des 19.Jahrhunderts spricht, im Unterschied zur schlichten Kapelle auf dem Felde selbst.

Wenn man sich die Zeit nimmt, so wählt man, von Sempach von der Hauptstraße nach Luzern links abzweigend, das Feldsträßchen zur Straße, die von Beromünster über Hildisrieden und Rothenburg nach Luzern führt. Am Wege liegt in einsamer Gegend das spätgotische Kirchlein St.Einbeth. Einbeth war eine der elftausend Jungfrauen, die mit der heiligen Ursula nach Rom pilgerten. Doch auf dem Rückweg trennte sie sich von den übrigen, um in Straßburg die dort erkrankte Aurelia zu pflegen, die ebenfalls zu den elftausend gehörte. Einbeth starb in Straßburg, wo in Alt-St.Peter ihr Grab verehrt wird. Die Legende dieser wenig bekannten Heiligen ist zusammen mit jener des heiligen Gallus in frühbarocken Leinwandbildern dargestellt, welche die Wände des auch sonst schön ausgestatteten Kirchleins schmücken.

In *Bertiswil*, wo es eine weitere spätgotische Kapelle gibt mit Fresken vermutlich des gleichen Meisters wie jene im Chor von Kirchbühl, erreichen wir die Hauptstraße, die uns über Rothenburg und Emmenbrücke, bereits weitgehend Vororte von Luzern, in die Kantonshauptstadt führt. Das letzte Straßenstück geht der Reuß entlang, auf deren anderer Seite St.Karl, eine der ersten Betonkirchen der Schweiz, liegt.

Luzern

Luzern hat mit Zürich nicht nur die Farben Blau und Weiß gemeinsam, sondern auch die Lage am See-Ende, und als sich auch hier in der zweiten Hälfte des 19.Jahrhunderts die Tendenz zur Großstadt abzeichnete, nahm man sich in manchem die Limmatstadt zum Vorbild. Doch wer näher zusieht, dem zeigen sich wesentliche Unterschiede: Der See ist, zumindest in seinem Luzerner Arm, enger; die Berge stehen näher, so namentlich der Pilatus, dessen Zackensilhouette ein Wahrzeichen Luzerns bildet. Aber auch der grünbewachsene, steile Hügel des Gütsch reicht bis weit in die Stadt hinein, und ebenfalls der Höhenzug des Weseml in steigt sofort über dem Seeufer empor. So sind die Abmessungen enger, und dementsprechend drängen sich die verschiedenen Zeiten in stärkerem Gegensatz zusammen. Der nach dem Brand von 1971 in modernen Formen wiederaufgebaute Bahnhof entläßt den Ankommenden bereits am See, über dessen Ausfluß eine breite Brücke führt. Doch nur wenig flußabwärts zieht sich über die Reuß in schräg gezackter Linie, an einem mächtigen, im Wasser stehenden Turm vorbei die hölzerne, gedeckte Kapellbrücke, die unter ihrem spitzen Dach im 16. und 17.Jahrhundert mit vielen Bildern aus der Stadtgeschichte geschmückt wurde. Jenseits der großen Reußbrücke, vom Bahnhof aus gesehen, stehen neben einem alten, turmbewehrten Patrizierhaus Hotels und Geschäftshäuser des 19. und 20.Jahrhunderts. Doch darüber wird die zum steilen Hügel der Musegg emporsteigende Stadt durch eine Reihe mittelalterlicher Türme beschirmt.

Östlich der Quai-Brücke beherrscht den Quai die repräsentative

Hotelgruppe des ›Schweizerhof‹, des Luzerner Gegenstücks zum Zürcher ›Baur au Lac‹. Die glänzende Schauseite der Fremdenmetropole setzt sich seewärts fort in der prunkvollen Säulenstellung des etwas jüngeren Hotels ›National‹, hinter dessen langgestreckter Balkonfront die Gäste Hunderte von Metern durchwandern können. Zwischen den beiden Hotels jedoch ragen die spitzen Türme der ›Hofkirche‹ empor, und westlich davon blickt von der Höhe der neubarocke Palast der Schweizerischen Unfallversicherungsanstalt. Hinter der Hofkirche versteckt liegt zudem noch der ›Gletschergarten‹, wo neben einem Spiegelkabinett das erdgeschichtliche Schaustück der Gletschererosion ebenso als Touristenattraktion zu dienen hat wie der sterbende Löwe, der, von Torvaldsen entworfen, an die Aufopferung der Schweizergarde während des Tuileriensturmes in der Französischen Revolution erinnert. Dem Schaubedürfnis des 19. Jahrhunderts verdankt auch das in der Nähe gelegene Panorama seine Entstehung, in welchem Edouard Castres, unterstützt vom jungen Ferdinand Hodler, den Grenzübertritt der französisischen Bourbaki-Armee im Krieg von 1870-1871 darstellte.

Doch auch auf der Bahnhofseite der Reuß sind die Gegensätze nicht minder kräftig. Das durch die ›Luzerner Musikwochen‹ ausgezeichnete Kongreßhaus, dessen spannungsvoll gestaltete Kuben ebenso vom Neuklassizismus wie von einer geheimen Gotik her bestimmt sind, und das in seiner Erscheinung für die Zeit um 1933 zugleich eine Pioniertat moderner Sachlichkeit bedeutete, steht auf der Südostseite des Bahnhofsgebäudes, das seinerseits mit seiner von Pariser Weltausstellungspalästen inspirierten Kuppel den Verkehr zu einer sakralen Angelegenheit erheben möchte. Und auf der anderen Seite des Bahnhofs stellt sich das Postgebäude zur Schau, dessen eidgenössische Amtsrenaissance von 1890 hier wenigstens in den Dachformen gewisse Konzessionen an den Genius loci macht. Reußabwärts folgen Hotels und Geschäftshäuser des ausgehenden 19. Jahrhunderts, dann das schöne Theater in biedermeierlichem Klassizismus, das auf eine bis ins Mittelalter reichende Spieltradition zurückblickt, und schließlich gewinnt auch auf diesem Ufer die Altstadt ihr Recht mit der zwiebelgekrönten Zweiturmfront der Jesuitenkirche, an die sich das aus dem 16.Jahrhundert stammende heutige Regierungsgebäude und der barocke Kubus des Staatsarchivs anschließen.

Die gegenüberliegende Nordseite des Flusses, auf welcher, wie in Zürich, der größere Teil der Altstadt liegt, wird beherrscht durch das um 1600 erbaute Rathaus, dessen quaderumfaßte Fenster an Florenz, dessen behäbiges Krüppelwalmdach jedoch an die Bauernhöfe der Luzerner Landschaft erinnern. Neben dem Rathaus wenden sich der Reuß Häuser zu, deren Fassaden vom zurückhaltenden Traditionalismus bis zu einem mehr oder weniger ins Kraut schießenden Modernismus reichen.

So stehen überall die Gegensätze zwar eng nebeneinander, aber sie stoßen sich im Grunde doch weniger, als daß sie in einer für das Wesen dieser Stadt charakteristischen ›Lässigkeit‹ miteinander auskommen. Diese Lässigkeit, die seit dem 19.Jahrhundert besonders auch dem Tourismus zugute kommt, mag auch die geschichtliche Rolle der Reuß-Stadt mitbestimmt haben. So hat Luzern als erstes städtisches Gemeinwesen schon 1336 die drei rein bäuerlichen Urkantone ergänzt und sich seither oft als Mittler erwiesen zwischen den die Eidgenossenschaft erweiternden Städten und den ›Länderkantonen‹. Freilich, als nach dem gemeinsamen Sieg in den Burgunderkriegen ein ernstes Zerwürfnis zwischen ›Ländern‹ und Städten eintrat, stand auch Luzern ganz auf der Seite der Städte, und es war der Obwaldner Eremit Nikolaus von der Flüe, der die Einigung von Stans erwirkte. Doch während der Glaubensspaltung verharrte Luzern zusammen mit Fribourg auf der katholischen Seite und blieb damit nicht nur in den verschiedenen schweizerischen Religionskriegen, sondern auch geistig und kulturell den Urkantonen verbunden, mit denen es die engen Beziehungen zu Italien teilte, seitdem im 13.Jahrhundert der Gotthardpaß eröffnet worden war. Die Verbindung mit Italien wurde dann durch die Vollendung der Gotthardbahn 1882, doch nunmehr auf kommerziellem Gebiet, nochmals verstärkt.

Zwei Blütezeiten zeichnen sich noch heute im *Stadtbild* deutlich ab: das späte Mittelalter und andererseits Renaissance und Barock,

LUZERN – ZEITEN DER BLÜTE

zwei Epochen, die hier fast nahtlos ineinandergehen, auch wenn die Altstadt seit der hier schon um die Mitte des 19. Jahrhunderts einsetzenden Citybildung in ihrer baulichen Substanz weitgehend erneuert worden ist. Mittelalterlich ist das unregelmäßige und doch organisch ineinandergehende Gefüge der Gassen und Plätze, darunter der durch seinen gotischen Brunnen und einst durch seine Osterspiele ausgezeichnete Fischmarkt. Mittelalterlich sind auch der architektonische Kern der Franziskanerkirche und zumindest die Türme der ›Hofkirche‹. Wie sehr das 14. bis 16. Jahrhundert, als die Luzerner bei Sempach, Murten und Marignano mitkämpften, das Heroenzeitalter der Eidgenossenschaft und mit dieser der Stadt darstellt, wird einem nicht nur durch die stolze Reihe der Museggtürme bewußt, sondern auch durch das für seine Zeit gewaltige Zeughaus und die nicht minder wuchtigen Speichergebäude am Ufer der rasch fließenden Reuß in der Nähe der zweiten alten Holzbrücke, der 1626-1636 mit einem ›Totentanz‹ geschmückten Spreuerbrücke.

Die Renaissance erreicht Luzern im stolzen Bau des *Ritterschen Palasts*, des heutigen Regierungsgebäudes, den Schultheiß Lux Ritter 1556-1561 durch Giovanni Pietro del Grilio aus Lugano errichten ließ. Später diente das palastartige Haus lange Zeit als Residenz der Jesuiten, die von Luzern und Fribourg aus im Dienste der katholischen Reform wirkten, bis im November 1847 nach dem Fall der Stadt, die das Haupt des ›Sonderbundes‹ gewesen war, die ›Väter‹ in einem von Geistlichen jeden Ranges und Geschlechtes vollbeladenen Dampfboot über den See das Weite suchten. Von den bewegten Schicksalen seiner früheren Bewohner läßt heute der Palast nichts mehr verspüren. Vielmehr zeigt die Fassade, deren Rustika in oberitalienischer Art mehr zur Dekoration als zur Verteidigung geschaffen ist und deren Giebel samt dem steilen Dach erst nachträglich hinzukam, das halb abweisende, halb einladende Wesen eines vornehmen Privathauses. Ganz in einen italienischen Palast versetzt der dreigeschossige Binnenhof, der, mit der beschwingten Spannung seiner Säulenarkaden in vielem an die aus einer verwandten kunstgeographischen Situation erwachsenen Höfe in Österreich – im Porciapalast in Spital an der

Drau oder in den Landhäusern von Graz und Linz – erinnert, doch diese an Italianità noch um einen Grad überbietet.

Das zeitlich folgende große Zeugnis luzernischer Italiennähe ist das schon erwähnte *Rathaus* mit seiner so bezeichnenden Verbindung mit einheimischen Dachformen und seinen reich getäfelten Sälen und Zimmern. Die weiteren Beziehungen zur südlichen Kunst spielen sich im Sakralbau ab. Der spätere Profanbau aber wendet sich, wie in der übrigen Schweiz mit Ausnahme des Tessin, der französischen und der süddeutschen Kunst zu. Beispiele hierfür sind in Luzern das *Staatsarchiv* gegenüber dem Ritterschen Palast sowie das *Segesser-Haus*, von denen jedes auf seine Art in den Proportionen unfranzösisch schwer und gedrungen ist, doch ebenso das an einen mittelalterlichen Rundturm der Stadtbefestigung angebaute *Haus zur Gilgen* am Nordende der Quaibrücke sowie zahlreiche andere Häuser, die in ihren regelmäßig verteilten Stichbogenfenstern mehr die Eleganz des Dixhuitième zeigen. Aus der gleichen Epoche erwähnt seien das freistehende *Himmelreich* mit seinem dem Mansardendach aufgesetzten schlanken Belvedere und der schloßartige Landsitz *Steinhof* sowie das durch vier Ecktürme ausgezeichnete Landhaus des in französischen Diensten zum Marschall aufgestiegenen Johann Thüring von Sonnenberg. In den Kranz suburbaner Landsitze des alten Luzern gehört auch *Tribschen*, berühmt durch den Aufenthalt von Richard Wagner im Sommer 1859.

Von den Sakralbauten geht die *Franziskanerkirche* noch auf die Wende des 13. zum 14. Jahrhundert zurück. So sehr auch das im Zeichen Italiens stehende 17. sowie das 18. Jahrhundert die Erscheinung des Innern bestimmen, die bauliche Substanz läßt noch immer den Typus der dreischiffigen, flachgedeckten Basilika mit langgestrecktem gewölbtem Chor erkennen, wie ihn die Bettelorden pflegten. Doch sind, verglichen mit den Dominikanerkirchen in Basel und Zürich, die Proportionen bescheidener und wirken in ihrer Langgestrecktheit etwas engbrüstig.

Als einziger Schmuck, den das Mittelalter hinterlassen hat, figuriert das aus dem 15. Jahrhundert stammende Fresko über dem Chorbogen. Zu einem ersten,

LUZERN – FRANZISKANERKIRCHE

durchgreifenden Umbau des Langhauses kam es 1551-1563, worauf 1733-1735 die flachen, durch Gemälde und schlichte Stukkaturen geschmückten Decken folgten. 1626 wurde durch zwei Tessiner Meister die an das nördliche Seitenschiff anschließende Muttergotteskapelle samt ihrem noch durch gotische Rippen überwölbten Vorraum mit figürlichem und ornamentalem Stuck geschmückt. Der Meister, der eine Generation später die benachbarte Antoniuskapelle ausstuckierte, stammt aus dem oberbayrischen Wessobrunn, worin die für den ganzen Alpennordrand im Laufe des 17. Jahrhunderts sich vollziehende Verschiebung der künstlerischen Kräfte zum Ausdruck kommt. Deutsche und schweizerische Meister treten an die Stelle ihrer italienischen Lehrer, deren Einfluß jedoch noch lange anhält. Weitere beachtliche Leistungen des Früh- und Hochbarock sind in der Franziskanerkirche die Kanzel und ein auch hier sehr reiches Chorgestühl. Der Spätbarock des 18. Jahrhunderts gibt der Ausstattung den Schlußakzent in den noch verhältnismäßig geschlossenen Altaraufbauten von 1733-1735.

Von der prunkvollen, bereits etwas überdimensionierten Neurenaissance, in welcher am Ende des Schweizerhofquais sich die Architektur der Zürcher Bahnhofstraße widerspiegelt, tritt man ganz unvermittelt neben ein Fachwerkhaus des 17. Jahrhunderts. Man steigt von hier aus zwischen zwei mit wuchtigen Frühbarockportalen ausgezeichneten Stiftshäusern zum eigentlichen ›Hof‹ empor, wie noch heute der geistliche Bezirk um die Kirche des hl. Leodegar heißt, der durch die Wohnungen der Chorherren und den in der Art eines ›Campo santo‹ von Arkaden umfaßten Friedhof gegeben ist. Die *Hof-Kirche* wurde von der elsässischen Abtei Murbach aus als Benediktinerkloster gegründet und ist bereits im 8. Jahrhundert erwähnt.

Vom mittelalterlichen Bau haben sich außer den Grundmauern nur die beiden Türme erhalten, zwischen die sich, im Übergang vom Manierismus zum Frühbarock, mit einer Überfülle von Motiven die Fassade preßt. Sie stammt aus den gleichen Jahren zwischen 1633 und 1644 wie das Innere, für das der dem Dreißigjährigen Krieg in Deutschland entflohene Jesuitenpater Jakob Kurrer aus Ingolstadt die Pläne schuf. Trotz der deutschen Herkunft des Architekten und trotz der mittelalterlichen Grundmauern, an die er sich halten mußte, erscheint das Innere in manchem bereits südlich. Denn in der dreischiffigen, querschifflosen Basilika wirkt gegen die senkrechte Pfeilergliederung die Betonung der Struktur in ihrer Vertikale und Horizontale gegeneinander ausspielenden Gegensätzlichkeit. Vor allem aber sind es die hallenartige Weite, die körperhafte, den Menschen in seinem eigenen Maß bestätigende Wirkung der Seitenschiffe sowie die als eigene Raumkörper gegeneinander abgesetzten einzelnen Joche, was an Italien erinnert. Allerdings erscheint hier wie im Dom von Kempten oder im Stift Haug zu Würzburg eine Art von italienischer ›Exportarchitektur‹, die sich als solche durch das gleichsam Grobgezimmerte, hart Aufeinanderstoßende ihres Aufbaues verrät. Auch in der sehr reichen Ausstattung stehen nördliche und südliche Elemente unvermittelt nebeneinander. So stellt sich als ein beachtliches Werk des römischen Barock der Hochaltar dar, in dessen Gemälde kein Geringerer als Giovanni Lanfranco die gewaltige Figur Christi am Ölberg vor einem rötlichgoldenen Himmel zeigt. Die Wolken vermitteln eine echte Vision des Jenseits und sind doch meteorologisch durchaus richtig wiedergegeben, so wie dies auch mit der Anatomie des Heilands der Fall ist, der uns dennoch geradezu mystisch zu ergreifen vermag. Im Gegensatz zu der schon klassizistisch strengen Architektur des aus schwarzem Marmor geschaffenen Hochaltars folgen die sehr reichen Seitenaltäre links und rechts vom Choraufgang im Grunde noch spätgotischer Schnitzertradition. Auch wenn die raffinierte Verschachtelung der Formen manieristisch ist, so bilden sie trotz an sich südlichen Architekturmotiven doch den passenden Rahmen zu den spätgotischen Figurengruppen im Kern der beiden Marienaltäre. Dort, wo in einer spätgotischen Pietà das 17. Jahrhundert die Zahl der Figuren zur Szene des Marientodes vermehrte, zeigt sich, wie erstaunlich bruchlos die Distanz der Epochen überwunden wurde. Hinter dem mit seinen Scheinperspektiven aufgebauten Chorgitter, das 1643 der Konstanzer Stadtschlosser Johann Reitel schuf, ahnt man den Reichtum des Chorgestühls, das gleich der Kanzel und der Orgel ebenfalls dem mittleren 17. Jahrhundert entstammt.

Die Gesellschaft Jesu, die sich in Luzern von 1574-1847 niederließ und auch im politisch-kulturellen Leben der Stadt eine bedeutende Rolle spielte, ließ durch einen ihrer Patres, Christoph Vogler, 1666-1673 die gegenwärtige *Jesuiten-Kirche* neben dem *Ritterschen Palast*, der dem Orden als Sitz zugewiesen war, errichten. Schon die durch zwei Türme ausgezeichnete Front gegen die Reuß zeugt ungeachtet einzelner Veränderungen durch das 19. Jahrhundert für einen bedeutenden Bau. Das Innere ist trotz der zeitlichen Verschiedenheit der Stukkaturen, die in den Seitenkapellen, den Emporen und den Apsiswänden auf den Frühbarock, in der Decke des Hauptraumes jedoch erst auf das Rokoko zurückgehen, doch von einer überwältigend einheitlichen Wirkung, zu der sich der Eindruck des Großartig-Festlichen gesellt. Es handelt sich um den ersten großen Kirchenbau des schweizerischen Barock, der hier die in der Hofkirche noch wirksame Tradition des Mittelalters verdrängt. Adolf Reinle hat dies in folgender Weise formuliert:

Wer in Luzern aus der 1644 geweihten Hofkirche in die 1666 begonnene Jesuiten-Kirche tritt, vermag zu ermessen, welche revolutionäre Umwälzung sich hier in kaum einer Generation vollzogen hat. Das Innere der Hofkirche ist ein Werk schulgerechter Steinmetze, aus grauen, herben Sandsteinquadern gefügt, abgezirkelt, konstruiert, das Langhaus in drei unabhängig nebeneinander dahinschreitende Schiffe geteilt, vom Chor getrennt. Das Innere der Jesuitenkirche ist ein einziger großer Saal, ohne Zäsur zwischen Laienschiff und Sanktuarium, das Hauptschiff verabsolutiert, auf drei Seiten gleichmäßig von Nischen und Emporen umzogen; das Werk eines Jesuitenarchitekten, aber ebensosehr der Stukkateure, die nun den Steinmetz als grundlegenden Raumgestalter ablösen. Die Bauzier, im Mittelalter und in der Renaissance untergeordneter, nicht unbedingt notwendiger Bestandteil der Räume, wird in der Hand der Stukkateure zum integrierenden Element der Raumschale, der Wände und Decken. Grundlegend ändern sich auch die Hauptelemente, aus denen die Räume aufgebaut werden. Nun sind die wesentlichsten Dinge, welche zu ihrer Zusammensetzung gebraucht werden: Wandpfeiler, Nischenkapellen, Emporen und vielerlei freie Formen des von Stichkappen durchstoßenen Tonnengewölbes.

Im Unterschied zu den erst mit dem Ende des 17. Jahrhunderts einsetzenden Vorarlberger Bauten, die den Längsraum kraft des Wandpfeilersystems mit Querrichtungen durchschichten, ist hier noch alles auf den Einheitsraum des Frühbarock hin angelegt, dem sich die Seitenkapellen und Emporen völlig unterordnen. Doch diese an sich reich stukkierten und mit gewichtigen Altären geschmückten Nebenräume sind eingespannt in das System der ›großen Ordnung‹, die aus korinthischen Pilasterpaaren besteht, und wenn auch die Emporenbögen in das Hauptgebälk einschneiden, so besitzt dessen Kranzgesims noch immer genügend zusammenfassende Kraft, um den Hauptraum noch nicht in die Nebenräume fließen zu lassen, sondern ihm seine Einheit zu bewahren.

Im gleichen Sinne wirkt der überaus majestätische Hochaltar, dessen gestaffelte Säulen aus rötlichem Marmor den prachtvollen Abschluß des durchaus als Einheit zu erlebenden Hauptraumes darstellen. Dieser erreicht die fast profane Wir-

kung eines Festsaales, zum Teil auch dank der schönen alten Kristalleuchter, doch mehr noch durch das Umschlossensein von Kapellen und Emporen, die fest in das architektonische System eingebunden sind. Dem Jesuitenorden verpflichtet ist der Raum in der zwingenden Zusammenfassung der Gemeinde in einem prächtig dekorierten Predigtraum, doch auch durch das Fehlen einer einseitig nur das Gefühl bewegenden Mystik. Klar und verständlich, den Intellekt ansprechend, doch letzten Endes auch diesen in den Dienst des Glaubens stellend.

Wenigstens genannt seien von den übrigen Luzerner Kirchen *Maria Hilf* unter den Türmen von Musegg, das *Kapuzinerkloster auf dem Wesemlin* und, reußabwärts gelegen, *St. Karl*, eine der ersten Betonkirchen der Schweiz.

Die *Parklandschaft*, die zum Teil noch heute Luzern umschließt, gleicht einem kostbaren Geschmeide, das in seiner Mitte den schimmernden Edelstein des Sees birgt. Nirgendwo anders, weder in Genf noch in Zürich, wo das Städtische überwiegt, noch in Thun, das schon ganz im Zeichen der nahen Berge steht, empfindet man so vollkommen das Gleichgewicht zwischen Natur und Kultur. Dieses Erlebnis läßt sich gewissermaßen von der ersten Parkettreihe aus an den Luzerner Quais genießen, die sich vom ›Schweizerhof‹ gegen das Verkehrshaus und den Lido hinausziehen. Den illustren Gästen des altberühmten Hotels, dem hierhin emigrierten Hof des Königs von Neapel und nicht viel später Richard Wagner und seinem königlichen Freund, König Ludwig II. von Bayern, wie auch den gewöhnlichen Sterblichen, die auf den Quais flanieren, bot und bietet sich ein Landschaftsschauspiel sondergleichen. Über die granitene Ballustrade des Schweizerhofquais hinweg schweift das Auge über den ständig wechselnden Spiegel des Sees, den reich begrünten Ufern entlang, die bald auseinanderweichen, bald sich einander nähern, bis zwischen dem Meggenhorn und St. Niklausen sich eine Art Portal auftut. Dort ist die Linie, wo die Vorderbühne den Blick auf eine mehr in der Ferne liegende Szenerie entläßt. Man sieht zwischen Landspitzen hindurch in die Tiefe des Sees, der dort seine von den Luzerner Quais aus erst zu ahnende Weite gewinnt. Jenseits dieser bereits entrückten Fläche steigen die Waldhänge und Felswände des

Bürgenstocks empor, gekrönt von einer ganzen, abgeschlossenen Hotelsiedlung, von deren Fenstern und Balkonen, Aussichtsterrassen und Rosengärten aus ein exklusives Publikum, dem einst auch Adenauer angehörte, die Aussicht auf See, Stadt und Mittelland genießt. – Doch der Bürgenstock ist wiederum nur eine erste Kulisse unter vielen andern, gleichsam Protagonist eines ganzen Spiels von Berglinien, in denen, ähnlich wie in einem barocken Kirchenraum die Architektur, nunmehr die Landschaft selbst zum Akteur geworden ist. Jedoch die Linien der Berge sind zu beschwingt, die Rhythmen zu reich und die hintereinander und gegeneinander laufenden Bewegungen von zu großer Vielfalt. Ein anderer Vergleich drängt sich auf, und aus der Architektur wird unversehens Musik. Es sind die Melodien eines vielstimmigen Spiels, begleitet vom großen Orchester der Wolken und des Lichtes, im Stile jenes deutschen Meisters, der auch an diesen Ufern weilte.

Urschweizer Riviera

Die Straße zum Gotthard führt von Luzern aus nicht geradeaus in die Berge, sondern sie muß dem See ausweichen und über Seeburg, Meggen die Bucht von Küßnacht umfahren. Doch für den durch ihn verursachten Umweg entschädigt der See aufs reichste. Gibt doch gerade die Fläche seines Spiegels den steten Grundton für die in den Uferhügeln an der Kreuzung seiner Arme sich entfaltende Parklandschaft. Gärten und Bauernland fließen zusammen. Bei Meggen überwiegt in den hier dichteren Siedlungen noch städtischer Charakter. Doch in dem Weiler Merlischachen gibt es eine Gruppe aus Holzbalken gefügter und mit reichem Dachwerk gezierter Bauernhäuser, die des Sommers in reichstem Geranienschmuck prangen und sich dem Auge als wohlgepflegte Zeugen einer alten Schweiz darstellen.

Küssnacht, einst eines der charakteristischsten Dörfer der Innerschweiz, hat durch einzelne, den Dorfkern sprengende Neubauten viel verloren. Auch die Kirche, deren spätbarocker Hallenraum zugunsten eines banalen Saales zerstört wurde, lohnt nur durch ihre Außenansicht ein Verweilen. Doch von der Schiffländeaus geht noch immer der Blick über den langgestreckten Seearm zu den malerischen Kulissen des Pilatus, des Bürgenstocks und des Stanserhorns. –

Nördlich von Küßnacht hat man die aus der Tellsage bekannte *Hohle Gasse* wiederhergestellt. Die Felsblöcke, die den engen, grob gepflasterten Hohlweg säumen, die Äste der Buchen, die sich darüber vereinen, manches erinnert ein wenig an den Naturalismus, in welchem frühere Generationen das Schillerdrama inszenierten. Und dazu grüßt aus dem Hintergrund die Kapelle, die, in ihrer heutigen Form aus dem 17. Jahrhundert stammend, zum Gedächtnis an den Tyrannenmord errichtet wurde.

Wir fahren von der ›Hohlen Gasse‹, die man auch von Arth und Immensee aus erreichen kann, zurück nach Küssnacht und von dort weiter nach Weggis und Richtung Brunnen. Die Parklandschaft, die schon bei Meggen den See begleitete, setzt sich fort. Das hügelige Gelände, in welches die Nagelfluh der Rigi ausläuft, ist in anregendem Wechsel von Wiesen mit einzelnen Gehöften und kleinen Wäldern durchsetzt. Es gibt noch keine schematisch angelegten Obstkulturen, sondern Kirschen, Äpfel, Birnen und Nüsse wachsen an alten Bäumen, die oft eigentliche Haine bilden. Den größten Reiz jedoch gewinnt die Landschaft durch den See. Gegen seine Mitte, von der sich die vier Arme ausbreiten, schiebt sich vor Weggis die Landzunge von *Hertenstein,* wo eine Gedenktafel daran erinnert, daß hier Kaiser Karl nach dem Ende der Donaumonarchie einen Teil seines Exils verbrachte. Ein wenig kann man sich denn auch vom Vierwaldstätter See ins Salzkammergut, nach St. Wolfgang, St. Gilgen und an den Mondsee, versetzt fühlen, bis man sich wieder an die seltsame Fügung der Geschichte erinnert, daß der letzte Herrscher aus dem Hause Habsburg ausgerechnet in die Gegend flüchtete, aus der einst seine Vorfahren vertrieben worden waren.

Nach Weggis beginnt eine eigentliche Riviera. Die nun steil von der Rigi gegen den See abfallenden Hänge sind dicht bewachsen mit Buchen, Eichen und Ahorn. In den Gärten sieht man einzelne Zedern und Zypressen, und die ›Wellingtonia‹ zeigt ihren stolzen Spitzkegel. Die durchwegs von einem Gehsteig begleitete Straße folgt fast überall dem Ufer, zum Teil den Felsen anschneidend, der zunächst aus Nagelfluh, dann bald nach Vitznau aus Kalk besteht. In *Vitznau* steigt man vom Schiff oder aus dem Auto – denn eine Bahnlinie gibt es an den wenigsten Ufern des Vierwaldstätter Sees – in die Rigibahn, die, 1868-1875 erbaut, zu den ältesten Berg-Zahnradbahnen der Welt gehört. An ihr wollte der aus dem Elsaß stammende Nikolaus Riggenbach den praktischen Beweis erbringen, daß das von ihm erfundene Zahnradsystem auch für die damals in Planung begriffene Gotthardbahn anwendbar sei.

Gersau, das letzte der drei Dörfer am Südfuß des Rigi-Massivs, war bis 1817 eine eigene kleine Republik, in der sich alljährlich die Zigeuner zu einer ähnlichen Landsgemeinde zusammenfanden, wie es bis in die Gegenwart in Les-Saintes-Maries in der Camargue der Fall ist. An die alte Selbständigkeit, zu der übrigens eigene Seestreitkräfte gehörten, erinnern einzelne Patrizierhäuser mit schweren spätbarocken Mansardendächern. Die 1807-1812 erbaute Kirche ist mit ihrer Stuckdecke und ihren noch ganz aus dem spätbarocken Illusionismus heraus gestalteten Fresken über dem weiten, wohlproportionierten Raum eines der schönsten Beispiele jener klassizistischen Saalkirchen mit eingezogenem Chor, wie sie in der Innerschweiz sowie im luzernischen Mittelland häufig sind. Gersau bildet in seiner gegen Norden geschützten Bucht noch heute eine kleine, in sich ruhende Welt, in die bereits im Vorfrühling und noch lange im Herbst der nahe Süden hineingenommen ist.

Wie sehr in dieser Landschaft nicht nur beim Durchfahren die Szenerie sich ständig ändert, sondern auch nach Jahreszeit und Wetter, und wie gerade hier der Föhn seine Herrschaft über Sinne und Seele, ja bisweilen über Leben und Tod ausübt, hat Hermann Hesse in seinem 1906 erschienenen Frühwerk geschildert. Es ist ›Peter Camenzind‹, mit dessen Heimat wohl Gersau gemeint ist.

»*Am Ende jedes Winters kam der Föhn mit seinem tieftönigen Gebrause, das der Älpler mit Zittern und Entsetzen hört und nach welchem er in der Fremde mit verzehrendem Heimweh dürstet. – Wenn der Föhn nahe ist, spüren ihn viele Stunden voraus Männer und Weiber, Berge, Wild und Vieh. Sein Kommen, welchem fast immer kühle Gegenwinde vorausgehen, verkündigt ein warmes, tiefes Sausen. Der blaugrüne See wird in ein paar Augenblicken tintenschwarz und setzt plötzlich hastige, weiße Schaumkronen auf. Und bald darauf donnert er, der noch vor Minuten unhörbar friedlich lag, mit erbitterter Brandung wie ein Meer ans Ufer. Zugleich rückt die ganze Landschaft ängstlich nah zusammen. Auf Gipfeln, die sonst in entrückter Ferne brüteten, kann man jetzt die Felsen zählen, und von Dörfern, die sonst nur wie braune Flecken im Weiten lagen, unterscheidet man jetzt Dächer, Giebel und Fenster. Alles rückt zusammen, Berge, Matten und Häuser, wie eine furchtsame Herde. Und dann beginnt das grollende Sausen, das Zittern im Boden. Aufgepeitschte Seewellen werden streckenweise wie Rauch durch die Luft dahingetrieben, und fortwährend, zumal in den Nächten, hört man den verzweifelten Kampf des Sturmes mit den Bergen. Eine kleine Zeit später redet sich dann die Nachricht von verschütteten Bächen, zerschlagenen Häusern, zerbrochenen Kähnen und vermißten Vätern und Brüdern durch die Dörfer.«*

Auf einem Vorsprung steht seewärts der Straße, auf der wir von Gersau aus weiter fahren, die *Kindlimordkapelle*. Sie wurde 1576 erbaut und 1708 erweitert zur Sühne an die hier von einem jähzornigen Vater begangene Untat. – Bald weicht der Steilhang, der vom Felsgipfel der ›Rigi-Hochfluh‹ gegen den See stürzt, einer Ebene, in deren Hintergrund die beiden Mythen aufragen. Vor uns steigt das Felskastell des Fronalpstocks empor, zu dessen Füßen Brunnen liegt.

ÜBER DEN GOTTHARD INS TESSIN

Von Brunnen nach Como

Zum Ursprung der Flüsse

Auf der von Zürich über Zug kommenden Hauptstraße (2b) erreichten wir Brunnen mit dem Rückblick auf den ›Flecken‹ Schwyz, der bis auf unsere Zeit eigentlich nur eine Verdichtung von vielen Bauernhäusern und einzelnen Herrensitzen um die dominierende Pfarrkirche war am flach auslaufenden Südhang der beiden so charakteristischen Felszacken des kleinen und großen Mythen.

Brunnen ist der alte Hafen von Schwyz am Vierwaldstätter See, ein Ort, der in früheren Zeiten für den Schiffsverkehr und damit für die Verbindung der – wenn man Luzern mitzählt – vier Waldstätte eine wesentliche Rolle spielte. Diese wurde vom Fremdenverkehr übernommen, an dessen Blüte in den ersten Jahrzehnten nach der Eröffnung der Gotthardbahn im Jahre 1882 noch die Reihe der Gasthäuser und Hotels am See erinnert. Im Lauf der Jahre etwas aus der Mode gekommen, hat der Ort jetzt, dank der Umleitung des Durchgangsverkehrs mittels eines Straßentunnels, wieder an Anziehungskraft gewonnen. Diese liegt in erster Linie in der hier besonders schönen Aussicht auf den See: Der scharfe Knick der Ufer öffnet den Blick sowohl nach Westen wie nach Süden. Man sieht den Wald- und Felshängen des hier steil nach Süden abfallenden Rigi entlang gegen den Bürgenstock und die daneben und dahinter auftauchenden Spitzen des Stanserhorns und des Pilatus, die sich vom Abendhimmel als phantastische Silhouetten abheben können. Südwärts aber öffnet sich im Urner See der packendste Teil des ganzen so vielseitigen Vierwaldstätter Sees. Gegenüber schmiegt sich unter der Terrasse des Seelisbergs, von Felswänden und von steilem Laubwald umschlossen, das

Rütli, jene Wiese, auf der die Männer von Uri, Schwyz und Unterwalden sich heimlich zum Widerstand gegen die Unterdrückung durch die Vögte Habsburgs verschworen und wo in jüngster Zeit, im Sommer 1940, als durch die Siege der Achsenmächte die Unabhängigkeit der Schweiz nur noch eine sehr vage Zukunft zu haben schien, General Guisan die Offiziere der Armee auf die Idee des Widerstandes im Alpenreduit verpflichtete.

Ganz in der Art wie das 19. Jahrhundert seine Alpenbilder komponierte, türmen sich über Seelisberg die Gebirge: der niedere und der obere Bauen und dahinter, durch ein schmales, tief eingeschnittenes Tal getrennt, der Urirotstock mit seinem Gletscher. Außerordentlich steil stürzen die Felsen dieses den ganzen Urner See beherrschenden Massivs gegen den See, gefolgt von anderen, nicht viel weniger hohen Gebirgsstöcken, die, zunächst noch den See begleitend, dann dem urnerischen Reußtal folgend, sich nach Süden ziehen. Doch auch das östliche Ufer des Urner Sees ist mit seinen jäh aus dem See steigenden Felsen, die doch, wo immer es nur möglich ist, dichten Baumwuchs tragen, von pittoresker Wildheit. Den Abschluß aber bildet weit hinten, dort, wo das Reußtal in leichtem Knick gegen den Gotthard anzusteigen beginnt, die einen großen Teil des Jahres schneebeglänzte Pyramide des Bristenstocks.

Die immer wieder durch schöne Aussichtspunkte bereicherte Straße führt von Brunnen aus zunächst den Hängen des Axensteins entlang, der sich dem Felskastell des Fronalpstocks vorlagert; dann senkt sie sich, um, zum Teil zusammen mit der Bahn, unmittelbar dem Ufer zu folgen. Dort, wo das Riemenstaldertal sich öffnet, hat der Bach ein Delta mit sanften Wiesen und Platz für das Dorf Sisikon angeschwemmt. Nach diesem beginnt die eigentliche *Axenstraße*, berühmt durch ihre Felsengalerien, aus denen heraus sich die Pyramide des Bristenstocks besonders wirkungsvoll darbietet. Doch auch ihren geschichtlichen Ruhm besitzt diese Strecke. Denn über viele Stufen hinab steigt man von der Straße zur Tellskapelle, erbaut auf jener Platte, von der aus Tell das Boot des Landvogts in die tobenden Wellen zurückstieß. Wer je den See bei Föhn erlebt hat, weiß, was jene Tat bedeutete;

denn die Schweiz kennt wenige Täler, die so stark vom südlich heißen Fallwind heimgesucht werden wie das Reußtal und der Urner See.

Die Straße senkt sich; die Berge weichen etwas zurück; sanfter laufen die Hänge aus. Der See ist zu Ende, und durch ein großes Delta fließt die Reuß. Wir haben *Flüelen* erreicht mit seiner schlichten alten und der üppigen neuen Kirche, dazu das auf einem mittelalterlichen Vierecksturm aufgebaute Schlößchen der Rudenz. Nicht weit talaufwärts liegt auf der Westseite der Reuß das Dörfchen *Attinghausen* mit der Burgruine der Edelherren gleichen Namens und dem Haus, das der Überlieferung nach einst Walter Fürst bewohnte. Ostwärts, am Eingang zum Schächental, durch das der Klausenpaß ins Glarnerland hinüberführt, liegt Bürglen. Wir sind im Lande Tells, dessen Denkmal in Altdorf auf dem Hauptplatz steht.

Altdorf, der Hauptort des Kantons Uri, hat unter dem Einfluß des hier besonders heftigen Föhns verschiedene große Brände erlebt, das letzte Mal 1799. Deshalb ist das bauliche Gesicht von Altdorf mit wenigen Ausnahmen durch den Klassizismus sowie das 19. und 20.Jahrhundert bestimmt. Doch besitzt der Hauptplatz durchaus sein Gesicht, einmal durch das Rathaus, das 1805 bis 1808 in einem noch deutlich im Barock verwurzelten Klassizismus erbaut wurde, und dann auch durch das 1895 von Richard Kissling geschaffene Denkmal, das zu den besonderen Leistungen des an Monumenten nur zu reichen 19.Jahrhunderts gezählt werden darf. Es hält den Augenblick fest, da Tell, aus dem heimatlichen Schächental kommend – das hier nicht nur in Natur, sondern auch als gemalter Hintergrund zu sehen ist –, zu seiner Begegnung zunächst mit dem Landvogtshut und nachher mit dem Landvogt selbst auf den Dorfplatz tritt. Die gemalte Landschaft befindet sich an dem alten Turm, der die Rückwand für das szenisch aufgefaßte Denkmal bildet. Tellenspiele wurden übrigens schon lange vor Friedrich Schiller in Altdorf und an anderen schweizerischen Orten aufgeführt, und sie werden es noch heute.

Unweit formt die Pfarrkirche St.Martin mit dem ummauerten

hochgelegenen Friedhof und dem talwärts diesem vorgelagerten ›Fremdenspital‹ einen eigenen Bezirk am Fuß des Berghangs. Zusammen mit den ringsum ansteigenden Bergen herrscht hier in den vom milden Föhnklima begünstigten Gärten eine Atmosphäre, die ein wenig an Meran erinnert. Die Kirche behielt von einem älteren Bau die Außenmauern mit den schmalen, spanisch strengen Frühbarockfenstern. Das weiträumige Innere wurde nach dem Dorfbrand von 1799 in ähnlichem klassizistischem Dekor erneuert, wie ihn die Kirchen von Gersau und Schattdorf zeigen.

Am oberen und unteren Ortsrand steht je eine Kapelle mit einer Vorhalle, die sich mit Säulenbogen gegen die Straße öffnet.

In der weiteren Umgebung Altdorfs gibt es eine ganze Gruppe zum Teil bedeutender Barockkirchen. Da liegt westlich der Reuß, in deren Delta, das Benediktinerinnenkloster *Seedorf* in der Nähe des um die Mitte des 16. Jahrhunderts erbauten Wasserschlößchens á Pro. Das Innere der 1700 geweihten Klosterkirche zeigt zunächst ein von Emporen im Wandpfeilersystem der Vorarlberger begleitetes Langhaus, an das sich in überraschendem Kontrast eine Vierungskuppel mit kurzen Kreuzarmen anschließt. Das Motiv der von einer Tambourkuppel gekrönten Vierung ist als solches den Vorarlbergern fremd und findet sich sonst in ihrem Bereich nur in der mehr als zehn Jahre jüngeren Klosterkirche von Weingarten, dort durch den Württembergischen Hofbaumeister Frisoni vermittelt. Das kleine Seedorf aber, aus seiner Italiennähe Nutzen ziehend, stellt das Motiv schon früh vollausgebildet dem aus einer ganz anderen Tradition erwachsenden Langhaus gegenüber; der reizvolle Kontrast, der sich dabei ergibt, erinnert in seiner Bildhaftigkeit weniger an die Lombardei als an Venedig, wo auf architektonisch höchster Stufe Palladio in seiner Redentore-Kirche ebenfalls eine nach drei Seiten sich ausweitende Kuppel einem ganz anders gearteten Langhaus entgegensetzte. – Das Motiv der venezianischen Chorkuppel zeigt die am Anfang der Klausenstraße gelegene Pfarrkirche von Bürglen, die um 1700 von ihrem Pfarrherrn Jakob Scolar erbaut wurde, der auch in Seedorf die Leitung innehatte.

SEEDORF – DIE RITZ-ALTÄRE

In *Bürglen* und in dem nahen *Schattdorf* stehen die ersten ›Ritz-Altäre‹, Vertreter einer eigenen Schule, die nach ihren Meistern aus der Oberwalliser Familie Ritz genannt sind. Den gleichen Namen trägt im 19. Jahrhundert der Maler Raphael Ritz sowie der Pionier des internationalen Luxushotels, Cäsar Ritz.

Die »Ritz-Altäre«, von denen sich im Reußtal weitere Beispiele in Silenen, Amsteg, Andermatt und Hospental finden, erscheinen seit dem späten 17. Jahrhundert im ganzen Siedlungsgebiet der Walser; ihre Zeit erlischt im Laufe des 18. Jahrhunderts. Ihre Blüte erreichen sie um 1700, wofür die kraft- und prachtstrotzenden Beispiele in den Seitenaltären von Münster und in der Wallfahrtskirche im Ringacker bei Leuk zeugen. – Diese Altäre verbinden die üppigste Fülle des geschnitzten Details sowohl in der pflanzenhaft wuchernden Ornamentik wie in den Skulpturen – die oft einzelne vortretende Säulen ersetzen – mit einem verhältnismäßig strengen und einfachen Aufbau. Wohl sind die zahlreich und eng zusammengestellten Säulen spiralig bewegt, darin dem großen und fernen Vorbild von Berninis Hochaltar in St. Peter folgend. Aber die gleichen Säulen sind in geraden, zum Altargrund parallelen Schichten aufgestellt, und diesen folgen auch die Gesimse, in denen Schrägen und Kurven vermieden werden. Aus einer solchen Verbindung einer fast tropisch wuchernden, flimmernd reichen Erscheinung mit einem strengen, um nicht zu sagen primitiven Grundgerüst ergibt sich eine jener merkwürdigen Parallelen, die das Wallis, aus dem ja diese Art von Altären stammt, nicht nur in der Kunst und in der katholischen Frömmigkeit, sondern auch in Klima und Flora mit Spanien besitzt.

Von Altdorf führt die Straße am schattigen Fuß der Windgälle vorbei, deren gewaltige Nordwände noch die Geschlossenheit des Kalkgesteins aufweisen. Doch schon nach dem nächsten Quertal, dem Maderanertal, das von Osten gegen die Reuß mündet, herrscht eine neue geologische Formation, nämlich Granit und Gneis, dem der firnbedeckte Bristenstock das Ebenmaß seiner steilen Pyramide verdankt. – Nach Erstfeld beginnen Straße und Bahn zu steigen, doch bleibt der Talgrund vorerst breit und mild. Silenen zeigt in seiner Rokokokirche den besonders reichen Hochaltar des Johann Joseph Ritz, der aus der früheren Kirche übernommen wurde. Richtig alpin wird das Tal erst von Amsteg an, wo auch über der eigentlichen Schlucht, die hier die Reuß sich grub, die Berge derart steil emporsteigen, daß für Matten und

Siedlungen wenig Platz bleibt. Kaum daß es für die verschiedenen Verkehrsstränge reicht. Und es sind gewaltige Anlagen. Bereits die 1872-1882 erbaute Gotthardbahn, die in verschiedenen Kehrtunnels und langgezogenen Schleifen das auf freistehendem Hügel gelegene Kirchlein von *Wassen* umfährt, war für ihre Zeit ein gigantisches Unternehmen, das eine Unsumme an Erfindergeist, technischem Können und körperlicher Arbeit umfaßte. Aber trotz aller Vervollkommnung der Baumaschinen erheischt auch die moderne Autobahn Bewunderung angesichts der vielen Schwierigkeiten, die hier das enge und steile Gelände fast in jeder Hinsicht bietet.

Dort, wo vor Wassen die alte Straße für eine kurze Strecke sich talauswärts wendet, sieht man als nördlichen Talabschluß den außerordentlich schönen Gipfel der kleinen Windgälle. Von Wassen führt durch das Maiental der Sustenpaß ins Berner Oberland. Noch schöner ist der Blick, der sich von *Göschenen* aus ins Göschenertal öffnet, in dessen Grund die von Granittürmen überragten Firnen der Dammastöcke sichtbar sind. In Göschenen verschwindet die Bahn endgültig im großen Tunnel unter dem Gotthard. Doch hier wird auch am Straßentunnel gearbeitet, der selbst im Winter sichere Fahrt nach dem Süden gewährleisten soll. – Oberhalb des Dorfes beginnt die *Schöllenen*-Schlucht, die bis ins 13. Jahrhundert den Nordausgang des Gotthardpasses versperrte. Bezwungen wurde der unglaublich steile Engpaß durch eine Brücke, die so kühn konstruiert werden mußte, daß man glaubte, der Teufel habe dabei geholfen. Der Teufel ist denn auch vom Urner Maler Danioth an die Felswand neben der modernen Brücke gemalt. In der Nähe davon sieht man ein großes, in den Felsen gehauenes Kreuz mit einer Inschrift. Sie ist kyrillisch und erinnert an die Russen, die hier unter Suwaroff im Spätherbst 1799 während des zweiten Koalitionskrieges gegen die Franzosen den Durchgang erzwangen. –

Über der Teufelsbrücke folgt das Urner Loch, ein Straßentunnel, der schon bald nach 1700 den an die Felsen über die Reuß gehängten »stiebenden Steg« ersetzte, doch inzwischen mehrmals erweitert wurde. Nach dem Tunnel kommt es zu einer der großen

Überraschungen, wie sie die Straßen in der Schweiz bieten. Die eben noch so nahen Felsabstürze weichen zurück, die Hänge werden sanfter und sind zum guten Teil von Matten bedeckt, denn der Wald beschränkt sich hier auf ein verhältnismäßig kleines Dreieck. Es ist der berühmte Bannwald von *Andermatt*, gegen dessen Schlag ein altes Verbot besteht, weil sich sonst ungehindert die Lawinen auf das Dorf herabwälzten. Vor allem aber ist es die breite Ebene, die sich, langsam schmaler werdend, gegen Westen zieht, ein großer Talboden mit den Dörfern Andermatt, Hospental und Rehalp. Wir sind im Urserental, am Fuß des Gotthards, im Drehkreuz der großen Straßen von Norden nach Süden und von Osten nach Westen, und wenn wir den Kreis etwas weiter ziehen, am *Ursprung der bedeutendsten Flüsse des Landes:* Rhein und Tessin, Reuß, Aare und Rhone. Es ist das Herz der Schweiz.

Der *Gotthardpaß* aber »ist nicht wie der Große St. Bernhard, der Splügen oder Julier ein uralter Verkehrsweg, sondern er ist erst zu einer wichtigen Nord-Südverbindung geworden, als sich in den vom Gotthard ausstrahlenden Tälern die Väter jener Männer angesiedelt hatten, die zu ihrem und zu seinem Schutz die Eidgenossenschaft gründeten. Schicksalhaft ist der St. Gotthard, Paß und Landschaft, mit der Schweiz als Staat verknüpft.« (Paul Niggli) – Der Gotthard ist nicht nur ein in den Bereich des Mythischen entrückter ›Heiliger Berg‹, sondern auch ganz real die stärkste Festung. Die Eidgenossenschaft hat hier aus ihrer Mission, Hüterin der Alpenpässe zu sein, Ernst gemacht. So sieht man schon in Andermatt Kasernen, und an starken Festungswerken kommt man sowohl auf der Paßhöhe wie auf der Südseite vorbei. Daß das meiste unsichtbar bleibt, liegt in der Natur der Sache. –

Das Urserental bildete lange Zeit innerhalb des Kantons Uri eine Art Staat für sich. Besiedelt wurde es von Walsern, was in Kirchen und Kapellen die Altäre der Ritz-Schule bezeugen. Im übrigen zeigen die Gotteshäuser in den Säulenbogen ihrer Vorhallen und den stark ausgeprägten Gesimsen schon italienischen Charakter, während wir umgekehrt das hölzerne Giebelhaus auch noch südlich des Gotthards antreffen werden.

In Hospental gabelt sich die Straße nach der Furka und dem Gotthard. Gegen den letzteren geht es in wenigen Kehren aus dem Urserental hinaus in ein quer zu diesem verlaufendes Hochtal, an dessen mäßig steilen Lehnen die Straße emporsteigt. Wald gibt es hier keinen mehr, auch das Erlengebüsch hört auf, und was bleibt sind Heidelbeeren und Alpenrosen, ja schließlich nur noch kurzes Gras. Es herrscht der Granit in eher flachen, vom Gletscher abgeschliffenen Buckeln. Doch dann schiebt sich, ein westliches Seitental abschließend, die Betonmauer des Lucendro-Stauwerks dazwischen, auch hier die Wasserkräfte nutzend.

Der Gotthard-Paß ist mit seinen 2112 Metern nicht allzu hoch. Darum erreicht man bald die flache Paßhöhe mit ihren kleinen Seen und den aus dem 19. Jahrhundert stammenden Hospizgebäuden. Nach der Südseite öffnet sich zwischen den Granitfelsen jener schmale Ausschnitt, den Goethe als Scheideblick nach Italien auf seiner ersten Schweizerreise am 22. Juni 1775 zeichnete, als er bis zu diesem Punkte kam, um von hier aus wieder heimzukehren. – Man sieht nicht viel mehr als ein kurzes Stück der Bergkette jenseits des vom Tessin in seinem obersten Lauf durchflossenen Bedrettotales, in welches einst in zahllosen, mühsamen Kehren die Straße durch die berüchtigte Val Tremola hinabstieg. Heute führen eine lange Steinschlaggalerie und ein nicht minder langer Tunnel westwärts, um dann die Straße auf eine eigentliche Aussichtsterrasse zu entlassen. Langsam und in wenigen Kurven senkt sich die großzügig angelegte moderne Straße an den Talhängen entlang, noch lange Zeit die schönste Aussicht bietend, zunächst auf die markanten Granitzinnen auf der gegenüberliegenden Seite des Haupttals, dann hinab in die Schluchten und Talböden der *Leventina*, wie das Tessintal von Airolo bis Faido heißt, mit den begleitenden Gipfeln, deren Kranz im Hintergrund das Rheinwaldhorn beschließt. Noch großartiger aber ist der Blick gegen Westen, an den Granitwänden des Piz Lucendro vorbei gegen die Eisströme und Firnhänge des Blindenhorns und das Fels- und Gletschermassiv des Basodino und der Cristallina-Gruppe, welche die Landesgrenze gegen Italien bilden.

Durch die ›Leventina‹ und ›Riviera‹ ins ›Sottoceneri‹

Allmählich weichen Fels und Geröll zusammenhängenden Matten. Dann tauchen die ersten Tannen auf, dazu einzelne Alphütten, Häuser und Festungswerke, denn wir sind immer noch innerhalb der großen eidgenössischen Zentralfestung, die der Gotthard darstellt. – *Airolo* tritt in Sicht mit seinem weitläufigen Bahnhof, den hier die Gotthardlinie kurz nach dem Verlassen des großen Tunnels erreicht. An den Tunnelbau erinnert Vincenzo Velas Denkmal, das den damals ums Leben gekommenen Arbeitern geweiht ist. Das Dorf wird von einem romanischen Kirchturm überragt, der erste einer ganzen Reihe, die sich insbesondere im oberen Tessintal erhalten hat. Gasthöfe aus älterer und jüngerer Zeit, einzelne Bauernhäuser, ferner Wohnungen von Bahnangestellten bilden den Ort, dessen alte Bauten fast alle 1877 einem Brand zum Opfer fielen.

Von Airolo fährt man durch eine kurze Talenge in den langgestreckten, mäßig breiten Boden von Ambri-Piotta und von Rodi-Fiesso. In diesen Dörfern kann man das ›Gotthardhaus‹ betrachten mit seinem steilen, steingedeckten Giebeldach über den breiten Holzwänden. Der Typus findet sich ebenso im Kanton Uri wie im oberen Tessintal, nämlich im Livinental, wie der deutsche Name für Leventina lautet. – Das Livinental ist durch die alten Freiheitsrechte seiner Dörfer auch politisch mit den Urkantonen verwandt, die diese Rechte zunächst anerkannten, als sie zur Sicherung des Paßweges im 14. Jahrhundert die Talschaft in Besitz nahmen. – So nimmt in den Bauformen wie in der Pflanzenwelt der italienische Charakter des Tessin nur allmählich zu. Doch was von Anfang an die Südseite des Gotthard auszeichnet, das ist das hellere Licht, das selbst bei bedecktem Himmel den Unterschied zum graueren Norden erkennen läßt. Andererseits kann es gerade bei Föhnwetter vorkommen, daß man aus einem strahlenden Himmel, der einen vom Vierwaldstätter See noch bis ins Reußtal begleitete, über und durch den Gotthard in den Regen fährt.

Über der Talebene zwischen Piotta und Rodi steigen auf der Schattenseite steile Tannenwälder empor, zwischen denen die

Schleier einzelner Wasserfälle herniederrauschen, doch die nicht minder steile Sonnenseite trägt Matten, Buschwerk und kleine Dörfer, die mit ihren weithin sichtbaren Kirchlein – manche von ihnen besitzen einen romanischen Campanile – der Landschaft ein menschliches Antlitz schenken. Eine Drahtseilbahn führt unglaublich steil zu einem viele hundert Meter über der Talsohle liegenden Sanatorium empor. Dahinter liegt, von unten unsichtbar, der Ritomsee.

Nach Rodi verengert sich das Tal zum ›Dazio grande‹, dem ›großen Zoll‹, der hier am Übergang zwischen zwei scharf getrennten Talkammern leicht erhoben werden konnte. Der von Norden ins Tal tretende Monte Piotino bildet dazu den Pfeiler und Turm zugleich. – Durch die Schlucht windet sich die Straße, deren Vorgänger, stellenweise auf eigener, nun verfallender Trasse verlaufend, manchmal noch zu sehen ist. Kaum sichtbar für den Automobilisten, weil zum guten Teil in Kehrtunnels verborgen, verläuft die Eisenbahn, die hier eine ihrer interessantesten Entwicklungen vollzieht. Wieder weitet sich das Tal, doch dieses Mal nicht ganz im gleichen Umfang, um *Faido* aufzunehmen, den eigentlichen Hauptort der bis Biasca reichenden Leventina. Auch hier gibt es das Gotthardhaus mit seinen dunkel gebräunten Holzbalken, doch daneben schon viele Steinhäuser in südlich-kubischer Geschlossenheit, jedoch mit steileren steinbedeckten Dächern als weiter unten in der Gegend der Seen. – Während den Schattenhang auch hier noch dunkle Tannen zeichnen, erscheinen im Talgrund und auf den Sonnenhängen bereits die ersten Kastanien, meist in Gruppen mit knorrigen Ästen und breiten Kronen, an Nußbäume erinnernd, jedoch voller im Laub und im Herbst durch die Früchte mit den von dichten, scharfen Stacheln besetzten Hüllen ausgezeichnet. Die Kastanie ist charakteristisch weniger für den Süden schlechthin – als deren Vorbote sie freilich auftritt – als für den Alpensüdrand; denn sie erscheint als ausgesprochener Gebirgsbaum und zieht sich bis tief in die Täler des Kantons Tessin und der anschließenden Provinzen Oberitaliens hinauf.

Wieder verengert sich das Tal, und gleichzeitig gräbt sich der Tessin in der steilen Schlucht der Biaschina hinab in eine neue

Tiefe. Auf einem Felsvorsprung der Sonnenseite steht am oberen Anfang der Schlucht wahrzeichenhaft ein romanisches Kirchlein, während unten am Fluß ein Turbinenhaus aus der Frühzeit unseres Jahrhunderts lombardische Kirchengotik imitiert. Wieder braucht die Bahn mehrere Kehrtunnel, um diesen letzten Höhenunterschied zu überwinden. Dort, wo Straße und Bahn die Tiefe erreicht haben und das Tal sich wieder zu weiten beginnt, liegt das durch seine Vergangenheit berühmte *Giornico*. Hier schlugen die Eidgenossen zusammen mit den Talleuten der Leventina 1478 die Mailänder, nachdem der Ausdehnungsdrang der Urkantone einige Jahrzehnte zuvor bei Arbedo unweit Bellinzona einen Rückschlag erlitten hatte. Hier stehen aber auch zwei romanische Kirchen, von denen die eine, S. Nicolao, zusammen mit der mit Fresken ausgemalten Bergkirche in Prugiasco im nahen Blenio-Tal, die bedeutendste ihrer Epoche im Tessin genannt werden darf. Sie ist dem Heiligen der Seefahrer und Reisenden geweiht, was hier am Eintritt in das eigentliche Gebirge wohl verständlich ist. Entstanden ist der Bau wohl noch im 12. Jahrhundert, also vor der durchgehenden Öffnung des Gotthardweges. Trotzdem sind gewisse Beziehungen zum Norden zu erkennen; so steht der Turm hier nicht alleine, sondern ist in die Kirche eingebaut, was im Innern zu einer eigentümlichen Bereicherung des Raumbildes führt. 1210 wird eine mit der Kirche verbundene Klostergemeinschaft erwähnt.

Der Außenbau ist durch den Campanile beherrscht, den wie auch sonst in den romanischen Türmen eine mäßig steile Pyramide schließt. Das einschiffige Langhaus wird durch den wohlproportionierten Kubus bestimmt, den auf der Westseite Lesenen mit Blendbogen in dreigeteilter Gliederung und das von einer Bogennische überhöhte Hauptportal unter breitgelagertem Giebel schmücken. Ein im Maßstab kleinerer Blendbogenfries schließt die Seitenwände ab, von denen die südliche in einem Seitenportal sich öffnet. Chor und Apsis erweitern den Bau nach Osten. Die Durchfensterung ist von kleinstem Ausmaß, was der kristallhaft reinen Geschlossenheit des Ganzen zu Gute kommt. Der gleichen Wirkung dient jedoch auch die exakte Steinbehauung des Granit, die Mörtel überflüssig macht. Die Kehrseite dieser Härte zeigt sich allerdings in der dumpf-primitiven Bauskulptur, die sich nur mit Mühe der spröden Materie abringen ließ. So sind die Löwen, die den Eingang flankieren, als solche fast nicht kenntlich, und doch bilden sie erste Vorboten jener Tierplastik, welche die Kirchen Pavias und die Dome der Lombardei und der Emilia schmükken. – Das Innere erhebt die Raumform der sonst ländlich schlichten Saalkirche hier für einmal ins Monumentale und weckt damit die Erinnerung an die bedeutenden Saalkirchen Graubündens: Müstair und Müstail. Aber der im Gleichmaß von 1:1 im Verhältnis der Höhe zur Breite angelegte Raum wird durch den Einbau des Turmes mit seinen beiden hochgezogenen Bogenöffnungen belebt und vor allem durch die eigenartige Gestaltung der Ostpartie bereichert. Hier nämlich ist der quadratische und durch eine halbkreisförmige Apsis abgeschlossene Chor so stark über den Boden des Langhauses erhöht, daß er nur über eine von beiden Seiten ansteigende Treppe erreicht werden kann. Unter dieser doppelläufigen Treppe aber öffnet sich der Einblick in die dreischiffige Hallenkrypta, deren Säulen mit individuell verschiedenen Kapitellen geschmückt sind. Vorbereitet durch das Dämmerlicht des Hauptraumes steigt man hinab in diesen mit Kreuzgraten überwölbten Raum, der mehr als nur eine Gruft, nämlich eine Art von Unterkirche darstellt, – darin verwandt dem Zürcher Großmünster, doch noch mehr den großen Unterkirchen, in denen während der Romanik und frühen Gotik in Italien die echt mediterrane Verbindung von Höhle und Kultraum ihren Ausdruck findet. – Der Chor darüber ist im Unterschied zur Balkendecke des Schiffs ebenfalls mit Kreuzgraten überwölbt, die weiß verputzt sind. Um so stärker wirkt der Freskenschmuck der Apsis, wo das an sich echt romanische Motiv des Christus in der Mandorla noch die bereits spätgotischen Formen durchdringt.

Auf einem kleinen Hügel in der Nähe liegt S. Maria di Castello neben den Resten einer Burg. Die Kirche selbst war zunächst einschiffig, doch wurde sie später durch ein zweites Schiff verbreitert. An den romanischen Urzustand erinnern die nach der Erweiterung an die Seite gerückte Apsis sowie der Glockenturm.

Um die Kirchen von Giornico wächst bereits der erste Wein, und zwar in der Art von Lauben über hohen Granitstützen, über denen krumme Stecken von Kastanien liegen. Bald, nämlich in Biasca, werden die ersten Palmen auftreten. – Das Tal, das bisher mehr oder weniger von Nordwesten nach Südosten verlief, so daß dadurch der so starke Unterschied zwischen Sonnen- und Schattenseite entstand, macht bei Biasca einen scharfen Knick, um in majestätischer Breite sich geradewegs nach Süden zu wenden und erst bei Arbedo oberhalb von Bellinzona nochmals eine Wendung, und zwar nun nach Westen, zu vollziehen. Bei *Biasca*, wo, dem Dorfe Erstfeld auf der Nordseite entsprechend, die Südrampe der Gotthardbahn beginnt, mündet das an Dörfern und alten Kirchen reiche Bleniotal, durch das von Disentis am Vorderrhein her der Lukmanierpaß nach Süden führt, um sich hier mit der Gotthardstraße zu vereinen. Den Ort überschaut die hochgelegene Stiftskirche, die sich von außen als romanische Basilika mit mäßig überhöhtem Mittelschiff darstellt. Die Langhauswände sind durch Blendarkaden, die Apsis durch Lesenen und einen Blendbogenfries gegliedert, während das Innere im Barock umgebaut worden war, doch jetzt in seinen ursprünglichen Formen wiederhergestellt ist. Die Innenwände sind durch einzelne, wie Teppiche gefaßte Wandbilder der Spätgotik und Renaissance belebt.

Schon die St.Peter und Paul geweihte Stiftskirche ist der jäh abfallenden Bergterrasse recht eigentlich abgerungen. Noch mehr gilt dies für die kleine Wallfahrtskirche am steilen und sehr felsigen Berghang südlich des Ortes. Ein Kapellenweg bildet den Zugang durch den Kastanienhain und eine schmale, kühn geschwungene Brücke über einen Wasserfall hinweg. Das Ganze aber bietet schon vom Talgrund, von der Gegend des Bahnhofs aus, ein überaus malerisches Bild südlicher Gebirgswelt, in der Natur und Menschenwerk sich spannungsvoll und doch harmonisch verbinden.

Das nun folgende breite Talstück bis Bellinzona heißt ›Riviera‹ und ist seiner ganzen Lage nach ganz anders von Sonne durchflutet als die viel alpinere Leventina. Doch der Gebirgscharakter bleibt trotzdem erhalten, denn ungemein steil und felsig steigen die Hänge aus der Tiefebene empor, und der Granit, der in einzelnen großen Steinbrüchen ausgebeutet wird, bestimmt sehr deutlich das Gesicht der Landschaft. – Auch in diesem Talstück gibt es romanische Kirchtürme, so in Claro und Cresciano, und in Lodrino ein romanisches Portal. Weithin leuchtet oberhalb von Claro über das Tal S. Maria di Castello, wo der barocke Umbau aus spätgotischer Zeit nicht nur ein Fresko bewahrt, sondern im Innern einen kleinen Schnitzaltar, der wie so viele aus Schwaben über die Alpen hierher gekommen ist.

Vor *Arbedo*, wo das Tessintal sich zu einer neuen Biegung anschickt, nimmt es noch das nicht viel weniger große Tal der Moesa auf, die aus dem bündnerischen Misox kommt. Aus der gleichen Mesolcina erreicht uns hier die Straße, die vom Rheintal über Chur, Thusis und über den Bernhardinpaß nach Süden führt. Am Rande der modernen Industriezone, die von Arbedo bis Bellinzona reicht, hat sich die ›Chiesa rossa‹ erhalten, so genannt ob der rot getünchten Fassade, deren Renaissanceportal zum rustikalen Balkengiebel kontrastiert. Die Kirche wurde der Überlieferung nach zur Erinnerung an die Schlacht erbaut, in welcher 1422 die Eidgenossen der Übermacht des Herzogs von Mailand unterlagen. Damals ging auch Bellinzona, zu deutsch Bellenz, das die Eidgenossen 1410 von den Herren von Sax-Misox erworben hatten, vorübergehend verloren, wurde jedoch nach der Schlacht von Giornico zurückgewonnen. *Bellinzona*, das heute die Hauptstadt des Kantons ist, wurde nach der Schlacht bei Arbedo von den Sforza, die über das damals schon mächtige Mailand als Herzöge regierten, zu einer starken Talsperre ausgebaut. Von dieser haben sich nicht nur zinnenbewehrte Mauern und Tore, sondern auch drei stattliche Schlösser erhalten, die nach den drei hier herrschenden Urkantonen die Namen ›Uri‹, ›Schwyz‹ und ›Unterwalden‹ erhielten. Auf einem heute mitten in der Stadt gelegenen Felshügel steht ›Uri‹, auch ›Castello Grande‹ genannt. Schmale Steige führen vom Hauptplatz und den anstoßenden Straßen zu einem Fahrweg empor, von dem man eine reizvolle Sicht auf die hier sehr nahen Dächer der Stadt hat. ›Schwyz‹ oder ›Montebello‹, das auf halber Höhe im Süden der Stadt liegt, spannt seine langen, schartenbesetzten Mauerschenkel über den ganzen Berghang hinab. In seinem Innern befindet sich heute ein archäologisches Museum mit lokalen Funden. ›Unterwalden‹, auch ›sasso corbaro‹ genannt, liegt am höchsten und ist am spätesten entstanden, um nämlich eine Umgehung der Talsperre zu verhindern, wie sie nach dem Sieg von Giornico durch die Eidgenossen befürchtet werden mußte. Das Innere dieser Burg birgt heute kunst- und kulturgeschichtliche Sammlungen.

Mit seinen Schlössern und Mauern, doch auch durch die schon recht milde südliche Lage erweckt Bellenz Erinnerungen an Arco und Trient, also an Welsch-Tirol, mit dem es auch die südliche Bauart der älteren Häuser mit den flach geneigten Rohrziegeldächern sowie die Gärten mit ihren Zedern und andern subtropischen Pflanzen gemeinsam hat. Bis 1798, da das Untertanenverhältnis erlosch und das Tessin sich zur Eidgenossenschaft als eigener Kanton bekannte, war Bellinzona eine kleine Landstadt, eingezwängt in den Engpaß zwischen den Kastellen ›Uri‹ und ›Schwyz‹. Aus jener Zeit haben sich die beiden Plätze der Altstadt erhalten, die durch eine enge Gasse miteinander verbunden und auch sonst, wenn man von der breiten, modernen Straße vom Bahnhof zur Collegiata absieht, nur durch schmale Zugänge zu erreichen sind. Am westlichen der beiden Plätze, der in tessinisch-oberitalienischer Art von Arkaden umgeben ist, steht das in lombardischer Neurenaissance erbaute Stadthaus. Unweit südlich davon liegt die Kirche S.Rocco mit ihrem spätbarock geschmückten Innern. Der östliche der beiden alten Plätze wird beherrscht durch die den Heiligen Petrus und Stephanus geweihte *Kollegiatskirche*. Eine stattliche Freitreppe, in der sich italienischer Sinn für monumentale Platzgestaltung kundtut, führt zur Fassade, die 1518 begonnen wurde. Sie ist durch Lesenen dreigeteilt und besitzt wohl im einzelnen die Formen der lombardischen Frührenaissance – und im Hauptportal schon jene des Barock. Doch in der Wucht und Schwere des Ganzen kann man noch ein Weiterleben der Romanik spüren. Der große Innenraum, dessen einschiffiges Langhaus von reichgeschmückten Seitenkapellen begleitet ist, weist gleichfalls südliche Monumentalität auf. Ein von je einem schmalen Nebendurchgang begleiteter Bogen führt in eine flach überkuppelte Vierung, an die sich der polygonale Chor schließt. Altäre aus den verschiedenen Stufen des Barock samt kapriziös geformten Brüstungen aus Stucco lustro bilden zusammen mit den verblassenden Wand- und Deckenmalereien des 19.Jahrhunderts die Orchestrierung des vor allem in seiner Raumwirkung bedeutenden Innern.

An den Außenseiten des Castello Grande haben sich zusammen mit noch biedermeierlichen Vorstädten im Lauf des 19.Jahrhunderts die Verwaltungszentren der Kantonshauptstadt angesiedelt, deren Repräsentationsansprüche jedoch meist das sympathische Maß der Kleinstadt nicht überschreiten. Von Alleen durchzogene Gartenquartiere schließen sich im Südwesten an, und hier liegt *Ravecchia* mit der stimmungsvollen romanischen Kirche S.Biagio. Von der bergwärts der Bahnlinie gelegenen Fassade grüßt ein gewaltiger Christophorus, der in seinen schlanken Formen und der merkwürdig olivgrauen Gesichtsfarbe dem gleichen gotischen Trecento angehört wie die zahlreichen Fresken des Innern. Dieses erweist sich als fast so bedeutend wie S.Nicolao in Giornico, doch ist der Bau wohl rund ein Jahrhundert jünger, wie es die für das 13.Jahrhundert charakteristischen einzelnen Übergangsformen zur Gotik verraten. Noch mehr als in Biasca verbinden sich Halle und Basilika: sehr niedrig mit ganz kleinen Fenstern ist der Obergaden, und breit entwickelt sich nach den Seiten der Raum mit seinen durch weitgespannte Pfeilerbogen verbundenen Schiffen. Der Boden steigt zweimal in Stufen nach Osten an, wo drei gestaffelte Chorkapellen den Abschluß bilden. Ihre Gewölbe sind schon durch gotische Kreuzrippen gebildet, im Gegensatz zu den flachen Holzdecken des dreischiffigen Langhauses. – Unweit liegt, von Bäumen beschattet, das ehemalige Franziskanerkloster S.Maria delle Grazie, dessen Kirche ein bescheidenes Gegenstück zum Gotteshaus des gleichen Ordens in Lugano darstellt, das durch das große Wandbild Luinis ausgezeichnet ist.

An Giubiasco und seiner mit frühbarocken Stukkaturen und Fresken ausgestatteten Saalkirche vorbei führt schnurgerade die Straße über die Ebene, bis vor dem Anstieg zum Paß des *Monte Ceneri* die Abzweigung zum Langensee erfolgt. Die gut ausgebaute

Ceneri-Straße, die uns nach Lugano führt, gewährt in ihrem Anstieg eine immer weitere Sicht, zunächst auf die stark industrialisierte Tessin-Ebene, dann zurück gegen das burgenbeherrschte Bellinzona mit den dahinter aufsteigenden Bergen des Misox und der ›Riviera‹. Doch schließlich erreicht das Auge auch den Langensee, den Lago Maggiore, und seine dicht bebauten Ufer in der Bucht von Locarno.

Auf der Paßhöhe biegt die Straße, die bisher gegen Westen angestiegen war, brüsk nach Süden und senkt sich in das Tal des Vedeggio, des wichtigsten Zuflusses des Luganer Sees. Ein neuer Abschnitt des Kantons Tessin ist erreicht: das ›Sottoceneri‹, das heißt, der unterhalb des Ceneri gelegene Zipfel. Doch da das Tessin ganz besonders an der für die Schweiz geltenden Kammerung teilthat, so zerfällt auch dieser Abschnitt wieder in drei Teile: das ›Luganese‹ und das ›Mendrisiotto‹, die wir nun durchfahren werden, und westlich davon das abgelegene und verhältnismäßig unberührte ›Malcantone‹, das sich in der Nähe von Ponte-Tresa gegen den Luganer See öffnet. Doch auch in den anderen Teilen gibt es abseits von Lugano und den großen Straßen noch immer unberührte Gegenden, die sich den alten Zauber der insubrischen Landschaft bewahrt haben. Insubrien nämlich hieß bei den Römern der schon damals wegen seiner Natur hochgeschätzte Umkreis der oberitalienischen Seen.

Je mehr die Straße sich Lugano nähert, um so weicher und lieblicher wird die Landschaft. Die zunächst noch hohen Berge in der Kette des den Ceneripaß beherrschenden Támaro weichen zurück, und gegen Süden öffnet sich eine Hügellandschaft von geradezu toskanischem Reiz. Aus einem Spiel sich hebender und sinkender Konturen ergibt sich ein Melodienreichtum von eigentümlich milder Musikalität. Von der Hauptstraße aus kann man dies freilich nur für kurze Augenblicke erhaschen, so wenn oberhalb Taverne bei einer flachen Biegung aus dem Gewoge grüner Hügel der Salvatore seinen Gipfel hebt und dahinter die Generoso-Kette zum ersten Male sichtbar wird. Doch verläßt man unterhalb der großen Brücke von Taverne die allgemeine Straße, um auf gewundener Nebenstraße nach Ponte Capriasca hinaufzufahren,

WILLIAM TURNER
Genfer See mit Blick von Genf auf den Mont Blanc
Aquarell und Feder über Bleistift, um 1841-1842
British Museum, London
(Turner Bequest)

so kann man noch viel von der einstigen Schönheit des Tessins entdecken: Zwischen dem buschig dichten Laubwald Wiesengründe mit einzelnen Erlen, die Verbindung von Maisfeldern, Rebgehängen und Maulbeerbäumen und dann und wann, an einem besonders schönen Punkte, eine Wegkapelle, von Laub halb überwachsen. Vor allem aber zeigt die Siedlungsweise noch ihr altes Gesicht. Statt moderner Bungalows und Wohnblocks, die einzeln in die Gegend gesetzt sind, fügen sich die Wohnhäuser und Ställe fast burgartig zu engen Gruppen zusammen, als Ganzes geschlossen, wie kleine steinerne Inseln in einem wogenden Meer üppiger Vegetation, und im einzelnen trotzdem von malerischer Zufälligkeit. Freilich, vom Auto aus ist dies schwer zu erfassen, und oft empfindet man die verwinkelten Gassen und kleinen Plätze nur als eng und mühsam. Darum gilt die Regel, daß man den Tessin in seiner Ursprünglichkeit nur zu Fuß noch finden kann, daß man dieses vor der modernen Zeit dahinschwindende Paradies erwandern muß.

Eines der noch unberührten Dörfer des ›Luganese‹ ist *Ponte Capriasca*, oberhalb des Origliosees. Die klassizistisch erneuerte Kirche hat aus dem früheren Bau im westlichen Kreuzarm die berühmte Kopie von Lionardos Abendmahl bewahrt. Das Wandbild gilt unter den vielen Nachbildungen des Originals im Refektorium von S. Maria delle Grazie zu Mailand als die bedeutendste; durch die Prägnanz, in der die Physiognomien wiedergegeben sind, und die Klarheit, in der die figürliche Komposition erscheint. Dazu kommt, daß nur hier die Namen der Jünger angeschrieben sind, was für die Identifizierung der Köpfe Lionardos wichtig ist. – So genau der unbekannte Meister sich an den figürlichen Teil des Originals hielt, so frei verfährt er mit der Darstellung des Raumes, wobei er hier die großartige Konzentration Lionardos einer gewissen spielerischen Vielfalt opfert.

Der kleine Umweg nach Lugano, den wir mit dem Abstecher nach Ponte Capriasca unternommen haben, läßt sich in lohnender Weise fortsetzen über Tesserete, von wo es in die hochgelegenen, von Kastanienwäldern umgebenen Dörfer der Val Colla hinaufgeht. Die Kirche von *Tesserete* verbindet in ihrem Innern ein niedriges gotisches Langhaus mit einem hohen, hellen Chor zu reizvollem Kontrast. Von Tesserete aus kann man durch dichte Buschwälder zu der aussichtsreichen Bergkirche S.Bernardo hinaufsteigen, um von hier aus nach *Comano* hinabzuwandern. Das in den Sattel einer südwärts gegen Lugano ziehenden Hügelkette eingebettete Dorf ist reich an Patrizierhäusern und besitzt eine 1613 erbaute Kirche mit üppigem Stuckgewölbe; von hier sowie vom hochgelegenen Dorf Porza aus gibt es einzelne Aussichten über das Tal des Cassarate zu den Felszacken des Sasso Grande und dessen sanfterer Fortsetzung im Monte Bré, sodann über Lugano hinweg auf den See und den wahrzeichenhaft die Stadt beherrschenden Monte San Salvatore. Weiter nach Westen liegt die Collina d'oro, einst Wohnort Hermann Hesses, ein sanft ansteigender Hügelzug, hinter dem sich der Luganer See gegen Ponte Tresa und Agno zieht.

Die Straße von Tesserete nach Lugano bietet ebenfalls manchen schönen Blick; sie führt durch ein immer dichter besiedeltes Gebiet von Villen und Wohnhäusern, doch auch noch an einzelnen alten Gärten vorbei hinab zur Stadt und zum See.

Lugano

Lugano ist ausgezeichnet durch die Lage an der größten Bucht des vielverzweigten Sees, durch die Prägnanz der den See hier umstehenden Berge, des San Salvatore, der die Bucht im Südwesten beschließt und außerordentlich eindrucksvoll in fast senkrechten Felsen aus der Wasserfläche empor steigt, und des nur um weniges sanfteren Monte Bré im Osten über dem Stadtteil Castagnola, von wo aus eine Straße über das malerische Fischerdörfchen Gandria zum Comer See und weiter ins Engadin führt. Dazu treten auf der gegenüberliegenden Seite des Sees die Ausläufer des Monte Generoso, der höchsten Erhebung des südlichen Tessins. Schon das Zusammenspiel von Bergen und See, die Vielheit der Ausblicke in eine ständig wechselnde Szenerie, die sich auf das kontrastvollste öffnet und schließt, ist von einer einzigartigen Konzentration der Eindrücke auf verhältnismäßig engem Raum. So bietet der Blick über den See eine völlig andere Perspektive, wenn man von Castagnola aus gegen Süden über den Damm von Melide hinweg zum markanten Gipfel des Monte San Giorgio sieht als von Paradiso am Fuße des San Salvatore aus gegen den fjordartig engen Seearm bei Gandria. Und wieder anders ist die Sicht vom gleichen Paradiso aus nach Norden, über die Bucht und die Stadt hinweg auf die Höhen, die das Tal des Cassarate umschließen und hinter denen bereits die oft mit Schnee bedeckten Berge jenseits des Ceneri emporsteigen.

Und dazu treten Natur und Kultur des Südens: Die Vegetation erlangt zumindest an den windgeschützten Stellen subtropische Üppigkeit, und namentlich der schöne Stadtpark neben der Einmündung des Cassarate in den See bietet hier eine Fülle von Pflanzen und Bäumen jeder Art und jeden Alters. Die Stadt besitzt eine Reihe sehenswerter Kirchen und ist bemüht, sich, auch in einer Epoche überbordenden wirtschaftlichen Aufschwungs, in ihren ältesten Teilen den zeitlosen Zauber südlichen Lebens zu erhalten. Dazu kommen, weniger in den Hotels als in Geschäftshäusern, bemerkenswert gute Versuche moderner Architektur, die deutlich von der Nähe des hierin international führenden Mailand inspiriert sind. Diese Punkte seien positiv in Rechnung gestellt angesichts einer nur zu oft auf wilde Spekulation bedachten Überbauung der Umgebung durch Wohnblocks oder auch Einzelhäuser, wodurch das traditionelle Siedlungsbild des Tessin zerstört wird. Auch kann nicht übersehen werden, daß das an sich so wohltuende menschliche Maß der kleinteiligen Landschaft dem Ansturm des modernen Massentourismus und der von jenseits des Gotthard wie von Mailand kommenden Ansiedler nicht mehr gewachsen ist. –

Im Zentrum der *Altstadt* endet die kleine, vom Bahnhof herabkommende Drahtseilbahn; unmittelbar gegenüber steht der Palazzo Riva, einer der Luganeser Barockpaläste mit elegant der Mauer verbundenen Fensterbalkonen, verblichenen Fassadenmalereien und einem schönen, durch eine Freitreppe ausgezeichneten Innenhof. Daneben öffnen sich alte Gassen, die trotz ihrer Enge noch die Fruchtkörbe und Andenkenstände von Verkäufern aufnehmen, so daß den von Norden kommenden Besucher bereits ein wenig die Atmosphäre orientalischer Bazarstraßen umfängt. Rasch ist man von hier aus am Stadthaus, das unmittelbar am See liegt und mit seinen Formen des späten Klassizismus eine zurückhaltende Monumentalität entfaltet.

Von hier aus führt die Uferstraße an älteren Hotels und Geschäftshäusern vorbei westwärts in der Richtung auf den das Panorama wie einen Angelpunkt fixierenden Salvatore, zur Kirche S. Maria degli Angeli. Die kleine Fassade, in der Art lombardischer Gotik reizvoll Haustein und Ziegel verbindend, wird beinahe erdrückt durch den in üppigem Belle-époque-Stil gegen Ende des 19. Jahrhunderts errichteten Block eines Grand Hotel.

Das Innere der Kirche ist architektonisch von der Schlichtheit der Franziskanerbauten: ein einschiffiger Saal, abgeschlossen durch ein offenes Sparrendach. Doch um so größer erweist sich der Reichtum seiner Ausstattung. Die Lettnerwand, die sich, bis zum Dach reichend, quer durch den Raum zieht und unten von drei niedrigen Rundbogen durchbrochen wird, trägt das gewaltige Kreuzigungsbild, in welchem 1529 Bernardino Luini, einer der führenden lombardischen Maler der Hochrenaissance, sein letztes Werk schuf. An den beiden Pfeilern zwischen den Bogen stehen in bewegter Pose die Heiligen Sebastian und Rochus, das an der klassischen Antike gebildete Ideal statuenhafter Körperlichkeit in die Flächenkunst der Malerei übersetzend. Zugleich sind die Farben in den lichten Glanz des Fresko getaucht, der die Kontraste mildert und die Schatten dämpft. In gleicher Art stellt sich auch das große Wandbild darüber dem Auge: Im Vordergrund stehen die drei Kreuze, und um sie gruppieren sich die mit Maria trauernden Frauen, die Krieger und Zuschauer in einer zunächst kaum zu übersehenden Vielfalt. Denn in einer zweiten, zurückgeschobenen Schicht, die auf den Seiten durch je einen dorischen Säulenportikus gefaßt wird, spielen sich die Szenen der Passion ab. Es entsteht so eine Bühne mit erhöhtem Hintergrund, auf der sich ein vielfältiges Geschehen vollzieht, aufgelöst in rund fünfzig Einzelfiguren, von denen jede mit Sorgfalt durchgestaltet ist und manche einen wahrhaft klassischen Adel offenbaren. Doch so sehr sich Luini vom großen Stil der Hochrenaissance, von Lionardo und von Raffael inspiriert erweist, so erreicht er doch nicht die sichere und große Gesamtordnung der genannten Meister, sondern sein Können erschöpft sich mehr im Einzelnen. – So bietet das große Wandbild, in welchem die Fülle der Figuren und der durch sie vollzogenen Ereignisse in der Art eines Wandteppichs mit der Fläche verwoben wird, weniger Genuß als die Betrachtung der kleineren Wandbilder, die es von Luini im selben Kirchenraume gibt:

nämlich das Abendmahl, das vom Refektorium des durch den benachbarten Hotelbau verdrängten Klosters an die eine Seitenwand übertragen wurde und das in der hohen Menschlichkeit seiner Typen und im Sfumato seiner Farben an Lionardo erinnert, und in einem Bogenfeld der anderen Wand die Madonna mit Jesus und Johannes.

Geht man von S. Maria degli Angeli durch die zum Quai parallel laufende Via Nassa, die heute die wichtigste Geschäftsstraße Luganos ist, so gelangt man zu der aus der Mitte des 17. Jahrhunderts stammenden Kapuzinerkirche S. Carlo. Die Fassade, die in ihrem Obergeschoß erst dem späten 19. Jahrhundert entstammt, faßt mit dorischen Pilastern ein in reichstem Spätbarock hinzugefügtes Portal ein.

Das einschiffige Innere zeigt, wie ein ob seiner Einfachheit bekannter Orden sich doch einen durchaus noblen Raum schaffen ließ. Aus dem saalförmigen Langhaus blickt man durch eine eingezogene Öffnung in den seitlich durch ein unsichtbares Fenster hell beleuchteten Chor, an dessen Rückwand der reich geformte Rahmen eines Bildes mit dem davor im Raume stehenden Altartabernakel als dessen Einfassung zusammenzusehen ist. Zu den Form- und Helligkeitskontrasten gesellt sich jener der Farben, da sich der aus rötlichem und schwarzem Stuckmarmor gebildete Tabernakel vom hellgrauen Rahmen an der Rückwand abhebt.

Auf halber Höhe über der Altstadt steht die einstige Kollegiatskirche und heutige Kathedrale S. Lorenzo. Wie ein großes Auge wacht das Rundfenster in der Mitte der Fassade über den Dächern. Die talwärts gerichtete Schauseite des Baues, die 1517 entstand, ist eine Meisterleistung lombardischer Steinmetzkunst und kann es mit deren Werken in Como und Venedig aufnehmen. Vor allem an den Portaleinfassungen ist bewundernswert, wie das lebendige Spiel von Pflanzen und Tieren immer wieder in eine architektonische Ordnung gebracht wird, ohne daß dabei die Natur vergewaltigt würde. Von hoher Harmonie zeugt auch der Ausgleich zwischen den leicht überwiegenden Horizontalen und den Vertikalen in den Gesimsen und Pilastern, welche die ganze Fassade in sechs sorgfältig gegeneinander abgewogene Felder teilen.

Das etwas dunkle und gedrückte Innere ist bestimmt durch den Umbau einer romanischen Kirche zu einer frühgotischen Pfeilerbasilika im ausgehenden 13. Jahr-

hundert und durch die Ausmalung des Langhauses im 19. Jahrhundert. An das hallenartig in die Breite entwickelte Langhaus mit seinem sehr niedrigen und dunklen Obergaden fügte das 18. Jahrhundert einen Chor, dessen Weite und Höhe durch die brillante Illusionsmalerei der Brüder Torricelli noch vergrößert wird. Nach allen Seiten scheinen sich hier, wie in den Bühnenbildern der Bibiena, Perspektiven zu öffnen, so daß der wie in S. Carlo freistehende Tabernakelaltar wie von einem riesigen Orchester umspielt wird. Der gleiche Spätbarock von 1774 hat auch im Langhaus ein Zeugnis hinterlassen, nämlich die Marienkapelle auf der Nordseite, die mit ihrem in eine Ordnung von Marmorsäulen eingefügten Madonnenbild von Tencala sowie mit Skulpturen und Fresken ein auf engem Raum versammeltes Gesamtkunstwerk bildet.

Von den übrigen Kirchen Luganos ist der schlichte Raum von *S. Giuseppe* am Nordrand der Altstadt besuchenswert wegen des Altarbildes, das in den von Piazzetta beeinflußten grau-gelben Tönen Giuseppe Antonio Petrini, der wichtigste Maler des Tessiner Spätbarock, schuf. Vom gleichen Meister, der sich auch sonst durch pastellhaft gedämpfte Farben von oft etwas morbider Eleganz auszeichnet, stammt das Hochaltarbild in der weiträumigen Barockkirche *S. Antonio*, wo von den früher den ganzen Raum bestimmenden Illusionsmalereien der Brüder Torricelli heute nur noch die in der Kapelle des heiligen Girolamo Emiliani – mit weiteren Altarbildern von Petrini – erhalten sind. In der Nähe von S. Antonio steht *S. Rocco* mit der architektonisch interessanten Folge eines saalförmigen Langhauses, an das ein enger Kuppelraum und ein quergelagerter weiträumiger Retrochor sich anschließen. Ein das ganze Langhaus überspannendes Deckenbild ist von effektvollem Illusionismus. Die Wände aber schmücken Fresken mit Darstellungen der Pest, gegen die der heilige Rochus angerufen wurde.

Oberhalb des Sees gegen Sorengo zu steht inmitten alter Gärten die Loretokirche mit ihrer schönen Säulenvorhalle.

Am See liegt im bereits erwähnten Stadtpark die heute als Museum dienende Villa Ciani. Der klassizistische Palast war um die Mitte des 19. Jahrhunderts ein Zentrum italienischer Widerstandskämpfer, die von hier aus gegen die österreichische Beherrschung der Lombardei wirkten, in einer Zeit, die Fogazzaro in seinem am Luganer See spielenden Roman ›Piccolo mondo antico‹, ›kleine alte Welt‹, liebevoll schildert.

Vom östlichen Rand der Bucht von Lugano steigen die Hotels, Wohnhäuser und Villen von *Castagnola* den Steilhang des Monte Bré hinauf, an dessen Südseite, unterhalb der Straße nach Polezza und Menaggio, das malerische Dörfchen *Gandria* liegt. Am Ufer von Castagnola entlang führt eine Zypressenallee zur Villa Favorita, die den würdigen Rahmen für die Sammlung Thyssen bildet, eine Auslese von Werken der europäischen Malerei, von den sienesischen Trecentisten und einzelnen alten Niederländern bis zu Tiepolo, Boucher und Fragonard.

Am Luganer See

Von Lugano führt über Paradiso und das Kap S. Martino mit schöner Aussicht die alte Straße nach Melide, wo dank verschiedener touristischer Attraktionen aus der früheren Parklandschaft bereits ein ›Lunapark‹ geworden ist. Doch um so erfreulicher ist der Abstecher nach dem nahen *Morcote*, wo das schmal dem Ufer entlang sich ziehende Dorf seine Ursprünglichkeit bewahrt hat und darüber in der Wallfahrtskirche sich das Erlebnis des Südens in ganz besonderer Weise in einem einzigen Punkte sammelt. Vom Scheitel der Landspitze, die hier der Monte Arbostora, ein Ausläufer des San Salvotore, in den See schiebt, steigen steile, 1732 angelegte Treppen in 1313 Stufen empor, mit Stationenbildern des begabten Tessiners Pietro Chiesa (geb. 1871) geschmückt. Dazwischen liegt eine gotische Kapelle mit Fresken aus dem Leben des S. Antonio Abbate. Dem heiligen Antonius von Padua geweiht ist der schlanke, im Innern reich geschmückte Achteckbau von 1682 auf der obersten Terrasse vor der Kirche.

Diese selbst entstammt in ihrer Anlage als dreischiffige Pfeilerbasilika dem 13. Jahrhundert, doch wird der Eindruck des Innern durch die spätere Ausstattung bestimmt: Die 1513 datierten Fresken über der Orgelempore wirken in ihrer landschaftlich betonten Szenerie und in den prägnant umrissenen Landsknechtsfiguren, doch ebenso in der herben Kraft der Farben merkwürdig alemannisch, wie wenn hier die weit über den Tessin hinaus in die Lombardei bis nach Mailand greifende Politik der damaligen Eidgenossen ihren künstlerischen Niederschlag gefunden hätte. Reizvoll ist auch die illusionistische Ausmalung des südlichen Querschiffs, wo in eine im Fresko dargestellte Scheinperspektive kontrastvoll die plastische Büste eines Bischofs gesetzt ist. Mit eindrucksvoller Pracht füllt der barocke Hochaltar den Chor.

Doch wesentlicher als das Innere ist die ganze Lage der Kirche, deren Baumassen auf hohen Substruktionen sich weit über den Hang vorschieben, überragt von dem hier ganz besonders wahrzeichenhaften Campanile. Von der Terrasse vor der Kirche aus geht der Blick über den See, wo sich zwischen den – sonst auch das Südufer einfassenden – Bergen eine Art Fenster öffnet, hinter dem die Weite der Poebene zu spüren ist. Wie so oft im Süden ist nicht nur das Landschaftsbild von hoher Schönheit, sondern auch der Standort, von dem aus man es genießt, wird mit allen Mitteln der Kunst ausgezeichnet. Auch hier war es der Barock, der diese, im Theater am vollkommensten ausgeprägte Beziehung von Zuschauer und Bühne künstlerisch am reichsten und konsequentesten gestaltete. Doch zur Kunst tritt gerade in Morcote in höchster Intensität die Natur. Den Hang zwischen Kirche und See füllen Gärten von sogar im Tessin seltenem Reichtum: denn hier wachsen neben Zypressen und Pinien auch Steineichen, Kakibäume, Oliven, Eukalyptus und Palmen. Und wer durch Kälte und Nebel auf beschwerlichen Straßen durch unwirtliche Gegenden sich quälte, erlebt hier sein Ziel und erfährt seinen Lohn.

Man kann zum gleichen Punkte auch zu Fuß gelangen, nämlich vom San Salvatore aus, von dem ein freilich bisweilen steiler und steiniger Pfad abwärts gegen das auf breitem Bergsattel gelegene Dorf Carona führt, mit schönsten Aussichten auf den in der Tiefe gleich einem gewaltigen Strom oder auch einem vielgestaltigen Fjord dahinziehenden See. *Carona* selbst ist berühmt durch die von hier im 15. bis 18. Jahrhundert ausgewanderten Künstler. Zeugnis dafür legen die drei Kirchen ab: im Dorfe selbst S. Giorgio in schwerem Frühbarock, mit bedeutender Ausstattung, über dem Dorf die gotische Kirche S. Marta und, hinter dem Dorf im Wald versteckt, die reiche spätbarocke Wallfahrtskirche Madonna d'Ongero, ausgemalt und mit brillanter Stuckplastik geschmückt von Giuseppe Petrini. – Nach Morcote kann man über das hochgelegene Vico Morcote mit seiner Kirche absteigen oder auch auf dem Umweg über das auf der Westseite des Monte Arbostora in dichtem Buschwald liegende Klösterlein S. Maria di Torello, in dessen kleiner romanischen Kirche sich spätgotische Fresken erhalten haben.

Von Melide führen Straße und Bahn auf einem Damm hinüber nach *Bissone*, dessen platanenbestandener Platz am See vor den stattlichen Arkadenhäusern durch die moderne Straßenführung seine alte Ruhe wiedererlangt hat. Jenseits des Sees, der sich hier in zwei Arme teilt, heben sich vom Berghang Turm und Kirche von Morcote ab. Die Kirche von Bissone läßt in dem reichen, doch etwas provinziellen Barockdekor der eher kleinen, dreischiffigen Basilika kaum ahnen, daß hier einer der größten Architekten des Barock, Francesco Borromini, im Jahre 1599 getauft wurde. Andere Baumeister von nur wenig geringerer Berühmtheit stammen aus den Nachbardörfern, so Domenico Fontana aus Melide und Carlo Maderno aus Capolago, am Ende jenes Seearmes, dem die große Straße nach Italien folgt. Wir zweigen in Capolago ab, denn im nahen *Riva San Vitale* locken zwei bedeutende Baudenkmäler: der Achtecksbau des bis tief in die Völkerwanderungszeit zurückreichenden Baptisteriums, das im 9. Jahrhundert durch eine Apsis erweitert wurde. Aus der Zeit um 550, da der Urbau entstand, stammt die ebenfalls achteckige Piscina, in welcher auf altchristliche Weise der Taufakt durch Untertauchen vollzogen wurde. Die in Resten erhaltenen Fresken sind im 10. Jahrhundert gemalt worden. Wie die frühmittelalterliche Taufkirche ist auch der große neuzeitliche Bau von S. Croce ein Oktogon, eine Form, die auch sonst in Oberitalien große Verbreitung fand und auch die Tamboure der meisten Kirchenkuppeln bestimmt, so etwa im nicht allzu weit entfernten Carona.

Im Vergleich zum 1588-1594 errichteten Raum von S. Croce scheint der Grundriß der Taufkirche von klassischer Einfachheit: ein erst später durch die Apsis ergänztes Quadrat mit Halbkreisnischen in den Diagonalen. Diese werden in S. Croce durch kompliziertere Dreiecksräume ersetzt, die dem Quadrat der Außen-

mauern abgewonnen sind, und gleichzeitig modifiziert sich das aus dem Quadrat entwickelte Achteck zum griechischen Kreuz, bei welchem allerdings auf den dem Altarraum gegenüberliegenden Arm verzichtet wurde. Unvermittelt tritt man in den hohen, in seinen Ecken durch große dorische Säulen gegliederten Raum, der sich in der Tambourzone auflichtet.

Trotz der die Nischen des Unterbaues schmückenden Fresken wirkt nicht nur der das ganze obere See-Ende beherrschende Außenbau, sondern auch das Innere in frühbarocker Weise ernst, wuchtig und schwer. – Demgegenüber zeigt die neben dem Baptisterium stehende Pfarrkirche von 1756-1759 die Entspannung des Spätbarock, im flachen, elegant profilierten Relief der das weiträumige Innere umschließenden Raumschale und in einem gegenüber den vorangehenden Phasen des Barock sehr sparsam gewordenen Dekor.

Ähnlich ist das Innere der Kirche von *Rancate*, die einen langgestreckten Platz beherrscht; man gelangt dorthin auf der Nebenstraße nach Mendrisio. Von weit herum sichtbar, setzt die Kirche in die Landschaft einen sicheren Akzent. Nicht nur das flach geschwungene Dach des Türmchens besitzt einen leisen Anklang an den fernen Osten, sondern auch sonst gibt es in den noch nicht der Industrie verfallenen Teilen des Tessins und der anstoßenden Lombardei Erscheinungen, die man sich auch in China denken könnte.

Es sind dies die alles andere als gewaltsame Verbindung von Natur und Kultur sowie die Selbstverständlichkeit einer liebevollen und zugleich sehr unaufdringlichen Pflege der Natur, wobei noch fast ausschließlich Handarbeit herrscht. Man muß es einmal an einem Vorfrühlingstag erlebt haben, wenn auf den kleinen, dem Steilhang und der Wildnis des Buschwalds abgerungenen Terrassen ›gewercht‹ wird, um den schweizerdeutschen Ausdruck ›werchen‹ für ›mit-einem-Werkzeug arbeiten‹ hier zu gebrauchen. Man muß mit dem Ohr den raschen, sensiblen Schlag der Hacke oder das langsamere Geräusch der in die Erde gestochenen Schaufel aufgenommen haben, oder das kurze Hämmern an den Weinlauben und das Rascheln des Bastes. Und man muß sie gesehen haben: die alten Männlein und Weiblein, wie sie mit Mühe und Sorgfalt, doch auch mit einer geheimen, oft uneingestandenen Liebe den vielen Verrichtungen nachgehen, welche die Pflege des Bodens verlangt. Und man erkennt auf diese ganz unmittelbare Weise, wie aus Kulturen Kultur entsteht. – Freilich: meist sind es alte Leute, die Jungen trifft man allen-

falls hinter den Motoren landwirtschaftlicher Maschinen, mit denen sie rationell und lautstark ihren Besitz bewirtschaften. Doch weil solche Methoden in dem meist steilen und stark zerschnittenen Gelände des Tessin stark beschränkt sind, gehen die meisten Bauernsöhne in die Fabrik oder nutzen die Konjunktur des Baugewerbes. Jenes Tessin aber, das durch die so innige Verbindung von Natur und Kultur entzückte und in welchem ein goldenes Zeitalter weiterzuleben schien, es gehört im Grunde bereits der Vergangenheit an.

Durch ›Mendrisiotto‹

Solche Betrachtungen kann vornehmlich das Mendrisiotto erwecken, dessen sanfte, von einzelnen Zypressen gezeichnete Hügel einst an die Toskana erinnerten und das heute im Zeichen der Autobahn, der Öltanks und der Zementgewinnung steht. Was den vielen, an sich meist nicht besonders großen Baudenkmälern hier im südlichsten Tessin erst ihren vollen Wert gab, die Verbindung mit einer landschaftlichen Umgebung, sie ist in den überwiegenden Fällen dahin. Der an sich so schöne Begriff der Sakrallandschaft, wie er gerade für diese Gegend mit ihren vielen Heiligtümern galt, er setzt eine ›heile Welt‹ voraus.

So hat auch *Mendrisio*, der städtisch gebaute Hauptort des Mendrisiotto, durch die Modernisierungen seiner Straßen manches eingebüßt. Recht verloren, vielleicht sogar dem Untergang geweiht, steht auch der 1719-1720 erbaute Palazzo Pollini mit seinen reichen Fenstergiebeln und den verblichenen Fresken in dem heute verwahrlosten Hof gegenüber dem Neubau der Kantonalbank. Die Hauptkirche ist ein auf hohen Terrassen prunkendes Werk der Neurenaissance. Doch am Nordende des Stadtkerns birgt das ehemalige Servitenkloster nicht nur einen durch Säulenarkaden geschmückten Kreuzgang, sondern auch einen spätbarocken Kirchenraum, der durch die Eleganz seiner zum gestreckten griechischen Kreuz erweiterten Anlage und durch ausgezeichnete Stukkaturen, namentlich in den Zwischenjochen, beeindruckt.

Von Mendrisio steigt ein Sträßchen zunächst durch eine Schlucht, dann über eine dem Monte Generoso vorgelagerte Terrasse nach *Castello San Pietro*. Am Ende des steil über Balerna und

dem Kessel von Chiasso gelegenen Ortes steht auf aussichtsreichem Platz die nach Plänen von Agostino Silva 1678–1685 errichtete Pfarrkirche *S.Eusebio*. Mit seiner schlichten, nach dem
goldenen Schnitt unterteilten Giebelfront und dem Innern, das
ähnlich wie die etwas jüngere Servitenkirche in Mendrisio als ge-
strecktes griechisches Kreuz gestaltet ist, folgt der Bau einem
Schema, das sich nicht nur in ganz Oberitalien, sondern in Ab-
legern bis in die Donauländer findet.

*Einmalig jedoch, zumindest für das Tessin, ist die Ausstattung, in welcher die
herrlichsten Stukkaturen (um 1760) die ebenfalls sehr qualitätvollen Wand- und
Deckenbilder in bewegten Kurven umspielen und zusammen mit dem Stuckmarmor
der Altäre und dem reich geschnitzten Orgelgehäuse sowie der Kanzel noch ganz
am Ende des Barock das reichste und festlichste Ensemble ergeben. – Östlich von
S.Eusebio steht auf einem von modernen Steinbrüchen stark angefressenen Hügel
an der Stelle einer zerstörten die schlichte, aus der Mitte des 14.Jahrhunderts
stammende Capella rossa. Der Name bezieht sich nicht nur auf den roten Verputz,
sondern eigentlich auf das Blutbad, das aus dem Streite zweier Familien hier am
Weihnachtsabend des Jahres 1390 entstand. Über dem Eingang ist ein Marmor-
relief dem Bischof Bonifatius von Como gewidmet. Das Innere aber schmücken
bedeutende gotische Fresken.*

Oberhalb von Castello San Pietro steht auf einem Hügel die kleine
Kirche von *Obino*, die in ihrer Ostpartie durch eine Dreikonchen-
anlage ausgezeichnet ist. Südwestlich von Castello San Pietro breitet sich am Sonnenhang in ihrem alten Terrassengarten die Villa
Loverciano, die sich der Graf Turconi aus Como als Sommersitz
um 1700 erbauen ließ. Weiter unten findet man neben der durch
einen hohen Campanile hervorragenden Barockkirche von Balerna
ein bald nach der Mitte des 18.Jahrhunderts erbautes Beinhaus,
das an seinen makabren Zweck nur mit einzelnen zierlichen Toten-
köpfen erinnert, sonst aber in der eleganten Schweifung seiner
Profile ein wahres Schmuckkästchen darstellt. Auf der Ostseite der
tiefeingeschnittenen Breggia, die vom Generoso her das Muggio-
tal durchfließt, liegt *Morbio inferiore* mit zwei sehenswerten Kirchen: Es sind die mit Fresken geschmückte Friedhofskapelle und
die um 1600 errichtete, doch erst im Laufe des 17.Jahrhunderts
ganz ausgeschmückte Wallfahrtskirche S.Maria dei Miracoli. Ein

kräftiger Turm begleitet die Fassade, zu der man über eine breite Rampe emporsteigt. Das durch eine Mittelkuppel gekrönte Innere ist mit Stukkatur und Fresken sowie stattlichen Altären im Stil des lombardischen Frühbarock ausgestattet und schenkt nochmals einen Eindruck von der fruchtbaren künstlerischen Kultur, durch die das südliche Tessin mit der Lombardei, die es rings umgibt, verbunden ist.

Von Morbio inferiore ist man rasch an der Landesgrenze, die man in dem vom Durchgangsverkehr beherrschten *Chiasso* überschreitet, um nach dem wenig entfernten *Como* zu gelangen. – Man kann aber auch nach *Sagno* hinauffahren, das noch diesseits der Grenze hoch über Chiasso und Como liegt, und vom Oratorio di San Martino aus die Rundsicht genießen. Diese reicht bei klarem Wetter, namentlich bei Nordföhn, fast so weit wie vom Monte Generoso aus, nämlich bis zum Monte Rosa, und, wenn man Glück hat und ein gutes Fernglas, bis zu den Wolkenkratzern Mailands, über denen man als fernen Saum den Südrand der Poebene, die Apenninen, wahrnimmt.

DURCH DIE VIA MALA ZUM LAGO MAGGIORE
Von Lindau nach Brissago

Vorarlberg

Von der Landzunge Nonnenhorns oder von den Ufern der Inselstadt *Lindau* aus bietet sich für den Gast aus dem Norden ein erster Blick auf die Schweiz. Jenseits der den Himmel so mannigfach widerspiegelnden Fläche des Bodensees, der im Westen mit dem Horizont zum ›Schwäbischen Meer‹ zu verfließen scheint, steigen die Appenzeller Berge von den reich besiedelten Hängen oberhalb Rorschachs zu waldigen Kämmen, dann zu ersten Alpweiden und schließlich zu den Felszinnen des Säntis empor. Rechts davon senken sich die Höhen in immer sanfteren Terrassen zu den Obstwäldern des Thurgaus, links geht es in steileren Abstürzen über die Orte Heiden und Walzenhausen, deren Häuser, Hotels und Kuranstalten man bei klarem Wetter noch erkennt, hinab zu der Ebene, die zwischen der Schweiz und dem österreichischen Vorarlberg vom Rhein angeschwemmt wurde. Über die Auwälder seines Deltas hinweg öffnet sich die Weite des Rheintals, umschlossen von zunächst noch sanften Bergen, die bei dem hier häufigen Föhn die schärfsten Umrisse annehmen können.

Man kommt zuerst durch *Bregenz*, die Hauptstadt des Landes Vorarlberg, das seinem ganzen Wesen nach eigentlich schon zwischen der Schweiz und Österreich liegt, denn das letztere scheint richtig erst östlich des Arlbergs in Tirol zu beginnen. Immerhin fällt in Bregenz manches als durchaus österreichisch in die Augen: Da ist das für den kleinen Ort respektgebietend große Landestheater, in dem ein Teil der allsommerlichen Festspiele stattfindet, während der andere sich auf der berühmten Seebühne entfaltet. Dann gibt es ein repräsentatives Amtsgebäude, das noch aus der Monarchie stammt und dessen ›Kaisergelb‹ jedes Mal wieder erneuert wird. Gleich dem noch auf die Jahrhundertwende zurückgehenden Bahnhof könnte es auch in Mähren, Galizien und Slovenien oder in sonst irgendeinem Teil des einstigen, durch den ersten Weltkrieg aufgelösten Habsburgerreiches stehen. Nach 1918, als alles auseinanderbrach, wäre Vorarlberg gerne zur Schweiz gekommen, die jedoch aus Angst vor einer Störung des bisherigen Gleichgewichts das Ansuchen zurückwies. Die enge Verwandtschaft mit dem benachbarten schweizerischen Teil des Rheintals besteht gleichwohl, sie äußert sich bereits im Straßenbild des alten Bregenz, wie auch in den Dörfern gegen die Schweizer Grenze hin, die nicht dem korrigierten Lauf des Rheins, sondern weiter westlich dem alten Flußlauf entlang verläuft. Jenseits der Grenzbrücke in St. Margrethen gabeln sich die Straßen, von denen wir die linker Hand in Richtung Chur wählen.

Durchs Rheintal ins Bündner Land

Von St. Margrethen führt die alte Straße talaufwärts durch eine Kette eng zusammenhängender Dörfer, die sich dem Fuß der Appenzeller Berge entlangziehen. Die sonnige, gegen Nordwesten geschützte Lage läßt hier einen süffigen Rotwein wachsen, der namentlich oberhalb von Berneck, Balgach und Rebstein gedeiht. Insbesondere *Berneck*, das sich in eine Bucht der Rheinebene schmiegt, hat den Charakter eines alten Weinbauernstädtchens bewahrt und besitzt in seiner zum Platz sich ausweitenden Hauptstraße einzelne schöne alte Häuser, darunter auch ein solches aus sonnengebräunten Holzbalken.

Vor Berneck lohnt es sich, noch ein kleines Stück in den Kanton Appenzell hineinzufahren, um von Reute aus auf aussichtsreicher Straße über Rebstein ins Rheintal zurückzukehren.

Die älteren Häuser zeigen, daß hier eigentlich erst mit dem wirtschaftlichen Aufschwung des 18. Jahrhunderts, der von der Aufklärung begleitet war, der Steinbau richtig eingedrungen ist, doch haben sich seine von Frankreich und von den süddeutschen Städten übernommenen Formen in ähnlicher Weise regional abgewandelt wie in Oberschwaben, im Allgäu und im benachbarten Vorarlberg. In solchen Häusern mündet das mansardenartig geschwungene Dach in einem elegant geschwungenen und gebrochenen Giebel, und die wie im Appenzellerland stark durchfensterten Wände sind oft mit Schindeln verkleidet. Seltener sieht man unverputztes Fachwerk. Einzelne Häuser weisen zum Teil noch die unverkleidete Balkenkonstruktion des ›Strickbaues‹ auf, und ihre Dächer sind oft sehr flach geneigt.

In noch größerer Zahl finden sich diese Haustypen in *Altstätten,* dem alten Hauptort des St.Gallischen Rheintals, wo im städtisch zusammengebauten Ortskern die Hauptgasse von Lauben begleitet ist. Diese bestehen jedoch nicht aus steinernen Bögen, sondern aus oben flach geschlossenen Holzkonstruktionen. Neben der Hauptgasse liegen breite Straßen und baumbestandene Plätze für die Märkte, denen der Ort früher vor allem seine Bedeutung verdankte. Die stattliche Hauptkirche, die 1794-1798 von dem damals auch sonst in der Ostschweiz tätigen Hans Ulrich Haltiner aus Altstätten errichtet wurde, erhielt kurz nach 1900 eine durchgreifende Erneuerung, die in ihrem modisch abgewandelten Louis-Seize-Stil lebhaft an die damaligen Bauten der Wiener Secession erinnert. Österreich ist ja hier ganz nahe, und die Landschaft öffnet sich durchaus gegen Osten. –

Dies erleben wir, wenn wir von Altstätten auf einer von Birken gesäumten Straße weiterfahren, die schnurgerade in die Rheinebene hinausführt, durch eine noch unverbaute, freie Natur, mit dem Blick auf die Vorarlberger Höhen, die zunächst ansteigen, dann im weiten Talgrund von Feldkirch und Bludenz gegen den Arlberg hin zurückweichen, um darauf südwärts erneut in ausgeprägteren Formen in den Vordergrund zu treten und in den ›Drei Schwestern‹ sowie im Rätikon, den Bergen über und hinter dem Fürstentum Liechtenstein, ihren vorläufigen Abschluß zu erreichen.

Nach Oberriet wendet sich unsere Straße wieder etwas zurück, um in steilem Einschnitt den Felssporn zu durchbrechen, der vom Hohen Kasten, einem aussichtsreichen Vorgipfel des Säntis, sich gegen den Rhein hinabzieht. ›Hirschensprung‹ heißt der nahe

Ort. Die Straße folgt wieder unmittelbar dem Bergfuß, doch gedeiht hier kein Wein – der uns erst weiter talaufwärts wieder begrüßen wird – und über den kleiner gewordenen Dörfern beginnen sehr bald schon die mit Laubwäldern bewachsenen Steilhänge. Das letzte dieser Dörfer, bevor die Straße sich wieder rheinwärts wendet, ist *Sennwald*. Hier lohnt es sich, die nahe der Straße auf sanftem Bergauslauf gelegene Kirche zu besuchen, weniger wegen des bescheidenen spätgotischen Innenraumes als vielmehr der sehr schönen Aussicht zuliebe: über einzelnen Gehölzen hebt sich schon jenseits des Rheins und damit der Schweizer Grenze eine flache, bewaldete Schwelle, an deren südlichem Ende sich die Kirche von Rugell abzeichnet. Darüber stehen als das Wahrzeichen des Ländchens Liechtenstein die Drei Schwestern, neben denen die Gipfel des zwischen Graubünden und Vorarlberg gelegenen Rätikon aufsteigen. Fast senkrecht bricht der Falkniß gegen das dort schon bündnerische Rheintal ab. Dahinter steigen die Berge der ›Bündner Herrschaft‹ auf. Von rechts aber schieben sich als markante Kulisse die Gipfel des Alvier heran, in welligen Hügeln gegen den Rhein auslaufend. Noch weiter rechts gewahrt man die große Mulde des Übergangs, die vom Rheintal über Wildhaus, den Geburtsort Huldrych Zwinglis, ins Toggenburg führt, und am rechten Rand der Rundsicht steigen über jähen Hängen die Kalktürme der Kreuzberge in den Himmel, die für den Kletterer ein wahres Paradies bedeuten. – Man muß das Rheintal an einem Spätherbsttag erleben, wenn der Föhn im farbigen Laub noch eine letzte Glut entfacht und sich die Berge in fast schmerzlicher Klarheit von einem Himmel abzeichnen, dessen Wolken mit jeder Stunde schon den Wetterumschlag bringen können.

Gegen Buchs zu verdichtet sich die Besiedlung, doch hat sich kurz vor dem großen Grenzort ein besonderes Idyll erhalten. Es ist *Werdenberg*, ein überaus sorgfältig konserviertes und zum Teil rekonstruiertes mittelalterliches Zwergstädtchen, das an einem kleinen See liegt und von einem wohlerhaltenen alten Schloß auf rebbewachsenem Hügel überragt wird. Der mächtige Block dieser seit der Mitte des 13. Jahrhunderts bezeugten Burg wird überhöht von einem gedrungenen Turm, über dessen Zinnenkranz sich ein

Zeltdach stülpt, aus dem nochmals ein von barocker Haube gekröntes Türmchen steigt. Das im wesentlichen aus einer einzigen, zu einem kleinen Plätzchen sich erweiternden Gasse bestehende Städtchen versetzt als Ganzes durchaus ins Mittelalter und zeigt im einzelnen seiner überwiegend aus Holz errichteten Häuser eine ganze Musterkarte an Konstruktionen: vom unverhüllten Blockbau über Bretterverschalungen und Schindelverkleidungen bis zum Fachwerk und verputzten Steinbau, der bis zur Höhe des ersten Obergeschosses die einst als Stadtmauer dienenden Außenseiten gegen den See bestimmt. Da es keine eigene Ringmauer gab, war jeder Estrich derart mit dem anderen verbunden, daß die Verteidiger ungehindert zirkulieren konnten. Die Lauben aber, welche die Hauptgasse begleiten, dienten wie in Altstätten dem Markt, der zum mittelalterlichen Stadtrecht gehörte.

Die Grafschaft Werdenberg bildete zusammen mit Sargans im Mittelalter einen jener vielen Herrschaftsbereiche, die seit dem 15. und 16. Jahrhundert zum Teil an einzelne eidgenössische Orte als Untertanen übergingen. Aus diesem sehr heterogenen Konglomerat ist dann im großen Umbruch, der auch die Schweiz in der Zeit Napoleons erfaßte, der heutige Kanton St. Gallen entstanden, der ja auch das ›Fürstenland‹ zwischen St. Gallen und Gossau sowie das Toggenburg umfaßt, der sich von Sargans aus entlang dem Walensee bis zum oberen Zürichsee hinzieht und in dieser ringförmigen Ausdehnung zwei ihm geschichtlich völlig entgegengesetzte Halbkantone, nämlich Appenzell–Innerrhoden und Außerrhoden, umschließt. Daß ein solches, geographisch und geschichtlich alles andere als einheitliches Gebilde schließlich doch noch zu einer inneren Ganzheit zusammenwuchs, beweist, wie auch noch in einer späten Phase ihrer Entwicklung die Eidgenossenschaft weniger aus geographischen und geschichtlichen Zufällen geformt wurde, als durch den klaren politischen Willen zur Autonomie.

Das nahe gelegene *Buchs* hat den unpersönlichen Charakter eines Grenzortes, was jedoch eine Fülle menschlicher Schicksale nicht ausschließt. Denn mit der Arlbergbahn kamen in ihren Salonzügen hier in die Schweiz im November 1918 Kaiser Karl, der letzte Herrscher der Donaumonarchie, und, bald nach 1945, König Carol von Rumänien, dem wegen der Verdienste um sein Land das kommunistische Regime wenigstens diesen bequemen Abgang noch erlaubte. Es kamen außerdem zahllose Flüchtlinge, die in der Schweiz ein Asyl erhofften – und es nicht immer auf die Dauer fanden, so vor allem in den für Österreich so dunklen Märztagen des Jahres 1938; Carl Zuckmayer und Ernst Lothar haben davon in ihren Erinnerungen berichtet. Und neben den politisch und rassisch Verfolgten war es die anonyme Schar der Auswanderer, die, aus dem Osten Europas kommend, in der Schweiz ein Land mit besseren Lebensmöglichkeiten suchte. –

Von Buchs führt die Rheinbrücke hinüber in das kleine Ländchen *Liechtenstein*, dessen naher Hauptort Vaduz vom trutzigen Schloß der hier regierenden Fürsten überragt ist, während zu seinen Füßen ein Teil der fürstlichen Gemäldesammlung, die einst eine Zierde der Wiener Museen bildete, öffentlich gezeigt wird. Auf die verschiedenste Weise, wovon Zoll- und Münzunion nur einen Teil darstellen, ist das Fürstentum heute mit der Schweiz verbunden, was jedoch beileibe nicht ein Protektorat bedeutet. Vielmehr beruht diese zunächst so merkwürdige Gemeinschaft zwischen der ältesten Demokratie und dem fürstlichen Relikt aus dem alten Europa auf der größten Achtung vor der Souveränität des Kleineren. Im übrigen ist das Ländchen trotz seiner Staatsform und seiner scheinbar von der Zeit vergessenen Kleinheit in seiner wirtschaftlichen Entwicklung durchaus der Zeit gefolgt.

Wir setzen unseren Weg auf dem schweizerischen Ufer durch eine wieder stiller gewordene Landschaft Richtung Sargans fort, um in Seewelen zur Rheinbrücke abzubiegen und über diese und das südlichste Dorf des Fürstentums, das von einem Schloß auf steilem Felsen beherrschte Balzers, zur *Luziensteig* zu fahren. Ausgerechnet hier, von dem kleinsten und harmlosesten der Nachbarn her, gibt sich zumindest für das Auge der Grenzübergang in die Eidgenossenschaft mit schroffer Abgeschlossenheit. Denn nicht nur Verteidigungswerke, teilweise allerdings von ehrwürdigem Alter, tauchen links und rechts der Straße auf, sondern diese zwängt sich durch ein enges Tor. Wir sind in der alten Festung Luziensteig, die heute nur einen Teil der ausgedehnten Sperranlagen des Raumes Sargans darstellt. Was wir zu sehen bekommen, wirkt jedoch in einer pittoresken Weise altertümlich. Die

Mauern und Gräben gehen im Unterschied zu den ungleich größeren und moderneren Anlagen, die man nicht zu sehen bekommt, auf eine Zeit zurück, da man seine militärischen Maßnahmen noch zu zeigen liebte, um damit dem Feind zu imponieren. Eine kleine Kapelle und ein altes Gasthaus mildern dann, eine kleine Strecke nach der Tordurchfahrt, vollends den martialischen Eindruck und geben uns in ihrer schwer im Boden ruhenden Architektur schon eine erste Vorstellung Graubündens, dessen Boden wir hier betreten.

Das Wesen Bündens bestimmt ebensosehr die Landschaft, und diese erleben wir an einer ihrer schönsten Stellen schon auf der sanften Höhe sowie auf der Südseite der Luziensteig, wie der flache Übergang zwischen dem mäßig hohen, doch markant die Rheinebene beherrschenden Fläscher Berg und dem bis gegen 300 Meter emporsteigenden Schesaplana-Massiv heißt, das im Falknis ein kühnes Felshorn vorschiebt. Der Wald löst sich immer wieder zu Weiden auf, auf denen einzelne wohlgewachsene Bäume stehen. Beim Paß oben sind es Tannen, weiter unten prächtige Buchen und Eichen. Grünhänge durchziehen die Matten. Ein Brunnen, der nach dem bekanntesten Kinderbuch der dieser Landschaft verbundenen Johanna Spyri (1827-1901) ›Heidi-Brunnen‹ heißt, ladet zur Rast. Spaziergänge locken von der Straße hinweg zu noch weiteren Aussichtspunkten, von denen man das nun graubündische Rheintal überblickt. Der Strom, dem wir vom Bodensee her südwärts entgegenfuhren, macht bei Sargans einen scharfen Knick. Die Ebene ist dort beherrscht vom mittelalterlichen Schloß und darüber von den markanten Spitzen des Alvier, von dem aus sich die später in den Kurfirsten gipfelnde Kette gegen den Walensee hinzieht. Oberhalb des Kessels von Sargans, der sich gegen drei Seiten öffnet: rheinabwärts nach Norden gegen den Bodensee, westwärts durch das breite Seetztal gegen den Walensee und südöstlich rheinaufwärts, wo dann der Tallauf bald ganz nach Süden leicht abbiegt, gegen die Berge Bündens, wie Graubünden auch genannt wird. Der Blick fällt zunächst auf eines der gesegnetsten Rebgebiete der Schweiz, dann auf die ebenfalls fruchtbare, mit vielen Maisfeldern bepflanzte Ebene, durch die der Rhein fließt, überschnitten und begleitet vom breiten Band der Autobahn. Jenseits liegt Bad Ragaz, wo aus tiefem Einschnitt die Tamina in die Ebene mündet, und dann steigt es an, über Wiesen, Wälder und Matten bis zu den Felsen der grauen Hörner, deren höchster Gipfel der von Skifahrern vielbesuchte Pizol ist. Links beschließt den Horizont das breite, sich bis nach Chur ziehende Massiv des Calanda.

In den nahen Weinbergen reifen drei berühmte, doch wegen ihrer Wirkung von manchen auch gefürchtete Tropfen: der ›Maienfelder‹, der ›Malanser‹ und der ›Jeninser‹. – Die drei Orte bilden die sogenannte Bündner Herrschaft, ein ehemaliges Untertanengebiet. Die Herrschaftsrechte, welche die Bündner nach dem Schwabenkrieg käuflich erwarben, beließen jedoch Maienfeld und Malans die vollberechtigte Mitgliedschaft im ›Zehngerichtsbund‹, dem einen der drei Bünde, so daß die Bürger jener Orte das Recht auf die paradoxe Anrede besaßen: ›Mitregierende Herren und respektive Untertanen‹.

Damit sind wir bereits mitten in den höchst eigentümlichen Verhältnissen Graubündens, mit denen wir uns hier kurz befassen wollen, bevor wir weiter in diesen flächenmäßig größten und geographisch wie ethnisch und dementsprechend auch historisch kompliziertesten der schweizerischen Kantone tiefer eindringen.

Graubünden

Man hat Graubünden schon eine Schweiz im kleinen genannt, was die Vielgestalt der Landschaft und die Vielfalt der Sprachen und Kulturen anbelangt. Tatsächlich umfaßt dieser flächenmäßig größte unter den schweizerischen Kantonen rund hundert Täler, deren Gewässer im Unterschied zum klar gegliederten Wallis, aber auch zum orographisch einfacher strukturierten Tessin nach drei Meeren hin abfließen, durch den Rhein in die Nordsee, durch den Inn und später durch die Donau in das Schwarze Meer und durch die Bäche der nach Süden sich öffnenden Täler zunächst in den Tessin, die Adda und die Etsch und schließlich in die Adria. – Graubünden steigt von einer Tiefe von rund 300 Metern am Ausgang seiner südlichen Täler jäh empor bis zu den Eisgipfeln der knapp 4000 Meter erreichenden Berninagruppe, wobei es auch im Vereina- und Silvrettagebiet, im Kesch-Massiv und am Rheinwaldhorn beachtliche Vergletscherungen und markante Gipfel gibt.

Doch, wie gesagt, Täler und Gipfel lassen sich kaum in ein System bringen. Wohl liegt Chur wie eine Spinne im Treffpunkt verschiedener Straßen: jener durch das Schanfigg nach Arosa, über die Lenzerheide ins Engadin, oder jener dem Rhein entlang nach dem nahen Reichenau, wo sich die Straßen zum Oberalppaß sowie zum Splügen und Bernhardin gabeln. Aber es führt von der Hauptstadt Chur keine direkte Straße nach dem wichtigen Davos, und zwischen das Engadin legt sich, nachdem man die Lenzerheide überschritten hat, wie ein Graben das tief eingeschnittene Albulatal. Es herrscht rein topographisch schon eine merkwürdige Mischung von Abgeschlossenheit und Durchgangslage, und dies wiederholt sich in den einzelnen Tälern, in denen Klusen und Engpässe mit weiten Talgründen wechseln. So hat die auch sonst für die Schweiz wichtige Verkammerung hier ihr höchstes Maß erreicht.

Dementsprechend hat sich das kulturelle und politische Schicksal Graubündens entwickelt. Nicht aus Zufall lautet der Name auch Drei-Bünden. Denn das Land, das erst seit 1803 ein Kanton der Schweiz ist und vorher eine der Eidgenossenschaft zugewandte Gegend war – und sich als eine solche auch heute noch oft fühlt –, hat sich aus drei verschiedenen Bünden entwickelt, die alle im 14. Jahrhundert entstanden sind: dem Gotteshausbund, dem Zehngerichtsbund und dem Grauen Bund. Innerhalb Graubündens gab es also die Selbständigkeit der drei Bünde und in diesen wiederum die der einzelnen Gemeinden, deren Autonomie mehr ausgebildet war – und es heute noch ist – als in der übrigen Schweiz, ja in Europa. Jede Gemeinde besaß ihr Vetorecht gegenüber der Gesamtheit der Bünde, und auch heute noch besitzt sie die größten Befugnisse; so kann sie beispielsweise im Schulwesen die Unterrichtssprache bestimmen, was aufs engste mit der sprachlichen Zersplitterung des Landes zusammenhängt. Bedenkt man, daß viele dieser Gemeinden heute zusammengeschrumpft sind, bisweilen auf weniger als 100 Seelen, dann kann man das Unzeitgemäße eines solchen Zustandes ermessen, der höchstens aus einer auch heute noch nicht ganz überwundenen Abgeschlossenheit vom großen Verkehr zu erklären ist. Die Selbständigkeit der Gemeinde, der die Selbstherrlichkeit des einzelnen Bürgers entspricht, findet ihr Gegenbild in der Sprache, vor allem im Rätoromanischen, das 1938 zur ›Vierten Landessprache‹ der Schweiz erklärt wurde, das aber in drei Schriftsprachen und darüber hinaus in fast zahllose Dialekte aufgeteilt ist, wobei die Dialekte oft von Dorf zu Dorf verschieden sind. Doch lassen sich drei Hauptgruppen zusammenfassen: das Ladinische im Engadin, das Surselvische im Vorderrheintal und dazwischen, als verhältnismäßig dünne Brücke, das Sutselvische und Surmeirische im Oberhalbstein und Albulatal. Insbesondere diese mittelbündischen Gebiete werden jedoch in neuester Zeit mehr und mehr von der deutschen Sprache durchdrungen. Italienisch wird in den ›Valli‹ auf der Südseite des Alpenkamms gesprochen: im Misox und im anstoßenden Calancatal südlich des Bernhardins, im Bergell, südwestlich der Maloja und im Puschlav auf der Südseite des Berninapasses. Dabei nimmt die Italianità, die bereits im Misox durchaus alpinen Charakter besitzt, über das Bergell bis ins Puschlav immer mehr ab. – Und schließlich gehört auch das heute im rätoromanischen Sprachgebrauch rasch vordringende Deutsch sehr wesentlich zu Graubünden, auch wenn es hier erst seit dem 14. Jahrhundert auftaucht, und zwar im Zuge der Walser, die, aus dem Oberwallis und den benachbarten obersten italienischen Tälern kommend, die obersten Talstufen besiedelten und urbar machten. Im Rheinwald am Nordende des Bernhardinpasses, im Avers, an den südlichen Zuflüssen des Vorderrheins, im Davosertal und im Prättigau zeigen die in ihren dunklen Holzbauten dem Oberwallis eng verwandten Dörfer, die sich vom romanisch-italienischen Steinbau deutlich unterscheiden, den eigenen Stil der Walser.

Das Selbstbewußtsein der Gemeinden und darüber hinaus der einzelnen Talschaften, doch auch die Selbstherrlichkeit des namentlich im Mittelalter hier sehr bedeutenden Adels ist auch in den neueren Jahrhunderten geblieben und hat zu vielen Reibereien, Fehden und oft blutigen Kämpfen geführt. Die Glaubensspaltung hat diese Zerwürfnisse noch gesteigert, die ihren Höhepunkt zur Zeit des Dreißigjährigen Krieges erreichten. Denn damals verband sich das Ringen zwischen alter und neuer Lehre mit den außenpolitischen Parteiungen, von denen es die einen mit dem erzkatholischen Hause Habsburg hielten, das für seine Verbindung zwischen Tirol und der damals spanischen Lombardei der Bündner Pässe bedurfte, während die anderen zu Frankreich neigten, das die evangelischen Mächte unterstützte. In jene Zeit der ›Bündner Wirren‹ fällt auch die im Zwielicht zwischen Patriot und Verräter stehende Gestalt des Jürg Jenatsch, dem C.F. Meyer seinen wohl besten Roman gewidmet hat.

Das Schicksal Bündens liegt seit römischer Zeit in seinen Straßen, ähnlich wie im benachbarten Tirol, nur daß im Gegensinn zu dort romanische Volksteile über den Alpenkamm nach Norden ins Engadin, ins Albulatal und Oberhalbstein sowie auch ins Vorderrheintal gedrungen sind. – Die ›Via mala‹ ist nur der bekannteste von den zahlreichen Engpässen, durch die sich die Straßen Bündens winden. Doch um so breiter und heller sind darauf die auf solche Weise abgeschlossenen Talschaften, die lange Zeit, trotz des zunehmenden Verkehrs, ihr Eigenleben bewahrten. Das Wort von der ›Weltweite und Talenge‹ (Allemann) trifft ganz besonders für Graubünden zu, dessen Oberschicht in fremden Kriegsdiensten zu Reichtum und Ansehen gelangte, während die einfacheren Leute oft als Cafétiers und Patissiers, wie beispielsweise Josty in Berlin und Caflisch in Neapel, ihr Glück machten.

Die Straße über die Luziensteig endet auf bündnerischer Seite in *Maienfeld*. Unter den drei Orten der bündnerischen Herrschaft treffen wir hier am stärksten auf städtischen Charakter. Ansehnliche Bauten, von denen viele die Allüre von Herrenhäusern tragen, umstehen einen geschlossenen Hauptplatz. Von ihm steigt eine Freitreppe zu der ein wenig hinter den Häusern verborgenen Kirche empor, die ein schönes Beispiel des protestantischen Predigtsaales in spätbarocken Formen darstellt. Die flache Decke des langgestreckten Raumes ist durch sparsames Stuckrankenwerk geschmückt, und der Raum gewinnt auf der Bergseite seinen durchaus barocken Abschluß, indem Taufstein, Kanzel und Orgel zu einem vielfältigen Prospekt zusammenkomponiert sind. – Das Rathaus, das dem 17. und 18.Jahrhundert entstammt, beherrscht die Westseite des Platzes, während das sogenannte ›Schloß‹ als mächtiger quadratischer Turm aus dem 13.Jahrhundert das Ostende des Städtchens überragt. Talauswärts in den Reben steht Schloß Salenegg, das in seiner heutigen Form auf Umbauten und Erweiterungen des 17. und 18.Jahrhunderts zurückgeht und sich seit jener Zeit im ununterbrochenen Besitz der Familie Gugelberg-von Moos befindet. Hinter seiner langgestreckten Talfront, die von Pilastern und segmentbogenbekrönten Risaliten gegliedert wird, verbergen sich ein aufwendiges Treppenhaus und wertvolle Innenräume.

Von Maienfeld aus lohnt sich der Abstecher nach dem nahen Bad Ragaz, sofern wir diesen Ort nicht vom Rheintal her unter Umgehung der Luziensteig über Sargans erreichen wollen. Ragaz ist eines der großen Thermalbäder nicht nur der Schweiz, sondern Europas, dessen vornehme Gesellschaft vor allem im 19. Jahrhundert hierher zur Kur kam. Unter anderen weilte damals hier die Gesellschaft des kaiserlichen Berlin, unter ihr auch Moltke, und Fontane erwähnt den Ort in seinem Alterswerk, dem ›Stechlin‹. An jene Epoche erinnern noch der Kursalon mit seinem offenen Säulenportikus und einzelne große, alte Wellingtonien, welche glücklicherweise die Rodungen des in jüngster Zeit modernisierten Parks überstanden haben. Doch schaffen gepflegte Rasenflächen mit Blumenbeeten eine freie und freundliche Umgebung zu den geschmackvoll erneuerten Hotels und Trinkhallen sowie dem großen Schwimmbad; Anlagen, neben denen sich der einstige Hof der Äbte des nahen Benediktiner-Klosters Pfäfers in dem ganzen Behagen seines ländlichen Spätbarock noch immer sehr stattlich präsentiert.

Von Ragaz führt ein Fußgängern und Pferdewagen vorbehaltenes Sträßchen in rund anderthalb Stunden durch die pittoreske Taminaschlucht nach *Bad Pfäfers*. Überaus steile Buchenhänge drängen sich zwischen die Felswände, die schließlich zu einer der engsten und tiefsten Schluchten zusammentreten. Durch eine Folge altertümlicher Gast- und Badehäuser betritt man die berühmte, wasserbespritzte Galerie, die eines der packendsten Naturschauspiele vermittelt, und gelangt auf schmalem Steg zu jener innersten Kammer, wo die Heilquelle aus dem Felsen springt. Einst, als der Zugang durch die Schlucht noch nicht geöffnet war, ließ man die Kranken aus großer Höhe an Seilen herab zu diesem von allen Schrecken umgebenen Naturbrunnen. – Oberhalb der Schlucht, von Ragaz aus über den aussichtsreichen Wartenstein auf schmaler Fahrstraße erreichbar, liegt die 724 vom heiligen Pirmin gegründete Abtei Pfäfers mit der zu Anfang des 18.Jahrhunderts im Vorarlberger-Schema erbauten Barockkirche.

Von Maienfeld führt ein aussichtsreiches Sträßchen durch die Rebhänge hinauf nach *Jenins*, dem höchsten unter den Orten der Bündnerischen Herrschaft. Vom Platz vor der anmutigen Rokoko-Kirche mit dem zwiebelgekrönten Türmchen hat man nochmals einen weiten Blick über das hier noch nicht der Industrie verfallene Rheintal mit seinen von einzelnen Waldläufen durchzogenen Rebhängen und den Maisfeldern und Wiesen der Talebene. Weiter geht es, zum Teil dem Waldrand entlang, nach *Malans*, das gegen Norden besonders geschützt und nur dem von Süden kommenden Föhn ausgesetzt am Fuß des Falknis, oder vielmehr seiner südöstlichen Ausläufer, liegt. Neben den Reben reift hier auch viel Obst, das in dem milden Klima gut gedeiht. Nußbäume stehen neben den Maisfeldern, und auch der massige Steinbau der Häuser bekundet zusammen mit den üppigen Gärten jenen Halbsüden, wie wir ihn auch am Oberlauf der Etsch und der Eisack finden. Die vielen Herrenhäuser, die wir ähnlich wie in Maienfeld treffen, distanzieren sich auch hier in keiner Weise vom übrigen Dorf, sondern wachsen in demokratischer Gemeinschaft aus den einfacheren Weinbauernhäusern heraus, zu deren Kellern große Tore führen. Zwischendrin steht die ›Krone‹ mit ihren altgetäfelten Gaststuben und ihrem vom französischen 17.Jahrhundert übernommenen Mansard-Dach über den regelmäßig angeordneten Fenstern. Westlich davon liegt Schloß Bothmar, das seine beiden Flügel im rechten Winkel aussendet und in seiner wesentlichen Anlage noch auf das 16.Jahrhundert zurückgeht. Der Besitz wechselte von den von Moos-Gugelberg zu den Planta-Wildenburg und schließlich zu den Salis, die noch heute hier ein Familienarchiv pflegen. Aus ihren einstigen holländischen Diensten besaßen sie einen besonderen Kontakt mit der großen Welt, und so ist denn auch hier das Innere vor allem im 18.Jahrhundert mit Stuck- und Holzdecken ausgestattet worden, und vor dem Schloß senkt sich gegen Süden ein alter Terrassengarten mit beschnittenen Hecken und Bäumen. – Die evangelische Kirche geht in ihrem Mauerwerk auf die Gotik des 14.Jahrhunderts zurück, zwischen deren Kreuzrippen ein zierlich-sprödes Rokoko sein Spiel entfaltet. Die im Barockstil des 17.Jahrhunderts geschnitzte Kanzel schmückt den Eingang zum Chor, der auf protestantische Weise durch Taufstein und Orgel seine Akzente erhält. In der Vorhalle stehen die Grabtafeln der Geschlechter, die zum Teil bis heute in Malans ihren Sitz haben. Auch der weit in die Rheinebene schauende Turm trägt Elemente der verschiedensten Epochen zur Schau, nämlich postromanische Zwillingsfenster, barocke Schallöcher und einen wieder der gotischen Tradition folgenden Spitzhelm.

Von Malans führt uns die Nebenstraße in der Nähe der Schanzen vorbei, die Herzog Rohan in der Zeit der mit dem Dreißigjährigen Krieg parallel gehenden Bündner Wirren gegen die Österreicher und Spanier anlegen ließ, nach Landquart, wo der gleichnamige Fluß in den Rhein mündet. Wir sehen linkerhand die Klus, durch welche zwischen hohen Felswänden sich das Wasser seinen Ausweg aus dem Prättigau grub, ein wald- und wiesenreiches Tal, durch das Bahn und Straße nach Kosters und Davos hinaufführen. Wir fahren von Landquart aus an der alten Straße durch das Gebiet der ›fünf Dörfer‹, welches auf die ›Herrschaft‹ folgt. Noch vor Igis liegt abseits am Fuß der sonst steil abfallenden Waldhänge Schloß *Marschlins*, ein einstiges Wasserschloß, dessen Geviert von vier noch aus dem 13.Jahrhundert stammenden Rundtürmen bewehrt wird. Das imponierend schöne Schloß, das neben einzelnen geschickten Ergänzungen des frühen 20.Jahrhunderts eine Reihe wertvoller alter Räume besitzt, kam 1633 durch den in zunächst venezianischen, dann französischen Diensten stehenden Feldmarschall Ulysses von Salis in den Besitz dieser weitverzweigten bündnerischen Familie. Der Gedenkstein für Ulysses von Salis-

AUF DEM WEGE NACH CHUR

Marschlins steht heute im Chor der spätgotischen evangelischen Kirche des nahen *Igis*. Das nächste Dorf ist *Zizers*, das sich mit seinen beiden Schlössern mit Maienfeld und Malans messen kann. Das Untere Schloß, das heute als Johanniterspital dient, lagert sich längs zum Hang als mächtiger, mit einem Sattelwalm überdachter Block, aus dessen Mitte ein achteckiger Turm mit geschwungener Haube tritt. Das Obere Schloß verzichtet auf die nach außen gewandte Wirkung des Unteren Schlosses, doch ordnet es aufs glücklichste Einfahrt und Nebengebäude dem Hauptbau zu, dessen Kubus durch aufgemalte Scheinarchitektur akzentuiert wird. Das Innere des heute dem Bistum Chur gehörigen Schlosses zeichnet sich durch ein um 1730 im reichsten Spätbarock der venezianischen ›Quadraturmalerei‹ geziertes Treppenhaus aus. – In der katholischen Kirche von Zizers hat ein spätgotischer Kern 1767 seine Neufassung in einem Spätbarock gefunden, der sich von den sonst eher italianisierenden Barockkirchen der katholischen Teile Graubündens unterscheidet und eher an das nahe Österreich erinnert.

Die alte Straße führt über einstige Schuttkegel, die zum Teil von Wäldern überwachsen sind, vorbei an Trimmis, das zwei einfache Kirchen mit spätgotischen Chören und ganz am Ende des Barock umgebauten Schiffen besitzt. Die halbsüdliche Milde, die noch Igis und Zizers auszeichnete, weicht zurück. Am südlichen Horizont steigt hoch und schattig der bis weit hinauf von steilen Wäldern bedeckte ›Dreibündenstein‹ empor, während links das an sich noch immer breite Rheintal von den ebenfalls sehr steilen Abstürzen des Hochwang begleitet wird. Doch im Winkel zwischen beiden Gebirgen öffnen sich zwei Täler, eines gegen Süden zur Lenzerheide und weiter gegen den Julier in Richtung auf das Engadin und das andere gegen Osten ins Schanfigg, in dessen oberstem Teil Arosa liegt. Wo diese Täler sich im Winkel des hier nach Westen abbiegenden Rheintals vereinen, liegt Chur, die alte Hauptstadt Rätiens.

Chur

Dort, wo Straßen aus allen vier Himmelsrichtungen zusammenlaufen und zugleich die aus der wilden Schlucht des Schanfigg herausschäumende Plessur in nun ruhigerem Lauf in die Rheinebene tritt, hatten bereits die Römer zur Sicherung ihrer Verkehrslinien ein seit dem dritten nachchristlichen Jahrhundert bestehendes Kastell angelegt. Es lag auf jenem Felsausläufer, auf dem vermutlich schon im 4.Jahrhundert die ersten Bischöfe Kirche und Hof errichteten. Im Laufe des Mittelalters entstand hier eine geistliche Oberstadt, bewehrt mit Türmen, die sich im Torturm an der Westecke des heutigen ›Hof‹ und in Rudimenten auch in den im 18. und 19.Jahrhundert veränderten Gebäuden erhalten haben. Ob man aus der Unterstadt hinauf, vom hochgelegenen St.Luziusstift herab oder von den Hängen südlich der Plessur hinübersieht, jedesmal beeindruckt der durch das Bischofsschloß im Norden und durch die Kathedrale im Südosten beherrschte Baukomplex.

Der Dom. Der auf steil abfallendem Felsen über der Plessur erbaute Dom steht an der Stelle eines römischen Tempels, dessen gerillte Opferplatte in die Mensa des heutigen Hochaltars eingebaut wurde, um unter neuem Zeichen die Kontinuität des heiligen Ortes aufzuzeigen. Von einer ersten, zumindest auf das 5.Jahrhundert zurückgehenden Kathedrale sind Reste einer Halbkreisapsis gefunden worden, die in größerer Form auch die Grundmauer des frühkarolingischen, unter Bischof Tello 773 errichteten Baues aufweist. Von diesem sind Flechtbandornamente sowohl in der Krypta wie am Laurenziusaltar der heutigen Kathedrale erhalten, andere Stücke finden sich im Rhätischen Museum. Die gegenwärtige Kathedrale – die dritte in der Reihe – wurde im wesentlichen zwischen 1155 und 1272 erbaut und von da an bis ins 20.Jahrhundert ausgeschmückt, so daß sie mit ihrer reichen Ausstattung die verschiedensten Epochen im großen Ganzen harmonisch vereint.

Man betritt den Dom von Norden her durch ein nach innen abgestuftes Rundbogenportal, das in der Vielfalt seiner Gliederung mit Säulen und bemalten Stabprofilen in den Bogenlaibungen auf figürlichen Schmuck verzichtet. Das Portal ist eingebettet in die seitlich von Häusern eingefaßte Kirchenfront, deren große Rundbogenfenster die sonst glatte Steinfläche unter einem südlich flachen Giebel durchbrechen; alles eindrucksvolles Beispiel des reifen romanischen Stils. Die Wendung zur Frühgotik bringt das Innere, dessen unregelmäßig verzogener Grundriß zwar nicht ohne weiteres vom Auge zur Kenntnis genommen wird, jedoch wesentlich beiträgt zur spannungsvollen Eigenart des sehr urtümlich oder – um das schweizerdeutsche Wort hier zu gebrauchen – ›rassig‹ wirkenden Raumes. Denn überaus gedrungen, schwer und lastend, dem Boden verhaftet und dennoch imponierend durch die Kraft der weit gespannten Gewölbe und durch die Macht des langsam gegen den Chor hin schreitenden Rhythmus der breit bemessenen Joche ist der Charakter dieses Domes, in welchem man sich stärker als in anderen umfaßt, umschlossen und zugleich geborgen fühlt. Auch die Farbe trägt das ihre bei: das Schiefergrau der gemauerten Wandzone, der gelbgraue Tuff der breit profilierten Gurte und Rippen und der helle Verputz der Hochschiffwände und Gewölbekappen.

Das Besondere des Eindrucks wird verstärkt durch das leichte Ansteigen des Bodens im Langhaus, wodurch die Bedeutung des über der Krypta gelegenen Chores sich noch erhöht. Man spürt recht eigentlich, wie dieser Dom nicht nur inmitten hoher Berge, sondern selbst auf einem Berg über der Stadt gelegen ist und wie der felsige Grund sich in der an Felsen erinnernden Konsistenz der Baumassen fortsetzt. Diese Massen sind bereits im Sinne der Frühgotik gegliedert: Vor abgetreppten, von Viertelssäulen unterbrochenen Rücklagen stehen die Halbsäulen, von denen sich je einmal abgestufte Gurtbogen quer über das Mittelschiff spannen, durch die Schildbogen der Hochschiffwände zu einzelnen Jochen ergänzt, die in der Art mächtiger Baldachine von flachen, eckig profilierten Diagonalrippen überkreuzt werden. Jede dieser Rippen findet ihren Ansatz in einem Kapitell und ihre Fortsetzung nach unten in einer Viertelssäule, so wie auch die jochtrennenden Quergurte aus runden oder eckig profilierten Wandvorlagen entspringen. Das alles demonstriert bereits das gotische System, wie es wohl weniger von Nordfrankreich als von der Provence und möglicherweise auch durch die Zisterzienserkirchen der Lombardei nach Chur gelangen konnte. Die Erscheinung nämlich ist durchaus frühgotisch und zugleich mediterraner Natur; denn die

ERNST LUDWIG KIRCHNER
Die Brücke bei Wiesen
Gemälde, 1926 (9.844)
Gemeinde Davos

Geschlossenheit des Steins bleibt allenthalben sichtbar. Sie beginnt erst an einzelnen Stellen, die dann freilich von nachdrücklicher Bedeutung sind, sich zu durchgliedern, und im Steigen der Bogen wie in der Hebung der Gewölbe setzt sich der gleiche gestaltende Wille mit der dumpfen Schwere der Steinmassen auseinander.

Zur Geschlossenheit des Raumes trägt das Fehlen sowohl eines Querschiffs wie von Emporen oder eines Laufgangs bei. Auch in dieser Vereinfachung gegenüber dem nordfranzösischen Kathedralsystem erweist sich der Raum als mit südfranzösischen und oberitalienischen Bauten verwandt. Im gleichen Sinne stehen die Pfeiler weit auseinander, so daß in Annäherung an eine Halle die Seitenschiffe in den Gesamtraum einbezogen sind. An romanische Kirchen des Tessin, wie S. Nicolao in Giornico und S. Vittore in Locarno, doch darüber hinaus auch an S. Zeno in Verona und andere oberitalienische Beispiele erinnert der offene Einblick durch den breitgespannten Bogen in die Krypta, vor deren Eingang gleichsam als Wächter spätromanische Apostelfiguren stehen, deren pfeilerhaft gestreckte Proportionen auf ihre ursprüngliche Verwendung an einem Lettner hindeuten. Die eigentümlich zerfurchten Gesichter erinnern in ihrem Verhältnis von Stilisierung und Naturalismus an die Pfeilerfiguren im Kreuzgang von St-Trophime in Arles, wodurch die Beziehungen zur Provence auch von der Skulptur her bestätigt würden. Die mit dem Bau der dritten, gegenwärtigen Kathedrale begonnene Krypta zerfällt in einen größeren vorderen Raum, dessen flaches Kreuzgewölbe in seinem Scheitel durch einen löwengetragenen Pfeiler gestützt wird – und in einen etwas älteren Abschnitt, den zwei Mittelsäulen unterteilen. Einen merkwürdigen Gegensatz zur romantischen Architektur bildet hier der in zartem Hellrot und Blaugrün getönte Dekor der Régence-Stukkatur. Von der hinteren Krypta aus gelangt man in das kleine Dommuseum, das durch ein vorkarolingisches Tragreliquiar, den romanischen Luzius-Schrein und eine der gleichen Epoche entstammende Truhe sowie syrische Stoffe und andere Seltenheiten zu den wertvollsten kirchlichen Schatzkammern der Schweiz gehört.

Seitlich des Krypta-Eingangs führen Treppen hinauf zum gegenüber dem Langhaus leicht abgewinkelten Chor, an den sich ein eingezogenes, querrechteckiges Altarhaus anschließt. Die ganze Ostpartie ist bühnenartig erhöht, was ähnlich wie die offene Krypta seine oberitalienischen, insbesondere lombardischen Analogien besitzt. Aus dem Altarraum funkelt und glänzt der reichvergoldete Hochaltarschrein, den 1492 Jakob Russ aus Ravensburg vollendete und der unter den vielen aus Oberschwaben nach Graubünden gelangten Schnitzaltären der prächtigste ist, sowohl was das bis zum Gewölbescheitel aufsprießende Gespränge und die aus dichtem Rankenwerk geflochtenen Baldachine anbelangt, wie auch das besondere, an Pachers St. Wolfgang-Altar erinnernde Motiv der Engel, die hinter den Schreinfiguren ihre Flügel und Mäntel ausspannen. –

Mit dem Bau und seiner Entstehungszeit sind die noch spätromanischen Kapitelle verbunden, von denen eine erste, im östlichen Langhaus und im Chor vertretene Gruppe um 1200 entstanden ist und in ihren leicht antikisierenden Formen auf die Schule Antelamis, insbesondere auf die Skulpturen im Dom von Fidenza, hinweist. Die etwas jüngere, zweite Gruppe gehört mit ihren Löwen und phantastischen Fabelwesen mehr in den Kreis von Konstanz und des Zürcher Großmünster-Kreuzgangs. – Das um 1450 geschaffene Chorgestühl zeigt einzelne Figuren des frühen 14. Jahrhunderts; es ist im 20. Jahrhundert stark ergänzt worden. – Ein Kleinod spätgotischer Steinmetzarbeit stellt das Sakramentshäuschen dar. – Hoch über dem letzten Bogen des nördlichen Seitenschiffs steht vor den beiden Fenstern, die ähnlich wie in den Münstern von Basel und Zürich paarweise die Hochschiffswand durchbrechen, die zierliche Bischofsloge, deren Brüstung der Renaissance, deren reich geschwungenes Holzgitter jedoch dem Spätbarock entstammen. Von den Seitenaltären seien der aus Churwalden hierher gelangte St. Luzius-Altar von 1511 erwähnt, dessen Innenseiten mit Skulpturen, dessen Außenflügel mit Gemälden geschmückt sind, die Wolf Huber nahestehen. Unter den Grabmälern befindet sich der von Jakob Russ aus rotem Marmor geschaffene Sarkophag des Bischofs Ortlieb von Brandis und in der Nähe des Eingangs die einfache Grabtafel des Jürg Jenatsch.

Unter den Gebäuden, die den Platz vor dem Dom unregelmäßig umschließen, kommt die erste Rolle dem *Bischofpalast* zu, dessen mittelalterlicher Kern um die Mitte des 17. Jahrhunderts und nochmals im zweiten Viertel des 18. Jahrhunderts umgebaut und erweitert wurde. Aus der zweiten Zeit stammt die Eingangsfront mit den giebelgeschmückten Risaliten und Fenstern, die in der

Art des ostalpinen Spätbarock mit reichem Stuck-Ornament im Régence-Stil geschmückt sind. Von den gleichen Tiroler Meistern stammt auch die prachtvolle Stukkierung des Treppenhauses.

Oberhalb des Hofes steht am milden rebenbepflanzten Berghang das alte *St. Luzius-Kloster*, das mit seinen modernen Erweiterungen heute als Priesterseminar dient. Die sorgfältig wiederhergestellte Kirche wurde ursprünglich über dem Grab des heiligen Luzius errichtet, des der Überlieferung nach ersten Bischofs von Chur, der als Märtyrer starb. Was heute in eindrucksvoller Weise vom alten Bestand wieder sichtbar ist, konzentriert sich auf die von gedrungenen Spitzbogen überwölbte Ostpartie einer 1295 geweihten Kirche, die erhöht über einer auf das Frühmittelalter zurückgehenden Unterkirche steht. Von dieser ist unter anderem der östliche Abschluß erhalten, mit seinen drei Apsiden, die Hufeisenform besitzen und nach der Mitte vorgestaffelt sind. Darunter befindet sich erst die eigentliche, auf die erste Hälfte des 8. Jahrhunderts zurückgehende Krypta: Ein halbrunder Gang öffnet sich in seinem Scheitel zur Confessio, in welcher der heilige Luzius als bündnerischer Landespatron verehrt wird.

Die *Unterstadt* empfängt den von Norden Kommenden zunächst mit Bauten aus dem 19. und 20. Jahrhundert in jener mehr oder weniger zufälligen Mischung, wie wir sie häufig vor einem alten Stadtkern treffen. Da ist das Großratsgebäude in seinem von der Münchner Ludwigsstraße übernommenen Rundbogenstil samt dessen Anklängen an die Rustika des florentinischen Quattrocento. Fest und verschlossen wirkt der Bau, darin durchaus das Wesen der hier Tagenden zum Ausdruck bringend, und doch ein wenig auch an eine Kaserne oder ein Zeughaus von 1850 erinnernd, die man damals im gleichen Stile baute. In der Nähe steht das Kunsthaus, das aus der 1874-1876 erbauten Villa Planta hervorging. Der Bau zeigt eine Mischung von Renaissance und byzantinischen Motiven, die an das ›Néogrec‹ des Zweiten Kaiserreichs erinnert. Anschließend lagert sich breit und schwer das 1912 vollendete Verwaltungsgebäude der rätischen Bahnen – die übrigens das größte Schmalspurnetz in Mitteleuropa besitzen –, ein gewichtiger Bau mit mächtigen, gebrochenen Dächern, wie sie der

Neubarock jener Zeit liebte und die auch der damals aufkommenden Heimatschutzbewegung entsprachen. Von deren Bestrebungen, das Bodenständige mit dem Modernen zu verbinden und einen gesunden Anschluß an die ortsüblichen Überlieferungen zu finden, unterscheidet sich die kühle und unpersönliche ›Bundesrenaissance‹ des nur zehn Jahre älteren Postgebäudes. Andere Bauten der Jahre vor dem Ersten Weltkrieg und solche der neuesten Zeit, die einen achtbaren Durchschnitt darstellen, ergänzen das Potpourri der Stile.

Demgegenüber offenbart sich in den Gassen des Stadtkerns, den wir nun betreten, eine Einheit, die erst an wenigen Stellen von der Gegenwart durchbrochen ist, sonst aber jenen gleichsam selbstverständlichen Zusammenklang des Mannigfaltigen erreicht, in welchem sich in früheren Jahrhunderten das Neue zum Bestehenden fügte. – Wir gehen vom ehemaligen Unteren Tor aus die ›Reichsgasse‹ hinauf, vorbei am *Grauen Haus*, dem Regierungsgebäude Graubündens, dessen grüngrauer Schiefer in den Profilen des gerade durch seine Schlichtheit überzeugenden Palastes den Ton angibt. Der viergeschossige Block, dessen Wucht durch Eckpilaster gefaßt und durch eine schön geschwungene Portaleinfassung gemildert wird, entstand 1751-1752 als Wohnhaus für Oberst Andreas von Salis-Soglio und wird seit 1807, nachdem der große Umbruch der napoleonischen Zeit auch in Bünden manche alten Verhältnisse geändert hatte, als Sitz der Regierung benutzt. Im Innern haben sich gewölbte Gänge mit zarten Régence-Stukkaturen, der Festsaal und ein ›chinesisches‹ Zimmer erhalten. Die Reichsgasse führt in doppeltem Knick weiter, vorbei am *Rathaus*, das sein Erdgeschoß in mächtigen Gewölben nach zwei Seiten öffnet und das gleich dem ›Grauen Haus‹ ursprünglich ein Patriziersitz war, doch deutet das reich gefaßte Stadtwappen über dem Portal schon auf die heutige Bestimmung. – Bereits ist die Martinskirche in Sicht, und nun weitet sich nach beiden Seiten die Gasse zum Platz, auf den auch der andere wichtige Nord-Südzug, die Poststraße, mündet. Sie ist die Fortsetzung der ›deutschen Straße‹, die vom Bodensee her durch das Rheintal nach Chur führt. Auf dem gleichen Platz beginnt im rechten Winkel zu den genannten

Gassen die Obergasse, die sich als ›welsche Straße‹ fortsetzt, wobei hier ›welsch‹ soviel wie ›italienisch‹ bedeutet.

Der in jeder Hinsicht so bedeutende Platz hat um 1960 herum durch den Neubau eines Hotels viel verloren. Das Haus trägt einen Allerweltsnamen und vertritt in seinen harten und unruhigen Formen einen Modernismus, der international sein möchte, jedoch in der sonst bodenständigen Umgebung nur provinziell wirkt. Der Fall, der nicht übersehen werden kann, ist leider exemplarisch. Nicht nur in Chur, sondern auch in vielen anderen Orten, die wir hier berühren, dringt, wie heutzutage fast in ganz Europa, das Neue in das Alte ein, dieses oft nicht organisch ergänzend, sondern rücksichtslos sprengend. Es wirkt dann, als ob man sich seines Herkommens schäme und deshalb die alten, gewachsenen Ortsbilder auswechseln möchte, gleich Kleidern, deren man überdrüssig geworden ist. Die Angst, den Anschluß an den Zug zur Zukunft zu verpassen, läßt bedenkenlos das Alte, das in seiner Art einmalig ist, einem Neuen opfern, das meistens nicht viel mehr als ein Allerweltsprodukt bedeutet. – Glücklicherweise hat jener Hotelneubau gegenüber der Martinskirche so alarmierend gewirkt, daß auf Grund einer daraufhin geschaffenen Schutzverordnung die Altstadt seither behutsamer erneuert wird – aber eben doch erneuert!

Wir folgen der Obergasse, die sich in der historischen ›Welschen Straße‹ fortsetzt bis zum Oberen Tor an der Plessur-Brücke. Die Häuser stehen auf mittelalterlichem, schmalem Grundriß engbrüstig mit ihren Giebeln nebeneinander. Die großzügigere und selbstherrlichere Art der neueren Jahrhunderte vertritt an der zur Reichsgasse parallel verlaufenden Postgasse das sogenannte *Alte Gebäu*, das um 1730 für Peter von Salis-Soglio erbaute Gegenstück zum ›Neuen Gebäu‹, wie das bereits erwähnte ›Graue Haus‹ auch genannt wird. Im Vergleich zu diesem ist das ›Alte Gebäu‹ um ein Geschoß niedriger, dafür lagert es sich breiter mit seinen regelmäßig durchfensterten Fronten unter großem Sattelwalmdach. Das Innere ist durch Régence-Stukkaturen und einzelne Fresken ausgezeichnet, und an der Rückseite schließt sich ein ursprünglich im französischen Geschmack angelegter Garten an.

Wir kehren zurück zur evangelischen *Martinskirche*, die auf eine der in Graubünden häufige Dreiapsidenanlage der Karolingerzeit zurückgeht. Der gegenwärtige Bau wurde unter Verwendung der ursprünglichen Mauern der Schiffe nach dem Stadtbrand von 1464 errichtet, wobei man das Langhaus um ein Joch nach Osten verlängerte und daran den polygonalen Chor anschloß. 1917-1919 erhöhte man den Turm und gab seinem Abschluß die heutige überzeugende Form; zugleich wurde der Fassade die halbkreisförmige Vorhalle vorgesetzt, die sich ebenfalls dem gegebenen Bestand recht gut einfügt.

An der Südseite der Martinskirche stehen alte, charaktervolle Bürgerhäuser, von denen mehr als eines einen sehenswerten Innenhof besitzt. Eine dieser an sich schweren und geschlossenen Fronten schmückt seit 1546 ein durch drei Geschosse hindurchgehender Erker, was deutlich an Tirol erinnert, wie denn auch sonst in Chur gelegentlich ein ostalpiner Hauch zu spüren ist. Der Aufstieg von der Martinskirche zum Hof wird begleitet von einzelnen freistehenden Patrizierhäusern in jenem gewichtigen, schon deutlich von Italien her bestimmten Barock, wie er, mit Ausnahme des Engadin, das seinen eigenen Stil besitzt, auch sonst in Bünden vorkommt. Zu diesen Bauten gehört unter anderen das gegen 1680 für den Bürgermeister Stephan von Buol errichtete Haus, das heute das Rhätische Museum mit seinen frühgeschichtlichen und volkskundlichen Sammlungen birgt.

Durchs Domleschg und Schams

Durch das ›Welschdörfli‹, eine jenseits der Plessur gelegene alte Vorstadt Churs, fährt man auf der ›italienischen‹ Straße westwärts über flach auslaufende Schuttkegel, die längst von Matten und Gehölzen übergrünt sind, nach *Domat*. Der Ort ist infolge des nahen Holzverzuckerungswerks von Neubauten umgeben, wird jedoch in seinem Gesamtbild noch immer durch seine drei alten Kirchen bestimmt. Auf dem größeren der beiden Hügel steht etwas abseits das älteste und kleinste dieser Gotteshäuser, nämlich die romanische Petruskapelle. Zwischen Dorf und Rhein erhebt sich unmittelbar über den Dächern des Ortskerns St.Johann mit seinem in der wuchtigen Erscheinung noch romanischen Westturm, an den sich die im Kern noch romanische, doch erst während der Spätgotik ausgebaute Kirche anschmiegt. Ihr mit Netzrippen überwölbtes Inneres birgt einen reichen spätgotischen Schreinaltar, der gleich vielen anderen seiner Art in Graubünden aus dem Umkreis des jüngeren Syrlin stammt. In nächster Nähe stehen ein Beinhaus und zwei Kapellen, von denen die eine die sehr ausdrucksvollen Figuren Christi und zweier Marien als Reste eines heiligen Grabes aus der Zeit um 1310 birgt. Oberschwäbische Werkstätten haben ihre Altäre am Anfang des 16.Jahrhunderts bis über den Alpenkamm hinaus exportiert, und insbesondere die am Zugang zu den Bündnerpässen gelegenen Orte sind – trotz aller Abgänge – noch heute im Besitze von manchem schönen Schrein oder auch einzelner Skulpturen. – Was dafür bisweilen im Laufe des 19.Jahrhunderts als Ersatz aufgestellt wurde, kann man unten im Ort in der großen Pfarrkirche erleben, wo an Stelle der sonst üblichen Neugotik buntbemalte, holzgeschnitzte Retabel im Stil der oberitalienischen Renaissance zu sehen sind, die den weitbemessenen Barockraum völlig umdeuten. Von außen aber zeigt die Kirche außer ihrer schon an Tirol gemahnenden Turmhaube eine von Pilastern gegliederte Giebelfront, mit der uns hier der Süden bereits nördlich der Alpen empfängt. –

Am Zusammenfluß von Vorder- und Hinterrhein und an der wichtigen Gabelung der Straßen zum Oberalppaß und zum San Bernhardin liegt *Reichenau*, das im wesentlichen aus einem für die Familie der Planta errichteten Schloß samt einem Garten mit abwechslungsreicher Aussicht und einem Gasthof mit Nebengebäuden besteht. Die halb spätbarocken, halb biedermeierlichen Bauten beherbergten im frühen 19.Jahrhundert ein Erziehungsinstitut, in welchem der spätere König Louis Philippe während der Regierungszeit Ludwigs XVIII. sich und seine zahlreiche Familie als Hauslehrer durchbrachte, ein karges Exil.

Rhäzüns. Die Straße nach Thusis und dem Bernhardinpaß, der wir nun folgen, überquert den Rhein und steigt hinauf zu einem ehemaligen Talboden, an dessen östlichem Rand einsam auf isoliertem Hügel hoch über dem Fluß die *St.-Georgs-Kirche* liegt. Man muß sie von Rhäzüns aus, wo man sich vom Bahnhofvorstand den Schlüssel anvertrauen läßt, zu Fuß erwandern, doch lohnt sich die Viertelstunde Wegs durch die ganze Stimmung, in welcher sich darauf der romanische Innenraum mit seinem spätgotischen Schnitzaltar und den weitgehend erhaltenen Fresken darbietet.

Der lokalen Legende nach soll an dieser Stelle im 4. Jahrhundert der heilige Georg seinen Verfolgern durch einen gewaltigen Satz seines Pferdes über den hier steil eingeschnittenen Rhein entronnen sein. So sind denn auch der Legende des ritterlichen Heiligen die Fresken am Chorbogen und in der obersten Zone der Nordwand gewidmet. An dieser sieht man den Ritter auf reich drapiertem Pferde, als gelte es ein Turnier, gegen den Drachen anreiten, und zwar erscheint das ganze in einer Frische und hingebenden Kraft, die über die sonst um die Mitte des 14. Jahrhunderts übliche Naturferne hinausgehen. Derselbe Maler schuf auch die Wandbilder in der Kirche von Waltensburg im Vorderrheintal, ferner in St.Paul im nahen Rhäzüns und in der Marienkapelle bei Lenz. — Etwas jünger, jedoch infolge der vom Boden aufsteigenden Feuchtigkeit schlechter erhalten sind die Darstellungen aus dem Leben Christi und Mariens, die sich an den Wänden des Schiffes entlangziehen und auf der Südseite durch später vergrößerte Fenster durchbrochen werden. Hier herrscht eine sehr bewegliche, lebhafte Art, die sich in stark betonten Umrissen kundtut, während die Farbe nur flüchtig angelegt ist.

Vor allem aber wirkt der Gesamteindruck. So strahlt der an sich kleine Raum eine eigene innere Größe aus, dank dem wohlproportionierten Gegensatz zwischen dem rechteckigen Kubus des flachgedeckten einschiffigen Langhauses und dem eingezogenen quergelagerten Chor, in dessen gotischem Rippengewölbe sich die architektonische Substanz verdichtet. Zur Schlichtheit des Raumes gehören die primitiven, nur aus je einem Balken bestehenden Bänke und zur Stimmung des Ortes der nahe Rhein, dessen Rauschen aus der Tiefe der Waldschlucht emporsteigt.

Rhäzüns besitzt unmittelbar oberhalb des Dorfes in *St.Peter und Paul* noch eine zweite mittelalterliche Kirche mit Fresken des gleichen Waltensburger Meisters. Als dritter Sakralbau steht mitten im Ort und doch, als wäre sie von weit her verpflanzt, die 1698 bis 1702 erbaute *Pfarrkirche*, deren Fassade und Campanile schon ganz oberitalienisch sind, ähnlich wie in den anderen Kirchen, die im mittleren Teil Graubündens von der Kapuziner-Mission errichtet wurden. Das Innere zeigt ein Achteck, das sich zum griechischen

Kreuz mit vertieftem Chorarm erweitert, eine Anlage, die ebenfalls nach Italien, und zwar insbesondere ins Mailändische weist. Doch erscheinen die Profile schwerfälliger und die Konstruktion härter, gleichsam wie aus Holz gezimmert, eine Vergröberung, die man sonst an der Peripherie des italienischen Barockexportes – wenn man so sagen darf –, wie beispielsweise in Würzburg, in Klagenfurt oder in Prag, antreffen kann, und die hier einer Art innerer Peripherie entsprechen würde.

Unweit des Dorfes steht das *Schloß Rhäzüns* in unheimlich-malerischer Lage sehr steil über dem Rhein, der hier den vorspringenden Schloßfelsen unterspült. Das im wesentlichen noch mittelalterliche Schloß gehörte ursprünglich verschiedenen Feudalherren und kam erst 1815 an Graubünden, nachdem es seit 1497 österreichisch gewesen war, jedoch gleichzeitig im Oberen oder Grauen Bund seine Vertretung innehatte. Das Schloß besitzt in seinen wohlerhaltenen, doch nicht öffentlich zugänglichen Räumen unter anderem Fresken des im 16. Jahrhundert tätigen Graubündner Malers Hans Ardüser.

Nach Rhäzüns, das zu allem noch eine Mineralquelle besitzt, verengert sich das Tal des Hinterrheins zu einer Schlucht, deren Felswände namentlich auf der der Straße gegenüberliegenden Seite viele hundert Meter emporsteigen. Der Durchpaß wurde zudem durch die Burg Nieder-Juvalta gesperrt, deren Ruine man auf der Ostseite des Rheines erblickt. Oberhalb von Rothenbrunnen, das ebenfalls eine Mineralquelle sein eigen nennt, erweitert sich das Tal. Östlich des hier geradeaus von Süden nach Norden uns entgegenfließenden Rheines reihen sich unter den Wäldern, Alpweiden und Felsschluchten der Stätzerhornkette, die auf der anderen Seite zur Lenzerheide abfällt, mäßig steile Schuttkegel, die längst übergrünt sind. Sie werden von einzelnen Hügeln unterbrochen, auf deren steilstem das große Schloß *Ortenstein* steht. Der wohlerhaltene Baukomplex, der sich um einen Turm mit flachem Zeltdach schließt, gehörte von 1333-1523 den Grafen von Werdenberg-Sargans und später den Herren von Travers, von Juvalta und Tscharner. Westlich des Hinterrheins, wo die Hauptstraße bis kurz vor Thusis der flachen Talsohle folgt, steigen, nun ebenfalls sanfter geworden, die Hänge zum Heinzenberg empor. Es lohnt sich, in Rothenbrunnen die Hauptstraße zu verlassen, um auf abwechslungsreichen Nebenstraßen das *Domleschg* zu durchfahren, wie die Talschaft zwischen dem Engpaß von Rothenbrunnen im Norden und der Viamala sowie der Schynschlucht im Süden und Südosten heißt, und die ob ihrer Lage wie ihrer Geschichte ein Herzstück Graubündens genannt werden darf. Man fährt – oder noch besser: man wandert – zum großen Teil durch eine ausgesprochene Parklandschaft, reich gegliedert durch ihre Bodengestalt und beglückend im ständigen Wechsel zwischen Wiesen, Hecken, Baumgruppen und Wäldern und eingefaßt von Bergen, unter denen es, wie im Piz Beverin ob Thusis, mehrere markante Gipfel gibt, ohne daß diese durch Höhe und Nähe bedrängten. Vielmehr ist es gerade das Verhältnis zwischen Weite und Geschlossenheit, das im Domleschg begeistert. Dazu kommt neben den noch ländlichen Dörfern und ihren Obstgärten eine selbst für das burgenreiche Graubünden erstaunlich große Zahl von Burgen und Schlössern, von denen Ortenstein das bedeutendste ist.

Oberhalb von Ortenstein überblickt die spätgotische Kirche von Tomils das Land. Talaufwärts folgt auf unserer Straße Paspels mit den Burgruinen Alt- und Neu-Sins. Die romantisch über einem Felsabsturz gelegene St. Lorenz-Kapelle zeigt am Chorbogen spätromanische Fresken. – Die im 19. Jahrhundert erweiterte Pfarrkirche besitzt frühbarocke Altäre. Das stattliche Pfarrhaus stammt von 1610. Im 1695 erbauten Schloß, das im 18. und 19. Jahrhundert Umgestaltungen erfuhr, haben sich reich ausgestattete Räume des Régence und des späten Rokoko erhalten. – Oberhalb von Paspels steht in Dusch das barocke Herrenhaus der Buol. In Rodels, wohin man von Paspels aus talaufwärts weiterfährt, mischen sich in der bescheidenen Dorfkirche gotische und barocke Elemente, von denen die letzteren mit ihren waagerecht durchgezogenen Gesimsen nach Italien weisen. Im Dorf gibt es zwei barocke Herrenhäuser, und nicht weit davon steht die Ruine Rietberg, auf welcher 1621 Jürg Jenatsch, der Held aus den Bündner Wirren, den österreichisch gesinnten Pompeius Planta ermordete. – Die Straße senkt sich hinab nach *Fürstenau*, das diesem Namen mit zwei großen Schlössern Ehre macht. Beide gehören heute der für die Geschichte Bündens bedeutenden Familie der Planta, ein Name, der den Lesern von Fontanes ›Stechlin‹ bekannt ist. Das vordere, gegen die Straße gelegene der beiden Schlösser war früher in bischöflichem Besitz und wirkt in seiner Unregelmäßigkeit altertümlicher als das jüngere, 1742 neu erbaute Schloß, dessen hohe Fenster sich zu regelmäßigen Achsen mit einem leicht betonten Mittelrisaliten ordnen. Ein eigner Zauber umweht einen in Fürstenau, wenn man durch die von Mauern begleiteten Zugänge und über die baumbestandenen Höfe schreitet, vorbei an den alten Nebengebäuden und den streng angelegten Gärten, bis man vor würdevollen Barockportalen steht.

Von Fürstenau fährt man weiter durch die stimmungsvolle Parklandschaft, die erst auf der anderen Seite der Albula, die dem Südrand des Domleschg entlang dem Hinterrhein entgegenfließt, vor dem in starker Entwicklung begriffenen Dorf *Sils* endet. Doch steht vor diesem ›Sils im Domleschg‹, wie es im Unterschied zu Sils im Engadin genannt wird, auf freiem Hügel inmitten eines alten Friedhofs das romanische Kirchlein zu St.Cassian als schönster sakraler Akzent in der an Schlössern und Burgen so reichen Landschaft. Im Ort prunkt der um die Mitte des 18.Jahrhunderts für Konrad Donath, Generalmajor in piemontesischen Diensten, erbaute ›Palazzo‹, dessen Vorbild man in den genuesischen Barockpalästen finden kann, mit seiner durch Portal, Balkon und Lukarne betonten Mitte und seinem ebenfalls streng geometrisch angelegten Garten.

Die große Straße, die westlich, vorbei an den Schlössern Baldenstein und Ehrenfels, nach Thusis führt, berührt den Fuß von *Hohenrhätien*, dessen Ruine sehr steil und hoch über dem untersten Ende der Viamalaschlucht steht. Über die senkrechten Felsen sprengte einst in voller Rüstung der belagerte Schloßherr hinab, um die Übergabe seines Hauses nicht erleben zu müssen.

Dort, wo die Albula in den Hinterrhein mündet, liegt *Thusis*, der Hauptort des Domleschg, am Fuße des von einzelnen aussichtsreichen Walser-Dörfern besiedelten Heinzenberges im Schatten des hochragenden Piz Beverin. Ein Hauptteil seiner Bedeutung dankt Thusis dem Verkehr, denn von hier aus geht zunächst ostwärts ein Weg nach Tiefencastel und weiter über den Julier oder Albula ins Engadin, und für den Reisenden, der über den Splügen an den Comer See oder über den San-Bernardin-Paß und das Misox in den Tessin will, beginnt im gleichen Thusis die eigentliche Bergstrecke, die früher sehr viel mehr noch eine ›Via mala‹, ein schlechter Weg war, als heute nach dem Ausbau zur bequemen Autostraße. Als wichtige Etappe spielte Thusis auch noch eine Rolle, als in der ersten Hälfte des 19. Jahrhunderts der Kanton Graubünden begann, die bisherigen Saumwege zu Straßen auszubauen. So erfolgte nach dem Dorfbrand von 1845 der Wiederaufbau der Hauptstraße mit regelmäßig durchfensterten Hauskuben, die mit ihren flach geneigten Sattelwalmdächern schon sehr italienisch wirken. Ihre schlicht solide Erscheinung wird am oberen und unteren Ende der schnurgeraden Straße durch größere Bauten in üppigem Fin de siècle-Stil abgelöst.

Thusis besitzt jedoch auch einen alten, vom Brande seinerzeit verschonten Dorfteil, der sich die Straße entlangzieht, die heute zum Heinzenberg führt, die aber einst auf einem Umweg, den untersten Teil der Schlucht umgehend, der Via mala zustrebte. In diesem Teil steht die Kirche, deren Turm in einem Polygon mit reichgeschwungener Haube endet, welche bereits die Form des barocken Campanile vom Italienischen ins Deutsche übersetzt. In der spätgotischen Kirche schuf der aus Kärnten stammende Andreas Bühler, der gleiche Künstler wie in der Klosterkirche von Cazis unterhalb von Thusis an der Hauptstraße, die Netzgewölbe, die im eingezogenen Chor dichter geknüpft sind als im einschiffigen Langhaus. Unweit der Kirche steht neben einfacheren ehemaligen Bauernhäusern das ›Schlößli‹ mit seinem durch Voluten und mehrfache Schweifung kraftvoll bewegten Giebel.

Unmittelbar nachdem die moderne Straße die zwischen Beverin und Heinzenberg hervorbrechende Nolla überquert hat, beginnt eine erste Schlucht. Sie wird auf ihrer Ostseite von Hohenrhätien überragt, während die Felsabstürze auf ihrer Westseite in einem langen Straßentunnel durchfahren werden. An seinem oberen Ende folgt die Talerweiterung von Rongellen, und dann beginnt die eigentliche *Via Mala*. Da diese von den auch hier vorhandenen modernen Straßentunneln aus weitgehend unsichtbar bleibt, lohnt es sich, die alte, für den Genuß der Touristen erhaltene Straße zu wählen. Denn nur hier kann man noch erleben, was das heißt: ›Schlechter Weg‹. Man begreift auch, das Marianne von Willemer in einem Brief an Goethe vom ›schauerlichsten Felspaß der ganzen Schweiz‹ spricht. Fast senkrecht nämlich, ja teilweise überhängend steigen die in ihrer geologischen Struktur sichtbaren Kalkfelsen empor, durch die sich der Hinterrhein seinen Weg gefressen hat. Man muß auf eisernen Treppen fast fünfzig Meter tief von der Straße hinabsteigen, um das brausende und tosende Wasser richtig zu sehen, das sich hier zwischen den sich oben beinahe berührenden Felsen hindurchzwängt. Sehr eindrucksvoll ist auch der Blick von der mittleren der drei zum Teil schon im 18.Jahrhundert angelegten, später verbreiterten Brücken.

Aus der auch im Sommer kühlen Schlucht gelangt man in den Talgrund des *Schams*, der zwar nicht mehr die Milde und Weite des Domleschg besitzt, aber im Kontrast zur eben erlebten Schlucht doch breit und sonnig wirkt, insbesondere, da sich das Tal gegen Süden öffnet. Der erste und auch älteste Ort des Schams ist *Zillis*, berühmt durch seine abseits von der Straße nahe am Rhein gelegene Kirche. St.Martin ist das früheste Gotteshaus der Talschaft, dessen noch frühchristlicher Urbau auf den Platten und Stützen einer römischen Hypokausten-Heizung ruhten. In karolingischer Zeit stand hier eine ähnliche Dreiapsidenkirche wie in Mistail bei Tiefencastel und Müstair im Münstertal. Das heutige Langhaus, das die Form eines rechteckigen Saales zeigt, entstammt dem frühen zwölften Jahrhundert, der spätgotische Chor dem Beginn des 16.Jahrhunderts.

Fast einmalig in der ganzen europäischen Kunstgeschichte jedoch ist die vollständige Erhaltung der in ihren 153 Quadraten ausgemalten Felderdecke, die wohl gleichzeitig mit dem romanischen Bau zwischen 1130 und 1140 entstanden sein dürfte. Ähnliches gibt es heute sonst nur noch in St.Michael zu Hildesheim und auch dort nicht in solchem thematischen Reichtum. Denn die Bilder, in denen die Heilsgeschichte von den Vorfahren Christi bis zur Dornenkrönung erzählt wird, ergänzt durch einzelne Szenen aus dem Leben des Kirchenpatrons, sind umgeben von Drachen, fischschwänzigen Löwen, Bären, Vögeln und Sirenen, Nereiden und Darstellungen der Winde, kurz von einer Zone des Chaos, das ja auch sonst im mittelalterlichen Weltbild den Kosmos umgibt. Gezeigt wird damit die Relativität eines sonst gemeinhin für absolut gehaltenen Bereichs, dessen Heilsbedeutung nun gerade in dieser Bedrohtheit um so zentraler erscheint. Zugleich aber vermochte die Decke gerade in ihrer thematischen Zweiheit dem Reisenden hier Trost und Kraft zu spenden, indem sie aus der äußeren Fährnis unseres Lebensweges in den inneren Bereich des Heiles weist. – Was dem Bildprogramm in seinem heutigen Bestand fehlt, ist die Fortsetzung der Passion Christi, die möglicherweise in der 1509 durch den gotischen Chor ersetzten Apsis zu sehen war. Daß es sich hingegen um einen älteren, noch auf das 11. Jahrhundert zurückgehenden Zyklus handle, der aus einer anderen Kirche in unvollständiger Form hierhin versetzt wurde, ist angesichts der stilistischen Verwandtschaft mit der Regensburger und Salzburger Buchmalerei des 2. Viertels des 12. Jahrhunderts unwahrscheinlich. Durchaus romanisch sind die geschlossenen, oft wie mit dem Kurvenlineal gezogenen Umrisse, die kompakten Formen, bei denen höchstens die ausgestreckten Hände noch etwas von der expressiven Spannung der ottonischen Kunst bewahren. –

Das Schams hat bereits deutlicher alpinen Charakter als das Domleschg. Doch gibt es noch immer einzelne Pappeln, die besonders schön bei der Kirche von Zillis ein in seiner kubischen Geschlossenheit und mit seinem flach geneigten Dach schon sehr südlich anmutendes Haus umstehen. Wiesen bedecken, vermischt mit einzelnen Äckern, die flach und breit auslaufende Ostseite des Tales, welcher die Straße folgt. Auf der anderen Seite steigen die Hänge von Anfang an verhältnismäßig steil gegen den Piz Beverin und die ihn nach Süden fortsetzende Kette empor. Doch gibt es dazwischen einzelne Terrassen, auf denen einige Dörfchen mit gotisch steil bedachten Kirchen und spitzen Türmen stehen. Es sind die auf eine kleine Zahl von Familien zusammengeschmolzenen Zwerggemeinden Fardün, Lohn und Wergenstein, zu denen sich Mathon mit seiner Kirchenruine gesellt. Näher dem Talgrund erblickt man die romanischen Kirchlein von Casti und Clugin, in denen sich spätromanische Fresken erhalten haben.

Mit seiner auf einem dem Talgrund entsteigenden Hügel gelegenen Kirche beherrscht *Andeer* das obere Ende des Schams. Im

Ort sieht man mehrere markante Bauten, darunter das 1501 erbaute Haus Pedrun. Sein Sgraffito weist in der in den Verputz gekratzten Technik nach dem von hier aus durch das Avers erreichbare Engadin, doch unterscheidet es sich von den dort üblichen Architekturmotiven durch die mehr gleichmäßig wie ein Teppich die Fläche musternde Dekoration.

Nach Andeer beginnt die Straße zu steigen, und das Tal verengert sich, um oberhalb bedeutender Kraftwerkanlagen den sogenannten Bärentritt zu erreichen. Hier mündet der Averser Rhein in den Hinterrhein, und eine gut ausgebaute Straße führt hinauf in ein schönes, in seinem oberen Teil von weiten Matten begleitetes Hochtal, wo in Cresta und Juf die höchsten während des ganzen Jahres besiedelten Dörfer Europas bestehen. Von dort aus gehen Paßwege hinüber ins Oberhalbstein, ins Oberengadin und ins Bergell.

Unsere Straße aber überwindet in großzügiger moderner Führung, zu der ein längerer Tunnel gehört, von neuem eine Talenge, nämlich die Roffla, die früher fast so wild war wie die Via mala; doch sind die einstigen Wasserstürze weitgehend den Kraftwerken geopfert worden. Die Wälder, die sich zum Teil tief in die Seitentäler hineinziehen und von denen manche Tanne auf unzugänglichem Felsen steht, bilden das Rheinwaldtal. – Bei Sufers erweitert sich das Tal, das inzwischen eine starke Biegung gemacht hat, so daß wir nicht mehr wie im Domleschg und Schams nach Süden, sondern nunmehr vorübergehend nach Westen fahren. In dieser Richtung erreichen wir nach einer Burgruine das malerische Dorf *Splügen*, das den Hauptort des von Walsern besiedelten obersten Teils des Hinterrheintals bildet. Die hochgelegene Kirche trägt in ihrem schlichten Frühbarock schon halbsüdliches Aussehen, das – in einem gewissen Gegensatz zum ausgesprochen germanischen Volkstum der Walser – auch im Vorderrheintal, im Urserental und im Oberwallis sich findet. Den Sonnenhang hinauf zieht sich das Dorf, das durch besonders charaktervolle Häuser ausgezeichnet ist, so namentlich durch die große, malerisch abgestufte Gruppe der zusammengebauten Häuser Schorsch und Albertini, wo man gegen den Dorfbach hin nicht weniger als sechs

Geschosse zählen kann und die Mittelachse durch handgeschmiedete Fenstergitter ausgezeichnet ist – oder unten am Hauptplatz das nach dem Dorfbrand von 1716 aus dem Verdienst der Fuhren, Susten und Zolleinnahmen als Patrizierwohnung errichtete ›Bodenhaus‹, das aber schon seit dem frühen 19.Jahrhundert als Hotel dient und dessen mächtiger, breitgelagerter Block mit dem flach geneigten Sparrendach und dem spätbarock profilierten Hauptportal besonders deutlich nach der Lombardei und namentlich dem Tessin weist. Der Lombardei ist man hier schon ganz nahe, denn geradewegs nach Süden öffnet sich vom Haupttal aus ein Nebental, durch das eine während des Winters geschlossene Straße über den Splügenpaß nach Chiavenna und zum Comer See geht.

Über den San Bernhardin-Paß ins Misox

Unsere Straße aber folgt dem breiten, ebenen Talgrund, über welchem im Südwesten der mächtige Felsblock des Guggernüll und hinter diesem die firnbedeckte Pyramide des Tambohornes emporsteigen. Von Nufenen, dem zweiten auf Splügen folgenden Dorf aus, sieht man durch ein schmales Tal vorübergehend auf den Curciusa-Gletscher. Das Haupttal, das den Namen ›Rheinwald‹ trägt, obwohl sich in diesem Teil die tannenbewachsenen Hänge fast ausschließlich auf die Schattenseite beschränken, zieht sich mit stellenweisen Verengungen flußaufwärts von Osten nach Westen. Die Sonnenhänge sind gleich den meisten anderen, von den Walsern im 13. und 14.Jahrhundert besiedelten Hochtälern durch weite Matten mit zahllosen, von der Sonne dunkel gebrannten Stadeln, das heißt oft mit Ställen verbundenen Heuschobern, gekennzeichnet; sie sind nur an wenigen Stellen von Felsen durchsetzt. Die auf Splügen folgenden Dörfer sind kleiner und besitzen stärker als Splügen in ihren fast ausschließlich aus Holz erbauten Häusern Walser-Charakter. Nach Hinterrhein, dem obersten Dorf der Talschaft, verschwindet die Autostraße für rund sieben Kilometer im Tunnel. Doch lohnt es sich, den alten Weg über den San Bernhardin-Paß zu wählen. Beim Anstieg durch die Buschwälder der Schattenseite sieht man auf die gegenüberliegenden Hänge und Gipfel, die das Hinterrheintal von den ebenfalls durch die Walser besiedelten Seitentälern des Vorderrheintales trennen. Am Fuß dieser unvergletscherten, nur durch Matten und Felsen geformten Berge entlang fließt – zunächst über Schutthöcker, dann zwischen den ersten Wiesen – der Hinterrhein, dessen Wasser dem Gletschermassiv des Rheinwaldhorns entspringen. Die Paßhöhe, die mit 2063 Metern über Meereshöhe zu den niedrigeren gehört, ist verhältnismäßig flach und breit und – wie so oft in Graubünden – durch einen kleinen See belebt. Schon die Römer kannten diesen Übergang, dessen heutiger Name jedoch auf den heiligen Bernhardin von Siena zurückgeht, der hier zu Anfang des 15. Jahrhunderts predigte. – Während im Westen das Zapporthorn mit seinen Firnen und Felskämmen die Sicht beherrscht, sind es im Osten die etwas niedrigeren, doch um so markanteren Felsspitzen des Mittaghorns und des Pizzo Ucello, Namen, die zugleich die Sprachgrenze verraten. Gegen Süden, in der Richtung des Passes, treten die Berge etwas zurück, und man ahnt die Tiefe, in die sich nun bald das Tal samt seiner Straße senken wird. Doch geschieht dies erst nach San Bernardino, einem kleinen, am Südportal des Straßentunnels gelegenen Kurort mit den behäbigen Hauskuben alter Gasthöfe und einer klassizistischen Kirche, deren Rund das Pantheon beschwört. Zwei steile Stufen, vor und nach dem Absatz von Pian San Giacomo, die früher in vielen engen Kehren bezwungen werden mußten, überwindet die moderne Straße scheinbar spielend durch kühn gespannte Brücken und andere Bauten.

Wie bei den meisten Pässen des Alpenhauptkammes ist auch hier die Südseite tiefer und sehr viel steiler als der allmählich und in mehreren Stufen sich vollziehende Anstieg von Norden her. Und wenn zum größeren Höhenunterschied noch das andere Klima und damit auch eine neue Vegetation hinzutritt, sowie eine trotz aller modernen Nivellierung noch immer sichtbar andere Kultur, so kann auch heute noch das Erlebnis eines solchen Abstiegs nach Süden eine geradezu dramatische Spannung gewinnen.

Die südliche Kultur empfängt den von Norden Kommenden selbst in den herben und kargen Formen der alpinen Häuser in

Mesocco, dem Hauptort der Mesolcina oder des Misox, wie der deutsche Name dieses am stärksten von der Italianità geprägten unter den bündnerischen ›valli‹ lautet. Als Gegengewicht dazu erscheinen die geschichtlichen Bindungen gerade des Misox an den Norden, so in der einstigen Zugehörigkeit zur römischen Provinz Rhätien und später zum Bistum Chur. Auch finden wir in diesem oberen Teil des Tales noch nicht die geschlossene Siedlungsform des Südens, sondern eine eigentümliche Streubauweise. Die Pfarrkirche von Mesocco besitzt ein Chorgewölbe mit flachen Reliefbildern, umspielt von Régence-Ornament, alles in jenem virtuos gemeisterten Stuck, wie er für das Kunsthandwerk insbesondere der Alpengebiete kennzeichnend ist. Die dem Pestheiligen geweihte Kapelle S. Rocco zeigt reich gearbeitete Barockaltäre. – Am eindrucksvollsten aber ist das südlich des Ortes eine letzte, unterste Talstufe beherrschende *Schloß Misox*, das zusammen mit den Schlössern von Bellinzona und jenen des Aostatales sowie des Vintschgaues zu den größten Sperrfestungen gehört, die das Mittelalter in den südlichen Alpentälern angelegt hat. Nach drei Seiten stürzt der Burgfelsen unersteigbar in die Tiefe, auf der vierten, talaufwärts gelegenen Seite schützen hohe Mauern und einst noch höhere Türme den Zugang. Noch 1478, also bereits in der Zeit der Feuerwaffen, wurde dem Herzog von Mailand berichtet, daß nur durch Verrat oder Hunger die Festung bezwungen werden könne. Die Burg gehörte im Mittelalter den auch im heute St. Gallischen Rheintal begüterten Freiherren von Sax-Misox. Den noch heute den Anblick bestimmenden Ausbau gab nach 1480 als neuer, jedoch bereits den Bündnern verpflichteter Herr Gian Giacomo Trivulzio von Mailand in Auftrag. Doch bereits 1526 wurde die Festung auf Anordnung Graubündens geschleift.

Neben der zu einem Rechteck zusammengeschlossenen Gebäudegruppe der Rocca steht, zerfallen gleich dieser, im Innern des Hofes die einstige Schloßkapelle mit einem hohen, noch gut erhaltenen Campanile. Unten am Aufgang zum Schloß liegt die Kirche S. Maria di Castello, ebenfalls von einem Camapnile mit romanischen Doppelfenstern überragt. Das Innere zeigt einen mit einer alten Holzdecke abgeschlossenen Saal mit eingezogener, gewölbter Apsis. An der Nordwand des Langhauses wurden 1925 Fresken wiederentdeckt und restauriert. Dargestellt sind in einer oberen Reihe Szenen aus der Passion, darunter St.Georg, gegen den Drachen reitend, St.Martin, seinen Mantel teilend, sodann in ruhigem Nebeneinander die Heiligen Michael, Bernhardin, Stephan, Antonius, Petrus und Lucia, und schließlich wiederum als Handlung die Anbetung der Drei Könige. In der Sockelzone reihen sich die Monatsbilder. Die Fresken müssen zwischen 1450 und 1469 entstanden sein. Der für jene Jahre altertümliche Stil weist nach Oberitalien, doch mit stark alpinem Einschlag, und läßt, wie Erwin Poeschel darlegt, an zwei sowohl im oberen Tessin wie in Graubünden tätige Meister denken, nämlich an Christophoro und Nicolao da Seregno.

Zwischen Berghang und Burgfelden hindurch senkt sich die Straße in den untersten Talgrund der Mesolcina, um hier schon im Bereiche der Kastanien und bald auch des Weines und einzelner Palmen eine Reihe von Dörfern zu berühren, die in ihrem älteren Bestand durch italienische Hauskuben und alpine Steindächer gekennzeichnet sind. Fast jedes der Dörfer, deren Größe talauswärts zunimmt, besitzt mehr als ein Gotteshaus. Die meisten entstammen dem 16. und 17.Jahrhundert und sind im Außenbau von schlichter Erscheinung, wie es dem Gebirgstal entspricht. Das in seiner Raumform ebenfalls meist schlichte Innere ist jedoch oft durch Stuckdecken sowie durch Altäre mit teils beachtlichen Bildern, die von Säulen und Giebeln in der Art einer Aedikula gefaßt sind, geschmückt. Die Dörfer Soazza, Lostallo und Sorte und weiter unten, wo das Tal nach Westen biegend sich verbreitert und die Ortschaften größer werden, Leggia, Grono, Roveredo – mit der besonders stattlichen Barockkirche Madonna del Ponte chiuso sowie dem hoch über dem Haupttal am Eingang zum Calanca-Tal gelegenen S.Maria mit seiner Renaissance-Holzdecke –, sie alle veranschaulichen auch in bescheidenem Ausmaß die Fülle künstlerischer Begabungen, die vom Misox aus während des 17.Jahrhunderts nach Norden auswanderten, um in Dillingen, Neuburg an der Donau, Eichstätt und an anderen Orten beachtliche Werke zu schaffen.

Mit dem Misox reicht der Kanton Graubünden am tiefsten nach Süden. Wenn wir seine Grenze unterhalb von S.Vittore überschreiten und in die Gotthardstraße einbiegen, sehen wir bereits die Schlösser von Bellinzona, dem Hauptort des Tessin.

Im Tessin

Von *Bellinzona* führt die direkte Straße nach Locarno zunächst über den Tessin, sodann dem Nordrand der Talebene entlang, vorbei am Benediktinerinnenklösterlein von Monte Carasso, sodann durch einige Dörfer mit eher bescheidenen Kirchen. Bei *Tenero* erreicht man den Langensee, den Lago Maggiore, auf den die hochgelegene Wallfahrtskapelle einen ersten Überblick schenkt und den man auch von einem angenehmen Uferweg aus genießen kann. Noch übersieht man ihn nicht in seiner ganzen Länge, sondern nur seinen obersten Teil, der durch das im Laufe der Jahrhunderte merklich gewachsene Maggia-Delta stark abgeschnürt ist. Aber auch dieser Abschnitt hat schon seine große Schönheit, die man von dem genannten Uferweg bei Minusio und von den Quais Locarnos aus erlebt. Die Wasserfläche ist hier von besonderer Breite, und das Landschaftsbild wird noch weiter durch die beträchtlich große, vom Tessin angeschwemmte Ebene, die sich vom Ostrand des Sees bis gegen Bellinzona öffnet und von der Pyramide des Camogé beherrscht wird. Steil steigen auch noch hier aus dem flachen Talgrund die Berge an, in welche nur der Ceneri-Paß einen sanften Sattel legt. Alle diese Berge sind an sich bereits schön geformt, doch dazu tritt die klare Luft, zumindest in den dem Dunst der Ebene entrückten Höhen, wodurch die Umrisse nochmals fester und plastischer werden. So ist bereits in der Landschaft jene Prägnanz und jenes Spielen mit Kontrasten vorgebildet, das auch die Kunst Italiens auszeichnet. Die Eindruckskraft des Plastisch-Geschlossenen erweist sich aber auch im Pflanzenwuchs, der am geschützten Sonnenhang zwischen Locarno, Minusio und den hochgelegenen Dörfern Brione und Orselina noch üppiger ist als bei Lugano. Steineichen, Pinien und Zypressen, der Granatapfel-Baum und im Boden wurzelnde Palmen füllen die Gärten und die

Uferanlagen, die zudem weniger vom Verkehr heimgesucht sind als in dem touristisch überforderten Lugano. Auch sind die Übergänge zur Natur noch fließender, was man besonders schön bei San Quirico am Seerand östlich von Locarno genießt. Über einem natürlich gestalteten, von Weiden bewachsenen Ufer steht auf einer kleinen Anhöhe der große romanische Campanile, und in seinem Schirm empfängt uns ein charmanter kleiner Barockraum, an dessen Wänden mittelalterliche Fresken freigelegt worden sind. In der Nähe wachsen Palmen in ganzen Gruppen, die Häuser sind noch ländlich schlicht im Unterschied zum ›Palm-Beach-Stil‹ am Quai in Locarno selbst, und über allem liegt ein Abglanz des je nach Tageszeit und Wetter immer wieder anders erscheinenden Sees.

Locarno. Locarno ist neben Bellinzona und Lugano der wichtigste Ort des Tessin und war schon in römischer Zeit besiedelt. Unter Friedrich Barbarossa erlangte er die Reichsunmittelbarkeit. Später kam die Stadt unter die mailändischen Visconti, die am Westrand der Altstadt das noch heute stehende Kastell errichteten. Hier residierten seit 1513 die eidgenössischen Landvögte, und heute dienen die in Formen der Spätgotik und der Renaissance geschmückten Räume als Museum. – In dem mehrfach gebogenen Häusersaum, in welchem die Altstadt den langgezogenen Hauptplatz begleitet, hat sich die einstige Uferlinie erhalten. Südlich davon sind weite Landflächen angeschwemmt oder aufgeschüttet und mit modernen Straßen regelmäßig überzogen, doch aufgelockert durch Parkanlagen, einzelne Alleen und Gärten. In einem noch aus dem Jahrhundertanfang stammenden Gebäude, das heute einer Bank gehört, fand 1925 die berühmte Konferenz statt, in welcher Stresemann und Briand im ›Locarno-Pakt‹ ihre Länder einander näherten, um die Härten des Friedens von Versailles zu überwinden.

Locarno ist beherrscht von dem entsprechend seinem Namen auf hohem Felsen thronenden Wallfahrtskloster Madonna del Sasso, einem jener Bergheiligtümer, wie sie sowohl im Tessin als auch in der Lombardei und in Piemont häufig sind. Von der mit schlecht erhaltenen Fresken von Meistern aus dem Kreis des Bramante geschmückten Kirche Madonna dell'Annunziata führen Stationen mit Skulpturengruppen im theatralischen Realismus des Barock steil empor zu dem kleinen Platz, den die 1891 im Stil lombardischer Renaissance fast völlig erneuerte Fassade beherrscht. Alt sind die Bogengänge, die sich auf der Talseite der Kirche fortsetzen. Von hier aus genießt man die berühmte Aussicht auf Stadt, See, Ebene und Berge in jener beinahe heftigen Konfrontation von Architektur und Landschaft, Kultur und Natur, wie dies in Italien, insbesondere am Alpensüdfuß, oft zu finden ist.

Das Innere der Wallfahrtskirche ist ein niedriger Hallenraum des Frühbarock mit stukkierten Gewölben und tiefen Seitenkapellen, in denen einzelne sehenswerte Altäre stehen, so ein dreiteiliger Verkündigungsaltar von 1502, eine holzgeschnitzte Beweinungsgruppe von 1510 und die einst berühmte ›Grablegung Christi‹, die 1865 der Tessiner Antonio Ciseri schuf.

Vom westlichen Teil der Piazza steigt man durch ein enges Gäßchen zur ›Chiesa nuova‹, genannt Madonna dell'Assunta, einer 1636 geweihten Barockkirche mit einer plastischen Christophorus-Figur an der Fassade. Der einschiffige Innenraum ist mit jener quellend reichen Stukkatur geschmückt, wie sie vom Alpensüdrand aus durch einzelne Meister des 17. Jahrhunderts bis an die Donau und in den Bayerischen wie Oberpfälzischen Wald verpflanzt wurde, wofür der Dom von Passau oder die Klosterkirchen von Speinshart und Waldsassen als Beispiele genannt seien. Wendet man sich durch die schmale, alte Hauptstraße nach Westen, so steht man bald vor der schlicht gegliederten Hausteinfassade von S. Francesco, der ehemaligen Minoritenkirche, deren Chor noch in die Gotik des frühen 14. Jahrhunderts zurückgeht.

Das dreischiffige Langhaus wurde in basilikalem Aufriß 1528 erbaut und erfreut durch die hallenartige Weite seiner Arkaden, in denen schlanke toskanische Säulen durch flach gespannte Bogen miteinander verbunden sind. Das Wohlgefühl eines in seinen Proportionen ganz im Sinn der Renaissance menschenbezogenen Raumes wird keineswegs beeinträchtigt durch die einfachen Holzbalkendecken, die in der asketischen Art der Bettelorden die Schiffe nach oben abschließen, während der Chor durch eine kleine Kuppel gekrönt ist. Davor wird durch zwei einander gegenüberliegende Kapellen mit dem üppig reichen Stuck des Frühbarock ein Querschiff angedeutet. An den Wänden des Langhauses sieht man die verblassenden Reste einer einst brillanten Illusionsmalerei. Sie schenkt in der Art des im 18. Jahrhundert tätigen Torricelli die Ahnung unendlicher Raumperspektiven, wie wir sie auch in der in Oberitalien besonders reich blühenden Bühnenkunst finden.

Bergwärts liegt die große Kollegiatskirche *S. Antonio*, die das vom römischen Gesù geprägte Schema der kreuzförmigen Kuppelbasilika in einer im Innern um den Tambour reduzierten Form vorträgt. Der Raum, der 1863 einstürzte und unter den Trümmern zahlreiche Opfer begrub, wirkt nach seiner Wiederherstellung etwas zwiespältig. Um so eindrucksvoller ist, auch noch in ihrem Verfall, die vollständige Ausmalung der westlich von S. Antonio gelegenen Friedhofskapelle *S. Maria in Selva*, die 1424 geweiht wurde. Der Chor, der den Abbruch des Langhauses im späten 19. Jahrhundert überdauerte, ist in seinen Wänden wie in seinem rippenlosen Kreuzgewölbe mit nicht unbedeutenden Fresken des ›weichen Stils‹ geschmückt. –

Östlich des Bahnhofs steht auf freiem Platz eine der bedeutendsten romanischen Kirchen des Tessins, nämlich *S. Vittore*. Vom ursprünglichen Bau, der vermutlich ins 11. Jahrhundert zurückgeht, hat sich am reinsten die dreischiffige Hallenkrypta erhalten mit gedrungenen Säulen, deren Basen alle verschieden geformt sind; ähnlich individuell sind die mit primitiven Menschenköpfen und Tierformen gezierten Kapitelle gestaltet. Die eigentliche Kirche, deren Chor über der Krypta stark erhöht liegt, ist eine dreischiffige Basilika, die freilich im 17. und 19. Jahrhundert stark verändert wurde. Der romanische Turm trägt auf seiner Südseite ein Reiterrelief des heiligen Victor, das von 1527 stammt; die darüber liegenden Partien wurden erst im 20. Jahrhundert vollendet. Die beiden, noch vom romanischen Bau herstammenden Apsiden sind nach außen durch zierliche Blendbogenfriese belebt.

In oder kurz vor Locarno vereinigen sich die Straßen aus dem Maggiatal und dem nach Domodossola und weiter zum Simplon führenden Centovalli mit der Straße, die uns nach Ascona und hernach über Brissago zur italienischen Grenze führt. Man durchfährt eine stark überbaute Ebene, überquert das meist trockene

Bett der Maggia und erreicht nach wenigen Kilometern wieder das Seeufer und damit jenen Ort, dessen Name in mehr als einer Hinsicht zu einem weltweiten Begriff geworden ist. *Ascona* war einst ein Fischerdorf, in welchem immerhin schon während der Renaissance und des Barock Kunstwerke von Rang entstanden. Doch den großen Aufschwung brachte das 20.Jahrhundert, als in einer neuen Sehnsucht nach den Ursprüngen, verbunden mit der Lust am primitiven Leben, sich eine internationale Bohème, zum Teil von Klang und Namen, hier niederließ, malend, zeichnend, formend und vor allem in oft endlosen Gesprächen über den Sinn und Unsinn des Daseins diskutierend. Das Eremitentum ergänzte sich zu Gemeinschaften, deren einzelne Glieder kamen und gingen. Aber es bildete sich auch ein Zentrum von der geistigen Strahlungskraft der Eranostagungen, die in der südlich von Ascona liegenden Bucht von Moscia stattfinden. Ein anderes Zentrum wurde durch den Baron von der Heydt auf dem ›Monte Verità‹ geschaffen, dessen im Dickicht verborgene Bungalows von einem Hotelbau überragt werden, der um 1930 bahnbrechend war. Hier konnte man auch die wertvollen Sammlungen primtiver und ostasiatischer Kunst bewundern, die der Baron später dem Rietbergmuseum in Zürich vermachte.

Am langgezogenen Ufer, in welchem das flache Maggiadelta gegen den reichbewachsenen Steilhang des Monte Verità stößt, stehen noch die alten Platanen, und auch die Häuserzeile hat einigermaßen das Aussehen des alten Tessiner Seedorfes bewahrt. Wenige Schritte landeinwärts gelangt man an der reich stukkierten Renaissancefassade der *Casa Serodine* vorbei zur *Pfarrkirche*, die 1530-1534 als verhältnismäßig kurze Säulenbasilika mit flachen Holzdecken erbaut wurde und neben den spätbarocken Chorfresken Gemälde des Giovanni Serodine besitzt. Dieser bedeutende Meister des italienischen Seicento wurde 1594 in Ascona geboren; er wirkte später in Rom. – Südlich des Dorfkerns liegt das Collegio Papio, eine Stiftung des Asconeser Patriziers Bartolomeo Papio, die von Papst Gregor XIII. und von Karl Borromäus, dem für die katholische Reform so wichtigen Erzbischof von Mailand, gefördert wurde. Dieser ließ auch durch Pellegrino Tibaldi, einen der führenden Baumeister des oberitalienischen Frühbarock, den schönen, von zweigeschossigen Arkaden umzogenen Hof erbauen. Die anstoßende Kollegiatskirche Sta. Maria della Misericordia offenbart in dem schlichten, langgestreckten Saalraum mit der flachen Holzdecke die ursprüngliche Bettelordenskirche. Der quadratische Chor, den ein Kreuzgratgewölbe überdeckt, ist vollständig mit Fresken des 15. Jahrhunderts ausgemalt, denen solche am spitzen Chorbogen und an einzelnen Stellen der Schiffswände entsprechen. Im Chor steht isoliert, doch auf das schönste durch Architektur und Fresken orchestriert, in alter holzgeschnitzter Fassung als Hochaltar das von Giovanni Antonio de Lagaia gemalte Polyptychon, eine jener vielteiligen, reichgefaßten Bildertafeln, wie sie insbesondere für die Lombardei des 15. und 16. Jahrhunderts kennzeichnend sind.

Der Steilhang, der vom Massiv des Gridone sich gegen den Langensee hinabsenkt, gehört zu den schönsten des Tessin. Wohl ist vieles dem Ausbau der Seestraße zum Opfer gefallen, und auch bis weit hinauf ist der immer kostbarer gewordene Baugrund ›realisiert‹, das heißt mit einer Unzahl von Landsitzen und Wohnhäusern überbaut worden. Aber noch immer gibt es den ›Römerweg‹, der mit seinen großen, unregelmäßig zusammengefügten Steinplatten etwas oberhalb des Ufers von Ascona gegen Ronco führt. In den Gärten grünen das ganze Jahr Lorbeer und Steineichen, es gibt Palmen, Kakibäume und einzelnen Eukalyptus, und wo ein Bachlauf sich im ursprünglichen Zustand erhalten hat, da flechten Schlingpflanzen einen wahren Urwald. Noch vor wenigen Jahrzehnten war das alles sehr viel zusammenhängender, und man konnte damals auf manche Kapelle oder malerisches Gemäuer stoßen, die seither der wirtschaftlichen Erschließung zum Opfer gefallen sind. Trotzdem bleibt noch einiges, vor allem die Aussicht, die am schönsten von dem hochgelegenen Dörfchen *Ronco* mit seiner weithin sichtbaren Kirche sich erschließt. Wie ein mächtiger schimmernder Strom scheint der See von Norden, wo oft schneebedeckte Berge ihn umringen, nach Süden zu ziehen, hin zu Höhen, die klar und licht, gleich wohlgeformten Monumenten, vor einem oft unbeschreiblichen hellen Himmel stehen.

ASCONA – RONCO – BRISSAGO

Den Zauber der insubrischen Landschaft mit ihren Auswirkungen der Bodengestalt auf Klima und Pflanzenwuchs hat schon 1879 der Basler Botaniker Hermann Christ beschrieben:

»*Um so überraschender kommt uns die südliche Fülle unserer Südalpen zum Bewußtsein, als sie uns nicht nur dann neu entgegentritt, wenn wir sie von den eisigen Kämmen der Alpen von der nördlichen Schweiz her begrüßen, sondern selbst dann, wenn wir von Turin, von Mailand, von Bologna ihr nahen. – Die südlichen Formen des insubrischen Seegebietes stehen nicht in räumlichem Zusammenhang mit der eigentlichen Mittelmeerregion: sie sind von ihr durch die große Poebene und den Gebirgswall der Südalpen und Apenninen getrennt. Wir suchen die Cistrose, die cretische Pteris, das allionische Bartgras, die Mioromeria unserer Tessiner Seegestade vergebens im ganzen Potal und treffen sie erst wieder an den Hügeln Liguriens, die das Meer bespült und der Scirocco aus erster Hand erwärmt. Ebenso viele Oasen nennt der lombardische Botaniker Casati diese Seegebiete, die am Rande der insubrischen Fläche eine Vorahnung des Südens geben, während die Fläche selbst zwar sprichwörtlich fruchtbar, aber durch ihre Monotonie die Verzweiflung des Sammlers bilde ... – In nirgends übertroffener Steilheit, eines Schwungs entsteigt die Alpenkette dem tiefen Becken des Po. Dieses riesige, nach Südost gewandte Spalier ist geschützt vor den Nord- und Nordostwinden, die sich an den östlichen Alpenketten brechen. Es empfängt direkt und mit vollster Kraft die Sonne, und es entsteht eine Strahlenwirkung, eine Insolation, wie wir sie sorgfältig an der ›Sonnenseite‹ unserer Häuser für empfindliche Obstbäume aussuchen, wie sie hier aber die Natur im größten Maßstabe bietet.*«

Vor Porto Ronco liegen zwei Inseln, die den Heiligen Pankratius und Apollinaris geweiht sind. Ursprünglich aber soll sich hier ein Venus-Heiligtum befunden haben, dessen Tradition in dem im 16. Jahrhundert auf einer der Inseln bestehenden Nonnenklösterlein so stark war, daß sich der Erzbischof Karl Borromäus zu seiner Schließung veranlaßt fühlte. Später folgten sich private Besitzer, von denen einer in der Zwischenkriegszeit die palastartige Villa erbauen ließ; bald darauf munkelte man, es gäbe dort einen Harem, was der Venus-Tradition ja entsprochen hätte. – Für die Gärten oberhalb von *Brissago* gilt ganz besonders die Gunst des insubrischen Sonnenklimas. Denn neben Palmen wächst hier die Myrthe, und es reifen Oliven und sogar Zitronen. Von ganz besonderer Schönheit ist die Zypressengruppe vor der säulengetragenen Vorhalle der alten Pfarrkirche, die 1665 zu Ehren von Peter und Paul erbaut wurde. In ihrem Innern entsteht durch vorspringende Pfeiler eine eindrucksvolle Folge selbständig gebildeter Kreuzgratgewölbe. Sie führt zur querschifflosen Vierung, die von einer der landesüblichen Achteckskuppeln ohne Tambour abgeschlossen ist. Darauf folgt der polygonal geschlossene Chor. In den flachen Nischen, zu denen die einzelnen Wandabschnitte der Nordseite leicht eingetieft sind, stehen der in reichem Frühbarock geschnitzte Orgelprospekt und zwei von Säulengiebeln gefaßte Altäre, von denen der eine ein Bild aus der Nachfolge des Serodine umschließt. – In dem stark und nicht glücklich erneuerten Ort kommen die wenigen Patrizierhäuser, welche die radikale Straßenverbreiterung übriggelassen hat, kaum mehr zur Geltung. Doch lohnt sich ein Spaziergang hinauf zum spätbarocken *Santuario del Sacromonte* mit seinen illusionistischen Fresken und vor allem zu der am Ufer gelegenen *Madonna del Ponte*.

Der weithin sichtbare Campanile überragt einen stattlichen Bau der lombardischen Renaissance, dessen mit einem flachen Zeltdach bedeckte Achteckskuppel ein zierlicher Säulengang umzieht. Das Innere stellt das reichere Vorbild für die Pfarrkirche im Ort dar. Doch ist die Raumfolge kunstvoller: sie weitet sich in der Mitte zu einem kurzen Querschiff und deutet damit ein griechisches Kreuz an. Die durch eine tambourartige Attika ausgezeichnete Kuppel aber ist nach Osten gegen den polygonal geschlossenen Chor geschoben. Die wohlbemessenen Verhältnisse und das edle Detail verleihen dem Raum, unbeschadet seiner eher geringen Ausdehnung, den Adel einer innerlich großen Architektur.

Der See aber, der sich zu Füßen der Kirche breitet, macht seinen beiden Namen Ehre, dem deutschen wie dem italienischen: Lago Maggiore. Größer und gelassener wirkt seine Art gegenüber der Kleinteiligkeit des Luganer Sees. Auf der Südwestseite, an der Ascona, Ronco und Brissago liegen, hören mit der nun erreichten italienischen Grenze die Felsgipfel auf, und in weitschwingenden Rhythmen fallen die Bergzüge gegen Süden. Die Poebene jedoch ist noch nicht sichtbar, denn das Südende des Sees, dort, wo die Borromäischen Inseln liegen, wird nochmals von einem schön geformten, mäßig hohen Berg gleich einem Monument beherrscht.

ZUM OBERENGADIN UND INS BERGELL

Von Chur zum Comer See

Die Lenzerheide

Unmittelbar jenseits der kurzen Brücke, die sich in Chur über die Plessur spannt, beginnt der erste Anstieg zur Lenzerheide. Die Straße umwindet die öffentliche Anlage des ›Rosenhügels‹, wo von der Stelle des einstigen Galgens nun in liebenswürdiger Romanik ein neugotischer Pavillon grüßt. Bald darauf bietet sich der Überblick auf das alte und über dieses hinaus auf das moderne Chur, dessen Hochhäuser die Rheinebene beherrschen. In einer großen Schleife geht es weiter durch steilen Bergwald empor. Später, wenn dieser verlassen ist, öffnet sich linkerhand eine sehr schöne Aussicht gegen die Talschaft Schanfigg, deren Dörfer an der Straße nach Arosa hoch über der in wilder Schlucht eingeschnittenen Plessur sich sonnen. Den Talabschluß und zugleich die Scheide gegen das dahinter liegende Davoser Tal bildet das breite Felsmassiv der Weißfluh, deren gegen Davos sanfter abfallende Hänge seit Jahrzehnten Inbegriff eines großartigen Skitourengebietes sind. – Unsere Straße erreicht beim Dorf Malix eine erste Höhe, die sie, den schluchtartigen Talgrund tief unter sich lassend, in fast ebener Führung bis *Churwalden* behält. Die dortige spätgotische Kirche, die auf weithin sichtbarem Vorsprung steht, bewahrt in ihrem zweigeteilten Innenraum im katholisch gebliebenen Langhaus einen schönen Schreinaltar von 1477. Das benachbarte Pfarrhaus ist in die turmartige Abtswohnung eingebaut, die von einem einstigen Prämonstratenser-Kloster übriggeblieben ist.

In Churwalden hat die Straße den inzwischen angestiegenen Talgrund erreicht, der sich hier zu sanften, von einzelnen Baumgruppen bestandenen Wiesen erweitert. Doch bald folgt der im Winter von den Automobilisten gefürchtete Parpaner ›Stutz‹, wie hierzulande für ›Steige‹ gesagt wird, aber wenn dieser überwunden ist, öffnet sich ein wieder breit gewordenes Hochtal mit dem kleinen Dorf *Parpan*. Ein Schlößchen, das im Innern Renaissance-Malereien des Bündner Malers Hans Ardüser zeigt und dessen Äußeres reizvoll zwischen Wehrbau und zierlicher Repräsentation die Mitte hält, lohnt ein kurzes Verweilen, ebenso wie die reformierte kleine Kirche mit ihrem spätgotischen Netzgewölbe und einzelnen Grabsteinen. – Eine neue, doch dieses Mal nur kurze Steigung bringt uns auf den höchsten Punkt der Straße, der in der Nähe von *Valbella* liegt, einer Gruppe von Hotels und einer großen Zahl von Ferienhäusern, die alle von der besonders schönen Sicht über die ganze Lenzerheide Nutzen ziehen möchten. Die Aussicht ist begrenzt und dennoch weit. Links sind es die Gipfel und Schutthalden einer Kette, die von den Parpaner Hörnern zum Aroser Rothorn emporsteigt und von diesem höchsten Gipfel nach Süden zum Lenzerhorn hin ausschwingt, rechts gewahrt man die Matten und Hänge, die sich vom Stätzerhorn gegen Scalottas hinziehen. Dazwischen senken sich lose bewaldete Hänge und Terrassen zum Heidsee herab, dessen Spiegel in der weitgespannten Landschaft die sammelnde Mitte bildet. Doch über den See hinweg schweift das Auge gegen Süden, wo man die quer durch das Panorama ziehende Tiefe des Albulatals ahnt. Jenseits davon aber zeichnet sich die Fortsetzung des die Lenzerheide bildenden Troges im Oberhalbstein ab, wo hintereinander gestaffelt Piz Curvér und Piz Forbitsch im Westen, im Osten aber der mächtige Piz D'Aela und das Tinzenhorn einen neuen, fernen Rahmen formen, zwischen dem schon ganz im Süden die Grenzscheide zum Engadin sich abzeichnet.

Die Lenzerheide ist heute ein insbesondere von Zürich aus vielbesuchtes Ferien- und Wochenendgebiet mit allenthalben von der Landschaft Besitz ergreifenden Sportbahnen und Häusern. Doch südlich dieses neuzeitlichen Zentrums führt die Straße auch heute noch durch jene ausgedehnten Wälder, die dem Kanton Graubünden einst den auch von Schiller in seinem Drama übernommenen Ruf einbrachten, ein Paradies der Räuber zu sein, eine Behauptung, gegen welche der Bündner Rat seinerzeit gebührend

DIE LENZERHEIDE

protestierte. Bei der in ihrer Bauart schon ganz südlich anmutenden Kapelle San Cassian beginnt das Panorama sich von neuem zu öffnen, um schließlich in der Gegend des Dorfes *Lenz* (romanisch: Lantsch) eine Aussicht zu erreichen, die noch schöner ist als selbst die von Valbella. Denn jetzt steht man unmittelbar über dem Albulatal, in das die Straße sich in einer großen Schleife hinabsenkt. Die schon lange den Horizont der ›Heide‹ bestimmenden Gipfel sind noch näher gerückt, und zu ihnen tritt im Osten die über Filisur aufsteigende Pyramide, in welcher der Stulsergrat ausläuft, und im Westen der die Gegend von Thusis beherrschende Piz Beverin. Zu Füßen des Piz Curvér erkennt man tief im Tal die südlich helle Kirche von Tiefenkastel, darüber, oberhalb des einsamen Kirchleins der Heiligen Cosmas und Damian, das Dörfchen Mons und weiter westlich Stürvis, beides Dörfer, deren weithin sichtbare Gotteshäuser der Landschaft ihren Charakter verleihen. Machen wir uns auch bewußt, daß man von Mons und Stürvis aus zu der hoch über der Waldgrenze liegenden Madonna Zitail hinaufsteigen kann, einer Wallfahrtskirche, die für die Katholiken Bündens fast nationale Bedeutung hat.

Doch den sakralen Stempel trägt auch die Umgebung von Lenz, wo westlich vor dem Dorf in aussichtsreichster Lage in ihrem Friedhof die überaus stimmungsvolle Marienkapelle liegt. Mit einzelnen romanischen Fenstern in der sonst überwiegend spätgotischen Bausubstanz umschließt das durch Fresken aus dem 14. und frühen 15. Jahrhundert geschmückte Innere einen kleinen, doch in der vollständigen Erhaltung namentlich des Gesprenges bemerkenswerten Schnitzaltar.

Von Lenz führt die Hauptstraße zunächst über sanfte Matten, dann an steilen, von halbsüdlichem Pflanzenwuchs bedeckten Hängen entlang und schließlich in bewaldete Felsen eingeschnitten, nach *Tiefencastel* (romanisch: Casti), dessen hochgelegene Kirche schon auf der anderen Talseite die Albula beherrscht. Wir steigen von der Straße hinauf zum kleinen, mauergefaßten Platz, der die Kirchenfassade in einer durchaus südlichen Art in Szene setzt, wie denn auch sonst die Kirche von Tiefencastel, darin die bedeutendste unter mehreren der weiteren Umgebung, an Italien erinnert, ebenso durch die wie eine Kulisse vor den Bau gestellte Giebelfassade, wie durch die knapp geschlossene Form des von einer

protestierte. Bei der in ihrer Bauart schon ganz südlich anmutenden Kapelle San Cassian beginnt das Panorama sich von neuem zu öffnen, um schließlich in der Gegend des Dorfes *Lenz* (romanisch: Lantsch) eine Aussicht zu erreichen, die noch schöner ist als selbst die von Valbella. Denn jetzt steht man unmittelbar über dem Albulatal, in das die Straße sich in einer großen Schleife hinabsenkt. Die schon lange den Horizont der ›Heide‹ bestimmenden Gipfel sind noch näher gerückt, und zu ihnen tritt im Osten die über Filisur aufsteigende Pyramide, in welcher der Stulsergrat ausläuft, und im Westen der die Gegend von Thusis beherrschende Piz Beverin. Zu Füßen des Piz Curvér erkennt man tief im Tal die südlich helle Kirche von Tiefenkastel, darüber, oberhalb des einsamen Kirchleins der Heiligen Cosmas und Damian, das Dörfchen Mons und weiter westlich Stürvis, beides Dörfer, deren weithin sichtbare Gotteshäuser der Landschaft ihren Charakter verleihen. Machen wir uns auch bewußt, daß man von Mons und Stürvis aus zu der hoch über der Waldgrenze liegenden Madonna Zitail hinaufsteigen kann, einer Wallfahrtskirche, die für die Katholiken Bündens fast nationale Bedeutung hat.

Doch den sakralen Stempel trägt auch die Umgebung von Lenz, wo westlich vor dem Dorf in aussichtsreichster Lage in ihrem Friedhof die überaus stimmungsvolle Marienkapelle liegt. Mit einzelnen romanischen Fenstern in der sonst überwiegend spätgotischen Bausubstanz umschließt das durch Fresken aus dem 14. und frühen 15. Jahrhundert geschmückte Innere einen kleinen, doch in der vollständigen Erhaltung namentlich des Gesprenges bemerkenswerten Schnitzaltar.

Von Lenz führt die Hauptstraße zunächst über sanfte Matten, dann an steilen, von halbsüdlichem Pflanzenwuchs bedeckten Hängen entlang und schließlich in bewaldete Felsen eingeschnitten, nach *Tiefencastel* (romanisch: Casti), dessen hochgelegene Kirche schon auf der anderen Talseite die Albula beherrscht. Wir steigen von der Straße hinauf zum kleinen, mauergefaßten Platz, der die Kirchenfassade in einer durchaus südlichen Art in Szene setzt, wie denn auch sonst die Kirche von Tiefencastel, darin die bedeutendste unter mehreren der weiteren Umgebung, an Italien erinnert, ebenso durch die wie eine Kulisse vor den Bau gestellte Giebelfassade, wie durch die knapp geschlossene Form des von einer

ERNST LUDWIG KIRCHNER
Wintermondlandschaft
Gemälde, 1919
Detroit Institute of Arts, Detroit

Kuppel gekrönten Campanile. Es ist kein Zufall, daß diese während des 17. Jahrhunderts im Zuge der Gegenreformation entstandenen Bauten bewußt ihre ultramontane Haltung zur Anschauung bringen. Das Innere zeigt den italienischen Charakter in der deutlichen Trennung zwischen Wand und Wölbung mittels eines kräftigen Gesimses. Der Hochaltar ist ausgezeichnet durch die goldstrotzende Miniaturarchitektur eines säulengeschmückten und kuppelgekrönten Tabernakels.

Über den Julier zu den Engadiner Seen

Die Straße gegen den Julier steigt zunächst über Matten, dann durch Wald, um die beim Abstieg von der Lenzerheide verlorene Höhe wieder zu gewinnen. Bald zwängt sie sich hinein in eine immer unwegsamer werdende Waldschlucht, in deren Tiefe die Julia einst rauschte. Das war, bevor man sie in Röhren faßte, um ihre Kraft in Strom für die Stadt Zürich zu verwandeln. Sonst aber macht die Gegend ihrem Namen noch immer Ehre, denn noch bildet der ›Stein‹ als hochragende Felswand die Grenzstelle, durch die die Straße in eine später wieder sich weitende Landschaft führt: ins ›Oberhalbstein‹. Der Gegensatz zwischen höchster Enge und einer – auch jetzt noch von Bergen umschlossenen – Weite wird hier wohl nicht ganz so stark zum Erlebnis wie bei der Via mala, aber er ist trotzdem da, auf eine sehr bündnerische Weise, denn die umschließenden Berge formen kein eng zusammenhängendes Amphitheater, sondern sind von Quertälern unterbrochen. Auch den Horizont bilden nicht gleichmäßige Felszinnen, vielmehr steigen die einzelnen Gipfel im Wechsel mit sanfteren Kämmen empor: so der nun ganz nahe Piz Forbitsch oder das jetzt die rechte Talseite beherrschende Tinzenhorn, die durch beide markant zur Geltung kommen.

In diesem untersten und ausgedehntesten Teil des Oberhalbsteins liegen an der Straße drei Dörfer mit schönen Kirchen. Da ist zunächst *Conters* (romanisch: Cunters), von wo ein Sträßchen auf die andere Talseite nach Salux, Mons und Stürvis führt, kleine Dörfer mit schönen gotischen und barocken Kirchen, unter denen jene von Stürvis unter spätgotischem Chorgewölbe einen der reichsten Schreinaltäre des Kantons besitzt. Über die gleiche Brücke unterhalb Conters wie nach Salux gelangt man auch nach dem Dorfe *Reams,* unter dem eine große Ruine von weitem eine Kirche vortäuscht. In Wirklichkeit war sie eine Burg, einst der Sitz der Landvögte des Bischofs von Chur; noch im 19. Jahrhundert diente sie als Gefängnis. Von Reams führt das Sträßchen weiter, hinauf nach Präsanz, wo der lange, im Sinn eines Bitt- und Bußgangs beschwerliche Aufstieg zur Madonna Zitail erfolgt. – Conters selbst besitzt eine stattliche Barockkirche in jenen schon stark südlichen Formen, wie sie uns seit Tiefenkastel in dieser Gegend in den Sakralbauten des 17. und 18. Jahrhunderts nun immer wieder begegnen werden. –

Das nächste Dorf an der Hauptstraße ist *Savognin,* berühmt durch die Landschaften, die hier zwischen 1886 und 1894 Giovanni Segantini malte, doch bemerkenswert auch durch die Kirchen, in denen besonders eindrucksvoll sich Norden und Süden mischen. Die Hauptkirche oberhalb der Straße erweist sich als achteckiger Zentralbau lombardischer Observanz, während der Turm mit seiner italianisierenden Glockenstube und andererseits dem spitzen Helm in Südtirol seine Verwandten findet. Die Kirche unten im Talgrund gehört mit der barockisierten Gotik ihres Inneren durchaus dem Stil der Alpennordseite an. Wieder dem Süden verpflichtet ist die große Kirche St. Martin, weit oben am Westhang über dem Radonser Bach, nicht nur durch die einfache Giebelfront, sondern vor allem durch das von dem Mailänder Carlo Nuvolone 1681 gemalte Kuppelfresko, das die himmlischen Heerscharen auf konzentrisch angeordneten Wolken thronen läßt. – Die verschiedenen Patrizierhäuser, sowohl im eigentlichen Dorf als auch unten im Tal, erinnern an den guten Verdienst, den schon in früheren Jahrhunderten der bedeutende Verkehr über den Julier- und Septimerpaß brachte.

Das dritte Dorf, wo sich das Tal bereits wieder verengert, ist *Tinzen.* Hier vereinen sich die verschiedenen Epochen und Bereiche im gleichen Gotteshaus. Südlichem Barock verpflichtet ist die Architektur: die Giebelfront, der Campanile und das durch die ununterbrochene Horizontale des Gebälks in Wand und Wölbung aufgeteilte Innere. Dagegen erweist sich der aus der früheren Kirche stammende Hochaltar von 1502 als bedeutende Leistung der schwäbischen Spätgotik, so wie je nach Epoche ein Meister das eine Mal von den oberitalienischen Seen, das andere Mal vom Bodensee und Oberschwaben her seine Kunst nach Graubünden brachte. – Von neuem steigt die Straße, dem Osthang einer engen Waldschlucht entlang nach Roffna hinauf, wo eine nunmehr engere Talebene beginnt. Auch das Dörfchen ist bescheidener, und gleiches gilt für Mühlen, wo immerhin die beiden aus dem 18. und 19.Jahrhundert stammenden Gasthöfe stattliche Blöcke darstellen. Wieder steigt die Straße, an einer Burgruine vorbei, hinauf zum gewaltigen Erdwall des künstlich gestauten Marmorera-Sees. Seinem im Wasserspiegel je nach Jahreszeit und Stauhöhe stark wechselnden Ufer entlang führt die Straße abermals zu einer Talausweitung, auf die hin uns ein letzter kurzer Engpaß in den weiten Talkessel von *Bivio* entläßt. Hier sind wir endlich beim obersten Dorf angelangt, dessen verkehrsgeschichtliche Rolle in der Gabelung der beiden Römerpässe, des Juliers und des Septimers, liegt. Der heute vor allem vom mechanisierten Wintersport lebende Ort zeigt auf echt bündnerische Weise auf kleinstem Raum die größte Vielfalt, denn die kaum zweihundert Einwohner teilen sich in nicht weniger als fünf Sprachgruppen, von denen drei aus verschiedenen italienischen Dialekten und je eine aus Rätoromanisch und Deutsch besteht. Dazu weist der Ort eine katholische und eine reformierte Kirche auf, von denen die erstere einen guten spätgotischen Schnitzaltar ihr eigen nennt.

Der von hier ausgehende Septimer, einst der nach Septimus Severus benannte Kaiserpaß, war noch im Mittelalter für zweirädrige Karren befahrbar. Heute führt er als Fußpfad über die niedrige Senke zwischen Forcellina und Lunghin hinab nach Casaccia, dem obersten Dorf des Bergells. Als Wanderung bietet der aussichtsreiche Lunghin den schönsten Übergang ins Oberengadin, das man in Maloja erreicht. – Die Julierstraße führt von Bivio aus bald eben, bald in Kehren breite Schwellen überwindend unter den steilen Nordwänden des Grevasalvas vorbei auf die wuchtige

Felspyramide des Piz Julier zu. Abgesehen von einer einzigen Arve ist die Landschaft völlig baumlos geworden, und es gibt auch keine bewohnten Häuser mehr mit Ausnahme des *Julier-Hospiz*. Etwas vor diesem mündet das einsame Val d'Agnelli, auf dessen schöne Dolomitfelsen man von der Straße aus einen Blick erhaschen kann. Das Hospiz liegt noch nicht ganz auf der Paßhöhe, die durch die beiden berühmten Säulenstümpfe aus römischer Zeit gekennzeichnet ist. Conrad Ferdinand Meyer, der wie kein anderer Dichter die herbe Poesie des Hochgebirges erlebt hat, schreibt im ›Jürg Jenatsch‹: »Die Mittagssonne stand über der kahlen, von Felshäuptern umragten Höhe des Julierpasses im Lande Bünden. Die Steinwände brannten und schimmerten unter den stechenden, senkrechten Strahlen. Zuweilen, wenn eine geballte Wetterwolke emporquoll und vorüberzog, schienen die Bergmauern höher heranzutreten und, die Landschaft verengend, schroff und unheimlich zusammenzurücken. Die wenigen, zwischen den Felszacken hernniederhängenden Schneeflecke und Gletscherzungen leuchteten bald grell auf, bald wichen sie zurück in grünliches Dunkel. Es drückte eine schwüle Stille, nur das niedrige Geflatter der Steinlerche regte sich zwischen den nackten Blöcken und von Zeit zu Zeit durchdrang der scharfe Pfiff eines Murmeltiers die Einöde. – In der Mitte der sich dehnenden Paßhöhe standen rechts und links vom Saumpfade zwei abgebrochene Säulen, die der Zeit schon länger als ein Jahrtausend trotzen mochten ...«

Mäßig fallend und dann auf weite Strecken eben zieht sich nun die Straße durch das auch auf dieser Seite des Julierpasses baumlose und unbesiedelte Hochtal gegen Silvaplana, um oberhalb des Dorfes sich in Kehren durch den steilen und lichten Arvenwald hinabzuwinden. Jetzt weichen auch seitlich die Felswände zurück. Der Blick öffnet sich gegen schön geformte Gebirge, die, durch eine weite Talsohle von uns getrennt, den Horizont mit Felsgipfeln und Firnen begrenzen. Unten im Talgrund wartet ein Dorf mit Kirche und weißen, breitgelagerten Häusern auf uns. Dahinter schimmert und glänzt in einem Licht von bisher nirgends erlebter Kraft ein großer See. Wir sind im Engadin.

Der Julierpaß hat den Vorzug, unmittelbar in den schönsten Teil dieses einzigartigen Hochtals zu führen, dorthin, wo nach den Waldschluchten des Unterengadins und den wiesenbedeckten Talböden des mittleren Teils nunmehr als eine in jeder Hinsicht höchste Steigerung im Oberengadin sich die Folge der Seen breitet, deren Reihung nochmals zu einer Steigerung führt: denn auf den kleinen St. Moritzer See folgt der größere See von Silvaplana und schließlich der Silser See, ausgezeichnet durch die bewaldete Halbinsel der Chasté und durch die flache Schwelle des Maloja-Passes. Nicht vergessen aber seien die kleinen, in Wäldern verborgenen oder in hochalpines Geröll entrückten Seen, wie der Statzer See bei St. Moritz, der Cavaloccio-See bei Maloja, die Lej Sgrischuns hoch über dem Fextal und der kleine Tscheppa-See nordwestlich überm Silvaplaner See auf halber Höhe des Lagrev. Der Spiegel all dieser Seen ergibt zusammen mit den namentlich auf der Südseite des Hochtals sehr bedeutenden Gletschern der Bernina-Gruppe und des Fornogebietes und der klaren Höhenluft jenes berühmte Licht, das höchstens noch in Sizilien und gewissen Teilen Griechenlands übertroffen wird. Doch der Glanz des Mittelmeeres steht hier über einem Wasser, das fast unmittelbar den Gletschern entspringt. Es ist das Eis, das auch im Sommer vom Corvatsch und aus den Tälern des Fex und Fedoz schimmert, und die Ufer der großen Engadiner Seen sind vom zarten Grün der schlanken Lärchen und von den dunklen Kronen der knorrigen Arven gesäumt. Die Natur der Berge in ihrer höchsten Reinheit und Frische – sofern der Mensch mit seiner Technik sie noch nicht allzu sehr in Bann geschlagen hat – sie wird hier in kühlerer und reinerer Luft zum Gefäß, in welchem die lebendigste Ahnung des Südens in verklärter Form sich sammelt.

So ist es nicht mehr nur Abglanz, sondern recht eigentlich Verklärung, worin im Oberengadin der uns auch sonst auf diesen Straßen entgegenkommende Süden zum Erlebnis wird.

Von Silvaplana, das am Südfuß des Julierpasses liegt, ist es nur ein Katzensprung nach dem Weltkurort St. Moritz. Wir aber wählen die Straße nach Westen und fahren am Fuße steiler Felsen den

Silvaplaner See entlang der Margna entgegen, deren Gipfel den dominierenden Abschluß des Oberengadins bildet. – Dem See folgt eine weite Ebene, die im flimmernden Widerschein von zwei Wasserflächen steht. Denn man kann bereits den Silser See ahnen, während vor einem die an Waldhügel geschmiegten Häuser und Hotels von *Sils*-Maria und rechts die Häuser und der Kirchturm von Sils-Baselgia auftauchen. Eines der schönsten Erlebnisse ist es nun, das Auto zu verlassen, um auf Fußpfaden an den See und weiter auf die Chasté hinauszuwandern, jene buchtenreiche Halbinsel, geweiht durch den Aufenthalt von Friedrich Nietzsche, der hier, bereits dem Wahnsinn nahe, das Licht des Oberengadins wie eine göttliche Offenbarung erlebte. Das bescheidene Wohnhaus des Dichters und Philosophen in Sils ist erhalten; es steht geistig Schaffenden als Arbeitsstätte zur Verfügung.

Schon in Silvaplana und nun in Sils sowie im *Fextal* tritt uns – wenn auch nicht ganz so reich wie in den Dörfern des mittleren und unteren Engadin – das *Engadiner Haus* entgegen, dessen vom mediterranen Steinbau inspiriertes Äußeres durch die Verbindung mit alpinen Elementen namentlich im 17. und 18. Jahrhundert eine höchst eigenwillige Form gefunden hat. Die Mauern, welche holzgetäfelte Stuben von bisweilen beachtlichem Reichtum umschließen, sind überaus dick, so daß die verschieden großen und merkwürdig unregelmäßig verteilten Fenster sich trichterförmig erweitern, um möglichst viel Licht zu empfangen, ohne die Geborgenheit des Innern preiszugeben. Die Wände sind mit aus dem weißen Verputz ausgespartem Sgraffito geschmückt, meist mit Friesen und Rahmenformen für Türen und Fenster, mit Motiven, in denen Renaissance und Barock des nahen Italiens ihren Niederschlag gefunden haben. Es gibt kein anderes Bauernhaus in solcher Höhenlage, das einen derart komplexen Reichtum ähnlich wirkungsvoll vereint. Der Süden überwiegt, doch auch der germanische Norden ist in der alpinen Erscheinung gegenwärtig, und mit der rustikalen Grundform verbindet sich ein Abglanz städtischer Kultur als Ausdruck eines Herrentums, zu dem sich hier der freie Bauer erhoben hat.

Auf Fußpfaden, die bergauf, bergab am stillen Ostufer entlangführen, oder auf der ebenfalls aussichtsreichen Straße über die Bucht von Plaun da lej gelangt man nach Maloja, das kein eigentliches Dorf, sondern eine dem Durchgangsverkehr dienende Häusergruppe ist. Doch der kleine Friedhof birgt das Grab Giovanni Segantinis, der auf seine Art, nämlich als Maler, in sehr persönlicher Abwandlung des Impressionismus den Landschaften Graubündens und unter diesen wiederum dem Engadin huldigte. Ein eigenes Museum in St. Moritz vereinigt viele seiner Werke. Nicht vergessen seien auch die Seelandschaften, die Ferdinand Hodler in seiner herben Kraft aus den so reichen Rhythmen der Oberengadiner Berge gestaltete.

Im Bergell

Es gehört zu den stärksten Erlebnissen in den ganzen Alpen, wie in Maloja sehr plötzlich das Engadin zu Ende ist, wie hier eine große Folge in nicht minder großartiger Weise abbricht und in einem Szenenwechsel, so jäh, daß er geradezu beklemmend wirkt, nun die gleiche Talrinne, die im Oberengadin so breit und gelassen anstieg, auf einmal nach Westen und zugleich gegen Italien hin abstürzt. Die Wasserscheide zwischen Po und Donau, zwischen Adria und Schwarzem Meer vollzieht sich hier nicht auf steilem Grat. Trotzdem läßt die breite, nach der einen Seite flache Schwelle von Maloja das geologische Drama erkennen, in welchem das Bergell zum Comer See und zur Poebene hin durchströmende Maira dem ursprünglich dem Fornogletscher entspringenden Inn in die Quere kam und dem Gletscherwasser einen neuen, gänzlich anderen Abfluß grub.

Die überaus steile Schwelle, die der in seinem Anstieg vom Engadin her kaum merkliche Malojapaß gegen Westen bildet, bezwingt die Straße in vielen Kehren, um in *Casaccia* einen obersten, mäßig großen Talkessel zu erreichen. Denn das Bergell, in das wir nun gelangen, ist eng und von einer beklemmenden Wildheit, durch die hindurch man sich den milden Süden erst erkämpfen muß. Dieser Stimmung entspricht auch die gotische Kirchenruine, an der die Straße vorbeizieht. Die vorübergehend ebene Straße führt geradewegs gegen jene Felswand, über die einst der berühmte Albigna-Fall stürzte. An seiner Stelle spannt sich heute fahl und gespenstisch eine riesige Staumauer in fast 2000 Meter Höhe von Berg zu Berg. Der Wald, durch den die moderne Straße ihre Kehren zieht, birgt die soliden Platten des hier erhaltenen Römerwegs, der einst von Bivio über den Septimer nach Casaccia und weiter zum Comer See führte.

In *Vicosoprano* kann man in Ruhe das alte Pflaster mit den aus Granitplatten gelegten Wagengeleisen beschreiten. Über den alten Hauptort des Bergell schaut ernst der graue Turm, zu dessen Füßen das Rathaus liegt. An seiner Wand hat sich vom alten Talgericht her der Prangerstein mit dem Halseisen erhalten. Unter den zum Teil eng wie ein Städtchen zusammengebauten Häusern mischen sich italienisch-urbane Formen mit alpinen. Es gibt bereits aus dem 18. Jahrhundert vielstöckige Häuser mit kunstvoll gefaßten Fenstern, handgeschmiedeten Balkonen und aus Granit gehauenen Portalen. Einzelne Häuser zeigen die Blockform in voller Regelmäßigkeit mit wenig steilem Zeltdach, während andere ähnlich wie das Engadiner Haus auf alpine Weise flachgeneigte, steingedeckte Dächer aus rohbehauenen und von der Sonne gebräunten Balken haben.

Die Straße zieht sich gerade und eben durch den Talgrund nach *Stampa*, woher die Malerfamilie der Giacometti stammt. Zwischen den sonst eher bescheidenen Häusern liegt die ›Cesa grande‹ sowie eine kleine evangelische Barockkirche, denn das Bergell ist, wenn man von den Waldensertälern in Piemont absieht, das einzig italienisch sprechende Tal der Alpen mit seit der Reformation geschlossen nichtkatholischer Bevölkerung. – Auf der anderen Talseite sieht man zwischen alten Bäumen das Schloß Castelmur, ein gegen 1840 errichteter Herrensitz, das eines der Normannenschlösser Süditaliens beschwört.

Nahebei steht auf felsigem Hügel die Barockkirche von Coltura. Von dort aus führt ein Fußpfad zuerst über sanfte Wiesen, dann an einem steilen felsigen Buschhang empor nach Soglio, das man so auf die landschaftlich lohnendste Weise erreicht. Wir gelangen in diesen überaus malerischen, hoch oberhalb der rechten Talseite gelegenen Ort über die Straße, die zunächst durch die turmbewehrte Talsperre von *Promontogno* führt. Dann biegen wir auf ein enges Bergsträßchen ab, das uns durch einen der schönsten Kastanienwälder mit immer neuen malerischen Gruppen der knorrigen alten Bäume nach der schmalen Bergterrasse von *Soglio* führt.

Ein kleines Dorf ist hier hoch hinaufgehoben auf eine erste, vom Süden ausgezeichnete Terrasse. Ganz vorne über dem Steilhang steht die Kirche mit dem italienischen Campanile. Dahinter breitet sich das Dorf, aus dessen eng zusammengebauten Häusern eine ganze Anzahl von Palästen ragt. In stattlichen Fronten, mit in Achsen geordneten Fenstern mit Wappenschmuck, schmiedeeisernen Balkonen und steingefaßten Portalen, heben sie sich in geschlossener Reihe von den mehr unregelmäßigen und niedrigeren Häusern des übrigen Dorfes ab. Gerade weil dieses seinen alpinen Charakter keineswegs verleugnet, überraschen und imponieren um so mehr die Paläste, die im 17. und 18. Jahrhundert von dem hier beheimateten Zweig der Salis-Soglio, wie sie sich nennen, errichtet wurden.

Einer dieser Paläste, der durch seine mit Stukkatur bereicherte Gliederung besonders ausgezeichnet ist, samt seinem von Rilke beschriebenen Garten, dient heute als Hotel. Durch die gewölbten Hallen des Erdgeschosses steigt man empor und gelangt schließlich in eine durch zwei Stockwerke gehende Halle mit flacher Kassettendecke, den Möbeln und Waffen früherer Jahrhunderte und den verblichenen Bildern der Salis-Soglio, die einst auch diesen Palast besaßen. Aus dem Zwischengeschoß tritt man in den Garten hinaus, der sich auf der Rückseite des Palastes beinahe flach gegen den dann allerdings jäh ansteigenden Berghang breitet. Buchsbaumgefaßte Wege, Rasenflächen, Blumenbeete gibt es, dann auch einzelne Obstbäume, ein mächtiger, zum Baum ausgewachsener Lorbeer und eine Linde in nächster Nähe des Palastes, der sich hier auf seiner Rückseite mit vorspringenden Dachbalken alpiner gibt als in seinen gegen den Platz gerichteten Fronten. Doch der ganze Garten wird beherrscht durch die beiden mächtigen Wellingtonien am bergseitigen Rand. – Aus dem Halbsüden dieses Gartens geht der Blick über die Mauern und Dächer hinweg in die Bondasca-Gruppe, die mit ihren spaltenzerrissenen Gletschern und eisgepanzerten Abstürzen sowie der ungeheuren Nordwand des Badile die Geborgenheit der schönen, linden Nähe um so eindringlicher erleben läßt. –

Wir stehen in Soglio bereits auf der Mittagseite der Alpen, doch zwischen uns und Italien bauen sich erst noch die steilsten Berge auf. Und so erreichen wir die italienische Grenze in dem nahen

Castasegna, indem wir nicht nach Süden, sondern nach Westen fahren. Vorher aber lockt noch im schweizerischen *Bondo* der großartige Salis-Palast, den 1766-1774 Hieronymus von Salis-Soglio errichten ließ, mit imposantem Treppenhaus und einem architektonisch angelegten Garten, der sich dem mächtigen, doch ernst verschlossenen Hauskubus vorlagert. In der nahen kleinen Kirche des im übrigen alpin-bescheidenen Dörfchens ist die romanische Apsis mit Fresken aus dem 15.Jahrhundert geschmückt.

Schon in *Chiavenna* erlebt man die größeren Verhältnisse, doch auch den rascheren und geräuschvolleren Lebensrhythmus Italiens. Sehr stattlich umziehen Säulenbogengänge den Platz vor der katholischen Barockkirche. Den alten Stadtkern beherrscht ein von Reblauben umkränzter Felshügel, zu seinen Füßen steht das mittelalterliche Schloß am gleichen Ort, wo 1175 die Begegnung zwischen Friedrich Barbarossa und Heinrich dem Löwen stattfand. Der Kaiser forderte von seinem einst so sehr begünstigten Vasallen Hilfe; sie wurde nicht gewährt, und so verlor der Kaiser den Kampf gegen die mächtigen oberitalienischen Städte.

Ein breites, jedoch steil von Bergen gefaßtes Tal führt von Chiavenna aus nach Süden durch ein Gebiet, das zusammen mit dem Veltlin von 1512 bis 1797 zu Graubünden gehörte. – Nach dem kleinen Lago di Mezzola gabelt sich die Straße, doch ob wir jene nach Lecco oder die nach Menaggio einschlagen, beide führen zum *Comer See*. Es sind seine reichbebauten Ufer, die uns mit südlichem Pflanzenwuchs, mit Dörfern, Kirchen und Kapellen, mit Villen und parkumgebenen Palästen, doch auch mit dem Rhythmus der den Wasserspiegel begleitenden Bergketten den Süden in einer ersten Vollkommenheit erleben lassen.

VOM VORDERRHEIN DURCHS WALLIS ZUM GENFER SEE

Von Reichenau nach Lausanne

Vorderrheintal

In *Reichenau*, wo Vorderrhein und Hinterrhein zusammenfließen und die Straßen zum Oberalp-Paß und zum San Bernhardin sich scheiden, folgen wir der ersteren. Wir überqueren Richtung Flims auf moderner Brücke den eben vereinten Strom und fahren den Hang entlang hinauf, vorbei an Tamins, dessen hochgelegene Kirche mit ihrem überschlanken neugotischen Turm von weit her den Blick auf sich zieht, und dann durch Trins. Zwischen den beiden Dörfern öffnet sich vom milden, obstbaumbestandenen Sonnenhang aus die Sicht nach Süden, hinab gegen das auf uns zukommende Hinterrheintal mit der Ebene von Bonaduz und weiter durch die Schlucht zwischen Rhäzüns und Rothenbrunnen gegen das Domleschg samt den dahinter aufsteigenden Gebirgen. Die schweizerische und hier wiederum vor allem bündnerische Landschaftsform der ›Verkammerung‹, der Rhythmus, der zwischen Enge und Weite wechselt, dazu der geschlossene Talraum, der gerade hier jedoch alles andere als beengend ist und sich nach den verschiedensten Seiten öffnet – dieses sich uns auf unseren Straßen immer wieder offenbarende Erlebnis –, hier tritt es besonders schön vor Augen.

Nach Trins windet sich die Straße durch einen kleinen Engpaß und erreicht darauf bei Mulins den weiten Talkessel von *Flims*. Entstanden ist dieser ebenso eigenartige wie anziehende Landschaftsraum durch einen riesigen vorgeschichtlichen Bergsturz, der aus dem das Vorderrheintal nach Norden abschließenden Gebirgszug ein mächtiges Amphitheater ausgebrochen und seine Schuttmassen in weichen Hügeln angelegt hat, durch die der Rhein sich später eine tiefe Schlucht grub. Diese bildet zusammen mit ausgedehnten Wäldern die Grenze zum ›Surselvischen‹, das bedeutet oberhalb des Waldes gesprochenen Romanisch. Durch den Bergsturz ist ein mächtiger Kessel entstanden, der sich gegen Süden in einer welligen Terrasse öffnet. Der terrassenförmige Auslauf des Bergsturzes teilt sich in flache Wiesengründe, sanft auslaufende Hänge – auf denen sich das zum großen Feriendorf angewachsene Flims ausbreitet – und in ein hügeliges Waldgebiet, das die Szenerie nach Westen schließt und einzelne kleine Seen birgt. Unter ihnen ist der Caumasee der größte und der schönste. Man steigt zu ihm vom ›Waldhaus‹ herab, einer Gruppe von Hotels, die noch viel vom Charme des Jahrhundertanfangs besitzen, als ein Ferienaufenthalt noch eine exklusive Angelegenheit war. Aber auch das heutige Flims bemüht sich, seine vielen Ferienhäuser der Landschaft anzupassen. Dazwischen scharen sich um die spätgotische Kirche mit ihrer viereckigen barocken Turmhaube noch einige alte Bauernhäuser, aus denen das 1682 für Hans Gaudenz Capol erbaute Schlößchen hervorragt. – Den Hintergrund von Flims bilden Wälder und Matten, aus denen im Osten die Kalkfelsen des Flimser Steins hervortreten, während im Nordwesten das mit seinen Gletschern zurückliegende Vorab-Massiv den weithin sichtbaren Grat von Crap St. Gion vorschiebt. Dazwischen entfaltet sich im Winter die ›weiße Arena‹, die mit ihrer Vielzahl von Sportbahnen und Skilifts Flims berühmt gemacht hat. – Doch über die auch im Sommer nicht zu übersehenden technischen Einrichtungen des modernen Kurorts hinweg erlabt sich auch heute noch das Auge immer wieder an einer bereits ostalpinen Weite, wie sie die engen Felstäler der Zentralschweiz, des Tessin und des Berner Oberlandes nicht kennen.

Während sich durch die tiefe, von Flims aus unsichtbare Schlucht der Rhein und neben ihm die Eisenbahn zwängen, führt diese Straße zunächst eben und später leicht abwärts durch ein sanftes, meist bewaldetes Gelände an Laax vorbei hinab ins Haupttal, das bei Ilanz wieder erreicht wird. Vorher lohnt es sich, in *Schleuis*, das schon fast im hier wieder breit gewordenen Talgrund liegt, die schöne Barockkirche mit ihrer reichen Ausstattung zu besuchen. Wir treffen hier wie schon kurz vorher in Laax einen Kirchentypus, der auch in Mittelbünden und – unter reformiertem Vorzeichen – im ›Rheinwald‹ und im Engadin vorkommt, jedoch im Vorderrheintal sowie in dessen südlichen Seitentälern besonders verbreitet ist. Es sind während der Gegenreformation vor allem im 17. und frühen 18. Jahrhundert entstandene Gotteshäuser, deren Außenbau oft Lesenen mit flachen Blendbogen beleben. Das Innere zeigt ein saalförmiges Schiff, an das sich ein eingezogener, meist polygonal geschlossener Chor fügt. Wand- und Wölbungszone werden durch kräftige Horizontalgesimse geschieden, was italienischer Gepflogenheit entspricht. Über diesem Gebälk sitzen, den untern Fensterachsen entsprechend, oft Rundfenster, wobei die um sie herum entwickelten Stichkappen das ursprüngliche Tonnengewölbe zu einer Folge von kreuzgratgewölbten Jochen zerlegen. Eine Ordnung von Pilastern, bisweilen auch nur von Lesenen, gliedert die Wände in meist gedrungenen Proportionen, den Raum mit einem gleichsam ›gezimmerten‹ Gerüst umfassend. So unverkennbar der Zusammenhang mit dem italienischen Frühbarock ist, so weit fühlt man sich angesichts der bäuerlich schweren, um nicht zu sagen schwerfälligen Art von den großen Zentren des Südens entfernt, auch wenn Mailand und andere oberitalienische Städte an sich gar nicht so weit weg liegen. Dessenungeachtet wirkt manches in diesem in die Bergtäler gleichsam verschlagenen Barock derart ›kolonial‹, wie sonst nur in Polen, der Ukraine oder in Lateinamerika. Dieses für viele Alpentäler bezeichnende Phänomen einer ›inneren‹ Peripherie, wie wir es schon in der Einleitung antönten, äußert sich auch in der Ausstattung, namentlich in den schweren, mit bisweilen etwas bäuerlichem Prunk gearbeiteten Altären, unter denen wir den ›spanischen‹ Charakter der Ritz-Altäre bereits im urnerischen Reußtal ausdrücklich gewürdigt haben.

Neben zahlreichen Beispielen der ›Ritz-Schule‹ blüht gerade im Vorderrheintal auch ein eigentümlich wildes, schwerflüssiges Rokoko. Die Wirkung der Altäre wird durch die übliche Anordnung noch gesteigert, indem die Seitenaltäre den Choreingang flankieren und dabei gleich Trabanten auf den in die Tiefe des Altarraumes entrückten Hochaltar weisen.

Schon in Schleuis umfängt uns wieder die Milde des mit Obstgärten und Laubbäumen bestandenen Südhanges, der sich hier nicht nur auf das breiter gewordene Haupttal, sondern zugleich auf das von Süden her kommende Nebental des Lugnez öffnet. Wir haben das früher mehr als heute trennende Waldgebiet des Flimser Bergsturzes hinter uns und sind damit auch sprachlich in einen neuen Bereich gelangt, nämlich in den des Surselvischen, also des ›ob dem Wald‹ gesprochenen Romanisch. – An der Einmündung des Lugnez liegt *Ilanz*, ›die erste Stadt am Rhein‹, mit ihren beiden Toren, von denen das ›Obertor‹ durch seinen barocken, wappengeschmückten Aufbau ausgezeichnet ist, während das ›Rote Tor‹ ein geschweifter Giebel abschließt, der ebenfalls dem Barock entstammt. In den wenigen kurzen und verwinkelten Gassen fehlt es doch keineswegs an einzelnen großzügigen Bauten und an sorgfältigem Steinmetzschmuck. Dazu kommen die Kirchen: die heute evangelische St.-Margarethen-Kirche mit ihrem spätgotischen Chor, den dekorative Malereien schmücken, und mit der geschnitzten, 1669 datierten Kanzel. Während sonst das Vorderrheintal samt seinen Seitentälern katholisch ist und selbst das nach 1960 oberhalb der Stadt erbaute Spital von weitem wie ein Kloster aussieht, wurde in der damals eben fertiggestellten St. Margarethen-Kirche schon 1526 eine Disputation zwischen den beiden Bekenntnissen abgehalten, mit dem Ergebnis, daß in den Drei Bünden von nun an auch der neue Glaube gelehrt werden durfte. Freilich teilte Graubünden darin das Schicksal mit Deutschland, daß erst im 17. Jahrhundert, zur Zeit des Dreißigjährigen Krieges, die religiöse Zwietracht ihr schlimmstes Maß erreichte.

Westlich der Stadt über dem Taleingang zum Lugnez steht mit festem, bruchsteingemauertem Turm am Bergvorsprung die alte *Martinskirche*, deren älteste Teile noch ottonisch sind. Später mehrfach verändert, hat der Raum Freskenreste des 14. und 15. Jahrhunderts bewahrt. Vor allem aber lohnt sich der Besuch von St. Martin wegen der Aussicht. Diese geht rheinabwärts gegen die zackige Silhouette des Piz Signina, sodann das Haupttal hinauf zu den Brigelser Hörnern, die als südliche Vorposten vor das Tödi-Massiv treten, und in das Lugnez hinein, das sich in verschiedene Täler auffächert, die alle reich sind an landschaftlicher Schönheit wie auch an Werken der Kultur: in den sonnengebräunten Holzhäusern der verschiedenen Walserdörfer wie auch in Kirchen und Kapellen, deren weißverputzte Mauern weithin die Landschaft beherrschen.

Von Ilanz führt die große Straße westwärts durch das Hauptal, das zunächst nur auf der Schattenseite, dann bald auch auf der Sonnenseite durch steile, von Felswänden durchsetzte Tannenhänge eingefaßt wird. Aus dieser besonders im Herbst und Winter schattenreichen und kühlen Enge heraus lohnt es sich, kurz nach dem Dorfe *Ruis*, das gegen das Tal hin durch ein markantes steinernes altes Giebelhaus ausgezeichnet ist, nach Waltensburg emporzusteigen und von dort auf schmalem Sträßchen hoch über dem Haupttal nach Brigels zu fahren – oder noch besser: zu wandern. Der Umweg macht sich landschaftlich wie kulturell in hohem Maße bezahlt. So besitzt das langgestreckte *Waltensburg* neben einer Reihe schöner alter Häuser in seiner gotischen Saalkirche einen der bedeutendsten Freskenzyklen ganz Graubündens. Es ist das Hauptwerk des sogenannten ›Waltensburger Meisters‹, eines anonymen Künstlers, der vermutlich aus den nördlichen Teilen Graubündens oder aus der Ostschweiz stammt und um die Mitte des 14. Jahrhunderts eine Reihe von Werken schuf, darunter auch in der Georgskapelle bei Rhäzüns. Seine Art findet ihre Verwandten in der Nordostschweiz und letzten Endes auch in der Manessehandschrift.

In Waltensburg malte er um 1350 die Passionsszenen an der Nordwand, während die Darstellungen aus dem Leben der im Vorderrheintal viel verehrten heiligen Margarethe etwas jünger sind. Ganz im Sinne der Hochgotik verhüllen die langgezogenen Gewänder marionettenhaft die Körper, die sich – mit Ausnahme von Köpfen und Händen – höchstens in den Schultern abzeichnen. Die Köpfe sind in ihrem gleichmäßigen Ausdruck durchaus überindividuell. In der Komposition finden sich nur geringe Ansätze zu einer Gruppierung und zu einem räumlichen Hintereinander, so daß es im Ganzen bei der flächigen Aneinanderreihung schemenhaft idealisierter Figuren bleibt. – Die Fresken im Chor sind rund hundert Jahre später entstanden. Der ganze Zyklus wurde 1932 aufgedeckt und damals restauriert. – Bemerkenswert am Außenbau sind die offene, fachwerkähnliche Holzkonstruktion der Vorhalle und die noch romanischen Formen am gedrun-

genen Glockenturm; ihn schließt eine barocke Haube, die hier wie auch anderswo im Vorderrheintal aus dem Viereck entwickelt ist.

Im Umkreis von Waltensburg gibt es eine ganze Gruppe von teilweise gut erhaltenen Burgruinen, unter denen die östlich des Dorfes unweit des steinernen Galgens stehende *Ruine Jörgenberg* die bedeutendste ist. Innerhalb der umfangreichen Anlage, die auf eine prähistorische Ansiedlung zurückgeht und auf aussichtsreichem Bergvorsprung liegt, haben sich Apsis und Glockenturm der romanischen Schloßkapelle erhalten als letzte Zeugen einer frühmittelalterlichen Kirchenburg, die später zum Feudalsitz umgewandelt wurde und seit dem 17. Jahrhundert zerfiel. – Das Sträßchen von Waltensburg nach Brigels führt am von dichten Tannen bewachsenen Steilhang entlang, in welchem, bald nachdem man den Wald betreten hat, ein Wegweiser talwärts zur *Burgruine Kropfenstein* weist. Ein schmaler, jedoch gesicherter Steig führt zu einer Burg, die nicht auf, sondern unter einem hier überhängenden Felsen, in einer ›Balm‹, angelegt ist und einst nur durch den Hunger zu bezwingen war. Die Ausbuchtung des Felsens, die diesen Überhang bewirkt, läßt sich mit einem mächtigen Kropf vergleichen, woher wohl auch der Name stammt. – Oberhalb des Sträßchens, am Rand der steil abstürzenden Felsfläche, stand einst eine andere Burg, die ob der Weite ihrer Aussicht nicht zu Unrecht ›Adlerfels‹ hieß. Von hier aus, wie auch von dem Dorf *Brigels*, das unser Sträßchen schließlich erreicht, genießt man den prächtigsten Rundblick, in welchem sich die eigene Schönheit des Vorderrheintals erschließt. Die weichen Schiefer, die im Norden von den Kalkfelsen des zum Glarnerland die Grenze bildenden Gebirges, im Süden aber durch die markanteren Gipfelformen des Granit eingefaßt sind, haben dem Wasser erlaubt, ein hier besonders reiches Relief zu erodieren. Von Norden her senken sich von tiefen Tälern unterbrochen, langgestreckte Höhen mit Weiden und Wäldern gegen das von Südwesten nach Nordosten verlaufende Haupttal, das sich in geschmeidigem Fluß wendet und biegt, bald schluchtartig sich verengernd, bald zu breiten Böden sich erweiternd, um sich dann wieder als flacher Trog zwischen felsdurchsetzten Tannenhängen hinzuziehen. Insbesondere die linke Talseite ist durch Seitentäler, die in mancherlei Krümmung verlaufen, zu Schluchten, Mulden und Kesseln modelliert, die zusammen mit dazwischenliegenden Bergrücken ein unvergleichlich reiches Landschaftsbild ergeben. Einzelne Bergstöcke markieren deutlicher die Szenerie, in welcher sich vielteilige Mannigfalt mit einer besonderen Größe und Weite verbinden. Der den Kessel von Ilanz beherrschende Zackengrat des Piz Signina bildet auch jetzt noch den unübersehbaren Querriegel gegen Südosten. Im Nordwesten treten die Gneisspitzen der Brigelser Hörner steil und wild aus den sonst meist nur von Wald und Weiden bedeckten Hängen der linken Talseite hervor. Aus dem Hintergrund blicken die Kalkbänder des Biferten-Stocks und daneben der aus dem gleichen Gestein bestehende Felsklotz des Kistenstöckli, an dem vorbei von Brigels der Kistenpaß in achtstündiger Wanderung nach Linthal im Glarner Land führt. Weiter östlich schafft, vorläufig ebenfalls noch als Fußpfad, zwischen dem glarnerischen Elm und Ilanz der Panixerpaß eine Verbindung. Hier fand die ›Alpenodyssee‹, wie man die Märsche der russischen Armee des Generals Suworoff nennen könnte, ihr Ende, als während der napoleonischen Kriege 1799 auch die Schweiz zum internationalen Kriegsschauplatz geworden war. – Selbst von der Höhe von Brigels aus, geschweige denn vom Haupttal, sind hinter den weitläufigen Vorbergen die eigentlichen Hauptgipfel nicht zu erkennen, die sich im Hausstock, Vorab und Sardona immerhin zu Gletschergebirgen von über dreitausend Metern Höhe erheben. – Blickt man von Waltensburg und Brigels über das tief eingeschnittene Haupttal, wo die große Straße samt der Bahn den Fluß begleiten, hinüber zur anderen Talseite, so zieht sich dort vom Piz Mundaun, dem einzigen markanteren Felskopf aus, eine eher sanfte Bergkette nach Westen. Sie zeigt auf halber Höhe eine langgezogene Terrasse, die steil gegen den vom Rhein durchflossenen Talgrund abbricht und aus der Lage ›über den Felsen‹ den Namen ›Obersaxen‹ erhielt. Eine Reihe von Walserdörfern, die im Mittelalter von Einwanderern aus dem Wallis und den Tälern südlich davon angelegt wurden, bereichert das vielfältige Sprachgebiet, indem im Haupttal und auf der gegenüberliegenden Sonnenseite das surselvische Romanisch, an den kargeren Schattenhängen, die von den besonders zähen Walsern bewohnt wurden, jedoch ein deutscher Dialekt gesprochen wird.

Zur Geschichte, die hier die Natur ergänzt, gehört auch der ›Graue Bund‹, der 1424 in Truns südwestlich unterhalb von Brigels geschlossen wurde und der zu den freiheitlichsten der Drei Bünde gehört, wie denn, wie Allemann es festgestellt hat, im politischen Klima des Vorderrheintales manche Verwandtschaft mit dem nahen Kanton Uri zu finden ist.

In der Kunst herrscht ein fast unübersehbarer Reichtum an Kirchen und Kapellen, so daß man gerade hier mit vollem Recht von einer Sakrallandschaft sprechen kann. Ihre Anfänge reichen in Disentis und Ilanz bis in karolingische Zeit zurück, und häufig sind die Türme wenigstens im Unterbau romanisch, doch findet der sakrale Charakter seine breiteste Ausprägung in den Epochen der Spätgotik und des Barock. Aber auch der Profanbau ist sehr eindrucksvoll vertreten, von den vielen Burgen bis zu den Patrizierhäusern, welche zwischen Schloß und Bauernhaus eine auch sonst für die Schweiz bezeichnende Mitte halten.

Brigels, das wir nun endlich betreten, ist nicht nur durch seine Lage auf sonniger, gegen das Haupttal steil abfallender Terrasse am Fuß von hüttenübersäten Bergwiesen ausgezeichnet, sondern der Ort hat trotz einzelner Einbrüche der modernen Zeit noch den Charakter eines wahren Kirchdorfs behalten. In der Pfarrkirche freilich wurde die alte Geschlossenheit des Innern einer modernistischen Vergrößerung geopfert, doch blieben der spätgotische Chor sowie die teils gotische, teils barocke Ausstattung, wenn auch in neuer Aufstellung, erhalten. Doch am oberen Ende des Dorfes, auf steilem Hügel über dem vom Kistenpaß herkommenden Bach, steht noch unverändert St. Eusebius oder San Sievi. Einzelne Stationen deuten an, daß es sich um ein altes Wallfahrtsheiligtum handelt, und von der Längsseite des von einem kleinen romanischen Campanile überragten Langhauses blickt groß und ernst der Riese Christophorus auf das Dorf. Das schlichte Innere überrascht durch einen Ivo Striegel zugeschriebenen Schnitzaltar, der früher als Hochaltar in der Pfarrkirche stand, sowie durch

Fresken aus der Mitte des 15.Jahrhunderts, welche unter anderem den Zug der Heiligen Drei Könige darstellen. – Am Fuße dieses kleinen ›Sacro Monte‹ steht das Martinskirchlein, von dessen Stirnseite ebenfalls ein Christophorus grüßt, jedoch starrer als der um 1350 an San Sievi, was seiner Entstehung aus dem modernen Expressionismus um 1930 entspricht. Das Innere besitzt unter der mit Flachschnitt-Ornament geschmückten Holzdecke einen zu Anfang des 16.Jahrhunderts entstandenen Schnitzaltar, dessen bemalte Flügel schon den Stil der Renaissance zeigen, sowie einzelne Wandbilder des 15.Jahrhunderts. Nicht vergessen sei die spätgotische St.-Jakobs-Kapelle westlich des Dorfes. Im Dorf selbst stehen neben den üblichen, den Walsersiedlungen nachgebildeten Holzhäusern mit breiter, von Fensterreihen durchbrochener Front unter flachem Giebel auch zwei alte Herrenhäuser, die in Dachform und Schindelverkleidung an den nahen Kanton Glarus erinnern, zu dem es, trotz der Mühsal der Pässe, seit Jahrhunderten politische und kulturelle Beziehungen gab.

Von Brigels kann man auf einer größeren Straße nach Tavanasa hinunterfahren, um dort wieder die Hauptstraße zu erreichen. Man kann aber auch auf halber Höhe vor Dardin abzweigen, um, auf schmalem Weg dem Sonnenhange folgend, über Schlans nach Truns zu gelangen. *Truns*, das am Bergrand des sich hier verbreiternden, ebenen Talgrundes liegt, ist eines der historischen Mittelpunkte nicht nur des Vorderrheintals, sondern von Graubünden überhaupt. Neben der barocken St. Anna-Kapelle, in deren Säulenvorhalle moderne Fresken, von Otto Baumberger geschaffen, die geschichtlichen Ereignisse dieser Stätte feiern, steht ein Ahorn, unter dessen Vorgänger 1424 der Graue oder Obere Bund geschlossen wurde. –

Die Pfarrkirche besitzt einen Turm, dessen Schaft romanische Blendbogenfriese zieren, während ein gotischer Spitzhelm den Abschluß bildet, im Unterschied zu den im Vorderrheintal sonst so häufigen barocken Hauben und Zwiebeln. – Das Innere, das 1660 bis 1662 die heutige Form erhielt, folgt mit seinen durch Lesenen gegliederten Wänden und den Okuli über dem durchgehenden Gebälk dem üblichen Schema, doch sind die Kapellen, die vor dem

Chor eine Art Querschiff andeuten, in südlicher Art durch stuckumrahmte Fresken geschmückt. Bemerkenswert ist der Hochaltar, der gleichzeitig mit dem barocken Umbau der Kirche aufgestellt, jedoch rund hundert Jahre später nochmals überarbeitet wurde. Er füllt in überreicher Pracht den polygonalen Chorabschluß, wobei neben dem Scheitelfenster auch die beiden seitlichen Fenster mit in die Säulenstellung einbezogen sind. Durch die 1766 hinzugekommene Rokoko-Ornamentik entsteht namentlich an den Seiten eine schwer entwirrbare Fülle von Kleinformen, die sich bei näherem Zusehen als Reliquiennischen erweisen, im Gesamteindruck aber zusammen mit der Vergoldung sämtlicher Teile einen spanisch-exotischen Reichtum entfalten. Vor dem Altar, der in seiner Grundstruktur weniger den sonst hier üblichen Altären der Ritz-Schule als den lombardischen Vorbildern entspricht, steht ein ansehnliches Chorgestühl aus der Zeit um 1660. – Oberhalb des Dorfes liegt die Wallfahrtskirche S. Maria Licht, die 1683, also bald nach der Erneuerung der Pfarrkirche, erbaut wurde. Das Innere ist reich ausgemalt und mit einer Vielzahl von gegen den Chor gestaffelten Altären geschmückt. Den westlichen Ausgang von Truns beherrscht der ›Hof‹, ein gewichtiger Giebelbau, den sich die Äbte von Disentis 1674-1675 als Absteigequartier und Amtssitz erbauen ließen. Namentlich das Innere birgt wertvolle Räume, so die durch eine reiche Kassettendecke ausgezeichnete Abtstube und der barock ausgemalte Landgerichtssaal. Am Ende der Barockzeit entstand im gleichen Truns die breite Giebelfront des Casanova-Hauses mit den beiden seitlichen Kuppeltürmen und nur um weniges später das bereits klassizistische Haus de Sax.

Von Truns steigt die Straße über Rabius nach *Somvix*, beides Dörfer mit barocken Kirchen, von denen jene in Somvix durch Lage und Größe weit das Tal beherrscht. Das tief eingeschnittene Somvixer Tal mündet von Süden her in den Rhein; es bildet zusammen mit dem Greina-Paß eine nur dem Fußgänger offene Verbindung nach dem Bleniotal im Tessin. – Oberhalb von Somvix folgen Straße und Schmalspurbahn hoch über dem Fluß zunächst dem Wiesenhang, der jedoch bald in steile, von Felsen durchsetzte

Waldhänge übergeht. Auch von der anderen Seite rücken abschüssige Hänge gegen den schmal gewordenen Talboden, in welchem der Rhein durch Auwälder fließt. Südlich des Flusses liegt auf schmaler Terrasse Cavadiras mit einer kleinen, jedoch das Landschaftsbild bestimmenden Kirche, wie denn auch hier die Landschaft im Zeichen des Sakralen steht. Denn nachdem der Boden auch auf unserer, der Sonnenseite, einem Dörfchen Raum gegeben hat, erscheint unterhalb der Straße die Kapelle von Disla, ein barocker Achtecksbau mit angefügtem Chor, und gleichzeitig taucht geradeaus vor uns eine große barocke Kapelle auf.

Es ist St. Placidus. Sie stellt talauswärts die Grenzmarke für den eigenen, großen Talraum, dessen Mittelpunkt *Disentis* bildet, das altberühmte Klosterdorf, das sich am Rande eines breiten und flachen Schuttkegels lagert, beherrscht von der Abtei und im Norden und Westen umfaßt von teils bewaldeten Hängen, die von einzelnen Seitentälern durchbrochen sind, während sich von Süden her der Medelser Rhein durch eine enge Felsschlucht hervorzwängt, um sich unterhalb von Disentis mit dem Hauptstrom, dem Vorderrhein, zu vereinen. Hinter der genannten Schlucht öffnet sich nochmals ein weiter Talgrund, in welchem mehrere Dörfer mit Kirchen und Kapellen liegen. Es ist das *Medel*, durch welches sich die modern ausgebaute Lukmanierstraße zum gleichnamigen Paß hinaufzieht, von dem es hinabgeht ins Bleniotal und weiter über Biasca und Arbedo nach Bellinzona und den Tessiner Seen. Während des Hochmittelalters zogen deutsche Kaiser mehrmals über diesen Paß, so Otto I. und Friedrich I. Barbarossa, die beide das Kloster mit lombardischem Besitz belehnten. Der Name ›Disentis‹ leitet sich von ›desertina‹ her, das heißt: die Einöde. In dieser Einöde hatte sich Sigisbert, ein Schüler Columbans, um 720 niedergelassen. Zur regelrechten Klostergründung kam es um 750 durch Ursicinus. Grabungen haben für die Zeit von 760 zwei frühkarolingische Kirchen mit dem Dreiapsidenschluß nachgewiesen, wie er in Graubünden unter anderem auch in Müstail und Müstair vorkommt. Müstair – im Münstertal – heißt Münster, und auch für Disentis gilt als zweiter Name das surselvische ›Mustèr‹. Die weiteren Schicksale der Benediktinerabtei, deren Besitz im Hochmittelalter über den Oberalppaß bis zur Furka reichte, sind bestimmt durch den Sarazeneneinfall im 10.Jahrhundert und durch die Heimsuchung seitens der Franzosen 1799 in jenem zweiten Koalitionskrieg, der auch die Russen und Österreicher ins Vorderrheintal führte. Dazwischen wurde – und wird bis heute – beachtliche Kulturarbeit geleistet; so lehrte im frühen 19.Jahrhundert an der Klosterschule der Naturforscher und Erstbesteiger P.Placidus Spescha. Wie sehr das Kloster die ganze Talschaft beherrschte, zeigt dessen romanischer Name: Cadi, was nichts anderes heißt als Casa Dei, nämlich ›Gotteshaus‹. Trotz verschiedener Brände hat die Außenansicht des Klosters den schweren, nur durch die regelmäßigen Fensterachsen gegliederten Block des Frühbarock bewahrt. Die Kirche steht nicht wie in Einsiedeln in der Mitte, sondern am talseitigen Ende der Konventsgebäude und erinnert in ihrer gedrungenen, in grobem Relief gleichsam gezimmerten Zweiturmfront wieder an Werke, wie sie sich im Barock der slavischen Länder oder auch in Lateinamerika finden, so daß auch hier von einer ›inneren Peripherie‹ des Stils gesprochen werden kann. – Nach der herben und spröden Zurückhaltung des Äußeren, die im übrigen auch der alpinen Lage entspricht, überrascht das Innere durch eine Pracht, die durchaus auf der Höhe des Spätbarock steht und die lebendigsten Beziehungen zu damals in der Schweiz führenden Baumeistern aufweist. Diese Beziehungen führen trotz des nahen Lukmanierpasses nicht nach Italien, sondern zu den Vorarlberger Bauten, deren Münsterschema hier um 1700 übernommen wurde. Pläne lieferte der Einsiedler Klosterarchitekt Caspar Moosbrugger in den Jahren 1695, 1696 und 1699, doch lag die Ausführung des 1704 im Rohbau vollendeten, 1712 geweihten Gotteshauses in den Händen von Franz Beer und seines Vetters Christian Thumb. Wohl sind in noch altertümlicher Weise die Umfassungsmauern als starres Rechteck geführt, doch geht die reichere Abfolge der einzelnen Raumabschnitte über die älteren Bauten des Vorarlberger Münsterschemas (Beispiele dafür sind Obermarchthal, Friedrichshafen oder das schweizerische Pfäfers) hinaus.

Aus einem durch die Orgelempore ausgefüllten niedrigen Vorjoch tritt man in das großräumige Langhaus, das von Wandpfeilern mit korinthischen Pilastern und dazwischen gespannten Emporen begleitet wird. Doch der strenge Rhythmus bricht nach drei Jochen ab, ein Querschiff weitet sich nach beiden Seiten. Dann aber verengert sich der Raum mit den breit vortretenden Pfeilern des Triumphbogens. Leichte Abschrägungen, vor denen prunkvolle Altäre mit den gedrehten Säulen der Ritz-Schule stehen, leiten über zu einem Vorchor, der in seinen seitlichen Ausweitungen zugleich ein zweites Querschiff darstellt, und auf ihn folgt erst der gleich seinem Vorgänger quadratische Altarraum, den auf beiden Seiten unten geschlossene Emporen begleiten. Hier erhebt sich als reicher Abschlußprospekt der Hochaltar, der 1885 als Ersatz für den 1799 zerstörten früheren Altar aus der Gegend von Deggendorf in Niederbayern hierherkam, und in seinem ausladenden Frühbarock – er wurde 1656 von dem Niederaltaicher Bildhauer Melchior Stadler geschaffen – durchaus auch in den rund ein halbes Jahrhundert jüngeren Bau hier im Gebirge paßt, so die verschiedenen Zeitstufen und Landschaften umfaßende Einheit der Gesamtepoche des Barocks bekundend. Ganz im Sinn des Zeitalters ist der Hochaltar einerseits Ziel einer auf ihn hingerichteten Raumfolge, die sich in Disentis vom ersten Querschiff an eindrucksvoll verlangsamt, und umgekehrt geht vom gleichen Hochaltar durch den Raum gleichsam ein Gnadenstrom aus, in den sich die übrigen Altäre einordnen. Unter ihnen stammt der vom Abt Christian von Castelberg 1572 gestiftete Altar in der dritten rechten Seitenkapelle des Langhauses noch aus der Renaissance; ein ornamental gefaßtes Polyptychon mit durch Dürerstiche beeinflußten Bildern.

Von der Kirche gelangt man über die perspektivisch reizvolle ›Rosenkranzstiege‹, eine klassizistische Nachbildung der Scala regia im Vatikan, die in die karolingischen Apsiden eingebaut ist, zur Krypta und zur Marienkirche, die samt ihrem pompösen Baldachinaltar 1899 in italianisierendem Neubarock errichtet wurden. –

Im Dorf steht unterhalb des Klosters die Pfarrkirche, deren gotische Fenster im barocken Umbau von 1640 erhalten blieben. Der schwere, figurenreiche Stuckdekor, wie er sich besonders über dem Choreingang sammelt, weist zusammen mit dem durchgehenden Gebälk auf Italien hin – im Unterschied zum Kloster, dessen Ordensverbindungen die Kirche künstlerisch nach Norden orientierten. Im nördlichen Querschiff steht ein guter spätgotischer Flügelaltar von 1489, ein Werk des Ivo Striegel. Die Altäre neben dem Choreingang sind auch hier beachtliche Beispiele der späten Ritz-Schule, in denen die geballte Pracht sich bereits auflockert, während der um 1720 entstandene Hochaltar süddeutsche und italienische Einflüsse verbindet.

Südlich des Dorfes, oberhalb der zum Medelser-Rhein abbrechenden Steilhänge, liegt die Kapelle St.Agatha, ein frühmittelalterlicher Dreiapsidensaal, der außen rechteckig ummauert ist, mit flacher Holzdecke und aus der Mitte des 15.Jahrhunderts stammenden Fresken. – Nordwestlich von Disentis liegt am oberen Rande eines neuerdings stark überbauten Schuttkegels der Weiler *Acletta* mit einer wohlgebildeten Barockkapelle, die ein hier oben überraschend wertvolles Marienbild besitzt. Es ist die ›unbefleckte Empfängnis‹, ein in manchem an Murillo erinnerndes Werk des Lombarden C.F. Nuvolone, das, kurz nach der Mitte des 17.Jahrhunderts enstanden, sich durch seine weiche, besonders beziehungsreiche Farbgebung auszeichnet.

Unsere Straße folgt in Richtung Oberalp dem gegen den Rhein vorspringenden Bergrücken, der den westlichen Abschluß des einst fast nur von Wiesen bedeckten Talkessels von Disentis bildet. Bald verengert sich die Szenerie zum tannenbestandenen Steilhang, an dessen Fuß der hier noch sehr junge Strom rauscht. Doch nicht lange, und das Tal öffnet sich von neuem, wenn auch nicht mehr in der früheren Weite, zum ›Tavetsch‹, einer eigenen Talschaft mit einer Reihe von holzgebauten Dörfern, deren wichtigstes *Sedrun* ist. Überhöht wird dieser Talabschnitt im Nordwesten durch die steilen und wilden Grate, die vom Piz Giuf ausstrahlen, geformt mit der ganzen Schärfe des Granits. Es sind bereits die nordöstlichen Eckpfeiler des Gotthardgebietes, dessen inneres Massiv in seinen Ausläufern auf der uns gegenüberliegenden Talseite sichtbar wird. Sehr schön ist auch der Rückblick talabwärts auf die Gruppe des Piz Medel.

Sedrun ist heute ein aufblühender, von vielen Neubauten durchsetzter Sportort; aber etwas unterhalb des Dorfkerns erschließt sich in der Pfarrkirche eines der schönsten Gotteshäuser des an solchen hervorragenden Sakralbauten wahrlich nicht armen Vorderrheintals. An dem in seinen unteren Teilen noch romanischen Turm vorbei gelangt man in die tiefe Vorhalle, die ähnlich wie in der Pfarrkirche von Disentis in ihrer T-förmigen Anlage schon eine Art Vorkirche darstellt. Dann öffnet sich der 1692 erneuerte Kirchenraum, der das normale Schema des Saales mit querschiffartigen Seitenkapellen und eingezogenem Chor nun mit einer ionischen Pilasterordnung ohne die sonst übliche provinzielle Vergröberung vorträgt. Auch der Stuck zeigt gerade in seiner flächigen Zurückhaltung hohe Qualität. Wie in Disentis gibt es auf der rechten Seite einen spätgotischen Schnitzaltar, mit dem Datum 1491. Doch noch mehr gefesselt wird das Auge durch die Formen- und Farbenpracht der Ritz-Altäre, die den Choreingang flankieren und die Apsis füllen. Zum üblichen Aufwand dieser Schule mit gewundenen Säulen, von denen die vordersten in den Seitenaltären durch kapitellbekrönte Statuen ersetzt sind, treten links und rechts des Hochaltars je ein altarförmig von Säulen eingefaßter Reliquienschrein mit statuengeschmückten Aufsätzen. Dazwischen, mehr schwebend als stehend, die Statuen von Petrus und Paulus, geschnitzt in einer Verve der im Grunde noch gotisch spiraligen Bewegung, die höchste Ausdruckskraft verströmt. Auf diese Weise entfaltet sich im Grund des Chores eine wahre Bilderwand, blitzend und leuchtend von Gold, das in den Säulen der Reliquientabernakel durch delikates Silber alteriert wird, und schimmernd von perlmutterhaft irisierendem Blaugrün und Violett-Rot an den Säulenschäften und Gesimsen. – Je nach der Reiserichtung ist die Kirche Ouvertüre oder Finale der so reichen Sakrallandschaft des Vorderrheintals.

Die Kirche von Sedrun führt einen ganzen Reigen von Kapellen an, die sich auf die übrigen Dörfer und Weiler des Tavetsch verteilen, auf Surrhein, das auf der anderen Talseite liegt, auf Camischollas, Zarcuns, Selva und Tschamut. Die beiden letzteren kleinen Orte liegen bereits in einem neuen Talabschnitt. Denn kurz nach Rueras schiebt sich wieder ein bewaldeter Bergsporn vor, als Abschluß des eigentlichen Tavetsch, und es wiederholt sich im kleinen die Enge zwischen Disentis und Sedrun. Doch bleibt das Tal nunmehr verhältnismäßig eng, und der alpine Charakter läßt auch bald den Wald sich auflösen. An die Stelle der Tannen treten mehr und mehr die Erlenbüsche. Die Straße umzieht, in verschiedenen Kehren den steilen Talgrund emporsteigend, die von Alpweiden umgrünte Kuppe des Calmot und läßt nach Süden den Blick frei in einen von einer Felsstufe durchsetzten Talkessel, den der Badus mit seinen Firnen beherrscht. Aus den kleinen Seen aber, die wir zu seinen Füßen liegen sehen, entspringt schließlich der Rhein. –

Der Rhein – eigentlich ist es der Vorderrhein im Unterschied zu dem vom Rheinwaldhorn herkommenden Hinterrhein – erhält einen kleinen Zufluß aus dem Oberalpsee, den die Straße nun erreicht und der mit seiner Höhe von 2028 Metern über dem Meer dem *Oberalp-Paß* seinen landschaftlichen Akzent schenkt. Der langgestreckte Trog, von dessen sumpfigem Grund auf beiden Seiten steile Grashänge zu Schutt und Felsen aufsteigen, führt uns in leichtem Gefälle westwärts und öffnet sich schließlich gegen das tief unter uns liegende Urserental. Unter uns liegt *Andermatt,* zu dem nun Straße und Bahn in vielen Kehren hinabsteigen, in einem von allen Seiten durch schroffe Granitberge umschlossenen Hochtal, aus dem die Reuß sich in der Schöllenenschlucht den denkbar engsten Ausweg geschaffen hat. Es ist gewissermaßen die Herzkammer der Schweiz, die sich hier in der Bedrohung durch den Zweiten Weltkrieg ihr innerstes Reduit geschaffen hat in einer Talschaft, die schon im Hochmittelalter selbst innerhalb des Volks von Uri ihre eigene Selbstständigkeit besaß.

Wir fahren von Andermatt ein kurzes Stück auf der uns schon bekannten Gotthardstraße, die wir in Hospenthal verlassen, um dem Haupttal weiter in Richtung Westen zu folgen. Die wenig ausgedehnten Wälder, die bisher die nordwärts gerichteten Hänge bedeckt hatten, hören auf. Höchstens Buschwald begleitet die Reuß und zieht sich an den Hängen entlang, die von Matten und einzelnen Heustadeln bedeckt sind, jedoch bald in Geröll und Felsen übergehen. Wilder und rauher ist die Landschaft, und auch eintöniger als im so wechselvollen Vorderrheintal. Unansehnlich erscheint uns das Dörfchen Rehalp mit seiner bescheidenen neugotischen Kirche; es ist die letzte Siedlung vor dem Anstieg zum *Furkapaß.*

Die Straße steigt in einzelnen Kehren an der Sonnenseite empor, bis sie sich hoch über dem noch lange in der Tiefe bleibenden Talgrund fast eben hinzieht. Weit unten fließt die Furkareuß, neben der die Schmalspurbahn ein scheinbar verlorenes Dasein führt, bevor sie im Tunnel verschwindet. Dann verengert sich der Talgrund und steigt rasch an, nunmehr die Straße erreichend, welche die schmale Lücke zwischen den Muttenhörnern, die von Süden ihren Grat aussenden, und den Granittürmen des firnengepanzerten Galengrat durchquert. Wir sind auf der *Furka*. Eng wie eine Gabel ist die Lücke zwischen der Furkareuß und dem Muttbach, der sich schon sehr bald mit der eben dem Gletscher entsprungenen Rhone vereinen wird. Und doch scheiden sich hier die Wasser, von denen die einen durch Reuß, Aare und Rhein in die Nordsee, die anderen aber ins Mittelmeer fließen. –

Auf der westlichen, schon zum Wallis gehörenden Seite des Passes öffnet sich von der vorerst nur langsam absteigenden Straße aus ein gerade in seiner Begrenzung großartiger Blick gegen Abend auf die Walliser und Berner Hochgipfel, die, beherrscht von dem imposanten Finsteraarhorn, den Ursprung der Aare umstehen. Dann jedoch – wir nähern uns dem Hotel Belvedere – glaubt man geradewegs in den Gletscher hineinzufahren, denn das Weiß von grünlich und bläulich irisierenden Eismassen treibt vor uns in wildem Geschiebe, mit Türmen, Brüchen und Spalten in erstarrtem Katarakt den Hang hinab. Es ist der seitliche Rand des *Rhonegletschers*, den man hier von außen und mittels künstlicher Grotten auch von innen besichtigen kann.

In Kehren folgt die Straße dem Gletscher, wechselt dann auf die ihm gegenüberliegende Talseite, so daß man die ›Geburt‹ der Rhone bequem überblickt. Sie vollzieht sich in Sand, Geröll und schuttbedecktem Eis weniger erhaben als realistisch, und doch ist es ein Schauspiel von urweltlich-mythischer Kraft, wie hier einer der großen Ströme Europas – ganz anders, viel weniger idyllisch als der Vorderrhein aus seinen kleinen Seen – seinen Lauf beginnt. In mehreren Armen durchzieht das junge Wasser den schuttbedeckten Talboden, den noch vor wenigen Jahrhunderten zum größten Teil der Gletscher ausfüllte. An ihn erinnert der Name

›Gletsch‹, den jene Gruppe altehrwürdiger Hotels samt Bahnhof und Kapelle trägt, an der Stelle, wo sich die Furkastraße mit jener vereint, die, vom Berner Oberland der Aare folgend, über die Grimsel zu uns stößt.

Noch fehlt der Wald, und höchstens Buschwerk säumt die von Felsen und Geröll durchsetzten Hänge. Im Hintergrund des Tales hängt die spaltendurchfurchte Eismasse des Rhonegletschers, als Mittelstück eines großartigen Amphitheaters von Schuttflächen, Firnen und Granitstöcken. Doch talauswärts, wo nun Bahn und Straße sich neben der Rhone durch eine felsige Schlucht zwängen, erscheinen bald die ersten Tannen, sie verdichten sich zum Wald, und dieser begleitet uns bis in den offenen, wiesenbedeckten Talboden von Oberwald, dem obersten Dorf im Haupttal des Wallis.

Das obere Wallis

Das Wallis ist nicht ganz so vielgestaltig wie Graubünden, aber auch es beeindruckt durch die Vielfalt seiner Landschaftsformen, seines Pflanzenwuchses wie auch seiner kulturellen Zeugnisse. Dazu kommt eine reiche und bewegte Geschichte, an der die verschiedensten Völker Europas Anteil haben. Wer der Rhone folgend das Haupttal durchreist, kann sich – ähnlich wie schon im Vorderrheintal – nur schwer den eigenen Reichtum der weitgehend in sich abgeschlossenen Seitentäler vorstellen, die erst heute in den Sog einer globalen Zivilisation geraten sind. Trotz dieser Vielfalt wirkt das Wallis immer wieder durch seine großartige Einheit. Denn im Unterschied zu der fast labyrinthartig komplizierten Weise, in der in Graubünden die Täler ineinander- und nebeneinandergeschachtelt sind, herrscht im Wallis eindeutig das Haupttal, an das sich mit einer gewissen Regelmäßigkeit die meist von Süden kommenden Seitentäler anschließen. Im Unterschied zu Bünden schaffen nur verhältnismäßig wenige zu Straßen ausgebaute Pässe eine Verbindung zur übrigen Welt. Mit Ausnahme von Grimsel und Furka führen sie nach Süden, so der Simplon und der Große St.Bernhard. Dadurch blieb das Gebiet abgeschlossener und fand auch erst 1815 als Kanton den Anschluß an die Eidgenossenschaft, mit der es vorher nur verbündet war. Und das Bewußtsein, ein eigenes Staatswesen zu sein, demgegenüber bereits die Schweiz Ausland bedeutet, ist hier ähnlich verbreitet wie in Graubünden.

Das Wallis erscheint als das Tal schlechthin, wie es bereits im Namen zum Ausdruck kommt. Einen ersten Eindruck davon schenkt bereits das Oberwallis mit seinen breiten, flachen Talböden, in denen Auwälder die meist am Südrand dahinfließende Rhone säumen, über der die Tannenwälder noch dichter aufsteigen als auf der trockeneren Sonnenseite. Die bis zu 4000 und mehr Metern sich erhebenden Hochgipfel, die zusammen mit den größten Gletschergebieten der Alpen auf beiden Seiten, sowohl gegen den Kanton Bern wie gegen Italien, das Wallis säumen, sind vom Grund des Haupttals aus nur selten, und zwar meist durch die Lücke eines Seitentals zu sehen. Die Bodengestalt des langgestreckten Troges, der das Oberwallis von Oberwald bis Blitzingen und Niederwald bildet, erinnert an das mittlere Engadin, nur daß dieses rund dreihundert Meter höher liegt und sich auch kulturell sehr deutlich unterscheidet. Dort sind es ladinisch sprechende Romanen, und ihre Häuser sind die sgraffitogeschmückten Steinbauten in der einmaligen Ausprägung des Engadins. Im Oberwallis dagegen wird eine Mundart gesprochen, welche sich erst wenig über das Althochdeutsch hinaus entwickelt hat. Die Häuser aber zeigen den mehrstöckigen Holzbau mit dem flachen Giebeldach der Walser, aus denen bis in die neueste Zeit als einziger Steinbau nur die weißverputzte Kirche aufsteigt. – Das Wallis, wo die Reformation – wieder im Unterschied zu Graubünden und insbesondere zum Engadin – nirgends Eingang fand, ist seit jeher durch eine geradezu spanische Glaubenskraft ausgezeichnet, die sich in Kirchen und Kapellen kundtut und auch hier mit Werken vornehmlich der Spätgotik und des Barock eine eigentliche Sakrallandschaft zeitigte. Die Gotteshäuser, die während des 17. und 18. Jahrhunderts architektonisch ähnlich nach Italien neigen, wie gleichzeitig in Graubünden, haben diesem im Barock eine eigene Altarkunst voraus, nämlich die namentlich von der Familie Ritz geschaffenen Altäre, deren Ausläufer wir bereits im Reußtal und am Vorderrhein würdigten. Doch nicht nur der überreiche, mit gedrehten Säulen prunkende Aufbau dieser Altäre bezeugt die Begabung dieses Bergvolks, mit dem Schnitzmesser künstlerisch zu wirken, sondern auch eine unübersehbare Zahl von Skulpturen, die seit der Romanik die Altäre schmücken und – trotz zahlreicher Abwanderung namentlich im 19.Jahrhundert – es an vielen Orten noch heute tun. –

Ein erstes Beispiel Walliser Sakralkunst spricht uns schon in der mit reichen Barockaltären der Ritzschule geschmückten Kapelle in *Oberwald* an. Einen Höhepunkt bringt einige Dörfer weiter unten *Münster*, der Hauptort des Goms, wie der oberste flache Teil des Wallis genannt wird. Die Hauptkirche empfängt mit einer stattlichen Vorhalle, deren Bogen, im Unterschied zur Innerschweiz, auf paarweise miteinander verbundenen Säulen ruhen, so daß eine Art von Palladio-Motiv entsteht. Auch sonst sind solche Vorhallen, die sich bis Zermatt und Saas Fee hinauf finden, ein Vorzug des Wallis. Im übrigen birgt die Halle schöne Holzskulpturen der Barockzeit.

Das Innere zeigt unter einer tonnenförmigen, in Felder aufgeteilten Holzdecke einen großen Saal mit querschiffartigen Ausweitungen. Im Unterschied zum erst 1664 - 1678 errichteten Schiff stammt der schmale kreuzrippengewölbte Chor mit seinem Polygonabschluß von 1491, während der Turm auf das 12. Jahrhundert zurückgeht. – Den Hauptschmuck des Innern bilden die Altäre. Der Hochaltar, der durch seine Vollständigkeit und dank dem Range seiner einzelnen Figuren zu den schönsten Schnitzaltären der Spätgotik in der Schweiz gehört, bändigt seinen Reichtum durch klare Abgrenzungen, ein starkes Mitsprechen des Goldgrundes hinter den Statuen des Mittelscheins wie in den Reliefs der Flügel und durch die Transparenz des hochaufsteigenden Gesprenges. In der Mitte steht als Kirchenpatronin Maria mit dem Jesuskind, zu ihrer Rechten die Heiligen Anna und Johannes der Evangelist, zu ihrer Linken die Heiligen Barbara und Sebastian. In den Reliefs der geöffneten Flügel sind Szenen aus dem Marienleben dargestellt. In der Mitte des Gesprenges vollzieht sich die Krönung Mariens, während darüber, in einem Korb von gotischem Rankenwerk, Petrus und Paulus, und darunter, auf den Seiten des Mittelscheins, der Evangelist Matthäus und St. Theodul zu sehen sind. Der Altar, den der Bischof von Sitten und spätere Kardinal, Matthäus Schiner, stiftete, ist ein signiertes Werk des Luzerners Jörg Keller und seiner Gesellen. Sein Stil unterscheidet sich von den schwäbischen Werk-

stätten nicht nur durch die luftigere Art des Gesprenges und die nicht aus Laubwerk, sondern aus zierlichem Maßwerk gebildeten Baldachine, sondern auch in den Figuren, deren Falten zu barocker Bewegtheit und deren Gestalten zu ausladender Fülle drängen. Dabei läßt sich, innerhalb der Werkstattgemeinschaft, in den beiden Figuren rechts von der Muttergottes eine eigene Hand erkennen. – Doch immer wieder fesselt der Altar als Ganzes durch sein ständig wechselndes Gesicht, sei es im Gegenlicht des frühen Morgens, das durch das Gesprenge strahlt, sei es im Seitenlicht des Mittags und des Nachmittags oder im verdämmernden Glanz des Abends.

Auf ihre Art nicht minder imposant wirken die Barockaltäre, die den Choreingang flankieren. Es sind Meisterleistungen des Walliser Barock, die mit Ausnahme des 1745/46 entstandenen Altars in der nördlichen Seitenkapelle alle aus der Zeit um 1700 stammen. Besonders in jenen neben dem Choreingang reift der Stil zu üppigster Fülle. Das Rankenwerk scheint nicht nur wild zu wuchern, sondern sich sogar in Strudeln zu bewegen in einer Ausdruckskraft, die in dieser Phase der Entwicklung sonst nur selten erreicht wird. Im Ganzen aber wahrt der mehrgeschossige Aufbau konservative Strenge. In parallelen Flächen staffeln sich die Ordnungen ohne kurviges Ein- und Ausschwingen der Gesimse. Es ist, wie wir schon bei der ersten Begegnung mit den Ritz-Altären bemerkten, gerade die Verbindung von strenger Gesamtordnung und üppigstem Reichtum des Details, worin sich eine Verwandtschaft mit Spanien verrät, die dem Wallis auch sonst nachgesagt werden kann.

Es lohnt sich, im Dorf herumzugehen; man trifft an den mehrstöckigen, von der Sonne geschwärzten Holzhäusern manche alte Wappen, in den Gärten wachsen die ersten Obstbäume, doch es gibt auch noch viele alpine Ställe und Heustadel. Bisweilen trifft man auf eine Kapelle. Von ihnen ist die bedeutendste die hoch über dem Dorf auf einem Felshügel über dem Ausgang eines wilden Seitentals gelegene St.-Antonius-Kapelle auf dem Biel, deren Chor aus dem 17.Jahrhundert und deren Langhaus aus dem späteren 18.Jahrhundert stammen. Die Ausstattung gehört vorwiegend dem Rokoko an.

Feldwege führen über die Wiesen oberhalb des Dorfes und schenken einen Überblick über das ganze Goms mit seinen flachen weiten Feldern, an denen vorbei der Rotten, wie die Rhone im Walliser Deutsch genannt wird, seinen Lauf nach Südwesten nimmt. Im Osten schließt der firngepanzerte Granitgrat des Galenstocks das Tal, im Westen aber schwebt hoch und fern über dem Dunst des Haupttals die Eiswand des Weißhorns. Auf breiten Schuttkegeln liegen die Dörfer, die schon im 8.Jahrhundert besiedelt wurden und politisch wie kulturell das eigentliche Kernstück des Wallis bilden. Denn von hier ging die Einigung aus, welche den deutschsprachigen Teil des Landes bis nach Sitten, dem Bischofssitz und der früheren Grenze zwischen Deutsch und Welsch, umfaßte. Von hier aus wurde auch der französisch sprechende untere Teil des Wallis unterworfen, der bis 1798 Untertanenland blieb, um dann allerdings unter der Einwirkung der durch die Französische Revolution erreichten Gleichberechtigung sein zahlenmäßiges Übergewicht bis heute kräftig in die Waagschale zu werfen.

Als nächstes Dorf nach Münster liegt immer noch im breiten Talabschnitt des Goms *Reckingen*. Hier steht eine der reichsten unter den vielen Walliser Barockkirchen; 1743-1745 erbaut, vertritt sie bereits die Spätzeit des Stils, was der Weiträumigkeit des Innern zugute kommt, mit seinen Régence-Stukkaturen, die sich als loses, zartes Netz über die Gewölbe spannen, durchbrochen von einzelnen gemalten Medaillons. Doch auch der Hochaltar, der im ganzen dem Walliser Schema folgt, ist leichter und lichter geworden mit lockerer gestellten Säulen und zierlicherem Rankenwerk. – Vor der Kirche erinnert ein Gedenkstein an die Lawinenkatastrophe, die im Februar 1970 fast mitten im Dorfe zahlreiche Opfer forderte. Ein Kind jedoch, das in seiner Wiege wie in einem Schifflein aus dem zerstörten Hause geschwemmt wurde, blieb unversehrt.

Auf Reckingen folgt talabwärts Gluringen und auf dieses Ritzingen, beides Dörfer mit kleinen Kirchen, doch schönen Altären, von denen jener in Gluringen von Johann Ritz stammt, der hier in seiner Heimat um die Wende zum 18.Jahrhundert wirkte. Vom gleichen Meister, welcher der ganzen Schule seinen Namen gab, stammen auch die Altäre in der großen, zwischen Äckern gelegenen Kapelle auf dem Ritzinger Feld. Die genannten wie auch die nun folgenden Dörfer haben bis heute ihre Eigenart bewahrt und besitzen in ihren Kirchen reichgeschnitzte Altäre, zum Teil ebenfalls von Ritz. – Inzwischen hat sich das Tal verengt und die Rhone sich eine steile Schlucht gegraben. Näher bereits steht das Weißhorn am westlichen Horizont. – Die Straße, die lange neben dem sonnigen Talhang entlangführte, senkt sich nun ihrerseits und biegt in das von Norden her kommende Seitental ein, das bei *Fiesch* ins Hauptal mündet. Wir fahren an der neugotischen Kirche und der der neuesten Zeit entstammenden Terrassensiedlung vorbei, um dann talwärts abzubiegen, dem Abstecher nach *Ernen* zuliebe. Es lohnt sich, auf der anderen Seite zwischen Wiesen und Obstbäumen hindurch zu diesem besonders schönen Dorf hinaufzufahren. Auf dem großen Hauptplatz steht für sich allein das steinerne Rathaus und Bezirksgefängnis von 1770, in der Nähe befindet sich das unten aus Stein, oben aus Holz errichtete Gemeindehaus von 1536 sowie weitere charaktervolle Häuser. Von der Kirche und von anderen Punkten aus sieht man talauswärts gegen Brig, das am unteren Ausgang einer von nun an steil und unwirtlich werdenden Schlucht liegt. Von Norden her dräuen hoch über ihren Firnen die Granitriesen der Fiescherhörner. Die Nähe aber zeigt eine bereits voralpine Milde.

Das Innere der Kirche ist durch seine besonders reiche Ausstattung ausgezeichnet: Den Eingang des erhöhten spätgotischen Chores flankieren als prachtvolle Schaufront je drei Altäre in reichstem Walliser Barock, der hier um 1700 seine Hochstufe erreichte. Der Hochaltar aber entstammt dem Rokoko, und zwar erscheint er in der Gelöstheit seiner Säulenstellungen, der Beschwingtheit seines Aufbaues, doch nicht minder in der schimmernden Pracht seiner in delikatem Grau-Blau gehaltenen Stuccolustro-Töne und im flimmernden Glanz seiner Vergoldungen wie ein Abgesandter Oberbayerns oder Nordtirols. Denn auch in jenen Gegenden herrschte, wenn freilich ein bis zwei Generationen später, die Freude am reichen farbigen Dekor, wie sie für Bergbewohner, denen schon die Natur die stärksten Eindrücke schenkt, bezeichnend ist. – An den Langhauswänden stehen gotische Holzskulpturen, in der Mehrzahl aus dem 15. Jahrhundert, doch dazwischen eine eindrucksvolle Pietà aus der Zeit um 1350.

Nordöstlich von Ernen sieht man auf einem Hügel die drei Säulen des einstigen Galgens. Als seinerzeit das stattliche Werk, das einiges gekostet haben mochte, fertig war, verlangte einer der Gemeindebürger, daß es »nur für uns und unsere Kinder« gebraucht werden dürfe und nicht »für fremde, hergelaufene Fötzel«. Und in der Kirche konnte man 1970 auf einem Anschlag lesen, daß das neue Gestühl für die Einheimischen bestimmt sei und nicht für die Fremden ...

Talaufwärts von Ernen liegt, von einer gotischen Kapelle überragt, der Weiler *Mühlebach*. In einem der sonnengeschwärzten Walliser Bauernhäuser wurde um 1465 Matthäus Schiner geboren, der größte Sohn des Wallis. Ähnlich wie ein anderer Walliser, der um eine Generation jüngere Humanist Thomas Platter, erlebte Schiner als Geißenhirt eine harte Jugend. Mit der Energie des Gebirglers und einer überragenden Intelligenz stieg er als Geistlicher empor zum Fürstbischof von Sitten und darüber hinaus bis zum Kardinal. Im damaligen Kampfe der Franzosen um Oberitalien, das ja dem Wallis benachbart ist, verband Schiner nicht nur das Wallis, sondern auch die Eidgenossen mit dem Papst und verhalf dadurch der Schweiz zu ihrer kurzen Großmachtstellung, die 1515 bei Marignano endete. Doch Schiner, den 1522 in Rom die Pest hinwegriß, wirkte nicht nur aus machtpolitischem Ehrgeiz, sondern aus dem Glauben an eine christliche Weltordnung, die er auch im kleinen, in der Aufsicht auf die vernachlässigte Kirche seiner Heimat, durchzusetzen suchte.

Wir kehren auf die Hauptstraße zurück, die nach einigen Kilometern sich zur Rhone hinabsenkt, einen steilen, wilden Kessel in Kehren überwindend. Wir sind nun umfangen vom schluchtartig eingetieften Talgrund, über dem einige hundert Meter höher auf beiden Seiten die eigentlichen Dörfer liegen. Zu ihnen empor und noch weiter bis zur hochgelegenen, aussichtsreichen Terrasse der Bettmer-Alp und der Rieder-Alp führen moderne Kabinenbahnen. Von der Bettmer-Alp oder auch schon von Fiesch aus auf eigener Schwebebahn gelangt man zum Eggishorn mit seiner berühmten Aussicht auf den längsten der Walliser Eisströme, den Großen Aletschgletscher, zu dem man von der Rieder-Alp über die Rieder-Furka und den einzigartigen Aletsch-Wald hinabsteigen kann. – Doch unser Weg führt weiter durch das hier im Sommer bereits südlich heiße Haupttal, durch Ortschaften von ebenfalls schon südlich wirkendem Steinbau, und dann aus der Enge hinaus in den sonnendurchglühten Talkessel von Brig.

Im mittleren und unteren Wallis

In *Brig* wird das Tal nunmehr flach und breit, und es bleibt mit ganz wenigen Ausnahmen so bis zum Genfer See. Der Ort selbst lehnt sich an einen Ausläufer des Monte Leone, dessen Felsmassiv hoch in den südlichen Horizont ragt. Um diesen Berg herum führt der *Simplonpaß* hinüber nach Domodossola und weiter am Langensee vorbei nach Mailand. Napoleon I., der vorübergehend das Wallis zu Frankreich schlug, hat den Paß zur Straße ausgebaut. Der Übergang ist einer der wichtigsten der ganzen Alpen und insbesondere auf seiner Nordseite von großer landschaftlicher Schönheit. Seine Bedeutung hat durch den Bau des 1905 eröffneten Simplon-Tunnels, zu dem seit 1913 die Lötschbergbahn Zubringerdienste leistet, nur vorübergehend abgenommen, um später im Zeichen des Autoverkehrs von neuem aufzuleben. Die Rolle des Passes in früherer Zeit führt eindrucksvoll der große Palast vor Augen, den Kaspar Jodok Stockalper 1658-1678 erbauen ließ. Der mächtige Kaufherr, der namentlich den Salzhandel in seiner Hand hatte und dessen Susten, das heißt Lagerhäuser, bis nach Italien reichten, spielte auch in der Politik sowie in der Vermittlung von Söldnern eine führende Rolle.

Dementsprechend sind die Ausmaße seines Palastes mit den drei Türmen, die, verschieden groß, alle durch schwere, vergoldete Zwiebeln gekrönt und aus unverputzten Granitquadern aufgemauert sind. Den mächtigen Wohntrakt unterteilen einfache Horizontalgesimse und ziert ein säulengefaßtes Portal über einer doppelläufigen Freitreppe. Sonst aber sind es nur die schweren, durch die Gesimse und schmucklosen Fenster regelmäßig aufgeteilten Baumassen, welche die Wucht des Äußeren bestimmen. Der Eindruck ist südlich, ohne eigentlich italienisch zu sein, und es meldet sich in der spröderen, herberen und härteren Erscheinungsform der Süden auch hier in jenen für das Wallis merkwürdigen Anklängen an Spanien, merkwürdig, weil große Gebiete einer anderen Art in Südfrankreich noch dazwischen liegen. Italienischer, wenn auch in stark alpiner Abwandlung, ist in seinen sparsam behauenen Granitsäulen und Ballustraden der große Arkadenhof, in welchem einst die Maultiere belastet und entlastet werden konnten.

Oberhalb des heute leeren Palastes steht an der alten Simplonstraße das Jesuitenkolleg mit der Kirche, 1673-1687, deren durch

Wandpfeiler und Emporen unterteiltes Inneres entwicklungsmäßig zwischen der Luzerner Jesuitenkirche und den Vorarlberger Bauten liegt. Den Hauptplatz akzentuiert die barocke Sebastianskapelle, ein von Italien inspirierter Zentralbau mit einer Säulenvorhalle. Außerdem haben sich im alten Teil von Brig, ähnlich wie in Visp, Leuk, Siders, Sitten und Martigny, hohe städtische Häuser vornehmlich aus dem 18. und frühen 19.Jahrhundert erhalten, in denen italienische und französische Elemente in einer für das Wallis kennzeichnenden Weise sich vereinen. Schlicht, ernst, zurückhaltend, der schwereren alpinen Art entsprechend und in ihrem Verzicht auf das Bewegliche und Lebhafte Italiens sowie auf die lässige Eleganz Frankreichs wiederum an Spanien erinnernd.

Brig zeigt jedoch besonders deutlich auch einen Wesenszug des modernen Wallis, der nicht übersehen werden darf, nämlich die Angst, den Anschluß an das moderne Industriezeitalter zu verpassen, den Drang, das Alte, Überlieferte oft allzu hemmungslos zu zerstören, eine Erscheinung, die die Schweiz gerade in ihren bisher besonders konservativen Kantonen aufweist. So wird das alte Brig mit seinen ehrwürdigen Baudenkmälern von überdimensionierten Betonblocks in einem provinziell anmutenden Allerweltsstil bedrängt, durch Wohnblocks, die das Landschaftsbild mit harten Horizontalen zerschneiden. Geradewegs auf das Portal des Stockalperpalastes zu hat man einen neuen Straßenzug durch die alten Häuser gelegt, mit dem seinerzeit hier keineswegs gewollten Effekt des ›point de vue‹ den gewachsenen Zusammenhang der Altstadt brüsk zerreißend. Auch sonst gibt es gerade im Wallis, dessen Kultur auf bedeutenden und ehrwürdigen Traditionen beruht, nur zu viele Beispiele dieses letzten Endes um des Gelderwerbes das eigene Erbe verratenden Modernismus: Vor allem ist es die Industrialisierung, die ganze Teile des Haupttales mit Rauch erfüllt und deren Anlagen das Landschaftsbild nicht nur verändern, sondern zerstören, ferner die Zersiedelung der einst so poetischen Umgebung von Brig, doch auch von Visp, Sierre und Sion, sowie die Erschließung allzu vieler Gipfel mit Schwebebahnen. Bis hinauf in die Holzdörfer geht die Modernisierung, die oft fast einen Religionsersatz darzustellen scheint: Sie reicht vom Umbau oder der Ersetzung alter Kirchen durch Beton-Experimente einer meist fragwürdigen Neuzeitlichkeit bis zur totalen Verasphaltierung der Umgebung alter Bauernhäuser.– Auch dem Verkehr hat man schon manche alte Allee geopfert, so die Pappelreihen, welche die Straße von Brig talauswärts begleiteten.

In nächster Nähe von Brig finden wir zwei bedeutende Kirchen: in *Naters* auf der Nordseite der Rhone in einem zum Teil noch bäuerlichen Dorf die Pfarrkirche mit ihrem in der Strenge der Fenster spanisch anmutenden Barock. Das hoch und breit bemessene Innere wird von dem gewaltigen Bau des Hochaltars beherrscht, der nicht wie sonst als Retabel, sondern aus dem Tabernakel entwickelt ist und dadurch ein wenig an ein in vielen Stufen sich auftürmendes Kastell erinnert. Neben der Kirche stellt das Beinhaus ein eindrucksvolles Memento mori dar. – In *Glis*, durch das talwärts die Hauptstraße führt, findet sich die stattlichste Kirche der Talschaft. Das barocke Portal gegen die Straße, die auch hier, wie so oft im Wallis, den Süden nach dem Norden verpflanzenden Säulenbogen der Vorhalle, dazu der imposante romanische Turm, alles bereitet auf ein würdiges Inneres vor. Man betritt eine Basilika mit sehr niedrigem Obergaden, wodurch der Raum weniger nach der Höhe als nach der Breite sich entwickelt. Dadurch entstehen Proportionen, die weit und frei den Menschen umfassen und ihn in seiner Selbständigkeit bestätigen, auch darin den klassischen Süden vorwegnehmend.

In vielen Einzelheiten jedoch hat sich neben dem 1642 in noch herbem Frühbarock erbauten Langhaus die sehr späte Gotik erhalten, die 1539/40 Ulrich Ruffiner, einer der aus dem bereits südlich des Monte Rosa liegenden Prismell stammenden Meister, im Chor und in den niedrigen Querschiffen schuf. Manches erinnert in den strengen Frühbarockformen des Langhauses an die Luzerner Hofkirche, doch ist hier in Glis Italien noch näher und selbstverständlicher. Der Chor aber, dessen spätgotischer Hochaltar von 1478 stammt, und die niedrigen Querhäuser sind in ihren durch reiche Schlußsteine geschmückten Netzgewölben noch der Gotik verpflichtet. Im südlichen Querschiff steht unter einem besonders eng geknüpften Netzgewölbe ein Schreinaltar, dessen Rahmen sich schon der Renaissance nähert;

er umschließt eine Pietà von ausdrucksvoller Schönheit. Das nördliche Querschiff birgt den 1519 von den Supersaxo gestifteten Annenaltar, der auf der Vorderseite die Wurzel Jesse und auf der Rückseite den Stammbaum der Stifterfamilie zeigt.

In *Visp*, das man durch einen stark verindustrialisierten Talgrund erreicht, mündet von Süden her ein Tal, an dessen Hängen bereits der erste Wein reift. Das Tal gabelt sich weiter oben, südöstlich nach Saas-Fee und südwestlich nach Zermatt. Insbesondere das Saastal bietet nicht nur landschaftlich, sondern auch in seinen barocken Kirchen und Kapellen, so im Stationenweg zur Wallfahrtskirche der Hohen Stiege bei Saas-Fee, viel Sehenswertes. – Visp hat in seinem alten Teil die spätbarocke Bergkirche mit dem romanischen Turm sowie einige malerische Winkel bewahrt.

Von Visp führt die Straße westwärts durch den nun breit gewordenen Talboden. Pappelreihen, Maisfelder und große Obstbaumkulturen kennzeichnen ähnlich wie im Etschtal den südlichen Charakter. An den sonnenversengten Steilhängen erkennt man die ob ihrer Aussicht berühmte Rampe der Lötschbergbahn. Am Fuße des Hanges thront wie eine Burg auf jäh abbrechendem Felsen die Kirche von *Raron*. Eine Pappelallee führt hinüber und endet bei einer Gruppe alter Häuser, von denen eines sich in Säulenarkaden öffnet. Andere verbinden Stein- und Holzbau in einer für das mittlere Wallis kennzeichnenden Art, in dem das Mauerwerk höher in den mehrstöckigen, verhältnismäßig schmalen Baukörpern emporsteigt, im Unterschied zu den breitgelagerten und niedrigeren Holzhäusern des Berner Oberlandes. – Ein schmaler Weg, der sich später dem Hang entlang bis Außerberg als lohnende Wanderung fortsetzt, steigt zur Kirche empor. Am hohen Tag herrscht hier das glasig helle Licht des Mittelmeers, das in harter Klarheit die an sich schon strengen Umrisse der Kirche und des nahen burgartigen Hauses umreißt. Zusammen mit der Pflanzenwelt der im Sommer ohne künstliche Bewässerung ausgedörrten Sonnenhänge zeigt sich das Wallis immer wieder sehr viel herber und spröder als das durch Milde und Süße bezaubernde Tessin, und der Vergleich sucht weniger die oberitalienischen Seen als das gleichfalls herbere Piemont, wenn nicht gar die Provence oder Spanien. Darin ist Raron schon den Sonnenhängen von Leuk, von Valeria und Tourbillon ob Sitten und dem Unterwallis verwandt.

Das Innere der Bergkirche weitet sich zur gotischen Pfeilerhalle mit weitgeknüpftem Netzgewölbe. Der Raum ist zum Chor quergelagert, was den Einblick in diesen um so kontrastvoller macht. Hoch, weit und nobel und zugleich durch das im Chor dichtmaschigere Spiel der Rippen von einer eigentümlich klingenden Poesie erscheint das Ganze, würdig des Dichters, der an der südlichen Außenwand sein Grab gefunden hat: Rainer Maria Rilke.

Unterhalb von Raron mündet in enger Schlucht das Lötschental, das in seinem oberen, von Gletschern gesäumten Teil noch manches Brauchtum bewahrt hat. Die Straße im Haupttal weicht dem breiten, von Süden kommenden Schuttkegel des Turtmanntales aus und nähert sich bei Susten der Rhone. Auf deren anderen Seite grüßt gleich mit zwei mittelalterlichen Schlössern das Städtchen *Leuk* ins Tal, ein überaus malerischer Ort, der am Aufstieg nach Leukerbad und weiter zum Gemmipaß liegt. Die beiden turmartig gebauten Schlösser, deren unverputzter Bruchstein die herbe Art des Wallis zeigt, gehörten einst dem Bischof von Sitten, mit dem zusammen die Herren und Bauern des oberen und mittleren Wallis sich gegen die Machtansprüche der nahen Grafen von Savoyen wehrten. Die 1497 erbaute Stadtkirche besitzt einen älteren Turm in jenem wuchtigen Geviert, den romanischen Fenstern und der abschließenden Steinpyramide, wie es auch die Hauptkirchen von Sitten, St-Maurice und in einer über die Pässe reichenden Verbindung auch von Aosta zeigen. – Das Innere nähert sich in seinen zu hohen und in breiten Arkaden geöffneten Seitenschiffen der Halle, ähnlich wie dies auch in der Kathedrale von Sitten der Fall ist. Von der barocken Ausstattung hat sich nur die Kanzel und ein Seitenaltar erhalten, die beide durch ihre reiche Schnitzerei das Verschwundene doppelt vermissen lassen. – Im übrigen ist die Stadt allenthalben durch ihre Lage am steilen Südhang ausgezeichnet. Diesen empor zieht sich die Straße, die sich zum Hauptplatz erweitert, den wiederum als Querriegel die Kirche abschließt. Am Hang bauen sich auch Schloß, Garten und Pavillon auf, die im 18. Jahrhundert Baron de Werra anlegen ließ. – Vom

Westrand des Städtchens geht der Blick ins Rhonetal, das hier geradezu urweltliche Wildheit gewinnt: Aus den Felsrinnen des ›Pfyngrabens‹, dessen infernalische Schlünde an die Erosionstrichter der ›Balze‹ bei Volterra erinnern, hat sich im Lauf der Zeit im Tal ein mächtiger Schuttkegel mit einer Art Urwald gebildet. Die dadurch an den anderen Berghang gedrängte Rhone fließt hier in verschiedenen Armen frei durch ein breites Schuttbett, ihr letztes Gefälle erlebend. Der Pfynwald, wie dieser Urwald genannt wird, bildet die Grenze zwischen dem oberen und dem mittleren Wallis, heute noch sprachlich, doch einst auch politisch, wobei der untere Teil vom oberen abhängig war. Ein Denkmal erinnert an den Abwehrkampf, den hier 1798 die Oberwalliser den das Land ›befreienden‹ Franzosen boten. –

Etwas unterhalb von Leuk steht von Reben umgeben auf aussichtsreicher Terrasse für sich alleine die 1694 erbaute Wallfahrtskirche ›im Ringacker‹. Am Außenbau wirken wieder spanisch die hohen, schmalen Fenster mit ihren schlichten Sprenggiebeln und das Harte, Knappe und Herbe der Erscheinung überhaupt.

Aber auch manches im reich stukkierten Innern, einem stattlichen Saalraum, der sich zum Querschiff erweitert und zum polygonal geschlossenen Chor zusammenzieht, mutet spanisch an, so der brüske Realismus, der sich in den asketischen Gestalten von Petrus und Paulus äußert, die mit ekstatischen Gesten seitlich des Choreinganges stehen, während darüber ein in seinem üppigen Wuchs an Rubens erinnernder Verkündigungsengel seinen Busen halb entblößt. Andere Engel von ähnlicher Art schlenkern vom Gewölbe herab ihre schöngeformten Beine plastisch in den Raum. Im Gegensatz zur Stuckplastik, in welcher auch die Seitenaltäre geschaffen sind, erscheint im Hochaltar ein Glanzstück polychromer Holzschnitzerei. Ganz im Sinne der Ritzschule strotzt dieses Schaustück, das in vielfältiger Knickung gleich einem Paravent vor den bereits polygonalen Chorabschluß gebreitet ist, von üppig umwundenen Spiralsäulen und von Figuren in faltenreichen Gewändern.

Die Weiterfahrt talabwärts geht durch den *Pfynwald*, zunächst zwischen Föhren, dann durch Buschwälder. In ihnen verborgen bilden abseits von der Straße, doch von einer rechter Hand auftauchenden Gaststätte aus erreichbar, kleine, schilfumwachsene Seen ein noch wenig erschlossenes Paradies. Die Hügel, zwischen denen diese

Seen liegen, entstammen einem vorgeschichtlichen Bergsturz, der seine Schuttmassen über das Gebiet von *Sierre* ergoß, das zu deutsch *Siders* heißt. Von hier aus führt südwärts das Val d'Anniviers zu den Eis- und Felsriesen der Dent blanche sowie des Obergabelhorns und Zinalrothorns. Nördlich der Rhone, auf der Sonnenseite, erblickt man auf hochgelegener Terrasse einzelne Hoteltürme des Kurgebiets von Crans-Montana. In Siders selbst gibt es zwischen den modernen Straßen und Häusern einzelne alte Baugruppen sowie eine Anzahl von weit über die Landschaft verstreuten Schlössern und sogenannte Manoirs-Schlößchen, die aus der Zeit vom Mittelalter bis zur Moderne stammen und den Ansitzen ob Meran vergleichbar sind. Zu nennen ist das Schloß der De Courten, heute ein Hotel nahe dem Bahnhof, das Schlößchen ›Villa‹ und vor allem der Wohnturm von *Muzot*, wo unter dem flachen Staffelgiebel, behütet von Birken, Akazien und Kastanien, Rainer Maria Rilke seine letzten Jahre erlebte als Gast des großen Winterthurer Mäzens Werner Reinhart. – Etwas oberhalb des Manoirs steht in Weingärten und Wiesen auch die kleine barocke Kirche, um deren Instandsetzung sich Rilke in der Nachfolge des Franziskus bemühte. – In guten Stunden und an Stellen, die noch nicht zu sehr von der modernen Zeit erschlossen sind, kann man im Wallis das Gefühl einer unermeßlichen Geborgenheit finden: unermeßlich durch das Gefühl der Weite und Größe, das dieses ›Tal der Täler‹ spendet, dessen Hauptarm der Walliser Dichter Maurice Zermatten mit dem Schiff und dessen Seitentäler mit den Kapellen einer Kathedrale verglichen hat – unermeßbar aber auch durch die höchsten Gipfel, die das Wallis umschließen und die vom Haupttal aus, wenn überhaupt, dann nur vereinzelt durch den Ausschnitt eines Seitentals erblickt werden können. Doch das Große und Mächtige der Natur erdrückt nicht; verbunden mit der Weite des Haupttals wird es zum Ausdruck einer behüteten Welt, wie sie in diesem Maße nicht in der Ebene und am Meer, sondern nur in den Bergen erlebt werden kann.

Die Rilke liebgewordene Landschaft von Siders ist durch die rebenbewachsenen Hügel und den Blick auf die breit und wild neben dem Pfynwald daherströmende Rhone, hinein ins Val d'Anniviers, von besonderem Reichtum, auch was die mit der Provence verwandte Flora anbelangt. Natur im Urzustand liegt dicht neben einer Kulturlandschaft, in welcher die Kultur noch ganz unmittelbar aus der Pflege des Bodens hervorgegangen ist und gerade darin einen einst für das Wallis besonderen Reichtum der Lebensformen bewirkte. Diese Mannigfalt der Lebensformen wurde bis in unsere Zeit noch erhöht durch das Nomadendasein der Bauern. Diese besaßen im Tal ihr Rebgut, auf halber Berghöhe die ›Maiensässen‹, wo in eigenen Wohnhäusern und Ställen während des Frühsommers das Vieh gehalten wurde, bis es im Hochsommer die über der Waldgrenze gelegenen Alpen bezog. So wie in jeder dieser Zonen die Natur ein völlig anderes Gesicht zeigt, so waren auch die Lebensformen verschieden, sie reichten von der vorzeitlichen Primitivität ähnlich den Verhältnissen Lapplands bis zur Kultur der Gegenwart im mediterranen Talgrund. Seit rund 1950 jedoch hat sich das von der Wurzel auf geändert. Aus den Maiensässen sind vielfach Ferienhäuser geworden, und die Alpen sind durch Straßen, Schwebebahnen und durch Pipelines für den Taltransport der Milch technisch erschlossen.

Die Straße nach Sitten, die zum Teil noch von den alten Pappeln begleitet ist, führt neben der Rhone entlang an den steilen, rebenbepflanzten Hängen nach Westen. Nach St. Leonhard treten die beiden Wahrzeichen von Sitten ins Blickfeld. Es sind die auf ihren Felsgipfeln in den Himmel ragenden Schlösser Valeria und Tourbillon.

Der erste und letzte Gang in *Sitten, der Hauptstadt des Wallis*, sollte zu diesen die Stadt beherrschenden Schlössern hinauf führen. Gassen steigen hinter dem Rathaus empor, vorbei an den mittelalterlichen Mauern und Giebeln von Majoria, dem dritten und tiefsten unter den Schlössern des Ortes, die hier ähnlich wie in Bellinzona, nur gedrängter und mit ausgesprochen sakralem Akzent die Stadt beherrschen. Man gelangt zu dem flachen Sattel zwischen Valeria und dem höheren *Tourbillon*, das mit Ausnahme einer noch erhaltenen Kapelle ganz nur als Burg diente und heute zerfallen ist. In der sonnigen Senke unterhalb des mauerbekrönten

Felsens wachsen Reben. Sie bedürfen der im Wallis so wichtigen künstlichen Bewässerung, denn an den Sonnenhängen des ausgesprochen regenarmen Hauptales ist an sich der Boden trocken und zeigt meist schon im Sommer nur gelbes, dürres Gras und stachliges Buschwerk, wie man es sonst erst in der Provence wiederfindet. Das Wasser aber, das in dieser südlichen Steppe Reben und Äcker wachsen läßt, stammt zum kleinsten Teil aus den Wolken, die von den das Wallis umschließenden Bergketten festgehalten werden, sondern aus den Gletschern, denen es in früheren Jahrhunderten in primitiver Weise abgezapft wurde, um in hölzernen ›Käneln‹ in genau abgemessener Weise auf die einzelnen Grundstücke verteilt zu werden. Auch das hat sich seit der Mitte des 20.Jahrhunderts geändert, seitdem aus den gleichen großen Speichern, welche die Gletscher darstellen, das Wasser zunächst in Stauseen, wie jenen von Allmagell im Saastal oder von Grande Dixence südlich von Sitten, und schließlich in die Turbine geleitet wird. – Der Weg nach Valeria führt an der kleinen Allerheiligenkirche vorbei. Sie stammt aus frühgotischer Zeit, doch ihr Aussehen ist noch fast durchweg romanisch in den kristallhaft scharfgeschnittenen Kuben, Giebeln und der flachen Pyramide des Türmchens. Südlich davon baut sich *Valeria* auf, als Kirchenburg, ja man möchte sagen: als wahre Gottesburg, so großartig staffeln sich die Wohn- und Wehrbauten empor zur alles beherrschenden Kirche. Auch sie ist in hohem Grade Festung mit dem Wehrgang samt dem Zinnenkranz um das in sehr schmalen Fenstern sich öffnende Polygon des Chores und über den Seitenschiffen sowie dem schweren, gedrungenen Viereckturm, den ein flaches Zeltdach schließt.

In den Gebäuden, die einst ein Chorherrenstift beherbergten, ist heute eines der schönsten Museen eingerichtet, das von der Urgeschichte und von den für das Wallis so wichtigen Römern bis zu den Uniformen reicht, in denen viele Walliser bis ins 19.Jahrhundert hinein in fremden Kriegsdiensten standen. Und neben der kirchlichen und adeligen sowie der bürgerlichen Kultur gibt es die zahlreichen Zeugnisse des Weinbaues und der Alpwirtschaft, darunter Truhen aus romanischer Zeit und der herrliche frühgotische

SITTEN

Schild des Ritters von Raven. Diese überaus stimmungsvollen Bauten sind gekrönt durch die Kirche.

Ihr Inneres steigt mehrmals in Stufen gegen Osten an, wo sich im Chor des späten 12. Jahrhunderts die ältesten Bauteile finden mit romanischen Figurenkapitellen und mit Bogen, deren gedrungene Spitze bereits zur Gotik überleitet. Die Apsis ist in ihrem unteren halbrunden Teil im 15. Jahrhundert mit al fresko gemalten Aposteln geschmückt worden. Darüber gliedert sich die Wand mit Diensten und Rippen im 5/8 Schluß, dessen Seiten von schmalen frühgotischen Lanzettfenstern durchbrochen sind. Auch hier zeigen Wände, Dienste, Rippen und Gesimse verblichene Fresken. Vor der Apsis öffnet sich der Chor in niedrige, tonnengewölbte Querschiffe, ohne daß jedoch von einer eigentlichen Vierung gesprochen werden kann. Das Langhaus, das vor einem niedrigen Chorbogen liegt, ist bereits durch die Frühgotik des 13. Jahrhunderts bestimmt und bildet eine in strenger Regelmäßigkeit gegliederte Basilika mit verhältnismäßig hohen und breiten Öffnungen zu den Seitenschiffen, und auch die Hochschiffenster sind größer als im Chor. Es entstehen damit Proportionen, die später von der Kathedrale unten in der Stadt sowie in Leuk aufgenommen werden. Die Vorbilder für Valeria aber lassen sich am ehesten in der strengen Ordensbaukunst der Zisterzienser finden. Mit dieser verwandt sind auch die edle Bildung der Profile, die schönen Blattkapitelle und das spannungsvolle Zusammenspiel der Dienste mit den Rippen des vierteiligen Kreuzgewölbes. – Auf das 13. Jahrhundert geht der um ein Joch ins Langhaus gerückte Lettner zurück, über dem frei im Raum eine Kreuzigungsgruppe steht. Schon fast unter dem Gewölbe verbindet im Westteil der Kirche eine hölzerne Brücke die über den Dächern der Seitenschiffe angelegten Wehrgänge. – Das Orgelgehäuse ist mit seinen Maßwerkverzierungen und den bemalten Flügeln eines der wenigen, die sich aus spätgotischer Zeit erhalten haben. Aus dem gleichen 15. Jahrhundert stammt das Votivbild an der Südwand, während die Anbetung der Könige samt ihrem Zug mit ihrer stilisierten Landschaft vor Goldgrund noch den Stil des ausgehenden 14. Jahrhunderts aufweist. Das barocke Chorgestühl und einzelne Altäre aus nicht viel späterer Zeit vervollständigen die ebenfalls sehenswerte Ausstattung dieser Kirche, die über alle Einzelheiten hinaus immer wieder durch ihre Atmosphäre fesselt. So macht einem der oft die Mauern umpfeifende Wind auch im Innern die Berglage bewußt, die in Piemont, doch wiederum besonders in Spanien ihre Geschwister findet, so auf dem Montserrat, und damit an eine Gralsburg denken läßt.

Beim Abstieg von Valeria kann man den Weg über die auf halber Höhe stehende *Jesuitenkirche* nehmen, die noch 1809 in einem von der Zeit bereits überholten und damit eigentümlich welken Rokoko von dem gleichen Johann Joseph Andermatten erbaut wurde, von dem auch der merkwürdige Rundbau in Saas-Balen an der Straße nach Saas-Fee stammt. Neben der von einem kapriziösen Kuppeltürmchen gekrönten Kirche steht das alte, ebenfalls aus dem frühen 19.Jahrhundert stammende Theater als städtisches Beispiel einer im Wallis bis in die Alpentäler hinein verbreiteten Theaterkultur, die von der Geistlichkeit stark gefördert wurde. – Zum Teil den Felsen entlang und an malerischen Höfen vorbei steigt man weiter hinab zum Haus der einstigen Landtagsabgeordneten, heute ›Maison des Députés à la Diète‹ genannt, einem südlich anmutenden Baukubus, dessen Stockwerke von knappen waagrechten Gesimsen unterteilt sind und dessen Fenster der Bauzeit um 1700 entsprechend in regelmäßigen Achsen stehen. Das den Mittelmeerländern eigene Ideal des geschlossenen Baublocks zeigt auch das nahe *Rathaus*, das 1660-1661 errichtet wurde. Gegen die Hauptstraße hin durchbricht ein Uhrturm das sonst energisch die Fassade abschließende Hauptgesimse und betont gleichzeitig die gegenüber den übrigen Fensterachsen etwas isolierte Portalachse. Das Portal als solches hebt sich mit seiner Säulenädikula von der Quaderwand des Erdgeschosses ab und ist durch eine sorgfältig geschnitzte Holztüre ausgezeichnet, die für die im Wallis einst blühende Schnitzkunst zeugt. In der Vorhalle weisen verschiedene Steinfragmente auf die Römer hin, die im Wallis ihre Straßen und Städte bauten. Unter den Inschriften gibt es eine solche aus dem Jahre 377. Es ist die älteste der Schweiz, auf der sich das Christusmonogramm befindet.

Die am Rathaus vorbeiführende Hauptstraße und die etwas weiter unten nach Westen abzweigende schmale Rue de Conthey weisen zusammen mit der Umgebung der nahen Kathedrale manches Patrizierhaus auf, darunter an der Rue de Conthey 7 das Haus, das sich 1505 Georg Supersaxo, der unversöhnliche Gegenspieler Kardinal Schiners, errichten ließ. Den letzteren verhöhnen die Fratzen, die das Treppenhaus schmücken. Der Festsaal aber zeigt eine Holzdecke, die zu den schönsten dieser in der Schweiz reichvertretenen Gattung gehört. Sie entwickelt sich in Form einer großen zentralen Rose, deren Speichen aus einer mit lateinischen

Zitaten aus Vergils ›Bucolica‹ gezierten Nabe entspringen. In den Randleisten ist neben dem Bauherrn und dem Datum als Meister Jacobinus Malacrida genannt, dem auch das Schloß von Locarno eine Decke verdankt. – Die dem 18. Jahrhundert entstammenden Häuser der Sittener Altstadt wandeln wie in Brig, Visp, Leuk und Martigny das vor allem in den regelmäßig angeordneten Stichbogenfenstern sichtbare Dixhuitième ins Italienische, um nicht wieder zu sagen: Spanische, wenn man auf die abweisende und etwas schroffe Haltung dieser Fassaden sieht. – Abseits vom Verkehr, umgeben von einzelnen Domherrenhäusern des 18. Jahrhunderts, steht die seit der Mitte des 15. Jahrhunderts erbaute *Kathedrale*, deren Chor 1947 um ein Joch verlängert wurde, zwar in genauer Nachbildung der alten Formen, doch mit starker Veränderung der Proportionen. Noch aus dem 12. Jahrhundert stammt der mächtige Viereckstum, der in die gleiche Familie gehört wie die Kirchtürme in Leuk, St-Maurice und Aosta. Flache Lesenen gliedern den aufrecht stehenden Block, dessen Wucht von zarten Blendbogenfriesen überspielt wird und dessen Masse sich in drei nach oben in der Zahl zunehmenden säulengeschmückten Bogenfenstern auflockert. Besonders schön ist die verhaltene Vielfalt der Steinfarben in den enggefugten Quadern, die sich zu lebendig wirkenden Flächen zusammenfügen.

Das Innere, das durch die modernen Glasmalereien an fast sämtlichen Fenstern sehr dunkel wirkt, zeigt eine dreischiffige Basilika von hallenartiger Weite und birgt unter anderem am Anfang des südlichen Seitenschiffs das von einer Kreuzigungsgruppe überhöhte Grab des 1437 verschiedenen Bischofs André de Gualdo, ferner ein frühbarockes Chorgestühl und einzelne in der Art des Walliser Barock geschnitzte Altäre.

Neben der Kathedrale steht die gotische Kirche *St-Theodul*, die dem ersten Bischof des Wallis geweiht ist. Im Innern wird der durch ein Netzgewölbe belebte hohe Chor wirkungsvoll dem schlichten Saale des Langhauses entgegengesetzt. Nach außen zeigt der von Ulrich Ruffiner 1514 vollendete Chor über seinen schlanken Maßwerkfenstern ein sehr flach geneigtes Dach, das ähnlich südlich wirkt wie die knapp umrissene Fassade, an der sich Portal und

OSKAR KOKOSCHKA
Dents du Midi
Gemälde, 1908
Privatsammlung, Zürich

Rose in ihrem gelben Tuffstein eindrucksvoll von der hell verputzten Wand abheben. Die Fassade blickt auf den großen Platz, an welchem das klassizistische Bischofspalais steht und über den hinweg man einen schönen Blick talauswärts hat. – Im südlichen Teil der Altstadt liegt der aus dem 18.Jahrhundert stammende Bau der ehemaligen ›Préfecture‹. Von hier aus regierten von 1810 bis 1814 französische Präfekten das ›Département du Simplon‹, zu dem Napoleon I. das Wallis gemacht hatte, um die auf sein Betreiben damals erbaute Simplonstraße besser zu kontrollieren.

Oberhalb der Straße, die uns nun weiter talabwärts führt, liegt das von Reben umgebene Dorf Savièse, dessen spätgotische Kirche einen der in der Schweiz sehr seltenen Hallenräume besitzt. Das Haupttal ist unterhalb von Sitten nochmals stark industrialisiert.

Doch dann beginnt das große Rebengebiet von Chamoson, das sich bis nach Martigny fortsetzt, in der Talsohle begleitet von Obstbaum- und Gemüsekulturen, unter denen Aprikosen, Spargel, Erdbeeren und Tomaten die Hauptrolle spielen. An der Hauptstraße liegt die romanische Kirche von *St-Pierre-de-Clages*. Der nicht sehr große, doch namentlich in seinem Äußern malerische Bau steht auf römischem Boden. 407 soll hier der Bischof von Octodurum, dem heutigen Martigny, das Martyrium erlitten haben, als das bereits christianisierte Wallis von den heidnischen Burgundern besetzt wurde. Vermutlich auf das 11.Jahrhundert geht die heutige Kirche zurück, in welcher sich archaische Züge im Mauerwerk und an der Fassade mit der damals fortschrittlichen Technik des Kreuzgratgewölbes mischen. Das Innere besteht aus einer dreischiffigen Halle mit einer tambourlosen Vierungskuppel, die in primitiver Weise nicht aus sogenannten Zwickeln, das heißt sphärischen Dreiecken, sondern aus den die Ecken überbrückenden Tromben entwickelt ist. Im Osten schließt der Raum in drei Apsiden, von denen die mittlere die seitlichen stark dominiert, entsprechend der Unterordnung der schmalen Seitenschiffe unter das breite Mittelschiff. Die Fenster wurden vor allem auf der Südseite in moderner Zeit vergrößert.

Über Chamoson, Saillon und andere kleine Dörfer führt die

›Route des Vignobles‹ auf der rechten Seite der Rhone nach Martigny, zwischen den Reben hindurch, die sich in fast ununterbrochener Folge auf den sanft auslaufenden Schuttkegeln ausbreiten. Im richtigen Neigungswinkel gegen die hier südlich heiße Sonne reifen in trockenem Klima die schweren und milden Weine, für die der ›Fendant‹ ein Sammelbegriff ist. Einzelne besondere Sorten wie Johannisberg oder Malvoisie sowie der rote gewichtige Dôle verraten den Ursprung der einst von weit her hierhin verpflanzten Gewächse, und entsprechend geformt sind auch die Flaschen. – In den Dörfern werden die Holzhäuser immer seltener, es herrscht der Steinbau, oft mit Steinplatten statt mit Ziegeln gedeckt, was den mediterranen Eindruck erhöht. Besonders malerisch ist *Saillon* mit seinem von Graf Peter II. von Savoyen gegen Mitte des 13. Jahrhunderts befestigten Felshügel. – Die linke Talseite, auf der die meist schnurgerade Hauptstraße liegt, zeigt neben dem breiten, ebenen Talgrund die sanfteren Hänge, der Schattenseite entsprechend mit mehr Wald durchsetzt, der bis hoch hinauf die Vorberge bedeckt. Erst hinter diesen liegen, vom Tal aus meist unsichtbar, die gewaltigen Eisgipfel, die vom Strahlhorn her über den Monte Rosa zum Matterhorn und von dort über den Mont Collon, den Montblanc de Cheillon zum Grand Combin und dann, unterbrochen durch die Senken des Großen St.-Bernhard-Passes und des Col Ferret als Grenzwall gegen Italien bis zum französischen Montblanc, dem höchsten Gipfel der europäischen Alpen, ziehen.

Während sich die Reben auf die der Sonne zugeneigten Hänge beschränken, steht in der Ebene Baum an Baum in den schnurgeraden Reihen der Obstkulturen, in denen ähnlich wie in Südtirol Aprikosen, Pfirsiche und Kernobst zum Export gezüchtet werden. Der mit meist niedrigem Laubwald bewachsene und von Felsen durchsetzte Steilhang, der uns bisher linker Hand begleitete, senkt sich schließlich hinab zum Rhoneknie, wo das Haupttal in einem Winkel von fast 90° von Südwesten nach Nordwesten umbiegt und die Abgeschlossenheit des eigentlichen Wallis bald ein Ende nimmt. Eine besonders schöne Pappelallee führt zur Rhone und bald sind wir in *Martigny*, wo neben anderen Übergängen schon in römischer Zeit die Straße vom Haupttal zum Großen St.Bernhard abzweigte. Hier lag der römische Hauptort des Wallis mit dem Namen Octodurum, wovon sich die Fundamente des einstigen Forum, eines Tempels, sowie des Amphitheaters erhalten haben. Auf den Fundamenten einer römischen Warte ließ Graf Peter II. von Savoyen einen der für seine Herrschaft typischen Rundtürme errichten. – In Martigny-Ville steht die dreischiffige Pfarrkirche als Basilika im ernsten und herben Barock des 17.Jahrhunderts. Im übrigen ist der Ort durch das 19. und 20.Jahrhundert bestimmt, wobei ein großer, arkadengesäumter Block schon in der Zeit des zweiten napoleonischen Kaiserreichs sich bemühte, den Dernier cri ins Wallis zu verpflanzen.

Beim Weiterfahren, nun auf der großen Straße Richtung Montreux-Lausanne, sieht man linker Hand die enge Schlucht des Trient und nahebei die an fast senkrechten Felswänden entlangkletternde Zahnradbahn, die nach Chamonix hinüberführt. Das Haupttal hat nun seinen Charakter verändert; die Reben sind vorläufig verschwunden, übrig geblieben ist indessen der Baumwuchs, darunter einzelne Edelkastanien, und auch jetzt noch vermittelt die Landschaft südliche Atmosphäre. Doch diese verliert sich nach *St-Maurice* zu, dem eigentlichen Tor ins Wallis, auch wenn dieses als Kanton auf der linken Seite der Rhone bis nach St-Gingolph am Genfer See reicht, begleitet auf dem rechten Ufer vom Kanton Waadt. Den Charakter eines Grenzüberganges gewinnt St-Maurice auf mancherlei Art. Da ist einmal die von einem ernsten Schloß bewehrte alte Brücke, auf der die Straße nach Lausanne den Kanton Wallis verläßt. Dazu tritt die Felsbarriere, die hier den Lauf der Rhone verengt und einst den Brückenschlag ermöglichte. Der das Tal durchquerende Höhenzug fällt talauswärts in Felswänden ab, um nach innen in sanften Hängen auszulaufen, genau wie bei einem künstlichen Festungswall. Tatsächlich ist St-Maurice seit dem 19.Jahrhundert zu einer der größten Festungen der Eidgenossenschaft ausgebaut worden. Doch der Ort ist nicht nur Waffenplatz, sondern er birgt in seinem Kloster eine der ältesten Kulturstätten. Im Jahre 302, vielleicht schon etwas früher, erlitt im Gebiet der hier gelegenen Militärstation Agaunum ein Teil der thebäischen Legion unter ihrem Kommandanten Mauritius das Martyrium, als Soldaten und Offiziere, die bereits heimliche Christen waren, gegen andere Christen eingesetzt werden sollten. Die Leichen wurden am Fuße jener Felswand beigesetzt, an die sich, ähnlich wie in manchen syrischen Felsenklöstern und in St-Victor in Marseille, die ältesten Kirchen des 515 vom Burgunderkönig Sigismund gegründeten Klosters lehnten. Von ihnen sind nur noch die in der Cour du Martolet freigelegten Fundamente einer während des 5. bis 8.Jahrhunderts mehrmals erneuerten und vergrößerten Pfeilerbasilika sichtbar, unter der sich ein römisches Nymphäum befindet. Das heutige Kloster liegt südlich dieser Stätte, die wie wenige andere durch ihre Geschichte ehrwürdig und durch ihre Atmosphäre anziehend ist, denn neben alten Platanen steigen fast senkrecht die Felsen empor. Dicht dabei steht der stattlichste der romanischen Glockentürme, die das Wallis sein eigen nennt, und in dem Labyrinth der freigelegten niedrigen Mauern erkennt man allmählich den Grundriß der ältesten Kirchen der Schweiz.

Fast noch konzentrierter ist das Erlebnis des frühen und hohen Mittelalters in der berühmten Schatzkammer des Klosters angesichts der kostbaren Reliquienschreine, unter denen jener des Theuderigus in merowingische Zeit zurückgeht, während der Schrein des Sigismund eine wertvolle romanische Arbeit und jener des Mauritius eine solche der frühen Gotik ist. Höchst eindrucksvoll ist aber auch das in Silber getriebene Kopfreliquiar des heiligen Candidus, ferner als ältestes Stück des Schatzes die Sardonyxvase. – Die heutige Klosterkirche wurde als Pfeilerbasilika 1148 geweiht, jedoch später mehrmals überarbeitet.

Nach St-Maurice verändert sich die Landschaft. In sanftem Decrescendo senken sich die Höhen und treten zugleich zurück, zwischen sich größeren Tälern Raum lassend, in deren Hintergrund erst eigentliche Felsgipfel sichtbar werden. Auch hört die bisherige Abgeschlossenheit des Rhonetals hier auf. Denn durch die Täler führen nicht nur Straßen und Bahnen hinauf nach den Kurorten Villars und Leysin, sondern die befahrbaren Pässe des Col du Pillon und des Col des Mosses führen hinüber zum Zweisimmental und damit zum Berner Oberland. – Auf der anderen, der linken Seite der Rhone geht das Gebiet des Kantons Wallis noch weiter bis zum Genfer See, wo in St. Gingolph die französische Grenze liegt. Am Berghang von Monthey raucht der Hochkamin einer Ölraffinerie, ein bei klarem Wetter bis nach Montreux sichtbares Fanal der vor nichts zurückschreckenden Industrie.

Nach Ollon schiebt sich nochmals eine Geländewelle quer durch das Tal, doch sanfter als die Barriere von St-Maurice, und darauf folgt die weite Talbucht von *Aigle*. Hier wie im nahen Yvorne, das schon mit der Aussicht auf den Genfer See am Hange liegt, wachsen die edelsten Sorten der weißen Waadtländer Weine. Mitten in den Reben steht auf flachem Hügel das Schloß mit abweisenden Ringmauern und markantem Hauptturm. Die Kirche in der Nähe, die einst dem Kloster St-Maurice unterstand, ist in ihrem Langhaus noch romanisch, während der Chor der Gotik angehört. Der Turm trägt den gleichen steinernen Helm, wie wir ihn schon von vielen Kirchen des Wallis her kennen.

Am Genfer See

In Villeneuve, dem Alterswohnsitz Oskar Kokoschkas, erreicht die Straße den See, um sich bald darauf zusammen mit der Bahnlinie und der Autobahn zwischen Berg und See hindurchzuzwängen. Hier steht auf einer Felseninsel hart am Ufer das *Schloß Chillon*, das von den Grafen von Savoyen als Sperre angelegt wurde und schon im 12. Jahrhundert seinen heutigen Umfang erreichte. Mächtige Rundtürme sind gegen das Land gerichtet, überragt von einem viereckigen Bergfried in der Mitte, während die einst bewohnten Teile gegen das Wasser schauen. Hier sieht man das von Säulen getragene Kellergewölbe, in welchem der als Genfer Patriot den Savoyern verhaßte Bonivard jahrelang gefangen saß, bis 1536 die Berner den Dichter und Geschichtsschreiber befreiten. Ihn hat Lord Byron als den ›Gefangenen von Chillon‹ besungen, und um dessen Schicksal richtig nachzuerleben, ließ er sich im gleichen Kerker für drei Tage einschließen. Die englische Königin Elisabeth II. weilte bald nach dem Zweiten Weltkrieg – damals noch Kronprinzessin – einige Minuten in diesem Raum, um sich die

Säule mit dem unter Glas bewahrten Namenszug ihres berühmten Landsmannes zeigen zu lassen, während eine Flottille waadtländischer Polizeiboote sie bewachte.

In den Wohngemächern von Schloß Chillon gibt es Kamine und reichskulptierte Fenster und Portale sowie noch Reste der Dekoration, zum Teil in den weiß-roten Farben Savoyens, dessen Berge man von den Fenstern aus sieht. Einen dieser Räume, die gegen Montreux zu gelegene ›camera Domini‹, hat um die Mitte des 14.Jahrhunderts Amadeus V. zu einer Art Tiergarten ausmalen lassen mit ersten, primtiven Darstellungen der Natur, die bereits Vorboten der Renaissancemalerei sind.

In einem andern Saal sind später die Wappen der bernischen Landvögte angebracht worden. Denn 1536 vertrieben die Berner die Savoyer vom Nordufer des Genfer Sees und machten aus der Waadt den schönsten und reichsten Teil ihres ausgedehnten Untertanengebietes. Noch der seit 1803 bestehende Kanton ist stark durch die Vergangenheit geprägt. Die vielen mittelalterlichen Burgen und Schlösser der Fürsten von Savoyen und ihrer Gefolgsleute wurden mindestens zum Teil von den bernischen Landvögten übernommen, und auch nach deren Vertreibung sind sie Amtssitze geblieben. Die Waadt ist, wie übrigens auch heute noch der Kanton Bern, durch einen ausgesprochenen Zentralismus bestimmt, darin bereits Frankreich verwandt, im Unterschied zur Gemeindeautonomie der übrigen deutschen Schweiz und auch des gemischtsprachigen Graubünden. Die feudale Vergangenheit des Waadtlandes äußert sich aber auch in den zahlreichen Herrenhäusern des 17. und namentlich des 18. Jahrhunderts, in denen sich vor allem in der Nähe des Sees zwischen Lausanne und Genf reiche Privatleute aus der Schweiz und Frankreich ansiedelten: so der als Schriftsteller auch finanziell ausnehmend erfolgreiche Voltaire oder der Bankier Necker, der Vater von Madame de Staël.

Bei Chillon beginnt jener Uferweg, der in einer Länge von rund zehn Kilometern über Territet, Montreux, Clarens, La Tour de Peilz bis Vevey führt. Das angenehme Klima, das in der Bucht von Territet am mildesten ist und hier im Winter die Thermometer selten unter Null Grad sinken läßt, hat insbesondere in *Montreux* die schönsten Quais ermöglicht, die jene von Locarno noch an Gepflegtheit und Vielfalt des Pflanzenwuchses und namentlich des Blumenschmucks überbieten. An den reichsten Stellen, so bei Montreux und Territet, findet man neben Oleander, Grantapfel-

bäumen, Pinien und Zypressen auch Palmen und Bananenbäume.
– Dazu kommt der Blick über den See, den wir moderne Menschen gerade durch den ständigen Wechsel der Stimmungen zu genießen vermögen: In zartestem Dufte können kaum die gegenüberliegenden Ufer sichtbar sein, und die Wasserfläche weitet sich nach Westen zur lichten Unendlichkeit des Mittelmeers, dessen Atmosphäre der Genfer See oft vorwegnimmt als eine erste Erfüllung dessen, was Bieler und Neuenburger See in zarter Ahnung vorbereiten. – Oder es baut sich das Panorama in seiner ganzen Klarheit auf: von den Savoyerbergen bis zu den Zacken und Firnen der Dent du Midi, welche den breiten Talgrund der Rhone majestätisch überragt, während im Westen die so ganz andere Formation der lang dahinziehenden Jurakämme den Blick begrenzt. Man kann statt als starres Bild mit wanderndem Auge die Berge als eine Folge immer wieder anderer Umrisse erleben, als Kulissen einer sich bei offener Szene verwandelnden Bühne, wozu neben dem Vierwaldstätter See und den Seen am Alpensüdfuß gerade der Genfer See die schönsten Möglichkeiten bietet. Doppelt vollzieht sich das wechselnde Erlebnis der Landschaft: im Wandern des Auges über das so verschieden gestaltete Panorama hinweg ebenso wie in den Veränderungen durch Wetter und Tageszeit. Bewegt man sich dazu noch selber den kurvenreichen Quai entlang, so erschließen sich immer wieder neue Blickpunkte und Aussichten.

Montreux ist samt Territet das eigentliche Hotelzentrum; doch in zusammenhängender Kette reihen sich Häuser und Gärten über Clarens, La Tour de Peilz, mit einer kleinen Insel samt griechisch anmutender Villa, bis *Vevey*, wo der große Platz durch den behäbig überdachten Säulenbau der noch dem 18. Jahrhundert entstammenden Markthalle seinen edlen Akzent gewinnt. – Das Hinterland von Vevey ist durch einzelne alte Herrensitze ausgezeichnet, von denen das mittelalterliche Schloß von Blonay das ansehnlichste ist. Villen und Gärten des 19. Jahrhunderts gibt es in Clarens und La Tour de Peilz, doch die dominierenden Akzente setzen die Hotels sowohl am See wie an den aussichtsreichen und klimatisch geschützten Steilhängen über Montreux bis hinauf nach Glion und dem hochgelegenen Caux. In den Hotels hat sich seit dem

19. Jahrhundert in wachsender Fluktuation ein internationales, jedoch vorwiegend englisches Publikum seine Rendezvous gegeben, darunter berühmte Namen wie Byron und Shelley, Chateaubriand und Lamartine, Stendhal und Victor Hugo, Daudet und Michelet, doch auch Tolstoi und Rilke. Es gibt nahe der gotischen Martinskirche in Vevey auch eine russische Kirche, aber der englische Einschlag ist stärker. So kann man da und dort eine eigentümliche Mischung von Pariser Eleganz und englischer Lebensform spüren, die bisweilen – als Errungenschaft der Kolonialzeit – einen leisen Hauch des Exotischen zeigt. Im übrigen lebt hier noch immer trotz den neuen Akzenten einzelner Hoteltürme die Belle Époque mit ihren Hotelpalästen, bei denen hohe Dachaufbauten und sehr viel Stuck und Gußeisen in der Fassade triumphieren. In den zwanziger Jahren ein Greuel, sind uns heute diese Gebilde gerade durch ihre Überornamentierung wieder liebenswert geworden.

Die landschaftlich lohnendste Fahrt von Vevey nach Lausanne führt über die ›Corniche‹, die man von Vevey aus zunächst auf der Berner Straße über das hochgelegene Chexbres erreicht. Am gleichen Hang, doch mehr den Bergen zu, liegt Chardonne, wo Carl Zuckmayer ein gastliches Exil verbrachte. Die Corniche zieht sich mit ihren Biegungen unter dem aussichtsreichen Signal de Chexbres hin – eine jener historischen Wachten der Waadt –, um hernach langsam über Granvaux nach Lutry hinabzusteigen. Man durchfährt in den Rebbergen berühmte Lagen wie St. Saphorin, Epesses und Dézaley, alles zusammengefaßt im Sammelnamen von Lavaux. Am steilsten ist der Hang bei Rivaz und St. Saphorin, ein Dorf mit besonders eng aneinandergebauten Häusern, über denen der wuchtig schwere Kirchturm das Wahrzeichen der ganzen Gegend darstellt. Unten am See wachsen Zypressen und in den Hängen reift ein Wein, der leichter ist als der bisweilen ein wenig hinterhältige Walliser und doch von südlicher Milde, die der nachträglichen Zuckerung nicht bedarf. Unglaublich steil sind die Hänge. Aber die Mauern zwischen den schmalen Terrassen sind noch nicht aus Beton, sondern aus Steinen gemauert, so wie das Gelände auch sonst weitgehend zur Handarbeit zwingt. Es sind ›Kulturen‹ im eigentlichen Sinn des Wortes, nämlich der Pflege, und es ist menschliches Maß, das hier für einmal noch den Ausschlag gibt. Dazu tritt die einzigartige Lage dieser Rebengärten, hinausgehoben in eine Weite des Raumes und eine Fülle des Lichtes sondergleichen. – Dramatischer noch, wenn auch ohne das Verweilenkönnen, ist das Erlebnis, wenn der Eisenbahnzug aus dem Tunnel von Chexbres in diese Landschaft hinausfährt, von deren Schönheit geblendet schon mancher sein Retourbillet zum Fenster hinausgeworfen haben soll, weshalb der dortige Rebhang im Volksmund ›clos des billets‹ heißt.

Die alten, eng gebauten Dörfer am See, Cully und Lutry, haben aussichtsreiche Landeplätze, beschattet von alten Bäumen, wo das Leben der Winzer mit jenem der Fischer sich vereint. In *Lutry* ist die heutige reformierte Pfarrkirche im wesentlichen um 1300 als ehemalige Benediktiner-Prioratskirche erbaut worden; auf diese Zeit geht der schöne frühgotische Innenraum zurück. – Die schönsten Gärten aber des gartenreichen Léman finden sich am sanften Abhang über dem Quai von *Ouchy*, dem Hafenort von Lausanne. Es sind Gärten, die selbst mit jenen Genfs den Wettstreit aufnehmen, um sie mit der Weite des Sees, wie sie hier vor Augen liegt, noch zu übertreffen. Die Vegetation ist noch um einen Grad südlicher und nähert sich bereits der Üppigkeit von Montreux. Zedern, Edelkastanien und die herrlichsten alten Baumindividualitäten, die man sich unter den Buchen, Eichen, Eschen und gewöhnlichen Kastanien nur denken kann, verbinden sich mit liebevoll gepflanzten Blumen und Gebüschen. Den Glanz des Südens spendet hier vor allem der Spiegel des Sees, der vor Lausanne seine größte Breite gewinnt. Der Park von Ouchy ist zu allen Jahreszeiten schön. Im Duft des Herbstes aber, wenn See und Himmel in weicherem Licht zusammenfließen, scheinen sich hier die elysäischen Felder auszubreiten, und man glaubt sich im Garten Eden.

Jenseits des hier rund zehn Kilometer breiten Sees stehen die Savoyer Berge, hohe Zinnen ragen gleich einem Kastell in den Himmel. Die Waagrechte ihres Felsenhorizontes wiederholt sich sanfter und gelöster in großen, nach Westen ziehenden Terrassen, und schließlich nochmals, und zwar am entschiedensten im Wasser, dessen Fläche dem Ganzen seine bildmäßige Basis gibt. –

Großartig und intim zugleich ist der See im Duft des Herbstes. Man fühlt sich dann ob des Perlmutterglanzes auf dem Wasser und dem silbrigen Grau, das die Masten und Deckaufbauten der Schiffe im Hafen von Ouchy umhüllt, an die Lagunen Venedigs erinnert.

Lausanne

Ouchy, heute ein Vorort von Lausanne, war einst ein von der Stadt weit entlegenes Fischerdorf. Die Stadt breitet sich mit rasch wachsenden Quartieren an den von Tälern und Schluchten durchzogenen Sonnenhängen des Jorat aus. Wie viele andere Orte gerade der Westschweiz steht Lausanne auf römischem Boden. Die auf einem nach fast allen Seiten steil abfallenden Hügel erbaute Bischofsstadt, die Cité, liegt im Bereich des römischen Castrum.

Die Kathedrale. Hier entstand schon in karolingischer Zeit eine erste Kathedrale, deren Grundmauern unter dem heutigen Chor freigelegt sind. Die gegenwärtige Kathedrale wurde im wesentlichen von 1173 bis 1232 erbaut, doch erst 1275 in Anwesenheit von König Rudolf von Habsburg unter großem Gepränge geweiht. Von ihr schreibt Peter Meyer in seiner ›Schweizer Stilkunde‹:

Das weitaus großartigste Denkmal der Gotik in der Schweiz ist die Kathedrale von Lausanne – zugleich ein Hauptbeispiel der Frühgotik burgundischer Art überhaupt. Fast jeder Pfeiler ist anders, man sieht förmlich, wie schwer sich der Meister zwischen dem dünnen Gestänge der gebündelten Pfeiler und den kräftigsäulenartigen Pfeilern entscheiden kann. Die Auflösung der Wand in ein durchsichtiges Gitterwerk steht noch in ihren Anfängen, sie ist am weitesten fortgeschritten in der herrlichen Rose im Südquerhaus mit ihren echten alten Glasgemälden.

Der *Außenbau* beherrscht noch immer die im 20. Jahrhundert stark erneuerte Stadt und erinnert an die gotische Vision des Himmelsschlosses. Vom Grand Pont oder in steilem Aufblick von der Place Riponne aus erscheint der ausgeführte der beiden Westtürme wie ein weit das Land beherrschender Bergfried, dessen Wucht jedoch durch die ihn ummantelnden Bogengänge gemildert wird. Der ursprünglich noch höher geplante Abschluß zeigt eine verhältnismäßig kleine Spitze, in der Mitte von bedeutenden Ecktürmchen umgeben. Außer dem nördlichen Frontturm, der über seine Anfänge nicht hinausgekommen ist, gibt es noch den ebenfalls von Arkaden umgebenen Vierungsturm, dessen Spitze, ins Kolossale entwickelt, sich die Satelliten in den Ecken völlig unterordnet. Als größere, jedoch unvollendete Begleiter stehen östlich vor dem Querschiff je ein Turm. Das den Hochchor und den Obergaden des Langhauses umgebende Strebewerk ist noch von frühgotischer Wucht, und ebenfalls altertümlich wirkt die von Säulen gegliederte Einfassung der Fenster am Chorumgang. Auch sonst zeigt gerade der Außenbau gewisse Unregelmäßigkeiten, die nicht nur der langen Bauzeit, sondern auch dem tastenden Stilcharakter der Frühgotik entsprechen. – Als ein Prunkstück für sich tritt das nach drei Seiten offene Gehäuse der Apostelpforte auf der Südseite hervor. Die polychromen Originale seiner Skulpturen, die im edelsten Stil des frühen 13. Jahrhunderts unter dem Einfluß der Querhausportale von Chartres und Bourges entstanden, sind heute im Innern aufgestellt. – Das Hauptportal, durch das man von Westen her die Kirche betritt, ist im Flamboyant-Stil der französischen Spätgotik zu einer reichskulptierten Schauwand ausgestaltet, wobei eine Reihe von Figuren um 1900 mehr oder weniger willkürlich neugeschaffen wurden.

Das Innere dämpft die Unregelmäßigkeiten, die dem Außenbau seinen Charakter geben, und wandelt das große Thema der gotischen Kathedrale gerade so weit ins Individuelle, daß noch allenthalben die Bindung an ein allgemeines Gesetz und eine ordnende Idee erhalten bleibt. – Die Kathedrale folgt auch in ihrem Innern dem Vorbild des nordfranzösischen Laon, noch bevor dieses durch die burgundische Gotik: St-Bénigne und Notre Dame in Dijon, vermittelt werden konnte. Stattdessen scheint, wie für die gleichzeitige Bischofskirche von Genf, die Kathedrale von Lyon die Verbindung zu der damals in Nordfrankreich zu ihrer Klassik reifenden Gotik übernommen zu haben. Das Mittelschiff, das in basilikalem Aufriß von den Seitenschiffen sowie einem Laufgang begleitet wird, zeigt in seinen Stützen vor der Vierung Ansätze zum »gebundenen« System, das dann im Weiterbauen gegen Westen wieder verlassen oder durch das Experimentieren mit verschiedenen Formen der Dienste zumindest verunklärt wird. Kräftig profilierte Kreuzrippen überwölben sämtliche drei Schiffe des Langhauses, sie sind sechsteilig unmittelbar vor der Vierung, was an dieser Stelle den Rhythmus wohl-

tuend verlangsamt und auf den eigentlichen, im Kreuzungspunkt der drei Schiffe ruhenden Schwerpunkt vorbereitet.

Hier in der Vierung offenbart der Innenraum seine höchste Schönheit. Von den in Bogen aufgelösten Wänden des Querschiffs beidseitig gefaßt, öffnet sich groß und weit der Bogen zum Chor, ebenso harmonisch in seiner Gliederung wie in den Proportionen; – denn der Raum ist hier wie in Burgund, doch im Unterschied zum Norden Frankreichs, maßvoll in seiner Höhe. Das Geviert gleicher Bogen entläßt gleichmäßig nach allen vier Seiten die Arme des lateinischen Kreuzes, das dem Bau zu Grunde liegt, und gleichzeitig steigt über ihnen der Vierungsturm empor. Auch seinen Wänden ist der Spitzenvorhang zierlicher Säulenbogen vorgelegt, die in den beiden Turmgeschossen in verschiedenen Rhythmen sich ordnen, bis dann das achtteilige Rippengewölbe das Ganze zusammenschließt. An den Chorumgang, von dem sich schöne Blicke in den Raum zurück ergeben, schließen sich Kapellen, die ähnlich wie in Genf und Sens im westlichen Burgund in ihren fein profilierten Rundbogen und Pilastern eine der Antike stark verbundene Romanik zeigen. – Zwischen den modernen Glasgemälden, in denen sich die hierin in der Westschweiz fruchtbare Frühzeit des 20. Jahrhunderts bewährt, leuchtet die große Rose des 13. Jahrhunderts mit ihrem Türkis, Rubin und Silberweiß sowie ein wenig Grün, Farben, die in ihrer Qualität an Edelsteine und an Chartres, Bourges und die Pariser Ste-Chapelle erinnern. Doch sonst ist alles innerhalb der noch sichtbaren Steinfläche stark verteilt in einzelne Medaillons, die sich geistig und formal wieder zu einem Ganzen zusammenfügen. Dargestellt sind der Kosmos in seinem göttlichen Ursprung, Gottvater im Zentrum und um ihn die Schöpfungsgeschichte, sodann die vier Jahreszeiten mit den Arbeiten der einzelnen Monate, schließlich der Tierkreis und die Elemente.

Aus vorreformatorischer Zeit haben sich ferner ein hochgotisches Gestühl im südlichen Seitenschiff und ein spätgotisches in einer Kapelle nördlich des Haupteingangs erhalten. Das Spiel der Spitzbogen, die in den Baldachinen des zweiten Chorgestühles sich verschränken, wird nochmals bereichert durch das Vorschwingen der Bekrönungen über jedem Sitz. – Die Kanzel erinnert in ihrem schlichten Frühbarock zusammen mit der Anordnung der Sitze daran, daß hier seit 1536, als die Berner den savoyischen Bischof vertrieben, evangelischer Gottesdienst gehalten wird.

Das bergseitige Ende der *Cité* wird durch das 1397 begonnene Bischofsschloß geschützt. Sein viereckiger Turm ist von gedrungener Schwere, die sich erst im oberen Abschluß in vier das wuchtige Zeltdach umstehende Türmchen lockert. An der Mauer steht das Denkmal des waadtländischen Freiheitshelden Jean

Abram Daniel Davel, der als verdienter Offizier an der Spitze seines Bataillons im Frühjahr 1723 die von Bern unterdrückte Waadt zum Aufstand führen wollte, jedoch vom Rat von Lausanne verraten und darauf hingerichtet wurde. Davel, der aus den lautersten Motiven gehandelt hatte, starb einen tapferen Tod für seine Heimat, die erst 1798 durch die Truppen des revolutionären Frankreichs aus ihrem Untertanendasein befreit wurde.

An die stille, heute von öffentlichen Gebäuden und Schulen erfüllte Cité schließt sich talwärts die *Altstadt* an mit dem frühbarocken Rathaus – das einen charakteristischen Uhrturm mit schönen Wasserspeiern besitzt – und einzelnen Fassaden des 18.Jahrhunderts. Westlich liegt in einem breiten Talboden unter der hier steil abfallenden Bischofsstadt die Place de la Riponne, beherrscht durch einen Universität und Kunstmuseum umschließenden Palast, dessen in üppiger Jahrhundertwende schwelgende Neurenaissance mit Trajanssäulen und einschwingenden Kolonnaden an sich nicht übel ausgewogene Massen in einem Stilgewand darbietet, das nun für einmal nicht nach Frankreich, sondern nach Italien weist, ein Land, das damals durch den 1905 eröffneten Simplontunnel dem Genfer See noch näher gerückt worden war. Die im Palais untergebrachte Kunstsammlung besitzt Bilder der Waadtländer Maler Gleyre, Valloton und Auberjonois. Seewärts der Place Riponne steht St-Laurent, ein 1716-1719 errichteter evangelischer ›Temple‹. Aus seiner durch dorische Kolossalpilaster gefestigten Front entwickelt sich der barock geschwungene Turmumriß. Die calvinistische Askese des Predigtsaalinterieurs wird durch eine von zierlichen ionischen Säulen getragene Empore gemildert.

Auf dem Höhenzug östlich der Kathedrale, von dieser durch ein steil eingeschnittenes Tal getrennt, liegt die Place St-François und an ihr, umbrandet vom Verkehr, die gotische *Franziskanerkirche*. Der im wesentlichen der zweiten Hälfte des 14.Jahrhunderts entstammende Bau verzichtet auf die Einfachheit der Bettelorden, es sei denn, daß man die Einschiffigkeit als solche nehme. Während die Einzelheiten sich an die Kathedrale halten, ist das Raumschema, in welchem nach innen genommene Strebepfeiler den

Raum rhythmisch begleiten, vielleicht von Südwestfrankreich und Katalonien beeinflußt. Den feierlichen Abschluß des harmonisch proportionierten Raumes schafft der mit guten modernen Glasmalerien ausgeschmückte Chor mit seinen Okuli über den schmalen Fenstern.

Die *Place St-François* ist seit dem 19.Jahrhundert Mittelpunkt des städtischen Verkehrs. An ihrer Südseite spielt die Architektur Fortissimo. Hier steht neben dem etwas aufgedonnerten Neubarock der Kantonalbank das üppigste der eidgenössischen Postgebäude, in den Proportionen ins Maßlose übersteigert, doch in vielen, dem Louis-Treize-Stil abgesehenen Details von der handwerklichen Sorgfalt, die heute eine Welt zurückzuliegen scheint. Das ›Hotel des Postes‹ überbietet sogar seine Verwandten in Genf und Neuenburg, die ihrerseits schon weit stärkeren Aufwand betreiben als die großen Postgebäude der deutschen Schweiz.

Manches erinnert in Lausanne ein wenig an Paris, anderes wieder an England, und wie in Montreux glaubt man hie und da die Atmosphäre der französischen Riviera zu verspüren. Zu einem eigenen architektonischen Gesicht, wie Genf es nicht nur im 18., sondern auch noch einmal im 19.Jahrhundert erreichte, hat es Lausanne nicht gebracht. Immerhin ist die Stadt besser als der Ruf, den sie städtebaulich im 20.Jahrhundert erlangte. Wohl sind die einzelnen Täler, welche zum Teil schluchtartig steil die Cité der Kathedrale umziehen, heute völlig mit Häusern ausgefüllt, und es mangelt hier das Grün. Dafür aber gibt es östlich der Place St-François den *Park Mon Repos* und westlich die *Promenade von Monbenon*, die beide die Aussicht auf See und Berge freigeben. Auch sonst erschließen manche abwärts führende Straßen den Blick ins Freie. Und der weite, vom doppelten Licht des Himmels wie des Seespiegels erfüllte Luftraum bleibt gegenwärtig, und über wie zwischen den Häusern kann man von den verschiedensten Punkten aus die Savoyer Berge sehen.

DURCH INNERSCHWEIZ UND BERNER OBERLAND
INS UNTERWALLIS

Von Zug nach Aigle

Die Straße durch die Innerschweiz und über den Brünig zu den Seen des Berner Oberlandes und weiter durch das Simmental und über den Col des Mosses nach Aigle und zum Genfer See ist die innerste der Transversalen, die uns von Nordosten nach Südwesten führen. Sie berührt reizvolle und vor allem geschichtlich und kulturhistorisch wichtige Voralpenlandschaften, die sich am Brünig und in Interlaken zu sehr eindrucksvollen Einblicken in die Hochalpen steigern.

Dem Zuger See entlang

Man gewinnt die Straße von Luzern nach dem Brünig entweder von Basel über Olten und Zofingen, Sursee (Route II) oder von Zürich aus, indem man die Gotthard-Route (I) bis Zug fährt und von dort aus, dem nordwestlichen Ufer des Sees folgend, weiter über Cham, Buonas und Risch nach Küßnacht am Rigi und weiter über Meggen nach Luzern. Bis Cham ist fast die ganze Ufer-Ebene von modernen Wohnkomplexen in der üblichen Stapelung beherrscht. Um so mehr lohnt es sich, in *Cham* zum See abzuzweigen, wo – zum Teil in einem alten ehemaligen Privatpark – sich die prächtigsten Uferanlagen auftun mit einer der schönsten Aussichten der Schweiz überhaupt über den hier besonders lieblichen Zuger See mit seinen einem großen Landschaftsgarten gleichenden Ufern hinweg zur Rigi, dessen breitgelagerte Pyramide sich majestätisch, doch noch immer in voralpiner Intimität, über den Waldkulissen der Seeufer aufbaut und dessen Kette nach links in weiteren Gipfeln gegen den Lowerzer See hin absinkt, den man noch mittelbar in der lichten Luft erspürt. Cham selbst besitzt eine stattliche Kirche des ausgehenden 18. Jahrhunderts, erbaut nach dem Schema, wie wir es vom Kanton Luzern her kennen, mit einem nunmehr besonders weiten Schiff und den Andeutungen von Querschiffen sowie eingezogenem Chor, an dessen Anfang sich Emporen auftun. Je zwei gleich dem Hochaltar schon frühklassizistisch schwere und verhärtete Altäre flankieren den Choreingang, während der fast allzu weite Deckenspiegel samt seiner Hohlkehle noch von Rocaillen und einzelnen illusionistischen Fresken geschmückt ist.

Das gleiche Schema wiederholt sich in kleineren und dadurch ansprechenderen Maßen zusammen mit einer noch mehr dem Rokoko verbundenen Ausstattung und namentlich einer sehr frisch wirkenden Rocaille in der Kirche von *Risch*, die wir, von der Hauptstraße nach Luzern links abzweigend, bald erreichen. Risch besitzt auch einzelne alte, aus Holzbalken zusammengefügte Bauernhäuser mit hohen Giebeln und schmalen Schutzdächern über den eng aneinandergereihten Fenstern, so wie man es auch sonst in der Innerschweiz sieht. Wir verlassen den ob dem spektakuläreren Vierwaldstätter See in seiner intimen Schönheit oft verkannten Zuger See und erreichen in Küßnacht die von Luzern zum Gotthard führende Straße (11), die wir nun in umgekehrter Richtung bis zur Metropole der Innerschweiz fahren.

Von Luzern nach Nidwalden und Obwalden

Von Luzern aus führt eine an engen Kurven reiche Autobahn über Hergiswil nach Stansstaad, dem südwestlichsten der überraschend vielen Arme des Vierwaldstätter Sees entlang, landeinwärts begleitet von einem zunächst sanften, dann in Felswänden abstürzenden Ausläufer des Pilatus, den nicht nur die Brünigbahn, sondern auch die Straße in Tunnels durchbricht. Am andern Ufer steigt, ebenfalls mit Felswänden und steilen Tannenhängen, der *Bürgenstock* empor. Sein Rücken trägt eine kultivierte Hotelsiedlung, wo sich in der ersten Zeit der Bundesrepublik Adenauer zu erholen pflegte und von wo aus man den weiten Rundblick gegen die Seen und sanften Höhen des Mittellandes genießt, gerahmt von Rigi und Pilatus.

Wir zweigen von der direkten Straße zum Brünig links ab, um *Stans* zu besuchen, den sehenswerten Hauptort von Nidwalden, das den einen Halbkanton von Unterwalden bildet. Die Autobahn führt an *Stansstaad* vorbei, wo noch bis vor nicht langer Zeit statt des heutigen Häusergemengsels der alte Turm alleine, nur benachbart von wenigen ländlichen Bauten, das Ufer beherrschte. Hier landeten im Herbst 1798 von der französischen Invasionsarmee unterstützte helvetische Truppen, um den Widerstand der Nidwaldner gegen die neue, von der Französischen Revolution der Schweiz aufgezwungene Ordnung zu brechen. Es war die Zeit eines allgemeinen europäischen Umbruchs, da durch die Schweiz die Fronten kreuz und quer liefen. Idealismus stand sicher auf beiden Seiten: dort die Hoffnung der Aufklärung auf eine fortschrittliche Zukunft, die ›Freiheit, Gleichheit und Brüderlichkeit‹ versprach, hier die Verteidigung uralter, auf die Autorität der Kirche gegründeter Ordnungen von einer im letzten irrationalen und metaphysischen Art. Doch welches auch die Ziele waren, höchste Bewunderung verdient jener Widerstand eines winzigen Volkes gegen die überwältigende Überzahl in einem Kampf, der von vornherein entschieden war und doch zu einem leuchtenden Vorbild wurde, ähnlich wie der Opfertod jenes Nidwaldners, der vier Jahrhunderte früher bei Sempach fiel.

Das Denkmal Arnold von Winkelrieds, eingefaßt von einer einfachen, neugotischen Kapellennische, überblickt in sympathischer Schlichtheit den *Hauptplatz* von Stans, dem kleinsten Hauptort der Urkantone. Zumindest bis heute noch nicht berührt vom großen Durchgangsverkehr, dem freilich die von Luzern dem Südufer des Vierwaldstätter Sees entlang im Bau befindliche Autobahn bald neuen Zufluß geben wird, hat Stans besser als Schwyz und Sarnen seine Eigenart bewahrt, und selbst die Kantonalbank ist hier noch vor dem protzigen Bankenstil der sechziger Jahre in nicht unsympathischem Neubarock erbaut. Das Rathaus, das oben an einer Erweiterung des Hauptplatzes steht, erweist sich als ein gerade in seiner Zurückhaltung eindrucksvoller Steinbau, ähnlich wie die benachbarten, halbstädtischen Patrizierhäuser, die gleich dem Rathaus nach dem großen Brand von 1713 wiederaufgebaut wurden.

Die eigentliche Dominante des leicht ansteigenden Hauptplatzes aber ist die große *Pfarrkirche*, die 1641 bis 1647 erbaut wurde, also in jenem 17. Jahrhundert, da der Einfluß aus dem nahen Italien besonders fruchtbringend war. Doch im Vergleich zu der nicht viel älteren Luzerner Hofkirche äußert sich das italienische Element in einer durchaus anderen Raumform, die im Grunde noch reiner den Süden widerspiegelt. Die Verhältnisse der sehr breit bemessenen, querschifflosen Basilika sind derart, daß man sich wie in einem auf drei Seiten von Säulenarkaden umzogenen Hof fühlt, dessen vierte Seite sich gegen den ansteigenden Chor öffnet. Zum ›Forensischen‹ des Hauptraumes tritt als ein weiteres südliches Element der zart weißgeäderte schwarze Marmor sowohl in den Säulen wie in den gegen 1650 errichteten Altären, auf die kontrastvoll Statuen, Putti und Engelsköpfe aus weißem Marmor gesetzt sind. Nicht weniger gekonnt in südlicher Manier sind auch die Stuckfiguren, welche die Attika über den Seitenschiffsarkaden schmücken. Eine leicht gedrückte Tonnenwölbung, in welche die Stichkappen der Hochschiffenster einschneiden, überspannt den breitbemessenen Hauptraum.

Im Äußern lassen die steilen Dächer den südlichen Aspekt etwas zurücktreten, doch gelangt er eindrucksvoll zur Geltung in der dreiteiligen Säulenbogen-Vorhalle, die über hochansteigender Freitreppe das Hauptportal umspannt. Imponierend wirkt auf seine Weise auch der Turm: Das schwere, mittelalterliche Mauerwerk ist von romanischen Gruppenfenstern durchbrochen, deren gedrungene Säulchen und Rundbogen nach oben zunehmen, bis in brüskem Wechsel der Epochen der gotische Spitzhelm den Abschluß bildet.

Neben der Hauptkirche steht die zweigeschossige *Beinhauskapelle*, die mit ihren spätgotischen Maßwerkfenstern 1559/60 entstand. Während der untere Raum mit seinen von Säulen getragenen Gewölben an eine Krypta erinnert, umschließt die helle Oberkirche mit ihrer bemalten Holzfelderdecke einen überraschend weiträumigen Saal, dessen Wände einzelne Fresken aus dem 16. Jahrhundert schmücken. Im oberen wie im unteren Raum stehen barocke Altäre, die trotz ihres kleinen Formates guten Skulpturenschmuck tragen. – Südwestlich oberhalb der Hauptkirche liegt das *Frauenkloster Sankta Klara*, in dessen im 19. Jahrhundert durchgreifend erneuerter Kirche ein reicher, 1723 von zwei Meistern der Ritz-Schule geschaffener Altar uns empfängt.

Noch mancher bemerkenswerte Bau aus dem 16. bis 18. Jahrhundert ziert den zum Teil städtisch eng gebauten Flecken und zeugt ähnlich wie in Schwyz von dem in fremden Kriegsdiensten gewonnenen Reichtum des ursprünglich bäuerlichen Patriziates, so die ›Rosenburg‹, das monumentale Zeughaus von 1666 und das Kornhaus von 1700, das heute das Ortsmuseum enthält, oder das um 1600 in seiner heutigen Form erbaute sogenannte Winkelried-Haus und das frühklassizistische Breitenhaus von 1791.

Wir verlassen Stans auf der westwärts Richtung Kerns führenden Nebenstraße und fahren an einzelnen Kapellen vorbei, dem Fuß des Stanser Horns entlang, nicht ohne uns die Lage des neben Appenzell-Innerrhoden kleinsten Schweizer Halbkantons vor Augen zu führen: am Rande einer gegen Stansstaad wie gegen Buochs sich seewärts breitenden Ebene und doch gegen das Mittelland abgeriegelt durch die mäßig hohen Hänge des Bürgenstocks. Von Süden her mündet in die Ebene von Stans das Engelberger Tal, in dessen oberem Teil am Fuß des Fels- und Gletschermassivs des Titlis das altehrwürdige Kloster liegt. Nach Südwesten zieht sich gegen den fast selbständigen Alpnacher Arm des Vierwaldstätter Sees ein von Forsten durchsetztes Hügelgelände; dort, wo der Wald am dichtesten ist, bildet er die sprichwörtliche Grenze zwischen den beiden ›ob und nid dem Wald‹ gelegenen Halbkantonen.

Bereits in Obwalden liegt *Kerns* mit einer großen klassizistischen Kirche in der Art, wie wir sie schon im Luzernischen sowie in Gersau sahen. Zwischen den Holzhäusern des Ortes fällt das sogenannte ›Steinhaus‹ auf mit seinen zierlich behauenen spätgotischen Fenstern.

Sarnen. Die Straße senkt sich in den breiten Talboden von Sarnen, dem Hauptort Obwaldens, das nicht nur 1798 gegen Nidwalden auf seiten des ›Fortschritts‹ stand, sondern diesen auch heute in der üblichen Weise mit modernistischen Banken und Einkaufszentren bekundet, die in solcher Landschaft doch nicht viel mehr als provinziell wirken können. Dabei besitzt Sarnen eine Reihe schöner Bauten der verschiedensten Zeiten: so ein spätbarockes Rathaus mit phantasievollen Wasserspeiern und einer doppelt geführten Freitreppe, die zu dem von Säulen und Bogen getragenen Vordach emporsteigt. Unweit, am gleichen vielwinkligen Hauptplatz, steht die große ›Kapelle‹. Ihre spätklassizistische Fassade bereitet würdig auf das barocke Innere vor, dessen Altäre ein bereits klassizistisch schweres Rokoko zeigen. – Einige hundert Meter südlich liegt an der Hauptstraße das *Kollegium*, dessen gegen 1880 mit pilastrierten Risaliten und strengen Neurenaissance-Fenstern errichteter Hauptbau nicht ohne echte Würde die Bildungsanstalt des späteren 19. Jahrhunderts repräsentiert. Gegenüber steht der neubarocke Neubau (um 1930), und neben diesem breitet sich als höchst beachtenswertes Experiment die 1966 von den Brüdern Ernst und Gottlieb Studer vollendete *Kollegienkirche*. Zunächst erscheint freilich der Kontrast zur ortsüblichen Bautradition außerordentlich, und es meldet sich auch hier der Verdacht jenes Modernismus, wie er aus der Angst, den Anschluß an die Zeit zu verpassen, in vielen ursprünglich konservativen Orten blüht. Dann aber ist man doch sehr beeindruckt von der überlegten Art, wie die einzelnen Bauteile phantasievoll gestaffelt und gegeneinander abgewogen sind, freilich in ihren Rundungen, ihrer leichten Böschung und ihrem sandgelben Bewurf mehr an ein Wüstenheiligtum als an ein innerschweizerisches Bildungszentrum gemahnend. Das Innere umfängt einen mit bewegt ineinandergreifenden Raumkompartimenten, die schließlich doch noch zu einem Ganzen zusammentreten, auch wenn zunächst jede Achsenbeziehung zwischen den in reichem Kurvenspiel der Wände und flachen Betonwölbungen entwickelten Raumteilen zu fehlen scheint und die Asymmetrien dominieren. Von wesentlicher Wirkung ist auch das indirekte Licht sowie die kontrastvolle Anordnung der holzfarbenen Sitze und Beichtstühle gegenüber dem Beton. Ob man die kühne Weiterentwicklung eines szenographisch bewegten Barockraumes mit ganz modernen Mitteln, ob man den Widerhall von Le Corbusiers Ronchamp-Kirche mit ihren Lichtspielen in der Betonhöhle sehen will, ob katakombenhafte

Zufluchtsstätte oder Ausdruck der inneren Unruhe unserer Zeit – wie immer die Akzente gesetzt werden, muß wie bei vielen modernen Kunstwerken letztlich dem Betrachter überlassen werden.

Seitab steht, etwas über dem Talgrund, ihn weithin beherrschend, die barocke *Hauptkirche* nicht nur von Sarnen, sondern der Talschaft überhaupt, mit eigenartig schräggestellten Türmen seitlich des Eingangs, zu dem man durch den terrassenförmig angelegten Friedhof hinaufsteigt. Das Innere der großen, 1739/42 von Franz Singer und dem später in Schwyz tätigen Johann Anton Singer erbauten Spätbarockkirche bildet den eindrucksvollsten Gegensatz zur eben erwähnten Kollegienkirche. Denn nun ist es nicht die Katakombe, sondern der Himmel mit seiner göttlichen Ordnung; einer Ordnung, die zugleich ein hohes Maß von Freiheit in sich schließt. Der mit vier großen Pfeilern als Halle konzipierte Raum entwickelt sich wohlig nach allen Seiten und ist doch machtvoll auf den Hochaltar bezogen, dessen schimmernde Majestät in den Nebenaltären zu beiden Seiten des Choreingangs ihre prächtige Begleitung findet und noch im zart geschmückten Bandelwerk der Deckenstukkatur weiterklingt. Hoch und weit gefaßt und zugleich festlich entspannt entwickelt der ganze Raum in seiner beschwingten Schönheit eine beglückende Weltbejahung in jener sicher bemessenen Abstufung, die von der Säulenherrlichkeit des Hochaltars bis zu den Schnitzereien des Wandgestühls und den kunstvollen Türbeschlägen reicht.

Am gleichen Hang wie die Pfarrkirche, doch unmittelbar über dem Ort gelegen, bildet der *Landenberg* die von schloßartigen Gebäuden des 18. Jahrhunderts gefaßte Hügelterrasse, unter deren Linden sich bis heute alljährlich im Mai die Stimmberechtigten Obwaldens zur ›Landsgemeinde‹ versammeln.

Im Land des Bruder Klaus

Von Sarnen nach Sachseln, dem nächsten Dorfe brünigwärts, führt die Straße in der Nähe des *Sarner Sees* vorbei, den man jedoch weit schöner zu Fuß vom Uferweg aus erlebt. Es ist der mittlere der drei Obwaldner Seen, sofern man den Alpnacher Arm des Vierwaldstätter Sees auch zu diesen zählt, und er offenbart am reinsten die sanfte Schönheit dieses Ländchens, dessen Eingang wohl das Felsgebirge des Pilatus bewacht und an dessen oberem Ausgang, über den Brünigpaß hinweg, die Eisspitzen des Berner Oberlandes glänzen, das aber als Ganzes den linden Zauber einer freundlich weiten Voralpenlandschaft besitzt. Das Tal zieht sich in zunächst unmerklicher Steigung nach Süden, so daß der Glanz des Mittags auf beiden Seiten ruht. Der Sarner See sammelt das Licht in sich. Hänge voller Wiesen und Obstbäume, nur ein einziges Mal durch einen von Westen kommenden Wildbach durchbrochen, ziehen sich, im Westen flacher, im Osten steiler, zu Waldbergen empor, die, von Alpweiden durchsetzt, das Tal beidseits begleiten. Es ist zudem wie wenig andere eine Sakrallandschaft, von deren Höhen, seitdem das Christentum hier im 8. Jahrhundert Fuß faßte, der Alpsegen erklang und die immer wieder von Kirchen und Kapellen ausgezeichnet ist. Eine der schönsten und erinnerungsreichsten ist die Pfarrkirche von *Sachseln*, einem Dorf, das seinem ganzen Gehaben nach über den Kurort hinaus auch Wallfahrtsort ist. Eine breite Promenade führt von der Hauptstraße an behaglichen Gasthäusern vorbei hinauf zur 1672-1684 erbauten Kirche, deren doppelte Fensterzone auf den Emporenraum hinweist. Dieser wird durch zwei übereinanderstehende Bögenreihen gebildet, von denen die obere sich angemessen verjüngt. Die Säulen bestehen aus schwarzem Marmor aus einem Steinbruch im nahen Melchtal, der, wie überliefert wird, genau für den Bau der Kirche ausreichte. Durch das mattglänzende Schwarz gewinnt die Stimmung ihren eigenen Ernst. Im Formenschatz wie in der Syntax der doppelgeschossigen Arkaden ist Italien zwar präsent, doch wie der Hauptraum hallenartig bis zum Gewölbe hinauf von Nebenräumen umgeben ist, wie Raum gegen Raum sich öffnet: das bekundet nördliches Gefühl, und auch die ebenfalls aus schwarzem Marmor in einem seltsam schweren Rokoko gebildeten Altäre bestätigen den Ernst des Gnadenortes. Denn vor dem Chor ruht die silberne Asketenfigur mit den Reliquien des heiligen Niklaus von Flüe, jenes Eremiten, der um seiner Wunder willen schon zu Lebzeiten hoch verehrt wurde und dessen stets den Frieden förderndes Wirken ihn über die verschiedenen Konfessionen hinaus zum PATER PATRIAE der Eidgenossenschaft erhob. Niklaus von Flüe, der von 1417 bis 1487 lebte, stammte aus angesehenem, freiem Bauerngeschlecht, wovon noch heute sein Geburtshaus und sein Wohnhaus im nahen *Flüeli*, oberhalb von Sachseln, zeugen. Er bekleidete eine Reihe geachteter Ämter und hatte viele Kinder. Doch als das zehnte noch in der Wiege lag, beschloß der Fünfzigjährige, der Welt zu entsagen, und lebte, wunderbar auf jegliche Nahrung verzichtend, als Einsiedler im wilden Melchtal. Heute steigt man von Flüeli auf gepflegtem Fußpfad über Wiesen und durch Wald hinab zum *Ranft*, wo noch die hölzerne Zelle des Einsiedlers neben dem im 17. Jahrhundert erneuerten Kirchlein steht. Zwei hochgotische Kruzifixe, die im strengen Ernst des 14. Jahrhunderts entstanden sind, haben wohl das Dasein des Niklaus von Flüe begleitet.

Die realistische Holzfigur in der spätgotischen unteren Kapelle, die volkstümlichen Wandbilder, die sich hier wie auch in der oberen Kapelle sowie in jener auf Flüeli befinden, erzählen Begebenheiten aus dem Leben des Heiligen, der nur durch indirekten Zuspruch, das heißt, durch seine allgemein anerkannte moralische Autorität, 1481 einen Bruderkrieg der über ihren Erfolgen gegenüber Karl dem Kühnen von Burgund uneins gewordenen Eidgenossen verhinderte. In Stans standen sich auf der Tagsatzung Städte und Bauernkantone feindlich gegenüber. Die Verhandlungen hatten sich zerschlagen, und man war daran aufzubrechen, »denn niemand versah sich mehr etwas anderes, denn eines Krieges. Als man nun Gass ab wollt scheiden, da kam Herr Heini (der Pfarrherr von Stans) schweißgebadet von Bruder Klaus her gelaufen, sprang allenthalben in die Wirtshäuser, bat die Zugesatzten (die Gesandten) mit Tränen in den Augen, sich um Gottes und Bruder Klausen willen wieder zusammenzufügen und Bruder Klausen Rat und Meinung zu vernehmen... – Und also gab Gott das Glück: wie bös die Sach vormittags stand, ward sie doch von dieser Botschaft viel besser und in einer Stund war sie ganz und gar gerichtet und abweg getan.«

Vom Talgrund des Ranft kann man auf mühsamem Fußpfad auf der anderen Talseite zur gleichfalls spätgotischen *St. Ulrichs-Kapelle* emporsteigen, die an den Gefährten des heiligen Niklaus von Flüe erinnert, der sich hier in angemessenem Abstand seine eigene Zelle baute. Niklaus von Flüe, der als Friedensstifter gerade durch seine Weisung, »den Zaun nicht zu weit zu machen«, die Eidgenossenschaft vor überbordender Machtpolitik warnte, ist in den beiden

Weltkriegen des 20. Jahrhunderts hierzulande nochmals zu besonderen Ehren gekommen und 1947 heiliggesprochen worden.

Von Sachseln führt die Straße den See entlang und dann durch den ebenen Talgrund bis Giswil, von wo der Anstieg hinauf zum *Lungernsee* erfolgt. Dieser See, der bereits um die Mitte des 19. Jahrhunderts durch einen damals aufsehenerregenden Stollenbau abgesenkt und im frühen 20. Jahrhundert der Elektrizitätsgewinnung dienstbar gemacht wurde, besitzt bei vollem Wasserstand mit seinen baumgesäumten Ufern inmitten von Matten und Wäldern seinen hohen Reiz. Das Dorf *Lungern* ist beherrscht durch eine 1887-1893 erbaute Kirche, die mit ihrer den terrassenförmigen Friedhof überragenden Turmfront das Urbild der um weniges älteren Wallfahrtskirche von Lourdes beschwört. Das Innere überrascht durch die Schönheit eines Raumes, dessen System wohl der französischen Frühgotik nachgebildet ist, dessen Proportionen jedoch namentlich im Mittelschiff und in der Vierung einen unerwarteten Wohlklang besitzen. – Im Dorf selbst steht die 1739 erbaute Kapelle, deren barocker Altar drei noch dem 16. Jahrhundert entstammende Skulpturen umschließt.

Im Berner Oberland

Oberhalb von Lungern geht der Laubwald mehr und mehr in Tannen über, die Hänge sind stärker mit Felsen durchsetzt. Doch bald ist die nur tausend Meter über Meer liegende Höhe des *Brünigpasses* erreicht, und die Straße senkt sich ins obere Aaretal. – Wer jedoch die ganze Schönheit des Brüniggebietes kennenlernen will, wage auf schmaler, zum Teil in den Felsen gehauener Straße den Abstecher zum *Hasliberg*.

Wenn irgendwo das heute so aktuelle Wort von der Erholungslandschaft zutrifft, dann für die so wechselreichen Sonnenhänge oberhalb von Meiringen. Bereits die Nähe ist hier von hohem Reiz. Von Waldschluchten durchzogene Matten, unterbrochen von einzelnen Flüen, das heißt Felswänden, belebt von verstreuten Bauernhäusern und Heustadeln und bisher noch nicht allzu aufdringlichen Ferienchalets, ergeben jene Gliederung auf kleinem und kleinstem Raum, von der eine tiefe Geborgenheit ausgeht. Nicht aus Zufall spricht der Bauer hier nicht von seinem Hof, sondern von seinem ›Heimetli‹, das heißt der kleinen Heimat. – Doch in die intime Nähe grüßt das erhabenste Hochgebirge, denn unmittelbar gegenüber, auf der anderen Seite des Haupttales, begrenzt von noch voralpin grünen Bergen, tut sich das Rosenlauital auf, aus welchem neben den wilden Felszacken der als Kletterberge bekannten Engelhörner die gleißenden Gletscherabbrüche und die schimmernden Eisspitzen des Rosenhorns, Mittelhorns und Wetterhorns aufragen, dessen seitliche Felswand gegen das Tal von Grindelwald abstürzt. Das Rosenlauigebiet war – gleich dem Haslital, wie das Aaretal oberhalb Meiringen heißt – Inbegriff einer Gebirgsromantik, die in dramatischen Motiven wie Wasserfällen, sturmgepeitschten Tannen und nebelverhangenen Gletschern und Felsen schwelgte, so wie sie auf den Gemälden von Diday und Calame erscheinen. Doch bereits Joseph Anton Koch hat den Hasliberg mit seinen von friedlichen Landsleuten belebten Triften und dem Ausblick ins Rosenlaui gemalt.

Der gleiche Hasliberg ist samt Meiringen und Brienz auch volkskundlich bis tief in seine Geschichte hinein bedeutsam. Hier siedelte seit dem frühen Mittelalter ein Menschenschlag von ähnlichem Freiheitsdrang wie in der nahen Urschweiz, mit der sich die Haslitaler im 14. Jahrhundert gerne verbündet hätten. Doch die Berner verständigten sich in machtpolitischem Realismus mit den Urkantonen und machten die Haslitaler zu ihren Untertanen, ließen ihnen aber ein hohes Maß an Freiheit. So finden wir hier wie auch sonst in den unter sich so verschiedenen Teilen des großen Kantons Bern ein Selbstbewußtsein von eindrucksvoller Selbstverständlichkeit, das sich namentlich in den breitgelagerten Holzhäusern mit ihren kunstvoll geschnitzten Friesen kundtut.

Selten ist innerhalb der Eidgenossenschaft die Konfessionsgrenze so ausgeprägt wie zwischen der katholischen Innerschweiz und dem reformierten Kanton Bern. Dort erscheinen die gegenüber allem Profanen unverhältnismäßig großen Kirchen weniger für Menschen als für Gott gebaut, und hier sind es zwischen den überaus stattlichen Bauernhäusern sehr kleine, wenn auch mit Liebe gepflegte Bethäuser und Predigträume. Am Hasliberg wie auch am Brienzer und Thuner See sowie im Simmental, das wir nachher durchfahren, sind die wesentlichen Kirchenbauten vor der Reformation entstanden, viele in der Spätgotik, doch eine erstaunliche Zahl auch in romanischer Zeit.

Bald unterhalb des Brünigpasses zweigt die Straße nach Meiringen und dem Grimselpaß ab. Der Umweg über *Meiringen* lohnt sich, weil von hier aus mit einer Gondelbahn der Hasliberg bequem zu erreichen ist und wegen der fast ins Sensationelle gesteigerten Naturmerkwürdigkeiten: die Aareschlucht, wo der starke Strom grünblauen Gletscherwassers sich durch die Enge tiefer Felswände zwängt, und die Reichenbachfälle, mit denen die Wasser des Rosenlaui-Gletschers zu Tale stürzen. Meiringen besitzt aber auch eine der interessantesten Kirchen, deren ursprüngliche, im wesentlichen auf das 13. Jahrhundert zurückgehende Anlage später durch den Schutt von Wildbächen – das Gotteshaus steht hier ausnahmsweise nicht auf einem Hügel – bis zu einer Höhe von fünf Metern zugedeckt wurde. Heute wieder zugänglich gemacht, zeigt diese Urkirche unter dem aus dem 17. Jahrhundert stammenden Bau eine wohlerhaltene Seitenapsis samt aufgemauertem Altartisch sowie einen Lettner vor dem gerade geschlossenen Chor. Der wehrhafte Turm mit seinen romanischen Gruppenfenstern ist für uns das erste Zeugnis jener im ganzen elf Werke umfassenden Gruppe ottonisch-frühromanischer Kirchen, die von der sagenhaften Königin Berta, der Mutter der Gemahlin Ottos des Großen, im Gebiet des Brienzer und Thuner Sees gestiftet wurden.

Einen weiteren Turm dieser Gruppe sehen wir in *Brienz*, das unsere Straße, vom Brünig her nach Westen in die Aare-Ebene absteigend, erreicht. Die hier angebaute Kirche entstammt in ihren Umfassungsmauern dem nachreformatorischen 17. Jahrhundert, und der Geist eines schlichten protestantischen Predigtraumes umfängt uns auch in dem in neuester Zeit ausgestatteten Innern, unter dessen schwerer Holzdecke moderne Schnitzereien – Evangelisten an der Kanzel und der Einzug Christi in Jerusalem an der Orgelbrüstung – Proben einer Volkskunst geben, die in Brienz bis heute ihr Zentrum besitzt. – Die Kirche erhebt sich, wie wir es von nun an des öfteren sehen werden, auf einem Hügel, an dessen Fuß in bezeichnender Nähe das Amtshaus steht, eine häufige Nachbarschaft, die für den autoritären Geist des alten Staates Bern bezeichnend ist.

Die Straße nach Interlaken führt dem sonnigen rechten Ufer des *Brienzer Sees* entlang und eröffnet, wie schon die große Uferpromenade von Brienz, die Aussicht auf die schattigen Wälder des vorläufig noch sehr einsamen Südufers, das zu einer bewegten Szenerie von Felsköpfen und Graten emporsteigt. Die ganze Schönheit dieses unter den größeren Schweizer Seen am tiefsten in den Bergen liegenden Gewässers schenkt jedoch erst eine Schiffahrt hinüber zum felsendurchsetzten Waldufer, wo der Gießbach über viele Stufen hinabstürzt, akkompagniert von den liebenswürdigen Requisiten eines heute bereits historischen Tourismus: einer kleinen, kühn über dem schäumenden Bach konstruierten Drahtseilbahn und einem im Chaletstil um 1890 erbauten Grand Hotel.

Vom See her oder auch von der Schifflände von *Ringgenberg* aus erlebt man die in ihrer Klarheit bereits südlich wirkenden Rhythmen der Bergzüge, die über dem stärker besiedelten Nordufer zum Brienzer Rothorn emporsteigen, um sich dann in harmonischem Schwung gegen den Brünigpaß zu senken. – Schon in der Nähe des Seeabflusses liegt auf bewaldetem Felsen die Kirche von Ringgenberg mit einem Turm, der zum großen Teil noch der mittelalterlichen Burg angehört, deren Ruine wir neben der Kirche sehen. Als romanische Kirchenruine interessant ist das nahe *Goldswil*.

Interlaken liegt, wie sein Name sagt, ›zwischen den Seen‹, nämlich Brienzer und Thuner See, auf einer Ebene, die auch das ›Bödeli‹ genannt wird. Ins Mittelalter zurück gehen das heute mit Interlaken zusammengewachsene Städtchen Unterseen und in der Nähe des Brienzer Sees das ehemalige Augustiner-Chorherrenstift, in dessen neugotisch erweiterter Kirche sich der hochgotische Chor erhalten hat. Der Kirchenbezirk wird ergänzt durch das hufeisenförmig angelegte Amtshaus, das 1747 der bernische Architekt Albrecht Stürler errichtete und das in seinen von Frankreich inspirierten, doch bereits bernisch-verschwerten Formen die Zweiheit von ›Thron und Altar‹ in der Staatsbaukunst des alten Bern ausdrückt. – Ungleich substanzloser, irgendwie zusammenklappbar, wirkt daneben die große neugotische ›English Church‹.

Denn Interlaken ist im 19. Jahrhundert zu einem der meist besuchten Fremdenzentren geworden, dank dem berühmten Blick auf die Jungfrau, die durch eine Lücke der bewaldeten und meist im Gegenlicht liegenden Vorberge sich in ihrem ganzen Gletscherglanz darbietet. Die ›mise en scene‹ der Jungfrau ist in Interlaken durch menschliche Einsicht auf das glücklichste gesteigert, indem man bergwärts des ›Höhenwegs‹ (dessen Name übrigens der topographischen Situation nicht entspricht) einen großen, flachen Wiesenplan von jeglicher Bebauung freigehalten und ihn nur mit Alleen durchzogen hat. Auf der anderen Seite dieser berühmten Promenade freilich baut sich die Hotellerie des 19. und 20. Jahrhunderts um so anspruchsvoller auf und droht, die Jungfrau zu einem bloßen touristischen Prospekt herabsinken zu lassen, als wenn nicht die Hotels wegen der Berge, sondern diese wegen der Hotels da wären.

Interlaken ist der günstigste Ausgangspunkt für das Herz des Berner Oberlandes, das sich in den Tälern von Lauterbrunnen und Grindelwald auftut, erreichbar durch Straßen, doch noch mehr durch ein Netz von Bahnen, die auch die autofreien Kurorte Wengen und Mürren erschließen und deren höchste auf dem Jungfraujoch endet.

Von Interlaken kann man an der Beatenbucht vorbei über Gunten und Oberhofen auf dem aussichtsreichen Nordostufer nach Thun fahren und auf diesem kleinen Umweg Spiez erreichen. Der Umweg über *Thun* lohnt sich wegen des imposanten Turmschlosses, das von den Zähringern errichtet wurde. Zusammen mit der im Turm ebenfalls mittelalterlichen, im Schiff dem 18. Jahrhundert entstammenden Kirche beherrscht es die stimmungsvolle Altstadt. In dieser zeigt die Hauptgasse in altertümlicher Weise hoch neben der Fahrbahn liegende Gehsteige. In Thun, wo sich die Atmosphäre einer bernischen Landstadt mit der bevorzugten Lage am Ausfluß der Aare aus dem See verbindet, lebte Heinrich von Kleist einige Zeit und später Johannes Brahms. Reiche Herren ließen sich hier während des 19. Jahrhunderts ihre romantischen Schlösser im englischen Tudorstil oder in den Stilen des französischen 15. und 16. Jahrhunderts erbauen, von denen das zum Teil noch mittelalterliche Schloß Oberhofen, die ›Hünegg‹ bei Hilterfingen und die ›Schadau‹ am Aare-Ausfluß öffentlich zugänglich sind.

Erwähnt sei auch das um 1800 von Marquart Wocher gemalte Stadtpanorama. – Südwestlich von Thun, auf der Fahrt nach Spiez mit kleinen Umwegen zu erreichen, liegen die romanischen Dorfkirchen von Amsoldingen und Einingen.

Der nähere Weg von Interlaken nach Spiez führt auf dem Südwest-Ufer vorerst an steilen Waldhängen entlang, die sich im gleichen Maße senken, wie der See breiter wird. Die Berge treten auseinander, und die Landschaft öffnet sich nach Nordwesten gegen die Weite des Mittellandes, nicht ohne daß die steile Pyramide des Niesen und, von ihm durch die Einmündung des Simmentals getrennt, die Gipfel der Stockhornkette nochmals markante Akzente setzen. Beglückend sind auch die Rückblicke gegen das zwischen den Seen gelegene Interlaken und über dieses hinaus das noch in seiner lichten Atmosphäre zu erspürende Becken des Brienzer Sees. Die schwebende Luftstimmung wird gefaßt durch die verschiedenen Bergzüge, deren Umrisse in ihrem ganzen rhythmischen Reichtum Ferdinand Hodler in einem 1908 entstandenen Gemälde festhielt.

Spiez. Auf dem Ende eines Felssporns, der halbinselförmig ostwärts in den See sticht, liegt leicht erhöht die Kirche von Spiez, auch hier in nächster Nachbarschaft zum Schloß. Vom breiten Platz vor dem Schloß steigt man in die dreischiffige Basilika aus dem 11. Jahrhundert hinab, die mit den Kanten ihrer Pfeiler, ihren flach auf den schweren Wänden aufliegenden Holzdecken und ihren ursprünglichen kleinen Fenstern Ernst und Geschlossenheit der Frühromanik zeigt. Dem Abstieg ins Langhaus antwortet der Aufstieg zum stark erhöhten, weil auf einer Krypta ruhenden Chor, der am Ende der Seitenschiffe von Nebenapsiden begleitet wird. Diese östlichen Teile sind im Unterschied zu den flachen Holzdecken des Langhauses durch Gewölbe ausgezeichnet und, da sie gegen Morgen und den See hin liegen, besonders am Vormittag von hellem Licht durchflutet. In ottonischer und nochmals in spätgotischer Zeit wurden die Gewölbe ausgemalt, wobei die Restaurierung von 1950 den Fresken des 11. Jahrhunderts den Vorzug gab. Diese zeigen in der Apsis Gott Vater mit dem Gekreuzigten in der Art des Gnadenstuhls und in der Chortonne in einer Mandorla den segnenden Christus, während seitlich die Apostel aufgereiht sind. Ebenfalls dem 11. Jahrhundert entstammen die Ornamentbänder, während die Gurtbogen samt den Kämpferprofilen und Wandvorlagen erst 1670 hinzukamen. Auch die Kreuzgewölbe der Nebenchöre entstanden vermutlich erst um 1520. Der plastische Schmuck dieser Raumteile mit den rohen Tier- und Menschenfratzen geht auf das 13. und 14. Jahrhundert zurück. Zu der stützenlosen Krypta steigt man aus den nicht immer offenen Seitenapsiden hinab. Der quadratische, im Osten wie im Westen durch eine Apsis abgeschlossene Raum enthält Reste einer spätgotischen Verkündigung. – In nachreformatorischer Zeit wurde die nördliche Seitenapsis zum prunkvollen Mausoleum für den General und Schultheißen Sigismund von Erlach (†1699) gestaltet. Etwas älter ist im südlichen Seitenschiff das Epitaph des Schultheißen Franz Ludwig von Erlach (†1651) in Formen, die von der Spätrenaissance zur feierlich schweren Pracht des frühen Louis-Quatorze-Stils überleiten.

Auch der Außenbau der Spiezer Kirche ist bemerkenswert, vor allem in der schlichten Gliederung der Ostpartie, die gleich den übrigen frühromanischen Kirchen des Gebietes am Thuner See, in Einingen und Amsoldingen sowie in dem noch zu erwähnenden Wimmis, stark mit lombardischen Kirchen des 9. und 10. Jahrhunderts übereinstimmen. – Der Abschluß des Turmes mit der hölzernen Glockenstube, die als Polygon den viereckigen steinernen Turmschaft überragt und einen schindelgedeckten Spitzhelm trägt, folgt den regionalen Gepflogenheiten, wie wir sie von Brienz bis Saanen und Château d'Oex antreffen.

Das nahe *Schloß*, das mit Kirche und Pfarrhaus eine besonders markante Gruppe bildet, ist beherrscht durch den kraftvollen Vierecksturm, dessen untere Teile aus verschieden großen, roh behauenen Steinen gemauert sind, wovon sich darüber die regelmäßige Quaderung deutlich abhebt. Seitlich schließen sich die im 15. und 16. Jahrhundert entstandenen Wohntrakte an, die reizvoll gegeneinander abgewinkelt sind und mit dem durchgehenden schlanken Erker sowie dem steilen Sparrendach burgundische Elemente ins Bernische abwandeln.

FERDINAND HODLER
Schynige-Platte – Eiger, Mönch und Jungfrau
Gemälde, 1908
Sammlung Arthur Stoll, Arlesheim

Das Innere ist besuchenswert wegen der Vielfalt seiner wohl erhaltenen Räume: die Halle mit stämmiger Holzbalkendecke, spätgotische Zimmer mit flachgeschnitzter Täfelung und Decken, ferner ein Saal, der samt seinem Erker auf das reichste mit figürlichem und ornamentalem Stuck in einer stark von Italien beeinflußten Spätrenaissance geschmückt ist. Das gleiche 16. Jahrhundert schuf bereits in den Formen der Renaissance die ansehnlichen Holztäfelungen und die Kassettendecke, deren kräftiges Relief sich von der Flächigkeit der Spätgotik deutlich unterscheidet.

Auf der von alten Kastanien beschatteten Terrasse steht die Statue Adrians von Bubenberg, dem durch die Verteidigung von Murten gegen Karl den Kühnen ausgezeichneten Schloßherrn von Spiez. Das Standbild geht auf ein Modell des auch als Bildhauer hochbegabten Malers und Radierers Karl Stauffer zurück. Zwischen den herrlichen Linden, Buchen und Koniferen des Schloßparks hindurch geht der Blick über den See hinüber zur Beatenbucht, über der in einer Höhle der erste christliche Glaubensbote dieser Gegend hauste, und weiter den bewaldeten Vorbergen des Südostufers entlang, über denen bei schönem Wetter die Eisspitzen des Berner Oberlandes stehen.

Im Simmental und am Oberlauf der Saane

Das *Simmental*, dessen Anfang wir bei Wimmis nach Durchquerung des tief eingeschnittenen, bewaldeten Kandertals erreichen, zieht sich in flachem Bogen von Süden nach Osten durch die westlichen Ausläufer des einen durch die Berner Alpen gebildeten Hauptzuges der Alpen. Der Charakter des Tales ist voralpin und erinnert bisweilen, vor allem in seinen oberen Teilen, an Nordtirol zwischen Kitzbühl und Zell am See. An steilen Hängen und scharf ausgebildeten Kämmen fehlt es nicht, doch sind sie von Wäldern durchsetzt und mit Gras bedeckt, ›Grashöger‹, wie sie hierzulande der Alpinist leicht verächtlich nennt, jedoch dem Skisport um so bessere Möglichkeiten bietend. Die Wälder sind mit wenigen Ausnahmen nicht zusammenhängend und oft in einzelne, 1800 Meter nicht übersteigende Baumgruppen aufgelöst, und die Felsgipfel bilden selten durchgehende Ketten, sondern sind durch die Grasberge voneinander getrennt. Aber auch die Dörfer sind nur ausnahmsweise geschlossen, meistens lösen sie sich auf in den Streusiedlungen alter Bauernhöfe und neuen, fast immer aus Holz errichteten Chalets, von denen viele als Ferienwohnungen dienen.

So entbehrt zwar diese Landschaft hochalpiner Größe, welche die eisgepanzerten Viertausender des Berner Oberlandes auszeichnen, und der Geschlossenheit, aber sie besitzt eine erholsame Vielfalt und zugleich eine glückliche Menschbezogenheit.

Das Simmental ist, ähnlich wie das Emmental, berühmt durch seine Vieh- und Milchwirtschaft. Gibt es doch den eigenen Schlag des braungefleckten Simmentaler Rindes, dem der saftige Graswuchs und das eher feuchte, nicht zu rauhe Klima zugute kommen. Entsprechend ansehnlich sind die Dörfer, die zu den schönsten des im althergebrachten Reichtum seiner ›Bauernsame‹ prangenden Berner Landes gehören. Die Bauernhäuser sind ausgesprochen breit gelagert und mit ihren zehn, ja zwölf Fensterachsen dem Berner Oberländer Haus, wie wir es im Haslital kennenlernten, meist überlegen. Die Breite wird durch die einzeln in der Wand sitzenden, nicht zu Bändern aneinandergereihten Fenster noch verstärkt. Vom Oberländer Haus wurde der verhältnismäßig flache Giebel übernommen, im Unterschied zu dem vom Rundbogen des ›Gerschildes‹ ergänzten Krüppelwalm, wie man ihn im Oberaargau und im Emmental antrifft; ins Simmental ist er nur vereinzelt eingedrungen. Wie am Hasliberg blüht auch hier ein dem Holz in mannigfachen Friesen und Kerben abgewonnenes Ornament, das oft auch die Farbe einbezieht.

Gleich den Wohnhäusern und Ställen sind die Dächer und Turmhelme der Kirchen, von denen die meisten dem Mittelalter angehören und oft mit Fresken des 14. und 15. Jahrhunderts geschmückt sind, mit Schindeln gedeckt. Während die älteren Bauernhäuser mit ihren Nebengebäuden wie auch die Pfarrhäuser, Gemeindehäuser und Gasthöfe vor allem dem 17., 18. und frühen 19. Jahrhundert entstammen, gehören die Sakralbauten fast durchwegs noch der vorreformatorischen Zeit an, da die Reformation mit ihren bewußt geringen Ansprüchen auf Repräsentation in den überkommenen Bauten genügend Raum vorfand. Wie ganz anders verhielten sich hierin die katholischen Gebiete der Innerschweiz, des Wallis und Graubündens, wo im Zeichen der Gegenreformation der Barock die reichsten Blüten trieb! Man muß um die geschichtlichen Voraussetzungen mit ihren Akzentverlagerungen wissen, um jeder dieser durch verschiedene Konfessionen geprägten Landschaften ganz gerecht zu werden.

Als erster Ort des Simmentals empfängt uns *Wimmis* mit seinem die Landschaft weithin beherrschenden alten Landvogtschloß, von dessen Mauern das große Berner Wappen grüßt. Das Schloß ist zwar im Unterschied zu Spiez stärker durch spätere Umbauten verändert worden, doch bildet es zusammen mit der ihm vorgelagerten Kirche am Fuß des schmal und steil sich gegen Osten vorschiebenden Felsbergs eine ebenfalls sehr eindrucksvolle Zweiheit. Das Innere der Kirche zeigt den uns von Spiez her bekannten Dreiapsiden-Abschluß, doch breiter in den Proportionen. Das Langhaus, das ursprünglich in drei basilikal gestaffelten Schiffen auf die Apsiden zuführte, ist in nachreformatorischer Zeit zu einem einheitlichen Saal mit seitlich abgeschrägter Holzdecke umgestaltet worden.

Von Wimmis aus fahren wir durch den steil eingeschnittenen östlichen Ausgang des Simmentals. Von Zeit zu Zeit wird die Talsohle größer, ohne jedoch die milde Weite Obwaldens zu gewinnen. Die Hänge bleiben steil, und auf ihnen stehen, meist in alemannischer Streusiedlung, die Bauernhäuser. Dort, wo sich der V-förmige, enge Talquerschnitt etwas abflacht, liegt *Erlenbach*, wo über den behäbigen Holzhäusern des Dorfkerns wieder in erhöhter Lage eine der bemerkenswertesten Kirchen des Tales steht. Ihr Ursprung geht möglicherweise bis in karolingische Zeit zurück, doch war die Gegend schon von Kelten und Römern besiedelt worden und durch Wehrbauten geschützt. Die seit 1153 erwähnten Freiherren von Erlenbach förderten den Bau, in welchem sie ihre Familiengruft besaßen. Später stand das Gotteshaus unter der Augustinerpropstei Interlaken. Einer der dortigen Chorherren, der aus Erlenbacher Bauerngeschlecht stammende Peter Kunz, führte als Pfarrherr von Erlenbach 1527 im ganzen Simmental die Reformation ein, indem er auf einer Landsgemeinde den Beschluß zur Einführung der neuen Lehre zu erreichen vermochte. Das charaktervolle Gotteshaus zeigt seine Bedeutung als geistliches Zentrum des Simmentals schon in seinem vorreformatorischen

Bestand: in den kräftigen frühgotischen Chorgewölben und in der selten vollständigen Ausmalung des von einer hölzernen Tonne überwölbten Langhauses durch drei verschiedene Meister des 15.Jahrhunderts. – In der Nähe der Kirche erhebt sich ein vornehmer Steinbau mit steilem Sattelwalmdach und regelmäßig angeordneten Fenstern in der Art eines Herrenhauses des 18.Jahrhunderts. Es ist das Pfarrhaus, mit dem neben dem Amtshaus das alte Bern seine Präsenz in den einzelnen Gemeinden, deren Seelsorger regelmäßig dem städtischen Patriziat entstammten, bekundete. Den gleichen Geist jener aristokratischen Zeit repräsentiert auch die stattliche Pfarrscheune.

Innerhalb seines voralpinen Gesamtcharakters wechselt das Tal immer wieder seinen Anblick. Auf ebene Gründe folgen Schluchten, in denen die Simme noch in alter Freiheit rauscht, nur gelegentlich überspannt von kleinen, oft holzgedeckten Brücken. Malerisch sind auch die alten Gasthöfe, die vereinzelt an der Straße liegen. Längs der Straße und an den Hängen folgt Därstetten, dann auf erhöhter Sonnenterrasse Oberwil, beides Orte mit den charakteristischen Simmentaler Häusern, von denen es einzelne Beispiele auch in *Zweisimmen* gibt, einem sonst eher neuzeitlichen Ort. Sein Name weist auf den Zusammenfluß der von Süden aus dem Gletscher-Massiv des Wildstrubels kommenden Kleinen Simme und ihrer größeren Schwester, der unsere Straße folgen wird. Doch vorerst lohnt sich der Besuch der das Dorf beherrschenden Kirche. Zu dem auch hier sehr stimmungsvollen Kirchenbezirk gehört der Aufstieg durch den gedeckten Holzgang. Die Kirche selbst umfaßt ein großes, saalförmiges Schiff, an das sich ein eigenartig unregelmäßiger Chor schließt. Hier hat sich die alte, im Schiff erneuerte Holztonne erhalten mit ihren längsgerichteten Brettern, deren Fugen dünne Leisten überdecken. Dazwischen spannen sich gleichfalls hölzerne Gurtbogen, deren reicher Schmuck doch nie die Fläche durchbricht, gleich wie in der Mitte der geraden Schlußwand die reich und fein gesponnene Rosette, von der aus dünne Leisten radial den Schildbogen überziehen. – An den Wänden des Langhauses erzählen spätgotische Fresken in schlichtem Realismus die Passion. Aus dem gleichen 15.Jahrhundert stammen die von Spruchbändern umflatterten Apostel an der nördlichen Chorwand. Einzelne Glasgemälde aus dem Übergang von der Spätgotik zur Renaissance schmücken die Chorfenster. – Vorbildlich in ihrer schlichten, formschönen Materialtreue sind Kanzel, Taufstein, Lesepult und Orgel. – Auch die von hölzernen Stützen getragene Vorhalle birgt spätgotische Fresken, nämlich den heiligen Christophorus, eine Verkündigung und St. Georg gegen den Drachen reitend. Der talwärts schauende Turm, der aus der Nordwand des Chores wächst, zeigt besonders gut die uns schon bekannte Form der hölzernen Glockenstube mit einem hier über Eck aufgesetzten Spitzhelm.

Von Zweisimmen wendet sich unsere Straße nach Westen und steigt neben der vom Berner Oberland nach Montreux führenden Schmalspurbahn in vielen Biegungen allmählich gegen den breiten, nun nur noch von Tannen und Alpweiden bewachsenen Sattel der *Saanenmöser* empor. Von der rund 1300 Meter über dem Meer gelegenen Höhe aus sieht man zurück auf die Felsstöcke des Simmentals, während im Westen die einzelnen markanten Zacken des Rubli und die dicht hinter der dort verlaufenden Sprachgrenze aufsteigenden Rochers du Midi den Horizont bestimmen. Nach Süden aber öffnet sich das durch pyramidenförmige Granitberge abgeschlossene Tal von Gstaad, in dessen Grund die Saane entspringt.

Zu diesem Fluß, der seinen wechselvollen Lauf im Kanton Bern beginnt, sodann Teile der Kantone Waadt und Freiburg durchquert, um schließlich wieder im Kanton Bern in die Aare zu münden, senkt sich die Straße und erreicht den breiten Talgrund in *Saanen*, unserem letzten Ziel auf dieser Route.

Hier erleben wir noch einmal, wie wenig sich in der Schweiz die siedlungsmäßigen und politischen Grenzen um die orographischen Gegebenheiten kümmern, denn wir sind trotz der auf den Saanenmösern überschrittenen Wasserscheide noch durchaus im ›Bernbiet‹, das heißt in bernischem Gebiet, was sich in den gerade in Saanen besonders ansehnlichen Holzhäusern ausdrückt. Doch auch die Kirche, die fast burgartig ihre von alten Bäumen bestandene Anhöhe beherrscht, ist eine der bedeutendsten unter den Landkirchen des ganzen Kantons. Wieder umfängt uns der Zauber eines eigenen Kirchenbezirks mit Nebengebäuden, die den Proportionen des Hauptbaus harmonisch angeglichen sind. Dieser wird überhöht von einem wehrhaft festen Turm, in dessen Glockenstube und Spitzhelm die Berner Oberländer Form nach Westen gedrungen ist. Im Innern zeichnet sich der 1444-1445 entstandene Chor durch seine geschnitzte Holzdecke und seine wohlige Weiträumigkeit aus. Die Wände werden von um die Mitte des 15. Jahrhunderts gemalten Fresken geschmückt, in denen die Mauritiuslegende mit schon stark ausgeprägten Landschaftsgründen und überschlanken Figuren in eng anliegenden Kleidern und spitzen Schnabelschuhen dargestellt ist. Jerusalem tritt uns vor Augen als das genaue Porträt einer mittelalterlichen Stadt. An der Südwand sieht man, wie die von Mauritius geführte thebäische Legion niedergemetzelt wird, und an der Ostseite erscheint das Marienleben. – Das Langhaus gemahnt trotz der steinernen Umfassungsmauern durchaus an eine Holzkirche kraft der stämmigen Pfosten, zwischen die sich die Emporen spannen. Die Höhe des Mittelschiffs aber verliert sich im Dunkel einer bretterverschalten, beidseits abgeschrägten Decke.

Wer Lust hat, einen Kurort zu besuchen, der sich der internationalen Hochfinanz als Gäste rühmt, der fahre in das nahe *Gstaad*, wo sich durch die von Hotels, Cafés, Bazars und Bankfilialen gesäumte Hauptstraße je nach Jahreszeit die Sommerfrischler oder Wintersportler drängen, begleitet von einem selten aussetzenden Strom von Automobilen. In diesem Gemengsel steht etwas verloren die heute evangelische St. Niklaus-Kapelle mit keckem Dachreiter, während das Innere neben etwas aufdringlich restaurierten Ornamenten eine nach spätgotischen Vorbildern erneuerte Holzdecke sowie Maßwerkfenster der gleichen Epoche besitzt. –

Von Gstaad aus kann man saaneaufwärts über den Col du Pillon nach Aigle fahren. Doch wir wenden uns talauswärts in das ›Pays d'enhaut‹, das Waadtländer Oberland, dessen Grenze wir wenig unterhalb von Saanen überschreiten, ohne daß sich die Landschaft wesentlich änderte. Das größte Holzhaus des Simmentaler Typus, jedoch mit steilerem Giebel und mächtigem

Krüppelwalm, findet sich zudem erst hier in Rossinière. Um die Mitte des 18. Jahrhunderts erbaut und mit reichem Schnitzwerk geziert, diente das sogenannte ›Grand Chalet‹ vorübergehend als Hotel, in welchem neben anderen Persönlichkeiten auch Victor Hugo und Igor Strawinsky abstiegen.

Bald nach Saanen trifft man links neben der Straße auf *Rougemont*, ein von Cluny aus gegründetes Priorat mit einer romanischen Pfeilerbasilika, die trotz der kleinen Abmessungen eindrucksvoll ist mit ihren engen romanischen Fenstern im Hochschiff und im nördlichen Seitenschiff, während die übrigen Fenster durch die Gotik vergrößert wurden. Die Vierung versteht es, trotz der engen Verhältnisse ihrer Aufgabe als sammelnde Mitte nachzukommen. Holzgewölbe bedecken sämtliche Raumteile, entsprechend der Schindeln der Dächer und des spitzen Vierungsturmes. Daneben steht ein Schloß in jenem gerade in der Westschweiz häufigen Übergang von der Spätgotik zur Renaissance, das mit dem Sakralbau einen bedeutenden Akzent innerhalb der bald lieblichen, bald pittoresken Voralpenlandschaft bildet.

Das nahe Château d'Oex ist in seinem Kern eng zusammengebaut und erweist sich damit als die höchstgelegene der vielen für das Waadtland typischen Kleinstädte. Die Kirche mit ihrem gotisch gewölbten Turmchor und dem wie in Saanen durch hölzerne Emporen charakterisierten Langhaus steht auf isoliertem Felshügel an der Stelle eines früheren Schlosses. Von hier geht die Sicht gegen die Gummfluh, deren Felstürme und Zackengrate ein wenig in der Art der Dolomiten aus den Waldkämmen emporsteigen.

Wir verlassen das Tal der Saane, die hier schon Sarine heißt, und fahren in Kehren den südlichen Talhang empor, um weiter oben in eine pittoreske Schlucht einzubiegen, über der die in den Felsen gehauene Straße in das Zwischental von l'Etivaz führt, von dem aus man erst die Höhe des Col des Mosses gewinnt. Dieser präsentiert sich als breiter, langgestreckter Sattel, den zunächst Tannen durchsetzen. Dann wird die Gegend fast waldlos, ohne daß die Baumgrenze schon erreicht wäre, denn der höchste Punkt der Straße liegt erst 1445 Meter über Meer. Die im Sommer eher monotone Weite ergibt im Winter ein günstiges Skigebiet, und so hat sich der Tourismus auch dieser Gegend bemächtigt mit Transporteinrichtungen und etwas regellos zerstreuten Ferienchalets, zu denen an der Straße einzelne größere moderne Gebäude kommen.

Aber der Blick zurück in die Voralpen ist schön und ebenso jener voraus gegen die Gipfel des Unterwallis, in das man jetzt auf einer hoch über den nun bald wieder steil eingeschnittenen Tälern dahinziehenden Straße hinabfährt. Der Tannen- durchsetzt sich mit Laubwald, der schließlich dominiert. Auf halber Höhe über dem Haupttal mündet die von Gstaad her über den etwas höheren Col du Pilon kommende Straße in die unsere. Über die tiefen Talgründe hinweg sieht man gegen das Oldenhorn und das Gletschermassiv der Diablerets. – Doch fast noch eindrucksvoller ist nun der Abstieg in eine immer üppigere Natur, in die Weinreben und Gärten von *Aigle*, wo auf sanftem Hügel eines der schönsten mittelalterlichen Schlösser des an solchen so reichen Waadtlandes liegt. Hier, wo unsere Straße in die das Wallis durchziehende mündet, steht dieses Tal schon im Zeichen jener milden Weite, die den Genfer See vorbereitet.

VOM BODENSEE ZUM GENFER SEE

Von St. Margarethen über Bern bis Nyon

Zwischen Bodensee und Appenzellerland

Die Landstraße, die von *St. Margrethen* nach Rorschach führt, berührt westlich des Ortes den Friedhof, der von einer alten, der heiligen Margarethe geweihten Kirche überragt wird. Der schlichte Sakralraum mit dem selbständigen quadratischen Chor stammt aus der Zeit um 1300. Ihn ergänzte die Spätgotik mit der gewölbten Holzdecke und dem Sakramentshäuschen. Dazu kommen Wandmalereien und frühbarocke Altäre, von denen der von reichem Ornament umspielte Hochaltar durch das seitliche Chorfenster wirkungsvoll ins Licht gesetzt wird.

Die Kirche steht am Fuße einer jener Sandsteinrippen, die von der Rheinebene gegen die Appenzeller Berge ansteigen und zusammen mit den Wäldern, Bauernhöfen, Kurhäusern und zahlreichen Herrensitzen der Landschaft ein reichdurchformtes und lebhaftes Gesicht schenken. Die Straße zieht sich weiter dem Rand der Ebene entlang in flachen Kurven nach *Rheineck*, einem im Kern noch altertümlichen Städtchen, dessen in neuerer Zeit vergrößerte Kirche hinter ihrem prunkvollen neugotischen Lettner einen kleinen gotischen Chor mit schönen Wappenscheiben des frühen 16. Jahrhunderts besitzt. Für sich alleine steht am westlichen Ausgang des Ortes das ›Bärlocherhaus‹, ein 1741 errichteter stattlicher Block von schloßähnlichem Aussehen, mit regelmäßig verteilten Fenstern und dem damals von Frankreich her übernommenen modischen Mansardendach, aus dessen Mitte ein belvedereartiger Turm emporsteigt.

Von Rheineck aus fährt man bergwärts nach *Thal*, einem Dorf mit einzelnen schönen Häusern, und von dort hinauf zum ›*Steinernen Tisch*‹, eine weit in die Ebene vorspringende Felsbarre, deren

Rücken mit Bäumen und Buschwerk bewachsen ist und an deren Südhang Reben reifen. Vom vorderen Ende aus sieht man über den stark besiedelten unteren Teil der Rheinebene gegen den Bregenzer Wald, aus welchem im späten 17. und frühen 18.Jahrhundert die durch ihre vielen Barockkirchen in der Schweiz und in Süddeutschland berühmten ›Vorarlberger Meister‹ kamen. Am westlichen Ansatz des ›Steinernen Tisch‹ steht ein malerisches Schlößchen aus dem 17.Jahrhundert, wie überhaupt die nun über dem Rheintal und bald auch über dem See folgenden Hänge eine ganze Reihe von alten Herrensitzen mit prächtiger Aussicht aufweisen. Sie stammen zum größeren Teil noch aus jener bis 1798 dauernden Zeit, da hier die Landbevölkerung in mannigfach abgestuften Untertanenverhältnissen stand. Wie indessen mindestens die Städte ihre Priviligien besaßen, mit denen sie ein selbstbewußtes Dasein führten, zeigt *Rorschach*, heute der größte Ort am schweizerischen Bodenseeufer und einst bedeutend als Hafen und Stapelplatz der Fürstäbte von St.Gallen, deren weltliche Macht von hier bis nach dem Städtchen Wil, halbwegs zwischen St.Gallen und Winterthur, und bis ins oberste Thurtal, das Toggenburg, reichte. Einer der Äbte, der ganz im Sinne einer Renaissancepersönlichkeit sehr eigenwillige Ulrich Rösch, dachte sogar daran, das Kloster von St.Gallen nach Rorschach zu verlegen, aus Ärger über den Widerstand, den sein Versuch, die weltliche Macht der Äbte mit Hilfe einer straffen Verwaltung auszubauen, bei den St.Galler Bürgern fand. Rösch, der von 1463 bis 1491 regierte, begann 1484 den Bau des den Hang oberhalb Rorschachs beherrschenden ›*Mariaberg*‹. Doch wurde es »ein Kloster ohne Kirche«, wie Albert Knöpfli in seiner großen Kunstgeschichte des Bodenseeraumes feststellte. Das ansehnliche Gebäudemassiv, das im 18.Jahrhundert eine Freitreppe und ein Prunkportal erhielt, besitzt im Kreuzgang sowie im mit Fresken geschmückten Kapitelsaal die reichsten spätgotischen Gewölbe, deren zum Teil in doppelter Kurve geführte Rippen sich zu kunstvollen Figurationen ineinander verschlingen. Erasmus Grasser, der den Bau begann, hat etwas von der kapriziösen Bewegtheit seiner Münchner ›Moriskentänzer‹ auch in diese Architektur übertragen. Nach einem Stillstand, verursacht durch die der Machtpolitik des Abtes ebenfalls feindlich gesinnten Appenzeller, die das eben unter Dach gebrachte Kloster niederbrannten, wurde der Bau 1519, doch die Ausmalung des Kapitelsaals erst 1568 vollendet. – Die ganze Anlage, die heute als Lehrerseminar dient, veranschaulicht den imponierenden Willen eines Renaissancefürsten, der seine Macht nicht nur in einem modernen Verwaltungsapparat, sondern mindestens so sehr in Kunstwerken ausdrücken wollte.

Ein anderes Zeugnis aus der Zeit der Fürstäbte ist das große Kornhaus, erbaut 1746-1749 unter Abt Cölestin Gugger von Staudach, dem wir als Bauherrn der barocken Stiftskirche von St. Gallen wieder begegnen. Architekt war der auch sonst im weiteren Umkreis des Bodensees tätige Giovanni Gaspare Bagnato. Er schuf neben zahlreichen Kirchen und Schlössern für den Deutsch-Orden hier einen Großbau, der Zweck und Repräsentation in glücklicher Weise vereint und zugleich jene patriarchalische Fürsorge bekundet, wie sie in der Auffassung des 18. Jahrhunderts zur vornehmsten Pflicht des Staates gehörte.

Etwas später, nämlich 1783, wurde die im Chor schon 1646 begonnene Pfarrkirche vollendet, in Formen bereits des frühen Klassizismus. Im Ortskern haben sich neben vielem aus der Konjunktur des 19. und 20. Jahrhunderts Entstandenem das Rathaus und einzelne Bürgerhäuser des 16. bis 18. Jahrhunderts erhalten; ihre mit plastischen Formen üppig geschmückten Erker bekunden einen trotz der Abhängigkeit vom Fürstabt stärkeren Eigenwillen als die architektonisch auf größere Zurückhaltung bedachten einstigen Freien Reichsstädte des deutschen Bodenseeufers.

St. Gallen

Die Straße steigt durch die von Waldschluchten durchschnittenen Wiesen und Obsthaine und erreicht nach Überwindung eines Höhenunterschiedes von rund zweihundert Metern St. Gallen, eine der höchstgelegenen Städte Europas. Hier in dem zu jener Zeit sehr abgelegenen Hochtal der Steinach schuf sich der heilige Gallus, der zusammen mit Columban als Glaubensbote von Irland nach dem Kontinent gekommen war, im Jahre 612 eine Einsiedelei, während sein Gefährte durch das Toggenburg über den Rickenpaß weiterzog, bis er in der Gegend des oberen Zürichsees, bei Tuggen, den Märtyrertod fand. In der Zelle des heiligen Gallus wohnten auch nach dessen Tod weiterhin Einsiedler. Einer von ihnen, der heilige Othmar, gründete im Jahr 720 am gleichen Ort das Kloster St. Gallen. Dieses nahm rasch einen großen Aufschwung. Wie sehr dabei die Verbindung mit der Heimat des heiligen Gallus erhalten blieb, bezeugen die wertvollen Werke irischer Buchmalerei, die zu den größten Schätzen der Stiftsbibliothek zählen. – In St. Gallen erhielt um 820 Abt Gozbert den berühmten Idealplan eines karolingischen Benediktinerklosters, den die Stiftsbibliothek bewahrt. – Zu den wechselnden Schicksalen der Abtei gehört die völlige Abtrennung der Stadt, die sich damit der Macht des Abtes entzog und auch zum Neuen Glauben übertrat, worauf eine Mauer die beiden Bereiche schied. – Die Fürstabtei erlebte im 18. Jahrhundert ihre letzte Blüte, kurz bevor sie nach dem Untergang der alten Eidgenossenschaft aufgehoben wurde. Als Ersatz wurde 1823 St. Gallen zum Sitz eines Bischofs.

Die Stiftskirche. Tatkräftige Äbte wie Cölestin II. und Beda bemühten sich noch in der zweiten Hälfte des 18. Jahrhunderts mit dem ganzen Einsatz ihrer hohen organisatorischen und künstlerischen Fähigkeiten um den völligen Neubau der Kirche und des Konventsgebäudes. Die Planungsgeschichte ist noch verwickelter als bei den anderen damaligen Benediktinerklöstern, die untereinander in Verbindung standen und in einer weitgehend kollektiven Weise ihre großen Bauvorhaben durchführten, unter regster Mitwirkung der Äbte, aber auch einzelner begabter Konventualen. Dazu kamen Konkurrenzen, Gutachten und Abänderungen, wobei die ausführenden Baumeister keineswegs mit dem Schöpfer der architektonischen Idee identisch zu sein brauchten. Gerade in St. Gallen ist die eigentliche Urheberschaft nicht ohne weiteres zu klären: wie weit allenfalls der bedeutende Klosterarchitekt Kaspar Moosbrugger auch hier eingewirkt hat oder ob und wie weit es die Pläne Bagnatos und das Kirchenmodell des Konventualen Gabriel

Loser waren, welche die Ausführung durch den Vorarlberger Baumeister Peter Thumb mitbestimmt haben.

Auf jeden Fall ist in der ehemaligen Stiftskirche, der heutigen Kathedrale von St. Gallen, die nach Einsiedeln bedeutendste Schöpfung des schweizerischen und eine der wichtigsten innerhalb des süddeutschen 18. Jahrhunderts enstanden.

Im Außenbau sammelt sich die künstlerische Kraft in der durch zwei Türme ausgezeichneten Chorpartie, die an Stelle einer Eingangsseite als die eigentliche Schaufront gestaltet ist. Im Unterschied zu Einsiedeln, dessen ebenfalls durch zwei Türme hervorgehobene Fassade die Hochstufe der als Ganzes in der Epoche des Spätbarock sich vollziehenden schweizerischen Entwicklung repräsentiert, sind die von Johann Michael Beer von Bildstein 1766 vollendeten Türme nunmehr in der Spätphase des Stils eng zusammengerückt, was ebensosehr dem Hochdrang einer im geheimen hier wieder wirksamen Gotik entspricht, wie der Tatsache, daß – in einer nochmals sehr barocken Kraft – die dazwischenstehende Chorwand mit ihrem reichen Frontispiz nach vorne gedrängt wird. Die Türme sind unten durch schlanke Pilaster, oben jedoch durch frei vor den abgeschrägten Ecken stehenden Säulen noch straffer durchgegliedert und noch stärker mit aufwärtsstrebender Spannkraft durchsehnt, als dies schon in Einsiedeln der Fall ist.

Der übrige Außenbau erscheint, darin der Art der Vorarlberger Baumeister entsprechend, verhältnismäßig einfach. Um so großartiger wirkt das 1756-1763 entstandene Innere.

Wie in Einsiedeln ist das Ganze als Kuppelfolge angelegt, doch nicht mehr als gleichzeitiges An- und Abschwellen eines Dithyrambus, sondern beruhigter und klarer in einer wieder mehr überschaubaren Ordnung folgen sich je drei böhmische Kappen, das heißt ohne Tambour unmittelbar aus den Zwickeln entwickelte Flachkuppeln, deren Folge in der Mitte der Gesamtanlage durch eine machtvoll über die Fluchten des Langhauses und des Chores hinausgreifende Rotunde weniger unterbrochen als nochmals gesteigert wird. Hier im Zentrum des ganzen Raumes schwebt die Kuppel über einem großen Kreisring, den nur an wenigen Stellen einzelne Rocaillekartuschen überspielen. Doch der Ruhe der Hauptkuppel wirken kontrapunktisch die eingekurvten Querwände entgegen, die das große Rund um-

geben. Dafür sind im Langhaus wie im Chor sämtliche Bogen in strengen rechten Winkeln gegeneinander gestellt, während, in kunstvollem Gegensinn zum horizontalen Ring der Vierungskuppel, die Kuppelschalen mit ihren Zwickeln durch reiche Rocailleornamente verschmolzen werden.

Die Dynamik des Barock ist noch da, vor allem in den in blendender Rocaille-Dekoration und reichem Figurenschmuck durchgeführten Stukkaturen des aus Freiburg im Breisgau stammenden Christian Wenzinger, aber die Kräfte erscheinen gebändigt und beruhigt, noch nicht zwar im Sinne des nahen Klassizismus, sondern in einer Art von ›Rokoko-Klassik‹, in welcher ähnlich wie in Ottobeuren, Rott am Inn und namentlich in Neresheim die Entwicklung noch einmal innezuhalten scheint vor der großen, den ganzen Barock beendenden Stilwende. –

Spätestes Rokoko in seiner letzten Reife bestimmt den 1766 vollendeten Prunkraum der *Stiftsbibliothek*, der durch seine Schätze an Handschriften und kostbaren Drucken wie in seiner künstlerischen Gestaltung der bedeutendste der Schweiz ist und darüber hinaus zu einem der schönsten in ganz Süddeutschland und Österreich gezählt werden darf. Es ist zunächst das Gesamtkunstwerk, das nun in der Verfeinerung und Gelöstheit des Rokoko die goldbedruckten Lederbände in den warmen Holzton der Gestelle einfügt, und im gleichen Sinn sind diese mit ein- und ausschwingenden Galerien umgürtet, die den mit Bücherregalen umkleideten Wandpfeilern wie den tiefen Fensternischen folgen. Doch darüber hinaus wird der synkopische Rhythmus böhmisch-fränkischer Barockkirchen erreicht, indem dort, wo sich der Bibliothekssaal zwischen den vorspringenden Gestellen verengt, die Decke sich zur imaginären Höhe gemalter Scheinarchitektur öffnet, während deren Zwickel, im Gegensinn zu den Wandweiterungen durch die Fensternischen, die Decke im noch Greifbaren zusammenhalten.

Die gleich der Turmfront von Michael Beer 1755-1766 erbauten *Konventsgebäude* bemühen sich, innerhalb der vom mittelalterlichen Kloster übernommenen Unregelmäßigkeit der Gesamtanlage, um eine möglichst straffe und gleichmäßige Gliederung. Ihnen gegenüber stehen am Klosterhof die klassizistischen Bauten des 19. Jahrhunderts, die der aus dem Fürstenland sowie anderen ehemaligen Untertanengebieten 1803 vereinigte Kanton St. Gallen für seine öffentlichen Aufgaben erstellen ließ. Hinter der Laurenzenkirche, die in ihrer frostigen Neugotik das protestantische Gegenstück zur barocken Klosterkirche darstellt, liegt die stark von Neubauten des späten 19. und des 20. Jahrhunderts durchsetzte Altstadt, die sich jedoch ihr Netz von alten, leicht gekrümmten Gassen und einzelnen kleinen, verwinkelten Plätzen bewahrt hat. Dazu kommen, wie schon in Rorschach, zahlreiche Häuser mit Erkern, die mit ihren von der Spätrenaissance bis zum Rokoko reichenden Schnitzereien und Dachhauben den einzelnen Fassaden einen eigenen Charakter geben.

Da St. Gallen aus einer Einsiedelei hervorging, erscheint seine Lage verkehrsmäßig alles andere als günstig gewählt. Vom Bodensee aus ist es der verhältnismäßig steile Anstieg, und von Westen her muß die tiefe Schlucht der Sitter überwunden werden. Aus der Eremitenzelle wurde das berühmte Kloster, das an geistiger Strahlung wie schließlich auch an weltlicher Macht wenige seinesgleichen hatte. Auch als vom Kloster sich die Bürgerschaft abspaltete, blieb ihre Selbständigkeit auf einen sehr engen äußeren Raum beschränkt, umgeben vom Gebiet des Klosters. Dessen Abt zum Trotz trat die Stadt dem neuen Glauben bei und entwickelte den schon im 15. Jahrhundert blühenden Fernhandel weiter, der von Lyon bis Krakau reichte. Nach dem Leinen waren es die Stickereien, die im 19. Jahrhundert der Stadt einen geradezu unwahrscheinlichen wirtschaftlichen Aufschwung schenkten. Damals entstanden zunächst die klassizistischen Schul- und Verwaltungsgebäude sowie im gleichen Stil ein ganzes, zwischen Bahnhof und Altstadt liegendes Quartier. Es folgten in den immer üppigeren Formen der Neurenaissance und des Neubarock Banken, Geschäftshäuser, Villen und Mietspaläste des späten 19. Jahrhunderts. Doch noch eindringlicher spiegelt der Jugendstil das in Handel und Industrie gewonnene Hochgefühl wider, mit dem die Stadt die Ungunst ihrer Verkehrslage überwand. Freilich entstanden um die Jahrhundertwende auch Wohnkasernen, die heute von bedrückender Öde sind, nachdem der modische Dekor seine zeitgebundene Kraft verloren hat. Insbesondere die vielen Mietshäuser am Freudenberg sprechen davon, im Unterschied zu den reichen Gartenvillen des sonnigeren Rosenberg. Neben vielen Durchschnittsleistungen nutzen jedoch einzelne Repräsentationsbauten in durchaus künstlerischer Art die Chance, die in der großen Konjunktur für Spitzen und Stickereien vor 1914 lag. Das Historische Museum, das in der Nähe des älteren Kunstmuseums im Stadtpark liegt, oder die von der damaligen ›neudeutschen‹ Architektur inspirierte Hauptpost sind Beispiele hierfür. Doch der neben der Hauptpost 1911 in gediegenem Neubarock begonnene Bahnhof blieb in seiner geplanten Größe unvollendet, da der Erste Weltkrieg für St. Gallen zu einer wirtschaftlichen Katastrophe wurde, von der sich die Stadt ganz erst nach der Jahrhundertmitte erholt hat. Erst heute ist die Einwohnerzahl von 1914 wieder erreicht.

Die Stadt hat trotz des hier nicht zu übersehenden Vorrangs der wirtschaftlichen Interessen auch ihre geistigen und musischen Akzente, die vom Kloster unabhängig sind. Die Bücherschätze des St. Galler Humanisten Joachim von Watt, der zu Anfang des 16. Jahrhunderts Rektor der Universität Wien war, wurden als ›Vadiana‹ zum Grundstock der Stadtbibliothek, die dadurch mit der Stiftsbibliothek wetteifern konnte. Und 1963 bezog die ›Hochschule für Wirtschafts- und Sozialwissenschaften‹ ihre von W. M. Förderer entworfenen Gebäude, die in ihrer konsequenten kubischen Durchformung und dem künstlerischen Schmuck von Meistern aus den verschiedensten Ländern auf der Höhe des Rosenbergs eine Art moderner Akropolis darstellen. Als weiterer Akzent geistiger Kultur erhebt sich am Rande des Stadtparks in ausdrucksvollem Kräftespiel bewegter Massen als wahre ›Theaterburg‹ das neue, um 1965 erbaute Opern- und Schauspielhaus, das die beachtliche Tradition der schon im 19. Jahrhundert gegründeten Städtischen Bühne fortsetzt.

Während die Lage zwischen den dicht überbauten Höhen ein wenig an Stuttgart denken läßt, fühlt man sich angesichts der neubarocken Nuance einzelner Mietspaläste sowie der großen Kaffeehäuser hier bisweilen stärker an Wien erinnert als in Bregenz oder anderen Städten. Ein wenig österreichisch in seinem altertümlich gepflegten Charme wirkt auch der ausgedehnte Stadtpark.

Durchs ›Fürstenland‹ und den Thurgau

Von St. Gallen nach Zürich lohnt sich zunächst bis Wil der Umweg durch den nordwestlichen Teil des ›Fürstenlandes‹, wie das Untertanengebiet der einstigen Äbte noch heute heißt. Man verläßt die Stadt in Richtung Konstanz, um aber schon nach dem heutigen Vorort Wittenbach nach links auf eine Nebenstraße abzuzweigen, die hinab in das tief zwischen Felswänden eingeschnittene Tal der Sitter und, nach deren Überquerung, hinauf zu dem noch ganz ländlichen Dorfe *Bernhardzell* führt. Die 1776-1778 von Johann Ferdinand Beer erbaute Kirche ist ein wahres Kleinod jenes späten Rokoko, das von der Stiftskirche auf die Dorfkirchen ausstrahlte. Das für die kleine Bauerngemeinde überraschend ansehnliche Gotteshaus schaut weit ins Land gegen den Bodensee, fesselt jedoch in erster Linie durch sein Inneres. Ein Achteck erweitert sich zum griechischen Kreuz mit einem um ein weniges tieferen Chorarm und öffnet sich nach oben zum illusionären Himmel des freskogeschmückten Muldengewölbes. Die Kreuzarme sind durch Altäre ausgezeichnet, die seitliches Licht erhellt. Dazwischen öffnen sich auch die Diagonalseiten in Fenstern, so daß die dadurch in lebhaftem Rhythmus gegliederte Wandzone sehr licht erscheint. Hell und zart sind auch die Farben der Kuppelfresken und die der Tonnengewölbe in den Kreuzarmen. Auf lichter Szenerie spielt sich das Leben Johannes des Täufers ab, dem die Kirche geweiht ist. Der Konstanzer Maler Franz Ludwig Hermann hat hier in genialisch-flüchtigen Erscheinungen noch die ganze Heiterkeit und Beschwingtheit des Rokoko in die Zeit des Louis-Seize-Stils hinübergerettet. Qualitätsvollstes Rokoko zeigt auch der Stuck, der die Pilaster und Fenstereinfassungen zart überspielt und seinen Höhepunkt im für den Gesamteindruck so wichtigen Gebälk findet, das über den Fenstern emporschwingend die Bogen der Kreuzarme alterniert. So ist ein Zentralraum entstanden, der bei mäßiger Größe und bemessenem Reichtum in seiner lichten Beschwingtheit besonders rein die Anmut seiner Epoche offenbart.

Die Landschaft, die wir nun in Richtung Hauptwil durchfahren, senkt sich in breiten, obstbaumbestandenen Terrassen sanft nach

Westen, zum Tal der Thur. In *Hauptwil* erwartet uns ein eindrucksvolles Monument profaner Wohnkultur. Hier ließen 1661 die St. Galler Textilfabrikanten aus der Familie der Gonzenbach ein Wohn- und Geschäftshaus errichten, das durchaus den Rang eines Adelssitzes erreicht, ohne doch den Zusammenhang mit dem landesüblichen Bauern- und Bürgerhaus ganz preiszugeben. Ein reizvoll mit Uhr und sichtbarer Glocke gezierter Torturm steht etwas abseits, so daß der Bau ohne eigene Türme nur durch die drei Obergeschosse mit ihren regelmäßigen Fensterachsen wirkt. Dazu kommt ein zweigeschossiger Zwerchgiebel auf der Breitseite vor dem steilen Satteldach, zu dessen Belebung neben den Lukarnen die Kamine und namentlich die Wetterhähne wesentlich beitragen. Das Haus beherrscht seine Umgebung mit seitlichen Terrassen, auf denen alte Linden stehen, und durch einen vor der Front angelegten Garten mit regelmäßigen Beeten. Auf dieser von bürgerlicher Noblesse zeugenden Besitzung weilte Hölderlin 1801 als Hauslehrer.

Nordwestlich von Hauptwil liegt unmittelbar oberhalb der Thur, über die sich hier der malerische Bogen einer alten Steinbrücke schwingt, das wohlerhaltene Städtchen *Bischofszell*. Bereits im 9. Jahrhundert entstand hier durch die Bischöfe von Konstanz ein Chorherrenstift, das sich an eine schon vorhandene Burg anlehnte. Aus dem 13. Jahrhundert wird ein von Mauern geschützter Markt bezeugt, wodurch der Ort in den Rang einer Stadt erhoben war. Als städtischer Organismus erweist sich die Anlage, wie sie sich aus der Ansiedlung der Chorherren in ihren Höfen um die Kirche bildete, auch heute noch. Die Stiftskirche steht, umgeben vom einstigen Friedhof, für sich alleine zwischen den beiden Straßenzügen, die auf seitlich steil abfallender Terrasse den Stadtkern bilden. Vom ehemaligen bischöflichen Schloß, einem spätmittelalterlichen Giebelbau, steigt das Gelände leicht nach Osten an bis zum noch erhaltenen ›Bogenturm‹, durch den es zu der im 15. und 16. Jahrhundert erbauten Vorstadt geht. Der mit Marktgasse und Kirchgasse um das Gotteshaus gruppierte Stadtkern reicht in seinen Grundmauern ins 13. und 14. Jahrhundert zurück; seine heutige Erscheinung ist im wesentlichen durch den Wiederaufbau nach dem großen Brand von 1743 bestimmt. Damals errichtete der in fürstäbtischen Diensten stehende Giovanni Battista Bagnato, dem Rorschach sein Kornhaus verdankt, das Rathaus, dessen Inneres reiche Stukkaturen schmücken und dessen elegant gegliederte Fassade durch eine geschickt angelegte Freitreppe noch stärker zur Wirkung kommt. Im übrigen ordnet sich auch das Rathaus als primus inter pares in das lebhafte Bild der in einer Kurve ansteigenden Straße. Ihre Häuser, die teilweise noch reichdekorierte Innenräume aus dem späten 18.Jahrhundert besitzen, verkörpern ihre Entstehungszeit, ohne dabei den noch mittelalterlichen Charakter der Straße preiszugeben. Wie in anderen alten Schweizer Städten zeichnet sich auch hier die Dachzone durch ihre Eigenwilligkeit aus. Die Stadtkirche stellt sich als flachgedeckte Pfeilerbasilika dar, die in dieser Form auf die zweite Hälfte des 15.Jahrhunderts zurückgeht. Der im Rokoko ausgeschmückte Chor wird durch den frühbarocken Hochaltar von 1640 beherrscht.

Die Straße nach Wil führt durch das zwischen Wäldern und Wiesengründen wechselnde Thur-Tal. Die Thur biegt hier nach Nordosten aus, bevor sie sich von Bischofszell an westwärts dem Rhein zuwendet. In diese Landschaft ist die weithin sichtbare Kirche von *Niederbüren* mit ihrem dem Chor vorangestellten Spätbarockturm wie ein sakrales Symbol gesetzt. Das in seinen originalen Farben wiederhergestellte Innere, 1761-1766 von Johann Michael Beer erbaut, überrascht durch die festliche Einheit, die hier das späte Rokoko in seinen Altären, Stukkaturen und Deckenfresken bildet. – Südwärts weiterfahrend gelangen wir zum breiten Talboden, den die hier aus dem voralpinen Toggenburg kommende Thur geschaffen hat. Jenseits der Ebene steigen mit Weiden und Wäldern bedeckte Höhen in übereinandergestaffelten Wellen gegen das Appenzellerland empor, dessen Wahrzeichen, der Säntis, mit seinem langgestreckten Felsmassiv die ganze Ostschweiz bis zum Bodensee beherrscht. Auf der Grenze zwischen Mittelland und Voralpen, die beide in der Ostschweiz stärker ineinander übergehen, liegt auf dem südlichsten Ausläufer des Nollen *Wil*, der alte Hauptort des ›Fürstenlandes‹, ein von den St.Gallischen Fürstäbten einst als Verwaltungszentrum gefördertes Städtchen, dessen historischer Kern auf dem steilen Hügelsporn über den neuen und neuesten Siedlungen in der Ebene seinen alten Charakter bewahrt hat. Weltliche und geistliche Akzente halten sich hier die Waage. Die spätgotische Pfarrkirche, deren schlank bemessener Chor von einem Sterngewölbe geschmückt wird, fügt sich so stark in den Häuserzug der Südseite ein, daß der für Abt Ulrich Rösch an Stelle einer früheren Burg erbaute Abtshof mindestens gleich große Bedeutung gewinnt. Diese gewichtige Baugruppe faßt die beiden bergwärts strebenden äußeren Häuserreihen des alten Wil zusammen. Gegenüber dem ›Hof‹ steht, als Kopf des inneren Stadtkerns, mit einem zierlich-spröden Bogenvorbau das klassizistische Baronenhaus, das noch kurz vor dem Ende der fürstäbtlichen Herrlichkeit, nämlich 1795, für den Reichsvogt Joseph Pankraz Grüebler errichtet wurde. Nicht vergessen sei auch das spätgotische Gerichtshaus.

Von Wil lohnt es sich, statt über Winterthur durch das schon halb voralpine Nagelfluhgebiet zu fahren, das die entlegensten Teile der Kantone Thurgau und Zürich, nämlich den sogenannten Hinterthurgau und das von der Töß durchflossene ›Zürcher Oberland‹, umfaßt. Über Sirnach führt die Straße Richtung Fischingen zwischen immer enger an das Tal herantretenden Bergen hindurch, die zu markanten ›Eggen‹ ansteigen. Auf einem nahen Hügel steht die Barockkapelle von Oberwangen, ein Oktogon, an das sich ein langgestreckter Chorarm fügt. In *Dußnang* hat sich am westlichen Ortsende ein kleines Kirchlein erhalten, dessen von romanischen Doppelfenstern durchbrochene Wände noch auf das 10. Jahrhundert zurückgehen.

Fischingen

Das ehemalige Benediktinerkloster Fischingen, das in einem schon ganz voralpin anmutenden Waldtal liegt, ist dank seiner gut restaurierten Bauten eines der wichtigsten Kunstzentren der Ostschweiz. Die Anfahrt wird beherrscht von der spätbarocken Idda-Kapelle, einem durch gefugte Pilaster gegliederten Zentralbau, der aus dem griechischen Kreuz eine quadratische Kuppel mit abgeschrägten Ecken entwickelt.

In die südlich anschließende Klosterkirche tritt man durch eine Vorhalle, deren Kleinheit durch das reiche, hochbarocke Portal wettgemacht wird, das aus geschliffener, dunkler Kunstnagelfluh, sogenannter Brecchie, besteht. 1685-1687 wurde, gleichzeitig mit dem Portal, die Hauptkirche erbaut. Es handelt sich um einen schlichten Wandpfeilersaal, der seinen Reichtum jedoch erst aus der später geschaffenen Ausstattung gewinnt. Obwohl diese auf verschiedene Perioden zurückgeht, bildet sie für das Auge doch eine überzeugende Einheit. Das reiche Gitter, das noch vor dem leicht eingezogenen, tiefen Mönchschor beginnt, zeigt in seiner – originalgetreu erneuerten – Polychromie die ganze blühende Pracht des Rokoko. In der Mitte elegant leicht nach innen zurückweichend, legt es sich vor die mit Medaillons, Vasen und Statuen geschmückten Arkaden, die zusammen mit dem Hochaltar noch 1795 in einem sehr barock disponierenden Klassizismus vermutlich vom gleichen Meister wie das Baronenhaus in Wil errichtet wurden. Doch dahinter und darüber entfaltet sich im oberen Chor nochmals reifes Rokoko, im reich gegliederten Orgelprospekt und den von Rocaille-Ornamenten umbrandeten Deckenfresken Johann Jakob Zeillers.

Das eigentliche Prunkstück aber ist die 1704-1708 erbaute *Idda-Kapelle*, die sich gegen die Nordseite der Klosterkirche ebenfalls in Gittern öffnet. In jenen Jahren hatte die Idda-Wallfahrt ihre größte Popularität erreicht.

Der Legende nach wurde Gräfin Idda von Toggenburg unter dem Verdacht der Untreue aus der Burg gestürzt; wie durch ein Wunder blieb sie unverletzt. Wegen dieser Errettung wird sie seit dem 12. Jahrhundert in Fischingen als Heilige verehrt. Sie lebte im Kloster Au bei Fischingen; dort fand sie auch ihr Grab. Ihr Kenotaph von 1496 befindet sich heute im sogenannten Idda-Grab-Altar an der Westwand der Kapelle. Der Aufbau des Grabmales mit der Heiligen im Strahlenkranz gegen die Kapellenseite entstand 1708-1718. Er erzählt die Idda-Legende in neun geschnitzten Medaillons.

Wir treten in einen kleinen, doch geistvoll kapriziös gebildeten Zentralraum, dessen Kreuzarme zusammen mit den Diagonalräumen eine durch Altäre akzentuierte Peripherie bilden. Nicht nur zu ebener Erde, sondern auch in den Okuli einer oberen Zone öffnen sich nach der Mitte die Diagonalräume, die sich auf der Seite gegen die Kirche auch gegen die Kreuzarme auftun. So entstehen die verschiedensten Kommunikationen, deren auf engem Raume sich entfaltende Fülle zumindest für das Auge ein verwirrend reiches Spiel schafft. Die Altäre in der raffinierten Scagliosa-Technik aus geschliffenem, farbigem Stuck, geschmückt mit

aus dem gleichen Material geschaffenen Blumendarstellungen, sind frühe Arbeiten des bayerischen Künstlers Dominikus Zimmermann, während der Bau vermutlich auf den Konstanzer Jesuitenpater Christian Huber zurückgeht. –
Die aus der Mitte des 18. Jahrhunderts stammenden ehemaligen Konventsgebäude zeigen auch in ihrem nicht ganz zu Ende geführten Zustand eine großartige Anlage mit Eckpavillons und symmetrisch vorspringendem Bibliotheksflügel. Verschiedene Räume des heute als Anstalt dienenden Innern sind in zarter Rocaille-Arbeit stuckiert.

Durchs Töß- und Glattal zum Greifensee

Es lohnt sich, das Tal, in welchem Fischingen liegt, weiterzuverfolgen, am Fuß der Idda-Burg vorbei, deren Herrin Gräfin Idda einst war. Bald endet das Tal, und unser Sträßchen tritt hinaus auf eine kleine, zum Teil von steilen Waldhöhen umstandene Hochfläche, wo wir im Dorf Mühlrüti auf die aus dem Toggenburg heraufkommende Straße treffen. Diese führt noch weiter hinauf, bis zur *Hulftegg*, dem nicht ganz tausend Meter hohen Übergang aus dem oberen Thurtal, dem bis 1798 noch dem Fürstabt von St. Gallen unterstehenden Toggenburg, und ins oberste Tößtal, das bereits zum Kanton Zürich gehört. Der Zugehörigkeit zu verschiedenen Kantonen entspricht der konfessionelle Unterschied, doch ist die Landschaft als solche auf beiden Seiten von verwandter Art in der Vielgestalt des Reliefs, das hier aus dem von den Alpen abgelagerten Schutt, der weichen Molasse, im Laufe der Zeit erodiert wurde. Gewundene Täler und Schluchten, ›Tobel‹, wie man hierzulande sagt, die sich feiner und feiner verzweigen, sind durch schmale Grate oder durch einzelne breitere Rücken voneinander getrennt. Das Ganze krönen scharf vorspringende ›Eggen‹, will heißen Ecken, und ›Hörner‹, unter denen das ›Hörnli‹ im Nordwesten und im Südosten das beinahe 1300 Meter hohe Schnebelhorn die Hulftegg flankieren. Von diesen Höhen aus gibt es eine ebenso vielseitige wie umfassende Sicht: gegen die langhin ziehenden flachen Bergrücken im Norden, diesseits, doch bereits auch jenseits des Bodensees bis zu den Allgäuer Bergen und den Appenzeller Voralpen, aus denen sich die breiten Kalkbänder des Säntis entwickeln. Es folgen im Süden die Zacken der Kurfirsten und die Nagelfluh-Pyramide des Speer, woran sich noch weiter südlich und westlich die Glarner, Urner und Berner Alpen anschließen. Westlich des Pilatus reicht die Rundsicht über das Mittelland hinweg bis zum Jura.

Das ebenfalls gewundene Tößtal, in das die Hulfteggstraße bei Steg mündet, ist geologisch und siedlungsmäßig das kleinere Gegenstück zum bernischen Emmental, dem gegenüber auch die Dörfer bescheidener sind. Die hier beengtere Landwirtschaft hat schon im 19.Jahrhundert einen Teil der Bevölkerung in Fabriken, meist Spinnereien, gedrängt. Einzelne dieser Industriebauten sprechen durch die klassizistische Schlichtheit ihrer baulichen Erscheinung an. – Schon in *Bauma* verlassen wir das Tößtal, um durch eine Lücke in der südlich den Flußlauf begleitenden Höhenkette ins Glattal hinüberzuwechseln. Auf dem flachen, waldgesäumten Sattel liegt *Bäretswil* mit einer großen spätklassizistischen Kirche, die der bayerische Baumeister Gottfried Geißendorfer aus Pfronten im Allgäu errichtete. Der evangelische Predigtraum, der hier – nicht zu seinem Vorteil – durch Orgel und Taufstein moderne Akzente erhielt, folgt dem im Kanton Zürich schon seit dem 18.Jahrhundert häufigen Schema der Breitkirche, von dem auch die sehr schöne Kirche im nahen *Hinwil* bestimmt wird. Auch hier stammt der Baumeister, Franz Schmid, aus dem Allgäu, doch schließt er sich eng an die schweizerischen Vorbilder der Breitkirche an. Kanzel und Taufstein liegen mit der Orgel in der gleichen Querachse, und gegen die Kanzel sowie den die Mitte des Raumes bezeichnenden Taufstein öffnet sich auch das Hufeisen der harmonisch dem Rechtecksaal eingefügten Empore. Dahinter und darüber entfaltet sich an den durch zarte Pilaster gegliederten Wänden, in der Hohlkehle und im flachen Deckenspiegel das reiche Spiel der Stukkatur mit ihren von einzelnen Blumensträußen vermischten Rocaillen, alles noch in sehr spätem Rokoko, obwohl der Bau 1785-1787 errichtet wurde.

Von Hinwil fahren wir über Wetzikon nach *Gossau*, wo uns eine klassizistische Breitkirche mit Emporen und farbig getöntem

Stuck empfängt. Von der etwas über der Ebene des Glattals gelegenen Kirche aus geht der Blick hinüber nach Grüningen, einem winzigen Landstädtchen, dessen ehemaliges Landvogteischloß mit der frühklassizistischen Kirche zusammengebaut ist und auf einem der vielen, einst vom Gletscher ausgeschliffenen Hügel steht, die dem obersten Teil des Glattals das Gepräge geben. Einst lag über dem Ganzen das Eis des Linthgletschers, bevor sich dieser seinen Weg durch das engere Tal des Zürichsees bahnte. Dem Glattal aber ist die besondere Weite geblieben, von wo über eine nur niedrige Schwelle hinweg der Blick gegen den oberen Zürichsee und darüber hinaus in die Glarner Berge geht, hinter denen die Linth entspringt.

Wir setzen die Fahrt fort über die hier noch nicht von Siedlungen und Industrieanlagen verbaute Talebene nach Mönchaltdorf und *Niederuster*, dessen Fabriken 1832 von den durch die Konkurrenz der Maschinen arbeitslos gewordenen Heimwebern angezündet wurden, und folgen dem schilfbewachsenen, waldgesäumten Nordufer des idyllischen *Greifensee* zum gleichnamigen Städtchen, das, aus der modernen Überbauung einer nahen Satellitensiedlung Zürichs sorgsam ausgespart, noch sein von der Geschichte geprägtes Antlitz trägt. Der mächtige, von einem Staffelgiebel geschlossene Wohnturm ist in seiner heutigen Form 1520 als zürcherisches Landvogtschloß wiederaufgebaut worden, nachdem er im ›Alten Zürichkrieg‹ zerstört worden war. Dieser Krieg war gegen die Mitte des 15. Jahrhunderts zwischen Zürich und Schwyz um das Erbe der Grafen von Toggenburg entbrannt. 1444 wurden im ›Blutbad von Greifensee‹ rund fünfzig Mann, das heißt fast die ganze Besatzung, von den erbitterten Schwyzern hingerichtet. – Doch kennt Greifensee neben dem Massaker auch die Idylle, wie sie uns Gottfried Keller in seinem ›Landvogt von Greifensee‹ so anschaulich geschildert hat. – Wenige Häuser bilden östlich des Schlosses das Städtchen, in dessen südöstlicher Ecke als Teil der einstigen Stadtmauer die 1350 von Ritter Hermann von Landenberg gestiftete Kirche steht. Sie umschließt einen kleinen, jedoch höchst originellen Raum, dessen hochgotisches Palmengewölbe auf einem runden Pfeiler ruht, der frei in dem als unregelmäßiges Vieleck geformten Raume steht. – Der Greifensee, den man von der nahen Schiffländeaus vor sich hat, bildet mit seinen vor Überbauung und wildem Camping geschützten Ufern ein landschaftliches Kleinod, das so nahe bei der Großstadt fast unwirklich anmutet. Das Auge schweift über die Wasserfläche hinüber zu den Wiesen und Wäldern des langgestreckten Pfannenstiels, dessen Höhenzug schon am Zürichberg beginnt und weiter seeaufwärts zur Alpenkette weist, die von den firnbedeckten Zinnen des Glärnisch und Tödi beherrscht wird.

Über Schwerzenbach, Fällanden, Pfaffhausen und Witikon nähern wir uns Zürich, das uns schon von der Straße nach dem Gotthard her bekannt ist; wir erreichen die Stadt nach Überwindung der Höhe zwischen Lorenkopf und Ölisberg von oben her, eine Einfahrt mit besonders schöner Aussicht.

Von Zürich nach Bern

Abseits der Autobahn kann man von *Zürich* nach Bern gelangen, indem man bis Wohlen die alte Straße über den Mutschellen ins Reußtal wählt. – Das immer mehr von Siedlungen und Industrieanlagen beherrschte Limmattal, in das sich die Satellitenstädte der schweizerischen Wirtschaftsmetropole ergießen, verlassen wir zwischen Schlieren und Dietikon und fahren durch ein von Wäldern begleitetes Tal empor zum Mutschellen, dem alten Übergang vom Limmattal ins Reußtal, über den hinweg sich einst die beiden großen reformierten Städte Zürich und Bern gegenseitig Hilfe leisteten und wo zwischen 1815 und 1848 das Bundesarchiv zwischen den beiden alle drei Jahre wechselnden Vororten der auch damals noch nur lose verbundenen Eidgenossenschaft in mühseligem Anstieg hin und her gezügelt wurde. Und noch bis zur Eröffnung der Autobahn wälzte sich die oft kaum unterbrochene Kolonne von Lastzügen und Personenautos mühsam genug über den Paß.

Die Aussicht vom *Mutschellen* und ganz besonders vom nahen Hasenberg aus ist eine der umfassendsten des Mittellandes. Sie reicht von den Waldkämmen des Jura im Westen über die lang dahinziehenden breiten Kämme des Aargaus, hinter denen die Vorberge des luzernischen Entlebuchs aufsteigen, bis zu den Berner, Unterwaldner und Urner Alpen, vor denen, wie niedrigere Herolde, Pilatus und Rigi stehen. Zwischen diesen beiden Vorgipfeln ahnt man den hellen Spiegel des Zuger und des Vierwaldstätter Sees. Zu Füßen des Berghangs, auf dem wir stehen, schlängelt sich durch eine noch unverdorbene Landschaft die Reuß.

In wenigen großen Kehren steigt die Straße nach *Bremgarten* hinunter, das im Spätmittelalter eine kleine freie Reichsstadt war und malerisch in die engste Stelle einer Flußschlaufe gebettet ist, darin dem bayerischen Wasserburg verwandt und wie dieses eine Brückenstadt. Doch zerfällt Bremgarten deutlich in Oberstadt und Unterstadt. Im oberen Teil liegen die wichtigsten weltlichen Plätze und Bauten: die zum Markt hin verbreiterte Hauptstraße, die sich nachher in scharfem Knick zur Reuß hinabzieht, ferner das ansehnliche, in den Formen des späten 18.Jahrhunderts erbaute Rathaus, der hoch über dem Fluß gelegene Amtshof des Klosters Muri mit seinen neugotisch ergänzten Zinnen und das halb spätgotische, halb barocke ›Schlößli‹, das in einem eigenen, ummauerten Bereich mit schönem Gittertor in der Nordostecke des Städtchens steht. – Die Unterstadt ist bestimmt durch die im Grunde noch spätgotische, aber im Innern von der barocken Ausstattung geprägte Kirche, um die einzelne Kapellen einen geistlichen Bezirk bilden. – Eine überdachte Holzbrücke, die in alten Formen verbreitert wurde, überquert die Reuß, nicht ohne ein Kapellchen auf den Mittelpfeiler zu setzen. Später führt die Straße durch einen ausgedehnten Wald, in dem einzelne winzige Moorseen verborgen liegen, nach *Wohlen,* einem ansehnlichen Dorf im ›Freiamt‹, wie dieser Teil des einst von den Eidgenossen gemeinsam regierten Aargaus heißt. Wohlen besitzt eine große klassizistische Kirche mit stattlicher Fassade, zu der man über eine Freitreppe emporsteigt. Das Innere des von Niklaus Purtschert zu Anfang des 19.Jahrhunderts errichteten Baues zeigt die gleiche, aus dem Spätbarock entwickelte Saalform mit gegen den eingezogenen Chor abgerundeten Ecken wie so viele andere Kirchen der Purtschert und Singer in der Innerschweiz.

Nach Wohlen wählen wir nicht die über Lenzburg nach Bern führende Straße, sondern den Umweg über den Hallwiler See. Er führt uns zunächst nach *Villmergen*, einem Dorf, das von einer 1863-1866 errichteten Pfarrkirche überragt wird, deren spröde, jedoch namentlich im Innern bis in die letzte Einzelheit durchstilisierte Neugotik wir heute wieder zu würdigen beginnen. Der Ort ist durch die beiden Villmergerkriege in die Schweizer Geschichte eingegangen. Denn hier, wo von der katholischen Innerschweiz aus die Verbindungen zwischen Zürich und Bern am leichtesten bedroht werden konnten, fand sowohl 1656 wie 1712 die Entscheidungsschlacht der beiden Religionskriege statt.

Über die Senke von *Sarmensdorf*, das eine ansehnliche Rokokokirche mit stuckgerahmten Deckenbildern und zum Teil schon klassizistischen Altären besitzt, gelangen wir über Meisterschwanden nach Seengen, an dessen Anfang *Schloß Brestenberg* liegt, ein im wesentlichen dem 17. Jahrhundert entstammender Frühbarockbau, von dessen Gartenterrasse aus man einen schönen Blick auf den Hallwiler See genießt. An dessen westlichem Ende steht eine der am besten erhaltenen mittelalterlichen Wasserburgen der alemannischen Schweiz, nämlich *Schloß Hallwil* mit seinen zu malerischer Gruppe vereinigten Wehrmauern, Wohntrakten und Türmen.

Auf zum Teil steilen, von Wald beschatteten Nebenstraßen geht es vom Seetal hinüber in das breite Suhrtal und von dort nach Zofingen, das uns schon von der Strecke Basel–Luzern bekannt ist.

St. Urban. Die Weiterfahrt Richtung Langenthal führt zum Teil wieder durch ausgedehnte Wälder, in denen prächtige alte Weißtannen stehen. Es ist die Landschaft, wie sie die Zisterzienser liebten, die von 1194 bis 1848 die Abtei St. Urban bewohnten. Die Konventsgebäude wie die nördlich an diese anschließende Kirche, die 1711-1715 von Franz Beer errichtet wurde, entstammen in ihrer heutigen Erscheinung dem Spätbarock. Die beiden mit einfachen Hauben abgeschlossenen Fronttürme zeigen schon von weitem, daß es sich um ein Werk nach dem Vorarlberger Schema handelt. Beispiele für diese Stilrichtung, die dem Bau von St. Urban in der Entwicklung vorangingen, haben wir schon in Brig, Solothurn,

Pfäfers, Disentis, Rheinau und Bellelay angetroffen, und deren großartigen Abschluß sahen wir in St. Gallen. Wenn man von St. Gallen und von Einsiedeln, das eine eigene Stellung einnimmt, absieht, so besitzt St. Urban den eindrucksvollsten Innenraum der ganzen Schule.

Die das Mittelschiff begleitenden Pfeiler sind mit zart stukkierten Pilasterpaaren geschmückt, die sich der Längsachse zuwenden, diese damit betonend. Doch auch die Querrichtungen kommen zu besonderer Geltung, indem das obligate Wandpfeilersystem durch zwei Querschiffe bereichert wird, welche die Längstonne durchkreuzen. Insbesondere das erste der beiden Querschiffe bringt die beiden Pilasterpaare zur Geltung, die sich seitlich des eingezogenen Chorbogens dem Eingang zuwenden und damit gegenüber den anderen Pilasterpaaren die Querrichtung unterstreichen. Zur harmonischen Entfaltung gehört auch, wie die pilastergeschmückten Pfeiler frei vor die leicht zurückgesetzten Emporen treten und wie der Raum überall gefaßt und durchgeformt, jedoch nirgends verstellt ist. Das weit und groß bemessene Langhaus nähert sich in der Wirkung einem eigenen, von Kapellen und Emporen begleiteten Saal, der auch das erste Querschiff in sich einbezieht. Doch dann verengt sich der Raum im Chor und zugleich beschleunigt sich sein Rhythmus um ein weniges durch die geringeren Pfeilerintervalle, bis im zweiten Querschiff, das zugleich auch das Altarhaus ist, eine neue und letzte Erweiterung folgt. So wird der Zug vom Eingang in die Tiefe durch die große Längstonne, die das Leitmotiv der Vorarlberger Meister darstellt, gerade mittels der mit feinstem rhythmischem Takt vollzogenen Variierung besonders großartig zur Geltung gebracht. An dieser Wirkung hat auch das Licht hervorragenden Anteil: aus Fenstern fallend, die durch die Pfeiler wie von Kulissen verdeckt sind, erfüllt es den Raum mit einer ganz leicht abgestuften Helligkeit, die in den freskenlosen, nur mit weißem Stuck maßvoll geschmückten Wänden und Wölbungen herrscht. – Wenn Norbert Lieb, der beste Kenner der Materie, den in der Schweiz stehenden Werken der Vorarlberger eine eigene Feierlichkeit zuspricht, so trifft dies im besonderen auf St. Urban zu. Auch Reinle wertet das Innere von St. Urban als »das Glanzstück eines Longitudinalraumes, als das adeligste Interieur des schweizerischen Barock. Wie aus hohen Schneewänden gehauen, baut sich der von Querkulissen und Emporen begleitete Gangraum vor uns auf. Die Fensteröffnungen bleiben verdeckt und geben damit dem Innern ein gleichmäßiges, effektloses Licht. Die Stukkaturen von Franz Schmutzer, der schon in Rheinau mit Franz Beer zusammenarbeitete, sind seiner Architektur auf den Leib geschrieben, und es ist schwer zu sagen, wo die Verdienste der beiden Meister zu scheiden sind«.

Der Hochaltar in noch vielteiligem Frühbarock wurde aus der früheren Kirche übernommen. Ein Ausstattungsstück ersten Ranges ist das Chorgestühl, das 1716 bis 1717 der Solothurner Bildschnitzer Peter Fröhlicher schuf und das noch reicher ist als die etwas älteren Gestühle in Beromünster, Ittingen und Rheinau oder das noch frühere von Wettingen. In warmem, dunklem Holzton bauen sich die beiden Sitzreihen übereinander auf, überhöht von einer Rückwand, vor der auf üppigen Pflanzenkonsolen Engel stehen, woraus Hermen hervorwachsen und aus kandelaberartig übereinander gestellten Blattkelchen heraus Engelskinder nach Blumen und Früchten greifen. Die Gliederung, in deren Motiven der aus Pflanzen gebildete Kandelaber, die menschliche Figur, sowie Blätter, Blumen und Früchte auf das Phantastischste in immer neuen Verbindungen ineinandergearbeitet sind, zeigen in den Intervallen Reliefs mit biblischen Szenen, wobei in wohlabgewogener Konkordanz die Bilder des Neuen über jenen des Alten Testamentes stehen. Der Stil dieser Darstellungen, für die hier wie auch anderswo Stichfolgen dienten (so für die Szenen aus dem Alten Testament die 1702 in Augsburg gedruckte Bilderbibel von Johannes Kraus), ist ruhiger und klarer, so daß man hier einen eigenen Meister, möglicherweise Victor Wüest aus Sursee, annehmen kann. Die wuchernde Fülle der Dorsalwände beruhigt und festigt sich in den Horizontalen des nur schwach verkröpften Gebälks, doch darüber entfaltet sich als prachtvoller Ausklang in erneuerter Freiheit Rankenwerk, in welchem die Figuren von Christus, Maria, Paulus und den Aposteln mehr zu schweben als zu stehen scheinen. – So ist in das lichte Weiß des Kirchenraumes ein ganzer Kosmos eingebettet, gleich reich an innerem Gehalt wie an Überschwang der Formen, der aber im letzten doch immer wieder gebändigt ist.

Bis nach Zofingen waren wir im Aargau. In St. Urban erlebten wir den bis in seinen westlichsten Zipfel von katholischer Kunst durchdrungenen Kanton Luzern. Nun aber fahren wir über eine sanfte Höhe hinüber ins bernische Langenthal und damit wieder in protestantisches Gebiet. In diesem Wechsel ist immer noch ein wenig von den Glaubensgegensätzen zu spüren, die einst auch die Schweiz zerrissen. Die Landschaft verliert ihren sakralen Charakter, den sie in den katholischen Teilen des Mittellandes, wenn auch nicht so stark wie in den Alpentälern, doch noch immer in unübersehbarer Weise besessen hatte. Während jetzt, im Kanton Bern, die Pfarrhäuser stattlicher auftreten – sie wurden während des 17. und 18. Jahrhunderts von der das Land patriarchalisch regierenden Stadt Bern erbaut –, werden die Kirchen kleiner. Sie sind nun keine ›Gotteshäuser‹ mehr, die der Barock mit überirdischem Glanz zu erfüllen trachtete, sondern in erster Linie von einem praktisch-nüchternen Sinn geschaffene Predigtsäle, die in würdiger, doch betont zurückhaltender Form der hier versammelten Gemeinde einen sonntäglichen Rahmen bieten sollen. Man muß sich dieser anderen Aufgabenstellung bewußt sein, wenn man in den protestantischen Kantonen sieht, wie wenigstens bis gegen Ende des 18.Jahrhunderts die Kirchen zwischen den überaus stattlich werdenden Bauernhäusern zurücktreten.

Von den Dörfern, die wir jetzt durchfahren, hat das ansehnliche *Langenthal* schon im 19.Jahrhundert halbstädtischen Charakter angenommen. Die großen Gasthöfe und die verschiedenen Plätze hängen mit den regelmäßig abgehaltenen Märkten zusammen. Das in seiner Neubarock-Architektur an das bernische 18.Jahrhundert anknüpfende Theater ist die Stiftung eines zu Reichtum gelangten Bürgers.

Westlich von Langenthal liegt auf sanfter Höhe das *Schloß Thunstetten*, das 1713-1715 für den bernischen Schultheißen Hieronymus von Erlach erbaut wurde, im Geschmack eines vornehmen französischen Landsitzes mit einem von zwei langgestreckten Flügeln gebildeten Ehrenhof. Im gewaltigen Walmdach des Herrenhauses aber wird im Grunde die uralte Form des aargauischen Strohdaches ins Monumentale übertragen.

Die folgenden Dörfer, Thöringen und Wyningen, wie die einzelnen, harmonisch ins Gelände gefügten Höfe sind noch ausgesprochen ländlicher Natur. Sie zeigen das Berner Bauernhaus in seiner dem Mittelland entprechenden Form – im Unterschied zum schon alpinen Oberländer Haus. Wie dieses kann auch das uns im Oberaargau, im Emmental, im Seeland und Fraubrunnen-Amt begegnende Berner Haus aus Holz sein. Doch ob Holz, Stein oder Fachwerk, die Form ist jedes Mal die gleiche: Wohnhaus und Stall befinden sich unter demselben Dach. Dieses zeigt über dem zweigeschossigen Wohnteil einen Giebel, unter dessen Krüppelwalm sich ein holzverschalter Bogen, der sogenannte ›Geerschild‹, öffnet. Seitlich begleitet ein Balkon, die ›Laube‹, das erste Stockwerk. Alles wirkt für ein Bauernhaus nicht nur groß und regelmäßig, sondern meist überaus gepflegt, was sich selbst auf den

Misthaufen überträgt. Reichster Blumenschmuck vor den oft im Stil des Rokoko in flachem Bogen geschlossenen Fenstern macht diese Häuser besonders einladend, und in weiser Erkenntnis der für das menschliche Zusammenleben notwendigen Seelenhygiene steht neben dem Bauernhaus das ›Stöckli‹, ein kleines, ebenfalls zweigeschossiges, meist hölzernes Wohnhaus mit oft auch vorn herumgeführter Laube, bestimmt für die Eltern des mit seiner eigenen Familie nun selbständig gewordenen jüngsten Sohnes, dem nach altem bernischem Erbrecht der Hof zufällt. Das eigene kleine Reich, das der Bauer mit seiner durch das Gesinde erweiterten Familie, mit Tieren und Vorräten hier vielerorts noch heute bildet, mit seinem Behagen, seinem Glück, doch auch mit den Nöten und Spannungen wechselnder Schicksale, hat Jeremias Gotthelf beschrieben, der dichtende Pfarrer von Lützelflüh im nahen Emmental. In seinen gegen die Mitte des 19. Jahrhunderts entstandenen Erzählungen klingt bereits die Sorge um das Seelenheil eines von Fortschrittswahn und Materialismus bedrohten Volkes. –

Wir überqueren die an hohen Sandsteinwänden vorüberfließende Emme bei *Burgdorf*, das hier, von Nordwesten her, sein eindrucksvolles Stadtbild zeigt: ein turmbewehrtes, mittelalterliches Schloß auf steilem Hügel, von dem aus sich auf seitlich abfallendem Rücken die Stadt leicht hinanzieht zur gotischen Kirche, dem Gegenstück zum Schloß, die sich hier beide in sehr mittelalterlicher Weise die Waage halten. Die Burg wurde zum Schutz des Flußüberganges sowie des Eingangs zum eigentlichen Emmental von den Zähringern erbaut, die hier um 1170 die Stadt gründeten. 1218, nach dem Aussterben der Zähringer, erbten die Kyburger Burgdorf, und von diesen ging es an die Linie Habsburg-Laufenburg über. 1384 erwarben die Berner die Stadt. Die 1471 begonnene Pfarrkirche Burgdorfs folgt in ihrer Gesamtordnung, dem dreischiffigen basilikalen Langhaus, aus dem der einschiffige polygonal geschlossene Chor stark hervortritt, dem Vorbild des Berner Münstes. Auch ihr reicher, spätgotischer Lettner, den das 19. Jahrhundert unter die Orgelempore versetzte, ist eine Nachbildung des hölzernen Lettners, der einst im Berner Münster stand.

Die hochgelegene Altstadt ist von verschiedenen Bränden heimgesucht worden, so 1706 und 1715 und noch einmal 1865. Der Wiederaufbau erfolgte jeweils in deutlicher Anlehnung an das nahe Bern, dessen besonders ausgeprägtes Staatsbewußtsein namentlich vom 16. bis zum frühen 19.Jahrhundert auch das architektonische Gesicht der abhängigen Landstädte bestimmte.

Das Schloß mit seinem turmartigen Palas, neben dem runde und ebenfalls im Viereck gemauerte Türme aufragen, ist außer dem auch von den Zähringern erbauten Schloß Thun das schönste Beispiel einer mittelalterlichen Wehr- und Wohnanlage im Kanton Bern. In seinen Mauern, die heute ein Museum umschließen, leitete Heinrich Pestalozzi von 1800 bis 1804 sein Erziehungsinstitut, bevor er es nach Münchenbuchsee und später Yverdon verlegte.

Von Burgdorf fahren wir aus den uns bisher begleitenden Waldhöhen ins offene Land hinaus nach *Hindelbank*, wo sich ganz im französischen Geschmack des 18.Jahrhunderts, mit zweigeschossigem Herrenhaus zwischen niedrigen Flügeln, der gleiche Hieronymus von Erlach wie in Thunstetten ein Schloß als Sommerresidenz, als sogenannte ›campagne‹, erbauen ließ. In der spätgotischen Kirche von Hindelbank hat der aus Potsdam nach Bern übergesiedelte Johann August Nahl 1751 zwei Grabmäler geschaffen, das eine für den pompösen Hieronymus von Erlach, das andere, das ganz den Geist der Empfindsamkeit atmet, für eine Pfarrfrau. Sie scheint im Akt der Auferstehung zusammen mit ihrem bei der Geburt mit ihr gestorbenen Knäblein die Grabplatte zu durchbrechen. – Einen anderen ›Grabstein‹ sehen wir bald darauf in der großen geborstenen Säule, die auf einer kleinen Anhöhe neben der Autobahn steht. Es ist das Denkmal für das Gefecht im *Grauholz*, wo am Vormittag des 5.März 1798 der letzte Widerstand des alten Bern nach tapferem Kampf vor der französischen Übermacht zusammenbrach.

Von Hindelbank aus kann man über das ebenfalls im wesentlichen dem bernischen 18.Jahrhundert entstammende Schloß Jegenstorf, das mit seinen gepflegten Innenräumen als Museum zugänglich ist, und weiter über Zollikofen und dann der Aare entlang nach Bern gelangen. Doch das Bauernland begleitet einen länger, wenn man über Krauchtal und unten an dem hochgelegenen Schloß Thorberg vorbei nach Bollingen fährt, um von dort aus die Aarestadt zu erreichen. Herrliche Laubwälder steigen aus saftigen Wiesengründen zum Teil steil empor, die Bauerndörfer haben noch ihre Ursprünglichkeit bewahrt, und erst wenn wir über einen Sattel hinweg das bereits im Berner Aarebecken gelegene Bollingen erreichen, sind wir auch hier in Gebiete dichterer Bebauung geraten. Doch bald fahren wir durch eine alte Allee, die uns in langer gerader Linie zur Aare führt, die wir durch den Aargauer Stalden erreichen. Unter dem ›Rosengarten‹, dem hochgelegenen einstigen Friedhof, und am Bärengraben vorbei, wo das Wappentier der Stadt gehegt wird, fahren wir über die steinerne Nydeggbrücke in die flußumschlungene Mitte des alten Bern.

Bern

Wie stark Bern mit seiner Landschaft verbunden ist, zeigt der folgende Passus aus einem Buch Maria Wasers, das die Dichterin ihrem Landsmann Ferdinand Hodler gewidmet hat: »In ihrer gesammelten Form aber verkörpert die Stadt recht eigentlich die Landschaft, deren Herz sie ist, dieses großartig hingelegte, weitgebaute bernische Land, das in all seinen Teilen von der feierlichen Dreieinigkeit seiner Gipfelkönige, in denen das Gezacke und Geflacker der Alpenkette sich sammelt, auswirkt, verklärt bis hinunter zu den stolz gefügten Misthaufen seiner Bauernhöfe von Ordnung regiert, von Maß und gesetzlicher Kraft. Der Rhythmus der Stadt rauscht durch dessen unendliche Parallelzüge vom Alpenwall nieder durch die weite Herrlichkeit des Hügellandes bis zum fernhin verblauenden Bogen des Jura. Dieser selbe strenge, weitgemessene Rhythmus aber schwingt auch vernehmlich mit in den Werken eines Albrecht von Haller und Jeremias Gotthelf (wie ganz anders der Wellenschlag, Flimmer, Blitzen und Gekräusel bei Salomon Geßner, Gottfried Keller, Albert Welti) und er ist es, der Ferdinand Hodler im Blute pulst.«

Bern ruht wie wenig andere Städte in sich selber und strahlt sein Gesetz aus in die Landschaft, aus der es ihrerseits immer wieder seine Kraft schöpft. »Bernerland« ist ein lebendiger Begriff. Von der expansiven Kraft des alten Bern, das wie kein anderer Ort der Eidgenossenschaft zu herrschen verstand, zeugen die vielen Schlösser, welche die Stadt im ausgehenden Mittelalter erwarb und die noch heute mit dem weithin sichtbaren Bernerwappen als Amtssitze oder, wie man hier sagt, als Stadthaltersitze dienen, von denen aus das Land mehr regiert als verwaltet wird. – Andere Schlösser zeugen zusammen mit den im 17. und 18.Jahrhundert erbauten Landsitzen von der Macht der Bernischen Aristokratie, die von der Stadt aus das Land regierte und diesem trotzdem aufs engste verbunden blieb. – Ausgeprägter als in den übrigen Kantonen herrscht hier ein eigenes Staatsbewußtsein, in einem Gebiet, das noch immer von den Alpen durch weite Teile des Mittellandes bis zum Jura und über diesen hinaus bis an die Burgundische Pforte reicht, das bis zum Ende des 18.Jahrhunderts jedoch den größeren Teil des heutigen Kantons Aargau und den ganzen Kanton Waadt umfaßte. Bern war der mächtigste Staat im losen Bund der alten Eidgenossenschaft, bewährt in den Burgunderkriegen, in denen es Karl den Kühnen besiegte, wegen seiner Söldner von den französischen Königen umworben, von Montesquieu als das wohlgeordnetste Staatswesen gerühmt und mit Sparta, ja mit Rom verglichen, in Hinblick auf das selbstlos-dienende Vertrauen seiner Bürger in den Staat. In diesem Sinne kann auch jenes Preußen zum Vergleich herangezogen werden, in welchem Herrschen noch eine hohe Verpflichtung bedeutete und wo der Staat weniger auf äußere Reichtümer baute als auf die Tugenden seiner Bürger. In Bern war es das Patriziat der ›Bernburger‹, das den Staat trug. Sein Ende im März des Jahres 1798, in der Zeit des großen europäischen Umbruchs, besiegelte auch den Untergang der alten Eidgenossenschaft.

In den folgenden Jahrzehnten wogte hier wie in der übrigen Eidgenossenschaft der Kampf zwischen alter und neuer Ordnung hin und her, bis 1830 die früheren Privilegien endgültig versanken. Doch wie so oft in der Geschichte bedeutete die schließlich erreichte Gleichberechtigung der Landbewohner den Sieg der bisher Benachteiligten, die jetzt das Übergewicht erhielten. Männer vom Land wie Jakob Stämpfli, dessen Denkmal auf der »Großen Schanze« steht, übernahmen mit unverbrauchter Kraft die Führung sowohl im Kanton als auch, mit einem wesentlichen Anteil, im 1848 geschaffenen Bundesstaat, zu dessen Hauptstadt Bern erkoren wurde.

Die alte Herrscherstellung zwischen Jura und Alpen, Genfer See und Mittelland scheint durch diesen Akt von neuem bestätigt zu sein, und insbesondere im Waadtland liebt man es, aus altem Ressentiment den neuen Zentralismus mit ›ces messieurs de Berne‹ zu kritisieren. Doch für die Stadt selbst, obwohl sie wie keine andere als Bundeshauptstadt prädestiniert erschien, erwies sich diese Würde bis zu einem gewissen Grad als Danaergeschenk, einmal in der Veränderung des Stadtbildes, aber auch in der Verwässerung des überlieferten Charakters, wie es das ständig wachsende Heer der Bundesbeamten mit sich brachte. So zeigt auch Bern gleich vielen anderen europäischen Hauptstädten ein Doppelgesicht. Auf der einen Seite ist es das Ansehen, das der Sitz der Regierung und des Parlaments (in der Schweiz die aus Nationalrat und Ständerat bestehende Bundesversammlung) samt dem Glanz der diplomatischen Empfänge und der Besuche fremder Staatsoberhäupter einer Stadt verleihen kann und ihr zu gewissen Zeiten den Atem der großen Welt schenkt; daneben aber bestimmt das Heer der Bundesbeamten den bernischen Alltag, zu dem mit ebenfalls einigem Gewicht die kantonale Verwaltung kommt. Da Handel und Industrie sowie das Bankwesen, verglichen mit Zürich, Basel, St. Gallen und Genf, eine verhältnismäßig kleine Rolle spielen, gibt der festbesoldete Beamte der mittleren und unteren Ränge den Ton an, dem gegenüber aufzufallen die Spitzen mit demokratischem Understatement vermeiden. Dazu kommt, daß die in der Wirtschaft mögliche und nötige Raschheit der Entschlüsse zu einer demokratischen Regierung nicht gut paßt, dieser ein bedächtiges und nichts überstürzendes Vorgehen dagegen als Tugend angerechnet wird. Diese Bedächtigkeit, die als solche schon zur Berner Art gehört, spürt man in den Gassen und Straßen der Aarestadt wohltuend als Ausgleich zur Unrast und Betriebsamkeit mancher nordostschweizerischer Städte, bisweilen aber auch enervierend und bedrückend. Melancholisch jedoch stimmt es, wenn die mit der ganzen Kultur des Dix-huitième errichteten Herrensitze, aber auch die schloßartigen Residenzen des 19. und frühen 20.Jahrhunderts, die sich das bernische Patriziat und ihre Nachfahren errichteten, entweder den Neubauten der Bundesverwaltung geopfert werden oder in der Masse kleinbürgerlicher Einfamilienhäuschen und anonymer Wohnblocks untergehen und vielfach ganz verschwinden. – Um so dankbarer darf man sein, daß die unvergleichlich schöne Altstadt wenigstens in ihrem Kern und im äußern Gesicht heute strikte erhalten wird, nachdem im 19. und in den ersten Jahrzehnten des 20.Jahrhunderts auch hier manche Einbußen entstanden sind. –

Noch auf einen andern Gegensatz, der ebenfalls für Bern bestimmend ist, sei hier hingewiesen, nämlich auf die Grenze zwischen Deutsch und Welsch. Freilich darf hier unter Gegensatz nicht etwa sprachliche Unterdrückung verstanden werden, wie denn die Schweiz grundsätzlich keine Minderheiten kennt. Aber das alemannische Volkstum, das hier auf den in vielem verwandten Eigenschaften einer älteren burgundischen Schicht beruht, hat an der Grenze zum französischen Sprachgebiet eine erdhafte Kraft und eine Wucht des Beharrens entwickelt, die sich diametral verhält zur beweglicheren und verbindlicheren, kurz urbaneren Art des Welschen. So verwandt im Unterschied zu Paris der Westschweizer in einer gewissen bedächtigen Schwerfälligkeit dem Deutschschweizer vieler Kantone sein kann, so erlebt man doch immer wieder das Anderssein des Welschen gegenüber der Berner Art im Sinne einer mehr städtisch-kultivierten Lebensform. Kein Zufall ist es darum, daß viele junge Deutschschweizer nicht nur zum Erlernen des Französischen, sondern auch zur Ausbildung geschmeidigerer Manieren eine gewisse Zeit im Welschland verbringen. Darüber hinaus sind es unter den Deutschschweizern gerade die Berner, die sich zahlreich im Kanton Waadt ansiedeln und sich dort rasch assimilieren.

Der Kanton Bern ist noch bis tief ins 20.Jahrhundert hinein ein ausgesprochenes Bauernland geblieben, und diese Vergangenheit prägt auch heute noch nicht nur die Landschaft, so namentlich den Oberaargau und das Fraubrunnenamt, die wir auf unserem Weg durchfuhren, sondern auch das Seeland und das untere Emmental. Aus diesen hablichen, in sich ruhenden Gegenden, die durch eine besondere Fruchtbarkeit gesegnet sind, strömt es immer wieder in die Hauptstadt, deren Wesen insbesondere seit dem Fallen der politischen Schranken, das mit dem Schleifen der Bastionen zusammenging, durch bäuerliche Art mitgeprägt wird. Viele Stadtbewohner stammen vom Land und verleugnen dieses Herkommen keineswegs. Nicht nur an Markttagen flutet ländlicher Überfluß in die Stadt und baut sich in Ständen auf bis vor das Bundeshaus; auch zwischen ländlicher und städtischer Bauart lassen sich deutliche Beziehungen erkennen. Breit ausladend und gewichtig geben sich die in Lauben gegen die Gasse zu geöffneten Fassaden.

Bei allen Beziehungen zur ländlichen Umgebung hat Bern als Ganzes doch nichts von einem Dorf, vielmehr besitzt es seit seiner Gründung durch Herzog Berchtold IV. im Jahre 1191 auf das eindrucksvollste ein städtisches Gesicht, das sich aus der glücklichsten Mischung aus planmäßiger Anlage, wie sie dem Willensakt zähringischer Stadtbaukunst entspricht, und unwillkürlichem Wachstum entwickelt hat. In der großzügigen Übersichtlichkeit der breiten, von je einer Nebengasse begleiteten Hauptgasse bietet sich schon der älteste Teil auf der Aarehalbinsel zwischen Zeitglockenturm und Nydeggbrücke dar, und die späteren Erweiterungen, die schließlich die ganze Aarehalbinsel ausfüllten, sind diesem Gesetz gefolgt. Aber das besonders hohe Staatsbewußtsein des alten Bern kam auch in einzelnen baulichen Zeugen zum Ausdruck, so noch am Ende des Mittelalters im Münster und im Rathaus, dann in den öffentlichen und halböffentlichen Bauten des 18. Jahrhunderts, denen sich in einzigartigem Reichtum der bürgerliche Wohnbau anschließt.

Die Aristokratie, die diese Bauten im wesentlichen schuf, tritt heute nur noch wenig in Erscheinung. Doch man erkennt sie an der geschliffenen Sprache, welche viele Laute gleichsam von oben herab zwischen Gaumen und Rachen formt, das ›R‹ leicht rollt und häufig französische Wendungen und Wörter einflicht. In den alten Familien herrscht eine besondere Weltoffenheit, vor allem gegenüber Frankreich, mit dessen Königen man seit dem 16. Jahrhundert durch Soldbündnisse verbunden war. Dazu kommen die gepflegten Umgangsformen und eine leise Skepsis, wie sie sich aus der jahrhundertelangen Erfahrung im Regieren und im geschickten Verhandeln entwickelte. Viele dieser Familien wohnen noch auf ihren Landsitzen in der sogenannten ›Campagne‹ und führen damit eine Überlieferung aus jener Zeit weiter, da das Patriziat die Landschaft patriarchalisch beherrschte.

Ein erster Rundgang mag uns vom modernen Bahnhof zur nahen baumbestandenen ›Kleinen Schanze‹ und von dort zur anschließenden ›Bundesterrasse‹ führen, wo dem Pomp des gegen 1900 als Dreiergruppe vollendeten Bundeshauses das nicht minder pompöse Alpenpanorama mit der berühmten Trias Eiger, Mönch und Jungfrau antwortet. Man gehe weiter bis zur Kirchenfeldbrücke, deren kühne Eisenkonstruktion seit 1882-1883 die in der Tiefe fließende Aare überquert und deren Brückenköpfe das ›Casino‹ und das bernische historische Museum bilden. Diese beiden Gebäude setzen, jedes in seiner Art, mit steilen Giebeln und spitzen Türmen historische Stilreminiszenzen als Kulisse in ein Stadtbild, dessen innere Kraft glücklicherweise groß genug ist, um sich das zunächst Fremde zu eigen zu machen.

Dieses *Stadtbild*, das man am besten von der durch das Historische Museum und zwei andere Museen beherrschten Seite der Kirchenfeldbrücke aus wahrnimmt, gehört zu den schönsten, die es in Europa gibt. Wohl ist gerade der altstädtische Brückenkopf durch das 19. und frühe 20. Jahrhundert mitbestimmt, durch die Bundeshäuser und das Hotel Bellevue, die alle ein neues Maß und einen neuen Ton anschlagen. Doch die sich vom Casino aus östlich zum Münster und darüber hinaus hoch über der Aare hinziehenden Bauten besitzen noch jenen ungemein lebendigen Rhythmus, in dem einzelne Palais zwischen den Wohnhäusern im richtigen Maß Akzente setzen, ohne sich dabei im eigentlichen Sinne des Wortes breitzumachen. Eine Unterbrechung des Ganzen stellt die an sich sehr großzügige Münsterplattform dar, mit deren Aufmauerung schon im 15. Jahrhundert begonnen wurde, doch selbst sie sprengt es nicht. Die Häuserzeile an ihrem Fuß, im zwanzigsten Jahrhundert ›saniert‹, muß man freilich übersehen, und auch das Münster selber fügte sich vor dem erst im späten 19.Jahrhundert erfolgten Ausbau des Turmes besser in den Stadtkörper ein.

Wir kehren zurück zum *Zeitglockenturm*, der in bernischer Wucht den schon im 13.Jahrhundert erreichten Abschluß der Altstadt gegen Westen markiert und dessen astronomischer Uhr jeweils bei voller Stunde vom Publikum die Referenz erwiesen wird. Ostwärts öffnet sich die *Kramgasse*, die sich in der *Gerechtigkeitsgasse* fortsetzt, und wieder darf man sagen, daß man in seiner Art etwas vom Schönsten von Europa vor sich hat. Denn während die anderen Hauptgassen Berns, die im Zuge der auch in diesem Gebiet noch mittelalterlichen Stadterweiterungen westlich vom ›Zeitglockenturm‹ angelegt wurden, stark von Stilkopien durchsetzt sind, trägt man der eigentlichen Zähringerstadt, wie sie sich östlich des Turms über den Rücken der Aarehalbinsel hinzieht, so sehr Sorge, daß auch bei vollständigem Innenumbau die originalen Fassaden erhalten bleiben müssen. So ist es nicht nur das Gesamtbild des leicht sich senkenden und in kaum merklicher Kurve lebendig geschwungenen Straßenzuges, sondern die Disziplin, der sich die in jeder Hausfront zum Ausdruck gebrachte Eigenart immer wieder einfügt, was besticht.

Für alle Häuser bestimmend sind die etwas vortretenden Pfeiler, welche die für Bern so charakteristischen ›Lauben‹ mit ihren niedrigen, doch oft weitgespannten Bogen einfassen, sowie die stark vorspringende, holzverschalte Kehle, über der das eigentliche Dach mit seinen Lukarnen beinahe verschwindet. Pfeiler und Dachkehle geben der Hausfront den Ausdruck sowohl der sicheren, im Boden gegründeten Kraft, wie auch der an ein altes Bauernhaus erinnernden Geborgenheit. Dazwischen spannt sich die eigentliche Fassade, meist mit drei Obergeschossen, jeweils zwei oder drei Fenster nebeneinanderliegend, gewöhnlich in Stichbogen geschlossen und in ihrem Scheitel durch eine Agraffe oder sonst einen zierlich ornamentierten Schlußstein ausgezeichnet. Nur die vor der Mitte des 18. Jahrhunderts entstandenen Fenster bilden ein einfaches Rechteck. Selten ist eine Front mit durchgehenden Pilastern oder einem Risalit ausgezeichnet, da jedes dieser Bürgerhäuser sich in einer gewissen Disziplin zurückhält. Doch ist die Wirkung keineswegs gleichförmig, im Sinne einer von außen aufgezwungenen Norm, sondern in einer sich von selber verstehenden Zucht zeigt jede dieser Fassaden ihre Eigenart, ohne aus der Reihe zu treten.

Durch die Kramgasse und Gerechtigkeitsgasse, die gleich den anderen Hauptgassen der Berner Altstadt von den prächtigsten alten Brunnen geziert sind, gelangt man, vorbei an der spätgotischen Nydeckskirche, zur gleichnamigen Brücke und über diese zum Bärengraben, wo das Wappentier der Stadt in mehreren kraftstrotzenden Exemplaren seit alters gehegt wird, mit dem einen Unterbruch, als 1798 die siegreichen, nach Trophäen Ausschau haltenden Franzosen in Ermangelung besonderer Kunstschätze die Bären nach Paris entführten. Vom Bärengraben aus steigt man über den Aargauerstalden den freien Wiesenhang empor zum ›Rosengarten‹. Hier lag in der Zeit des alten Bern der Friedhof, von dem noch die Ulmen-Alleen und die beiden gräzisierenden Steinvasen an den Terrassenmauern übriggeblieben sind. Noch bevor man an den Rand der sanft gegen den Steilabfall zur Aare ansteigenden Terrasse tritt, ahnt man die lichterfüllte Tiefe des Flußraumes, bis sich dann die Sicht auf das so edle Stadtbild ganz erschließt. Die Aare durchzieht die Bogen der beiden Nydeckbrücken, der alten, ganz in der Talsohle gelegenen und der neuen, die das Stadtbild schon mehr durchschneidet als ergänzt. Sie fließt in starker Biegung gegen Westen, am grünen Steilhang vorbei, über dem erst die Häuserreihe der Altstadt den Lauf des Flusses alternierend begleitet. Und in ähnlich langem, von elastischem Leben gespannten Zug erkennt man zumindest die Dächer der drei Längsgassen der Oberstadt, zu der von der Nydeckbrücke und von der die Aare unmittelbar säumenden ›Matte‹ aus die Häuser der Unterstadt emporsteigen. Sie sind fast alle rekonstruiert, doch geschah dies auch im Maßstab so geschickt, daß fast nur die geringe Zahl der Kamine ihr modernes Datum verrät. Die Vielheit der Dächer mit ihren alten Schornsteinen und einzelnen, um ein weniges über das Nebendach emporsteigenden Brandmauern, diese ganze so lebendige Kleinstruktur, wie sie von oben her gesehen die Gassenfronten ergänzt, schließt sich zu einer großen Einheit zusammen, die fest auf dem von der Aare umflossenen Molassefelsen steht und doch gleich einem eigenen Wesen von durchgehenden Rhythmen durchströmt ist.

Man muß von der pseudosakralen Kuppel des Bundeshauses, den überdimensionierten Dachbauten des ›Casino‹ und des Stadttheaters, ja selbst von der neuzeitlichen Vollendung des Münsterturmes absehen, um auch von der Höhensicht des ›Rosengartens‹ aus die richtigen Proportionen zu ermessen, in denen sich die Stadt zur Landschaft und in der Stadt wiederum Münster und Rathaus zueinander verhalten. – Es ist das Bild des alten Bern in seiner von der Natur vorbereiteten und von der Geschichte geformten Gesamtheit, das sich nirgends schöner erschließt als von dieser Stätte aus. Hier bewahrheiten sich auch jene Zeilen, mit denen Paul Hofer sein kleines, doch unheimlich intensives Buch schließt, das seiner Heimatstadt gewidmet ist: »Jede alte große Stadt umfängt ein Unergründliches. Die geschlossenste Form ist zugleich auch das verschlossenste Gefäß, und ihre Verschwiegenheit ist die alles Seienden, das heißt im Innern kraftvoll bewegten, nach außen aber ruhenden, verharrenden Lebens. Wo der Betrachter zur inneren Form vordringt, fällt ihm Bild und Urbild zusammen; er erkennt nicht mehr, sondern er *erfährt* das Unvergängliche. Von mystischer Grenzverwischung ist hier nicht die Rede. Klar und körperhaft wie zu Beginn tritt die Stadt dem Betrachter gegenüber. Und doch nicht ganz wie zu Beginn. Wir erinnern uns hier des Wortes ›Monument‹ und seines Doppelsinns: Denkzeichen und Urkunde, Akt der Erinnerung und Wahrzeichen. Die Stadt nicht als Werk der Werkmeister allein, sondern als Werk der Gemeinschaft: die Stadt als Monument.«

In die Disziplin der Gassen eingebunden bleiben selbst das Münster und das Rathaus, und mehr noch gilt dies für die Türme und die übrigen Kirchen: die Nydeckkirche, um die herum sich die Straße hinab zur alten Brücke am Aareknie zieht, dann die ehemalige Dominikanerkirche hinter dem mächtigen barocken Kornhaus und schließlich die als isoliertes Monument und doch voller städtebaulicher Beziehungen vor dem einstigen Stadtrand errichtete Heiliggeistkirche, die zu den bedeutendsten Schöpfungen des evangelischen Kirchenbaues der Barockzeit gehört. Aus dem Rahmen fällt auch bei den Sakralbauten, wie so oft, das 19. Jahrhundert dem es vorbehalten blieb, neben dem ungemein bodenverwurzelten Rathaus die zu ihrer Umgebung erschreckend beziehungslose Steinbaukasten-Architektur der katholischen Kirche aufzustellen.

Das Münster. Mit seiner baumbestandenen Plattform beherrscht das gotische Münster den ganzen Südrand der Altstadt und ist zugleich in deren Gassensystem organisch einbezogen. Vor der Westfront des Münsters sind die beiden darauf zulaufenden Gassen durch einen den drei Portalen quer vorgelagerten Platz von mäßiger Größe verbunden. Ihn umstehen im Süden wie im Westen je ein Palais, deren spätbarocke Risalitgliederung mit der spätgotischen Turmfront des Sakralbaues über alle Gegensätze der Epochen und der Bestimmung hinweg in harmonischem Gespräche bleiben, wie dies auch zwischen den kleinteiligen Laubenfronten und der von Strebepfeilern und Bogen gefaßten Nordseite des Münsters der Fall ist.

Die St. Vinzenz geweihte Hauptkirche der Stadt gehört gleich denen in den beiden Freiburg, in Ulm, in Nördlingen und Dinkelsbühl zu jenen Gotteshäusern, die weder von einem Bischof noch von einem Stift, sondern von der Bürgerschaft errichtet wurden, als städtische Pfarrkirche und darüber hinaus als stolzes Monument des Gemeinwesens überhaupt. – 1420 wurde zum Bau des heutigen Münsters Matthäus Ensinger berufen, der sich mit seinem Vater Ulrich Ensinger bereits am Turm des Straßburger Münsters einen Namen gemacht hatte und in Bern bis 1452 die Oberleitung behielt. Zunächst entstanden die Seitenkapellen, mit denen man die noch vorhandene Kirche des 13. Jahrhunderts umgab. Es folgte der Chor, vorerst noch ohne sein erst 1517 eingesetztes Gewölbe, und die unteren Teile der Westfassade. 1450-1465 schlossen sich nach dem Abbruch der alten Kirche die Gewölbe über den Seitenschiffen und die Mittelschiffpfeiler wuchsen empor. Erhard Küng, der aus Westfalen stammte, führte den Turm bis zum oberen Vierecksgeschoß; das heute daran anschließende Oktogon wurde samt dem durchbrochenen Steinhelm erst 1889-1893 ausgeführt, und zwar von dem gleichen August Beyer, der auch den Ulmer Münsterturm vollendete. Erhard Küng ist auch der Bildhauer des Jüngsten Gerichtes, das in preziöser Spätgotik die Nische des Hauptportals füllt. Peter Pfister aus Basel erstellte das dicht geknüpfte, durch seine 87 skulptierten und bemalten Schlußsteine ausgezeichnete Netzgewölbe des Chores. Die provisorische Holzdecke des Schiffs wurde erst 1571-1575 durch ein ebenfalls sehr reiches Netzgewölbe ersetzt. Sein Meister ist Daniel Heintz. Von ihm, der gleich Küng auch Bildhauer war, stammt auch die manieristisch elegante Figur der Gerechtigkeit, die sich als Ersatz für eine durch die Reformation beseitigte Marienfigur am Mittelpfeiler des Hauptportals gut in die ältere Szene des jüngsten Gerichtes einfügt und damit beweist, wie stark die Spätgotik des ausgehenden 15.Jahrhunderts im Manierismus des 16.Jahrhunderts weiterlebt. Heintz kommt wie so viele Meister einer spätesten Gotik aus der Schweiz, aus dem südlich des Monte Rosa gelegenen Prismell, einem der heute zu Italien gehörenden Walser-Täler, die während des 13.Jahrhunderts vom Oberwallis aus besiedelt worden waren.

Der burgundische Charakter, der sich im Berner Münster dank der Lage der Stadt mit Elementen des deutschen Südwestens verbindet, bestimmt bereits die sich zwischen wuchtigen Strebepfeilern öffnenden Portale. In ihren trichterförmig eingeschnittenen Gewänden und Bogenlaibungen entfaltet sich ein reiches ikonographisches Programm, in dessen Mittelpunkt, auch darin namentlich burgundischen Vorbildern folgend, das Jüngste Gericht steht, welches das Bogenfeld über dem Doppelportal einnimmt und sowohl die guten Seelen als auch die Verdammten außerordentlich realistisch darstellt. Es bildet den Abschluß der Heilsgeschichte, die auf den oberen Seitenwandungen gemalt dargestellt ist und mit dem Sündenfall einsetzt. Doch der skulpturale Teil besitzt die Führung: da sind in den Gewänden die Figuren der klugen und törichten Jungfrauen, begleitet von Engeln. In den Bogenlaibungen erscheinen andere Engel mit den Leidenswerkzeugen Christi, daneben Propheten als Vertreter des Alten Testaments, und im Bogenscheitel thront Christus als Weltenrichter. – Den durch das Gericht erschlossenen Himmel stellt das in virtuoser Rippenführung gestaltete Gewölbe der Vorhalle dar, wo in den reichgearbeiteten Schlußsteinen mit den Evangelistensymbolen, den Darstellungen der Planeten und vielen anderen Sinnbildern ein ganzer Kosmos evoziert wird.

Umschreitet man das Äußere, die von Kapellen begleiteten Längswände, aus denen schmuck und hoch die Chorlaterne hervortritt, so fallen die bewundernswerten Leistungen der Steinmetzkunst auf, die besonders auf der Nordseite, in der Einfassung der für den Eintritt des vom Rathaus kommenden Schultheißen bestimmten Pforte, ein brillantes Schmuckstück schuf. Dazu tritt die Vollständigkeit des Strebewerks mit seinen fialengeschmückten Pfeilern, von denen sich die Strebebogen zum Hochschiff spannen, alles in reichstem Zierat und von betonter Perfektion, wie wenn es gelte, noch einmal, zu schon sehr vorgerückter Zeit, unter politisch und gesellschaftlich gewandelten Voraussetzungen, an einer städtischen Pfarrkirche das System der hochmittelalterlichen Kathedrale zur Schau zu stellen. Diese im Grunde bürgerliche und in ihrem politischen Bewußtsein zugleich sehr schweizerische Machtdemonstration verliert keineswegs an Eindruckskraft durch das Unvollständige und Abweichende, sobald man sie genauer an dem zitierten Ideal der großen französischen Kathedralen des 13. Jahrhunderts mißt. So ist darauf verzichtet worden, den Kapellenkranz konsequent um den Chor herumzuführen, wie dies auch in Fribourg und Genf, ferner in Dôle, Dijon und anderen burgundischen Kirchen nicht mehr geschah. Auch die Proportionen des Langhauses sind, was das Ganze anbetrifft, mehr in die Breite als nach der Höhe entwickelt. Dafür sammelt sich eine um so größere Kraft im Westwerk: in den energisch vortretenden Streben, welche die drei Portale einfassen, und im wuchtig emporsteigenden Turmgeviert, dessen Übergang zum Achteck wohl schon ursprünglich geplant war, doch in der Ausführung durch das 19. Jahrhundert eigentlich mehr wie eine nachträgliche Zutat wirkt.

Das Innere des Berner Münsters bändigt die Gegensätze, die sich örtlich und zeitlich, zwischen deutschem und burgundischem Bereich auftun, sowie zwischen der Gotik des 15. und jener des späten 16. Jahrhunderts, die schon im Zeichen des Manierismus steht. Es geschieht diese Bändigung freilich nicht ohne Gewaltsamkeit. Hart stoßen schon in den Seitenschiffen die Rippen aus den Pfeilern und eckig brechen sie sich in den Gewölben. Selbst dort, wo sie zu einem sehr dichten Netz geknüpft und dessen Maschen besonders eng gezogen sind, bleibt diese Härte, so namentlich in der in ihrer Längsrichtung überdehnt wirkenden Hochschiffwölbung, wo nichts mehr von dem weichen Fluß ineinander verschlungener Figuren des ›gotischen Barock‹ zu spüren ist. Zu den Härten, in denen Wand und Wölbung, aber auch Langhaus und Chor zusammenstoßen, und die, ungeachtet dessen, daß sie auf verschiedene Bauperioden zurückgehen, wie ein Symbol bernischer Wesensart anmuten, tritt mit dem kalt-grauen, weder durch Fresken noch durch Altäre geschmückten Stein der Wände eine puritanische Nüchternheit, welche durch die nachreformatorische Ausstattung, die ernste Spätrenaissance des Chorgestühls und die Eleganz des Louis-Quinze-Orgelprospekts, nur wenig gemildert wird. Um so leuchtender wirken die Glasmalereien im früheren Altarraum, der heute im Taufstein seinen kultischen Mittelpunkt besitzt. Über maßwerkgezierten Sockelwänden öffnet sich der im dreiachtel Schluß angelegte Chor zu einer ›Laterne‹ im größten Sinn. Im Gegensinn zu einer realen Laterne fällt das Licht von außen nach innen, noch einmal, wie in der hohen Gotik, die Farben preziös verwandelnd, nur daß diese jetzt heller und von reicherem, fast unruhigem Leben erfüllt sind. Die Fenster auf der Nordseite, sowie die beiden ersten des Chorpolygons sind alt, das heißt, sie stammen aus dem späten 15. Jahrhundert, während das dritte durch seine an Ölpapier erinnernden Farben verrät, daß es erst im 19. Jahrhundert entstanden ist. In den spätgotischen Fenstern wird der farbige Eindruck durch das viele Silberweiß des reichen Rahmenwerks bestimmt. Dieses erscheint in Medaillons, die zum Teil aus elastischen Ästen naturalistisch zusammengebogen, zum Teil aus Architekturmotiven, wie Rund- und Kielbogen, gebildet sind. Doch das Rahmenwerk vermag kaum die Fülle zu bändigen, die an gegeneinander agierenden Gestalten wie an individuellen Gesichtern in den einzelnen Szenen herrscht. Zugleich beginnen sich die Figuren vom weißen und blauen Grund zu lösen. Alles zusammen aber verrät, wie sehr schon das Einzelwesen der Renaissance daran ist, die zusammenfassenden Ordnungen und Bindungen des Mittelalters zu sprengen. Wie jedoch umgekehrt gotische Gebundenheit noch in die Neuzeit weiterwirkt, führt das schöne, zu Ende des 16. Jahrhunderts entstandene Chorgestühl vor Augen, dessen Renaissanceformen sich einem strengen und zugleich sehr flächigen Gesamtaufbau einfügen. –

Im letzten Fenster des südlichen Seitenschiffes ist ein eindrucksvoller Totentanz dargestellt, nach Zeichnungen des Niklaus Manuel Deutsch, der nicht nur der bedeutendste Maler des alten Bern war, sondern zugleich als Dichter, Offizier und Staatsmann wirkte, so das umfassende Menschenideal der Renaissance verkörpernd.

In einer Querachse, die vom Münster den Längszug der Häuserzeilen durchdringt, liegt auf der anderen Seite der Halbinsel, ebenfalls hoch über der Aare, das *Rathaus*. Seine Errichtung in den Jahren 1406-1417 geht dem Beginn des Münsterbaues unmittelbar voraus, dessen profanes Gegenstück es sowohl geschichtlich als auch städtebaulich bildet. Noch stärker jedoch als im Sakralbau konnten in ihm die realen Kräfte des Zeitalters wie des Genius Loci ihren steinernen Ausdruck finden. Über das normale Maß der Selbstbekundung, das gerade in der Schweiz die Kommunalbauten des 15. und 16.Jahrhunderts zeigen, geht das bernische Rathaus deutlich noch hinaus. Fast ungegliedert, doch in der ungeheuren Wucht der Masse gebändigt, wächst der Baublock aus den mächtigen Stützmauern über dem Aarehang empor, von gotischen Reihenfenstern zwar durchbrochen, doch keineswegs aufgelöst, geschweige denn in Frage gestellt, und abgeschlossen durch den Krüppelwalm eines gewaltigen Daches, das in dieser Art bereits burgundisch wirkt. Gegen den Platz jedoch wird der als Ganzes so schwere Block durch eine Freitreppe belebt, die in doppeltem Lauf zu einer skulpturengeschmückten Vorhalle aufsteigt – wodurch auch dem Zierlichen, ja einer gewissen Anmut Raum gegeben wird, als wenn ein bärenhaft starker Geselle mit einem Male ein liebliches Mädchen umfangen hielte.

Den Weg zur Anmut hat das als Ganzes so robuste Bern dann im 18.Jahrhundert beschritten, als im Zeichen des Spätbarock und seiner Übergänge zum Klassizismus auch sonst die Strenge des absolutistisch gelenkten Staates sowie der kirchlichen Orthodoxie einer gelösteren, schmuckfreudigeren Auffassung des Daseins zu weichen begann und eine hierzulande seltene Lust an der leichten und doch sehr verbindlichen Form des Lebens alle Bereiche durchdrang. Wie in solchem Sinn gerade das Rokoko zu einem allumfassenden Stil wurde, der sich keineswegs auf die Fürstenhöfe, den Adel und den hohen Klerus beschränkt, sondern auch das Bürgerhaus, ja mancherorts den Bauernhof erfaßte, sahen wir bereits innerhalb der Berner Landschaft, und wir erleben es in einer Architektur von hohem Rang in der Hauptstadt.

Noch in den Anfang des 18.Jahrhunderts fällt das Wirken Nikaus Schildknechts, der 1726-1729 am Westrand der Altstadt die *Heiliggeistkirche* erbaute. Sie ist, dem Ansehen des damaligen Bern gemäß, der bedeutendste evangelische Kirchenbau der Schweiz überhaupt. Die Tendenz, die sich schon im Münster zeigte, nämlich in der Kirche zugleich ein Monument der Bürgerschaft zu gestalten, kommt hier dank der neuzeitlichen, auf die Renaissance und die Antike zurückgehende Formensprache noch unmittelbarer zum Ausdruck. Auf hohem Sockel gliedert eine große Ordnung korinthischer Doppelpilaster den freistehenden Baukubus, den eine schwere, durch Balustraden und Vasen gezierte Attika abschließt. Die Eingangsfront, an der die Pilaster durch Säulen abgelöst wurden, um zu einer Steigerung zu gelangen, und wo ein mächtiger Segmentbogen die Zusammenfassung gibt, wird von einem Turm mit barocker Haubenspitze überhöht; sie gewinnt so den Reichtum einer Schauseite. Doch auch die übrigen Seiten verkörpern in würdevoller Gemessenheit eine feierlich schwere Pracht.

Im Inneren ist der von Emporen umgebene Predigtsaal, wie ihn die französische Hugenottenkirchen ausbildeten, zu einem architektonischen System von hoher Würde erhoben, indem man die den Hauptraum umgebenden Emporen zwischen korinthische Kolossalsäulen gespannt hat. Daß sich über den Seitenschiffen noch immer gotische Netzrippengewölbe spannen, beweist einmal mehr, wie auch an keineswegs entlegenen Orten in der Schweiz gerne an eigentlich längst überholten Stilen festgehalten wird.

Wenn in der Heiliggeistkirche noch der schwere Pomp des Spätbarock entfaltet wird und ein Gewicht herrscht, das durchaus dem Wesen Berns entspricht, so wandelt sich dies in der Profanarchitektur des gleichen Jahrhunderts, die zumindest zum überwiegenden Teil das Gesicht der Gassen östlich des Käfigturms bestimmt. – Die Entwicklung der Profanarchitektur beginnt mit einem Werk der ›Staatsbaukunst‹, wie diese nur im alten Bern zu solcher Bedeutung kommen konnte. Es ist das stadtauswärts vor der Heiliggeistkirche gelegene *Burgerspital*, das 1734-1742 nach Plänen des Pariser Architekten Joseph Abeille von Niklaus Schildknecht errichtet wurde. Das stattliche Geviert, an dessen Hof sich rückwärts ein zweiter ausschwingender Hof mit niedrigeren Gebäuden anschließt, steigert trotz der zurückhaltenden Eleganz seiner Ornamentik den Nutzbau zu einer Monumentalität, wie sie über die gemeinnützige Bestimmung hinaus einem öffentlichen Gebäude des alten Bern schlechthin entsprach.

Innerhalb des städtischen Wohnbaues vollzieht den ersten Schritt zum Spätbarock der 1706-1709 erfolgte Umbau des *Beatrice-von-Wattenwyl-Hauses*. Während die Front gegen die Junkerngasse noch die gotischen Arkaden des 15.Jahrhunderts und in den beiden Obergeschossen die Rechtecksfenster des 16.Jahrhunderts unter der weit vorspringenden Dachkehle bewahrt, folgt die über einem System von Terrassen samt zugehörigen Treppen neu aufgerichtete Gartenfassade dem neuzeitlichen Geschmack. Freilich nicht in seiner damals modernsten Form, vielmehr greifen die Lagerfugen und kräftigen Gesimse sowie die Rechtecksfenster auf die Frühzeit des Louis-Quatorze-Stils zurück, der – wie es Paul Hofer in seinen Forschungen zur bernischen Architektur festgestellt hat – in seiner strengen und harten Art eher dem eigenen Wesen zusagte. Den Schritt zur Leichtigkeit und Eleganz des eigentlichen Dixhuitième, den Paris schon seit dem Beginn des Jahrhunderts vollzogen hatte, unternahm in Bern der aus alteingesessenem Geschlechte stammende Albrecht Stürler (1705-1748). Zugleich kam es zur Lösung von der bisher in den Gassenfronten gewahrten Zurückhaltung. Statt dem erscheinen richtige Palastfassaden, deren giebelgekrönte Risalite nun auch der Straße ein selbstbewußtes Gesicht zuwenden, ohne damit die städtebauliche Disziplin des alten Bern schon im großen zu sprengen. – Stürlers erstes persönliches Werk ist das 1733-1735 errichtete *Von-Tscharner-Haus* am Münsterplatz, das mit seinem auf doppelgeschossigem Sockel stehenden Risalit dezent und dennoch selbstbewußt, gerade durch seine ganz andere Formensprache, der gotischen Münsterfront zu antworten weiß. Die südliche Schmalseite des gleichen Platzes beherrscht das von Stürler um 1745 begonnene ›*Stiftsgebäude*‹. Die Front von nicht weniger als elf Fensterachsen ist durch einachsige Eckrisalite und einen dreiachsigen Mittelrisalit vollkommen ausgewogen; gleiches gilt auch für die Zahl der Pilaster, die Verwendung des Giebelmotivs und die Formung der Lukarnen sowie das Hervorheben einzelner Fenster und des Portals.

Im Unterschied zum Stiftsgebäude, das auf den mittelalterlichen Sitz des Deutschordens zurückgeht, handelt es sich beim dritten Hauptwerk Stürlers wieder um ein Privathaus, nämlich um den *Erlacherhof,* der 1747 begonnen und 1748-1749 um ein Stockwerk erhöht wurde. Eine nicht unwesentliche Rolle spielten dabei die Direktiven des Bauherrn, jenes Hieronymus von Erlach, für den bereits die Schlösser Thunstetten und Hindelbank errichtet worden waren. Der Erlacherhof ist das einzige Stadtpalais in Bern, das sich einen französischen Ehrenhof erlaubt, wie er in Genf und Neuenburg die Regel war. Hier mußte er aber einen Kompromiß mit dem ortsüblichen Laubengang schließen, der im Zug der Junkerngasse vor dem Hofportal vorbeigeführt wurde. Der tiefe Cour d'honneur besitzt auch in seinen Seitenflügeln dreiachsige Risalite, die jedoch gleich dem Mittelrisalit des Corps de logis nicht aus der Wandflucht hervortreten, sondern in diese eingetieft sind. Die Balkongitter stammen wie die Stuckierung des Festsaales vermutlich von Johann August Nahl, der 1746 in Potsdam in Ungnade gefallen war und darauf in seinem bernischen Exil von dem gleichen Hieronymus von Erlach beschäftigt wurde, wie auch in Hindelbank.

Albrecht Stürler, dem noch eine Reihe weiterer Fassaden zugewiesen werden können, ist unter den bernischen Architekten der ersten Hälfte des 18. Jahrhunderts der bedeutendste. »Wo immer in den Gassen und auf den Plätzen das schwere, kantige Dastehen der Laubenfronten überhöht wird von Fassaden voll lebendigen, rhythmischen Spiels, ohne Ausladung, dafür von klarer, heiterer Anmut und disziplinierter Ausdrucksfülle, da steht der Betrachter vor einem Werk Albrecht Stürlers oder der durch sein Schaffen geprägten Epoche« (Paul Hofer).

Doch die so geadelte Epoche steigerte sich zum eigentlichen Finale des bernischen 18. Jahrhunderts mit Niklaus Sprüngli (1725 bis 1802). Weit gereist, hatte er seine Ausbildung in Frankreich bei Jean François Blondel, aber auch in England, Sachsen und Preußen empfangen; zum Teil in der Suite eines der erfolgreichsten Festdekorateure, Feuerwerker und Bühnenarchitekten seiner Zeit, des Florentiners Giovanni Nicola Servandoni, dessen dem flüchtigen Effekt verschriebenes Genie für Sprüngli – und in einem gewissen Sinne auch für Bern – zum Schicksal wurde. Denn die vom Staat und von einem sehr staatsbewußten Patriziat getragene Baukunst des alten Bern erreichte kurz vor ihrem Untergang durch die Französische Invasion von 1798 ihre eigentliche Peripetie. Ja die Grenze des bisher auf diesem Boden Möglichen wird bereits überschritten in Bauten, deren festliche Form weit über ihre Bestimmung hinausgeht. Sprüngli schuf 1766-1768 in der nahe beim Zeitglockenturm stehenden *Hauptwache* ein Gebilde, das in der Reinheit seines Klangs und im überlegten Reichtum seiner Rhythmen, in der Verdichtung und wiederum leisen Entspannung seiner Öffnungen sowie der Festlichkeit des Dekors an Mozart erinnert und in dieser Musikalität eher an die Gloriette eines fürstlichen Parks denken läßt als an das Wachgebäude der unter den eidgenössischen Orten damals stärksten Militärmacht. Rom und Sparta, die sonst nicht selten als Paten bernischen Wesens aufgerufen werden, sind hier bereits sehr fern. Dafür ist das Schicksal des mit wenigen Ausnahmen unrühmlichen Zusammenbruchs der bernischen Armee schon in die Nähe der kommenden Generation gerückt. – Schräg gegenüber der Hauptwache steht als zweites Hauptwerk Sprünglis das *Hôtel de Musique* (1767-1770), ein Theater, in dem vorerst nicht gespielt werden durfte kraft der bernischen Sittenmandate. In der Westfassade, doch noch ausgesprochener in der östlichen Schauseite, die sich beide in eine bestehende, heute im Süden erneuerte Häuserzeile einfügen, dämpft und verfestigt sich das Rokoko zum frühen Klassizismus, ohne doch den Reichtum rhythmischer Beziehungen und wohlbemessener Nuancen preiszugeben, die auch hier der Fassade eine eigentümliche Musikalität schenken. Die Transparenz des architektonischen Gefüges, die Sprüngli in der Hauptwache durch die realen Intervalle zwischen Pfeiler und Säulen gewann, erreicht er hier durch das Fassadenrelief. – Als weiteres Hauptwerk zeigt die *Bibliotheksgalerie* (1772-1779), die 1905 nach ihrem Abbruch als Brunnenkulisse am Thunplatz wiederaufgestellt wurde, wie sich ein Bau, der in Flächen, Kurven und nochmals Flächen aufgebaut ist, mit reichem skulpturalem Dekor und einer geringen Zahl von Öffnungen, zunächst durchaus als plastischer Körper darstellt, um dann aber trotzdem jene Transparenz zu erlangen, wie sie die Architektur von Sprüngli durchgeistigt. Im Sinne eines Musen-Monuments nähert sich – im nüchternen Bern – ein solcher Bau der zwecklos freien Sphäre reiner Festlichkeit. Oder – um auch in bezug auf Sprüngli Paul Hofer zu zitieren: »Architektur aber, die das Tektonische als das zu Überwindende faßt, streift das Unvollziehbare. Sie wird reine Physiognomik oder erstarrte Pantomime, gewichtloses, fast schwebendes Bild.« –

Bern ist heute umstellt von Hochhäusern,, in denen – architektonisch mehr oder weniger überzeugend – eine junge Zeit ihr Daseinsrecht bekundet. Doch auch die Landschaft, die mit ihren Forsten, Äckern und Matten, ihren Dörfern und Höfen in einem weiteren Umkreis die Stadt umschließt, besteht noch immer und hat sich – sorgsam behütet – selbst in der Nähe der inneren Stadt in der ›Elfenau‹ erhalten. Hier rauscht ungestaut die Aare an natürlichen Auwäldern vorbei. Das stille Wasser eines alten Flußlaufs wird zum Vogelparadies. Buchen senken ihre Äste über schmale Wege, und ein Kornfeld wird begleitet vom Saume eines alten Waldes. Alt ist auch das Herrenhaus, dessen Umgelände jedermann betreten kann. Über dem Ganzen aber liegt ein milder Glanz, wie er uns immer dort entgegentritt, wo gehegte Natur und gewachsene Kultur sich harmonisch begegnen.

Im Tal der Sense

Von Bern nach Fribourg wählen wir zunächst die Nebenstraße über *Köniz*, wo die gotische Kirche der ehemaligen Deutschordenskommende in ihrem Chor Glasgemälde aus der Zeit um 1300 und an den Wänden zwischen den Fenstern Fresken aus dem Jahr 1398 birgt. – Die Straße, die in das aussichtsreiche Voralpengebiet von Schwarzenburg weiterführt, verlassen wir oberhalb von Niederscherli und fahren in die Schlucht hinab, die sich die Sense, ein Nebenfluß der Saane, in die Molasse gegraben hat. Das noch immer von steilen, teils felsdurchzogenen Hängen begleitete Tal erweitert sich zu einem flachen Boden bei Thörishaus, von wo aus wir der von Bern kommenden Hauptstraße nach Freiburg folgen. Das nächste Dorf ist *Neuenegg*, dessen Name mit dem Untergang des alten Bern ähnlich verbunden ist wie jener des Grauholz. Doch während dort der Widerstand gegen die Über-

ABSCHIED VON BERN – FRIBOURG

macht der Franzosen zusammenbrach, gelang hier ein zwar ruhmvoller, doch in seinen Auswirkungen vergeblicher Sieg. Dazu aus Gagliardi:

Am Grenzfluß zwischen Bern und Freiburg, der Sense, hatte nämlich inzwischen General Pigeon in der Nacht vom 4. auf den 5. März 1798 etwa 1800 Berner bei Neuenegg überrascht und zersprengt. Deren Kommandant, Oberst von Graffenried, eilte nach der Hauptstadt, um Hilfe zu verlangen, und in der Tat gelang es der Regierung, alle in der Nähe liegenden Truppen, etwa 2300 Mann, zusammenzufassen und zur Wiederaufnahme des Kampfes zu bewegen. Der tüchtige Generaladjutant Weber traf die Anordnungen, und morgens um neun Uhr griffen diese eilig herbeigerufenen Milizen die Franzosen bei Oberwangen an. Die feindliche Vorhut ward jetzt tatsächlich zurückgedrängt, und nach hitzigem Gefecht stieß man gegen Mittag auf die Hauptmacht. Einen Augenblick stockten die Tapferen zwar vor den Bataillonssalven und Kartätschen; dann aber stürzten sie unter dem Wirbel des Berner Marsches im Sturmschritt vorwärts. Die feindliche Batterie wurde zum Schweigen gebracht, der sieggewohnte Feind von Stellung zu Stellung durch die wütenden Bajonettangriffe der Berner geworfen und schließlich in völliger Auflösung durch das Dorf Neuenegg und über die Sense gejagt.

Durch ein Nebental der Sense steigt die Straße langsam auf die Hochfläche des nördlichen, hier deutschsprachigen Teils des Kantons Freiburg. Die Landschaft ist rauher geworden, manches, wie die vielen Einzelhöfe, erinnert an das Allgäu. Äcker sind selten; dafür herrscht die Weide entsprechend dem Namen Uechtland, was Weideland bedeutet. Hier liegt das schweizerische ›Freiburg‹ oder Fribourg.

Fribourg

Sein offizieller Name ist, der französisch sprechenden Mehrheit gemäß, Fribourg, doch sei hier auch für die Stadt, die in wesentlichen Zeiten ihrer Geschichte deutsch sprach, der alte, noch heute im Schweizerdeutschen übliche Name Fryburg = Freiburg angeführt, im Unterschied zum badischen Freiburg im Breisgau.

Beide Städte wurden von den Zähringern gegründet, Fribourg 1157 durch Berchtold IV., also rund eine Generation später als die Schwesterstadt im Breisgau. 1218, nach dem Aussterben der Zähringer, gelangte die Stadt unter die Hoheit der Kyburger, 1277 bemächtigte sich ihrer Rudolf von Habsburg und 1452 wurde sie vorübergehend savoyisch. Fribourg nahm, mit Bern verbündet, teil an dessen Expansion nach Westen, konnte sich aber gegenüber der ungleich mächtigeren Schwesterstadt an der Aare nur mit etwelcher Mühe behaupten. Diese Rivalität ließ die Stadt nach der Reformation, trotz des Zögerns des der neuen Lehre zuneigenden Rates, im Lager der katholischen Orte verbleiben, zu deren Vorort sie zusammen mit Luzern wurde. 1580 berief man die Jesuiten. Der aus Lausanne durch die Reformation vertriebene Bischof nahm Sitz in Fribourg. Die Stadt füllte sich mit Klöstern, Kongregationen und Internaten und erhielt 1889 eine katholische Universität. In deren 1941 vollendetem Neubau, einer architektonisch zu ihrer Zeit bahnbrechenden Schöpfung aus Beton, Glas und Metall, zeigt Fribourg auch künstlerisch den Willen zu einem nicht nur nach rückwärts gewandten, sondern aktiv fortschreitenden Katholizismus.

Der neuen Zeit wird freilich auch auf anderen Ebenen gehuldigt. Bereits das in den ersten Jahrzehnten unseres Jahrhunderts angelegte Bahnhofquartier zeigt weitgehend das Gesicht einer französischen Provinzstadt mit einer städtebaulich nicht bewältigten Weite von Plätzen und Boulevards. Und seit ungefähr 1960 stapeln auch um Fribourg moderne Wohnquartiere ihre harten Blöcke in grellem Weiß beziehungslos in einer einst überaus pittoresken Landschaft. Diese ist glücklicherweise noch an wesentlichen Stellen erhalten. So in der Tiefe des Flußtals und auch auf der Ostseite um die Höhen von Loreto. – Dort, wo noch unsere Seele angesprochen wird, darf Fribourg eine der schönsten Städte überhaupt genannt werden. Der von Adolf Reinle gezogene kunstgeschichtliche Vergleich trifft auch das Stadtwesen als Ganzes: »Freiburg auf der Grenze zweier Kulturen und Sprachen, enges Gemisch gotischer und barocker Bauten in malerischer Aufgipfelung, verdient das schweizerische Prag genannt zu werden. In inniger, bizarrer Weise verschlingen sich hier das Ende der Gotik und der Anfang des Barock.«

Wie Bern auf einer hohen, vom Fluß umschlungenen Halbinsel angelegt, fällt hier der Felsrücken zur Saane noch steiler ab und besitzt nicht ganz die langgestreckte, regelmäßige Form der Aarehalbinsel. Andererseits ist auf der Süd- und Ostseite für eine Unterstadt mehr Raum vorhanden, und die Art, wie hier in der Tiefe sich die einzelnen Quartiere um ihre Kirchen samt deren Klostergebäuden und Vorplätzen gruppieren, erreicht hohen städtebaulichen Reiz. Gleiches gilt auch für die Oberstadt, wo im Vergleich zur Symmetrie des bernischen Stadtplanes die Hauptstraße, die ›Grande rue‹, aus der Mitte heraus an den Südrand des Felsplateaus verschoben ist. Das Münster steht nicht unmittelbar am Rande des Plateaus frei an einer Terrasse, sondern wird beidseitig von Häuserreihen umgeben, über die hinwegragend es vom nördlichen Saaneufer aus einen nicht minder imponierenden Anblick bietet als das Berner mit der ihm vorgelagerten Baumterrasse. Das Rathaus aber steht nicht wie in Bern symmetrisch zum Münster, sondern ist ebenfalls, in einer gewissen Exzentrik, hoch über die Unterstadt an den südwestlichen Rand des innersten Stadtkerns geschoben. Zwischen diesem und dem etwas jüngeren Teil der Oberstadt, die sich zum Jesuitenkollegium auf dem Hügel von Belsai emporzieht, breitet sich der große, in reizvoller Unregelmäßigkeit umbaute Hauptplatz. Er ist im Südwesten durch Rathaus und Hauptwache, im Norden durch die klassizistisch erneuerte Fassade von Notre Dame und im Osten von der Franziskanerkirche bestimmt. Durch eine kleine Ausbuchtung vom großen Platz getrennt und dennoch diesen in einem höchsten Sinne betonend, erhebt sich der Frontturm des Münsters.

Das Münster. Mag auch das Berner Münster in seinem regelmäßigen Aufbau vollkommener sein als das in Fribourg, so besitzt dieses doch den Vorzug eines vom Perfektionismus des 19. Jahrhunderts verschonten Münsterturmes. So wie auch sonst an diesem Münster eigentümlich spannungsvolle Verhältnisse herrschen, so dominiert hier der *Turm* in seiner Wucht und Höhe nicht nur das Kirchenschiff samt dem schmalbrüstigen Chor, sondern darüber hinaus die ganze Stadt samt den sie umgebenden Höhen jenseits der Saane. Wie in Schaffhausen oder Stein am Rhein ist auch hier der Kirchturm zum Stadtturm in einem umfassenden Sinne geworden.

Das St. Niklaus geweihte Münster wurde in seinem unteren Turmgeschoß und in den Fundamenten des dann freilich erst in der Nachgotik des 17. Jahrhunderts vollendeten Chores in der ersten Hälfte des 14. Jahrhunderts begonnen. In der gleichen Zeit wuchs das von mächtigen Strebepfeilern verstärkte Geviert des Turmes mit der tiefen Eingangshalle bis über die Rose empor. Über dieser folgen, immer noch innerhalb des Gevierts, je ein Geschoß mit durch Kielbogen gekrönten Fenstern in gedrungenen Verhältnissen. Bei der Fortführung des Baues, der sich in der zweiten Hälfte des 15. Jahrhunderts vollzog, wurden die Proportionen höher und leichter, und an die Stelle des gedrungenen Vierecks trat das schlankere Achteck, das um 1540 nicht durch den ursprünglich vorgesehenen Helm, sondern durch einen Spitzenkranz aus reichen Fialen abgeschlossen wurde. So endet der Freiburger Münsterturm sehr anders als jener im Breisgau, in einer Art, wie sie sich auch in Spanien, beispielsweise in Burgos, findet und damit nach dem europäischen Südwesten weist, der sich auch sonst im schweizerischen Welschland ankündet.

Der übrige *Außenbau* des Münsters ist knapp und schlicht, wie es einer spätmittelalterlichen Pfarrkirche entspricht, mit geraden, glatten Wänden und einem Minimum an Strebewerk. Auf solche Art ist namentlich der Chor entstanden, dessen Nachgotik auch in anderen Kirchen Fribourgs seine Parallelen besitzt. Von seinen eher abweisend strengen Wänden hebt sich um so reizvoller die elegante, mit Gitterwerk geschmückte Freitreppe ab, die auf der Nordseite von Jean Daniel Ducret 1763 in spätestem Rokoko angelegt wurde. – Innerhalb der sparsamen Gliederung der Architektur kommt um so mehr der reiche Skulpturenschmuck zur Geltung, der sowohl die dem Turm inkorporierte Eingangshalle wie auch das südliche Seitenportal auszeichnet. In der Eingangshalle wurden die im wesentlichen aus der ersten Hälfte des 15. Jahrhunderts, also aus dem weichen Stil und seinen Übergängen stammenden Statuen 1591-1592 ergänzt und erneuert und schließlich seit 1912 durch Kopien ersetzt. Ihr Programm zeigt das gleiche Jüngste Gericht wie am Berner Münster, nur mit den Unterschieden der früheren Stilstufe, wozu in den Gewänden statt der klugen und törichten Jungfrauen fromme Engel, Propheten und Könige kommen. Die Skulpturen am südlichen Seitenportal sind älter; sie entstammen zum großen Teil der zweiten Hälfte des 14. Jahrhunderts und zeigen in schlanken Figuren mit langgestreckten Falten die Madonna zwischen den heiligen drei Königen, den drei Jungfrauen und dem Kirchenpatron St. Niklaus.

Das Innere hält den Vergleich mit den älteren Kathedralen von Genf und Lausanne und dem jüngeren Münster zu Bern nicht ganz aus, nicht nur durch die geringeren Maße, sondern fast noch stärker durch eine gewisse Härte der Profilierung, namentlich in dem flachen, wenig durchgebildeten Triphorium und auch durch das staubige Grau des lange nicht mehr gesäuberten Steins. Trotzdem herrschen in den Bündelpfeilern und dem daraus entspringenden System der Kreuzrippen im Langhaus die Strenge und Konsequenz der Hochgotik nicht ohne Würde, und das in Einzelheiten eindringende Auge vermag in der Andeutung von Nischen um die Hochschiffenster auch hier gewisse burgundische Elemente zu erkennen. – Im Gegensatz zum Schiff strahlt aus dem dichtgeknüpften Netzgewölbe des Chores der kapriziöse Reichtum eines gotisch maskierten Manierismus, der das hierin etwas frühere Berner Münster noch zu überbieten sucht.

Hervorragend ist die Ausstattung, begonnen mit dem heiligen Grab, für das südlich vom Haupteingang eine eigene Kapelle mit bemerkenswerten Figuren des ausgehenden weichen Stils gestiftet wurde. Man sieht hier Statuen, die an plastisch gestalteter Schwere mit jenen des auf gleicher Stilstufe stehenden Jacopo della Quercia wetteifern. Ungefähr gleichzeitig, wenn nicht etwas früher ist die Kreuzigungsgruppe unter dem Chorbogen entstanden. Das Chorgestühl von 1459 bis 1464 ist das reichste der ganzen Gruppe, die sich in den Kirchen Freiburgs aus der Gotik erhalten hat. Es wird überhöht durch den zurückhaltenden Frühbarock der Chororgelprospekte. Die berühmte Hauptorgel, auf der 1836 Liszt die Eindrücke seiner damaligen Reise improvisierte, und deren Bravourstück für minder anspruchsvolle Hörer das äußerst realistische ›Gewitter‹ ist, erhielt ihren gegenwärtigen Prospekt erst in der Neugotik des 19. Jahrhunderts. Das Chorgitter erinnert in seiner Stachelbekrönung an einen Dornenhag; es wurde 1464 bis 1466 durch den Münchner Kunstschmied Ulrich Wagner geschaffen. Hervorragende Leistungen der Spätgotik sind auch Taufstein und Kanzel. Nicht zu übersehen sind aber auch die Altäre seitlich des Choreingangs, in denen 1750–1754 süddeutsches Rokoko in blauschimmernden Säulenstellungen und asymmetrisch geschwungenen Rahmen in den kleineren Retabeln seinen Einzug hält, gleich einer heiter blühenden Dekoration den sonst etwas düsteren Kirchenraum bereichernd. – Auf ihre Art kann dies ebenfalls von den Glasgemälden gesagt werden, die nach 1894 für das Langhaus und 1926 für den Chor der Pole Joseph Mekoffer schuf.

Von den übrigen Kirchen der Oberstadt ist kunsthistorisch am interessantesten die an der vom Hauptplatz nach Murten führenden Straße gelegene *Visitantinerinnenkirche*, die einen im Sinn der Renaissance kleeblattförmig gebildeten Zentralraum mit gotischen Netzgewölben verbindet, in die sich einzelne Renaissancemotive mischen. Das Ganze ist 1653-1656 erbaut, also gleichzeitig mit dem Hochbarock der lateinischen Nationen, was das Festhalten an gotischen Formen um so erstaunlicher macht. Der gleiche Meister dieser für Fribourg bezeichnenden Nachgotik, Hans Franz Reyff, erbaute auch die *Ursulinerinnenkirche* an der Rue de Lausanne, hier jedoch stärkere Konzessionen an die damals zeitgemäße Formensprache machend. Noch mehr zurück treten die nachgotischen Elemente Reyffs in seiner *Loretokapelle*, die in der bei dieser Aufgabe üblichen Art nach dem Vorbild der Casa santa in Loreto als ein zierliches, säulengegliedertes und skulpturengeschmücktes Gehäuse die Höhe östlich der Saane krönt. –

Neben der zur Zeit des Frühklassizismus durchgehend erneuerten ›Notre Dame‹ steht die *Franziskanerkirche*. Vom ursprünglichen, 1281 vollendeten Bau hat sich der kreuzrippengewölbte Chor erhalten, in dessen Mittelfenster gute moderne Malereien mit ihrer Glut den ganzen großen, einschiffigen Raum beherrschen.

Am Hochaltar findet man den ›Berner Nelkenmeister‹, der gegen 1500 hier tätig war. Links daneben steht eine kleine Altartafel des nicht viel jüngeren Fribourger Malers Hans Fries, der bereits die Unruhe der kommenden Reformation, vor allem aber den zu jener Zeit wilderen Genius loci zum Ausdruck bringt, und zwar sowohl in den Köpfen wie in der schon zu einem spätgotischen Barock gesteigerten Bewegung der Gewandfalten. – Beachtenswert ist auch das frühgotische Chorgestühl. Das Langhaus wirkt seit seiner durchgehenden Erneuerung in den Jahren 1745-1748 als ein etwas öder Saal, den jedoch die vielen Louis-Quinze-Altäre aus buntem Stuckmarmor bereichern. Aus der Reihe fällt der als erster auf der linken Seite aufgestellte Schreinaltar, den 1521 der damals führende Freiburger Bildhauer Hans Geiler aus dunklem Holz schnitzte.

Die Oberstadt wird beherrscht von den weitläufigen *Kollegiengebäuden* der 1580 hierherberufenen Jesuiten. Die von Abraham Cotti 1604-1613 erbaute Kirche, von deren Turm aus der heilige

Michael über die Stadt und ihren alten Glauben wacht, ist in ihrem heutigen Raumbild durch ein sehr spätes Rokoko von 1756 bestimmt, wobei die noch etwas späteren Altäre bereits zum Klassizismus überleiten.

Wieder erkennt man den Standort auf der Grenze der Kulturen: an Süddeutschland erinnert höchstens der riesige, mit naturalistischen Schnüren und Troddeln versehene Stuckvorhang über dem Triumphbogen. Sonst aber zeigt die Rocaille-Ornamentik in ihrer deutlicher ausgeprägten Symmetrie bereits französischen Einschlag. Reizvoll ist, wie die Wandgestaltung aus dem Rhythmus der von Pilastern gerahmten Seitenkapellen sich über die mit den Kapitellen zusammengehenden Emporengitter zum verhältnismäßig strengen, nur noch schwach verkröpften Gebälk entwickelt.

Im Unterschied zu Bern, wo bei den historischen *Bürgerhäusern* das 18.Jahrhundert fast eine Alleinherrschaft ausübt, besitzt Fribourg auch noch zahlreiche spätgotische Fassaden, in denen die einzelnen Fenster, auch wenn sie zu Gruppen zusammenrücken, jeweils durch ein streng gefaßtes Feld von reichem Maßwerk gekrönt sind. Spätgotik und Renaissance vereint in sich, in einer nach Frankreich weisenden Art, der schloßartige Bau der heutigen *Préfecture*, von dessen Haupttrakt eine zweigeschossige offene Säulengalerie zum Turm mit den – Aborten hinüberführt. In der Oberen Stadt sind besonders die stattliche Grande Rue, ferner die Place Notre Dame, die Rue de Morat und die Rue de Lausanne durch schöne Hausfronten ausgezeichnet, ebenso die beiden das Münster umfassenden Straßenzüge. Doch ist mindestens so beachtenswert in ihren Plätzen, Straßen und Gassen die *Unterstadt*, zu der man von der großen Brücke aus durch den ›Stalden‹ hinabsteigt, die man aber auch im Wagen erreicht, wenn man von der von Bern herkommenden Straße noch vor der großen Brücke beim Wegweiser ›Vieille Ville‹ rechts abzweigt. Auf dem letzteren Weg erlebt man noch den alten Gegensatz von Stadt und Landschaft: Mauern, Türme und Tore, die hier im wesentlichen aus dem 14.Jahrhundert stammen und vor denen sich entweder Wiesen breiten oder steile Felsen gen Himmel steigen. Denn die mittelalterliche Befestigung zieht sich hoch über die Steilhänge des rechten Saaneufers empor. Man fährt durch das Berner Tor – es lohnt sich, den Wagen bald abzustellen, um nochmals zu Fuß hierher zurückzukommen – und sieht, noch in den Angeln hängend, die alten Torflügel; sie sind schwarz-weiß gestrichen, in den Farben Fribourgs, die – in manchem bezeichnend – auch die Sienas sind. Über eine gedeckte Holzbrücke gelangt man in das unmittelbar unterhalb der Oberstadt gelegene Quartier, das durch die mächtigen Bauten des heute als Staatsarchiv dienenden *Augustinerklosters* sein Gesicht erhält. Die 1311 geweihte Kirche folgt als flachgedeckte dreischiffige Basilika dem Schema der Bettelordenskirchen, ohne jedoch die Größe der ›Barfüßer‹-Kirche in Basel oder der ›Prediger‹-Kirche in Zürich zu erreichen. Doch sprechen die hohen Proportionen eine deutliche Sprache, auch noch unter dem sparsamen Dekor, den das Innere 1787 erhielt.

Imponierend ist der Hochaltar, den um 1600 Peter Spring errichtete, als ein Hauptwerk des schweizerischen Frühbarock, ungefähr gleichzeitig wie der Überlinger Altar des Jörg Zürn, doch von einem mehr westlichen Temperament in der klareren und breiteren Entfaltung, sowie im deutlicheren Gegenspiel der in dunklem Holz geschnitzten Skulptur zum mehrgeschossigen architektonischen Aufbau. – Verläßt man die Kirche, so erblickt man neben der gotischen Fassade die elegante Front eines ganz dem französischen Dixhuitième angehörenden Palais, und richtet man die Augen etwas empor, so beherrschen einzelne wuchtige Wehrtürme hoch über den zum Teil überhängenden Felsen und steilen Gehölzen den Horizont. –

Ein besonderer Stolz Fribourgs sind die *Brunnen*, die hier nicht nur, wie auch sonst in den Schweizerstädten, Platz- und Straßenbild bereichern, sondern darüber hinaus auch künstlerisch einen besonderen Rang erlangten, so durch die skulpturalen Leistungen des auch als Altarschnitzer bedeutenden Hans Geiler und Hans Giengs, der früher bisweilen mit Geiler identifiziert wurde. Von Geiler stammt der 1522 datierte Georgsbrunnen vor dem Rathaus, von Gieng der Samsonbrunnen auf der Place Notre Dame, der Johannesbrunnen auf der Place supérieure sowie zwei weitere, von denen der eine beim Chor der Kathedrale die Tapferkeit, der andere in der Rue de la Balance die Treue verherrlicht. Auch der Annenbrunnen auf der Place Petit St. Jean geht auf Hans Gieng zurück. Doch sein schönster Brunnen steht unten in der Saaneschleife an der Rue de la Samaritaine und zeigt auf korinthischem Säulenkapitell, an einen idealen Brunnen hoch über dem wirklichen Wasser geschmiegt, Jesus und die Samariterin. Alle diese Brunnen veranschaulichen mit mehr oder weniger starken Erinnerungen an die Gotik die reiche Formenwelt einer halb deutschen, halb von Frankreich beeinflußten Renaissance. Der Petrusbrunnen und der 1626 errichtete Wildenmannbrunnen, die beide von Stephan Ammann stammen, leiten schon die Wende zum Barock ein. –

Fribourg hat die Verschiebung der Sprachgrenze mitgemacht. Während noch zur Zeit der Reformation Deutsch die eigentliche Sprache war, hört man es heute höchstens noch in der Unterstadt, die vorwiegend von einfachen Leuten bewohnt wird, jedoch besonders viel Atmosphäre ausstrahlt.

Viele Wege führen zum Genfer See
Erste Variante: Durchs Saanetal zum Genfer See

Am südlichen Fuß des ›Bisenberg‹, wie der von der weithin sichtbaren Loretokapelle gekrönte Montorge auch heißt, liegt im flachen Schwemmland einer Saane-Schlinge in der ›Magerau‹ die seit dem 13. Jahrhundert bestehende *Zisterzienserabtei Maigrange*. Innerhalb der nach der Mitte des 17. Jahrhunderts erneuerten Klostergebäude lagert sich die langgestreckte Kirche, unter deren Ausstattung sich ein reiches Chorgestühl aus dem späten 14. Jahrhundert befindet, ferner ein um 1330 bemalter Grabschrein, der die Figur des toten Christus birgt. Architektonisch bildet der Raum mit seinem gerade geschlossenen, durch drei Lanzettfenster erhellten Chor, den gleich den niedrigen Seitenkapellen des Langhauses Spitztonnen überwölben, eine kleine Replik zur *Zisterzienserabtei von Hauterive*, die wir bald nach Fribourg auf der Weiterfahrt zum Genfer See besuchen.

Wir schlagen zunächst die Straße nach Bulle ein, von der wir nach wenigen Kilometern links abzweigen, um auf bescheidenem Sträßchen über Wiesen, dann durch einen Waldhang an Sandsteinfelsen vorbei hinab zu dieser berühmten ehemaligen Abtei von

Hauterive zu gelangen. Die abgeschiedene Lage am Wasserlauf der Saane oder Sarine weist auch hier auf die Zisterzienser, die sich an dieser Stelle 1138 vom burgundischen Charlieu aus niederließen. Noch im 18.Jahrhundert erneuerte der 1848 aufgehobene Konvent seine Gebäude in einer Spielart des Louis-Quinze, die ihren regionalen Standort mit den schweren Fribourger Dächern verrät. Hinter den palastartigen Fronten, die sich zu Mittelrisalit und Flügelbauten ordnen, liegt der frühgotische Kreuzgang, einer der schönsten der Schweiz, dank der disziplinierten Kraft seiner Gliederung und der üppigen, doch stets beherrschten Fülle seiner Bauzier.

Der zwischen 1160 und 1180 errichtete Raum hält sich gleich dem etwas älteren von Bonmont genau an das Vorbild des im nordwestlichen Burgund gelegenen Fontenay. Das dreischiffige Langhaus ist von einer – gleich einem Tunnel fensterlosen – Spitztonne überwölbt, die in den beiden Jochen des Chores durch die erst gegen 1230 hier eingefügten Kreuzrippen modifiziert wird. Nach beiden Seiten öffnet sich das Mittelschiff zu je fünf, ebenfalls spitztonnenüberwölbten, Kompartimenten, die miteinander durch verhältnismäßig niedrige Durchgänge zu Seitenschiffen verbunden sind. So entsteht bereits im Langhaus ein sowohl statisch wie ästhetisch ungemein konsequentes Raumgefüge, dessen Achsen sich in der Länge und Quere kreuzen, indem die Längstonne auf einer Reihe von Quertonnen ruht. Der Zug in die Tiefe wird dabei durch die Folge von Querachsen zunächst durchkreuzt, im ganzen aber in seiner Wirkung noch verstärkt. Der aus den schweren Tonnengewölben entwickelte Spitzbogen steigert seine Größe von den seitlichen Durchgängen über die Öffnungen des Hauptschiffs bis zu dessen Scheitelgewölbe zu immer bedeutenderen Dimensionen. Das Querschiff ordnet sich dem Längszug ein, so daß keine eigentliche Vierung entsteht, denn auch das Chorgestühl – das zu den reichsten der vielen seiner Gattung in der Westschweiz gehört – erstreckt sich über die Vierung hinaus in das ganze nächste Joch des Langhauses. An die beiden ebenfalls von Spitzentonnen überwölbten Querschiffe schließen sich je zwei gerade geschlossene Chorkapellen, aus denen die Hauptkapelle um ein Joch hervortritt. So folgt auch die Ostpartie dem Zisterzienser-Schema, dessen Norm so einfach und zugleich überzeugend ist, daß sie sich nicht nur in ganz Europa verbreiten konnte, sondern auch von den italienischen Bettelordenskirchen übernommen wurde. –

Mittelalterlicher Klosterbaukunst entsprechend liegt an der Nordseite des Kreuzgangs die Kirche. Sie ist die bedeutendste in der Gruppe der schweizerischen Zisterzienserkirchen, zu denen Bonmont im Waadtländer Jura, Frienisberg im Kanton Bern und im weiteren Umkreis Zürichs das von Hauterive aus besiedelte Kappel wie auch das im Barock veränderte Wettingen gehören.

Man kann nun auf die Hauptstraße, von der das Sträßchen nach Hauterive abzweigt, zurückkehren und auf ihr am langgestreckten Stausee der Saane vorbei nach Bulle weiterfahren, von wo sich der Abstecher nach dem nahen *Gruyères* überaus lohnt. Denn in *Greyerz*, wie es zu deutsch heißt, hat sich in schöner Voralpenlandschaft ein schloßgekröntes Bergstädtchen von einzigartiger Geschlossenheit erhalten mit Häusern, die nicht nur fast jedes für sich alleine, sondern namentlich als Ganzes, zusammen mit dem mittelalterlichen Schloß, einen hohen Zauber besitzen. Dem Gourmet ist der Name dieses schweizerischen Rothenburg als Marke eines berühmten Käses, der hier produziert wird, voll Wohlklang. – Von hier aus führt die Straße weiter, dem Lauf der Saane folgend, zunächst in die Fribourger, dann in die Waadtländer Voralpen, um von Château d'Oex über den Col des Mosses nach Aigle im Rhonetal und von dort zum nahen Genfer See zu gelangen.

Zweite Variante: Durch die Waadt zum Genfer See

Den gleichen See zum Ziel hat unsere Straße, die wir, von Hauterive aus eine kleine Strecke gegen Fribourg auf der von Bulle kommenden Hauptstraße zurückfahrend und dann scharf nach links biegend, in Richtung Romont einschlagen. Von der in der Nähe der Eisenbahn Bern–Fribourg–Lausanne verlaufenden Straße bietet sich über den sanften Talgrund der Glane, einem kleinen Nebenfluß der Sarine, hinweg immer wieder ein schöner Blick auf das Fribourger Alpenvorland, das, durchschnitten von der Schlucht der Saane, sich zu bewaldeten Bergen von rund 2000 Meter Höhe emporstaffelt. Im Süden tritt nun der markante Gebirgsstock des Moléson hervor, zu dessen Füßen Bulle und Gruyères liegen. Doch auch auf unserem Weg treffen wir auf eine mittelalterliche Stadt. Es ist das eindrucksvoll auf einem länglichen, nach allen Seiten steil abfallenden Hügel liegende *Romont*. Peter II., der bedeutendste unter den mittelalterlichen Grafen von Savoyen, der um 1240 die Stadt den Bischöfen von Lausanne entriß, hat hier eine starke Festung gegen die von Norden her vordringenden Kyburger und Habsburger errichtet, wovon noch heute das den Gipfel des Stadtbergs krönende Schloß und einzelne Türme der einstigen Stadtbefestigung zeugen. 1476, im Zuge der Burgunderkriege, zerstörten die Eidgenossen Stadt und Burg, die, beide wiederaufgebaut, seit 1536 im Besitz von Fryburg sind. Etwas unterhalb des Schlosses, das schon seit dem 16.Jahrhundert als Amtssitz dient, liegt die gotische Pfarrkirche, überragt vom Turm, dessen aufrecht stehender, auf jeder Seite doppelt durchfensterter Kubus in vier kleinen, durch Maßwerk verbundenen Eckspitzen endet, in deren Mitte ein hochragender Spitzhelm emporsteigt. Es ist dies eine Turmform, die im Welschland von der Kathedrale von Lausanne aus ihren Weg bis in kleinere Orte gefunden hat.

Das aus dem späten 13. und dem 15. Jahrhundert stammende Innere zeigt die gedrungenen Verhältnisse einer im Hochschiff dunkeln Basilika mit noch frühgotisch schweren Arkaden und etwas späteren, deshalb schärfer profilierten Kreuzrippengewölben. Der gerade Chorabschluß, der an das Zisterzienserschema erinnert, ist durch ein spätgotisches Gestühl geschmückt. – Auf dem breiten Rücken des an seinen Hängen noch unverbauten Stadtbergs entfaltet die Stadt ihren Organismus der großen Längsstraßen und der kurzen Querstraßen. An hervorragenden Stellen, links und rechts vom Schloß, stehen jedoch hart und fremd die modernen Betonklötze des Stadthauses und des Schulhauses, sich brüsk vom gleichsam gewachsenen Mauerwerk des benachbarten mittelalterlichen Wehrbaues abhebend.

Nach Romont wechseln wir vom obersten Lauf der Glane hinüber nach Westen in das tiefer liegende Tal der Broye, nicht ohne bald nach der eben verlassenen Bergstadt die Aussicht gegen den Moléson genossen zu haben. – Im Tal der Broye liegt *Moudon*, für uns die erste unter den vielen Kleinstädten des Waadtlandes, die fast alle ihr eigenes Behagen ausströmen kraft des hier noch geruhsamen Lebens und jedes Mal ein eigenes Gesicht zeigen dank einer überraschend großen Zahl schöner, ja bedeutender alter Bauten. So besitzt Moudon in seiner St.Etienne geweihten Stadtkirche die nach der Kathedrale von Lausanne bedeutendste gotische Kirche der Waadt. Den massigen Außenbau gliedern wuchtige Strebebogen; eine schöne Rose ziert die Front, und der freistehende, wehrhafte Turm kennzeichnet das Ende der von der Broye umflossenen Unterstadt.

Das Innere des kurz nach der Mitte des 13. Jahrhunderts begonnenen Baues zeichnet sich durch die plastische Gliederung im Stil einer Frühgotik aus, die sich hier fast hundert Jahre später als in Nordfrankreich entwickelt hat. Eindrucksvoll sind die von kräftigen Diensten umstellten Rundpfeiler und die ausgewogenen Proportionen des basilikal gestaffelten Raumes, dessen Chor den – auch sonst in der französischen Schweiz häufigen – geraden Abschluß von den Zisterziensern übernommen hat. Der basilikale Charakter wird ähnlich wie in Romont durch die spärliche Beleuchtung des Hochschiffes gedämpft. Eigenartig ist die Abwandlung des Laufgangs, der nicht durchgeht, sondern sich in jedem Joch auf eine isoliert in der Mauerfläche stehende Gruppe von säulengetragenen Dreipaßbogen beschränkt. Auch diese Kirche besitzt ein bedeutendes Chorgestühl vom Anfang des 16. Jahrhunderts.

Am andern Ende der Stadt, die sich auf schmaler Felsenrippe gegen die Broye hinabzieht, erhebt sich das *Schloß Rochefort*. Der schwere, kurz vor 1600 errichtete Baukubus wird in seiner Wucht durch ein Fronttürmchen gemildert, vor dem der etwas ältere Mosesbrunnen steht. Das Innere des Schlosses birgt ein kleines Heimatmuseum. – Die absteigende Straße führt an einem ausgebrannten Turm vorbei, dessen mächtiges Viereck auf das 12. Jahrhundert zurückgeht, in welchem die Bischöfe von Lausanne dem Ort städtische Rechte verliehen. Aus den neueren Jahrhunderten, vornehmlich aus dem siebzehnten und dem so fruchtbaren achtzehnten, haben sich zahlreiche Häuser erhalten. Zwischen ihnen zeugt die alte Markthalle mit ihrer auf Pfeilern ruhenden Balkenkonstruktion von der selbstverständlichen Schönheit alter Zweckbauten. In der Unterstadt steht der seine Umgebung hoch überragende Palast des Stadthauses, das 1840 in den Formen einer noch herben toskanischen Renaissance erbaut wurde; ihm schräg gegenüber blickt ein gotisch profiliertes Fenster auf die Straßenkreuzung. Neben den Bürgerhäusern gibt es einzelne städtische Adelssitze, wie das Schloß Billens am Eingang zur unteren Stadt, das 1677 für Philipp von Estavayer erbaut wurde. Ganz abgesehen von den alten Landsitzen, die sich in der Umgebung finden, ist das Städtchen als solches durch eine erstaunliche Zahl erhaltenswerter alter Bauten ausgezeichnet. –

Statt über die große Straße, die, von Bern über Avenches kommend, über Moudon geradewegs nach Lausanne führt, lohnt es sich, südostwärts abzweigend den kleinen Umweg über Rue und Oron zu wählen. *Rue* ist ein kleines, reizvoll auf steil abbrechendem Bergsporn gelegenes altes Städtchen, beherrscht von einem im frühen 17.Jahrhundert größtenteils umgebauten Schloß. In *Oron-le-Châtel* überragt das Schloß ein kräftiger Rundturm mit Kegeldach, er wurde in Anlehnung an die Turmformen errichtet, wie sie Peter II. von Savoyen durch seinen Festungsbaumeister Pierre Mainier in Romont, Yverdon und anderen Orten aufführen ließ. Die übrigen Teile des Schlosses, das in der bernischen Zeit der Waadt als Landvogtsitz diente, sind im Äußeren spätgotisch; das Innere wurde im 18.Jahrhundert im damaligen Geschmack modernisiert. Von Oron-la-Ville, wo sich ein quer-ovaler evangelischer Kirchenraum aus dem späteren 17.Jahrhundert befindet, wenden wir uns westlich und fahren über Essertes und Savigny und zuletzt der aussichtsreichen Südostflanke des Mont Jorat entlang nach Lausanne, das wir von der Höhe her zusammen mit der direkt von Moudon kommenden Straße erreichen.

Dritte Variante: über Murten nach Lausanne

Von Bern aus kann man Lausanne statt über Fribourg auf der direkten, großen Straße über Murten, Avenches und Payerne erreichen. Man berührt dabei drei Städte, von denen jede auf ihre Art höchste Aufmerksamkeit verdient, und man durchfährt eine Gegend, die zwar jetzt in rascher Industrialisierung begriffen ist, jedoch noch manche Schönheit bewahrt hat. – Die westliche Ausfahrt von Bern ist gekennzeichnet durch die riesigen Wohnhochbauten der Siedlung Bethlehem, die architektonisch keineswegs phantasielos und auch nicht ohne Geschmack durchgestaltet sind, indem sie die bloße Wabenform oder auch die brutal-schematische Durchschichtung zu überwinden suchen. Doch sind die Dimensionen so gewaltig, daß ein fast schockartiger Kontrast zu der hier sonst noch bäuerlichen Umgebung mit ihren herkömmlichen Heimwesen entsteht, die unter den breiten, tief herabhängenden Bernerdächern ruhen. Die Straße senkt sich, steigt wieder empor und führt zunächst eben, dann langsam fallend über eine Hochfläche, vorbei an Wäldern, wie es sie in der Gemeinschaft verschiedener Baumarten und -alter so schön nur im Kanton Bern gibt. Auf die andere Seite, gegen Nordwesten, öffnet sich die Sicht über das Mittelland gegen die langhinziehenden Wälle des Jura. Doch das Gefälle der Straße wird entschiedener, man zwängt sich durch eine Schlucht, an deren unterem Ende die alte Häusergruppe von Gümmenen steht. Bald folgt die Brücke über die Sense, deren flacher Talgrund von steilen Molassehängen eingefaßt ist. Unweit flußaufwärts liegt das kleine Städtchen *Laupen* mit seinem hochgelegenen alten Landvogtschloß, einem der echt bernischen, traditionsgesättigten Amtssitze, und dem Ruhme seiner Schlacht, in welcher 1339 die Berner ein überlegenes Ritterheer besiegten.

Unsere Straße führt über einen flachen Rücken mit der Sicht auf die zwischen den drei Seen von Murten, Biel und Neuenburg sich breitende Ebene des ›Seelands‹ und vorbei an schönen alten Forsten. Schloßartige Besitzungen mit alten Alleen halten frühere Epochen gegenwärtig; das gilt ganz besonders für Murten.

Murten. Der Name erinnert an den Sieg, den am 22. Juni 1476 die Eidgenossen über den seine Gegner unterschätzenden Karl den Kühnen erfochten. Dieser belagerte, als er nach der Niederlage von Grandson sein Heer wieder gesammelt hatte, das von den Bernern unter dem Kommando Adrian von Bubenbergs zäh verteidigte Murten. Bubenberg war ein Jugendgefährte Herzog Karls, doch durch diese Erinnerung, an welche ihn der Herzog mit einem in die Stadt geschossenen Briefe mahnte, wurde der Widerstand des Kommandanten nur noch gesteigert, wie es Werner Bergengruen in einem seiner schönsten Romane, ›Karl der Kühne‹, ergreifend dargestellt hat.

Doch die Schlacht ist nur ein Teil in der Geschichte Murtens, das sowohl durch seine Erhaltung als auch durch seine Lage fesselt. Die kleine Stadt wurde nach einer Zerstörung um die Mitte des 11. Jahrhunderts von den Zähringern wiederaufgebaut, doch erhielt sie erst 1228, als Friedrich II. von Hohenstaufen sie zur freien Reichsstadt erklärte, ihren Mauerring, der, auf drei Seiten wohlerhalten, noch heute ihren Stolz bildet. Doch schon 1283 eroberte Rudolf von Habsburg die Stadt, die nach seinem Tod an die Savoyer fiel. Nach den Burgunderkriegen, während denen Murten von den Bernern besetzt war, teilten sich Bern und Fribourg in die Herrschaft, und erst 1803 fiel das seit 1530 reformierte Gemeinwesen an den sonst katholischen Kanton Fribourg.

Die Stadt liegt gleich anderen alten Städten der Kantone Fribourg und Waadt auf einem Hügel, der hier steil gegen den See, doch sanft gegen das Landinnere abfällt. Die Landseite wurde mit Mauern samt Wehrgang und Türmen befestigt, die im 15. Jahrhundert ihren endgültigen Ausbau fanden. Nicht nur in der Fernsicht von der modernen Umfahrungsstraße und den benachbarten Höhen her beeindruckt das turm- und mauerbewehrte Stadtbild, sondern auch über den See hinweg, gegen den zwar keine Stadtmauer, jedoch die Türme des Schlosses stehen. – Vom frei zugänglichen Wehrgang aus blickt man auf die Gärten im einstigen Stadtgraben und auf die Dächer der Stadt, ähnlich wie in Nördlingen, Rothenburg und Dinkelsbühl, nur daß hier statt der ›altfränkisch‹-malerischen Willkür die vernunftgemäße Ordnung der Zähringer-Gründung noch heute das Bild beeinflußt. So ist auch der Plan der Stadt von klarer Einfachheit: an die Hauptstraßen legt sich je eine Nebengasse. Das mittelalterliche Schloß steht auf dem höchsten Punkt des gegen Westen langsam ansteigenden Stadthügels. Die als Saalbau 1710-1713 errichtete reformierte Kirche liegt am Nordostende der südlichen Nebengasse, die spätgotische Katharinenkirche als Gegenstück an der seewärts die Hauptgasse begleitenden anderen Nebengasse.

In der breiten Hauptgasse, die als langgestreckter Markt sacht emporsteigt, erinnert vieles an das nahe Bern, so namentlich der 1777-1778 in seine heutige Form gebrachte Torturm, der am Nordende in verkleinertem Umriß und ohne Uhr den Zeitglockenturm wiederholt. Das Straßenbild besitzt zwar nicht ganz die großartige Disziplin der bernischen Kramgasse, aber dafür ist es vielseitiger. Der auch hier sichtbare Aufschwung des 18. Jahrhunderts hat hier nicht alle Hausfronten erfaßt. Manche Fensterbildung aus der Gotik und ihrer hier bis ins 17.Jahrhundert reichenden Nachfolge ist geblieben. An einzelnen Fronten reihen sich die schmalen Fenster eng aneinander, mit ihren eselsrückenartigen Abschlüssen eine wellenförmige Bekrönung bildend. Viele, auch neuere Häuser beschränken sich auf zwei Obergeschosse über den mit Bern verwandten Lauben. Die Dächer laden weniger weit aus, sie sitzen in einer bereits welschen Weise knapper auf den Mauern. – Einen besonderen Stolz der Stadt bedeutet zumindest während des Sommers und Herbstes der liebevolle Blumenschmuck, ergänzt durch die kleinen ›Vorgärten‹, welche durch Oleander, Fuchsien und andere Topfpflanzen vorübergehend geschaffen werden.

Murten lebt mit seinem See, der sich zu seinen Füßen breitet. Vom Hof des Schlosses oder von den modernen Uferanlagen aus schaut man über die nach Wetter und Jahreszeit wechselnde Wasserfläche zu den sich langsam mit modernen Landhäusern durchsetzenden Hängen des Mont Vully oder Mistelacher Bergs, wie diese Aussichtshöhe auch heißt. Sie liegt nicht nur zwischen den Seen, dem Murten- und dem Neuenburger See, sondern auch zwischen den Sprachenzonen. – Der Murtensee ist der kleinste, jedoch vielleicht der schönste unter den dreien (zu denen außerdem der Bieler See gehört), denn er bleibt überschaubar in seiner wohlbemessenen Weite. Seine Ufer sind überraschend vielseitig. Steil überragt sie im Norden der Mont Vully neben der flachen Ebene des Seelandes und ihren von Bäumen begleiteten Schilfufern. Nach Westen folgen auf die Rebenhänge des Mistelacher Berges sanftere Höhen, die sich das Tal der Broye entlangziehen und hinter denen die Jurahöhen aufsteigen. Den Neuenburger See, der dazwischenliegt, ahnt man nur in der von seinem Spiegel lichtgesättigten Luft.

Avenches. Zwischen Murten und Avenches vollzieht sich der Eintritt ins Welschland, und zwar in den landschaftlich sanftesten, trotzdem unverkennbaren Übergängen. Die Linien sind um einen Grad weicher geworden; lind breiten sich die Felder, von einzelnen Gehölzen gesäumt, während die Wälder in der Ferne bleiben.

Hohe Bäume in alten Gärten schaffen die Stimmung einer Parklandschaft. Es ist, als ob der von uralter Kultur gesättigte Boden geheimnisvoll die Atmosphäre mitbestimme. Das Geheimnis löst sich in Avenches, wo wir schon weit vor dem heutigen Städtchen, das gleich Murten auf einem Hügel liegt, an den Monumenten einer bedeutenden Römerstadt vorüberfahren: *Aventicum* war die größte unter den römischen Siedlungen Helvetiens und besaß in ihrer Blüte unter Kaiser Vespasian 30 000 bis 40 000 Einwohner.

Wenn man von der modernen Umgebungsstraße rechts abbiegt, so kann man auf Nebenstraßen das römische Osttor erreichen, das mit seinen den Eingang beherrschenden Außentürmen und seinem runden Innenhof sowie seinen beiden, von Fußgängerdurchgängen begleiteten Wagendurchfahrten eine noch immer monumentale Anlage darstellt. Vom Osttor gelangt man zum halbkreisförmig um die Orchestra angeordneten Theater und von diesem zu den weitgehend erhaltenen Stufen des einst 8000 Zuschauern Platz bietenden Amphitheaters, in dessen Arena die Kämpfe von Gladiatoren mit Tieren stattfanden. An der Arena steht ein kleines archäologisches Museum. Einige hundert Meter entfernt ragt aus dem bisher kaum mehr überbauten Gelände der sogenannte ›Cigognier‹, eine Säule, auf welcher später Störche nisteten, die aber einst zur Säulenvorhalle eines Tempels gehörte. Von den Grabungen, die eine große Anzahl von Gebäuden verschiedener Bestimmungen nachgewiesen haben, sind die Reste der Thermen unter einem Schutzdach sichtbar geblieben. – Gewürdigt wurde die ehemalige Römerstadt schon im 18. Jahrhundert, als 1783 und 1786 der bernische Architekt Erasmus Ritter die ersten Aufnahmen von den aus dem Boden ragenden Ruinen machte.

Vom Rand des heutigen Städtchens, das sich auf den die römische Stadt im Westen begrenzenden Hügel zurückgezogen hat, kann man in den nicht wieder überbauten Feldern zum Teil in eindrucksvoller Entfernung die einzelnen römischen Monumente aufragen sehen und auf entlegenem Höhenzug die alte Stadtmauer erkennen. – Im gegenwärtigen *Avenches*, das bereits zum Kanton Waadt gehört, zieht sich über den sanften Hügel die zum Markt verbreiterte Straße. Auf ihrem Scheitel stehen das dem Dixhuitième angehörende Stadthaus und auf der anderen Straßenseite die Kirche. In ihr Fundament ist das große Gebälkstück eines altrömischen Tempels eingemauert. Im Innern der Kirche liegt neben dem 1711 erbauten envangelischen Predigtsaal die Apsis und der kreuzgratgewölbte Chor der vorangehenden romanischen Kirche. Neben dem Amphitheater steht das nicht sehr große, jedoch reichgegliederte Schloß, das in seiner heutigen Erscheinung auf die Zeit um 1570 zurückgeht und in Turm, Portal und Erkern die Formen einer von Frankreich her bestimmten Renaissance zeigt.

Payerne. Von Avenches führt die Straße weiter durch das breite, flache Tal der Broye nach Payerne. Der stark von Neubauten durchsetzte Ort als solcher zerfließt etwas formlos in der Talebene. Doch aus seiner Mitte steigt ein flacher Hügel, und dieser trägt zwei Kirchen, von denen die größere zu den bedeutendsten Baudenkmälern der Schweiz gehört. Es ist die ehemalige *Abteikirche,* die in ihren Ursprüngen auf eine römische Villa zurückgeht. Für das Jahr 587 ist eine erste, bis heute noch nicht wieder gefundene Kirche bezeugt, die Marius, der Bischof des damals zerfallenden Aventicum, erbaut hat. Auf den Grundmauern der römischen Villa entstand das Kloster, das 961 oder 962 von den Königen Hochburgunds gestiftet und der burgundischen Abtei Cluny unterstellt wurde. Als eigentliche Gründerin erscheint in den Urkunden Adelheid, die Tochter Königin Bertas und Gemahlin von Kaiser Otto I. Die Verbindung mit den deutschen Kaisern des Hochmittelalters blieb auch in der salischen Zeit erhalten, in der das heutige Gotteshaus entstand: Konrad II. wurde in Payerne zum König von Burgund gekrönt, und Heinrich II. wie auch Heinrich IV. waren die für Payerne zuständigen weltlichen Herren. Neben diesen spendete die mächtige Abtei von Cluny ihren Einfluß, und unter den doppelten Auspizien entstand in der zweiten Hälfte des 11. Jahrhunderts der heutige Bau, ohne daß sich darüber genauere Urkunden erhalten haben.

Das Äußere ist bestimmt durch die Lage auf weitem, leicht erhöhtem Platz, der die Kirche auf drei Seiten umgibt, während im Süden die später erneuerten Klostergebäude mit ihrem Hof dem sonst isolierten Monument Halt spenden. In diesem Sinn ist auch das bescheidenere Gegenstück wichtig, das die gotische Pfarrkirche mit ebenfalls basilikalem Aufbau und einem ähnlich, doch einfacher gebildeten Turm auf dem gleichen Platz darstellt. – So schlicht die Ausführung der Abbatiale im einzelnen ist – die überwiegend aus kleinen Kalksteinen in römischer Manier gemauerten Wände sind mit Ausnahme der Chorpartie sehr sparsam gegliedert –, so imponierend sind die Massen verteilt: das burgartig abweisende Westwerk mit dem hochaufsteigenden Steildach, das sehr gestreckte Langhaus in seiner basilikalen Staffelung, das im rechten Winkel vortretende Querhaus und die aus diesem nach Osten heraustretende Chorpartie, die auch ohne Umgang als einziger Teil der ganzen Anlage den von Cluny her angeregten Reichtum zur Schau trägt. Je zwei halbrund geschlossene Kapellen flankieren die Hauptapsis, an der die Durchfensterung und die Gliederung reicher sind als in den abweisend geschlossenen übrigen Teilen. Über das Detail hinaus aber überzeugt die Art der Zusammensetzung und Staffelung halbrunder und kubischer Formen hinauf bis zum Vierungsturm, dessen Glockenstube sich in großen gotischen Doppelfenstern öffnet und dessen pfeildünne Spitze nicht nur von vier kleinen Trabanten, sondern zudem von einer – allerdings erst im frühen 17. Jahrhundert in noch gotischen Formen errichteten – Krone umgeben ist.

Das Innere, das man normalerweise durch ein kleines Pförtchen vom Klosterhof her betritt, erschließt sich am schönsten von der Eingangshalle her. Sie trägt über sich wie in Romainmôtier eine Vorkirche, ist sonst aber ein einschiffiger Raum. Durch ein zweites Portal tritt man in die eigentliche Kirche, die durch die niedrige quergestellte Vorhalle ihren Maßstab gewinnt. Wenn Architektur ihre Qualität in den Proportionen verrät, so ist Payerne ein Beispiel dafür. Wohl folgt auch hier das Langhaus der Normalform des mittelalterlichen Kirchenbaus, nämlich der Basilika, aber die Seitenschiffe sind so hoch emporgeführt, daß sie vom Mittelschiff nur verhältnismäßig wenig überragt werden, und die für den basilikalen Typus bezeichnenden Hochschiffenster sind hier in einer noch primitiv anmutenden, doch dem 11. Jahrhundert entsprechenden Weise zum Teil in die Tonnenwölbung eingeschnitten. Die das ganze Mittelschiff überwölbende Tonne findet sich als regionales Merkmal in Burgund, der Auvergne und der Provence. Dank ihrer schmalen, tunnelartigen Abmessungen erinnert sie auch in Payerne an jene großen Pilgerkirchen, die von der Auvergne aus das gleiche Raummotiv über Conques und Toulouse bis zum fernen Santiago de Compostela führen.

Eigene Schönheit offenbart das Gegenspiel der stark gegliederten Seitenschiffe zu dem sie nur wenig überragenden Mittelschiff. Im kraftvollen Gegeneinander der Räume, doch auch der einzelnen plastischen Formen, wie den mit halben Rund-

pfeilern verbundenen Pfeilerkuben und ihrer Fortsetzung in den hart und kräftig profilierten Gewölbegurten, äußert sich eine Kraft, die in solchem Ausmaß die an sich reicheren Kirchen des 12. Jahrhunderts meist nicht mehr besitzen. In dieser Kraft, die drängt und schwillt, und doch stets beherrscht und gestaltet bleibt, darf man etwas vom Geist der auch hier wie in Limburg an der Haardt und in Speyer als weltliche Herren amtierenden Salier sehen.

Doch das Langhaus bedeutet auch in der Abbatiale von Payerne erst den Weg, dessen Ziel sich in der Ostpartie auftut. Sachte vorbereitet wird dies im unmerklichen Größerwerden der Langhausjoche gen Osten zu, bis die Vierung mit ihren mächtigen Pfeilern erreicht ist. Um diese von dünnen Kreuzrippen gleich einem Baldachin überspannte Vierung legt sich ein weiteres Geviert, bestehend aus dem Chor, der im Osten die Apsis um ein Joch hinausschiebt, den beiden Querschiffen und aus einem stärker gegen das Langhaus abgegrenzten Joch im Westen. Dazu treten in den Diagonalen dieses kreuzförmigen Raumschwerpunktes im Zug der Seitenschiffe vier niedrigere Räume. Die Nebenapsiden sind so abgetrennt, daß sie im Raumbild nicht mitsprechen. Um so mehr tut dies die Hauptapsis mit ihren beiden übereinanderliegenden Fensterzonen, von denen die obere durch ihre Größe und durch die Einfassung mit Blendarkaden auf schlanken Doppelsäulen ausgezeichnet ist, ergänzt vom Skulpturenschmuck der Kapitelle und von heute verblichenen Fresken. – Noch reiner als im Außenbau ereignet sich an dieser auch kultisch wichtigsten Stelle die Verfeinerung und Durchgeistigung der sonst so schweren und harten Steinmassen. Etwas vom Wunder einer Wandlung vollzieht sich hier über dem einstigen Hochaltar auch im Stein.

Die vergleichsweise zarte Gliederung der Hauptapsis stellt sich dar als das sublime Ziel einer Entwicklung, die das Langhaus bewegt und auf das großartigste durch die Vierung samt den anstoßenden Querschiffen aufgefangen wird, um sich im Chor fortzusetzen, bis dann die Apsis die feierliche Erfüllung bringt.

Von Payerne führt die große Straße durch das sich nun verengernde Broye-Tal nach *Lucens*, mit seinem mehrfach zerstörten, zuletzt im 16. Jahrhundert erneuerten Schloß der Bischöfe von Lausanne. Der große ›savoyische‹ Rundturm aus dem 13. Jahrhundert mit den im 15. Jahrhundert ausgebauten Wehrmauern samt ihren Ecktürmchen bildet eine der größeren Burgen des Waadtlandes. Im Ort vertritt die turmlose Kirche die Gotik des 14. Jahrhunderts. – Weiterhin dem geraden Lauf der Broye folgend gelangt man bald nach *Moudon*, dessen Kirche, Schloß und Bürgerhäuser schon auf dem Weg von Fribourg über Romont beschrieben wurden, und nach *Lausanne*.

Am See entlang bis Nyon

Von Lausanne aus führt seewärts der Autobahn die alte Straße nach Genf teilweise durch eine ausgesprochene Gartenlandschaft, die diesen Charakter nicht nur von den eigentlichen Parks, wie sie namentlich die Gegend zwischen Perroy und Nyon und dann auch wieder vor Genf auszeichnen, sondern auch durch den Wechsel von Wald und Feld und Ausblicken auf den See empfängt. – Westlich von Ouchy fährt man an dem Gelände entlang, in welchem die ›Expo‹, die Landesausstellung von 1964, stand; seine schönen, baumbestandenen Ufer sind inzwischen zur Erholungszone geworden. Weiter westlich steht auf einem aussichtsreichen Vorsprung des weitausschwingenden und flach gewordenen Ufers die kleine romanische Kirche von *St-Sulpice*, von der sich nur die um 1100 erbaute Ostpartie mit den drei gestaffelten Apsiden und dem breitgestellten Vierungsturm erhalten hat.

Es folgt *Morges*, das neben Nyon der wichtigste Ort zwischen Lausanne und Genf ist, mit den zwei zum Seeufer parallel laufenden Haupstraßen, an denen es noch viele ansehnliche Bauten des 18. Jahrhunderts gibt. Am Ostende der Altstadt steht, städtebaulich sehr wirkungsvoll, die evangelische Kirche, die 1772-1776 errichtet wurde und neben der ›Fusterie‹ in Genf, der Berner Heiliggeistkirche und dem ›Temple‹ in Yverdon zu den ansehnlichsten Gotteshäusern gehört, welche in der Schweiz im 18. Jahrhundert für den evangelischen Glauben erbaut wurden. Das Äußere mit seiner von Pilastern gegliederten Turmfront und dem von Balustraden elegant umzogenen Mansardendach besitzt die noble Anmut einer Schloßkirche und fügt sich damit ausgezeichnet in die anschließende Parklandschaft.

Das Innere entwickelt seinen von einer Mulde überwölbten Hauptraum aus dem Quadrat, das sich in der Längsachse gegen die Vorhalle und die darüberliegende Orgelempore ausrundet. Gegenüber dem Eingang erweitert sich das Quadrat zu einem leicht erhöhten Querrechteck, das sich nochmals zu einer flachen Nische öffnet. In dieser steht nun, durchaus bühnenartig präsentiert, die isolierte Kanzel. Die Seiten des Schiffs sind wie ein Zuschauerraum durch Emporen über ionischen Säulen und mit zierlichen korinthischen Arkaden gestaltet. So erinnert bei aller puritanischen Schlichtheit vieles ans Theater, dem im spielfreudigen 18. Jahrhundert auch der puritanische und hier sowohl von der Aufklärung wie vom beginnenden Klassizismus berührte Kirchenbau der Reformierten seine Reverenz erweist.

Morges erhielt 1691 unter bernischer Herrschaft eine für den Verkehr mit Genf bestimmte Hafenanlage, an die noch die beiden spitzbehelmten Türmchen erinnern, welche die Hafeneinfahrt bewachen. Am Hafen steht auch das alte Schloß. Im ausgehenden 13.Jahrhundert von Amadeus von Savoyen mit den für seine Baumeister kennzeichnenden Rundtürmen errichtet, wurde es im 16.Jahrhundert von den Bernern ausgebaut und dient heute als Arsenal, dem ein kleines Armee-Museum angeschlossen ist. So stehen vor dem Eingang, martialisch und dekorativ zugleich, große alte Kanonen, und man sieht auch eine Reihe von Schiffsgeschützen, da gerade im Barock auch Seen zu militärischen Schauspielen verlockten. Westlich schließt sich an das Schloß ein schöner alter Park an. Hier wie vom Hafen aus bietet sich die schönste Rundsicht, die vom Moléson im Kanton Fribourg bis zum Salève bei Genf reicht. –

Landeinwärts von Morges liegt *Vufflens*, eines der markantesten mittelalterlichen Schlösser der hierin so reichen Waadt, mit einem mächtigen, von Trabanten umstandenen Bergfried. Von ihm aus führen Mauern zum Wohnbau, der in den Ecken von Rundtürmen überhöht ist. Alle Türme gewinnen noch an festungshafter Kraft durch ihre auf Konsolen unter dem Obergeschoß vorkragenden Wehrgänge mit auch Pechnasenkranz genannten Maschikulis. Bauherr war Heinrich von Colombier, Vasall und Berater von Amadeus III. von Savoyen.

Das einfachere Schloß von *Rolle* weist in seinen Rundtürmen ebenfalls auf die Savoyer hin. Am Quai erinnert ein hoher Obelisk an Frédéric-César Laharpe. Dieser wurde zunächst General in russischen Diensten und als solcher Erzieher von Zar Alexander I., den er für die Ideen der Aufklärung begeisterte und dadurch zum ›Westler‹ machte. Doch Laharpe war vor allem waadtländischer Patriot, der 1798 die Franzosen gegen das bernische Regiment ins Land rief und mit ihrer Hilfe die ›Lemanische Republik‹ gründete, als Übergang zum Kanton Waadt, der unter der Devise ›Liberté et patrie‹ sein Dasein 1803 begann.

Noch kurz vor Rolle liegt *Perroy*, wo neben einem älteren Herrenhaus das klassizistische Landhaus La Gordanne in mehr als einer Hinsicht eigentümlich ist. Zunächst scheint es um den Versuch zu gehen, das reine Rund des Pantheons samt dessen flacher Kuppel in einer Villa zu verwirklichen. Doch Pate dafür hat nicht nur das Original in Rom gestanden, sondern als Vermittler figuriert ein ähnlicher Pantheonide im englischen Lake-District, womit zu den vielen Beziehungen, die den Genfer See mit England verbinden, noch eine weitere genannt sei. – *Nyon* steht ganz unmittelbar auf ›römischem‹ Boden, was noch in den Fundamenten der sonst aus dem 15.Jahrhundert stammenden Kirche zu sehen ist. Auch hier zeigt das Schloß die Rundtürme der savoyischen Zeit; unter den bernischen Landvögten wurde der Ausbau vollzogen. Die Blüte des 18.Jahrhunderts, gegen dessen Ende hier noch eine eigene Porzellan-Manufaktur entstand, wird von zahlreichen Wohnhäusern bezeugt, doch in den vielen Neubauten äußert sich bereits die Nähe Genfs.

ENTLANG DEM JURA

Von Zürich nach Neuenburg

Vom Limmattal zur Reuß

Wir verlassen am besten die Stadt über den Vorort Höngg, in dessen einst dörflichem Kern noch einzelne Herrenhäuser an jenen Saum von Landsitzen erinnern, der sich von Zürich dem Sonnenhang der Limmat entlang bis gegen Baden zog und von dem sich da und dort einiges wenige erhalten hat. Die Straße durch das in neuester Zeit dicht überbaute Engstringen zeigt noch einzelne Ausblicke über das breite Limmattal gegen die Stadt, den See und die Berge. – Eine Insel eigener Art hat den Wandel der Zeit im *Kloster Fahr* überdauert, das, als der Kanton Zürich im 19.Jahrhundert die auf seinem Gebiet noch vorhandenen Klöster aufhob, als aargauische Enklave weiter bestehen bleiben konnte. Die Gebäude des Benediktinerinnenkonvents lagern sich in behaglichem Barock. Heute lebt und wirkt auch eine Dichterin hier, Silja Walter. Die 1743-1746 erbaute Kirche ist als ein rechtes Nonnen-Schmuckkästlein um 1750 von dem Tessiner Torricelli mit illusionistischen Malereien geschmückt worden, deren südliche Herkunft sich in den vielen Architekturmotiven verrät. Vom gleichen Meister stammen auch die Fassadenfresken, die den eng mit der Kirche verbundenen Friedhof umgeben und ihn zu einer ›Totenkirche‹ gestalten.

Der Klosterbezirk samt seiner nächsten Umgebung atmet noch den Frieden und die Geborgenheit einer vergangenen Zeit; ganz in der Nähe führt die Autobahn durch Siedlungen und Industriegebiete, die immer enger zu einer ›Bandstadt‹ zusammenwachsen. Auf der in halber Höhe oberhalb der Limmat entlangführenden alten Landstraße fahren wir über *Weiningen,* wo die Rebhänge ob dem Dorf noch immer dessen Namen Ehre machen und wo der

›Löwen‹ neben der Dorflinde einen schönen Erker aus dem 17.Jahrhundert besitzt, dann über das noch bäuerliche Würenlos nach dem zur städtischen Agglomeration angewachsenen Wettingen, um dort zum gleichnamigen Kloster abzubiegen.

Wettingen. Die Zisterzienser, die sich 1227 hier ansiedelten, liebten die Nähe von Wasser und Wald. Beides ist hier noch immer reichlich vorhanden, nämlich in der Limmat, die hier unterhalb des nahen Kraftwerks wieder ihren natürlichen Fluß erlangt, und in den Tannen und Buchen der schattigen Berghänge jenseits des Flusses, der noch immer von einer gedeckten Holzbrücke überquert wird.

Die seit 1847 als kantonales Lehrerseminar dienende ehemalige Abtei hat im großen ganzen ihr früheres Aussehen bewahrt und gehört mit ihrer Kirche und dem Kreuzgang zu den bedeutendsten Kunstdenkmälern der Schweiz. Auf den Torweg öffnet sich die 1256 geweihte und 1682 barockisierte Marienkapelle, in welcher das mächtige Tischgrab über der Gruft des Ritters Johannes von Tengen-Wartenfels steht. Darauf betritt man den Prälatenhof, dessen im 16. und 17.Jahrhundert errichtete Fronten noch gotisch steile Dächer und profilierte Fenster besitzen. Westlich schließen sich der Kapitelsaal und der *Kreuzgang* an. In seine Maßwerkfenster ist eine einzigartige Reihe von bemalten Scheiben eingelassen, sie umfaßt die ganze Entwicklung von einzelnen sakralen Darstellungen noch aus dem 13.Jahrhundert bis zum Ausklang der schweizerischen Kabinettscheibenmalerei im 17.Jahrhundert. Die echt schweizerische Sitte, daß Kantone, Städte, Klöster und Gemeinden, aber auch einzelne Privatleute sich gegenseitig bei verschiedenen Gelegenheiten reichverzierte Wappenscheiben schenkten, entsprach sowohl der Prunklust wie dem Selbstbewußtsein der alten Eidgenossen und wurde durch den Zeitgeist der Renaissance nochmals gefördert. So sind es vor allem die auf der Nordseite des Kreuzgangs vereinigten Schöpfungen des späten 15. und frühen 16.Jahrhunderts, die sich durch künstlerische Frische und Kraft auszeichnen und an denen sich die mannigfachsten Übergänge von der Gotik zur Formensprache der Renaissance verfolgen lassen. Die späteren Beispiele büßen freilich jene Disziplin ein, die das frühe 16. Jahrhundert bei aller überströmenden Erfindung zu wahren wußte. Die Komposition wird überladen und kompliziert; es häufen sich vielfigurige Szenen auf zu kleinem Raum. Man setzte alle Mittel aufs Spiel und wurde dabei zum Verlierer.

Von der Nordseite des Kreuzganges gelangt man in die Kirche, deren Bausubstanz im großen noch die der flachgedeckten, dreischiffigen Pfeilerbasilika des 13. Jahrhunderts geblieben ist, mit dem für die Zisterzienser obligaten geraden Chorabschluß. Um diesen legte das 17. Jahrhundert für seine Prozessionen einen Umgang, und als ein anderer Umgang umschließt der im 15. Jahrhundert mit gotischen Kreuzrippen überwölbte Krankenchor das außerordentlich schöne und reiche Chorgestühl, das 1601-1602 von einem sonst unbekannten Meister Hans Jakob geschaffen wurde. In einem gegen den Hochaltar hin offenen Geviert sind zwei Sitzreihen übereinander angeordnet. Über der unteren zieht sich ein ungemein frisch komponierter Fries von musizierenden Engelskindern und lebendig geformten Pflanzen hin. Etwas trockener, doch noch immer sehr stattlich ist die Reihe der geschnitzten Heiligen, von denen jeder von einer Bogennische umfaßt ist, während ein über alles hinweg stark vorspringendes Gesims den reich geschnitzten Abschluß bildet. Einförmiger erscheinen die nicht ganz lebensgroßen Stuckfiguren, mit denen das frühe 17. Jahrhundert die Chorwände schmückte.

Doch um so lebensvoller ist das Finale, welches das späte Rokoko der Kirche spendete, als kurz nach 1750 Abt Peter III. Kälin die Prunkwand des Lettners, die luftig ausschwingenden Bekrönungen des Chorgestühls und insbesondere den Hochaltar errichten ließ. Der letztere darf als ein Meisterwerk seiner Art gewertet werden, das sich mit den großen Altären der Asams und Johann Michael Feichtmayr messen kann, zumindest was die äußerst phantasievolle Auswertung des durch den Kirchenraum vorgegebenen Standortes anbelangt. Das für die gotischen Zisterzienserkirchen übliche große Ostfenster ist nämlich nicht, wie dies im Barock sonst meistens geschah, durch den Altaraufbau verstellt, sondern auf das Wirkungsvollste in diesen einbezogen. Die Fensteröffnung tritt an die Stelle des Altarblattes, und auf dem Licht, das vor allem am Morgen in seiner ganzen Fülle unmittelbar in den Raum flutet, scheint wie ein Wunder, dem Dauer verliehen wurde, die Gestalt Mariens zu schweben. Seitlich treten Pilaster und Säulen auseinander; das in reich gebrochener Bewegung emporschwingende Gebälk teilt sich; jedoch der Auszug, das den Altaraufbau krönende Frontispiz, schließt das Ganze über dem gotischen Fensterbogen wieder zusammen, in seinen Strahlen das Sonnenlicht aufnehmend und in seiner Gloriole die Gestalten und Symbole der heiligen Dreifaltigkeit verbergend und zugleich enthüllend. – Durch das Gegenlicht geblendet, verzichtet man darauf, die realen Zusammenhänge nachzuprüfen und gibt sich völlig dem aus natürlichen Gegebenheiten aufgebauten Mirakel eines mystischen ›Theatrum sacrum‹ hin.

Von Wettingen gelangt man rasch nach *Baden*, dessen Altstadt von der die Limmat überquerenden Hochbrücke aus ein höchst eindrucksvolles Bild schenkt. Links unten ragt aus der Tiefe das ehemalige Landvogtschloß, das an die Zeit erinnert, da von 1415 bis 1798 der Aargau von den zunächst acht, dann dreizehn alten Orten der Eidgenossenschaft gemeinsam, das heißt durch im Turnus wechselnde Vögte, regiert wurde. Eine alte Holzbrücke führt zum Städtchen, das steil am Westhang der Limmat zu einer von Sakralbauten bestandenen Terrasse aufsteigt. Doch der Turm der von Kapellen umgebenen Stadtkirche wird überragt durch den mächtigen, mit farbigen Ziegeln gedeckten Stadtturm, der den lebendig bewegten Zug der Hauptstraße im Westen beschließt. Noch bis um 1960 zwängte sich durch seinen Torbogen auch der Durchgangsverkehr, für den seither durch die Untertunnelung des nahen Burgfelsens eine großzügige Umleitung geschaffen wurde. Beherrscht wird das alte Baden nämlich nicht nur durch seine noch aufrecht stehenden Türme, sondern ebenso durch den schroffen Kalkfelsen des sogenannten ›Stein‹, der von Westen her sich herabsenkt, um nach dem Durchbruch, den die Limmat hier vollzog, im schmalen Jurakamm der Lägern seine ähnlich steil wieder ansteigende Fortsetzung zu finden. Der ›Stein‹ trägt heute nur noch Ruinen, einst aber verwehrte hier, an der schmalsten Stelle des Limmattales, eine Festung den Durchgang; sie wurde 1712 bei einem der zahlreichen Religionskriege von zürcherischer Artillerie zerstört. –

Baden ist heute dreigeteilt. An der engsten Stelle des Limmatdurchbruchs liegt die noch heute im ganzen mittelalterlich anmutende Altstadt. In ihrem Rathaus hat sich der schöne spätgotische Saal erhalten, in welchem die eidgenössischen Orte ihre Tagsatzung hielten. Westlich, auf der sich erweiternden Ebene über der Limmat, breitet sich die moderne, von der Maschinenfabrik Brown & Boveri beherrschte Industriestadt aus, die auch einen großen Teil der Einwohner des nahen Wettingen beschäftigt. Und dem Fluß entlang zieht sich die schmale Bäderstadt mit einer Uferpromenade und dem hochgelegenen Kurpark, in welchem neben einem modernen Kurtheater auch die Badekultur des 19.Jahrhunderts in der Neorenaissance des Kursaals weiterlebt. Dazu kommen Hotels und Badehäuser, von denen die ältesten noch ins 18.Jahrhundert zurückreichen. Doch schon die Römer rühmten die schwefelhaltigen Heilquellen, die im Mittelalter mit wahrer Leidenschaft aufgesucht wurden. Damals soll sich ein Nonnenkloster das Privileg erbeten haben, seine Insassinnen jedes Jahr zu einer Kur in Baden entlassen zu dürfen – und zwar in weltlicher Kleidung. – Montaigne rühmte den Ort in seinem Reisetagebuch, und die biedermeierliche Schilderung, die 1818 David Heß in seiner ›Badenerfahrt‹ gibt, ist nur ein Beispiel von vielen für die Wertschätzung, die gerade von dem in seinen eigenen Mauern sittenstrengen, reformierten Zürich der katholischen Bäderstadt entgegengebracht wurde. Und auch Hermann Hesse ist zu seinem ›Kurgast‹ in Baden inspiriert worden.

Nach Brugg führt die direkte Straße an der Limmat entlang über Turgi, wo man in das breite, dem Jurafuß folgende Tal der Aare gelangt. – Doch noch abwechslungsreicher und zum Teil auch unberührter ist der Weg über *Mellingen*, ein Brückenstädtchen, dessen über der Reuß aufsteigende Längsseite den von Norden Kommenden empfängt. Kaum aber hat man die moderne Brücke und den ebenfalls in moderner Zeit erweiterten Bogen in der alten Häuserzeile durchfahren, so sieht man sich schon vor dem südlichen Torturm, nach welchem bald die mit drei schlanken Säulenbogen ausgezeichnete Vorhalle einer stattlichen Barockkapelle auftaucht. Von hier aus lohnt sich der Abstecher nach *Göslikon* zu der sorgfältig wiederhergestellten Dorfkirche; deren Inneres nämlich offenbart das schönste Zusammenspiel von spätbarocken Fresken und Stukkaturen mit dem noch hochbarocken Hochaltar, der sehr reizvoll einer Chorempore vorgestellt ist.

Von Mellingen nach Brugg fährt man an der rasch strömenden Reuß entlang mit gelegentlichem Rückblick auf die Türme und

Giebel der kleinen Brückenstadt, sodann durch eine vorerst noch unberührte Landschaft auf das Birrfeld. Hier, auf dem *Neuhof*, verwirklichte Heinrich Pestalozzi 1779-1780 sein Landerziehungsheim, eine Idee, durch welche er Rousseaus ›Retour à la nature‹ in eine bis auf unsere Zeit wirkende Tat umsetzte. – Der Waldberg im Westen trägt einen stumpfen Turm mit breitem Dach. Es ist die *Habsburg*, deren Geschlecht zunächst für die Schweiz und später für Europa von schicksalhafter Bedeutung wurde. Doch vorerst meldet sich die noch viel ältere Zeit der Römer, die hier am westlichen Rand der Ebene unter den julisch-claudischen Kaisern das Heerlager *Vindonissa* für ungefähr 11000 Mann anlegten. Bereits damals wurde der verkehrsgeographisch und damit auch strategisch so wichtige Raum von Brugg genutzt, wo die Straße vom Jurapaß des Bözbergs her die Aare an einer besonders engen und damit für den Brückenschlag günstigen Stelle überschreitet und auf ihrem Weg zum Bodensee, doch auch zu den Bündnerpässen, die große, dem Jurafuß folgende Transversale Helvetiens kreuzt. Festgestellt werden konnten eine Säulenhalle, drei von den vier Toren, eine Thermenanlage und das Forum. Neben den reichen beweglichen Funden, die heute das Museum in Brugg aufbewahrt, ist es vor allem das Amphitheater, welches die Erinnerung an die römische Garnisonsstadt lebhaft vor Augen führt. Ein Kranz schlanker Pappeln markiert hinter einer modernen Betonkirche das Rund des gegen Ende des ersten nachchristlichen Jahrhunderts in Stein aufgeführten Baues, dessen Grundmauern nach der Wiederauffindung um ein weniges ergänzt worden sind. Einmal im 3. und dann endgültig im 5. Jahrhundert wurde Vindonissa, dessen Name in dem des späteren Dorfes *Windisch* weiterlebt, von den Germanen zerstört.

Königsfelden

Fährt man weiter in Richtung Brugg, so liegt jenseits der von Baden kommenden Hauptstraße, in die man nun einbiegt, ein großer Park mit schönen alten Bäumen. Er gehört zur Heilanstalt Königsfelden, in deren Bereich sich die einstige Klosterkirche mit den bedeutendsten Glasgemälden des schweizerischen Mittelalters erhalten hat. Von dem durch die Reformation aufgehobenen Doppelkloster der Franziskaner und Klarissinnen ist am Ostrand des Parks nicht viel mehr als diese Franziskanerkirche übriggeblieben, deren betont einfache und disziplinierte Architektur die Ebene überragt und auch das Innere bestimmt. Es sind jedoch gerade die auch in ihrer Baukunst auf höchste Askese bedachten Bettelorden gewesen, denen weltliche Große die reichsten Stiftungen machten, auf das Gebet der Mönche vertrauend. Auf höchster Stufe ist dies auch in Königsfelden der Fall, wo nach dem beim nahen Reußübergang am 1. Mai 1308 begangenen Mord an dem deutschen König Albrecht seine Witwe, Königin Elisabeth, das Franziskanerkloster gründete, zu welchem bald ein solches der Klarissinnen kam. Zur Fürbitte für den so jäh dahingegangenen König, dem in der gleichen Grablege andere Habsburger folgten, trat die Bekundung habsburgischer Macht in ihrem damals durch die Eidgenossen gefährdeten Stammland, alles Voraussetzungen nicht nur für den bedeutenden Kirchenbau, sondern namentlich für eine der höchsten Leistungen, die sich innerhalb der mittelalterlichen Glasmalerei erhalten haben. Das habsburgische Herrscherhaus, das mit König Rudolf I. seinen Schwerpunkt nach Österreich verlagert hatte, jedoch noch immer über ausgedehnte Besitzungen im deutschen Südwesten verfügte, bot die besten Meister – vermutlich aus Straßburg – auf, um die Fenster des Chores zu schmücken.

In den wenigen Jahren zwischen 1325 und 1330 ist ein Zyklus entstanden, der in den Fenstern des Chorscheitels der Verherrlichung von Christus in seinem Leben und Leiden und seines Vorläufers, Johannes des Täufers, dient. Dazu treten die Darstellungen des Lebens Mariens und des von den Franziskanern besonders verehrten Paulus im vierten und fünften Fenster des im Fünfachtel-Schluß gestalteten Chores. Es folgen nach Westen die in ihrem ursprünglichen Zustand zum Teil zerstörten Figuren der zwölf Apostel. Die beiden westlichsten Fenster auf jeder Seite sind den Heiligen des Doppelklosters Franziskus und Klara, ferner der Marienmutter Anna, sowie einzelnen, den Habsburgern und ihren Ländern nahestehenden Heiligen gewidmet. Das für eine Franziskanerkirche obligate Bildprogramm erweiterte sich nicht nur um die Lieblingsheiligen des Hauses Habsburg, sondern es nahm die Erinnerung an den Königsmord, der zu dieser Stiftung geführt hatte, auf in die tröstenden Analogien der Heilsgeschichte. Das sichtbare Ergebnis ist ein ebenso beziehungsreicher wie geschlossener Kosmos, in welchem der Geist des Mittelalters in seinem letzten, eigentlichen Jahrhundert zu leuchtendem Ausdruck gelangte. – Emil Maurer, der beste Kenner Königsfeldens, spricht von einer erhabenen Syntax, in welcher das Einzelbild erst in seiner Bedeutung, seinem Wirklichkeitscharakter, seiner Komposition, seiner Farbigkeit zu verstehen ist, organisiert in symbolischen und epischen Systemen einer großen gedanklichen Ordnung, in der eine ganze Bilderwelt gerade durch die Glasmalerei zur Anschauung gelangt. –

Das Wunder gotischer Frömmigkeit, wie es die Glasmalerei besonders unmittelbar zum Ausdruck bringt, läßt sich selten so schön wie in Königsfelden erleben: das durch die Fenster dringende Licht verwandeln die Glasfenster zu Smaragd, Türkis, Rubin und Gold, und diese Farben vermögen mit der magischen Kraft von Edelsteinen in einer zweiten, höheren Verwandlung aus dem Tageslicht den überirdischen Glanz eines jenseitigen Himmels zu erwecken. Die ›Wandlung‹, die in der Messe ihren höchsten Ausdruck findet, bestimmt in einer innerlich verwandten Transsubstantiatio hier auch das Kunsterlebnis. –

Vor den Chor legt sich das franziskanisch schlichte Langhaus als dreischiffige Basilika mit flacher Holzdecke und Arkaden, die kämpferlosen, achteckigen Pfeilern entspringen. In der Mitte des Hauptschiffs öffnet sich der Zugang zur habsburgischen Gruft; die hier einst bestatteten Gebeine haben 1809 im Kloster St. Paul im Lavantal zu Kärnten ihre endgültige Ruhestätte gefunden. Eine Reihe von Tischgräbern birgt die sterblichen Reste von Rittern, die 1386 bei Sempach gegen die Eidgenossen fielen. Eine von einem Spitzbogen durchbrochene Wand, die seit der Restauration von 1896-1900 den früheren Lettner ersetzt, trennt das Langhaus vom Chor und schenkt diesem gerade durch seine Abgeschiedenheit eine höhere Weihe.

Im Aaretal

Das nahe *Brugg* ist eine unter den zahlreichen, von den Habsburgern angelegten Brückenstädten, wie sie für den Jurafuß im allgemeinen und für den Aargau im besonderen charakteristisch sind. Die Brücke spannt sich über die engste Stelle der Aare, die sich hier tief in den felsigen Grund gegraben hat. Ein kräftiger, viereckiger Turm, der vermutlich auf römischen Fundamenten steht und dem ursprünglich auf der anderen Seite ein Gegenstück entsprach, beherrscht auf der Stadtseite den Übergang. Dann überwindet die Straße in geschwungener Führung den Uferhang, über welchem sich die Hauptgassen kreuzen. So entsteht ein Stadtplan ähnlich wie in Aarau, nur kleiner – und er ist nochmals sehr viel kleiner, wenn man das mittelalterliche Brugg mit der einstigen Römerstadt Vindonissa vergleicht. –

Aareaufwärts, in einem Tal, das trotz Kraftwerkbaus und Zementindustrie noch heute Spuren großer Schönheit aufweist, gelangen wir nach *Bad Schinznach*, das seine alte, kultivierte Atmosphäre in vielem bewahrt hat, so in den niederen Kurgebäuden aus dem 18. und frühen 19. Jahrhundert und in den Parkanlagen. Hier traf sich in den der Französischen Revolution vorangehenden Jahrzehnten im Rahmen der ›Helvetischen Gesellschaft‹ regelmäßig eine Auslese reformfreudiger Männer. Unter den Ehrengästen erschien zeitweilig auch der sich hier fortschrittlich gebende Herzog von Württemberg, und schmunzelnd gewahrte man, wie der hochgeborene Gast mit dem durch seine philosophischen Interessen berühmt gewordenen Bauern Kleinjogg Arm in Arm die Aarepromenade auf und ab wandelte. Die gleichen Bäume, die dieses für die Aufklärungszeit bezeichnende Schauspiel sahen, stehen zum Teil noch heute.

Am Frühbarockbau des Schlosses Kastelen vorbei, das von der anderen Talseite über die Auwälder hinübergrüßt, gelangen wir nach *Wildegg* mit seinem hochgelegenen Schloß. Dieses wurde als Gegenburg zur nahen Lenzburg von den Habsburgern gegründet, deren Stammschloß weiter nördlich auf dem gleichen Bergzug steht. Doch erst im 16. und 17. Jahrhundert erhielt unter den Junkern von Effingen das Schloß seine heutige Gestalt mit den volutengeschmückten Giebeln, den südlich vorgelagerten Terrassengärten und den vom Schweizerischen Landesmuseum als Filialmuseum ausgestatteten Innenräumen.

Ein kurzer Abstecher führt von Wildegg nach *Lenzburg*, auf dessen Schloßberg die Grafen von Lenzburg, im 11. und 12. Jahrhundert eines der mächtigsten Adelsgeschlechter, sich ihren umfangreichen Stammsitz errichteten. Die Bauten, die den weiten, heute gegen Westen offenen Hof umstehen, entstanden in der Zeit vom 14. bis zum frühen 18. Jahrhundert. Zu den privaten Besitzern, die im 19. Jahrhundert auf die hier von 1415 bis 1798 residierenden bernischen Landvögten folgten, gehörte die Familie Wedekind; auch Frank Wedekind wohnte hier zeitweise. Seit 1956 bildet das Schloß mit seinen Innenräumen und Sammlungen eine öffentliche Stiftung. – Am Westfuß des isolierten Schloßbergs breitet sich das alte Städtchen Lenzburg mit seiner leicht ansteigenden Hauptgasse, die mit dem barocken, turmgeschmückten Rathaus an der Seite und dem Schloß im Hintergrund ein eindrucksvolles Bild ergibt. Um den Stadtkern lagern sich, zum Teil in alten Gärten, mehrere Herrenhäuser, von denen einige die großen, mit vortretenden Dachbalken, sogenannten Bügen, geschmückten Giebelfronten des siebzehnten, andere die regelmäßigen Kuben des 18. und frühen 19. Jahrhunderts zeigen.

Aarau. Sowohl von Lenzburg wie von Wildegg aus führen durch die waldreiche Ebene Straßen nach dem nahen Aarau, das man durch die schöne alte St.-Laurenzen-Vorstadt erreicht; doch noch eindrucksvoller bietet sich das Stadtbild von der Aare her dar. Seit dem 13. Jahrhundert, da die Stadt von Graf Hartmann IV. Kyburg gegründet wurde, besteht hier eine Brücke. Aarau, das später von den Kyburgern an die Habsburger und von diesen 1415 an die Berner überging, bis es 1803 Kantonshauptstadt wurde, ist trotz des Aareüberganges keine eigentliche Brückenstadt, wie beispielsweise Brugg und Olten, oder Bremgarten, Mellingen und Baden. Denn erst in einigem Abstand zu dem früher oft die Niederungen überschwemmenden Fluß steht auf steil abfallendem Felsvorsprung der Stadtkern mit seiner in lebhaftem Rhythmus ansteigenden Reihe alter Dächer, die der auf einen mittelalterlichen Wehrturm zurückgehende Quergiebel des Rathauses unterbricht. Über das Rathaus hinaus geht der Zug der Dächer weiter und findet sein Ziel erst in der leicht vortretenden Stadtkirche, deren Turm mit barocken Rollwerkgiebeln jenen in Lenzburg und Zofingen verwandt erscheint.

Zu Füßen der *Oberstadt*, deren Gestalt auf das natürlichste aus den Gegebenheiten des Verkehrs, der Verteidigung und des Schutzes vor Überschwemmungen erwachsen ist, schmiegt sich schmal an den Stadtberg die alte Unterstadt mit ihren mehr kleinbürgerlichen Häusern. Um so stattlicher geben sich darüber die Häuser an der Hauptgasse, die breit, in doppeltem Schwung nach Süden gegen das Rathaus und weiter zum Obertor führt. Doch noch vor diesem kommt es zur Kreuzung mit einer ebenfalls sehr stattlichen Quergasse, die ostwärts zur St.-Laurenzen-Vorstadt führt. Der im wesentlichen wohl noch im 13. Jahrhundert angelegte Plan zeigt unübersehbare Regelmäßigkeit, die jedoch das Individuelle keineswegs ausschließt. So markiert am inneren Straßenkreuz eine der wichtigsten Ecken das ›Erkerhaus‹, so genannt wegen seines Prunkstücks, eines Renaissance-Erkers, der seinerseits wiederum das Wuchtige mit dem Zierlichen seltsam vereint. Auch dort, wo die Fassaden mehr oder weniger ihr Gleichmaß halten, sind es zumindest die Dächer, die hier – stärker noch als in anderen alten Orten – die Eigenwilligkeit eines jeden Hauses betonen, mit großen Lukarnen, die einst Winden bargen. Vereinzelt sind hoch über der Straße die Aufziehvorrichtungen noch sichtbar, mit denen Güter in den Speicher hinaufgewunden wurden. Bisweilen treten auch prächtige Quergiebel auf, welche die ganze Front beherrschen, mit geschnitzten Bügen oder einem mächtigen holzverschalten Rund, das an den ›Gerschild‹ des Berner Bauernhauses erinnert. Dazu kommt die erstaunliche Straßenbreite; manche dieser Gassen erweitern sich marktartig.

An zentraler Stelle steht das *Rathaus* mit seiner im Sinne des Spätbarock regelmäßig durchfensterten und mit einem giebelgekrönten Mittelrisalit ausgezeichneten Fassade. In der Nähe und doch dem Durchgangsverkehr entrückt, erhebt sich am westlichen Rand der Altstadt, die hier steil gegen die Aareebene abfällt, die gotische, 1471 erbaute *Pfarrkirche*, umgeben von kleinen verwinkelten Plätzen, die von der schlank aus der Basilika hervortretenden Chorlaterne dominiert werden.

Das Innere ist dreischiffig mit überhöhtem Mittelschiff und flachen Holzdecken selbst im polygonal geschlossenen Chor. Auch die Pfeiler, aus denen sich die Spitzbogenarkaden zwischen den Schiffen des Langhauses entwickeln, sind einfach; die Kunst des Steinmetzen beschränkte sich auf den feingliedrigen Lettner, der sich mit zierlichem Netzgewölbe und einer reich durchbrochenen Ballustrade durch alle drei Schiffe zieht und den mit modernen Glasgemälden geschmückten Chor nur in reizvollen Durchblicken, jedoch nicht als Ganzes sehen läßt. Dem Lettner antwortet auf der Westempore das reiche Barockgehäuse der Orgel.

Den südlichen Abschluß der Altstadt bildet das Obertor, dessen angebauter Turm einen steil in die Höhe gezogenen Spitzhelm mit einem aufgesteckten Glockentürmchen trägt. Daran schließt sich außerhalb der mittelalterlichen Mauern die ›Neustadt‹, die in einem einzigen Straßenzug leicht ansteigend zum *Regierungsgebäude* führt. Dieses gewinnt seine imponierende Haltung durch den hufeisenförmigen Ehrenhof über einem hohen, von einer doppelten Freitreppe bezwungenen Sockel. Gesteigert wird der Eindruck noch durch die strengen, fast abweisenden klassizistischen Formen. Trotz alledem war das Gebäude keineswegs von Anfang an für seine heutige Bestimmung geplant, sondern 1739 als aristokratischer Wohnsitz eines aarauischen Bürgers errichtet worden, um dann nicht viel später als Gasthof ›Zum Löwen‹ einen der frühesten Hotelpaläste darzustellen. Um die Flügel erweitert und in die heutige klassizistische Form gebracht wurde das Gebäude nach 1807, als hier die Regierung des 1803 neu geschaffenen Kantons ihren Sitz nahm. Aus seiner Zeit als privates Palais hat sich über dem obersten Treppenpodest ein spätbarockes Deckenbild mit illusionistischen Effekten über einer Hohlkehle in reichem Régence-Stuck erhalten, was beides ausgezeichnet in die vornehm gepflegte Atmosphäre paßt, die hier, wie übrigens auch im Rathaus, den Besucher empfängt.

Hinter dem Regierungssitz liegt das Parlamentsgebäude, ein ebenfalls klassizistischer Bau, aus dem der Großratssaal halbkreisförmig in einen schönen, weitläufigen Park vorspringt. Der Sinn für ausgesprochene Würde staatlicher Repräsentation, der aus diesen Staatsbauten wie auch aus ihren jüngsten Ergänzungen spricht, geht auf die besondere Geschichte des Aargaus zurück, der nach jahrhundertelanger bernischer Herrschaft erst zu Beginn des 19. Jahrhunderts im großen napoleonischen Umbruch seine kantonale Selbständigkeit erlangte und sich dieser seither in beachtlichem Maße verpflichtet fühlt. Schon in der 1803 vorangehenden kurzen Phase des Helvetischen Einheitsstaates, der 1798 auf den losen Staatenbund der alten Eidgenossenschaft gefolgt war,

lag innerhalb der ganzen Schweiz die Führung wesentlich beim
Aargau, dem die beiden ob ihrer Energie und Weitsicht berühmten damaligen Staatsmänner, Rengger und Stapfer, entstammten.
Später galt, namentlich was die Pflege des Schulwesens anbelangte,
der Aargau als eigentlicher ›Kulturkanton‹, und diesem Lob fühlt
er sich bis heute verpflichtet. In solchem Sinn sind auch die Neubauten zu werten, die sich an das klassizistische Regierungszentrum anschließen: das Kunsthaus, die Kantonsbibliothek und insbesondere jener für sich alleine stehende Komplex, in dem öffentliche Dienstleistungsbehörden, das Obergericht und ferner eine
Gaststätte untergebracht sind. Hier ist im richtigen Abstand zum
alten Regierungsgebäude ein höchst beachtliches Zentrum moderner Architektur im guten Sinne entstanden: drei in sich reichgegliederte Baukörper von sehr verschiedener Größe und Bestimmung, doch sorgfältig aufeinander abgestimmt und jedes für sich
voll spannungsreicher Kontraste des Materials wie auch der Richtungen. Metall und Glas werden durch Beton gefaßt, der insbesondere am Hochhaus sich zu ausdrucksvoller Plastik steigert und
dadurch mit den Mitteln unserer Zeit etwas von einem hochragenden Burgturm gewinnt. Beachtenswert vor allem ist, daß
hier einmal Bauten, die weder dem Kommerz noch dem Wohnen
dienen, eine eigene, ihrer höheren Bestimmung angemessene Form
gefunden haben – eine Form, die in den Einzelheiten durchdacht
und einer verbindlichen Empfindung verpflichtet ist. –

Im Unterschied zu der zwischen Altstadt und Regierungszentrum eingespannten ›Neustadt‹, deren Anfänge immerhin auf das
18. Jahrhundert zurückgehen, strahlt ostwärts des Stadtkerns die
St.-Laurenzen-Vorstadt in die bis ins 20. Jahrhundert noch freie
Landschaft aus. An ihrem Anfang steht am oberen Rand des Aarerains das ›Schlößli‹, ein aus großen, grobbehauenen Kalksteinquadern errichteter Turm. An ihn schließen sich in malerischer
Unregelmäßigkeit verschiedene Wohngebäude an, die heute das
Stadtmuseum enthalten.

Die St.-Laurenzen-Vorstadt umbaut in stärker gelockerter
Weise, als es gegen Westen die Neustadt tut, die alte Ausfallstraße nach Osten. Da stehen zwei Reihen von klassizistischen

Wohnhäusern und eine Anzahl von Villen aus dem 19. Jahrhundert, unter denen das klassizistische ›Säulenhaus‹ bemerkenswert ist mit seinem ein wenig rustikal verschwerten Palladio-Peristyl. Daneben gibt es auch einzelne Staatsbauten, so das Zeughaus, das noch in altbernischer Zeit als Kornhaus erbaut wurde mit gepaarten Ecklesenen, schmalen Schlitzfenstern und einem behäbigen Krüppelwalmdach. In dem mit barocken Voluten geschmückten Portalaufsatz ist später ein Reiterrelief hineinkomponiert worden als Denkmal für General Herzog, der aus Aarau stammte und der zweite der vier eidgenössischen Generäle war – ein Titel, den die Schweiz nur während einer allgemeinen Mobilmachung kennt – nach Dufour, der 1847 den Sonderbundskrieg in einer raschen, humanen und für den damals im Werden begriffenen Zusammenschluß der Eidgenossenschaft zum Bundesstaat glücklichen Weise führte – und vor Wille und Guisan, die während der beiden Weltkriege die zum Schutz der Neutralität aufgebotene Armee kommandierten.

Die gleiche Aufgabe fiel während des Deutsch-Französischen Kriegs von 1870 bis 1871 Herzog zu. Ihm gelang es, mit einem an sich viel zu geringen Truppenaufgebot, die französische Bourbaki-Armee mit ihren immerhin noch rund 80000 Mann bei ihrem Übertritt in die Schweiz ohne Blutvergießen zu entwaffnen und zu internieren.

Ein anderes Denkmal, das am Anfang der St.-Laurenzen-Vorstadt auf baumbestandenem Platz steht, ist dem Dichter und Politiker Heinrich Zschokke gewidmet, der aus Magdeburg stammte, sich aber seit 1798 von Aarau aus auch um die schweizerische Politik, insbesondere um das Bildungswesen, verdient gemacht hatte, auch er ein Zeuge für den hohen Beitrag, den der eben erst zur Selbständigkeit gelangte Kanton für die Gesamtschweiz leistete.

Auf der Weiterfahrt nach Olten berühren wir *Schönenwerd,* wo die Stiftskirche St. Leodegar den oberen Rand des zur Aare-Ebene abfallenden Steilhangs mit ihrem barocken Turmhelm beherrscht. Die querschifflose Pfeilerbasilika geht bis ins zweite Viertel des 11. Jahrhunderts zurück. Doch ist das Innere durch die Altäre und Stukkaturen eines späten Rokoko bestimmt. Im nördlichen Seitenschiff hat sich ein schönes spätgotisches Heiliges Grab erhalten. Unten in der Ebene stehen große Schuhfabriken, deren Gründern der weitläufige Park zu verdanken ist, der sich zwischen Bahn und Aare ausdehnt.

Hinter Schönenwerd verengert sich das Aaretal. Der Jura schiebt einzelne Berge nach Südosten über den Fluß vor, die gleich den Vorwerken eines Festungswalles einen Brückenkopf zu bilden scheinen. Ausgedehnte Geleisefelder, in denen von verschiedenen Seiten Linien zusammenlaufen, verraten einen bedeutenden Verkehrsknotenpunkt. Brücken überqueren die Aare, darunter eine schöne alte Holzbrücke, an die sich ein Städtchen lehnt. Es ist *Olten*, das wir bereits von der Straße Basel–Luzern her kennen. Zunächst auf der Berner Straße weiterfahrend, sehen wir aus der dicht überbauten und von wichtigen Verkehrsströmen durchzogenen Ebene den Felssporn mit Schloß und Kirche von *Aarburg* herausragen. Die Besiedlung läßt langsam nach. Bald nach Roggwil, unmittelbar nach der von behäbigen Bauten des 18. Jahrhunderts flankierten Brücke über die Roth, zweigt in der Richtung auf Aarwangen eine Nebenstraße ab, und auf dieser beginnt eine durch ihre Landschaft wie durch ihre Bauten ausgezeichnete Flußstrecke. Schon das erste Dorf, *Wynau*, bietet mit seiner Kirche und dem alten Friedhof nahe an der hier rasch fließenden Aare eine wirkliche Idylle. Das in schönster Umgebung stehende Kirchlein ist eine um 1200 erbaute romanische Basilika mit hochgotischem Chor, dessen Fenster im 18. Jahrhundert vergrößert und abgerundet wurden. Aus dem gleichen Jahrhundert stammen Kanzel und Taufstein, während das wohlig proportionierte Mittelschiff seine flachgeschnitzte Decke schon um 1500 erhielt. Die Chorfresken aus dem frühen 15. Jahrhundert sind stark restauriert, die Ausmalung des Langhauses mit ihrer wohlgemeinten Archaisierung datiert von 1920. – Das nahe Pfarrhaus trägt über dem Eingang stolz das barock geschmückte Berner Wappen, das uns nun oftmals begegnen wird, mit der Jahreszahl 1706, und die nahen Bauernhäuser mit ihren tief herabreichenden Sattelwalmdächern, die einst mit Stroh gedeckt waren, vervollständigen den selten harmonischen Gesamteindruck.

Im nahen *Aarwangen* besitzt die Kirche an ihren Fenstern sorgfältiges Maßwerk und einzelne Wappenscheiben des 16. und 17. Jahrhunderts. Den Übergang über die Aare bewehrt ein Schloß, dessen noch aus dem 13.Jahrhundert stammender Turm malerisch von spätgotischen Gebäuden umschlossen ist. Nach Überquerung des Flusses biegt man, immer westwärts fahrend, bald auf eine Nebenstraße ab, die zur Aare parallel vorerst durch einen Wald, später auf dem künstlich planierten Ufer eines vom Naturschutz hart bekämpften Flußkraftwerks entlangführt. In wohltuendem Kontrast zu dem von der Technik verwandelten Ufer hat sich eine der schönsten gedeckten Holzbrücken erhalten, über die man nun in das Städtchen *Wangen* gelangt. Das turmbewehrte Geviert, das Haupt- und Nebengassen bilden, umschließt als bedeutendsten Bau das Schloß mit seinem achteckigen, von einer frühbarocken Haube abgeschlossenen Treppenturm und der von Haustein gefaßten Fassade von 1687, deren wieder durch das Berner Wappen ausgezeichnete Mitte mit sicherem Takt betont ist. Hier residierten von 1408 bis 1798 die bernischen Landvögte, doch wurde der Ort schon 1313 als Stadt und Festung genannt. Noch heute ist Wangen ›Waffenplatz‹, das heißt, regelmäßig mit militärischen Kursen belegt. Ein Denkmal von Hermann Hubacher erinnert an den Aktivdienst während des Ersten Weltkriegs.

Über die holzgedeckte Brücke fahren wir zurück und weiter, zunächst dem Jura zu, bis Wiedlisbach, um uns von hier aus auf der großen Jurafußstraße nach Westen zu wenden. Bald umgeben uns die Gärten und Bauten alter Landsitze, und vor uns taucht das trutzige Bollwerk des Basler Tores auf, überragt von Turm und Kuppel der St.-Ursus-Kirche und flankiert von Gärten und einer alten Bastion. Wir sind in Solothurn.

Solothurn

Der Kanton Solothurn besitzt wie St.Gallen die kompliziertesten Grenzen, die hier auf das Ausweichen vor der einst das Mittelland auf weite Strecken durchdringenden Machtpolitik des alten Bern zurückgehen. Aber die Hauptstadt des tief über den Jura bis fast nach Basel reichenden Kantons darf zu den schönsten der ganzen Schweiz gezählt werden dank eines besonderen Zusammentreffens günstiger Umstände:

Groß und weit ist die Landschaft. Der Jura, der bei Aarau und Olten in einzelne Gipfel zerfiel, erreicht jetzt nach dem Unterbruch der Klus von Balsthal die Großzügigkeit seines westlichen Verlaufs und bildet im Weißenstein einen Gipfel, dessen helle Kalkfelsen als ›weißer Stein‹ aus dunklen Wäldern leuchten. Die Aare fließt im richtigen Abstand am Jurafuß vorbei, so daß die Stadt in keiner Weise eingeengt ist und sich nach allen Seiten ausdehnen kann. Dazu kommt ein Licht, in welchem man schon den ersten Boten jenes Südens erkennen kann, der vom Rhonetal hinauf zum Genfer See und über diesen hinaus entlang den Juraseen bis in die Landschaft von Solothurn ausstrahlt.

Bestätigt wird die Beziehung zum Mittelmeer durch das römische Castrum, dessen unter Kaiser Valerian um 370 nach Christus verstärkte Mauern bei der Erneuerung einer Häusergruppe unweit des ›Landhauses‹ sichtbar gemacht wurden. Vom heutigen St-Maurice im Unterwallis, wo ihr Kommandant für den christlichen Glauben starb, kamen als Offiziere der thebäischen Legion die Heiligen Ursus und Victor nach Solothurn, um hier das Martyrium zu erleiden. – Im frühen Mittelalter gehörte die Stadt gleich vielen anderen im schweizerischen Mittelland zum Königreich Hochburgund, das bis zur Reuß reichte. Mit Hochburgund fiel 1033 auch Solothurn an das Deutsche Reich und wurde zunächst von den Zähringern verwaltet, bis es 1218 Freie Reichsstadt wurde. Mit Hilfe Berns, mit dem es seit 1295 ein Bündnis unterhielt, erwehrte sich Solothurn der Habsburger wie der Kyburger während jenes 14.Jahrhunderts, in welchem sich auch in Deutschland die Städte gegen die Fürsten verbündeten; doch mußte sich Solothurn auch immer wieder gegen die kräftigeren Bundesgenossen an der Aare behaupten. 1481 wurde Solothurn zusammen mit Fribourg in den Bund der Eidgenossen aufgenommen, nachdem beide Städte gemeinsam mit diesen die Burgunderkriege durchfochten hatten. Die Reformation spaltete vorübergehend die Bürgerschaft, doch wurde ein Bruderkrieg vermieden, da sich Bürgermeister Wengi vor die geladene Kanone stellte mit der Aufforderung, wenn schon geschossen werden müsse, dann zuerst auf ihn zu zielen. Der größte Teil des Kantons und die Stadt selbst blieben schließlich beim Alten Glauben, dessen Triumph sich in und um Solothurn während des ganzen Barock in einer Vielzahl neuer Sakralbauten manifestierte. Doch Solothurn ist nicht nur eine geistliche, sondern auch eine aristokratische Stadt. Von 1538 bis 1798, dem Jahre, da die alte Eidgenossenschaft zusammenbrach, residierten hier die französischen Gesandten, wohlaufgenommen von der einheimischen Aristokratie, die durch den französischen Solddienst zu Reichtum und Ansehen gelangte und dies in ihren städtischen Palais und suburbanen Landsitzen zur Geltung brachte. Etwas von der Allüre der ›Ambassadorenstadt‹ lebt als Tradition noch heute in den ebenso großzügigen wie gepflegten Gartenanlagen, welche die Stadt auf fast allen Seiten umgeben und in die aufs glücklichste die Reste jener nach dem Vaubanschen System errichteten Schanzen einbezogen sind, mit denen sich Solothurn gegen das robust auf seine Expansion bedachte Bern und gegen die bisweilen aufsässigen eigenen Landleute zu behaupten verstand. – Die Lebensfreude Solothurns, die hier schon in der milden und lichten Luft zu liegen scheint, tritt uns auch aus den Werken der drei bedeutendsten Maler entgegen: Landsknechts-, oder um es schweizerisch auszudrücken, Reisläufer-Lust, erfüllt die frech, ja bisweilen schamlos hingeworfenen Zeichnungen des hier geborenen, doch später in Basel wirkenden Urs Graf. Das Erbe seiner am Anfang des 16. Jahrhunderts blühenden Kunst übernimmt noch im 19. Jahrhundert der durch die Welt vagabundierende Frank Buchser, während in unserem Jahrhundert Cuno Amiet in blumenhaft leuchtenden Farben mehr die ruhige Festlichkeit betont.

Das *Stadtbild* erscheint in seiner heiteren Schönheit besonders eindrucksvoll von den Baumanlagen des anderen Aare-Ufers aus. Denn der Fluß schlingt sich nicht wie in Bern in der Tiefe zwischen steilen Ufern um die Stadt, sondern er zieht ruhig durch offenes Land, und in den Wasserflächen spiegelt sich mit den alten Bauten auch das Licht, das auf eigene Weise die Atmosphäre bestimmt.

SOLOTHURN – SEINE GESCHICHTE

Der Glanz des Südens liegt insbesondere über der St.-Ursus-Kathedrale, die nicht nur in ihrer durch Säulen ausgezeichneten Fassade, sondern auch in den wenig gegliederten, nur von großen Fenstern durchbrochenen Abseiten sowie in ihrer Kuppel Rom und Neapel evoziert. Als zweiter geistlicher Akzent heben sich etwas niedriger und schwerer Dach und Giebel der Jesuitenkirche über die Dächer der Bürgerhäuser. An der mittleren Brücke steht das französisch-elegante Palais Besenval, an dessen Ehrenhof vorbei die Straße zu St.Ursen hinaufsteigt. Aber auch das Mittelalter, dem die Spitze des Zeitglockenturms angehört, sowie das Kleinteilige und Vielfältige alleine schon der Dächer, trägt zu der Einheit und Schönheit bei, mit der sich vom zunächst flachen Ufer aus die breitgelagerte Stadt aufbaut, sich die einzelnen Türme, Kirchen und Firste einverleibend.

Im Herzen der Stadt steht auf römischem Grund der mittelalterliche *Zeitglockenturm* mit seinen verschiedenen Uhren, darunter das astronomische Werk, das der berühmte Winterthurer Uhrenbauer Lorenz Liechti um die Mitte des 16.Jahrhunderts hier aufstellte. Es fehlt auch nicht der Glockenschläger in der dem schlanken Spitzhelm eingefügten Laterne, doch das Seltsamste am ganzen Turm ist die Inschrift, die das unermeßliche Alter der Stadt rühmt. Einzelne Chronisten, wie der im 16.Jahrhundert lebende Johannes Stumpf, führen denn auch den Ursprung Solothurns bis auf Abrahams Zeit zurück.

Vom Zeitglockenturm aus, wo sich vor einem schönen Brunnen von Westen her zwei Hauptgassen zum Markt vereinen, führt dieser als breite Straße vorbei an der Barockfassade der Jesuitenkirche zur St. Ursus-Kathedrale, deren römische Säulenfront hoch über der von Brunnen umrauschten Freitreppe das Ziel bildet. Einer der schönsten Straßenplätze ist hier entstanden, nicht nur aus dem Zusammenwirken verschiedener geschichtlicher Epochen, sondern auch aus dem Zusammentreffen der Regionen: Norden und Süden begegnen und vermählen sich in einer überzeugenden Mitte.

Die 1680-1688 von dem Ordenspater Heinrich Mayer erbaute *Jesuitenkirche* zeigt eine zweigeschossige, von einem leicht gebrochenen Giebel abgeschlossene Fassade, die von Pilastern in einem verhältnismäßig flachen Relief, in welches Portal und Mittelfenster mit ihren Umrahmungen plastische Akzente setzen, gegliedert wird. Die Fassade scheint nach beiden Seiten fortgeführt zu werden durch die symmetrischen Fronten des Kollegiums, die ihrerseits zu den benachbarten Bürgerhäusern weiterleiten. – Der Innenraum spannt zwischen die pilastergeschmückten Wandpfeiler Emporen, die mit den Pfeilerstirnen beinahe bündig bleiben. Auf das nur zwei Joche umfassende Langhaus folgt ein kurzes Querschiff und auf dieses, von den stärker in den Raum tretenden Querwänden samt ihren Pilastern wirkungsvoll flankiert, der verhältnismäßig enge und ebenfalls zwei Joch tiefe Chor, aus dessen Grund in warmem Oliv und Gold der Säulenbau des Hochaltars den ganzen, im einzelnen flächig gehaltenen und von weißem Stuck geschmückten Kirchenraum beherrscht.

Die St. Ursus-Kirche. Während der Raum der Jesuitenkirche in den Anfang des schweizerischen Sakralbarock gehört, steht die 1763 bis 1773 erbaute St. Ursus-Kirche, die seit 1830 als Kathedrale der in Solothurn residierenden Bischöfe von Basel und Lugano dient, am Ende der Entwicklung. In ihrer Fassade wie im Innern, beide von dem Tessiner Gaetano Matteo Pisoni aus Ascona gestaltet, herrschen schon die Klärung und Beruhigung des Klassizismus, auch wenn im Unterschied zu den Plänen und Bauten, die damals in Paris oder unter d'Ixnard und seinen Schülern im deutschen Südwesten entstanden, das Werk Pisonis eine ausgesprochen konservative Haltung bewahrt.

So folgt das Innere dem durch den römischen Gesù vorbildlich gewordenen Schema der kreuzförmigen, longitudinalen Kuppelbasilika, doch aufgelockert und des überschwenglichen Dekors entkleidet kraft des Einflusses französischer Vorbilder des 17. und 18. Jahrhunderts, deren kühle Weiträumigkeit Pisoni bereits für seine früheren Werke in Lüttich und Namur übernommen hatte. Es empfängt uns in St. Ursen ein Raum ohne mystischen Überschwang, jedoch imponierend durch seine Strenge und die Ausgewogenheit der Verhältnisse. Das Weiß der Wände, Pfeiler und Gewölbe, die sehr abgemessen durch Stuckgirlanden und -Rosetten geschmückt und nur an wenigen Stellen von Deckenbildern und Altargemälden farbig unterbrochen sind, beherrscht das Raumbild, in welchem die hohen Seiten-

schiffarkaden mit ihrer stolzen Ordnung korinthischer Pilaster, begleitet von den Hochschiffenstern, zur Vierung ziehen, über welcher sich der hohe, lichterfüllte Kuppeltambour öffnet. Der Chor jedoch, der sich jenseits der Vierung auftut, erscheint in sanftes Dunkel gebettet, aus welchem heraus der goldene Schein von Mensa und Tabernakel dringt, überhöht von der Gloriole des in der Apsis auf halber Höhe eingelassenen Reliquienschreines. Hier wurden schon in der gotischen Basilika, die dem heutigen Bau vorausging, die Gebeine des heiligen Ursus verehrt, während jene seines Gefährten, des heiligen Victor, nach Genf gelangten. Die Seitenaltäre, deren Rahmen in einheitlicher Fassung von Gaetano Mateo und seinem Neffen Paolo Antonio Pisoni stammen, schaffen in den weich gedämpften Tönen ihrer ebenfalls zum Klassizismus überleitenden Gemälde farbige Akzente an den Wänden. Man kann alle Altäre von einem einzigen Punkt aus sehen, wenn man im Mittelschiff unter den Scheitel des letzten Gewölbegurtes tritt. – Auch Kanzel, Chorgestühl und Orgel ordnen sich in Stuckmarmor und dunklem, goldverziertem Holz kontrastvoll in das Ganze ein, die Kühle der Architektur an einzelnen Stellen durchbrechend. –

In der Fassade von St. Ursen schuf Pisoni ebenfalls ein Meisterwerk, das auch städtebaulich höchste Bewunderung verdient; denn hier werden wahrhaft römische Erinnerungen beschworen, so in der feierlich gewichtigen Säulenfront. Ihre Majestät wird noch gehoben durch die geschickt aus dem Geländeunterschied entwikkelte Freitreppe, an deren unterem Rand zwei Fontänen mit Statuen und dreifachen Becken in durchaus rauschender Pracht den Eingang flankieren, ihn gleichsam zu einer von Balustraden gefaßten Bühne erhebend. Andere Statuen stehen an den ebenfalls mit Balustraden geschmückten Abschlüssen des Fassadenhauptgeschosses, so daß die Szene von Heiligen, welche die menschlichen Prozessionen und Einzüge erwarten, besetzt ist.

Man muß sich St. Ursen von allen Seiten ansehen. Man muß auch, von der Aare herkommend, aus der ansteigenden Gasse heraustreten, um – schon vorbereitet durch das Brunnenrauschen und dennoch überrascht – nun zu erleben, wie über der strahlenden Helle des Platzes, der sich jetzt auftut, die Front unmittelbar in ihrer ganzen Nähe und zugleich in kühner Verkürzung emporsteigt. Und man muß um die Kirche herumgehen, um von der Straße wie von der Terrasse aus den Bau zu würdigen, der sich von allen Seiten in einer gewissen Monumentalität präsentiert, jedoch in durchaus italienischer Weise den größten Aufwand der Fassade vorbehält. Die Kuppel nämlich wirkt von außen so unscheinbar, wie man es sonst nur in Neapel sieht. Doch dafür gewinnt der Turm, dessen Abschluß an Ascona, die Heimat Pisonis, erinnert, wieder größere Bedeutung, wie denn schon die Türme der mittelalterlichen Kirchen wahrzeichenhafte Größe besaßen. Immer wieder aber besticht das Südliche der architektonischen Erscheinung, das hier, in einem gleichfalls schon südlichen Licht, im Zeichen des nahenden Klassizismus zu europäischem Allgemeingut geworden ist.

Nördlich von St. Ursen öffnet sich ein eigener Platz hin zum *Zeughaus*, einem sehr stattlichen Bau mit mächtigem, abgewalmtem Giebel aus dem Anfang des 17. Jahrhunderts. Hier sind noch heute die gesamten Bestände sichtbar, mit denen die wehrfähigen Bürger seinerzeit bewaffnet und gerüstet wurden. Die Solothurner haben nicht nur in den Burgunderkriegen und im Schwabenkrieg mitgekämpft, sondern als sehr eifrige ›Reisläufer‹, Söldner in fremden Diensten, die militärische Tradition auch in für die Stadt friedlicheren Jahrhunderten weitergepflegt. – Das nahe langgestreckte *Rathaus*, das in seinen schlichten westlichen Teilen aus der Spätzeit des 15. und 16. sowie aus dem frühen 17. Jahrhundert stammt, erhebt an der Schmalseite, die als eigentliche Schauseite behandelt ist, sein dreitürmiges Haupt. Der spätgotische Mittelturm, dem man 1624 das segmentbogengekrönte Säulenportal vorlegte, überragt mit heute flachem Abschluß die Seitentürme. Sie sind durch die hier etwas unbeholfen verwendeten römischen Ordnungen wie von einem grobgezimmerten Gerüst umgeben und von kühn geschwungenen Hauben gekrönt. Der südliche der beiden Seitentürme wurde 1623-1624 erbaut, und ihm der nördliche erst 1703-1704, der barocken Symmetrie zuliebe, in gleichen Formen nachgebildet.

Oberhalb des Rathauses steht mit schmalem und hohem gotischem Chor die *Franziskanerkirche*, deren 1640 und 1822 erneuertes Inneres trotz – oder vielleicht gerade wegen dieser Umbauten auf seine Art das Wesen Solothurns widerspiegelt. Es ist das Wohlige und auch im kleinen Großzügige, das die dem Hellen und Weiten geöffnete Atmosphäre dieser Stadt so beglückend macht und auch diesen Säulenraum erfüllt, dessen klassizistische Strenge nicht nur durch einzelne barocke Altäre, sondern auch durch eine eigene, noch im solothurnischen 19.Jahrhundert weiterlebende Eleganz gemildert wird.

Das geistliche Solothurn setzt sich außerhalb der Stadt fort in einer Reihe jurawärts gelegener Klöster und Kapellen der Barockzeit, zu denen schließlich auch in romantischer Schlucht die Einsiedelei von St.Verena gehört. – Geistliche und weltliche Sphären begegnen sich im *Bischöflichen Palais*, das 1655 für den in französischen Diensten stehenden Urs Grimm erbaut wurde. Gegenüber, auf der anderen Seite der hier eine Gartenvorstadt durchziehenden Basler Straße, steht das heute als Priesterseminar dienende *Schloß Steinegg*, das in französischer Hufeisenform, doch mit solothurnisch schweren Dächern, 1670-1672 für Johann Joseph von Sury erbaut wurde. – Auch auf der anderen Seite der Aare finden sich Patrizierhäuser, desgleichen in der eigentlichen Stadt, so das von ferne an genuesische Palazzi erinnernde Haus Dr.Reinhart, das 1710 für den französischen Schatzmeister La Chapelle errichtet wurde und mit barocken Knorpelornamenten und großen Muschelformen – die aber noch keineswegs Rocaille sind – geschmückt ist.

Nördlich der Altstadt steht in nobler Neurenaissance das *Museum*, das unter anderem zahlreiche Bilder von Frank Buchser, ferner die ›Solothurner Madonna‹ von Hans Holbein dem Jüngeren und die ›Madonna in den Erdbeeren‹ birgt. Von dem palastartigen Museumsgebäude führen baumbestandene und blumengeschmückte Anlagen zur Ostecke des Altstadtgeviertes, wo die *St.Ursus-Bastion* ihre in exakten Kalksteinquadern aufgeführte Schanze über grüne Gräben vorschiebt. Die weiten Rasenflächen des einstigen Glacis und die alten Bäume auf dem Wall rahmen auf das freundlichste dieses Monument nicht nur einer um ihre Unabhängigkeit bemühten Stadt, sondern auch einer Zeit, in der selbst noch, was mit dem Krieg zusammenhing, eine schöne Form besaß. – Um einen Grad ernster ist das nahe *Basler Tor*, das bald nach 1500 mit bunkerhaft schweren Rundtürmen dem damaligen Geschütz zu trotzen suchte. Doch die etwas finsteren Bollwerke überragt der südlich heitere Turm von St. Ursen, und so auch in diesem Anblick vereinen sich große Gegensätze zu einem harmonischen Ganzen.

Im ›Seeland‹

Von Solothurn nach Biel fahren wir auf lohnender Nebenstraße südlich der uns bald unmittelbar, bald in größerem Abstand begleitenden Aare. Links von uns senken sich von Süden her die hier sanften Höhen des Mittellandes gegen den Fluß. Nach rechts aber schweift das Auge über die Aare-Ebene hinüber zum Jura, dessen steil abfallender Hauptkamm nach dem felsigen Bollwerk der ›Hasenmatt‹ westlich des Weißensteins in großer Regelmäßigkeit nach Westen läuft. – Die Behäbigkeit der Dörfer verrät, daß wir wieder im Kanton Bern sind, der seine Grenzen einst bedrohlich nahe an die Hauptstadt des Kantons Solothurn schob. Bernisch sind auch die zum Teil noch dem 18. Jahrhundert entstammenden Landsitze und bernisch ist und wirkt das Städtchen *Büren*. Die Hauptstraße, von welcher der Zugang zur Aarebrücke abzweigt, führt leicht abwärts zum Hauptplatz, auf dessen Innenseite das aus der Zeit um 1500 stammende Rathaus beinahe ein verkleinertes Abbild des bernischen ist. Gegenüber steht das 1580 von dem Berner Architekten Daniel Heintz erbaute Landvogt-Schloß, das im Renaissancestil Türme und Erker des Schloßbaues auf eine schon ein wenig spielerische Weise mit dem bürgerlichen Wohnbau verbindet. Eindrucksvoll ist die sich in gotischen Staffelfenstern öffnende Giebelfront, die von einem mächtigen Dach mit schwerem Walm umfaßt wird. – Das gleiche Büren überrascht aber auch durch seine heute evangelische Kirche. Auf den breiten Langhaussaal, dessen mit dem Brandeisen durchornamentierte Decke 1510 entstand, folgt der ältere, dem späten 13. Jahrhundert entstammende Chor, der trotz verhältnismäßig kleiner Dimensionen eine sehr schöne Leistung der Frühgotik darstellt. In kraftvoller Körperlichkeit entwickeln sich aus gebündelten Wandsäulen die Kreuzrippen der beiden Joche des gerade geschlossenen Chores. In adeliger Schönheit sind die Verhältnisse gestaltet, in denen sich der Raum als Ganzes wie in seinen einzelnen Gliedern maßvoll in die Höhe entwickelt, während die figürlichen Kapitellskulpturen noch stark dem romanischen Stil verhaftet bleiben.

Von Büren fahren wir über die alte Aarebrücke zunächst Richtung Lengnau, doch vorher zweigen wir, den stark besiedelten Jurafuß vermeidend, nach Westen ab und wenden uns über Meinisberg nach Orpund, wo nahe der Aare die ehemalige Prämonstratenserabtei *Gottstadt* mit einer einfachen frühgotischen Basilika liegt, deren Chor Kreuzrippen überwölben. – Nach Westen zwischen zwei flachen Vorbergen des Jura hindurchfahrend, begegnen wir den ersten Hochhäusern einer modernen größeren Stadt. Es ist Biel.

Biel. Sosehr in der Annäherung von Biel der industrielle Aufschwung der neuen und neuesten Zeit den Charakter der Stadt bestimmt, so reicht die Geschichte dieser Siedlung doch ins Mittelalter zurück. Biel wurde im frühen 13. Jahrhundert durch den Bischof von Basel an jener Stelle gegründet, wo die von Basel her durch Klusen und Talkessel quer durch den Jura dringende Straße nach einem letzten, großen Hindernis, der felsig-engen Taubenlochschlucht, hinaus in die Ebene des Aaretales führt. An der Grenze zwischen Jura und Mittelland und zugleich zwischen Deutsch und Welsch hat sich hier ein Gemeinwesen entwickelt, das im Mittelalter eigene Stadtrechte besaß, dann aber zunächst als eine Art Protektorat unter die große Teile des Mittellandes beherrschende Macht von Bern kam, zu dessen Kanton es seit 1815 gehört. Damit vollzog sich das gleiche Schicksal, das auch Neuenstadt am westlichen Ende des Bieler Sees erlebte, daß nämlich eine Gründung des Basler Bischofs in die Obhut Berns geriet. Doch hat Biel oder Bienne, wie es auf französisch heißt, bis heute seinen eigenen Charakter bewahrt, ja es ist diejenige unter den Landstädten des Kantons Bern, die das stärkste Eigenleben besitzt dank ihrem beweglichen und geschärften Geist und ihrer rührigen Initiative, was alles das Frohmütige keineswegs ausschließt.

Von alemannischen wie von französischen Eigenschaften gleichermaßen Nutzen ziehend, schwang sich die Stadt im späten 19. und im frühen 20. Jahrhundert zu einem Zentrum der schweizerischen Uhrenindustrie auf, was am Berghang in den vielen großfenstrigen Fabriken sichtbar wird, die zunächst wie Schulhäuser wirken. Als 1930 die Wirtschaftskrise der Stadt schwer zusetzte, stellte man sich entschlossen auf zusätzliche Industrien um, so auf die Automobil-Montage, und erlebte seither nochmals einen Aufschwung von geradezu amerikanischem Ausmaß. Die Bebauung der Ebene, namentlich zwischen Altstadt und Bahnhof, zeigt auch architektonisch eine recht stürmische Entwicklung. Als guter Ausgleich wirkt die sorgsam gepflegte *Altstadt*, die sich, unmittelbar neben der Hauptverkehrsader, ihren feingliedrigen Organismus geschlossen bewahrt hat. Am Fuß des Jurahanges leicht ansteigend, bauen sich die zum Hang meist gleichlaufenden Häuserzeilen auf. Einzelne kurze Querzüge schaffen lebendige Kontraste. Die heutige ›Rue haute‹ weitet sich um Brunnen und Linde zum Platz, den das spätmittelalterliche Haus ›Zur Krone‹ mit breitem Staffelgiebel und schmalem Treppenturm abschließt. An verschiedenen Stellen erinnern Arkaden an Bern, doch wirken die glatten Fronten mit den großen Fenstern und den knapp aufsitzenden Dächern der neueren Häuser eher französisch. Dagegen herrschte bis ins 16. Jahrhundert in der Baukunst das Alemannisch-Deutsche, wie dies besonders schön der ›Ring‹ im Herzen der Altstadt zeigt. Hier steht an der Talseite die spätgotische *Stadtkirche*, deren reizvoll unregelmäßige Front zusammen mit einer baumbestandenen Terrasse gegen die Kramgasse schaut. An der Ostseite des ›Rings‹ erhebt sich, in den Platz vorspringend, das *Zunfthaus zu Waldleuten*, ein zierlicher Renaissancebau mit einer noch in gotischer Art durchfensterten schmalen Giebelfront, deren Ecke durch einen turmartig durchgehenden Erker mit schlanker Zwiebelhaube ausgezeichnet ist. Davor steht auf gedrehter Brunnensäule die Figur eines Bannerherrn. Durch kurze Gassen vom ›Ring‹ getrennt, öffnet sich im westlichen Zipfel der Altstadt ein dritter Platz, an welchem die Staffelgiebel des Rathauses und des Zeughauses emporsteigen.

Seewärts der Altstadt liegt in einem liebenswürdigen Neurenaissancebau das 1873 bezogene *Museum Schwab*, das ur- und frühgeschichtliche Sammlungen birgt, mit zahlreichen Funden aus der näheren und weiteren Umgebung, namentlich aus La Tène am Neuenburger See. Biel ist, wie Konstanz, von seinem See durch die Eisenbahnlinie abgeschnitten; doch liegt das heute mit Biel zusammengewachsene *Nidau* unmittelbar am See, der das mittelalterliche Schloß einst auf allen Seiten umgab; eine eindrucksvolle Anlage mit eckigen und runden Türmen und einem wuchtigen, krüppelwalmbedachten Wohntrakt.

Der Blick von den Bieler Uferanlagen über den See, der niedergehenden Sonne nach, wird von den oben bewaldeten, unten mit Reben bepflanzten Steilhängen des nördlichen Ufers begleitet, während er nach Süden freier zu den gegenüberliegenden niedrigeren Ufern schweift. Einen Halt in dieser gefaßten Weite bietet der aus der Wasserfläche im Westen aufsteigende Waldhügel der *Petersinsel*, in deren Schirm sich 1765 Jean Jacques Rousseau flüchtete, um hier sein vielleicht wesentlichstes Naturerlebnis zu finden. Noch heute ist das Eiland in einem fast unberührten Naturzustand, denn keine Fahrstraße führt über den langen, schmalen Schilfstreifen, der die Insel mit dem Uferstädtchen Erlach verbindet.

Am berühmten Sonnenufer des Bieler Sees liegen die Dörfer Twann und Ligerz; das letztere mit einer spätgotischen Kirche, die für sich in den Reben steht. Gleich Neuenstadt, das bereits auch den welschen Namen Neuveville trägt, sind es eigentlich kleine Städtchen, die mit ihren enggescharten, unmittelbar aneinandergebauten Häusern den kostbaren Reben möglichst wenig Boden wegnehmen wollen, im Unterschied zu den weiter ausgebreiteten Dörfern des zürcherischen Weinlandes. Von den dortigen Riegelhäusern unterscheidet sie am Bieler See schon der ausgesprochene Steinbau, der sonst insbesondere das Welschland charakterisiert.

Nicht nur der Bauart nach eine kleine alte Stadt ist *Neuenstadt*, La Neuveville, das im frühen 14. Jahrhundert von seinem Gründer, dem Bischof von Basel, Markt- und Gerichtsrechte erhielt. Ein schlanker Uhrturm beherrscht auch hier, wie in manchen anderen Schweizer Städten, die Hauptgasse, von der Nebengassen zum Seetor abzweigen, wo sich vor der ›Französischen Kirche‹ ein kleiner Platz bildet. Dieser ist gleich den Gassen durch die lebhafte Dachlandschaft bestimmt, die durch Zwerch- oder Quergiebel ihr Gepräge erhält.

Während die ›Französische Kirche‹ den puritanisch gedämpften Barock insbesondere des westschweizerischen Protestantismus zeigt, geht die entsprechend der Zweisprachigkeit des Ortes sogenannte ›Deutsche Kirche‹ auf vorreformatorische Zeit zurück. Ihr Langhaus wurde um 1500 verlängert und mit einer hölzernen Tonne überwölbt. Der gotische Chor jedoch, der die für das Welschland charakteristische Quadratform aufweist, entstammt der Mitte des 14. Jahrhunderts und weist Fresken aus dem 14. und 15. Jahrhundert auf.

Nicht als ein System von Gassen, sondern als ein einziger geschlossener Platz bietet sich das köstliche nahe *Le Landeron* dar, das 1325 durch die Grafen von Neuenburg dem vom Bischof von Basel gegründeten Neuenstadt als Gegenfeste entgegengesetzt wurde. Stille Häuser, zum Teil noch mit gotisch profilierten Fenstern, umstehen den von Platanen beschatteten Hauptplatz, den an seinem nördlichen Ende ein Torturm beschließt und den an der Südostseite das spätgotische Rathaus mit Kapelle und reichen Innenräumen ziert. Man überfährt die Zihl, wendet nach links und erreicht bald das bernische Amtsstädtchen *Erlach*, das im 11. Jahrhundert vom Basler Bischof Burkhard gegründet, später zum Sitz bernischer Landvögte wurde. Zu diesen zählte im frühen 16. Jahrhundert der Maler, Dichter und Heerführer Niklaus Manuel, der hier nach einem wechselvollen Leben seine Bilder in einer lyrisch beruhigten Vereinigung von Mensch und Natur malte. Noch heute ist vor allem die aussichtsreiche Oberstadt von hoher Eigenart. Zum Schloß zieht sich in leichter Kurve die laubengesäumte Gasse empor, deren Häuser in den Fenstern schon durch Renaissance-Formen geprägt sind und deren flach geneigte Dächer bereits an irgendein Bergnest im französischen Midi oder zumindest in Savoyen denken lassen. Als Abschluß dieser Anlage bauen sich die Terrassen des Schlosses wie eine Bühne auf, von welcher der Blick über die Dächer, über das nahe Ufer und die etwas fernere Petersinsel hinweg den ganzen See umfaßt bis hinüber zum Jura und hinaus ins Mittelland gegen die Alpen.

In einer knappen halben Stunde ist, vom Schloß aus nach Westen aufsteigend, die Hochfläche des *Jolimont* oder *Jurten* erreicht. Laubwald säumt hier Wiesen und Felder, über die sich eine Allee zieht. Der schönen Nähe, welche die Industrieballungen von Cressier vergessen läßt, entspricht die Ferne, die das Auge fesselt, ohne daß man seinen Standort zu verlassen wünscht. Wir sind hier in der Mitte des ›Seelandes‹. Man sieht hinter sich den Bieler See, vor sich aber ahnt man den Neuenburger und noch weiter links den Murtensee, die beide schon in der lichten Atmosphäre gegenwärtig sind. Man begreift, daß diese von zarten und warmen Tönen durchwobene Luft einen Maler wie Albert Anker begeisterte. Er wurde 1831 im nahen Inns geboren und war mit dem Paris der Schule von Barbizon und der frühen Impressionisten eng verbunden, hielt jedoch seiner heimatlichen Landschaft mit ihren Häusern und Menschen auch die Treue. Die blitzblanke Sauberkeit der seeländischen Höfe, das Geordnete im Dasein ihrer Menschen spiegelt sich in den bäuerlichen Szenen und Einzelfiguren seiner Bilder.

Eine helle Luft schwebt über dem ganzen Seeland und bestimmt die Aussichten, die man vom Jolimont oder auch aus der Umgegend von Inns gewinnt. Sanfte Hänge senken sich zur großen, von Äckern bedeckten Ebene, die gegen den Neuenburger und den Murtensee durch Auwälder begrenzt wird. Zwischen den Seen steigt gleich einer urweltlichen Insel der Mont Vully empor, und gefaßt wird das Panorama durch die beiden, ihrem Wesen nach so verschiedenen Bergzüge des Jura und der Alpen, von denen der eine fast unvermittelt aus der Ebene aufsteigt, in seiner geschlossenen Linie nur durch den tiefen Einschnitt des Val de Travers unterbrochen, während sich gegenüber im Süden das Land in langgezogenen Wellen allmählich über Hügel und Vorberge zu schneebedeckten Gipfeln erhebt. –

Auf dem Weg von Erlach über Tschugg nach Gampelen, den

letzten Dörfern deutscher Zunge, hat man beim Verlassen des Waldes nochmals einen lohnenden Blick nach Westen und nach Süden in der eben beschriebenen Art. Der Neuenburger See ist hier allerdings fast ganz durch den Uferwald verborgen. An dessen Seerand liegt *La Tène*, einer der bedeutendsten vorgeschichtlichen Fundorte, nach welchem eine ganze Periode genannt wurde. – Bei Thielle überquert man auf breiter moderner Brücke den Zihl-Kanal, auf welchem Schiffe in einer während der guten Jahreszeit viel benützten Drei-Seen-Fahrt von Biel nach Neuenburg und von dort nach Murten gelangen können. Bald ist das nördliche Ende des Neuenburger Sees in *St-Blaise* erreicht, einem welschen St.Blasien, das heute beinahe ein Vorort von *Neuenburg* ist, jedoch sich seine eigene, vom Bach durchrauschte Mitte mit stattlichen Häusern aus dem 16., 17. und 18.Jahrhundert bewahrt hat. Die im wesentlichen spätgotische Kirche vereinigt jurassische Gedrungenheit mit den knapp geformten Massen lateinischer Baukultur. Besonders schön ist der gewichtige Hauptturm, dessen Glockenstube sich in postromanischen Fenstern öffnet und an den sich ein schlanker Rundturm mit der Wendeltreppe schmiegt.

Neuenburg

Von St-Blaise führt eine breite Uferstraße mit weiter Aussicht auf den sich hier in seiner ganzen Größe darbietenden See nach Neuenburg/*Neuchâtel*. Auf der Bergseite sind die Rebhänge immer dichter mit Häusern durchsetzt. Doch nach den ersten Bauten, die nun auch seewärts auftreten, verwandelt sich die Straße zur breiten, von Rasenflächen und alten Bäumen gesäumten Avenue, die nach einiger Zeit bergseits von dem durch seine Palais aus dem 18. und frühen 19.Jahrhundert ausgezeichneten Faubourg de l'hôpital begleitet wird. Dieser lenkt uns zur Stadtmitte, die durch das Rathaus samt den ihm vorgelagerten historischen Gebäuden ihren politischen wie architektonischen Schwerpunkt gewinnt. Seewärts breitet sich mit öffentlichen Gebäuden, Geschäftshäusern und Wohnhäusern ein durch Aufschüttung der Seyon-Mündung abgewonnenes Quartier aus, das mindestens in seinem westlichen

Teil architektonisch einheitlich wirkt dank des strengen Klassizismus, wie er für die ersten Jahrzehnte des 19.Jahrhunderts in Neuenburg maßgebend ist. Westwärts vom Rathaus gelangt man in das Tal des hier schon lange überdeckten Seyon, wo die ältesten Gassen liegen, im Schutze des steil aufragenden Burgfelsens. Das altertümliche Aussehen dieser Altstadt ist sorgfältig gepflegt, was den hervorragenden Bauten der Renaissance, die sich an der Rue des Halles finden, ebenso zugute kommt wie den verschiedenen Palais des Spätbarock und Rokoko, welche sich auf der Seeseite des Schloßbergs hinanziehen.

Je höher man diesen *Schloßberg* emporsteigt, um so sichtbarer wachsen die Grundmauern der Häuser aus dem Kalkfelsen heraus, um so mehr sinken auch die neueren Jahrhunderte zurück, und es herrscht das Mittelalter. Am schönsten kommt dies in der Zweiheit von Schloß und Kirche zum Ausdruck. Auf ihrem Plateau, das der vom Jura kommende Felssporn vor seinem steilen Absturz gegen Norden und Osten bildet, zeugen sie für die beiden obersten Spitzen jenes Zeitalters, das Imperium und Sacerdotium als höchste Mächte ansah: Zugleich wird offensichtlich, daß die Geschichte dieser Stadt aufs engste mit den Herren seines Schlosses verknüpft ist.

Nachdem bereits die Könige von Hochburgund hier eine Burg besaßen, wurde die Stadt zum ersten Male 1011 urkundlich erwähnt. Mehrmals wechselten die Besitzer, auf die Grafen von Neuenburg folgten jene von Freiburg im Breisgau. Von 1457 an waren es die Grafen von Hochberg und seit 1504 die Herzöge von Orléans-Longueville, welche kulturell die Bindung an Frankreich festigten. Doch gleichzeitig verbündete sich die Stadt als ›zugewandter Ort‹ mit einzelnen Städten der Eidgenossenschaft; sie nahm durch Farel, der vorher in Lausanne und Genf gewirkt hatte, den Neuen Glauben an, was die Anlehnung an reformierte Schweizer Orte noch verstärkte. Die Verbindung mit den Eidgenossen blieb, auch als 1707 durch Erbfolge das Fürstentum Neuenburg von den Orléans-Longueville an Preußen kam, wobei bei dieser Regelung das mächtige Bern als Nachbar die Hand im Spiele hatte. Die Personalunion mit Preußen wurde nur vorübergehend unterbrochen, als Napoleon I. seinen Marschall Berthier zum Fürsten von Neuchâtel machte. 1815 trat der König von Preußen wieder in seine Rechte ein, aber gleichwohl wurde Neuenburg, das sich im Laufe der Jahrhunderte ein eigenes Gebiet am See sowie im Jura erworben hatte, ein schweizerischer Kanton. Es nützte König Friedrich Wilhelm IV. wenig, daß man in Preußen niemals daran dachte, das ferne und noch dazu französisch sprechende Fürstentum von Berlin aus zu regieren, sondern die Verbindung nur in der Personalunion des Fürsten bestehen ließ. Als sich nämlich 1848 die Kantone zum modernen Bundesstaat statt des losen Staatenbundes zusammenschlossen, brach das bisherige Doppelverhältnis Neuenburgs zur Eidgenossenschaft und zu Preußen bei der ersten Gelegenheit auseinander. Schon 1848 wurde die fürstliche Verfassung durch die republikanische ersetzt, und als 1856 ein royalistischer Putsch niedergeschlagen wurde, schien es selbstverständlich, daß dessen Anführer gefangengesetzt wurden. Doch ebenso selbstverständlich war es für König Friedrich Wilhelm IV., dem seit 1848 jede Revolution zutiefst zuwider war, sich für seine Parteigänger einzusetzen, die der königstreuen Aristokratie angehörten. Preußen mobilisierte einige Armeekorps, aber auch die Schweiz rüstete im Hochgefühl des jungen liberalen Bundesstaates, und mit besonderer Begeisterung zogen gerade die welschen Truppen an den Rhein, das Lied ›Roulez tambours!‹ auf den Lippen. Doch, wie ein deutscher Historiker einige Jahrzehnte später schrieb: Es kam zu keinen Wiederholungen von Morgarten und Sempach. Napoleon III., unterstützt von Lord Palmerston, vermittelte, und Friedrich Wilhelm IV. verzichtete auf alle Rechte, nur nicht auf den Titel. Und noch 1912 erschien Kaiser Wilhelm II. bei seinem Staatsbesuch in Zürich in der sonst unbekannten Uniform seines einstigen Neuenburger Schützenbataillons.

Schloß und Kirche. Das *Schloß*, hinter dessen Mauern 1856 jene Königstreuen gefangensaßen, ist eines der umfangreichsten seiner Art. Davon, und auch von seiner Lage hoch über der Stadt, kann man sich überzeugen, wenn man auf dem ›chemin de ronde‹ die östlichen und nördlichen Mauern umschreitet. Wie ehrwürdig sein Alter ist, offenbaren die Fenster mit rundem Bogenfeld, die gewundenen Säulen, die Schachbrett- und Pflanzenfriese, die sich als reichstes Beispiel des romanischen Profanbaues in der Schweiz aus dem 12. Jahrhundert erhalten haben.

Durch das stattliche, von zwei Türmen flankierte Westtor gelangt man in den Hof, der trotz des reichen, noch 1605 im Renaissancestil gestalteten Portals mit seinen verschiedenen Türmen und unregelmäßig angelegten Fronten das Ansehen einer mittelalterlichen Burg trägt. Ein bejahrter Lindenbaum erhöht diese Stimmung noch. – Das Innere, in welchem sich einzelne offene Kamine, spätgotische Holzbalkendecken und Wandgemälde aus dem 17. Jahrhundert erhalten haben, ist heute der Sitz der kantonalen Regierung.

Westlich schließt sich an das Schloß die *Kollegienkirche* an; sie dient heute dem reformierten Gottesdienste. Ihr gegenwärtiges Aussehen wird in ziemlich hohem Maße durch die ›Wiederherstellung‹ von 1869-1870 bestimmt. Damals erhielt die westliche Vorhalle ihre heutige Gestalt, nachdem man in der damals vor allem in Frankreich herrschenden Praxis Ergänzungen des 14. und 15. Jahrhunderts rigoros beseitigt hatte. Andererseits ergänzte die gleiche Restaurierung des 19. Jahrhunderts selber den gotischen Südturm, der neben dem romanischen Vierungsturm steht, durch einen gleichgestalteten Nordturm, und gleichzeitig erhielten die beiden Türme ihre heutigen spitzen Helme. Trotz einer gewissen Härte und Kälte, die von diesen nachträglichen Veränderungen noch immer ausgeht, besitzt das Äußere der Neuenburger Stiftskirche dank ihrer Lage hoch über der Stadt zusammen mit dem Schloß als eigentliche Stadtkrone die stärkste Wirkung, die ein wenig sogar an Bamberg und Prag denken läßt.

Der Bau der Kirche wurde 1185 von Ulrich II. von Neuenburg und seiner Gemahlin Berta begonnen und zunächst in den romanischen Ostpartien: den drei gestaffelten Apsiden, der Vierung samt ihrem gedrungenen Turm sowie dem in der Längsflucht bleibenden Querschiff und dem südlichen Seitenportal, ausgeführt. Im Laufe des 13. Jahrhunderts schloß sich das frühgotische Langhaus an, so daß 1276 die Kirche geweiht werden konnte.

Das Innere zeigt im Langhaus eine dreischiffige Basilika mit ziemlich engen Proportionen und zugleich jenem Zug zur Askese, wie er damals vor allem von den Zisterzienserbauten ausging. Emporen werden durch schmale, mit Steingittern verschlossene Fenster im westlichen Teil des Mittelschiffs nur angedeutet, und auf Andeutungen beschränkt sich in den beiden östlichen Jochen auch das ›gebundene System‹ des hier sechsteiligen Kreuzrippengewölbes. Frühgotische Gewölbe überspannen zwar auch die Vierung, das anstoßende Presbyterium und die drei Apsiden, doch herrschen trotzdem in diesen älteren Teilen noch die Schwere und Geschlossenheit des Steins samt dem gedämpften Licht des romanischen Stils, dem auch die reichskulptierten Kapitelle des Priesterhauses zu verdanken sind. Dem gleichen Stil entsprechen in Form und Ausmaß die kleinen Rundbogenfenster, welche die steinerne Umschlossenheit des Raumes noch nicht sprengen, sondern bewahren.

Das nördliche Querschiff füllt der Kenotaph, der 1372 für die Grafen von Neuenburg begonnen und im 15. Jahrhundert durch die Statuen an seinen Außenseiten ergänzt und schließlich 1840 erneuert wurde. Von zwei reichgeschmückten Wimpergen überhöht stehen Ritter und Edeldamen im Grund der Bogennische, während andere Ritter vor die seitlichen Mauern gestellt sind. Die Männer sind gewappnet, als wenn sie zum Kampfe angetreten wären, doch haben alle die Hände gefaltet angesichts des Höchsten, dem sie sich in strenger, beinahe schon starrer Devotion zuwenden.

Den Platz vor der Kirche hat das 19.Jahrhundert mit Bänken und Bäumen und einer Statue des Reformators Farel geschmückt; doch sieht man noch immer die Reste der mittelalterlichen Wehranlage. Vor allem aber bezaubert von hier aus der Blick zwischen den alten Mauern und Giebeln hindurch auf die Fläche des Sees, dessen Weite und Größe man erlebt, auch wenn man sie mit dem Auge nicht ganz ermessen kann.

An einzelnen barocken Palais vorbei, die aus ihrer Berglage zu eigenartigen Lösungen gelangen, ohne ihren französischen Stil zu verleugnen, steigt man hinab zum halbbogengekrönten Uhrturm, dessen Zifferblatt mit seinem schwarzunterlegten Gold die schönste Verbindung mit dem warmen Gelbgrau des Neuenburger Kalksteins eingeht. – Seewärts von diesem Uhrturm stehen an der Rue des Halles einige bemerkenswerte Bürgerbauten, welche die Renaissance der welschen Schweiz in echt französischer Eleganz vor Augen führen. Noch herrscht nicht die ›Régularité‹ des 17.

und 18. Jahrhunderts, sondern die einzelnen Motive – wie von zart gezeichneten Ädikulen umschlossene Öffnungen oder Pilaster, Bogen und Giebel –, bei denen weniger der plastische Körper als die scharf gezogene Linie den Ausschlag gibt, sind in freier, individuell verschiedener Abwandlung aus dem warmgelben Jurakalkstein gemeißelt. Bei der *Maison des Halles*, die einst unmittelbar an der später aufgefüllten Hafenbucht stand und dort als Tuchhalle diente, treten zu den genannten Renaissance-Motiven die beiden gegen den See gerichteten Ecktürmchen, die hier den kommunalen Bau mit den Reminiszenzen einer Burg schmücken.

Seewärts der Maison des Halles liegt die *Place des Halles* und an ihr eines der liebenswürdigsten Zeugnisse einer Art von ›Belle Époque‹, die sich hier schon nach 1870 in den Bauten des Neuenburger Architekten Louis Châtelain ankündigt. Es ist die Kantonalbank, die den ›style Garnier‹, wie man die Architektur des ausgehenden Zweiten Kaiserreichs nach dem Erbauer der Pariser Großen Oper nannte, über den Jura an das Ufer des Neuenburger Sees verpflanzt. An der gleichen Place des Halles steht, mit Erdgeschoßarkaden und Mansardendach, das Haus Montmollin, das in seinem gravitätischen, durch gefugte Lesenen charakterisierten Louis-Quatorze-Stil schon wesentliche Züge des Louis seize vorwegnimmt. Dieser ist in Neuenburg besonders schön in der Umgebung des Rathauses sowie im Faubourg de l'hôpital vertreten. –

Das klassizistische *Rathaus*, das 1782-1790 von Pierre Adrien Paris erbaut wurde, betont, obwohl noch zu Lebzeiten von König Ludwig XVI. errichtet, schon eine von Grund aus neue Zeit. In dem breitgelagerten Baublock, aus dem, vor völlig glatten Rücklagen, ein mächtiger Risalit mit acht toskanischen Kolossalsäulen über gequaderten Arkaden hervortritt, ist alles auf Größe, Wucht und Schwere angelegt, und man glaubt, wie auch in der von gedrungenen dorischen Säulen gestützten Erdgeschoßhalle, schon das Pathos der Französischen Revolution zu verspüren, obwohl der Bau schon lange vor deren Ausbruch geplant war.

An der schmalen, noch von einzelnen Gärten gesäumten Straße, die in ihren leichten Biegungen wohl der früheren Uferlinie folgt, zeigt der *Faubourg de l'hôpital* zunächst einige schöne Fassaden, welche die Regeln des Pariser Rokoko mit seinen Übergängen zum Frühklassizismus kaum merklich zu regionaler Eigenart abwandeln. Den architektonischen Höhepunkt stellt das 1765-1768 von dem bernischen Architekten Erasmus Ritter erbaute *Hôtel du Peyrou*, das heute der Stadt gehört. Mit seinem Gittertor, den von Taxushecken und -bäumchen bepflanzten Gartenparterre, den Rampen und den bergseits den Hof flankierenden Nebengebäuden wird hier der ganze reiche Apparat einer Adelsresidenz ›à la mode‹ vorgeführt, wobei der Aufbau der Gartenfront sich deutlich auf das Vorbild von Versailles bezieht. Auch hier ist es nochmals die große Allüre des 17.Jahrhunderts, des französischen ›grand siècle‹, die in Reaktion zur Auflockerung des Rokoko durch den von neuem strengen Louis-Seize-Stil übernommen wird. An die Stelle der Rocaille treten die schwereren Formen von Vasen, Masken und Gehängen und darüber hinaus wird im Ganzen eine Monumentalität erstrebt, die sich von neuem auf den majestätischen Stil des französischen ›grand siècle‹ bezieht. So sind die künstlerischen Beziehungen zu Frankreich offensichtlich und hier wiederum besonders zum französischen ›Midi‹, dessen Abglanz nicht nur im helleren, vom See gespiegelten Licht der Neuenburger Landschaft liegt, sondern ebensosehr durch die südliche Fülle einer darin mit den gleichzeitigen Bildern und Zeichnungen von Hubert Robert und Fragonard verwandten Architektur vergegenwärtigt wird. – Wie sehr sich der Klassizismus der Empirezeit von den Anfängen des Stils im Hôtel de Peyrou unterscheidet, zeigt das in seiner Strenge einem geschliffenen Kristall vergleichbare Haus de Pourtales-Castellane, das heute einer Bank gehört. Auch dort, wo der Klassizismus seine bis über die Mitte des 19.Jahrhunderts reichende Spätzeit in Neuenburg erlebt, äußert er sich eher puritanisch schlicht und spröde, so in jenem südlich der Place Purry im frühen 19.Jahrhundert durch Aufschüttung dem See abgewonnenen Quartier, das sich durch zwei mit ihren jonischen Säulenloggien einander entsprechenden Baublöcken auch städtebaulich ein Gesicht gibt. In diesen Bauten spürt man wenig von biedermeierlicher Verspieltheit, vielmehr bewahrt der Stil seine Strenge. Knapp und bestimmt bleiben die Formen, wie wenn sich die in vielen Generationen erworbene Präzision eines Uhrmachervolkes mit der etwas puritanischen Art des Neuenburger Protestantismus und der disziplinierten Haltung einer Aristokratie vereinen wollte, die über sich noch einen Fürsten weiß. Daß dieser nach dem Zwischenspiel des von Napoleon eingesetzten Marschalls Berthier wieder ›le roi de Prusse‹ war, bestätigt die strenge Zucht des Neuenburger Klassizismus, die in einzelnen Bauten, so in dem ursprünglich als Hotel errichteten vierstöckigen Kubus westlich des neuen Hafens, sogar ein wenig an den großen Schinkel erinnert.

Von diesem vom Verkehr befreiten Ufer aus ergeben sich die schönsten Aussichten über den See, dessen östliches und südliches Ufer so flach ist, daß sich namentlich gegen das Seeland hin eine zauberhafte, bisweilen Holland oder die Lagunen der Adria beschwörende Atmosphäre ergeben kann. Wieder steigt aus den Flächen gleich einer Insel der Mont Vully, der auch Wistellacherberg heißt und mit dieser Doppelbenennung die Sprachgrenze markiert. Gegen Westen hin, wo der Blick über den See seine ganze Tiefe gewinnt, rücken die Ufer näher zusammen, und gleichzeitig erhöht sich das südliche zu einem waldigen Höhenzug, der jedoch keineswegs die Höhe des Jura erreicht. Dieser bleibt die Dominante, denn die Alpen, mögen ihre Kämme auch noch so gezackt und ihre Gipfel im einzelnen markant sein, bleiben auf der anderen Seite durchaus eine ferne Begleitung, die übrigens auch nur bei klarem Wetter sichtbar wird. Der Jura hingegen vermag das Bild der Neuenburger Landschaft in einer bisweilen bedrückenden Melancholie zu beherrschen. Er schließt den Westen ab und nimmt damit dem Tag die Verklärung des Abends, es sei denn, daß zu bestimmten Zeiten im Jahr die niedergehende Sonne durch den Einschnitt des Val de Travers, das seinem Namen gemäß den Jura durchquert, ihre Strahlen ergießt. Auch ist es die wenig gegliederte Struktur des Juras, die gerade im Neuenburgischen, über der breiten und hellen Basis des Sees den Eindruck des Formlos-Schweren, Lastenden und Dumpfen gibt.

Im Gegensatz zu dieser Abend-Schwermut stehen die lachenden Ufer. Wenn dieses Wort aus der Zeit des empfindsamen Reisenden an einem Ort am Platz ist, dann hier, wo die Jurahänge flach auslaufen oder sanft sich senken, einzelnen breiten Terrassen Raum gebend, wo der zum großen Teil noch unverbaute und in diesem Zustand durch Gesetze bewahrte Seerand von Wald gesäumt ist, wo die Türme und Firsten einzelner Schlösser emporragen und sich daneben kleine Städtchen in die Täler schmiegen, um auch hier den Reben möglichst viel Platz zu lassen. Denn wieder ist es der Wein, der Natur und Menschen einen besonderen Glanz zu spenden vermag, und was am Bieler See Namen wie Twann und Schaffis bedeuteten, das klingt nunmehr aus Auvernier, Bevaix, Cortaillod, Saint Aubin und manchen anderen, die aber alle aufgehen im Sammelbegriff des ›Neuenburger‹, eines bisweilen herben, doch ungemein charaktervollen Weißweins.

VOM BIRSTAL DURCH DIE FREIBERGE NACH GENF

Von Basel nach Genf

Im Birstal

Die *Birs*, der wir auf dem Weg von Basel durch den Jura nach Südwesten folgen, mündet oberhalb des Basler Stadtkerns in den Rhein. Sie fließt kurz vor ihrer Mündung vorbei am ehemaligen Siechenhaus und der im Barock umgebauten Kapelle, die beide im Brennpunkt der Schlacht bei St. Jakob an der Birs lagen. 1444 erhoffte das im ›alten Zürichkrieg‹ von der Eidgenossenschaft vorübergehend abgefallene Zürich Hilfe von den Armagnaken, gefürchteten Söldnerscharen aus dem damals in Frankreich zu Ende gehenden ›Hundertjährigen Krieg‹. Vom Heer der Eidgenossen war ein kleiner Haufe zur Erkundung bis zur Birs vorgeschickt worden. Sie ließen sich gegen den Befehl in den Kampf mit den überlegenen Armagnaken ein und wurden dabei bis auf den letzten Mann vernichtet. Die scheinbar blinde Tapferkeit erhielt nachträglich ihren Lohn im Verzicht des feindlichen Heeres, sich weiter mit den Schweizern einzulassen.

Arlesheim. Dem dicht überbauten Birstal folgen wir Richtung Laufen und Delsberg bis zu den ersten größeren Ausläufern des Jura. Hier liegt Arlesheim, das von dem durch die Reformation vertriebenen Baseler Domkapitel von 1678 bis 1798 zum Sitz erkoren wurde, nachdem dieses zuerst in Freiburg ein Exil gefunden hatte. Schon 1680 erbaute Jacopo Angelini aus dem Misox die Kirche mit der eher gedrungenen Zweiturmfassade und dem einfachen Wandpfeilersaal, dessen Seitenkapellen von Emporen überwölbt werden und an den sich ein tiefer, für das Kapitel bestimmter Chor anschließt. Gleichzeitig entstand der einheitlich von den Domherrenhäusern geformte Platz, für den die Kirche den monumentalen Abschluß bildet. – Doch erst die Erneuerung in den Jahren 1759 bis 1760 hat die Kirche in die vorderste Reihe der schweizerischen Barockkirchen gerückt. Damals erhielt die Fassade den zierlichen Dekor eines bereits sehr reifen Rokoko, das mit sämtlichen Registern, mit Stukkatur, Skulptur, Malerei sowie Holzschnitzerei, den Innenraum erfüllt.

Was an diesem ursprünglich schwer und gedrückt war, wird nun in virtuoser Weise überwunden durch die Stukkaturen des auch in Zwiefalten und Ottobeuren tätigen Johann Michael Feichtmayr, einem der größten Meister seines Fachs. Seine überaus sensible Rocaille-Ornamentik überhöht in gezügeltem Crescendo die Scheitel der Kapellenöffnungen, schmückt die Solbänke der Hochschiffenster und spielt von der Wand, über die allzuschmale Hohlkehle hinwegtäuschend, zur flachen Decke hinüber. Hier öffnet sich über dem Langhaus wie über dem Chor ein imaginäres Reich in den Fresken, die der im deutschen Südwesten beschäftigte Joseph Appiani in lichten, von einzelnen dunkelviolett-braunen Tönen wirkungsvoll kontrastierten Farben malte. Die ganze reiche Erfahrung der in vielem vom Venedig und der Lombardei angeregten Freskomalerei Süddeutschlands mit ihrem Geist, ihrem Brio, ihrer virtuosen Leichtigkeit der Form und ihren oft tiefgründigen Inhalten breitet sich hier aus, im Grenzbereich zwischen sakraler Jenseitsoffenbarung und profanem Festsaal, mit Perspektiven, die für den Verstand nur angedeutet werden, doch um so mehr die Phantasie ansprechen, und Figuren mit einzelnen Physiognomien, die ebenso realistisch wie expressionistisch gesehen sind und sich doch noch immer in eine transzendentale Ordnung fügen. – Ein Glanzstück ist der Hochaltar, der, ganz abgesehen von der kultischen Funktion, auch seine ästhetische Aufgabe restlos erfüllt: nämlich Ausgangspunkt und zugleich Ziel der Bewegung zu sein, die den Gesamtraum von der Apsis bis zum Eingang und umgekehrt erfüllt. Es geschieht dies mit der Brillanz und der sublimen Leichtigkeit eines schon fast überreifen Rokoko: Im locker gestellten Säulenbau, der vor dem hellfarbenen und spritzig gezeichneten Altarblatt Appianis nochmals einen eigenen, sublimen Raum schafft, halb zur äußeren Wirklichkeit des Kirchenraums, halb schon zu einem idealen Jenseits gehörend, noch durchmeßbar, doch weit mehr nur durchschaubar, das Greifbare zur Vision entfestigend. Es ist der Stuccolustro zwischen Lachsrot und zartem Lila irisierender Marmorsäulen, alternierend mit dem in diesem Zusammenhang ungemein delikat wirkenden Schwarz des schmalen Altarbildrahmens und des Kranzgesimses über dem kurvig bewegten Gebälk. Auf darüber emporschwingenden Voluten jubilieren Engel vor der aus dem Hintergrund strahlenden Gloriole, und über allem scheint eine schmale Krone zu schweben. –

Bald nach Arlesheim folgt *Dornach*. Über dem Dorfe steht weithin sichtbar das ›*Goetheanum*‹, das nach Ideen von Rudolf Steiner 1927 im Rohbau vollendete Zentrum der Anthroposophen mit großem Theatersaal im Innern. In manchem vielleicht fremd und unheimlich, erheischt der in Sichtbeton errichtete Bau doch Respekt durch seinen Willen, schwerste Massen zu bändigen und zu vergeistigen im Zusammenbringen stützender und lastender Teile. Zugleich ist es der kühne Versuch eines im Verzicht auf rechte Winkel und gerade Kanten ›organischen‹ Bauens mit einer eigenen, aus der Natur abgeleiteten Harmonie. –

Das Tal der Birs, dem wir nun weiter folgen, verengert sich, und rechts über der Klus steht auf steilem Felsen die von den Basler Bischöfen gegründete und nach dem Erdbeben von 1356 wiederhergestellte Burg Angenstein als mächtiger Wohnturm, dessen beide obersten Geschosse sich in gotischen Fenstern öffnen. –

Nach dem südlichen Ausgang der Talenge folgen wir, uns nach Westen wendend, weiter dem Lauf der Birs und erreichen das in einen breiten, flachen Kessel eingesenkt liegende Städtchen *Laufen*, das einst von den Fürstbischöfen von Basel gegründet wurde und von dem aus seit 1815 der nördlichste und entlegenste der bernischen Amtsbezirke verwaltet wird. So erinnert architektonisch an Bern eigentlich nur das stattliche Haus neben dem Obertor, das mit seinen Lagerfugen und von Pilastern geordneten Korbbögen bereits post festum, nämlich um 1820, das ›ancien régime‹ seine biedermeierliche Restauration feiern läßt. Vom besagten Obertor zieht sich die marktartig breite Hauptstraße mit schon ganz an die Städte des Oberrheins gemahnenden Häusern zum Basler Tor, das mit der 1698 erbauten Stadtkirche eine ansehnliche Gruppe bildet. Die heute den Altkatholiken dienende Kirche birgt stattliche Barockaltäre.

Nach Laufen verengert sich das Tal birsaufwärts. In langgestreckten Kurven zieht sich die gut ausgebaute Straße am Fluß entlang. Waldhänge heben sich zu gleichfalls langgestreckten Höhen. Bisweilen sind die von einzelnen Tannen durchsetzten Buchen von weißgrauen Kalkfelsen unterbrochen. Manches erinnert an die – geologisch verwandte – Schwäbische Alb, doch das

Tal ist weiter und weniger dicht besiedelt. Hier wechselt man unversehens ins französische Sprachgebiet hinüber.

Delémont oder Delsberg war früher überwiegend deutschsprachig und in den auf die Reformation folgenden drei Jahrhunderten neben Pruntrut das Verwaltungszentrum und die häufige Sommerresidenz des aus Basel vertriebenen Fürstbischofs. Wie alemannisch-oberrheinische und französisch-burgundische Kultur sich hier folgten, zeigt das Stadtbild, das sich auf einer flach ansteigenden Terrasse über dem in der Ebene liegenden Bahnhofquartier aufbaut. Die Bürgerhäuser, die meist aus dem 16. bis 18. Jahrhundert stammen, weisen ähnlich wie in Laufen, nur noch stattlicher, nach dem Oberrhein, während die einzelnen Renaissance-Portale in ihrer gedrungenen Plastik ein Element aus Burgund oder der unmittelbar benachbarten Franche-Comté darstellen. Doch die Brunnen, die einen wahren Stolz der Stadt bedeuten und deren schönster mit einer Marienfigur unmittelbar vor dem Rathaus steht, wirken wiederum alemannisch, mit der Wucht ihrer Brunnensäulen und in der Fülle ihrer Ornamentik fast schon an Bern erinnernd. Von Frankreich her ist das 18. Jahrhundert bestimmt: Dixhuitième herrscht im 1742-1745 erbauten *Rathaus*, auch wenn sein Architekt, Giovanni Gaspare Bagnato, italienischen Ursprungs war, in Landau in der Pfalz zur Welt kam und später vor allem im Dienste der Deutschordensritter am Bodensee wirkte: alles zusammen ein typisches Künstler-Schicksal des 18. Jahrhunderts. Das Delsberger Rathaus ist 1866 nicht zu seinem Vorteil aufgestockt worden, doch blieben die schöne Freitreppe, die sich dem Portal vorlagert, sowie die regelmäßig angeordneten Stichbogenfenster. Französisch ist auch der Ehrenhof des einstigen *Bischofsschlosses* und namentlich die nahe *Kirche*. 1762-1766 nach Plänen von Pierre François Paris und dem Gutachten Matteo Pisonis, dem Erbauer der Solothurner St. Ursus-Kathedrale, errichtet; ihre weiße Kalksteinfassade gliedern zwei flache Pilasterordnungen.

Das Innere versetzt den Besucher ganz nach Frankreich, durch das dort übliche Normalschema der kreuzförmigen, longitudinalen Basilika mit verhältnismäßig hohem Obergaden, der dem Mittelschiff eine Fülle von Licht spendet. Sämtliche

Joche sind mit Kreuzgraten überwölbt, so daß auch die Vierung statt mit einer Kuppel nur durch ein Stuckornament ausgezeichnet ist. Da Fresken fehlen, heben sich vom hellen Verputz die Seitenaltäre, die Kanzel, Orgelprospekt und Chorgestühl mit ihrem dunkel gebeizten Holz ab, sowie die Bilder, die in reichgeschnitzten und vergoldeten Rahmen die Apsis schmücken. Sie vereinen sich zusammen mit der Mensa und dem von Leuchtern flankierten Tabernakel zu einem losen Ensemble, das mit dem Chorgestühl und den die Apsis gliedernden Pilastern und Gurten in gleichfalls sehr französischer Weise als eine nur noch optisch wirkende Einheit an die Stelle eines plastischen Altarbaues tritt. Ein solcher ist hier also nicht mehr im Hochaltar, sondern nur noch in den Nebenaltären vorhanden. – Im ganzen herrscht nicht mystischer Überschwang, sondern die zurückhaltende Eleganz des späten Louis-Quinze-Stiles mit seiner gestrafften Ordnung und seinen wenigen, doch dafür um so sicherer gesetzten Akzenten. –

Nördlich und zugleich bergwärts der Grande Rue führen Quergassen zu einer ebenfalls sehr breiten, zur Grande Rue parallel laufenden Straße, an welcher, angebaut an einen runden Archivturm, die 1717 wiederhergestellte Préfecture liegt sowie das in seinem älteren Teil aus dem 18. Jahrhundert stammende Spital. Neben dem Pruntruter Tor befindet sich das heutige Musée jurassien in einem schönen Bau des 17. Jahrhunderts mit Fenstergittern aus dem 18. Jahrhundert.

Delsberg ist heute neben Pruntrut der Mittelpunkt der jurassischen Bewegung, die, sich auf die fürstbischöfliche Vergangenheit berufend, sich von Bern lossagen möchte, das 1815 diese Gebiete als Ersatz für seine verlorengegangenen Untertanengebiete erhielt und hier mit nicht immer leichter Hand regierte.

In die Freiberge

Man verläßt die Stadt Richtung Pruntrut oder Porrentruy, dem anderen Hauptort des einstigen Fürstbistums, das im nordwestlichsten Zipfel des Schweizer Jura liegt, und biegt bei der nächsten Straße links ab. Bei Bellincourt verläßt man den Kessel von Delsberg, um Richtung Biel oder Bienne nun in eine der schönsten Jura-Schluchten einzudringen. Diese mäßig befahrene Nebenstraße durchstößt die westlich den Talgrund von Delsberg abschließende Jurakette in einer bachdurchrauschten Schlucht ohne Bahn und Industrie, im Unterschied zur Hauptstraße, die von Delsberg aus, ebenfalls durch eine Schlucht, über Moutier nach Biel führt. Auf unserer Straße aber ist alles noch viel ursprünglicher, und die Einsamkeit durchbrechen nur einzelne Mühlen und Rasthäuser, die noch die behaglichen Formen des 18. Jahrhunderts zeigen. Nach einem kleinen Wiesenplan verengert sich die Schlucht nochmals, und auch die pittoresken Reize erfahren eine Steigerung: die Straße steigt zwischen schroffen Felswänden empor. An einer Stelle schießt ein Bach herab durch eine tiefe Felsrinne. Doch Buchenwald, der selbst hier nicht fehlt, mildert das allzu Beklemmende, und nach einer Weile öffnet sich die Schlucht zu einem waldgesäumten Wiesental. Weitläufige Gebäude lagern sich neben einer großen Kirche. Es ist die ehemalige Prämonstratenserabtei von *Bellelay*, die hier von 1136 bis 1797 bestand und heute als Heilanstalt dient.

In der öffentlich zugänglichen Kirche finden periodische Kunstausstellungen statt. Doch ist es vor allem der 1710-1714 vermutlich von Franz Beer erbaute Raum, der zum Erlebnis wird, vor allem im rhythmischen Reichtum, zu dem sich hier ähnlich wie in dem fast gleichzeitigen St-Urban das ursprünglich strenge System der Vorarlberger Barockbaumeister kompliziert. Auch ohne die ursprüngliche Ausstattung, die heute zum großen Teil verschwunden ist, und selbst mit den Stellwänden einer modernen Ausstellung wirkt der Raum noch im profanierten Zustand im Fortschreiten seiner durch die mächtige Längstonne zusammengefaßten Wandpfeiler, die, von einem weit nach Westen vorgeschobenen Querschiff unterbrochen, schließlich in einem hellen Altarraum ihr Ziel finden.

In der Richtung Saignelégier unseren Weg fortsetzend, gelangen wir bald auf ausgedehnte Hochflächen, die sehr dünn besiedelt sind und auf das schönste Wald und Weideland ineinander übergehen lassen. Tannen der verschiedensten Größe stehen einzeln oder in Gruppen, nur selten zu eigentlichem Wald verdichtet. Dazwischen breitet sich Grasland, das Rindern und den hier in besonderem Maß gezüchteten Pferden zur freien Weide dient. Um diese vor wild parkenden Autos zu schützen, gibt es neben der Straße Drahtzäune, und zudem drohen Übertretern saftige Bußen, was im Interesse des Landschaftsschutzes nur zu begrüßen ist. –

Wir sind in den ›*Freibergen*‹, den ›*Franches Montagnes*‹, so genannt, weil 1384 der Bischof von Basel Ansiedler durch Befreiung von allen Steuern und Abgaben in das menschenleere Gebiet zu locken suchte. Denn die Gegend ist sehr rauh, im Winter fällt die Temperatur fast so tief wie in La Brévine, dem ›schweizerischen Sibirien‹. Dementsprechend sind die Häuser gebaut: breitgelagerte niedrige Steinfronten mit flachem Giebel; Wohnteil, Stall und Scheune unter einem Dache vereinend. Alles ist sehr schmucklos, abweisend und herb wie der zur Absonderung, zum Sektierertum, ja nicht selten zum Anarchismus neigende Geist vieler ihrer Bewohner. Das Siedlungsbild wird kompliziert durch einzelne, aus dem deutschen Teil des Kantons Bern zum Teil sehr früh hierhingezogene ›Täufer‹, die nicht nur an ihrem Glauben, sondern auch an ihrer Sprache zähe festhalten.

Wenn die winterliche Kälte an Sibirien gemahnt, so anderes an Nordost-Europa. Im Naturschutzgebiet des Etang de la Gruyère fühlt man sich ein wenig an die Seen Finnlands erinnert angesichts der stillen, in flachen Buchten und moosigen Ufern sich verlierenden Wasserflächen, eingebettet in Wald und Hochmoor.

Das nahe *Saignelégier* ist ein typisches Juradorf, berühmt durch seinen Pferdemarkt, für den um 1900 eine große Halle errichtet wurde. Von hier aus führt eine Straße hinab zum Doubs, der in dieser Gegend seine landschaftlich schönste Schlucht zeigt.

Von Saignelégier führt unsere Straße südwestwärts über die von Weiden und einzelnem Wald bedeckten Höhen der *Freiberge*, deren Hochflächen allmählich in Bergrücken übergehen, ohne daß jedoch der Jura das von den tief eingeschnittenen Tälern her gewohnte Bild zeigt. Denn wir befinden uns noch immer mehr als tausend Meter über dem Meer. Nach Nordwesten schweift das Auge über die felsige Waldschlucht des Doubs hinweg, die kaum sichtbar zwischen uns und Frankreich liegt, wo in einsamer Weite immer wieder neue Höhen hintereinander auftauchen. Nachdem unsere Straße sich mit der von Biel durch das Tal von St. Imier heraufkommenden vereint hat, überschreiten wir die Grenze zum Kanton Neuenburg und fahren leicht abwärts in das von mäßig hohen Bergen begleitete Hochtal von La Chaux-de-Fonds.

Durch das Hochtal von La Chaux-de-Fonds zur Schlucht von Valangin

Das Tal selbst liegt bereits fast tausend Meter über dem Meer und birgt eine Stadt von über 60000 Einwohnern, also größer als die historische Hauptstadt des Kantons. Das Phänomen ist um so erstaunlicher, da sozusagen alle natürlichen Voraussetzungen für eine größere Siedlung hier fehlen. Das Hinterland ist rauh und unwirtlich wie nur irgendwo auf den Jurahöhen, weder Bodenschätze noch günstige Verkehrsbedingungen locken, und auch für den Fremdenverkehr fehlen die wesentlichen Anreize. Was diese Siedlung entstehen ließ, sind einzig Fleiß und Erfindungsgeist der Menschen. Es sind die Taschenuhren, die hier zwar nicht erfunden, doch bereits im 18.Jahrhundert auf industrielle Weise hergestellt wurden. Sie haben La Chaux-de-Fonds wie auch dem benachbarten *Le Locle* zu einem Aufstieg verholfen, der beinahe an den amerikanischer Goldgräberstädte erinnert. Etwas von einem amerikanischen Märchen liegt darum auch über diesen beiden Städten, deren größere, nämlich *La Chaux-de-Fonds*, wir jetzt besuchen.

Von Nordwesten kommend, gelangt man zunächst in den ältesten Teil der Siedlung mit den nach dem Stadtbrand von 1794 erbauten Häusern. Es sind schwere Kuben mit verhältnismäßig steilen Sattelwalmdächern und regelmäßig verteilten Fenstern, noch sehr einfach gehalten im Unterschied zu dem erneuten Aufschwung, wie er seit der zweiten Hälfte des 19.Jahrhunderts einsetzte und bis zur Gegenwart sämtliche Stilmöglichkeiten in rascher Folge und – das Wort drängt sich wieder auf: in einer gewissen amerikanisch anmutenden Hemmungslosigkeit zum Ausdruck bringt. Namentlich die breite, mehrere Kilometer lange Avenue Léopold Robert mit ihrem platanenbestandenen Mittelstreifen spiegelt die bauliche Entwicklung der Stadt wider. Am östlichen Anfang herrscht, im älteren Teil der Stadt, noch ein gewisses biedermeierliches Behagen, dem sich auch die gußeiserne Prunkfontäne aus der Spätzeit des Jahrhunderts einfügt. Den kulturellen Ehrgeiz, den die Uhrmacher-Metropole schon früh bekundete, zeigt auch die schlichte Neurenaissance-Fassade des an der gleichen Avenue gelegenen Stadttheaters. Dann aber schießt die Architektur ins Kraut. Schon um 1890 entstehen sechs- und siebenstöckige Häuser, die noch in den Formen einer teils französischen, teils venezianischen, teils angelsächsischen Neurenaissance dekoriert sind. Die Zeile wird von weiteren Hochhäusern unterbrochen, in denen sich der immer nüchterner werdende Geschmack des 20.Jahrhunderts manifestiert. Dazwischen treten einzelne öffentliche Gebäude und Banken auf, in denen Jugendstil, Neubarock und Neuklassizismus sich begegnen. Südlich der Avenue steht leicht erhöht das Kunstmuseum mit einer erstaunlich reichen Sammlung von Bildern Léopold Roberts und seines Bruders Aurèle, die beide aus La Chaux-de-Fonds stammten und deren in südlichen Motiven schwelgende Romantik von etwas salonhaftem Anstrich einst überaus geschätzt war. Daneben gibt es kühne und kühnste Experimente des 20.Jahrhunderts; ferner einige Bilder von Vallotton, einen farbig delikaten Anker, einen monumentalen Hodler und eindrucksvolle Juralandschaften des ebenfalls in La Chaux-de-Fonds aufgewachsenen Leplattenier. –

Zur amerikanischen Erscheinung dieser Stadt gehört das in regelmäßigen Rechtecken angelegte Straßennetz, das jedoch beim Durchwandern keineswegs monoton wirkt. Zu groß nämlich ist die Abwechslung zwischen älteren und neueren Bauten, auch wenn die Entwicklung sich hier auf nicht viel mehr als anderthalb Jahrhunderte zusammendrängt. Indessen scheint in dieser vom Gang der Wirtschaft besonders abhängigen Industriestadt die Zeit rascher zu verlaufen. Das Moderne wirkt prononcierter und das Alte gestriger und überholter als in traditionsreicheren Orten. So gewinnen einzelne Häuser, ja sogar ganze Straßen des 19., ja sogar des 20.Jahrhunderts den makabren Reiz des Längstvergangenen, auch wenn sie äußerlich noch einigermaßen instand gehalten sind. Dazu kommt, daß die Stadt sich in dem langgestreckten Hochtal ausdehnen und neue Teile ansetzen konnte und das Alte dabei gewissermaßen sich selber überlassen wurde in einer raschen und ungehemmten Verlagerung der Schwerpunkte.

Das Traumhaft-Unwirkliche der Stadt, das jedoch kaum als romantische Verklärung erlebt werden kann, läßt auch manches an so kühner Verbindung von Logik und Phantasie in einem der berühmtesten Architekten des 20.Jahrhunderts verstehen, der ebenfalls aus La Chaux-de-Fonds stammt. Es ist Le Corbusier, der eigentlich Charles Edouard Jeanneret hieß und 1887 hier geboren wurde.

Über einen breiten, doch fast 1300 Meter hohen Sattel führt die Straße von La Chaux-de-Fonds hinüber nach der Kantonshauptstadt Neuenburg. Von der Paßhöhe aus erschließt sich die berühmte *Vue des Alpes*. Das Mittelland ist zum größten Teil durch den vor uns liegenden Waldrücken des Chaumont verdeckt, so daß nur gen Südosten nach dem Neuenburger See hin der Blick auf die Tiefe frei ist. Doch um so schwebender, entrückter und doch wieder nahe erscheint das Bild des Hochgebirges, das vom Pilatus über die Urner Alpen bis zu den Berner Alpen ansteigt, wo Eiger, Mönch und Jungfrau in erhabener Dreiheit die Mitte bilden. Es folgen Blümlisalp und Doldenhorn. Doch dann gewinnt das Panorama eine neue Tiefe. Während sich nach vorn die im Sommer und Herbst gewöhnlich schneefreie Felsbarriere der Freiburger und Waadtländer Alpen schiebt, staffeln sich die höchsten Eisgipfel nach hinten und zugleich lockert sich ihre im Berner Oberland noch geschlossene Kette. Zwischen Doldenhorn und Altels öffnet sich im Lötschenpaß die Lücke zum Wallis, dessen über viertausend Meter hohe Eisriesen sich neben der näher liegenden Wildstrubelkette in ungeheurer Distanz sehr zart abzeichnen: Weißhorn und Dent blanche, das Matterhorn und der Grand Combin. Ganz im Westen erkennt man schon jenseits des unsichtbaren Genfer Sees die Savoyer Berge bis zum Salève bei Genf. Darüber aber schwebt wie eine der Erde entrückte Vision das Gletschergebirge des Montblanc. Verheißungen nicht nur der Ferne, sondern bereits eines Jenseits bieten sich uns an auf den tannenbestandenen, von Kalkfelsen durchsetzten Matten des Jura. –

In sanften Kurven zieht sich die breit ausgebaute Straße den Waldhang hinab in das flache, doch immer noch hoch über dem Jurafuß gelegene Val de Ruz, um sich dann von neuem zu senken, nicht mehr einen Hang entlang, sondern durch die felsige Waldschlucht von *Valangin*, deren oberer Ausgang durch das mittelalterliche Schloß, das auf steilem Kalkfelsen steht, bewehrt wird. Seine Besitzer waren seit dem 12.Jahrhundert die Grafen von Neuenburg, die sich auch Herren von Valangin nannten. – Die nun folgende Schlucht bildet eine letzte Klus, an deren unterem Ausgang das uns schon bekannte Neuenburg liegt.

Am Neuenburger See

Von Neuenburg aus fährt man am See entlang über Auvernier nach *Colombier*. Der alte Ort liegt am Nordrand des breiten Deltas der Areuse, die sich weiter landeinwärts in enger Schlucht aus dem Val de Travers herausgearbeitet hat. Das vom 12. bis 16.Jahrhundert auf römischen Gebäuderesten erbaute Schloß von Colombier gehört mit seinen wiederum lateinisch knapp geformten Baukörpern zu den größten seiner Art. Den schönen Gegensatz zu den mittelalterlichen Mauern und Dächern bilden die mit der ganzen Großzügigkeit und Regelmäßigkeit des französischen 17.Jahrhunderts durch den Duc de Nemours angelegten Alleen, die sich vom Schloß seewärts ziehen.

Von den kleinen Orten, die nun seeaufwärts folgen, lohnt namentlich das zunächst Colombier gelegene *Boudry* einen kurzen Besuch. Die eng aneinandergebauten Häuser der Weinbauern, die auch hier den Unterschied zwischen Stadt und Dorf zerfließen lassen, ziehen sich längs der einen, reizvoll gekrümmten Hauptstraße den Berg hinan, der von einem größtenteils im 16.Jahrhundert erbauten Schloß bekrönt ist. Der im wesentlichen noch spätgotische Wohntrakt wird durch den schlanken Rundturm kontrastvoll überhöht. In der Mitte der zugleich als Hauptplatz dienenden Straße steht auf einer 1628 datierten Renaissance-Säule eine Justitia. Aus der gleichen Zeit stammt das von schlanken Säulen gebildete Portal der Kirche, deren Chorquadrat von einem zarten, gotisierenden Netzgewölbe übersponnen ist.

Die moderne Autostraße erlaubt es, an einzelnen dazu eingerichteten Punkten die Aussicht auf den See in Ruhe zu genießen, so namentlich zwischen Vaumarcus und St.Aubin, wo sich der bewaldete Steilhang des Jura bis zum Wasser hinabsenkt. Der See beginnt sich nun zu verengen. Kurz nach Estavayer, einem altertümlich malerischen Städtchen, dessen Türme man am anderen Ufer erkennen kann, erhebt sich dort ein langgestreckter Höhenzug, dessen Wälder den See bis zu seinem südwestlichen Ende begleiten. Das diesseitige Ufer ist weiterhin von einer beglückenden Unberührtheit. Gegen das Wasser hinab fallen sanfte Wiesen, von einzelnen Weingärten durchsetzt. Durch einen Saum von Laubbäumen erblickt man im Frühling und über die Kronen hinweg im Sommer den schimmernden Spiegel des Sees, nach dessen großen, doch nicht monotonen Linien man sich sehnt, wenn einem die buchtenreichen Ufer des Vierwaldstätter oder Luganer Sees allzu verspielt vorkommen.

Von Onnens aus kann man über eine als ›route des vins‹ signalisierte Nebenstraße am Bergrand einer großen, noch ganz ländlichen Terrasse entlangfahren, bevor man vor *Grandson* die Nähe des Ufers wieder erreicht. Der Ort hat jener berühmten Schlacht den Namen gegeben, die auf dem genannten Plateau am 2. März 1476 zwischen den Eidgenossen und dem weit überlegenen, glänzend ausgerüsteten Heere Karls des Kühnen stattfand. Der letztere wollte seine Aufstellung nochmals verbessern, doch angesichts der bereits aus den Wäldern von Vaumarcus heranrückenden Schweizer wurde die Bewegung vom burgundischen Heer bereits als Rückzug verstanden; es brach eine Panik aus, welche die Schlacht entschied, noch bevor sie recht begonnen hatte. Wohl konnte der Herzog seine Truppen schließlich in Lausanne wieder sammeln und einige Monate später mit ihnen gegen Murten ziehen. Doch wenn für ihn auch erst dort die entscheidende Niederlage erfolgte, so ließ er bereits bei Grandson jenen erstaunlichen Reichtum an kostbaren Kleidern, Teppichen, Zelten, Rüstungen und auch den eigentlichen Kleinodien zurück, der unter dem Namen ›Burgunderbeute‹ in die Geschichte einging; einzelne Stücke daraus bilden heute den Kern des Historischen Museums in Bern.

Grandson besitzt ein imposantes Schloß. Seine mittelalterlichen Mauern und Türme, hinter denen man heute ein Museum historischer Autos besichtigen kann, barg einst jene kleine eidgenös-

sische Besatzung, die von den Burgundern belagert, durch den Hunger zur Übergabe gezwungen und, da Herzog Karl das von einem seiner Untergebenen gegebene Versprechen des freien Abzugs nicht hielt, an den Nußbäumen am See zwischen Stadt und Heerlager aufgehängt wurde. Der rächende Zorn, der das Kriegsgeschrei der zu spät zum Entsatz herbeigeeilten Eidgenossen anfeuerte, mag wesentlich zur Panik des herzoglichen Heeres beigetragen haben.

In Grandson selbst führt etwas abseits vom Verkehr die alte Hauptgasse an ländlich schlichten Bürgerhäusern des 16. bis 18. Jahrhunderts vorbei zur *Kirche* hinauf, deren erst in gotischer Zeit ausgebaute Ostpartie samt dem gedrungenen Vierungsturm das Gassenbild beherrscht. Langhaus und Querschiff entstammen in ihren Umfassungsmauern dem 11., in ihren Gewölben der Mitte des 12. Jahrhunderts; sie gehören zu den interessantesten Denkmälern der romanischen Kunst der ganzen Schweiz und zeigen, wie sehr diese gerade im Hochmittelalter nicht nur mit ihrer unmittelbaren Nachbarschaft, sondern mit dem europäischen Geschehen verbunden sein konnte.

Das Innere ist ein Hallenraum, in welchem die sehr schmalen Seitenschiffe vom Hauptschiff nicht durch Pfeiler, sondern durch Säulen geschieden sind. Die Säulenschäfte entstammen einem römischen Bau des damals reich besiedelten Gebietes; ihre Kapitelle dagegen sind mit ihrem teils figürlichen, teils aus Pflanzen gebildeten Schmuck bedeutende Zeugnisse der romanischen Skulptur. – Die Architektur des Raumes steht in der Schweiz einzig da; nicht nur wegen der Hallenform der drei annähernd gleich hohen Schiffe statt der sonst üblichen Basilika mit überhöhtem Mittelschiff, sondern dazu kommt das Tonnengewölbe, das mit Ausnahme der Vierung und des gegen 1400 neu errichteten Chores schwer über sämtlichen Raumteilen lastet. Um so bemerkenswerter ist der Kontrast dieser dumpf geschlossenen Steinmassen zu den verhältnismäßig dünnen Säulen, zwischen denen der Raum weiter, heller und zugleich menschlich faßbarer wirkt als in der dumpferen Zone der in ein fensterloses Dunkel nach oben entschwindenden Wölbungen. Auch die primitiv aus Tromben konstruierte Vierungskuppel hat denselben beschwerten, düsteren Charakter, der fast befremdet, wenn man an die Lichtzone denkt, die sich schon in frühgotischen Vierungstürmen, doch später namentlich in den Kuppeln der Renaissance und des Barock gerade an dieser Stelle des Raumes auftut. Gleiches läßt sich auch von der Belichtung des Langhauses sagen, denkt

sische Besatzung, die von den Burgundern belagert, durch den Hunger zur Übergabe gezwungen und, da Herzog Karl das von einem seiner Untergebenen gegebene Versprechen des freien Abzugs nicht hielt, an den Nußbäumen am See zwischen Stadt und Heerlager aufgehängt wurde. Der rächende Zorn, der das Kriegsgeschrei der zu spät zum Entsatz herbeigeeilten Eidgenossen anfeuerte, mag wesentlich zur Panik des herzoglichen Heeres beigetragen haben.

In Grandson selbst führt etwas abseits vom Verkehr die alte Hauptgasse an ländlich schlichten Bürgerhäusern des 16. bis 18.Jahrhunderts vorbei zur *Kirche* hinauf, deren erst in gotischer Zeit ausgebaute Ostpartie samt dem gedrungenen Vierungsturm das Gassenbild beherrscht. Langhaus und Querschiff entstammen in ihren Umfassungsmauern dem 11., in ihren Gewölben der Mitte des 12.Jahrhunderts; sie gehören zu den interessantesten Denkmälern der romanischen Kunst der ganzen Schweiz und zeigen, wie sehr diese gerade im Hochmittelalter nicht nur mit ihrer unmittelbaren Nachbarschaft, sondern mit dem europäischen Geschehen verbunden sein konnte.

Das Innere ist ein Hallenraum, in welchem die sehr schmalen Seitenschiffe vom Hauptschiff nicht durch Pfeiler, sondern durch Säulen geschieden sind. Die Säulenschäfte entstammen einem römischen Bau des damals reich besiedelten Gebietes; ihre Kapitelle dagegen sind mit ihrem teils figürlichen, teils aus Pflanzen gebildeten Schmuck bedeutende Zeugnisse der romanischen Skulptur. – Die Architektur des Raumes steht in der Schweiz einzig da; nicht nur wegen der Hallenform der drei annähernd gleich hohen Schiffe statt der sonst üblichen Basilika mit überhöhtem Mittelschiff, sondern dazu kommt das Tonnengewölbe, das mit Ausnahme der Vierung und des gegen 1400 neu errichteten Chores schwer über sämtlichen Raumteilen lastet. Um so bemerkenswerter ist der Kontrast dieser dumpf geschlossenen Steinmassen zu den verhältnismäßig dünnen Säulen, zwischen denen der Raum weiter, heller und zugleich menschlich faßbarer wirkt als in der dumpferen Zone der in ein fensterloses Dunkel nach oben entschwindenden Wölbungen. Auch die primitiv aus Tromben konstruierte Vierungskuppel hat denselben beschwerten, düsteren Charakter, der fast befremdet, wenn man an die Lichtzone denkt, die sich schon in frühgotischen Vierungstürmen, doch später namentlich in den Kuppeln der Renaissance und des Barock gerade an dieser Stelle des Raumes auftut. Gleiches läßt sich auch von der Belichtung des Langhauses sagen, denkt

OTTO MEYER-AMDEN
Sternennacht über dem Walensee
Gemälde
Kunstmuseum Basel

man an das von eigenen Fenstern erhellte Hochschiff schon der mittelalterlichen Basiliken. In Grandson aber wird das dem Lichtraum des Nordens entgegengesetzte Raumgefühl einer dunkeln und kühlen Höhe angetönt, das im mediterranen Süden eine wesentliche Rolle spielt und sich – wie dies Kaschnitz-Weinberg nachgewiesen hat – schon in den Höhlenheiligtümern der Vorzeit findet. Diese auf ein Höhlendasein bezogene Raumgestaltung bestimmt besonders stark einzelne südliche Kunstlandschaften der Romanik, so die Provence und, in der letzten Endes auf Byzanz weisenden Aufgliederung des Raumes von oben nach unten, die Auvergne. Auf diese weisen denn auch die geschichtlichen Beziehungen zu der Kirche von Grandson hin, die als Priorat der Abtei von La Chaise-Dieu errichtet wurde. Auvergnatisch wirkt insbesondere auch die Vierung, wo statt der das Langhaus bestimmenden Säulen ein Geviert stämmiger Pfeiler dem Raum ein festes Zentrum schenkt, über dem die queroblonge Muldenkuppel sich ganz besonders eindrucksvoll nach oben zu einer dunklen Höhle öffnet. – Reste von Wandmalereien aus dem 13. Jahrhundert, dann aus der Spätgotik eine Grablegungsgruppe im rechten Querschiff sowie ein Priestersitz, dessen Schnitzerei bei allem Reichtum doch französisches Maß verrät, haben sich in der heute evangelischen Kirche aus vorreformatorischer Zeit erhalten. –

Das nahe *Yverdon*, das als größerer Ort das südwestliche Ende des Sees einnimmt, war unter dem Namen Eburodunum schon in römischer Zeit bedeutend. In der Mitte der rasch um sich greifenden modernen Bebauung hat sich die alte Stadtanlage erhalten. Ihr Angelpunkt ist das am östlichen Rand der ›vieille ville‹ gelegene mittelalterliche Schloß, dessen von vier Rundtürmen an den Ecken akzentuiertes Geviert um 1260 Graf Peter II. von Savoyen erbauen ließ und in dessen später verändertem Innern Heinrich Pestalozzi von 1805 bis 1825 sein Erziehungsinstitut leitete. Hier wurde der schon damals weitberühmte Pädagoge von Zar Alexander I. auf der Durchreise besucht. Der Zar war schon von seiner Erziehung durch den Waadtländer F.-C. Laharpe her westlichen Ideen gegenüber aufgeschlossen. Während der Begegnung konnten nun die zahlreichen Anwesenden mit staunendem Lächeln verfolgen, wie Pestalozzi den hohen Besucher im Verlauf eines Gesprächs derart intensiv beim Rockknopf faßte, daß er diesen schließlich abgedreht in seiner Hand hielt ...

Den großen Platz vor dem Schloß schließt auf seiner Südseite als Verbindung zur Stadt das Rathaus, das gleich dem benachbarten ehemaligen Hôtel de l'Aigle durch eine stattliche Fassade des Dixhuitième ausgezeichnet ist. Doch bilden sie beide nur die Begleitstimmen zum architektonischen Hauptakzent, den der 1753-1757 von Jean-Michel Billon an Stelle der früheren Stadtkirche neuerbaute Temple dem Platz schenkt. Wo die drei Hauptgassen fächerförmig zusammenlaufen, erhebt sich die elegant an den Ecken des fünfachsigen Hauptgeschosses abgerundete Front. Eine ionische Ordnung gliedert auf dem Kothurn hoher Sockel die von schmalen Rundbogenfenstern durchschnittenen Wände und steigert sich vor der eigentlichen Front zu Wandsäulen. Die gleiche Front wird durch einen segmentbogengeschmückten Aufsatz gekrönt. Ihn beleben korinthische Pilaster, im breiten Mittelfeld eine schöne alte Uhr einfassend. In den wohlberechneten Proportionen wie im sorgfältig bemessenen Schmuck entwickelt bereits der Außenbau jene besondere Noblesse, wie sie dem Dixhuitième im allgemeinen und dem reformierten Temple im besonderen zur Ehre gereicht. – Im Unterschied zu den katholischen Kirchen des süddeutschen und nordostschweizerischen Spätbarock überrascht nun das Innere keineswegs durch besondere Pracht. Vielmehr bewahrt auch die Kolossalordnung korinthischer Pilaster, die den flachen Fensternischen vorgelegt sind, ebenfalls ein höchstes Maß an Zurückhaltung, und vollends die Ost- und Westseiten, hinter deren schlichten Emporen auf eine eigene Wandarchitektur verzichtet wird, zeigen das dem Schmuck entsagende Puritanertum der evangelischen Predigtkirchen in seiner ganzen Strenge. Zur Eigenart des protestantischen Kirchenraumes von Yverdon gehört die Anlage als Breitkirche, das heißt, der Raum wendet sich in seiner ganzen Breite dem Abendmahlstisch und der Kanzel zu, wobei die durch den trapezförmigen Gesamtgrundriß entstehenden Resträume geschickt als Nebenschiff mit einer zwischen die Pfeiler gespannten weiteren Empore verwendet sind.

Im Tal der Orbe

Von Yverdon aus kann man auf landschaftlich ebenfalls lohnender Straße über Echallens nach Lausanne fahren. Unser Weg zum Genfer See hingegen führt weiterhin am Jura entlang durch noch wenig von der Industrialisierung berührte Dörfer in Richtung Orbe. Wählt man die nördlichere Ausfahrt mit dem Wegschild ›Ste-Croix‹ und zweigt dann bei der ersten Gabelung links ab, so öffnet sich bald eine besonders schöne Landschaft: Ein mäßig breiter Talgrund, den die Straße durchzieht, öffnet sich nach Südwesten gegen die Ebene des Flüßchens Orbe. Über dem Tal steht auf steiler Höhe das baumumstandene Schloß *Champvent*, das um die Mitte des 13.Jahrhunderts von einer Seitenlinie der Herren von Grandson erbaut wurde und später mehrfach den Besitzer wechselte. Wie in Yverdon umragen Rundtürme ein Gebäudegeviert von durchaus mittelalterlichem Charakter, was den Außenbau anbelangt; einzig die Hoffronten sind im 18.Jahrhundert im französischen Geschmack modernisiert worden. Doch bewahrt das weit vorspringende Dach den burgundisch-bernischen Charakter. Sehenswert ist auch die Schloßkapelle mit ihrem aus schlanken Wanddiensten entspringenden Gewölbe.

Auch das in der Ebene gelegene *Mathod* lebt mit seiner alten Allee und dem eleganten Herrenhaus noch stark im Geiste des ancien régime, das der alte Staat Bern im Waadtland bis 1798 entfaltete. – Die Straße steigt leicht an mit sich weitender Aussicht gegen Süden und Osten in das von flachen Gründen durchsetzte Land der langgestreckten Höhen. Doch auch die Nähe bleibt schön und bemerkenswert. Man nähert sich dem Städtchen *Orbe*, das den gleichen Namen trägt wie das Flüßchen zu seinen Füßen. Am Wege erheben sich drei niedrige, mit sanft geneigtem Zeltdach abgeschlossene Steinbauten. Sie bergen die 1841 und 1861 hier gefundenen Mosaiken, die Ende des 3.Jahrhunderts nach Christus in einem römischen Vicus entstanden sind und Beziehungen zur heutigen Provence aufweisen.

Am schönsten ist das ›Wochengöttermosaik‹, in dessen Zentrum eine von Eroten
gefesselte Venus gleich den übrigen achteckig gerahmten Gestalten in einer eigen-

tümlich schwebenden Existenz erscheint. Dazu tritt der durch die stilisierende Technik des Mosaiks noch besonders gesteigerte Ausdruck, namentlich im leuchtenden Weiß der Augen.

Auf dem gleichen Terrassenrand wie der Weiler Boscéaz, wo in dem den Mosaiken zunächst gelegenen Bauernhaus der Schlüssel zu den Schutzhäusern erhältlich ist, liegt *Orbe*, das unter den vielen waadtländischen Landstädtchen zu den reizvollsten gehört. Die leicht geschwungene Hauptstraße nimmt es an städtischer Allüre, wie sie das 18.Jahrhundert in einem noch so kultivierten Sinne verstand, mit dem nahen Yverdon auf. Den Hauptplatz, zu dem sich der wohlerhaltene Straßenzug vor einer Gabelung erweitert, beherrscht das 1786 erbaute Stadthaus. Die dreigeschossige Fassade ist durch eine Ordnung ionischer Kolossalpilaster gegliedert, während ein waagrechter, mit Balustraden und einer reichen Wappenkartusche geschmückter Abschluß das Dach verdeckt. Im Ganzen herrscht bereits der Ernst eines vom lateinischen Süden her bestimmten Klassizismus, in welchem sich schon das Pathos der kommenden großen Revolution ankündet. Doch liegt in den feinen Proportionen und dem Schmuck des Wappens noch die Anmut des ›ancien régime‹, das damals auch sonst seine patriarchalische Gesinnung bekundete. – Wenige Schritte führen zum einfach gegliederten Portal der spätgotischen Pfarrkirche. Das Innere, das nach 1407 und 1475 erbaut, jedoch erst 1523 eingewölbt wurde, zeigt die seltene Form einer fünfschiffigen Halle, in welcher das äußere rechte Seitenschiff durch ein Netzgewölbe mit Abhänglingen bereichert ist, und zwar in der Weise, daß eine von Engeln umkreiste Madonna flach über dem Betrachter zu schweben scheint.

Von der Kirche gelangt man rasch zur baumbestandenen Esplanade, die beinahe schon über den Dächern der Stadt liegt und von einem mächtigen Rundturm überragt wird. Er bildet den wichtigsten Rest des Schlosses, das einst den Grafen vom Mombéliard, zu deutsch Mömpelgard, im elsässischen Sundgau, dann den Herren von Villersexel und von Châlon-Arlay gehörte, bevor es 1475 im Zuge der Burgunderkriege von den Eidgenossen zerstört wurde. – Stärker mit der Stadt verwachsen ist der Kirchturm, der mit seinem von vier ebenfalls achteckigen Trabanten umstandenen Oberbau eine seltsame Mischung von Gedrungenheit und Zierlichkeit darstellt.

Südlich der Stadt zweigt man wieder wie in Yverdon von der Hauptstraße, auf welcher man über Cossonay rasch nach Lausanne kommen könnte, nach rechts ab, um über Agier auf lohnender Nebenstraße das noch rund zehn Kilometer entfernte Romainmôtier zu erreichen. Die Aussicht gewinnt hier noch mehr an Umfang und sie lohnt es, daß man den Wagen verläßt und einen der Feldwege hinauswandert. Denn nun hat man, immer den hier nicht mehr ganz so schroff ansteigenden Jura im Rücken, nicht nur die waadtländischen Höhenzüge jenseits des flachen Tales der Orbe vor sich, sondern bei klarem Wetter auch Voralpen und Alpen, an deren Gipfelhorizont jetzt auch die Savoyer Berge teilnehmen, in deren heller Luft bereits der Genfer See zu spüren ist.

Romainmôtier

Romainmôtier dagegen lebt aus der Enge eines teils bewaldeten, teils von Matten begleiteten Tales, das steil in die Jura-Abdachung eingeschnitten ist. Durchflossen wird es vom Nozon, der aus dem nicht mehr weit entfernten Jura-See des Lac du Joux kommt. Hier liegt, sich erst von der Nähe aus enthüllend, das ehemalige Benediktinerkloster Romainmôtier. Wie Payerne ist seine Geschichte eng mit den Herrschern Hochburgunds verbunden. Deren erster König, Rudolf I., übergab 888 das Kloster seiner Schwester Adelheid, die es Cluny vermachte. So wurde Romainmôtier in der Westschweiz das erste Priorat der berühmten burgundischen Abtei und nahm an deren Geschicken teil. Auf je einem Vorgänger des 7. und 8. Jahrhunderts, deren Form sowohl in einem Modell wie auch aus den im Fußboden sichtbar gemachten Grundmauern abgelesen werden kann, steht der heutige Bau, der im wesentlichen der ersten Hälfte des 11. Jahrhunderts angehört. Die drei auf gleicher Höhe stehenden Apsiden, in denen dieser Bau ursprünglich endete, sind freilich im 14. Jahrhundert durch einen geraden, um ein Joch nach Osten erweiterten Chorabschluß in gotischen Formen ersetzt worden. Auf den romanischen Bau des 11.Jahrhunderts zurück geht das dreischiffige Langhaus samt dem Vierungsturm und dem Querschiff, das um die Breite der Seitenschiffe vorspringt, während die Kreuzrippengewölbe erst im frühen 13.Jahrhundert eingesetzt wurden, ungefähr gleichzeitig mit dem Bau der Eingangshalle. – Der Nartex, der sich in der Art burgundischer Vorkirchen zwischen Eingangshalle und Langhaus schiebt, stammt hinwiederum aus dem Anfang des 12.Jahrhunderts.

Bei der Anfahrt erblickt man halb unter sich im Talgrund die aus gelblichem und rötlichem Jurastein errichteten Mauern samt den Dächern, die vom Kubus eines Vierungsturmes mit schlanker Spitze überhöht sind. Von der das Kloster umschlingenden Straße aus öffnet sich durch einen Torbogen der Blick auf die Vorhalle mit der Vorkirche, und beim Heranschreiten erlebt man bald den Dreiklang des Baukörpers wie auch der an seiner Entstehung beteiligten Epochen: die frühromanische eigentliche Kirche, die hochromanische Vorkirche und die frühgotische Vorhalle, die gegenüber den flachen Blendbogen und Lesenen der älteren Teile schon eine kräftige Gliederung aufweist. Betritt man dann das Innere, so kommen zu den Unterschieden der Formensprache solche der Raumweite, der Bodenhöhe sowie der Art und Dichte des Lichtes.

Die Vorhalle ist von einem zum Scheitel ansteigenden Kreuzrippengewölbe überspannt und zeigt in den seitlichen Wänden die kraftvolle plastische Gliederung der burgundischen Frühgotik. Ein ähnlich gestaltetes Portal mit leerem Bogenfeld öffnet sich zur doppelgeschossigen Vorkirche, die oben wie unten von gurtengetrennten Kreuzgratjochen überwölbt ist und nur durch kleine Öffnungen erhellt wird. Das Licht ist dadurch gering, sofern nicht durch die offene Eingangstüre der helle Tag hereinflutet. Bereits die Vorkirche, zwischen deren enggestellten Pfeilern sich der Raum nur schwer entfalten kann, liegt um einige Stufen tiefer als die Vorhalle, und noch weiter steigt man hinab, um in die eigentliche Kirche zu gelangen. Es ist gleichsam auch ein Abstieg in die Tiefe der Zeit, denn hier befinden wir uns im ältesten Teil der ganzen Anlage, zumindest was die Arkaden und Wände von Langhaus, Vierung und Querhaus anbelangt. Erst die Ostpartie mit dem großen, modern bemalten Fenster, sowie die Rippengewölbe des Hochschiffs sind später.

Schwere und gedrungene Rundpfeiler, die sich in ihrer gemauerten Wucht durchaus von den aus einem Stück gehauenen, schlanken Säulen von Grandson unterscheiden, enden in sehr einfach gebildeten Kapitellen, über denen fast ohne Unterbruch die massigen Bogen folgen. Die Seitenschiffe, die sich dahinter öffnen, sind gleich dem Querschiff und dem Vorchor durch von Stichkappen angeschnittene Tonnen überwölbt. Etwas schlankere Pfeiler trennen den Vorchor von den seitlich anschließenden Fortsetzungen der Seitenschiffe; ihnen sind wie in der Vorkirche Halbsäulen vorgestellt; sie sind im Unterschied zu jenen in der Vorhalle schlanker gebildet und tragen altrömische Spolienkapitelle, die freilich stark verwittert sind. Das Gegenstück zu ihnen bilden die figurenreichen Kapitelle am Gewölbe des östlichen Chorjochs, von denen Abgüsse im nördlichen Seitenschiff ausgestellt sind.

Die eigentümliche Schönheit des Raumes offenbart sich auch in Romainmôtier erst bei längerem Verweilen. Sie erschließt sich in der Abfolge von im einzelnen sehr verschiedenen Räumen, die man, immer tiefer steigend, durchschreitet; sie liegt noch mehr im Zusammenschluß von Raum und Raumteilen, die, nach Entstehung und Bestimmung verschieden, sich doch zu einer höheren Ordnung fügen. Es ist die Ordnung, welche die christliche Kirche insbesondere im Mittelalter darstellt und für die das Kirchengebäude der sichtbare Ausdruck ist.

Durchs westliche Waadtland

Von Romainmôtier fährt man den Nozon entlang hinab nach *La Sarraz*, wo das sehr alte Schloß die Wasserscheide zwischen Neuenburger und Genfer See beherrscht. Das Grabmal in der unterhalb des Schlosses gelegenen Kapelle wurde in Anlehnung an jenes in der Stiftskirche von Neuenburg gegen 1400 als Kenotaph für Franz I. von Sarraz errichtet und zeigt als Steinbild in krassem Realismus den von Kröten zerfressenen Leichnam des Verstorbenen. – Das Schloß enthält heute das kulturgeschichtlich reiche ›Musée romand‹.

Südlich von La Sarraz liegt an der Straße nach Lausanne auf steil abbrechender Terrasse das Städtchen *Cossonay*. Winklige Straßen führen zum Kirchplatz, an dem das Rathaus steht. Sein gegenüber der Umgebung schon etwas allzu groß bemessener Empire-Stil bekundet das Selbstbewußtsein des damals noch jungen Kantons. Die Kirche beherrscht mit ihrem rassigen Vierungsturm das Städtchen. Ihr Inneres erweist sich als flachgedeckte Basilika des 12. Jahrhunderts, deren stämmige Rundpfeiler an das nahe Romainmôtier erinnern. Die niedrigere Ostpartie ist in ihren frühgotischen Formen etwas jünger, wobei der gerade Chorabschluß der Zisterzienserart entspricht.

Wir zweigen von der Straße nach Lausanne ab und bleiben, uns nach Südwesten haltend, auf der niedrig den Genfer See begleitenden Terrasse, die später in die Rebhänge von La Côte übergehen wird. Die Landschaft zeigt weiterhin die ganze Milde der Waadt; in sanften Rhythmen senkt sich das Gelände zum See und steigt rechts von unserem Weg allmählich zu den bewaldeten Flanken des Jura empor. Auf reizvollen Nebenwegen gelangen wir über Senarclans nach Grancy, wo bald nach dem Dorf eine Allee von teils junggepflanzten Bäumen, teils alten Linden über eine schwache Geländewelle führt und man von der schönsten Nähe aus den Blick gegen den See und Jura genießt. Nach einer Reihe von Dörfern erreicht man *Aubonne*, eine der liebenswürdigsten unter den zahlreichen kleinen Landstädten, durch die sich das Waadtland auszeichnet. Man sieht den von Kirche und Schloß überragten Ort bereits in der Anfahrt jenseits einer mit Buschwerk bewaldeten Schlucht. Alte Gärten mit freundlichen kleinen Pavillons aus dem vergangenen Jahrhundert säumen den südlichen Stadtrand hoch über dem Steilhang. Am kleinen Hauptplatz lagert sich zusammen mit anderen Häusern des 18. Jahrhunderts das Stadthaus in ländlichem Louis seize mit einer das ganze Erdgeschoß durchbrechender Halle. Wie in Orbe, so führt auch hier das patriarchalisch gewordene ancien régime sich in einladenden Gebäuden vor Augen. – Die am Schloßberg stehende Kirche schließt an den quergelagerten Saal des Schiffs einen gerade geschlossenen Chor, dessen Kreuzrippen figürliche Konsolen aus dem 15. Jahrhundert zeigen. – Das von einem fensterlosen Rundturm mit barocker Haube überragte Schloß besitzt einen bemerkenswerten Arkadenhof in den Formen des französischen 17. Jahrhunderts. Vom Schloß aus geht die Sicht über Täler, Wälder und Felder hinweg gegen den See und über diesen hinaus zu den Bergen Savoyens. Doch die umfassendste Aussicht schenkt das nahe *Signal de Bougy*, das oberhalb von Aubonne liegt, wo eine zweite, höhere und bewaldete Terrasse, die dem Jura vorgelagert ist, sich mit ihren Rebhängen an den See heranschiebt. Vom zum öffentlichen Park gestalteten ›Signal de Bougy‹, das das westliche Gegenstück zum Signal de Chexbres bei Vevey darstellt, geht die Sicht über das ›Gros de Vaud‹, das eigentliche Herz der Waadt, gegen die Freiburger und Waadtländer Alpen, um dann den Savoyer Bergen jenseits des Sees entlang bis gegen den Montblanc zu reichen.

Die Straße wird jetzt zur ›Route du vignoble‹, denn es beginnen die Hänge des ›La Côte‹, eines Weißweins, der herber, ›trockener‹ ist als die milderen Sorten des Lavaux, doch gleich dem in manchen verwandten Lagen des Neuenburgers einen eigenen Reiz zu entwickeln vermag, wie es die bekannten Lagen von Féchy und Luins beweisen. Das Herrenhaus von *Vinzel*, das mitten in diesen Rebhängen liegt, war der Alterssitz des Historikers, Schriftstellers und Diplomaten Carl J. Burckhardt. Bei *Luins* liegt die in einfachem Barock erbaute Kirche neben einer Zypressengruppe mitten in den Rebbergen. Im übrigen erweist sich auch hier wieder, wie ein bekanntes Rebgebiet meistens nicht nur landschaftlich ausgezeichnet ist, sondern auch kulturelle ›Früchte‹ trägt: nicht nur an Kirchen, deren Ursprung weit ins Mittelalter zurückgeht, ist die Gegend reich, sondern gerade hier auch an Herrenhäusern, wobei natürlich auch die Nähe Genfs mitgewirkt hat.

Oberhalb von *Nyon*, das wir schon, von Lausanne kommend, kennenlernten, liegt am Hang des hier bald seine größte Höhe erreichenden Jura, von dem man eine großartige Aussicht hat, *Bonmont*, eine ehemalige Zisterzienserabtei, die von den in der Nähe ansässigen Herren von Gingins gegründet wurde. Die in der zweiten Hälfte des 12. Jahrhunderts erbaute Kirche zeigt ähnlich wie die in Hauterive das in seiner Konstruktion so konsequente System dieser Ordenskirchen, nämlich die ungegliedert durchgehende Längstonne, die auf den Quertonnen der Seitenkapellen ruht. Deren Wände wiederum sind von Durchgängen durchstoßen, aus denen sich Seitenschiffe ergeben. Überall herrscht der gedrungene Spitzbogen, und Wände wie Gewölbe sind völlig schmucklos, wie uns den asketischen Vorschriften der Zisterzienser entspricht.

Nach Nyon zu verengt sich der See, das französische Ufer rückt näher, während die Savoyer Berge, die mit ihren schroffen Abstürzen das obere See-Ende beherrschten, mehr Abstand nehmen. Doch schieben sie immerhin noch zwei stattliche Bastionen vor: nämlich den Voiron und den Salève. Die Parklandschaft intensiviert sich. Den See begleiten alte Baumbestände, zwischen denen einzelne Villen auftauchen. Im Sommer glänzt zwischen dem satten Grün der Waldstreifen und der Hecken das warme Gold des reifen Korns. Dazwischen aber schimmert das Silber des Sees, einen ewig wechselnden Himmel widerspiegelnd, sei er von mächtigen Wolkengebilden belebt, die sich an heißen Sommernachmittagen über Jura und Alpen bilden, sei er klargefegt von der eisigen Brise im Winter und auch noch im Frühling oder von Regenschleiern verhüllt und von düsterem Gewölk belastet, doch selbst dann noch eine Ahnung perlmutterfarbenen Lichtes bewahrend.

Wenig westlich von Nyon liegt in der nunmehr intimer gewordenen Landschaft inmitten einer durch Terrassen, Gärten und eine Vielzahl von Zufahrten geordneten Umgebung eines der schönsten Schlösser am Genfer See, nämlich *Crans*. Die übliche Hufeisenanlage der 1764-1768 für einen Genfer Patrizier errichteten Gebäude wird hier besonders stattlich dargeboten mit Flügeln von gleicher Höhe wie das eigentliche Herrenhaus, dessen giebelgekrönter Mittelrisalit den Ehrenhof beherrscht und dessen Gartenseite durch Eckrisalite und ein in drei Seiten vorspringendes Mittelstück mit vasengeschmückter Balustrade ausgezeichnet ist. Der Plan der letztlich auf die große französische Gartenarchitektur eines Le Nôtre zurückgehenden Anlage stammt vermutlich von dem Pariser Architekten Jaillet, der in seiner Heimat mit Soufflot und Gabriel zusammenarbeitete, jedoch im Unterschied zu diesen Pionieren des Frühklassizismus sich hier noch in mehr spätbarokken Bahnen hält. Die Ausführung lag in den Händen von Léonard Racle, einem Freund Voltaires, der unweit in Ferney auf französischem Boden seinen Wohnsitz genommen hatte.

In *Céligny* steht in schlichter Noblesse das Landhaus L'Elisée. – In *Coppet* gibt es eine mit spätgotischem Maßwerk ausgezeichnete Kirche und ein durch seine Bewohner berühmtes Schloß. Nach einem von Ökonomiegebäuden umstandenen Außenhof empfängt uns ein Ehrenhof, dessen Mittelbau durch einen reliefgeschmückten Giebel ausgezeichnet ist. Doch auch das Innere des Ganzen, das 1767-1771 aus dem Umbau einer mittelalterlichen Anlage seine heutige Gestalt gewann, birgt mit der Bibliothek sowie dem Chinazimmer wertvolle Räume. 1784 erwarb der durch die Vorgeschichte der französischen Revolution bekannte Genfer Banquier Necker die Besitzung und schuf damit für seine Tochter, die spätere Madame de Staël, jene Zuflucht, wo sie unabhängig vom Druck des Kaiserreichs literarisch wirken konnte. –

Große und kleine Gärten ersetzen nun zusammen mit einer immer stärker werdenden Überbauung das offene Land. Straße, Autobahn und Schienen drängen sich in jenem schmalen Korridor zusammen, der hier noch schweizerisch ist. Nahe gerückt ist auch das andere Ufer, dahinter sind die Savoyer Berge flacher geworden bis auf die Felsbastion des Salève. Links von ihm aber gewahrt man an günstigen Tagen sehr hoch und weiß die Pyramide des Mont Blanc. Wir nähern uns Genf.

Genf

Wie in Luzern und Zürich reicht auch in Genf der freie Seeraum bis tief in die Stadt. Und so ist es am Seeausfluß die erste Brücke, die zusammen mit den anstoßenden Quais die schönste Rundsicht bietet, und von ihr aus erweist sich Genf schon im ersten Anblick als die bedeutendste der drei großen an einem See gelegenen schweizerischen Städte. Vom Quai Montblanc aus, wenn bei klarem Wetter zwischen Voiron und Salève die Eispyramide jenes höchsten Berges der Alpen wie eine bereits unwirkliche Erscheinung emporsteigt, zeigt die Stadt ihre mit Recht berühmteste Ansicht. Über das unterste Seebecken, das der ›jet d'eau‹ mit seinem bis zu einer Höhe von 123 Metern emporschießenden Strahl akzentuiert, geht das Auge hinüber zum Grün des Jardin des Anglais, dann über die dem 19. und 20.Jahrhundert entstammenden Häuser der ›ville basse‹ hinauf zur ›ville haute‹, in der die Kathedrale mit ihrem gedrungenen, von flachen Zeltdächern abgeschlossenen Turmpaar und der stählernen Spitze eines dach-

GENF – SEINE GESCHICHTE

reiterhaften Vierungsturmes dominiert. Beherrschend und doch aufs innigste verwachsen mit den benachbarten Häusermassen der Oberstadt stellt die Kathedrale von St-Pierre eine der eindrucksvollsten Stadtkronen von ganz Europa dar. Und dieser Dreiklang von Wasser, Garten und Bauten wird ergänzt durch den Salève, dessen Massiv durch die dazwischenliegende Atmosphäre schon entrückt und bis zu einem gewissen Grade entschwert mit seinen Felsbändern nach Westen hin sich gegen eine lichte Weite senkt.

Den Übergang am unteren Ende des Sees nahmen schon im zweiten vorchristlichen Jahrhundert die Römer in Besitz. Hier verwehrte es 56 vor Christus Julius Cäsar den Helvetern, ihr Land zu verlassen, und hier brach auch während der Völkerwanderung die städtische Tradition nicht ab, denn in der zweiten Hälfte des 5.Jahrhunderts wurde Genf königliche Residenz des ersten Burgunderreiches. – Die weitere Geschichte Genfs kristallisiert sich um die Kathedrale, die in ihrem Urbau auf die Zeit um 400 zurückgeht und die dem Fischerheiligen und Apostelfürsten Petrus geweiht wurde, von dem sie einzelne Reliquien erhielt. 1034 wurde hier der Salier Kaiser Konrad II. zum König von Burgund gekrönt, zu welchem damals neben Teilen Südostfrankreichs die ganze Westschweiz gehörte. Die Bischöfe von Genf, die es hier schon seit spätrömischer Zeit gab, stammten später regelmäßig aus dem Fürstenhause Savoyen, das dadurch, ähnlich wie über Lausanne, seine Herrschaft auch über Genf auszudehnen suchte.

Der gegenwärtige Bau der *Kathedrale* wurde um 1160 begonnen, und zwar gleichzeitig im Osten wie im Westen. Der polygonal geschlossene Chor folgt in seinen rundbogigen Blendarkaden noch romanischen Formen, die nach dem nahen Burgund weisen. Neben dem Einfluß der dort so wichtigen Benediktiner – man denke nur an Cluny und Paray-le-Monial – hat die schlichtere, doch straffere Bauart der Zisterzienser auf St-Pierre gewirkt, mindestens im Verzicht auf Kapellenkranz und Vierungsturm, die beide in Lausanne vorhanden sind. Im Unterschied zu dort schließen sich die Kapellen in gerader Reihung an das Querschiff an. Zisterziensisch wirken jedoch auch die längsgestreckten schmalen Joche in den Seitenschiffen, deren Rippen sich in einer noch merkwürdig unbeholfenen Art kreuzen. Schmal im Vergleich zu der ungefähr gleichzeitigen Kathedrale von Lausanne sind auch die Proportionen des Hauptschiffs sowie im Querschiff und Chor, und zudem fehlen der Vierung die beherrschenden Dimensionen des an dieser Stelle in Lausanne errichteten Turmes.

Das 1232 vollendete Innere wirkt durch seine straffe Durchgliederung und damit architektonische Disziplin. Trotz der sich über mehrere Jahrzehnte hinwegziehenden Bauzeit, in welche der Stilwandel von der Romanik zur Gotik fällt, ist die Wandgliederung in hohem Grade einheitlich, zumindest, was die Hochschiffwände anbelangt. Im Laufgang zeigen die älteren Teile Ansätze zu einer gewissen Rhythmisierung, darüber aber legt sich in allen Teilen, so auch im Chor, vor die Hochschiffenster das in jedem Joch gestaffelte Gestänge eines dünnen Bogengitters. Dadurch wird, in der Art burgundischer Kirchen, doch auch von St-Jean in Lyon, ein schmaler Laufgang abgetrennt und zumindest für das Auge eine dünne Raumschicht zwischen die durchfensterte Wand und die oberste Zone des eigentlichen Innenraumes gelegt. Im Unterschied zu Notre Dame in Dijon, deren Inneres einerseits durch die Enge der Verhältnisse und durch den Verzicht eines Chorumganges an die Genfer Kathedrale erinnert, sind hier Dienste und Rippen sowie das Gestänge der dem Laufgang wie dem Obergaden vorgelegten Stabsäulen um einen Grad weniger dünn und spröde, und mehr von plastischem Leben erfüllt. Noch stärker zeigt sich dieses in der geballten Kraft der Bündelpfeiler und in den weitgespannten und gerade dadurch energiegeladenen Arkaden, in denen sich die Seitenschiffe gegen das Hauptschiff öffnen. Plastisches Leben offenbart sich auch in der Kapitellplastik, von der eine frühe Gruppe figürlicher Art mit dem hierin so fruchtbaren Burgund zusammenhängt, während – wie Reinle vermutet – eine spätere Gruppe, die sich auf pflanzliche Motive beschränkt, auf die Frühgotik der Champagne, so auf Notre-Dame-en-Vaux in Châlons-sur-Marne, hinweist. – Der ganze, durch sein spannungsvolles Kräftespiel ausgezeichnete Organismus einer Kathedrale kommt in St-Pierre noch in der gewissen Schwere der Frühgotik zum Ausdruck, die wiederum mit dem zeitlosen Gefühl für das Gewichtige des nahen Burgund zusammengeht. Zugleich äußert sich die Disziplin der französischen Gotik stärker als in Lausanne, und vielleicht kündigt sich darin schon jener Genius Loci an, der später Calvin aufnehmen wird, der seinerseits aus Noyon stammt, das eine der markantesten Kathedralen der sich um ein strenges System bemühenden Gotik Nordfrankreichs besitzt.

Neben dem Anfang des linken Seitenschiffs liegt die große, Ende des 15. Jahrhunderts erbaute Chapelle St-Pierre, auch ›Chapelle des Macchabées‹ genannt, die sich im Innern noch mehr mit dem ganzen Raffinement der Spätgotik gleich einem kostbaren Schrein von der erdhaften Wucht der frühgotischen Hauptkirche unter-

scheidet. Das Gewölbe hat sich zu einer Vielzahl von Rippen kompliziert, und auch das Maßwerk der sehr großen Fenster, die mit neugotischen Malereien geschmückt sind, ist außerordentlich verfeinert. Der Raum, der nach der Reformation lange Zeit profaniert war, wurde erst 1878 wieder hergestellt und im gleichen Jahr unter dem Einfluß von Violet le Duc, dem großen französischen Kirchenrestaurator, wurde auch die Polychromie in der heutigen Form erneuert.

Der *Außenbau* läßt sich in seinen mittelalterlichen Teilen am besten auf der Südseite betrachten, wo vom frühgotischen Strebewerk des Langhauses sich die spätgotische Prunkornamentik der Petrus-Kapelle abhebt. Dem 19.Jahrhundert entstammt der neugotische Dachreiter, der in seiner grünoxydierten Gußeisenschärfe jenen von Notre Dame in Paris evoziert. Die nach Westen gerichtete Eingangsseite hat 1752-1756 durch den Grafen Alfieri, den Vater des piemontesischen Dichters, ihren giebelgeschmückten Säulenportikus erhalten, dessen im einzelnen wohl noch barocker Klassizismus im ganzen bereits das römische Pathos der Französischen Revolution vorwegnimmt.

Neben der Südseite der Kathedrale führen Stufen empor zum ›*Auditoire de Calvin*‹, das heute als eigene Erinnerungsstätte für den großen Reformator gepflegt wird. Dieser wurde 1509 in der Picardie geboren und reiste 1536 durch die Rhonestadt. Hier war es, wo ihn der vorher schon in Lausanne für die Reformation wirkenden Farel zum Bleiben beschwor, um sein von den Savoyern – den Verwandten des vertriebenen Bischofs – bedrohtes Werk zu retten. Calvin blieb mit Unterbrechungen bis zu seinem Tode 1564 in Genf, das sich seiner Lehre verpflichtete. Von hier aus drang seine Lehre in Teile Deutschlands, nach den Niederlanden, England und Nordamerika, ferner nach Skandinavien, doch auch nach Polen und Ungarn, wo sie sich in starken Minderheiten hielt. – In der von Nischen begleiteten gotischen Saalkirche des ›Auditoire‹ predigte in den Jahren 1556-1559 auch John Knox, der Reformator Schottlands, und Calvin selbst von 1562 bis 1564.

Es ist die logische Strenge, die unerbittliche Geschlossenheit eines bis ins letzte durchdachten Systems, worin Calvin sich sowohl Luther wie Zwingli überlegen erwies und wodurch seine Lehre gerade einer bedrängten Minderheit die Kraft zum Durchhalten schenkte, so in Polen und in Ungarn. In Genf aber beherrschte seine Lehre das gesamte Leben. Das Consistoire, das heißt der Kirchenrat, wurde zu einer auch das weltliche Dasein beherrschenden Macht, welche den Sieg über die ›Libertiner‹ davontrug. Die Stadt öffnete ihre Tore den anderswo verfolgten Anhängern ihres Reformators, so namentlich den französischen Hugenotten nach der Bartholomäusnacht von 1572 und nach der Aufhebung des Edikts von Nantes im Jahre 1685. Die Emigranten, die in ihrer Heimat oft auch wirtschaftlich eine Elite dargestellt hatten, brachten ihre Fähigkeiten nach Genf, dessen bereits durch die Lage begünstigter Handel und namentlich dessen Geldgeschäfte nun jenen Aufschwung nahmen, wie ihn Max Weber gerade aus der Verbindung mit der Lehre erklärt. Gegenüber Calvins These von der Prädestination, also der Überzeugung, daß über jeden das Urteil schon gefällt und nur noch nicht verkündet sei, konnte der Erfolg im jeweiligen Beruf den Beweis dafür erbringen, ob der Segen Gottes über einem ruhe und man auserwählt sei.

So blühte Genf auf. Zwar versuchten 1602 die Herzoge von Savoyen noch einmal, sich der Stadt zu bemächtigen; die Vereitelung aber des mit Leitern gegen die Mauern der Stadt unternommenen Handstreichs wird noch heute in der ›Escalade‹ als Genfer Nationalfest gefeiert. Seither gedieh der Handel ungeachtet der häufigen ›Revolutionen‹, die im 18. Jahrhundert das komplizierte politische System der Stadtrepublik in Bewegung hielten. Genf wurde die Stadt der großen Finanzmänner, von denen der Herzog von Choiseul erzählte, wenn man einen Genfer Bankier zum Fenster hinausspringen sehe, so solle man ihm getrost folgen, es seien dabei mindestens 10% zu verdienen. Unter ihnen ist Necker der berühmteste, dessen internationales Ansehen den französischen Staatsbankrott hinausschob, doch dessen ›Rechenschaftsbericht‹ 1789 den Anstoß zur Französischen Revolution gab.

Die Paläste der Kaufmanns- und Finanzaristokratie beherrschen noch heute die Oberstadt, deren Bewohner durchaus mehrdeutig ›les hauts‹ genannt werden. Schon die Place St-Pierre ist ausgezeichnet durch verschiedene Fassaden des Dixhuitième, das hier

Paris äußerst nahesteht. Besonders reich erweist sich das Eckhaus an der anstoßenden Place de la Taconnerie, das durch einen zweigeschossigen Sockel und durch einen Mittelrisalit mit elegant geschmiedetem Balkongitter ausgezeichnet ist. Die Konsolen dieses Balkons aber stellen das Lebendigste an brillant geschaffener Rocaille-Ornamentik dar. Im übrigen besitzen die Bauten des 18. Jahrhunderts, die zusammen mit älteren Häusern in der Umgebung der Kathedrale stehen, architektonisch verschiedenen Rang, doch alle fügen sich in ihre jeweilige Situation mit edler Selbstverständlichkeit, um die sie spätere Zeiten beneiden könnten. Doch die stattlichsten Paläste erheben sich mit ihren Gartenfronten über den Bastionen oberhalb der Place neuve. Hier findet man dreiachsige Giebelrisalite und mit Säulen gezierte Eckabschlüsse wie in keiner anderen Stadt. Die Rückseiten dieser Palais gegen die Rue de la Cité und die Rue des Granges bewahren in ihren durch eine strenge ›porte cochère‹ jeweils abgeschlossenen Ehrenhöfen nüchtern abweisende Zurückhaltung. Ihre Zeile wird gegen das Rathaus abgeschlossen durch den mächtigen Block der einstigen Kaserne, die, 1788 schon in den dorischen Formen des Klassizismus errichtet, etwas von der Megalomanie der gleichzeitigen ›Revolutionsarchitektur‹ verrät.

Zwischen dem Dixhuitième gibt es in der Oberstadt noch viele ältere Bauten mit eng zusammengedrängten Fenstern, die der gotische Eselsrücken schließt. Die Dächer springen weit vor mit im Unterschied zu Bern und Fribourg unverschalten Kehlen. Die bedeutendsten dieser Bauten, in denen die gotische Tradition noch bis tief ins 16. Jahrhundert weiterwirkt, sind das Haus Turrettini, das seiner Bauzeit um 1620 entsprechend die noch gotische Gesamterscheinung mit Einzelformen einer damals schon verspäteten Renaissance verbindet, und das zwischen rund 1550 und 1580 erbaute *Rathaus*. Beide unterteilen ihre Fronten schon im Sinn der Renaissance mit kräftigen Horizontalgesimsen. Die paarweise aus der Wand geschnittenen Fenster sind in noch gotischer Weise ohne plastisch vortretende Ädikulen gefaßt. Das Erdgeschoß des Rathauses gewinnt demgegenüber seine plastischen Akzente durch die beiden Portale mit gesprengten Giebeln über schwarzen

Marmorsäulen. Im Hof besteht der Eingang zur berühmten Reiterstiege aus einem dorischen Säulenportal, doch verrät auch hier die linienhaft dünne Profilierung der Zwickel den Geist der Gotik. Ganz unmittelbar lebt diese weiter in den verschiedenen Gewölben des dann doch wieder von klassischen Balustern begleiteten Aufgangs oder in den Kreuzrippen hinter den Hofarkaden, die an und für sich römischen Vorbildern folgen. –

Dem Rathaus gegenüber öffnet sich in wuchtigen Pfeilerbogen das Erdgeschoß des schon im 16.Jahrhundert erbauten ›Arsénal‹. Dazwischen führt die Hauptgasse der Oberstadt auf deren Rücken leicht bergab zum ›Bourg du Four‹, wo sich, von nunmehr eher kleinbürgerlichen Bauten gesäumt, ein allein schon durch seine Topographie reizvoller Platz erhalten hat. Nordöstlich davon liegt das *Collège*, die ehrwürdige, von Calvin zur Ausbildung von Geistlichen gegründeten Akademie. Der 1559-1563 errichtete Bau unter dem burgundisch-schweren Walmdach und dem malerischen Hof bedeutete einst, als Genf das ›protestantische Rom‹ genannt wurde, das geistige Zentrum. – In südöstlicher Richtung gelangt man vom Bourg du Four am früheren Antoniterkloster, dem heutigen Gefängnis St-Antoine, vorbei zum Gebiet der einstigen Schanzen, die zum Teil zu Aussichts-Anlagen umgestaltet, zum Teil mit Bürgerhäusern des 18. und frühen 19.Jahrhunderts bebaut sind. Diese sind zwar nicht ganz so stattlich wie jene über der Place neuve an der Rue des Granges, doch bezeugen sie den noch immer eindrucksvoll hohen Stand großbürgerlicher Wohnkultur im alten Genf. Ihnen vorgelagert ist der 1910 vollendete Block des *Musée d'art et d'histoire*, dessen nach Nordosten gerichtete Schaufront etwas vom Kolonnadenpomp der Pariser Weltausstellungspaläste von 1900 übernommen hat. Doch ist diese Repräsentationsfreude nicht ungerechtfertigt, da das Museum zu den bedeutendsten der Schweiz gehört. Besitzt es doch nicht nur griechische Vasen, römische Skulpturen und französische Meister des 18. und 19.Jahrhunderts, wie Quentin La Tour, Corot und die Impressionisten, sondern der hohe Stand der Malerei in Genf selbst ist belegt durch eine vom Mittelalter bis zum 20.Jahrhundert reichende Entwicklung: von den farbigen Scheiben aus St-Pierre und den gleichfalls aus der Kathedrale stammenden Tafeln des Petrus-Altars von Konrad Witz, unter denen sich, als Szenerie für die Gewinnung des Simon Petrus zum Jünger Christi, jene berühmte erste Wiedergabe des Genfer Sees findet, bis zu den Dixhuitième-Pastellen des Liotard und dem gepflegten Biedermeier der Toepffer, Agasse und De la Rive und darüber hinaus bis zu Menn und Hodler.

Unser Rundgang führt weiter dem südwestlichen Rand der Cité entlang, wo, geschickt in den Zug der einstigen Wälle eingefügt, zwei klassizistische Palais, ›Palais des Athénée‹ und das des Bankiers Eynard, stehen. Das letztere ist 1817-1821 für Jean-Gabriel Eynard, vielleicht nach dessen eigenen Entwürfen, erbaut worden und wurde durch ihn zu einem europäischen Zentrum jener Philhellenen, welche sich in ganz Westeuropa um die Befreiung der damals unter türkischem Joche schmachtenden Griechen einsetzten. Der Palast, welcher die durch die Bastionen bedingte Erhöhung geschickt ausnützt, lehnt sich in seinen Formen an das geheime Griechentum an, wie es Palladio in seinen Villen und Palästen in und um Vicenza neu gestaltet hat. Wandsäulen fassen über dem talwärts vortretenden Sockel die anderthalb Obergeschosse ein und tragen ein Gebälk, dessen strenge, nirgends verkröpfte Horizontale durch eine ringsum geführte Balustrade aufgelockert wird. –

Unterhalb der Stelle, wo einst savoyische Truppen versuchten, auf geschwärzten Leitern die Mauern der Cité zu nehmen, liegt die *Place neuve*, einer der zentralsten und bedeutendsten Plätze der Stadt. Im Nordosten wird er beherrscht durch die Schauseiten der Patrizierpalais an der Rue des Granges. Nordwestlich steht der geschlossene Kubus des von einem korinthischen Portikus geschmückten Musée Rath, davor das auch als Reiterstandbild alles andere als prätentiöse Denkmal für den General Henry Dufour, einen der edelsten Bürger Genfs. Er führte den letzten Bürgerkrieg der Schweiz 1847 auf das rascheste und humanste und öffnete durch den Sieg über den Sonderbund den Weg zum in vielem noch heute geltenden Bundesstaat von 1848. –

Neben dem Musée Rath steht das *Grand Théâtre*, das 1875-1879 auf Grund einer Schenkung des Herzogs von Braunschweig erbaut wurde. Dem Herzog, der 1873 in Genf starb, ist das pompöse Grabmonument am Quai Montblanc gewidmet. Der sehr große Bau an der Place neuve, dessen Bühnenhaus samt dem Zuschauerraum nach dem Brand bald nach 1950 völlig erneuert wurde, übersetzt die Pariser Große Oper in einen liebenswürdigen Provinzialismus, das durch Garnier gegebene Vorbild vereinfachend, indem ein durch Säulenpaare betonter Risalit die das Hauptgeschoß sowie ein Mezzanin zusammenfassende Ordnung akzentuiert. Südwestlich vom Opernhaus, zu dessen Achse einen rechten Winkel bildend, steht das Konservatorium für Musik, dessen säulengeschmückte Arkadenarchitektur sich kapriziös nach der Mitte emporstaffelt. Ältere Wohn- und Geschäftshäuser schließen sich auf der Westseite des Platzes an. Dessen Südseite jedoch öffnet sich in einem stattlichen Gittertor zu einer mit alten Bäumen bestandenen Promenade mit Rasen, Rosenbeeten und Blumenrabatten. Ein wenig fühlt man sich hier wie auf der ungleich größeren Pariser Place Concorde, was die Öffnung des Platzes gegen Grünanlagen anbelangt; auf jeden Fall aber gibt es in der Schweiz keinen anderen Platz, der großzügiger und französischer ist als die Genfer Place Neuve.

Die Promenade führt vorbei an der *Universität*, die uns daran erinnert, daß Genf ein Mittelpunkt der exakten Wissenschaften ist, seitdem im ausgehenden 18. Jahrhundert von hier aus De Saussure zusammen mit einer nicht nur mit Leitern und Stöcken, sondern mit Instrumenten ausgerüsteten Expedition eine der ersten Besteigungen des Montblanc durchführte. Die 1869-1872 in disziplinierter Neurenaissance errichteten Universitätsgebäude öffnen ihr Hufeisen gegen das große *Reformations-Denkmal*, das seit 1917 auf der anderen Seite der Promenade in die zur Cité aufsteigende Mauer eingelassen ist. Denn dieses Monument steht für einmal nicht frei nach allen Seiten, sondern hebt sich schon dadurch von allem Herkömmlichen ab, daß es zum guten Teil in die Mauer eingelassen ist. Teil der Mauer sind die historischen Texte, von denen aus einzelne Reliefs zu den plastisch aus der Wandfläche hervortretenden Figuren überleiten. Es sind in der Mitte der langgestreckten Anlage die überlebensgroßen Gestalten von Farel, Calvin, Knox und Béza; sie werden von den weit auseinandergezogenen Statuen jener Staatsmänner flankiert, die sich um die Ausbreitung des calvinistischen Bekenntnisses besonders verdient gemacht haben. Neben ihnen sind die Texte ihrer Erlasse in den Stein graviert, und zwar nicht auf eigenen Tafeln, sondern völlig der Mauer anheimgegeben. Doch auch Luther und Zwingli sind gegenwärtig, wenn auch nur in ihren Namen, die, ebenso groß wie die der in Statuen dargestellten Reformatoren, die Blöcke bezeichnen, welche den Platz vor dem Denkmal seitlich einfassen. Zu diesem führen einige Stufen hinab bis unmittelbar vor die Mauer, zu der man mit Ehrfurcht emporblickt. Denn das Einzigartige dieses aus einem internationalen Wettbewerb als Gemeinschaftswerk hervorgegangenen Denkmals besteht nicht nur in der Evokation der gesamten Reformation, sondern in der Art, wie dies geschieht. Es ist die Verkündigung von der Mauer, in deren Länge die ganze Ausbreitung der calvinistischen Lehre sinnfällig wird, in einem künstlerisch höchst eindrucksvollen Wechsel sowohl zwischen Figur, Relief und Schrift, als auch des Maßstabs innerhalb der Figuren. Auf der Mauerfläche kommt in lapidarster Weise auch das geschriebene Wort zur Geltung und damit der vergleichsweise unsinnliche, puritanische Charakter Calvins. –

Wir gehen zurück zur Place Neuve und weiter in die *Rue de la Corraterie*, deren gegen 1830 nach einheitlichem Plan erbaute Geschäftshäuser in ihrer von schlichten Giebeln skandierten Zeile mit den sparsamsten Mitteln eine erstaunlich großzügige Wirkung erreichen. Diese fehlt dem modernen Bankenzentrum der an der Rhone gelegenen *Place Belair*, wo im neuromanischen ›Crédit Lyonnais‹ die Blendbogen und Wandsäulen aquitanischer Kirchenfronten zitiert werden, gegenüber dem ›Crédit Suisse‹, der mit immerhin eigenen architektonischen Mitteln zwischen Neuklassizismus und technischem Stil eine Synthese sucht. Auf der anderen, nördlichen Seite der Rhone geht es, an einem überwiegend mittelalterlichen Uhrturm vorbei, hinauf zu der im wesentlichen dem 13. und 14. Jahrhundert entstammenden Kirche *St-Gervais*. Sie bildete einen malerischen Baukomplex aus romanischen und gotischen Elementen, aus Haustein und schwärzlich-rotem altem Ziegelwerk, überhöht von einem romanischen Vierungsturm.

Von der Place Belair gelangt man seewärts zu der am Ausfluß der Rhone liegenden *Rousseau-Insel*, die im Zeichen eines Kultes der Empfindsamkeit für manche Parkinsel des 18.Jahrhunderts zum Vorbild wurde. Auf der Genfer Insel erinnert eine antikisierende Bronzefigur an Jean Jacques Rousseau, der 1712 als Bürger dieser Stadt in einem noch heute erhaltenen Haus der Cité geboren wurde und hier aufwuchs, um dann freilich in doppelter Hinsicht auszubrechen: Einmal durch den Übertritt zum Katholizismus, was an sich im konfessionell gleichgültig gewordenen 18.Jahrhundert leicht vonstatten ging, dann aber auch aus dem festumschlossenen, urbanen Dasein des Genfer Stadtstaates in die in ihrer Ursprünglichkeit vom Menschen noch unverdorbene Natur. Zugleich war es eine Flucht aus den streng gesetzten Normen einer damals allmächtigen Vernunft, wie sie gleichzeitig im nahen Ferney Voltaire vertrat, in die grenzenlose Weite des Gefühls. – Dem Geist der Brüderlichkeit, der über alle Schranken der Völker und Rassen hinweg die ganze Menschheit umfassen möchte und dessen Wurzeln in dem ebenfalls weltumspannenden Bekenntnis Calvins liegen, hat Rousseau seine säkularisierte, das heißt außerhalb der Kirchen stehende Form geschenkt. – Zur helfenden, das Leid des Krieges lindernden Tat wurde der philanthropische Zug im Wesen der Rhonestadt durch Henry Dunant, den Gründer des Roten Kreuzes, dessen Internationales Komitee hier seinen Sitz hat.

Bevor wir uns von der Rousseau-Insel dem See zuwenden, sei der nahen, am Fuß der Cité gelegenen *Fusterie* ein Besuch gegönnt. Es ist die frei auf schmalem Platze stehende evangelische Kirche, die in ihrem schlichten, von Emporen umzogenen Achtecksraum das Vorbild für die pompösere Heiliggeistkirche in Bern darstellt. Auch die Fassade des 1710 vollendeten ›Temple‹ ist, verglichen mit dem ungefähr gleichzeitigen Bau von St.Laurent in Lausanne, puritanisch einfach.

Wir sind wieder am Pont du Montblanc angelangt, der das Seeende überbrückt. Am südlichen Ufer zieht sich der *Jardin des An-*

glais hin, eine Grünanlage, die keineswegs an den älteren ›Englischen Garten‹ in München erinnert, sondern ganz im Stil des späteren 19.Jahrhunderts angelegt ist, mit Wegen, die sich zwischen Rasenflächen und Blumenbeeten schlängeln, einem reichornamentierten Springbrunnen und in gesuchter Regellosigkeit gepflanzten Bäumen. Der Name aber erinnert an die für Genf bezeichnende Anglophilie, die schon auf die Beziehungen Calvins zu John Knox zurückgeht und in der Romantik Lord Byrons ihren Kronzeugen fand. Als Napoleon I. Genf vorübergehend seinem Imperium einverleibte, spürte er, worauf sich der Widerstand sehr wesentlich stützte, als er meinte, in dieser Stadt verstehe man viel zu gut Englisch. – Neben den Russen, zu denen Dostojewski gehört, haben im 18. und 19.Jahrhundert zahllose Engländer Genf besucht, und im 20.Jahrhundert sind ihnen die Amerikaner gefolgt. Daß Präsident Wilson die Stadt zum Sitz des Völkerbundes erkor, entsprach dem Ruhm, den Genf in der angelsächsischen Welt bereits besaß. Die Vereinigten Nationen senden zwar ihre Vertreter nach New York, da die Schweiz aus ihrer überlieferten Neutralität heraus noch nicht Mitglied ist, doch zahlreiche internationale Organisationen haben, neben privaten Firmen amerikanischen Ursprungs, ihren Sitz in Genf.

Keine andere Stadt, die an einem europäischen Binnensee liegt, besitzt so großzügige *Quais*, mit denen verglichen jene in Luzern und Zürich bescheiden wirken. Der Glanz der Belle Epoque wird durch die balustradengeschmückten Terrassen mit ihren üppig gezierten Kandelabern wachgehalten wie sonst nur in Cannes und Nizza. Doch der Riviera überlegen ist die Aussicht. Man braucht nicht einmal den oft verhüllten Montblanc zu sehen; die das Ufer entweder unmittelbar oder in nächster Nähe begleitenden Gärten bezaubern als solche. Sie leiten den Blick seeaufwärts in eine auch bei schönem Wetter meist ins Grenzenlose sich verflüchtigende Ferne. Für kurze Augenblicke kann man sich angesichts des von weitausgreifenden Molen abgegrenzten Seebeckens samt seinen weiteren Gartenufern an Hamburgs Alster oder an die ebenfalls von Villen und Gärten bedeckten Ufer der Kieler Bucht versetzt fühlen, bis die Jurakette und der Salève einen wieder zurückrufen. – Doch weit weg von hier liegt irgendwo im Norden die Schweiz; Genf ist für sich und gerade dadurch ist es so sehr der Welt verbunden. –

Vom Jardin des Anglais flaniert man am Quai Gustav Ador entlang zu den Gärten von *La Grange* und *Eaux vives*. Es sind die schönsten unter jenen Landsitzen des 18. und 19. Jahrhunderts, die später in öffentlichen Besitz übergingen. Insbesondere La Grange scheint den Besucher in ein Paradies zu entrücken. Da steht auf der sanft zum See sich senkenden Terrasse vor den in lockerer Regelmäßigkeit angeordneten Nebengebäuden das einstige Herrenhaus in edelstem Louis-Quinze-Stil mit gittergeschmückten Terrassen, die sich in der anmutigsten Haltung mit Freitreppen, schmiedeeisernen Geländern und niedrigen Mauern der Bodenform anpassen und diese zugleich gestalten. Da gibt es, etwas vom Herrenhause Abstand haltend, die vornehme Säulenhalle eines Gartenpavillons; doch alle Architektur ist umfangen von einer äußerst diskret behandelten Natur, mit weiten Rasenflächen, begleitet von alten Buchen, die mit ihren von Buschwerk verhüllten Stämmen die Illusion ganzer Wälder beschwören. Dazwischen stehen die herrlichsten Zedern, aber auch einzelne Föhrengruppen, deren rötlichbraune Stämme und dunkle Nadelbüsche auf das reizvollste mit den Laubbäumen kontrastieren. Es gibt Rosengärten und einen abgeschiedenen Seerosenteich, gegen den ein Weidenveteran seinen gebeugten Stamm neigt.

Die Gärten auf dem gegenüberliegenden Nordufer, *Perle du lac* und *Ariana*, sind ebenfalls ursprünglich aus privatem Besitz hervorgegangen; sie werden zwar durchquert von Straße und Bahnschienen und durchbrochen von den Großbauten des einstigen Völkerbundpalastes und des Internationalen Arbeitsamtes, doch gibt es hier auch das Musée de l'Ariana mit seiner bedeutenden Keramiksammlung im neubarocken Palais, ferner die Villa Bartholini, die mit ihrer leichtbeschwingten Säulenloggia vom Klassizismus zur Neurenaissance überleitet. Vor allem aber schenkt dieses Ufer die besonders schöne Aussicht über den See hinweg in die Parklandschaft der südlichen Seite und in die in verschiedenen Gründen sich emporstaffelnden Berge Savoyens. –

GENF – GÄRTEN UND ALTSTADT

Es lohnt sich, die hier skizzierten Wege zu ergänzen durch ein freies Flanieren in der übrigen Stadt, vor allem in ihren älteren Teilen. Man wird dann in dem während des 18.Jahrhunderts regelmäßig angelegten Kern von *Carouge*, das heute eine westliche Vorstadt Genfs ist, in der Ebene von *Plainpalais* und in vielen Straßen und Plätzen eine Weite und Großzügigkeit finden, wie sie keine andere Schweizer Stadt und höchstens einzelne, an Einwohnerzahl weitaus größere Städte Frankreichs besitzen. Doch während sich die letzteren in ihrer Boulevard-Architektur an Paris orientieren, hat Genf in der zweiten Hälfte des 19.Jahrhunderts eine durchaus eigene Großstadtfassade entwickelt. Ihr Eindruck ist herber und schlichter, puritanischer Tradition entsprechend. Auf die reichdurchfensterten Pariser Dachaufbauten wird verzichtet. Balkonfenster gibt es nur zu den Quais hin, wo gußeiserne Gitter mit flachem Filigranwerk geschmückt sind. Sonst werden die Fenster als eher stumpfes Rechteck behandelt, das neben sich noch reichlich Mauerfläche läßt, was alles zusammen zu einem verhältnismäßig geschlossenen, doch auch härteren und abweisenderen Aussehen beiträgt. Gegen 1900 lockert sich dann diese Disziplin, und unter anderem machen sich einzelne Einflüsse des hier nahen Piemont sowie der Lombardei bemerkbar, doch immer noch behauptet sich, wie auch schon früher auf so vielen Gebieten, die Stadt gegenüber der ihre Provinzen beherrschende Metropole Paris: Man ist umweht von französischer Kultur und trotzdem nicht in Frankreich.

Kehren wir zum Schluß noch einmal zurück zum Stadthaus und schauen wir von der Höhe der Cité hinweg durch jenen in edelstem Dixhuitième-Stil erbauten Säulenportikus nach Westen. Unterhalb der kleinen Terrasse, die dem Rathaus vorgelagert ist, weiß man das Reformationsdenkmal. Die Wipfel des Parks bilden ein wogendes Meer, jenseits dessen nur wenige Bauten sichtbar sind. Dafür beschließen die Felsbänder des Salève und die etwas ferneren Kämme des Jura ein Landschaftsbild, das sich nach einer lichten Tiefe öffnet. Nochmals verdichten sich alle jene Ahnungen von mediterranem Glanz, die sich auf unseren Straßen schon so oft ankündigten. Wir sind noch immer unterwegs und doch an einem ersten großen Ziel.

Zur Literatur

Eine Bibliographie der Schweiz füllt Bände. Der eigenen politischen Struktur entsprechend hat sich hierzulande die Beschäftigung mit der Heimat bis in die äußersten Verzweigungen der Lokalgeschichte und der regionalen Topographie seit langem schon in höchster Intensität entwickelt, wobei gerade auch Laien Wesentliches zur Forschung beitragen.

So soll im folgenden nur eine kurze Auswahl von Werken gegeben werden, denen dieses Buch besonders verpflichtet ist und die jenen Lesern empfohlen seien, welche in die Materie weiter eindringen möchten.

Landeskunde

Die Zusammenhänge zwischen physikalischer Bodengestalt, Klima, Gewässern und Flora einerseits und andererseits der aus den genannten Voraussetzungen vom Menschen her geschaffenen Kulturgeographie gibt in seiner konzentrierten ›Landeskunde der Schweiz‹ *Emil Egli* (1947). Er hat unter dem Titel ›Erlebte Landschaft‹ (1943) auch eine Anthologie herausgegeben, auf welche die in der Einleitung zitierten Stellen zurückgehen. Als eine weitere ausgezeichnete Anthologie sei das von mir mit Absicht nicht zu Zitaten benutzte Buch von *Angelo Cesana* genannt, das unter dem Titel ›Glückliche Schweiz‹ im Prestel-Verlag erschien.

Nicht nur einen Querschnitt durch die kantonale Vielfalt gibt *Fritz René Allemann* in seinem ebenso fundierten wie lebendig geschriebenen Werk ›25mal die Schweiz‹, sondern ebensosehr auch die reichsten Perspektiven in eine ähnlich mannigfaltige Vergangenheit (1968). – Ein in geraffter Form und bei aller feuilletonistischen Brillanz wohldurchdachtes kleines Buch über die Schweiz von heute – in welche unvermeidlich auch die Vergangenheit eingeschlossen ist – hat 1969 der Österreicher *Hans Weigel* unter dem Titel ›Lern dieses Volk der Hirten kennen‹ verfaßt. – Unter dem Titel ›Europas kleiner Riese‹ schildert 1972 der heute in den Vereinigten Staaten tätige *Walter Sorell* die kulturelle Schweiz im Blickfeld eines wohlmeinenden Betrachters, wobei auch die neue und neueste Literatur und Kunst eingehend gewürdigt werden. –

Über sein engeres Thema hinaus führt uns in die ganze Problematik eines im Umbruch stehenden Landes der früh verstorbene Volkskundler Richard Weiss in ›Häuser und Landschaften der Schweiz‹ (1959).

Auf die zahlreichen Bücher und Führer durch einzelne Regionen kann hier nicht eingegangen werden. Herausgegriffen seien nur von *Linus Birchler:* ›Vielfalt der Urschweiz‹ (1969), ferner die vom Touring Club der Schweiz herausgegebenen und von André Beerli bearbeiteten Führer durch die Zentralschweiz, das Tessin, das Wallis und Graubünden.

Von den sehr zahlreichen heimatkundlichen Jahrbüchern und Zeitschriften seien nur genannt die Vierteljahrsschrift *Heimatschutz* als Organ der gleichnamigen Vereinigung, ferner die für die Fragen des heute so dringenden Umweltschutzes bahnbrechenden Hefte *natur und mensch* und schließlich die reichbebilderte *Zeitschrift für bündnerische Kultur, Wirtschaft und Verkehr*, die unter dem Titel *Terra Grischuna – Bündnerland* von den verschiedensten Aspekten aus die Vielfalt Graubündens darstellt.

Geschichte

Aus der ständig steigenden Zahl geschichtlicher Darstellungen seien wieder nur ganz wenige herausgegriffen, so die in textlich verschiedenen Auflagen zwischen 1920 und 1939 erschienene ›Geschichte der Schweiz‹ von Ernst Gagliardi; ferner das gleichnamige, von Hans Nabholz, Theo von Muralt, Richard Feller u.a. verfaßte zweibändige Werk (1932 und 1938); und, in kürzerer Form, die nicht von eigentlichen Forschern, sondern von Politikern geschriebenen Bücher, so die von Peter Dürrenmatt, dem früheren Chefredakteur der *Basler Nachrichten*, und Sigmund Widmer, dem derzeitigen Stadtpräsidenten von Zürich. Die kritische Lage der Schweiz während des Zweiten Weltkrieges behandelt in wohlabgewogener und sorgfältig dokumentierter Untersuchung insbesondere der 4. Band von *Edgar Bonjours* ›Geschichte der schweizerischen Neutralität‹ (1970) – mitten in jener Zeit gab 1941 der Atlantis-Verlag das Sammelwerk ›Große Schweizer‹ heraus. – Eine Fülle von Wissen vermittelt das ›Historisch-biographische Lexikon‹ und das ›Schweizer Künstler Lexikon‹, das bis zur Gegenwart weitergeführt wird. Als geschichtlich fundierter Beitrag zur Schweizer Landeskunde seien hier die ›Schweizer‹ Städte und Landschaften‹ des Freiburger Aristokraten *Gonzague de Reynold* genannt (1932). Das durch die Jahrhunderte hindurch so reiche Spektrum unseres Landes zeigt in den verschiedensten Lebensformen das großangelegte Werk von Dietrich W. H. Schwarz ›Die Kultur der Schweiz‹ (1967).

Kunstgeschichte

Als Gegenstück zum deutschen ›Dehio‹, von dem einst ein allzu knapper und längst veralteter Ergänzungsband über die Schweiz erschien, gibt es den von *Hans Jenny* verfaßten ›Kunstführer der Schweiz‹ (1934). Von dessen in zwei Bänden unter dem Titel ›Kunstführer durch die Schweiz‹ vorgesehener Neubearbeitung ist 1971 der erste, die Zentral-und Nordostschweiz behandelnde Band mit vielen Abbildungen erschienen. Eine Auswahl, die das Gewicht auf die frühen Epochen legt, findet sich in *Florens Deuchlers* Reclam-Kunstführer ›Schweiz‹ (1966). Eine kleine, klar und geistvoll geschriebene Kunstgeschichte gibt unter dem Titel ›Schweizer Stilkunde‹ *Peter Meyer*, der auch die erste Hälfte des 20. Jahrhunderts eingehend würdigt (1942). – Das große, vielbändige Werk ist die von *Joseph Gantner* begonnene und von *Adolf Reinle* weitergeführte ›Kunstgeschichte der Schweiz‹ (1936–1968). – Dankbar genannt seien hier jedoch auch die Arbeiten von *Paul Hofer* über Stadtbild und Architektur des alten Bern (davon vieles in dem 1970 erschienen Sammelband ›Fundplätze, Bauplätze‹, Aufsätze zu Archäologie, Architektur und Städtebau) und von *Emil Maurer* über Königsfelden. An Einzeluntersuchungen seien weiter herausgegriffen: *Hanspeter Landolt* ›Schweizer Barockkirchen‹, ein 1948 erschienener Bildband mit eingehendem Text, *Georg Germann* ›Der protestantische Kirchenbau in der Schweiz‹ (1963) und *Bruno Carl* ›Klassizismus‹, ein vorzüglich illustriertes Werk über die Baukunst zwischen rund 1770 und 1860 (1963).

In unserem Buche mußte auf den Text ergänzende Abbildungen verzichtet werden, da eine nur einigermaßen die Vielfalt illustrierende Zahl den Umfang wie den Preis dieses Bandes bei weitem gesprengt hätten. Einen gewissen Ersatz bilden neben dem genannten neuen ›Kunstführer durch die Schweiz‹ die beiden im Deutschen Kunstverlag unter dem Titel ›Kunstdenkmäler in der Schweiz‹, 1969/1970 herausgekommenen handlichen Bildbände, die nicht zu verwechseln sind mit dem in vielen stattlichen Bänden erscheinenden großen Inventarisationswerk ›Die Kunstdenkmäler der Schweiz‹, das für die dort schon behandelten Kantone die weitaus beste Dokumentation darstellt, ergänzt durch die etwas älteren Bände des ›Bürgerhaus in der Schweiz‹ und die verschiedenen Burgenbücher.

Zum Schluß sei noch auf die von der Eidgenössischen Landestopographie herausgegebene ›Karte der Kulturgüter‹ hingewiesen, die neben einer Fülle von Informationen, die vom Ortsbild bis zur Burgstelle reicht, auch Detailpläne der wichtigsten Städte und Landschaften bringt.

REGISTER

AARAU 69, 422-426
Aarburg 152
Aargau 46, 53, 153
Aarwangen 428
Abeille, Joseph 384
Acletta 281
Aigle 59, 310, 346
Airolo 183
Albertus Magnus 141
Albispaß 120
Albrecht I., deutscher König 99
Altdorf 177, 178
Alt Falkenstein, Schloß 59
Altishofen 155
Altstätten 209
Amann, Jost 60
Amerbach, Basilius und Bonifacius 135, 145
Amiet, Cuno 430
Amann, Stephan 397
Amsoldingen 334
Amsteg 179
Andeer 239, 240
Andermatt 179, 181
Andermatten, Johann Joseph 302
Angelini, Jacopo 451
Angenstein, Schloß 59
Anker, Albert 53, 69, 71, 441
Appenzell 47, 49
Appiani, Joseph 452
Arbedo 188
Ardez 62
Ardüser, Hans 234, 254
Arlesheim 451, 452
Arth 129
Asam, Egid Quirin und Cosmas Damian 116
Ascona 249
Attinghausen 177

Aubonne 473
Augusta Raurica 43, 149
Avenches 43, 59, 64, 406, 407
Aventicum, Römerstadt 43, 406
Axenstraße, die, 176

BAAR 124
Babel, Johannes Baptist 130
Bachofen, Johann Jakob 133
Baden 416, 417
Bad Pfäfers 44, 218, 219
Bad Ragaz 218
Bad Schinznach 50, 421
Bagnato, Giovanni Caspare 348, 349, 356, 454
Balerna 205
Bänninger, Otto 63
Bäretswil 360
Basel 36, 44, 47, 49, 64, 70, 132-149
  Basel-August 43, 149, 150
  Fischmarktbrunnen 147
  Kirchen: Barfüßer- oder Franziskanerkirche 59, 140, 141
    Elisabethenkirche 145
    Münster 60, 65, 133, 134, 136-139, 148, 149
    Predigerkirche 141
    St. Leonhard 65, 144, 145
    St. Peter 141, 142
  Kirschgarten, Haus zum 145
  Kunstmuseum 145, 146
  Markgräflerhof 142
  Münsterplatz 139, 140
  Rathaus 135, 146, 147
  Spalentor 143
  Spießhof 144
  Universität 133, 143, 147
  Wildtsches Haus 143

Baumberger, Otto 276
Beer, Franz 83, 279, 364, 456
Beer, Johann Ferdinand 354
Beer, Johann Michael 350, 351, 356
Bellelay 61, 83, 456
Bellinzona 188-190
Berg, Schloß 85
Bern 36, 45-51, 62, 63, 69, 152, 153, 370-388
   Beatrice-von-Wattenwyl-Haus 385
   Bibliotheksgalerie 387, 388
   Bürgerspital 384
   Erlacherhof 386
   Gerechtigkeitsgasse 376
   Hauptwache 387
   Hôtel de Musique 387
   Kirchen: Bettelordenskirche 59
    Heiliggeistkirche 383, 384
    Münster 59, 60, 65, 379-382
   Kramgasse 376
   Rathaus 383
   Stiftsgebäude 385
   Von-Tscharner-Haus 385
   Zeitglockenturm 376
Berneck 208
›Berner Nelkenmeister‹ 394
Bernhardzell 354
Bernoulli, Gelehrtenfamilie 50, 133
Beromünster 35, 60, 156-159
Bertiswil 162
Beyer, August 379
Biasca 187
Biel 36, 437-439
Billon, Jean-Michel 467
Birrfeld, das 418
Bischofszell 355
Bissone 202
Bivio 260
Blickensdorf 124
Blunschli, Friedrich 110
Böcklin, Arnold 34, 53, 63, 71, 92, 146
Bodmer, Johann Jakob 50, 91, 100, 108
Bodmer, Paul 103
Bollingen 370
Bondo 266, 267
Bonmont 65, 474
Borromini, Francesco 33, 62, 202

Boudry 461
Breitinger, Johann Jakob 91, 100
Bremgarten 363
Brestenberg, Schloß 364
Brienz 331
Brienzer See, der 332
Brig 66, 292-294
Brigels 273-276
Brissago 251, 252
Bristenstock, der 179
Brugg 64, 420, 421
Brünig-Paß 10, 329
Brunnen 175
Bubenberg, Adrian von 403
Buchs 211
Buchser, Frank 53, 69, 71, 430
Bühler, Andreas 237
Bullinger, Heinrich 91, 122
Burckhardt, Carl 63, 474
Burckhardt, Jakob 53, 64, 93, 133, 146
Büren 437, 438
Burgdorf 59, 69, 368, 369
Bürgenstock, der 321
Bürglen 61, 178, 179
Byss, Rudolf 34

CALVIN, Johann 49, 479, 482
Carl, Bruno 67
Carona 201
Casaccia 264
Castello San Pietro 204, 205
Castres, Edouard 163
Céligny 475
Chagall, Marc 102
Cham 320, 321
Champvent, Schloß 468
Château d'Oex 344
Châtelain, Louis 447
Chiesa, Petro 200
Chillon, Schloß 59, 310, 311
Christ, Hermann 27, 251
Chur 43, 58, 215, 222-231
   Altes Gebäu 230
   Bischofspalast 227, 228
   Dom 59, 64, 222-227
   Graues Haus 229
   Martinskirche 231
   Rathaus 229
   St.-Luzius-Kloster 228

Churwalden 253
Ciseri, Antonio 247
Claro 188
Colombier 59, 461
Comano 195
Conters 258
Coppet 475, 476
Cossonay 472
Cotti, Abraham 394
Crans 475
Cresciano 188

DAVEL, Jean Abram Daniel 318
Dazio grande, der 184
Delsberg *siehe* Delémont
Delémont 30, 454, 455
Deschwanden, Paul von 152
Deutsch, Niklaus Manuel 382
Disentis 44, 61, 278-281
Disteli, Martin 152
Domat 231, 232
Domleschg, das 235-237
Dornach 453
Ducret, Jean Daniel 392
Dufour, Henry 483
Dunant, Henry 486
Dußnang 357

EGENDER, Karl 112
Egli, Emil 19
Einbeth, Heilige 161
Einingen 334
Einsiedeln 35, 58, 61, 66, 67, 115-117
Elgg 87
Ellikon 85
Engelberg 61
Ensinger, Mathäus 379
Ensinger, Ulrich 138
Ensinger, Vinzenz 139
Erasmus von Rotterdam 133, 135
Erlach 440
Erlenbach 340, 341
Ernen 290
Escher, Alfred 97, 98, 110
Escher, Nanny von 121
Ettiswil 155
Euler, Leonhard 50, 133
Eynard, Jean-Gabriel 483

FAHR, Kloster 413

Faido 184
Fechter, Johann Jacob 143
Feichtmayr, Johann Michael 452
Felder, Hans d. Ä. 105, 126, 127
Felix, Heiliger 43
Fellner & Helmer 111
Fextal, das 263
Fiesch 290
Fintan, Heiliger 44, 82
Fischer, Theodor 53, 93
Fischingen 357-359
Flims 268, 269
Flüelen 177
Fontana, Domenico und Carlo 62, 202
Förderer, W. M. 353
Franches Montagnes, die 457
Freiburg *siehe* Fribourg
Frey, Adolf 26
Fribourg 45, 47-49, 65, 69, 389-397
  Augustinerkloster 396
  Kirchen: Franziskanerkirche 394
    Kathedrale 59, 391-393
    Ursulinerinnenkirche 394
    Visitanerinnenkirche 394
  Kollegiengebäude 394, 395
  Loretokapelle 394
  Préfecture 395
Friedrich II., röm.-deutscher Kaiser 45, 122, 404
Fries, Hans 394
Froben, Johann 135
Froburg, die 151
Fröhlicher, Peter 366
Fröwis, Martin 157
Furka-Paß 284
Fürstenau 236
Füßli, Johann Heinrich 34, 63, 91
Fuwer, Jonas 88

GALLUS, Heiliger 348
Gandria 200
Gantner, Joseph 64
Geiler, Hans 394, 396
Geiser, Karl 63
Geißendorfer, Gottfried 360
Genf 36, 43, 49, 53, 62, 476-489
  Ariana 488
  Auditoire de Calvin 479

REGISTER

Genf, *Fortsetzung*
  Collège 482
  Eaux vives 488
  Fusterie 486
  Grand Théâtre 483, 484
  Jardin des Anglais 486, 487
  Kathedrale 59, 65, 477-479
  La Grange 488
  Musée d'art et d'histoire 482
  Perle du lac 488
  Place Belair 485
  Place neuve 483, 484
  Rathaus 481, 482
  Reformationsdenkmal 484, 485
  Rousseau-Insel 486
  Rue de la Corraterie 485
  St-Gervais 485
  Universität 484
German, Georg 62
Gersau 173
Geßner, Salomon 50, 63, 91, 113, 120
Giacometti, Alberto 34, 63
Giacometti, Augusto 105
Gieng, Hans 396
Giorgioli, Franc. Antonio 85
Giornico 185-187
Giubiasco 190
Glauffer, Karl 338
Gletsch 285
Glis 294
Goethe, Johann Wolfgang von 114
Goldau 130
Goldenberg, Schloß 85
Goldswil 332
Goms, das 287-289
Gormund 159
Göschenen 180
Göslikon 417
Gossau 360
Gotthardbahn, die 130, 180, 187
Gotthardpaß 181, 182
Gotthelf, Jeremias 53, 71, 92, 368
Gottstadt 437
Graf, Urs 49, 60, 146, 430
Graff, Anton 63, 88, 89
Grandson 59, 64, 462, 463, 466
Grasser, Erasmus 347
Graubünden, Kanton 30, 49, 53, 213-217

Greifensee 361
Greyerz, Schloß 59
Grilio, Giovanni Pietro del 165
Grimm, Urs 435
Grüningen 361
Gruyères 399
Gstaad 343
Gugger, Cölestin, Abt von St. Gallen 348
Guisan, Henri 30, 54, 176
Gull, Gustav 105

HABSBURG, die 418
Habsburger, Herrschergeschlecht 45, 46, 87, 217, 419, 421
Haggenberg, Hans 87
Haller, Albrecht von 50
Haller, Hermann 63, 106
Hallwil, Schloß 59, 364
Haltiner, Hans Ulrich 114, 209
Hasliberg 329, 330
Hauptwil 355
Hauterive, Abtei 59, 65, 397-399
Hebel, Johann Peter 142
Heim, Albert 18
Heinrich II., deutscher Kaiser 137
Heinrich VII., deutscher König 45
Heintz, Daniel 380, 437
Heintz, Joseph 60
Henkel, Augustin 80
Henne Walter 76
Hermann, Franz Ludwig 354
Hertenstein 172
Hesse, Hermann 173, 174, 195, 417
Hindelbank 369
Hinwil 360
Hochfluh, die 130
Hodler, Ferdinand 48, 63, 69, 92, 163, 264, 334, 370
Hofer, Paul 69, 378, 385, 386, 388
Hohenrhätien, Ruine 236
Hohenstaufen, Herrschergeschlecht 45
Holbein, Hans d.J. 60, 135, 146, 148
Horgen 113, 114
Hospental 179, 181, 182, 283
Huber, Christian 359
Huber, Max 86
Hubacher, Hermann 63, 428

REGISTER

Huch, Ricarda 96
Hulftegg, die 359

ILANZ 271
Innocenz III, Lothar von Segni, Papst 122
Interlaken 332, 333
Ittingen 60, 65

JAKOB, Hans 415
Jenatsch, Jürg 227, 235
Jenins 214, 219
Jörgenberg, Ruine 273
Julier-Paß 260, 261
Jung, Carl Gustav 93
Jura, der 17, 18, 25-28

KAPPEL 65, 120-124
Karl der Große 82, 94, 99, 100
Karl der Kühne, Herzog von Burgund 47, 403
Katharinental 61
Keller, Gottfried 53, 69, 71, 88, 91, 120, 121, 361
Keller, Jörg 287
Kerns 324
Kilchberg 113
Kirchbühl 160, 161
Kißling, Richard 177
Klee, Paul 34, 63
Kloten 90
Knoepli, Albert 64
Knox, John 479
Koller, Rudolf 53, 69, 71
Königsfelden 60, 418-420
Könitz 388
Krebs, E. 39
Kropfenstein, Ruine 273
Kuen, Hans Georg 115
Küng, Erhard 379
Kurrer, Jakob 167
Küssnacht 171, 172
Kyburg, die 59, 90

LA CHAUX-DE-FONDS 458, 459
Lachen 61
Lagaia, Giovanni Antonio de 250
Lago Maggiore 245, 246, 250
Laharpe, Frédéric-César 411, 466
Landquart 220
La Neuveville 439, 440
Lanfranco, Giovanni 168
Langenthal 367
Langnau 120
La Sarraz 472
La Tène 442
Laufen 80, 453
Laupen 403
Lausanne 43, 315-319
  Franziskanerkirche 59, 318, 319
  Kathedrale 59, 65, 315-317
Lauwerzer See, der 130
Lavater, Caspar 91
Le Corbusier, eigentl. Charles-Edouard Jeanneret 33, 63, 112, 460
Le Landeron 440
Le Locle 458
Lenz 255
Lenzburg 59, 421, 422
Leopold III., Herzog von Österreich 160
Leu, Hans 60, 146
Leuk-Stadt 179, 296
Leventina, die 183-187
Liechtenstein 212
Liechti, Lorenz 431
Liestal 150
Liotard, Jean-Etienne 34, 63
Locarno 246-248
Longhena, Baldassare 33, 62
Loser, Gabriel 350
Lucens 409
Ludwig der Deutsche, ostfränkischer König 94, 103
Luganer See 195, 196
Lugano 196-199
Luini, Bernardino 197
Luins 474
Lukmanier-Paß 278
Lungern 329
Lungernsee, der 329
Lutry 314
Luzern 44, 46, 49, 162-171
  Fischmarkt 35, 165
  Kirchen: Franziskanerkirche 166, 167
    Hof-Kirche 167, 168
    Jesuiten-Kirche 66, 168-170
  Kapellbrücke 162

Luzern, *Fortsetzung*
  Rathaus 164, 166
  Ritterscher Palast 165
  Spreuerbrücke 165
  Staatsarchiv 166
  Tribschen 166
Luziensteig 212, 213
Luzius, Heiliger 228

MADERNO, Carlo 33, 62, 202
Maienfeld 214, 217, 218
Maigrange, Abtei 397
Mainier, Pierre 402
Malacrida, Jacobinus 303
Malans 214, 219, 220
Maloja 264
Mann, Thomas 113
Manuel, Niklaus 49, 60, 146, 440
Marschlings, Schloß 220
Marsigli, Luigi Ferdinando 115
Marthalen 81
Mathod 468
Martigny 307, 308
Mauensee, der 155
Mayer, Heinrich 431
Medel, das 278
Meinrad, Heiliger 44, 115
Meringen 329, 331
Mekoffer, Joseph 393
Mellingen 417
Mendrisio 35, 204
Merian, Matthäus der Ältere 60, 63
Mesocco 243
Meyer, Conrad Ferdinand 21, 49,
  53, 71, 91, 113, 217, 261
Meyer, Peter 64, 315
Misox, das 243-245
Misox, Schloß 243, 244
Mistail 64
Mittelland, das 16, 17, 21-24
Mola, Vicenzo 34, 62
Monte Ceneri, Paß 190, 191
Montreux 311, 312
Moosbrugger, Caspar 115, 157, 279,
  349
Morbio inferiore 205, 206
Morcote 200, 201
Morf, David 107, 108
Morgarten 117
Morges 62, 410, 411

Mörsburg 90
Moser, Karl 111
Mosses, Col des 344, 345
Moudon 400, 401
Mühlebach 291
Müller, Johannes von 75
Münster 44, 179, 287, 288
Münsterlingen 61
Muri 60
Murten 69, 403-405
Murtensee, der 405
Müstair 58, 64
Mutschellen, Paß 362, 363
Muttenz 149
Mythen, die 130

NAHL, Johann August 369, 386
Naters 294
Necker, Jacques 476, 480
Neuchâtel *siehe* Neuenburg
Neuenburg 36, 44, 53, 442-449
  Hôtel du Peyrou 448
  Kollegienkirche 445, 446
  Maison des Halles 447
  Rathaus 447
  Schloß 59, 444, 445
  Uhrturm 446
Neuenegg 388, 389
Nidau 439
Nidwalden, Kanton 324
Niederbüren 356
Niesenberger, Hans 144
Nietzsche, Friedrich 133, 263
Niggli, Paul 181
Nikolaus von der Flüe, Heiliger 47,
  164, 327, 328
Nikolaus von Sarnachtal 148
Nuvolone, Carlo F. 259, 281
Nyon 412

OBERALP-PASS 283
Oberengadin, das 262-264
Oberhalbstein, das 258-260
Oberwald 285, 287
Oberwangen 357
Oberwil 128
Obino 205
Olten 152
Orbe 64, 468, 469
Oron le Châtel 402

REGISTER

Ortenstein, Schloß 234, 235
Ossingen 86
Othmar, Heiliger 44, 349
Ouchy 314

PANIXER-PASS 274
Paracelsus 133
Paris, Pierre Adrien 447
Paris, Pierre François 454
Parpan 254
Payerne 44, 58, 65, 407-409
Perroy 412
Pestalozzi, Heinrich 50, 91, 369, 418, 466
Petersinsel, die 439
Petrini, Giuseppe Antonio 62, 199, 202
Pfister, Peter 380
Pfyffer, Ludwig 155
Pfynwald, der 297, 298
Pirmin, Heiliger 44, 219
Pisoni, Gaetano Matteo 432, 433, 454
Pius II., Aeneas Sylvius Piccolomini, Papst 133, 135
Platter, Thomas und Felix 133
Ponte Capriasca 194
Pratteln 149
Prugiasco 185
Pruntrut 30
Purtschert, Hans Jakob 155
Purtschert, Niklaus 154, 363

RACLE, Léonard 475
Rahn, Rudolf 64
Rambert, Eugène 31
Rancate 203
Ranft 328
Rapperswil 59
Raron 295, 296
Ratbert, Mönch 102
Ravecchia 190
Reckingen 289
Regula, Heilige 34
Reichenau 232, 268
Reiden 154
Reinhart, Oskar 89
Reinle, Adolf 64, 67, 169, 365, 390
Reitel, Johann 168
Reyff, Hans Franz 394

Rhäzüns 233, 234
Rheinau 60, 61, 82-85
Rheineck 346
Rheinfall bei Schaffhausen 80, 81
Rheinwald, Tal 241
Riggenbach, Nikolaus 173
Rigi, die 130
Rilke, Rainer Maria 296, 298
Risch 321
Ritter, Erasmus 448
Ritz, Künstlerfamilie 179
   Johann Joseph 179, 289
Riva San Vitale 58, 202, 203
Riviera, die 187, 188
Rodels 235
Roffla-Schlucht, die 240
Rolle 411
Romainmôtier, Kloster 44, 65, 470 bis 472
Romont 399, 400
Ronco 250
Rorschach 347, 348
Rösch, Ulrich, Abt von St. Gallen 347, 357
Rossinières 344
Rotenthurm 117
Rougemont 344
Rousseau, Jean Jacques 50, 439, 486
Rüdlinger, Arnold 68
Rudolf von Habsburg, deutscher König 45, 315, 389, 404, 419
Rue 402
Rüeggisberg 65
Ruffiner, Ulrich 294, 303
Ruis 272
Ruß, Jakob 227
Rüti 87
Rütli-Wiese 176

SAANEN 342, 343
Saanenmöser 342
Saas-Fee 295
Sachseln 47, 327
Saignelégier 457
Saillon 307
Ste-Blaise 442
St-Maurice 43, 58, 308, 309
St-Pierre de Clages 306
St-Sulpice 410
St-Urban 60, 61, 83, 364-366

St-Ursanne 44
San Bernhardino 242
San Quirico 246
San Bernhardin-Paß 241, 242
St. Einbeth 161
St. Gallen 36, 44, 58, 61, 66, 72, 348-353
St. Gingolph 310
St. Margrethen 346
St. Saphorin 313
Sarmensdorf 364
Sarnen 324-326
Sarner See, der 326, 327
Sattel 117
Saussure, Horace Bénédict de 50, 484
Savièse 306
Savognin 259
Schaffhausen 36, 44, 47, 49, 69, 74 bis 80
  Allerheiligenkloster 74, 75, 77
  Allerheiligenmünster 58, 65, 77 bis 79
  Fronwaagplatz 76
  Munot 80
  St. Johann 79, 80
Schams, das 238-240
Schanfigg, Talschaft 253
Schattdorf 179
Scheidegg, die 130
Scheuchzer, Johann Jakob 50
Schildknecht, Niklaus 383, 384
Schiller, Friedrich von 46
Schinner, Matthäus, Bischof von Sitten 33, 287, 291
Schleuis 269-271
Schmid, Franz 360
Schmid, Lorenz 157
Schmidt, Georg 68
Schmutzer, Franz 365
Schöllenenschlucht, die 180
Schönenberg 114
Schönenwerd 426, 427
Schwarz, Heinrich 80
Schwyz 118, 119
Schwyz, Kanton 46, 53, 118, 130, 131
Sedrun 281, 282
Seedorf 61, 178
Segantini, Giovanni 259, 264

Sempach 159-161
Semper, Gottfried 53, 63, 67, 89, 92, 109, 110
Sennwald 210
Septimer-Paß 260
Serodine, Giovanni 34, 62, 249
Sichelbein, Thaddäus 84
Sierre 298
Signal de Bougy, das 473, 474
Sihlbrugg 120
Silenen 179
Sils 236
Sils-Maria 263
Silva, Agostino 205
Silvaplana 261
Simmental, das 338-342
Simplon-Paß 292
Singer, Franz 326
Singer, Jakob und Johann 119
Singer, Johann Anton 326
Sissach 151
Sitten 43, 64, 65, 299-303, 306
Soglio 265, 266
Solothurn 47, 48, 49, 66, 428-436
  Bischöfliches Palais 435
  Kirchen: Franziskanerkirche 434, 435
    Jesuitenkirche 431, 432
    St. Ursus 432-434
  Museum 435
  Rathaus 434
  Schloß Steinegg 435
  Zeiglockenturm 431
  Zeughaus 434
Somvix 277
Spiez 334, 335, 338
Spitteler, Carl 150
Splügen 240, 241
Spring, Peter 396
Sprüngli, Niklaus 386-388
Spyri, Johanna 213
Stadler Melchior 280
Staël, Madame de 476
Stagel, Elsbeth 87
Stammheim 86
Stampa 265
Stämpfli, Jakob 371
Stans 322-324
Stauder, Franz Karl 85
Stauffer, Karl 69

Stein am Rhein 44, 59, 69
Steiner, Rudolf 453
Steinerner Tisch, der 346, 347
Stimmer, Tobias 60, 79
Stockalper, Kaspar Jodok 292
Striegel, Ivo 275, 280
Studer, Ernst und Gottlieb 325
Stürler, Albrecht 332, 385, 386
Sulzer, Johann Georg 87
Sursee 155, 156
Sustenpaß 180

TAVETSCH, das 281, 282
Tellskapelle, die 176
Tencala, Carpoforo 199
Territet 311, 312
Tesserete 194, 195
Thorwaldsen, Bertel 163
Thumb, Christian 279
Thumb, Peter 350
Thun 59, 69, 333
Thunstetten 367
Thurgau 46, 53
Thusis 236, 237
Tibaldi, Pellegrino 249
Tiefencastel 255
Tinzen 259, 260
Torricelli, Giovanni Antonio 199, 413
Torricelli, Giuseppe 199
Tößtal, das 360
Truns 276, 277
Tschudi, Aegidius 49

URIROTSTOCK, der 176
Urner See 175-177
Urserental, das 181
Ursus, Heiliger 43, 430

VALANGIN 461
Valbella 254
Valsainte 65
Velas, Vincenzo 183
Vesal, Andreas 133
Vevey 36, 312, 313
Via Mala, die 238
Vicosoparano 265
Victor, Heiliger 43, 430
Vierwaldstättersee, der 170-175
Villmergen 364

Vindonissa, röm. Heerlager 43, 418
Vinzel 474
Visp 295
Vitznau 173
Vogler, Christoph 168
Voltaire, eigentl. François-Marie Arouet 50
Vue des Alpes, die 460
Vufflens, Schloß 59, 411

WAADT, Kanton 53, 311
Wagner, Richard 170
Wagner, Ulrich 393
Walchwil 129
Waldmann, Hans 105, 124
Wallis, Kanton 53, 285-287, 289
Walser, Hermann 23, 26
Waltalingen 86
Waltensburg 272, 273
Wangen 428
Wanner, Albert 97
Waser, Maria 370
Wassen 180
Watt, Joachim von 353
Wauwiler Moos, das 155
Weiningen 413
Weiß, Richard 40
Wenzinger, Christian 351
Werdenberg 210, 211
Werenfels, Samuel 147
Werner, Joseph 60, 63
Wettingen, Kloster 60, 65, 414-416
Wiesendangen 87
Wil 356, 357
Wildegg 421
Wimmis 340
Windgälle, die 179
Windisch bei Brugg 43
Winkelried, Arnold von 46, 160, 322
Winterthur 87-89
Witz, Konrad 135, 146, 483
Wocher, Marquart 334
Wohlen 363
Wolff, Kaspar 125
Wölfflin, Heinrich 64
Wüest, Victor 366
Wülflingen 90
Wyden, Schloß 86
Wynau 427

YVERDON 62, 466, 467

ZÄHRINGER, Herrschergeschlecht 45, 69, 368, 389, 403, 430
Zeiller, Johann Jakob 358
Zemp, Joseph 64
Zeugheer, Leonhard 110
Zillis 58, 238, 239
Zimmermann, Dominikus 359
Zizers 221
Zofingen 153, 154
Zschokke, Heinrich 426
Zug 46, 65, 125-128
Zuger See, der 128, 129, 320
Zünd, Robert 53, 69
Zürich-See, der 93
Zürich 36, 44, 46, 47, 49, 62, 69, 87, 90-113
  Bahnhof 53, 97, 98
  Bahnhofstraße 98
  Florhof 108, 109
  Helmhaus 94
  Kirchen:
    Augustinerkirche 104
    Enge Kirche 110
    Fraumünster 102, 103
    Groß-Münster 59, 64, 94, 100 bis 102
      Kreuzgang 59, 102
    Peterskirche 94, 104
    Predigerkirche 104
    Wasserkirche 65, 105
  Kunsthaus 111
  Landesmuseum 97, 105, 106, 108
  Lindenhof 98, 99
  Meise, Zunfthaus zur 94, 107, 108
  Quaibrücke 93
  Polytechnikum 91, 109
  Rathaus 70, 95, 96, 107
  Rechberg, Haus zum 107, 108
  Schuhmachern, Haus zur 107, 108
  Stadttheater 111
  Universität 91, 109, 111
  Wesendonk, Villa 110
Zweisimmen 341, 342
Zwingli, Huldrych 37, 48, 49, 91, 121, 210